지욱 선사의『논어(論語)』해석

민족사 학술총서 74

지욱 선사의 『논어(論語)』 해석

영봉 우익 지욱(靈峰 蕅益 智旭) 저
양복자 강겸(陽復子 江謙) 보주
몽운 김승만(蒙雲 金承萬) 역주

민족사

유·불 회통의 사상사적 의의가 담긴 책

중국의 고승 우익(藕益) 지욱(智旭, 1599-1655)은 명말청초(明末清初)의 불교계를 대표하는 승려이자 대학자로서 생애 내내 계율에 기초한 참선 및 염불과 참회 수행을 병행하면서 방대한 저술을 남긴 바 있다. 그는 특히 일체의 불법이 염불삼매(念佛三昧)로 귀결되지 않는 것이 없다는 신념을 기초로 승려로서는 최초로 유교의 대표적 경전인『논어』를 주석하여 『논어점정』이라는 주석서를 남겼다.

지욱은『논어』를 주석하면서 매우 특이한 주석 방식을 취한 것으로 확인된다. 첫째 불교의 경(經)·율(律)·론(論) 삼장(三藏)을 비롯하여 그 자신이 저술한 유불(儒彿) 관련 주석서, 유교 경전 등을 바탕으로 하여『논어』 본문을 풀이하고 있으며, 둘째 왕양명과 이탁오 등 양명학자의 저술과 제자백가서를 두루 활용하고 있고, 셋째 그에 따라 주자의『논어집주』에 대해서는 비판적인 입장을 견지하고 있으며, 넷째 주석문(注釋文)을 논어『본문』을 풀이하는데 한정시키지 아니하고 주석문까지도 불교의 공안(公案)으로 활용하는 태도를 취하고 있다. 지욱이 독특한 주석 방식을 취한 까닭은 그가 불교의 궁극적 깨달음과 유교의 심학(心學) 사이의 회통을 지향하고자 했기 때문이 아닌가 한다. 요컨대, 지욱의『논어점정』은 동아시아 불교 사상사에서나 동아시아 유학사에 있어 유·불 교섭과 회통을 대표하는 기념비적인 저작이다.

금번 김승만 박사의 손에 의해 『논어점정』 한국어 주석서가 최초로 선을 보이게 된바, 그 저본은 지욱의 『논어점정』을 중화민국 시절의 교육자 강겸(江謙, 1876-1942)이 보주(補注)한 『논어점정보주(論語點睛補注)』이다. 지욱의 『논어점정』을 보주한 주석서가 김승만 박사의 손에 의해 한국어로 나오게 된 것을 동학(同學) 여러분들과 함께 기뻐하면서, 지난(至難)했던 절차탁마의 과정에서 직면했던 여러 고비를 훌륭하게 극복함으로써 빛나는 역작을 낸 김승만 박사의 지난 시기 학문적 수련 과정의 일단을 소개하는 것으로 추천사에 갈음하고자 한다.

　서울 출신인 김 박사는 원래 연극인이 되고자 한국영상대학교 연극영화과에 진학했다. 그러나 졸업할 즈음 뜻한 바가 있어 2004년에 원광대학교 법학과에 편입했다. 이 김 박사의 원광대 편입이 나와의 인연의 시작이었다. 편입 직후 나의 강의를 수강한 김 박사는 이후 진로를 바꾸어 고려대학교 대학원 정치외교학과 석사과정에 입학하여 졸업한 뒤 고전번역협동과정 박사과정에 진학했고, 그로부터 인문학도의 길을 서원했다. 그런 김 박사에게 나는 지겹도록 '10년 적공(積功)'을 권유했다. "인문학은 엉덩이로 하는 학문이다. 인문학에 눈을 뜨려면 최소한 10년 동안은 오로지 학문적 수련에만 정진해야 한다. 그 10년을 채우기 위해 잠도 덜 자고, 노는 것도 삼가야 한다."라고 권했다. 요즘같이 이해타산 따지는 데 익숙한 시대에 나의 조언은 참으로 무모하기 짝이 없는 것이었다. 그런데도 김 박사는 무모한 나의 조언을 있는 그대로 따랐다. 지난 10년 동안 수많은 난관이 그에게 닥쳤지만 김 박사는 그 어려운 고비들을 모두 돌파하고 마침내 고려대학교 고전번역협동과정 박사과정을 무사히 이수하고, 그 결과물로서 한글 주석본 『논어점정보주 역주』로 박사학위를 취득하였다. 나는 김 박사를 '무서운 사내'라고밖에 표현할 길이 없다.

　'무서운 사내' 김승만 박사의 약 20여 년에 걸친 학문적 온축의 결과가 바로 이번에 선을 보이게 된 『지욱 선사의 논어 해석』이다. 8백여 쪽에 달하는 방대한 분량이다. 이 책의 출간을 계기로 동아시아 불교 사상사 및 동아시아 유학사에 있어 유·불 교섭과 회통이 지닌 사상사적 의의가 널리 조명되기를 기원한다. 아울러 이 책의 출간이 한국 불교사 및 한국 불교학의 학문적 위상을 한 단계 격상시키는 데 일조가 되길 충심(忠心)으로 기원한다. 4차산업혁명 시대에 우리 출판계가 당면한 현실이 얼마나 어려운지를 조금이나마 실감하고 있는 나로서는 이 책의 출판을 기꺼이 감당해 주신 윤창화 민족사 대표께 김 박사를 대신해서 거듭 사의를 표하는 바이다.

원광대학교 총장
박맹수

불교와 유교, 붓다와 공자의 만남

육신과 마음을 가진 인간은 이것으로 인해 즐겁기도 하고 고통스럽기도 하다. 그런데 따지고 보면 즐거움보다는 고통이 더 많다. 태어나서 늙고 병들고 결국에는 죽어가야 하기 때문이다. 어쩌면 이것은 별문제가 없을지도 모른다. 배고프면 밥 먹고 졸리면 자는 것이 당연하듯, 생로병사도 이와 다를 바 없기 때문이다.

다만 이 과정에서 몸의 늙어감과 병듦을 고통스러워하고 삶의 온갖 곡절에서 마음 아파하다가 죽음이라는 최종 난관에서 두려움을 느끼는 그것이 문제인 듯하다. 실상은 어떤 것이든 그것대로 자연인데, 고통스러워하고 아파하고 두려움을 느끼는 그 마음이 부자연, 곧 문제 아닌 문제인 것이다. 애초 없는 문제를 마음에서 만들어 놓고 고통스러워하니, 이것은 그 누가 준 것이 아니라 바로 자신이 자기에게 부여한 것이다.

인간의 이런 상황은 시간과 공간을 가로질러 공히 있어 왔다. 이런 상황에 대한 타개책도 아득한 고대로부터 현재에 이르기까지 현자들에 의해 제시되었다. 이런 현자들의 대표적 존재가 부처와 공자이다.

부처와 공자는 살아간 시간도 머물렀던 장소도 달랐으나, 이 지점에 있어서만큼은 공통된 문제의식이 있었다.

"왜 우리는 이렇게 힘이 드는가!"

그들이 찾아낸 답도 비슷하다. 누가 어디에서 그렇게 힘들어하는가? 찾아보고 또 찾아보았는데, 그렇게 힘들어하는 자를 찾을 수 없었다. 그렇게 힘들어하는 '나'는 없던 것이다. 이것이 바로 '무아(無我)'이다. 부처도 공자도 '무아'를 조용히 외쳤다.

그런데 이런 발견은 체험으로 전화되기까지는 해결책이 못 된다. 나를 괴롭히는 그 생각, 마음이 실제 존재성이 없다는 인식으로는 '힘듦'이 해소되지 않는다. 그 생각과 마음을 아우르면서도 그 너머에 있는 그 무엇과 만나는 체험을 해야만 한다. 이것은 나그네로 온 세상을 떠돌다가 고향의 자기 집으로 돌아감과 유사하다. 안심이 되면서 그 괴로움도 저절로 녹아든다.

'무아'를 사이에 두고서 이렇게 해답을 찾은 두 현자의 사유는 오랜 시간 만나지를 못하였다. 그러다가 중국에 불교가 전래되면서 서로 만남의 시간을 가졌다. 그 만남이 오래되어 유교와 불교 양쪽에서 각기 만남의 정수라 할 수 있는 저술이 생겨났다. 그중 불교 쪽의 대표적 저술이 바로 이 책, 『논어점정』이다.

유가의 『논어』에 불교적 관점을 투영하여 해설한 책인데, 애초 이 양자 사이에는 이미 언어도 다르고 시대도 달랐지만 서로 공유하는 지점이 확연하였기에 그렇게 간극이 보이지 않는다. '무아'를 통해 상호 소통하면서 공자가 곧 부처이고 부처가 바로 공자임을 역설하고 있다.

이 책의 역자, 김승만 박사는 연구자이면서 동시에 부처의 사람인 듯하다. 부처님이 말씀하시길, 세상을 칠보의 보석으로 뒤덮는 보시보다

한 줄의 진리를 말하는 공덕이 크다고 하였다. 김 박사의 이 책은 유가와 불가의 진리를 동시에 함유하고 있다. 다만 그 언어가 우리에게 익숙하지 않은 한문이어서 접근이 어려웠다.

이제 교감과 주석을 구비한 번역본이 나왔으므로 우리는 이 책에 대하여 쉽사리 접근할 수 있다. 그렇다면 이렇게 진리를 접하는 데 가장 큰 기여를 한 김 박사의 공덕은 얼마나 큰 것인가!

그 공덕이 빛을 발하려면, 이 책을 읽는 이들이 '무아'의 체험을 통해 애당초 없었던 괴로움에서 벗어나면 될 것이다.

부처도 공자도 나도 똑같은 사람이다. 그들이 한 것을 나라고 못할 것이 있겠는가! 송나라 철학자 정자(程子)는 『논어』를 읽고 이 지점을 체험하고서는 '손발을 흔들면서 춤추는 지경'에 이르렀다고 한다.

이 책을 읽는 분들에게도 부디 그러한 즐거움이 함께하기를 소망한다.

성균관대학교 교수
이영호

융·복합 시대의 필독서

1945년 8월 15일 우리나라가 해방되었을 때 당시 1인당 국민소득은 67달러였고 가나는 70달러였다. 지금은 우리나라가 3만 1천 달러이고 가나는 1600달러이다. 불과 70여 년 만에 '한강의 기적'이라고 불리는 이러한 엄청난 성과를 낼 수 있었던 까닭은 무엇인가? "예술과 인문학은 명백한 공공재이며, 번영하는 문화는 생기 넘치는 사회의 핵심적 요소이며, 민주주의를 건강하게 하는 힘"이라는 유명한 연구 보고서의 문구에서 그 답을 찾아볼 수 있지 않을까?

반만년의 유구한 역사를 이어온 우리나라는 찬란한 인문 유산을 갖고 있다. 1천 년 전 목판으로 인출된 초조대장경 권자본을 비롯하여 해인사 장경각에서 숨 쉬고 있는 고려대장경 경판, 서울대학교 규장각한국학연구원과 국립고궁박물관에 보관된 조선왕조실록·승정원일기·일성록 등 선조들이 물려준 문화유산이 지금까지 고스란히 남아 있다. 이러한 역사적 자료들이 바로 인문학적 두께의 차이를 만들었고, 더 나아가 산업화 시기에 우리나라가 역동적으로 비상할 수 있는 추진체 역할을 하였다고 생각한다.

그동안 나는 수집가로서 역사의 숨결이 배어 있는 자료들을 많이 보아왔다. 전적과 고문서, 사진·앨범·엽서를 포함한 근현대사 자료, 일제강점기와 해방기에 출간된 문학 서적을 비롯하여 북한·일본·중국·대만·미국·

영국·프랑스·구소련에서 발행된 해외 양장 서적들은 그 종류를 헤아리기가 어려울 정도로 많아, 각각의 자료들의 가치를 직접 분석하는 데 늘 한계를 느껴왔다. 특히 우리나라 자료를 비롯한 동양권 자료들을 바라볼 수 있는 안목을 키우고 값진 의미를 발견하기 위한 문화계 전반의 전문적인 한문 해제의 뒷받침이 아쉬웠다.

코베이옥션 고전실에서 7년 동안 일해온 김승만 박사는 이러한 난제를 풀어 학자들과 박물관, 수집가와 문화재 유통인 사이의 가교 역할을 하는 데 큰 기여를 해왔다. 한자와 한문으로 기록된 우리 민족의 문화유산을 전공 학자들뿐만 아니라 일반인들도 쉽게 알게 하려고 고군분투해 왔다. 아마도 그 과정에서 시련도 있었고, 또 그것을 극복하기 위한 고통스러운 시간도 겪었을 것이다. 한자와 한문이 급속도로 단절되어 가고 있는 지금의 교육 현실에서 이번에 민족사에서 출간한 김승만 박사의 저서 『지욱 선사의 논어 해석』은 이러한 김승만 박사의 뜻이 담긴 결과물이다. 더구나 유교와 불교 이론을 넘나드는 지욱 선사의 저서를 택한 것은 융·복합 시대를 살고 있는 우리에게 새로운 아이디어를 제시하고자 한 김승만 박사의 메시지도 담겨 있다고 생각한다. 이 책을 발판으로 김승만 박사가 향후 학계와 산업계 모두에 더욱더 보탬이 될 수 있는 훌륭한 인물로 자리매김할 수 있기를 기원한다. 끝으로 어려운 국내 불교출판 상황 속에서도 김승만 박사의 저서를 흔쾌히 출판해 주신 민족사 윤창화 대표께도 김승만 박사를 대신하여 깊은 감사의 인사를 드린다.

(주)태인 대표 / 대한하키협회장
이상현

부처가 설했던 바른길만을 이야기하는…

논어·맹자·증자·안자·지욱 대사에 대하여는 김승만 박사에게 맡기고 나는 인간 김승만에 대하여 간단하게 이야기하고 싶다. 한마디로 말하자면 중용과 한 몸을 이룬 사람이라고 느꼈고 또 그렇게 이야기하고 싶다. 같이 식사하고 차 한잔을 기울일 때 겸손한 자세로 소통하려는 그의 모습에서 날것 그대로의 성품인 것을 보았다.

그가 자기의 능력으로 도전하여 성취할 수 있었던 까닭은 노력의 결실이다. 심은 데로 걷어 드린 것이다. 인간관계에서 어느 쪽으로도 치우치지 않고 부처가 설했던 바른길만을 이야기하는 그를 보면서, 평생 젊게 살 수밖에 없는 이 사회의 본보기이자 우리가 지향해야 할 모델이라고 생각한다. 앞으로도 중용하면 떠오르는 이름 '김승만'일 것으로 믿어 의심치 않는다. 이번 『지욱 선사의 논어 해석』 집필을 축하하며, 어디에 있든지 소금과 빛의 역할을 다하기를 기대한다.

갯벌문학회 회장
우장 양재열

역주자 서문

1.

이 책은 중국 명말청초(明末淸初) 때의 고승(高僧) 우익(藕益) 지욱(智旭, 1599-1655)이 저술하고 청말민초(淸末民初) 시기의 교육가 양복자(陽復子) 강겸(江謙, 1876-1942)이 보주(補注)한 『논어점정보주(論語點睛補注)』 전편(全篇)을 역주(譯注)한 것이다. 중국 명말청초의 고승 우익(藕益) 지욱(智旭)은 명나라의 불교계를 대표하였던 승려이자 대학자로서, 일생에 걸쳐 계율에 기초한 참선과 아울러 염불과 참회 수행을 병행하면서 방대한 저술 활동을 펼쳤다. 일체의 불법(佛法)이 염불삼매(念佛三昧)로 귀결되지 않은 것이 없다는 철학을 기초로 불교 승려로서는 최초로 유교 경전인 『논어』를 주석하여 『논어점정』이라는 의미 있는 저술을 남겼다. 『논어점정』이 경학사적(經學史的)으로 중요한 또 다른 이유를 들자면, 이미 유실된 지욱의 저서 『맹자택유(孟子擇乳)』의 사상적 편린들이 남아 있기 때문이다.

양복자 강겸은 청말민초(淸末民初) 시기의 교육자로서, 중국 근대 교육의 선구자였다. 1902년에 과거가 폐지되자 스승 전찬공(殿撰公) 장건(張謇장젠, 1853-1926)과 함께 그해에 중국 최초의 사범학교인 남통사범학교(南通師範學校)를 창건하고 왕양명(王陽明)의 지행합일(知行合一)의 가르침에 따라 10여 년간 학생들을 교육하면서 많은 인재를 육성하였다.

또한, 강겸은 한국(韓國)과도 인연이 깊은 인물인데, 그 이유인즉슨 그가 매천(梅泉) 황현(黃玹, 1855-1910)의 문집『매천집(梅泉集)』의 서문을 써 준 장본인이기 때문이다. 강겸이 1911년 11월 20일에 찬(撰)한『매천집』의 서문을 읽어보면, 그가 한국의 오랜 친구인 창강(滄江) 김택영(金澤榮, 1850-1927)의 부탁을 받고 서문을 써서 주게 된 경위가 소상히 적혀 있다.

2.

필자가 지욱 대사를 처음으로 알게 된 것은 2005년 무렵 탄허 큰스님께서 현토역해하신 지욱 대사의『주역선해(周易禪解)』를 통해서이다. 그리고 탄허 큰스님의 전강제자인 원조 각성 스님이 강해한 지욱 대사의『대도직지(大道直指)』를 읽고서『논어점정보주』라는 책이 있다는 사실을 알게 되었다.『논어점정보주』를 본격적으로 번역하게 된 계기는 필자가 전혀 예상치 못한 사건을 겪은 일 때문이었다. 그것은 바로 스승의 죽음이었다. 2015년 7월부터 필자에게 초서와 간찰 독법을 가르쳐 주셨던 우경(迂耕) 이일영(李一影, 1935-2019) 선생님, 2019년 11월 15일 금요일 그날도 여느 때와 다름없이 동농(東農) 김가진(金嘉鎭, 1846-1922)의 간찰을 강의하시고 일산 자택으로 귀가하시던 중 불의의 교통사고로 유명(幽明)을 달리하셨다. 필자는 이루 말할 수 없는 큰 충격을 받았다. 죄책감에 사로잡혀 스스로 학대하였으며, 필자에게 이런 사건을 겪게 한 하늘을 원망하고 또 원망하였다. 한 달 동안 잠을 자지 못하였고, 실성한 사람처럼 걸핏하면 눈물을 흘리며 흐느꼈다. 해가 바뀌어 필자는 이대로 있어선 안 되겠다는 다짐을 하였다. 돌아가신 우경 선생님께서도 원하시는 바가 아닐 것이라고 느꼈다. 해방 이후 1세대 불교 경전 번역가이자 보림사와 보련각 출판사 등에서 불서 출판인으로 평생을 종사하셨던 우경 선생님의 넋을 기리는 방법은 필자가 불서 번역으로써 보답하는 것밖에는 다른 도리가 없다고 생각을 하였다. 그날 이후부터 필자는 지욱 대사의 『논어점정보주』에 대한 번역 작업에 본격적으로 착수하였고, 만6개월 만에 초고를 완성하였다. 초고 완성 후 번역본 『논어점정보주』에 학술적 연구 가치를 더하는 한편 번역문의 오류를 수정하기 위해서 필자의 대학원 박사과정 지도교수님이신 윤재민 선생님을 모시고 만1년 동안 매주 한 차례씩 강독하였다. 그리고 2021년 7월에 「『논어점정보주』 역주」라는 주제로 고전번역학 박사학위 논문을 완성하였고, 동년 8월에 고전번역학 문학박사 학위{The Degree of Doctor of Philosophy in Classics Translation}를 취득하였다. 이 책 『지욱 선사의 논어 해석』은 필자의 박사학위 논문 「『논어점정보주』 역주」를 토대로 기존 번역문을 가다듬고 연보와 주석의 내용을 좀 더 충실히 보충하여 단행본으로 펴낸 것이다.

3.

이 책이 나오기까지 실로 많은 선생님의 은혜를 입었다. 먼저 『지욱 선사의 논어 해석』의 학술적 연구 가치를 높이는 데 조언과 쓴소리를 아끼지 않으셨던 고려대학교 한문학과 윤재민 교수님, 김언종 교수님, 심경호 교수님, 양원석 교수님, 성균관대학교 동아시아학술원 이영호 교수님께 진심으로 감사의 말씀을 드린다.

그리고 필자를 대학원으로 인도해 주시고 묵묵히 늘 한결같은 미소로 보살펴 주시고 품어 주신 원광대학교 박맹수 총장님께 감사의 심고(心告)를 올린다. 아울러 『지욱 선사의 논어 해석』의 해제문을 꼼꼼하게 검토해 주신 원광대학교 동북아시아인문사회연구소 조성환 교수님께도

심심(甚深)한 감사의 말씀을 올린다.

4.

『화엄경(華嚴經)』의 도리(道理)에 근거해서 보면, 진리를 탐구하는 대학교·대학원은 이법계(理法界)에 배대(配對)할 수 있고 가정을 꾸려나가는 생존의 원동력 '돈'을 벌기 위해 사투를 벌이는 직장·사회는 사법계(事法界)에 배대(配對)할 수 있다. 필자는 사법계에 속하는 일터 ㈜코베이옥션 고전실에서 실장으로 근무하면서 이법계의 영역인 박사학위 논문을 치열하게 썼으니, 이법계와 사법계가 조우한 이사무애법계(理事無碍法界)의 경계에 있었다고 말할 수 있다. 회사라는 이익집단에 속한 조직의 구성원으로서 탈초·번역·고문자해독·해제라는 업무를 수행해 왔던 필자에게 있어서는 회사의 일이 곧 공부였고 공부를 하는 것이 곧 회사의 이익에 직결되는 연기적(緣起的) 관계였으므로, 이법계가 곧 사법계요 사법계가 곧 이법계인 사사무애법계(事事無碍法界)의 존재 안에 있었다고 말해도 과언이 아니리라. 필자에게 이러한 사사무애법계의 진리를 맛보고 호흡하게 해주신 ㈜코베이옥션 김민재 대표님께 진심으로 감사의 말씀을 올린다. 아울러 서화 감정의 기초를 닦아 주신 미술평론가 황정수 위원님, 기물 감정의 기초를 세워주신 안병인 위원님, 전적·고문서 감정의 기초를 잡아주신 수경실 박철상 위원님께도 감사의 말씀을 드린다.

그리고 필자에게 초서의 기초를 가르쳐 주시고 사람으로서 지녀야 할 도리(道理)를 가르쳐 주신 서강(西岡) 박병호(朴炳鎬) 선생님께 삼배(三拜)의 예를 올린다. 실력이 부족한 필자를 늘 변함없이 신뢰하면서 격려해 주시고 뒷바라지해 주셨던 월정(月井) 구본창(具本昌) 사형께도 무한

한 감사를 드리는 바이다.

또 필자가 한평생 정신적 스승으로 모셔온 명리학자 고계(皐溪) 이학
송(李鶴松) 선생님, 만20년 전 "태양처럼 뜨겁게, 강물처럼 도도하게, 종
달새처럼 즐겁게."라는 좌우명을 주셨던 영혼의 스승 고(故) 차길진 법사
님께도 합장 기도를 올린다.

코로나19로 온 나라가 정치적·경제적 어려움을 겪고 있는 작금(昨今)
의 위기 상황 속에서도 이 책의 간행을 과감하게 결정하시고 출판까지
해주신 덕장(德將) 민족사 윤창화 대표님께 진정으로 감사의 말씀을 드
린다. 아울러 이 책 전체의 편집을 진두지휘하신 사기순 주간님과 최윤
영 팀장님께도 절실한 마음을 담아 감사의 말씀을 전한다.

끝으로 직장 생활과 육아, 대학원 공부를 병행할 수 있는 강철 체력과
강인한 정신력을 물려 주신 아버지와 어머니, 무언의 박수갈채를 보내준
집사람과 내 삶의 전부인 동욱이·서연이에게도 오체투지로써 감사함과
고마움의 심정을 올리는 바이다.

세존(世尊) 응화(應化) 3048년 신축년(辛丑年)
중추(仲秋) 기망(旣望)에 저자 삼가 쓰다.

우경 이일영 선생님의 극락왕생을 발원합니다.

차 례

I. 解題

II. 『論語點睛補注』譯注

I
解題

1. 序論

藕益 智旭 大師는 중국 명나라의 불교계를 대표하였던 대학자로서, 雲棲 株宏(1535-1615)·紫栢 眞可(1543-1603)·憨山 德淸(1546-1622) 등과 함께 명나라의 四大 高僧으로 추앙받았던 인물이다. 俗姓은 鍾氏이고, 이름은 際明이며, 成人이 되어서 지은 字가 智旭·素華이다. 號는 藕益·西有이고, 別號는 八不道人·藕益老人이다.[1]

지욱 대사는 直隸 吳縣의 瀆川 사람으로,[2] 淨土宗의 九祖로 존숭을 받았다. 만년에 浙江의 安吉州{지금의 安吉縣임} 北天目의 靈峯寺로 갔는데, 이로 인해 '靈峯藕益大師'로 존칭되었다.

어릴 때부터 유가의 경서를 읽었고 20세 때 『論語』를 읽다가 공자와 안연이 말하는 유가의 心法을 깨달았다. 처음에는 불교를 배척하는 辟佛論을 수십 편이나 썼는데, 이후에 『首楞嚴經』·『地藏經』·雲棲 株宏[3] 大師의 『自知錄』 序文과 『竹窓隨筆』 등을 보고 발심하여 24세 때 雪嶺 스님 밑에서 머리를 깎고 승려가 되었다. 雪嶺 스님은 憨山 德淸 大師의 제자이다.[4]

---

1 '팔불도인(八不道人)'은 지욱 대사 자신이 지은 호이다. "지금 또한 유교도 있고 참선도 있고 계율도 있고 교경(敎經)도 있으나, 도인은 이런 것들을 발연(勃然)히 마음에 두지 않으므로 '팔불(八不)'이라고 이름한다. [今亦有儒, 有禪, 有律, 有敎, 道人又艴然不屑. 故名八不也.]" 『嘉興大藏經』 第36冊 No.B348, 靈峰藕益大師宗論 第1卷(J36nB348_001).

2 지금의 강소성(江蘇省) 소주(蘇州) 목독진(木瀆鎭)이다.

3 운서(雲棲) 주굉(株宏) 대사는 '연지대사(蓮池大師)'라고도 불린다.

4 子思 著, 藕益 智旭 述, 圓照 覺性 스님 講解, 『大道直指』, 부산: 統和叢書刊行會, 1995, 14면.

그는 일생에 걸쳐 계율에 기초한 참선과 아울러 염불과 참회 수행을 병행하면서 방대한 저술 활동을 펼쳤다. 다양한 경론의 주석을 쓰면서 여러 학설의 상이점을 서로 융통시키고자 하였고, 그 융통의 귀결점으로 정토왕생을 위한 염불을 제시하였다.[5]

지욱 대사는 華嚴·天台·淨土·禪·法華 등 불교의 여러 종파를 융화시키는 性相融會論과 더불어 儒敎·佛敎·道敎를 會通시키기 위한 三敎同源論을 제시하였다. 그는 불교적 사유의 기반 위에서 유교 경전과 도교 경전을 체계적으로 주석하고, 유교와 불교의 사상적 융화의 논리를 깊이 있게 제시하였다. 그의 이러한 작업은 불교적 사유의 기반 위에서 유교 경전의 가르침을 전반적으로 수용할 수 있다는 포용론의 당당한 자세를 보여준다는 점에서 중요한 의미를 지닌다.[6]

그는 "석가모니 부처님의 진실한 가르침을 믿고 法藏의 願輪을 깨닫는다면, 비로소 律과 敎와 禪이 淨土法門에서 나오지 않은 것이 없으며, 淨土法門으로 귀결되지 않은 것이 없음을 알게 된다."[7]라고 하여, 여러 종파를 정토로 인도하고자 하였으며, 또 여러 종파가 본래 정토로부터 나왔다는 것을 증명하고자 하였다.

'念佛三昧'는 지욱 대사의 중심사상으로서 "나와 남을 함께 생각하는 것이란 마음과 부처와 중생, 이 세 가지에는 차별이 없다는 것이다."[8]라

---

5 금장태, 『불교의 유교경전 해석』, 서울: 서울대학교 출판부, 2006, 머리말 5-7면 참조.
6 금장태, 앞의 책, 머리말 5-7면 참조.
7 三藏法師 鳩摩羅什 譯, 藕益 智旭 解, 『佛說阿彌陀經要解』, "信釋迦之誠語, 悟法藏之願輪, 始知若律若敎若禪, 無不從淨土法門流出, 無不還歸淨土法門." 『大正新脩大藏經』 第37冊·No.1762·佛說阿彌陀經要解 第1卷 (T37n1762_001).
8 藕益 智旭 著, 『靈峰藕益大師宗論 卷七之四·疏二 淨然沙彌化念佛疏』, "(三) 自他俱念者, 了知心佛衆生, 三無差別." 『嘉興大藏經』 第36冊·No.B348·靈峰

는 이념을 기초로 한다. 그는 일체의 불법이 염불삼매로 귀결되지 않은 것이 없다는 가르침을 폈다.

또한 "유교와 불교의 두 학문이 집에까지 이르는 데 있어 비록 가는 길은 다를지라도 집의 大門에 들어설 때는 그 귀의처가 같다."[9]라는 가르침을 펴면서 유교 경전인 『周易』과 四書를 불교적 안목에서 주석하였다. 그의 이러한 노력은 『論語點睛』·『中庸直指』·『大學直指』·『孟子擇乳』{失傳}가 收錄된 『四書藕益解』와 『周易禪解』·『性學開蒙答問』·『致知格物解』·『儒釋宗傳竊義』 등으로 결실을 맺었다.

이 冊에서는 지욱 대사가 『論語點睛』에서 『論語』의 正文을 풀이하기 위해 행한 경전주석 방식의 특징을 크게 네 가지로 유형화하여 검토한 뒤에 『論語點睛補注』 全篇을 역주하였다. 이러한 作業 取捨를 통해 우리는 지욱 대사가 기존의 유교적 해석 전통에서 벗어나 불교의 깨달음과 유교의 心法 사이의 접점을 찾고자 고심하였던 흔적을 살펴볼 수 있다.

아울러 이러한 과정에서 이탁오를 중심에 둔 陽明左派 經學의 핵심적인 특징을 알 수 있을 것이며,[10] 또한 이를 바탕으로 중국 경학사에서 忽視되어 왔던 명대 경학의 한 양상을 看取할 수 있을 것이다.

정리하면, 지욱 대사의 『論語點睛』은 명대 경학의 가장 중요한 사상적 특징들이 融和된 結晶體라 할 것이다.

『論語點睛』의 撰者 지욱 대사의 사상을 국내에 처음으로 소개한 사람

藕益大師宗論 第7卷(J36nB348_007).

9 藕益 智旭 著, 『靈峰藕益大師宗論 卷七之四·疏二 淨然沙彌化念佛疏』, "儒釋二學, 到家雖別, 入門大同." 『嘉興大藏經』 第36冊·No.B348·靈峰藕益大師宗論 第5卷(J36nB348_005).

10 이탁오를 중심으로 우산 형태로 내려온 양명학파의 경학적 전통을 계승하고 동시에 이를 집대성해 낸 인물로, 儒家에서는 張岱를 손꼽으며 佛家에서는 智旭 大師를 그 頂點으로 보고 있다. - 이영호, 「張岱의 『四書遇』를 통해 본 양명학파 경학의 일면」, 『양명학』 제30호, 서울: 한국양명학회, 2011, 109면.

은 呑虛 宅成(1913-1983) 스님이다. 呑虛 宅成 스님은 1982년에 儒佛 交涉의 지평을 연 지욱 대사의 『周易禪解』를 懸吐·譯解하여 발간하였으며, 이후 呑虛 宅成의 傳講弟子인 圓照 覺性(1938-현재) 스님이 1995년에 지욱 대사의 『大學直指』와 王陽明의 『大學問』을 合本한 뒤 이를 현토·번역·강술하여 "大道直指"라는 책명으로 간행하였다.

학술적인 측면에서 지욱 대사의 『논어점정』을 깊이 있게 연구한 학자는 금장태 선생이다. 금장태 선생은 2006년에 명대 불교에 의한 유불 교섭의 양상을 규명한 연구서에서, 지욱 대사의 『논어』 해석이 지닌 특징과 의미를 두 가지로 요약하였다. 하나는 불교적 관점에서의 유교 해석이고, 다른 하나는 주자와는 다른 도통론의 제시이다. 구체적으로는 천태학의 '一念三千{우리 日常의 한 생각에 三千의 諸法이 內包되어 있다는 뜻임.}'의 논리를 바탕으로 왕양명과 이탁오의 해석을 적극적으로 끌어들여 『논어』를 해석하였을 뿐만 아니라, 주자와는 달리 증자가 아닌 안회가 공자의 도통을 이었다고 하는 도통론을 제시하였다고 설명하였다.[11]

한편, 이영호 선생은 중국 경학사의 관점에서 지욱 대사의 『논어점정』의 특징과 의미를 고찰하였다. 먼저 「이탁오의 논어학과 명말 새로운 경학의 등장」(2008)에서는 지욱 대사의 『논어점정』에 보이는 儒佛會通의 思惟가 이탁오의 논어학을 계승하고 있음을 밝혔고, 이어서 「四書評의 眞僞 논쟁과 이탁오의 경학」(2010)에서는 이탁오의 『논어평』에서 시작된 불교적 이념과 유가 사상의 상호 교섭 양상이 지욱 대사의 『논어점정』에 이르러 불가와 유가를 동일시하는 儒佛一致論, 더 나아가서 佛敎 優位論의 입장으로 변모되었음을 논증하였으며, 마지막으로 「공자와 부처: 『논어』 주석사적 전통에서 바라본 유교와 불교의 교섭 양상」(2016)에

---

11 금장태, 앞의 책, 제1장 「지욱의 『논어점정』과 불교적 『논어』 해석」, 11-18면 참조.

서는 당대 불교가 구체적인 외물을 중시하는 유교적 사유도 적극적으로 수용했던 사실을 지욱 대사의『논어점정』을 근거로 하여 밝혔다.

또한, 김혜련 선생은 「우익 지욱과 다산 정약용의 탈주자학적『논어』이해-『논어점정(論語點睛)』과『논어고금주(論語古今註)』를 통하여」(2015)에서, 지욱 대사가 天台 思想보다는 心卽佛의 禪的인 입장에서『논어』를 해석하였다는 좀 더 새로운 관점을 내보였다.

일본에서는 국내보다 훨씬 이른 시기부터 지욱 대사의 사상을 깊이 있게 연구하였다. 日本 九州大學 文學部 敎授였던 아라키 겐고(荒木見悟, 1917-2017) 선생은 그의 저서인『佛敎と儒敎: 中國思想を形成するもの』(1963)[12]에서 儒敎와 佛敎 思想에 共通的 土臺가 되는 뿌리를 찾아 나섰는데, 中國 哲學의 공통된 토양을 '本來性'이라 命名하였다. 그리고 지욱 대사를 비롯한 李通玄·圭峰 宗密·憨山 德淸 等의 僧侶들과 陳德秀·朱熹 等의 儒者들의 各人의 學說로써『화엄경』[13]과『원각경(圓覺經)』의 철학 그리고 朱熹와 王守仁의 철학을 차례대로 論究하였다. 그리고『明代思想硏究』(1972)에서는 지욱 대사의 사상과 陽明學과의 관계를 좀 더 심도 있게 다루었는데, 특히 明代思想史에서 陽明學의 心學이 出現

---

12 아라키 겐고(荒木見悟)의 저서『佛敎と儒敎: 中國思想を形成するもの』(1963)은 고려대학교 한문학과 명예교수인 심경호 선생이 번역하여 2000년에 예문서원에서 초판 발행하였다.

13 아라키 겐고(荒木見悟)는『화엄경』의 절대 가치에 대해서 다음과 같이 말하였다. "『화엄경』은 이른바 교법의 교법으로서 다른 모든 경전을 초월하면서 그 모든 경전의 본원적 근거가 된다.『화엄경』은 각자의 요욕樂欲을 지닌 기근을 상대로 유한하면서 목적적인 지원志願을 만족시키기 위해 설교된 것도 아니고, 잡다한 기근들의 총화總和를 상대로 설교된 것도 아니다. 그것은 아직 '대와 소'{大乘과 小乘}, '권과 실'{權敎와 實敎}, '현과 밀'{顯敎와 密敎} 등으로 분할되지 않은 절대지絶對知의 경지를 있는 그대로 표출한, 가장 시원적이고 본래적인 교설이다." - 아라키 겐고(荒木見悟) 지음, 심경호 옮김,『佛敎와 儒敎-성리학, 유교의 옷을 입은 불교』, 예문서원, 2000, 22면.

한 뒤에야 佛敎의 心學이 復興할 수 있는 決定的인 轉換點을 맞이하였다는 사실을 면밀하게 밝혔다.

　중국과 대만도 지욱 대사의 불교사상에 관하여 그동안 활발한 연구를 진행하여 왔다. 지금까지 지욱 대사를 論題로 삼아 완성된 석사학위 논문이 25편이 있고, 박사학위 논문이 20편이 있으며, 학술 논문은 무려 111편이나 된다. 학술 논문 중에는 鄭雅芬의 「藕益大師『論語點睛』探究」(2008), 簡意濤의 「從『論語點睛』看佛儒融通的生命觀」(2019) 등의 연구논문이 있다. 좀 더 유형화하여 살펴보면, '『論語點睛』'을 주제로 다룬 논문은 8편{석사 논문 2편, 박사 논문 4편, 학술 논문 2편}이 있고, '『周易禪解』'을 주제로 다룬 논문은 21편{석사 논문 3편, 박사 논문 1편, 학술 논문 17편}이 있으며, 지욱 대사의 불교사상{華嚴·天台·淨土·禪·法華 等}을 다룬 논문은 25편{석사 논문 1편, 박사 논문 4편, 학술 논문 20편}으로서 다른 주제에 비하여 상대적으로 많은 분량을 차지하고 있다.

2. 구성과 해석학적 토대

1) 구성 방식

『論語點睛』[14]은 何晏(193?-249)이 집대성한『論語集解』의 篇數를 따라 모두 20편으로 구성되어 있다. 각 篇은 章別 표시는 없지만, 모두 503章으로 이루어져 있다. 지욱 대사는 각 章을 분절하여 표시하지는 않았지만, 각 章別로 주석을 하였다.[15]

『논어점정』은 朱子가 分章한『論語集注』의 체재를 대체로 따르면서도「鄕黨 第十」·「先進 第十一」·「顏淵 第十二」·「憲問 第十四」·「陽貨 第十七」·「堯曰 第二十」등 여섯 편에 관하여서는 독자적으로 章을 나누었다. 지욱 대사가 독자적으로 나눈 章數를 살펴보면, 주자가「鄕黨 第十」을 全18章으로 나눈 것을 지욱 대사는 全14章으로, 주자가「先進 第十一」을 全25章으로 나눈 것을 지욱 대사는 全28章으로, 주자가「顏淵 第十二」를 全24章으로 나눈 것을 지욱 대사는 全27章으로, 주자가「憲問 第十四」를 全47章으로 나눈 것을 지욱 대사는 全48章으로,

---

14 이 책에서 사용한『논어점정』의 저본은 2019년에 중국 여산(廬山) 동림사(東林寺) 정토종문화연구학회(淨土宗文化硏究學會)에서 간행한『사서우익해(四書藕益解)』이다. 그리고 2015년에 숭문서국(崇文書局)에서 간행한『선해유도총서(禪解儒道叢書) 사서우익해(四書藕益解)』와 2012년에 중국수리수전출판사(中國水利水電出版社)에서 간행한『사서우익해(四書藕益解)』그리고 1989년에 중국 불교서국(佛敎書局)에서 출판한『우익대사전집(藕益大師全集)』을 보조적으로 참조하였다.

15 김혜련,「우익 지욱과 다산 정약용의 탈주자학적『논어』이해 -『논어점정』(論語點睛)』과『논어고금주(論語古今註)』를 통하여-」,『한국선학』제41호, 한국선학회, 2015, 267면.

주자가 「堯曰 第二十」을 全3章으로 나눈 것을 지욱 대사는 全4章으로 나누었다.

　하안과 주자 그리고 지욱 대사가 分節한 『논어』 각 편의 章數를 도표로 나타내면 〈표1〉과 같다.

〈표1〉 지욱 대사가 分節한 『論語點睛』 各 篇의 章數

『論語』 篇名	1871年 廣東書局 出版 武英殿十三經注 疏本 『論語集解』 各篇 章數	內閣藏板 『論語集注大全』 各篇 章數	廬山 東林寺 印本 『四書蕅益解·論語點睛補注』 各篇 章數
「學而 第一」	16	16	16
「爲政 第二」	24	24	24
「八佾 第三」	26	26	26
「里仁 第四」	26	26	26
「公冶長 第五」	28	27	27
「雍也 第六」	30	28	28
「述而 第七」	38	37	37
「泰伯 第八」	21	21	21
「子罕 第九」	30	30	30
「鄕黨 第十」	22	18	14
「先進 第十一」	24	25	28
「顔淵 第十二」	24	24	27
「子路 第十三」	30	30	30
「憲問 第十四」	44	47	48
「衛靈公 第十五」	42	41	41
「季氏 第十六」	14	14	14
「陽貨 第十七」	24	26	26
「微子 第十八」	11	11	11
「子張 第十九」	25	25	25
「堯曰 第二十」	3	3	4
計	全502章	全499章	全503章

　이 외에도 지욱 대사는 『論語點睛』 全20篇 全503章 중에서 總 69章

의 正文에 대한 주석을 과감하게 생략하였다. 이를 도표로 나타내면 〈표2〉와 같다.

〈표2〉 지욱 대사가 주석을 생략한 各 篇의 章數와 章次

『論語』篇名	廬山 東林寺 印本 『四書蕅益解·論語 點睛補注』 各 篇의 章數	『論語點睛』에서 주석을 생략한 各 篇의 章數와 章次
「學而 第一」	16	0
「爲政 第二」	24	0
「八佾 第三」	26	2 (第16章·第19章)
「里仁 第四」	26	1 (第20章)
「公冶長 第五」	27	1 (第20章)
「雍也 第六」	28	4 (第4章·第7章·第11章·第28章)
「述而 第七」	37	6 (第4章·第7章·第9章· 第12章·第24章·第31章)
「泰伯 第八」	21	4 (第10章·第12章·第15章·第17章)
「子罕 第九」	30	3 (第9章·第18章·第24章)
「鄕黨 第十」	14	4 (第3章·第8章·第11章·第12章)
「先進 第十一」	28	3 (第5章·第8章·第12章)
「顏淵 第十二」	27	8 (第11章·第12章·第13章·第15章· 第17章·第18章·第21章·第22章)
「子路 第十三」	30	4 (第6章·第7章·第8章·第16章)
「憲問 第十四」	48	9 (第8章·第10章·第12章·第15章·第16章· 第27章·第34章·第40章·第44章)
「衛靈公 第十五」	41	1 (第18章)
「季氏 第十六」	14	5 (第3章·第4章· 第6章·第11章·第12章)
「陽貨 第十七」	26	4 (第4章·第13章·第17章·第20章)
「微子 第十八」	11	2 (第3章·第4章)
「子張 第十九」	25	7 (第4章·第14章·第15章· 第17章·第18章·第23章·第24章)
「堯曰 第二十」	4	1 (第2章)
計	全503章	總69章

지욱 대사가 주석을 생략한『論語點睛』正文 總69章에 있어서 各 章의 원문 내용과 주석을 생략한 까닭을 도표로 정리하면 아래의 〈표2-1〉과 같다.

〈표2-1〉 생략된 各 章의 원문 내용과 주석을 생략한 까닭

『論語』篇名	생략된 各 章의 원문 내용과 주석을 생략한 까닭
「學而 第一」	0
「爲政 第二」	0
「八佾 第三」 (두 章의 注釋이 省略됨)	○「3-16」子曰: "射不主皮, 爲力不同科, 古之道也." (수신 및 덕행 향상과 직접적인 관련이 없는 장에는 주석을 생략하였음.) ○「3-19」定公問: "君使臣, 臣事君, 如之何?" 孔子對曰: "君使臣以禮, 臣事君以忠." (현실 정치 방법론이 기술된 장에는 되도록 주석을 생략하였음.)
「里仁 第四」 (한 章의 注釋이 省略됨)	○「4-20」子曰: "三年無改於父之道, 可謂孝矣." (「1-11」에서 이미 나왔음. 「1-11」子曰: "父在觀其志, 父沒觀其行. 三年無改於父之道, 可謂孝矣.")
「公冶長 第五」 (한 章의 注釋이 省略됨)	○「5-20」子曰: "寧武子邦有道則知, 邦無道則愚, 其知可及也, 其愚不可及也." (공자가 정치가를 평한 장에는 되도록 주석을 생략하였음.)
「雍也 第六」 (넉 章의 注釋이 省略됨)	○「6-4」子華使於齊, 冉子爲其母請粟. 子曰: "與之釜." 請益. 曰: "與之庾." 冉子與之粟五秉. 子曰: "赤之適齊也, 乘肥馬, 衣輕裘. 吾聞之也, 君子周急不繼富." 原思爲之宰, 與之粟九百, 辭. 子曰: "毋! 以與爾鄰里鄉黨乎!" (修行과 精進이 부족한 제자들이 나오는 장에는 주석을 생략하였음.) ○「6-7」季康子問: "仲由可使從政也與?" 子曰: "由也果, 於從政乎何有?" 曰: "賜也可使從政也與?" 曰: "賜也達, 於從政乎何有?" 曰: "求也可使從政也與?" 曰: "求也藝, 於從政乎何有?" (修行과 精進이 부족한 제자들이 나오는 장에는 주석을 생략하였음.) ○「6-11」冉求曰: "非不說子之道, 力不足也." 子曰: "力不足者, 中道而廢, 今女畫." (修行과 精進이 부족한 제자들이 나오는 장에는 주석을 생략하였음.) ○「6-28」子曰: "中庸之爲德也, 其至矣乎! 民鮮久矣." (공자가 세태를 탄식한 장에는 주석을 생략하였음.)

「述而 第七」 (여섯 章의 注釋 이 省略됨)	○「7-4」子之燕居, 申申如也, 夭夭如也. (평상시 공자의 한가로운 모습을 묘사한 장에는 주석을 생략하였음.) ○「7-7」子曰: "自行束修以上, 吾未嘗無誨焉." (유교적 덕목이 강조된 장에는 주석을 생략하였음.) ○「7-9」子食於有喪者之側, 未嘗飽也. 子於是日哭, 則不歌. (공자가 상례를 행하는 모습을 묘사한 장에는 주석을 생략하였음.) ○「7-12」子之所愼: 齊, 戰, 疾. (전쟁과 질병이 언급된 장에는 되도록 주석을 생략하였음.) ○「7-24」子以四敎: 文, 行, 忠, 信. (유교적 덕목이 강조된 장에는 주석을 생략하였음.) ○「7-31」子與人歌而善, 必使反之, 而後和之. (평상시 공자가 지인들과 즐기는 모습을 묘사한 장에는 주석을 생략하였음.)
「泰伯 第八」 (넉 章의 注釋이 省略됨)	○「8-10」子曰: "好勇疾貧, 亂也. 人而不仁, 疾之已甚, 亂也." (亂이 기술된 장에는 되도록 주석을 생략하였음.) ○「8-12」子曰: "三年學不至於穀, 不易得也." (유교적 덕목이 강조된 장에는 주석을 생략하였음.) ○「8-15」子曰: "師摯之始, 『關雎』之亂, 洋洋乎盈耳哉!" (음악에 대한 공자의 評이 언급된 장에는 주석을 생략하였음.) ○「8-17」子曰: "學如不及, 猶恐失之." (꾸준하게 학문을 해야 함을 강조한 장에는 주석을 생략하였음.)
「子罕 第九」 (세 章의 注釋이 省略됨)	○「9-9」子見齊衰者·冕衣裳者與瞽者. 見之, 雖少必作, 過之, 必趨. (공자가 상례를 행하는 모습을 묘사한 장에는 주석을 생략하였음.) ○「9-18」子曰: "譬如爲山, 未成一簣, 止, 吾止也. 譬如平地, 雖覆一簣, 進, 吾往也." (학문의 꾸준함을 강조한 장에는 주석을 생략하였음.) ○「9-24」子曰: "主忠信, 毋友不如己者, 過則勿憚改." (「1-8」에서 이미 나왔음. 子曰: "君子不重則不威, 學則不固. 主忠信, 無友不如己者, 過則勿憚改.")
「鄕黨 第十」 (넉 章의 注釋이 省略됨)	○「10-3」狐貉之厚以居. 去喪, 無所不佩. 非帷裳, 必殺之. 羔裘玄冠 不以弔. 吉月必朝服而朝. 齊必有明衣, 布. 齊必變食, 居必遷坐. (평상시 공자의 옷차림을 묘사한 장에는 주석을 생략하였음.) ○「10-8」不撤薑食, 不多食. 祭於公, 不宿肉. 祭肉不出三日, 出三日, 不食之矣. 食不語, 寢不言. 雖疏食·菜羹, 瓜祭, 必齊如也. (평상시 공자의 생활하는 모습과 재계하는 모습을 묘사한 장에는 주석 을 생략하였음.) ○「10-11」問人於他邦, 再拜而送之. 康子饋藥, 拜而受之, 曰: "丘未 達, 不敢嘗." 廐焚, 子退朝, 曰: "傷人乎?" 不問馬. 君賜食, 必正席先 嘗之. 君賜腥, 必熟而薦之. 君賜生, 必畜之. (평상시 공자가 士禮를 행하는 모습을 묘사한 장에는 주석을 생략하였음.) ○「10-12」侍食於君, 君祭, 先飯. 疾, 君視之, 東首, 加朝服, 拖紳. 君 命召, 不俟駕行矣. 入太廟, 每事問. 朋友死, 無所歸, 曰: "於我殯." 朋 友之饋, 雖車馬, 非祭肉, 不拜. (평상시 공자가 士禮를 행하는 모습을 묘사한 장에는 주석을 생략하였음.)

「先進 第十一」 (세 章의 注釋이 省略됨)	○「11-5」南容三復白圭, 孔子以其兄之子妻之. (수신 및 덕행 향상과 직접적인 관련이 없는 장에는 주석을 생략하였음.) ○「11-8」顔淵死, 子曰: "噫! 天喪予! 天喪予!" (안연의 죽음이 연속적으로 언급되고 있는 「11-9」顔淵死, 子哭之慟. 從者曰: "子慟矣!" 曰: "有慟乎? 非夫人之爲慟, 而誰爲?"에서 앞 장인 「11-8」의 내용까지 고려하여 주석을 하였음.) ○「11-12」閔子侍側, 誾誾如也, 子路, 行行如也, 冉有·子貢, 侃侃如也. 子樂. "若由也, 不得其死然." (평상시 공자가 제자들과 즐기는 모습을 묘사한 장에는 주석을 생략하였음.)
「顔淵 第十二」 (여덟 章의 注釋이 省略됨)	○「12-11」齊景公問政於孔子. 孔子對曰: "君君, 臣臣, 父父, 子子." 公曰: "善哉! 信如君不君, 臣不臣, 父不父, 子不子, 雖有粟, 吾得而食諸?" (공자가 정치에 관해 제후들과 문답을 나눈 장에는 주석을 생략하였음.) ○「12-12」子曰: "片言可以折獄者, 其由也與?" 子路無宿諾. (덕행이 부족한 제자들이 나오는 장에는 주석을 생략하였음.) ○「12-13」子曰: "聽訟, 吾猶人也. 必也使無訟乎!" (訟事가 언급된 장에는 주석을 생략하였음.) ○「12-15」子曰: "博學於文, 約之以禮, 亦可以弗畔矣夫!" (「6-26」에서 이미 나왔음. 「6-26」子曰: "君子博學於文, 約之以禮, 亦可以弗畔矣夫!") ○「12-17」季康子問政於孔子. 孔子對曰: "政者, 正也. 子帥以正, 孰敢不正?" ○「12-18」季康子患盜, 問於孔子. 孔子對曰: "苟子之不欲, 雖賞之不竊." (季康子와 政治에 관해서 묻고 답하는 孔子의 言說이 연속적으로 언급되고 있는 「12-17」, 「12-18」, 「12-19」의 본문 내용을 모두 고려하여 「12-19」季康子問政於孔子, 曰: "如殺無道, 以就有道, 何如?" 孔子對曰: "子爲政, 焉用殺? 子欲善, 而民善矣. 君子之德, 風, 小人之德, 草. 草上之風必偃." 하단에 하나로 주석을 하였음.) ○「12-21」樊遲從遊於舞雩之下, 曰: "敢問崇德·脩慝·辨惑." 子曰: "善哉問! 先事後得, 非崇德與? 攻其惡, 無攻人之惡, 非脩慝與? 一朝之忿, 忘其身以及其親, 非惑與?" (修行과 精進이 부족한 제자들이 나오는 장에는 주석을 생략하였음.) ○「12-22」樊遲問仁. 子曰: "愛人." 問知. 子曰: "知人." 樊遲未達. 子曰: "擧直錯諸枉, 能使枉者直." 樊遲退, 見子夏曰: "鄕也吾見於夫子而問知, 子曰'擧直錯諸枉, 能使枉者直.', 何謂也?" 子夏曰: "富哉言乎! 舜有天下, 選於衆, 擧皋陶, 不仁者遠矣. 湯有天下, 選於衆, 擧伊尹, 不仁者遠矣." (修行과 精進이 부족한 제자들이 나오는 장에는 주석을 생략하였음.)

「子路 第十三」 (넉 章의 注釋이 省略됨)	○「13-6」子曰: "其身正, 不令而行, 其身不正, 雖令不從." (현실 정치 방법론이 기술된 장에는 되도록 주석을 생략하였음.) ○「13-7」子曰: "魯衛之政, 兄弟也." (공자가 현실 정치에 관하여 언급한 장에는 주석을 생략하였음.) ○「13-8」子謂衛公子荊: "善居室, 始有, 曰: '苟合矣.' 少有, 曰: '苟完 矣.' 富有, 曰: '苟美矣.'" (공자가 정치가를 묘사한 장에는 주석을 생략하였음.) ○「13-16」葉公問政. 子曰: "近者說, 遠者來." (공자가 현실 정치에 관하여 제후들과 문답을 나눈 장에는 주석을 생 략하였음.)
「憲問 第十四」 (아홉 章의 注釋 이 省略됨)	○「14-8」子曰: "愛之, 能勿勞乎? 忠焉, 能勿誨乎?" (유교적 덕목이 강조된 장에는 주석을 생략하였음.) ○「14-10」或問子産. 子曰: "惠人也." 問子西. 曰: "彼哉! 彼哉!" 問管 仲. 曰: "人也. 奪伯氏騈邑三百, 飯疏食, 沒齒無怨言." (공자가 정치가를 평한 장에는 되도록 주석을 생략하였음.) ○「14-12」子曰: "孟公綽爲趙·魏老則優, 不可以爲滕·薛大夫." (공자가 정치가를 평한 장에는 되도록 주석을 생략하였음.) ○「14-15」子曰: "臧武仲以防求爲後於魯, 雖曰'不要君.', 吾不信也." (공자가 정치가를 평한 장에는 되도록 주석을 생략하였음.) ○「14-16」子曰: "晉文公譎而不正, 齊桓公正而不譎." (공자가 정치가를 평한 장에는 되도록 주석을 생략하였음.) ○「14-27」子曰: "不在其位, 不謀其政." (「8-14」에서 이미 나왔음.「8-14」子曰: "不在其位, 不謀其政.") ○「14-34」微生畝謂孔子曰: "丘何爲是棲棲者與? 無乃爲佞乎?" 孔 子曰: "非敢爲佞也, 疾固也." (공자가 은자와 대화를 나눈 장에는 되도록 주석을 생략하였음.) ○「14-40」子曰: "作者七人矣." (수신 및 덕행 향상과 직접적인 관련이 없는 장에는 주석을 생략하였음.) ○「14-44」子曰: "上好禮, 則民易使也." (공자가 현실 정치에 관해서 언급한 장에는 되도록 주석을 생략하였음.)
「衛靈公 第十五」 (한 章의 注釋이 省略됨)	○「15-18」子曰: "君子病無能焉, 不病人之不己知也." (「1-16」子曰: "不患人之不己知, 患不知人也."와「14-32」子曰: "不患 人之不己知, 患其不能也."에서 이미 나왔음.)
「季氏 第十六」 (다섯 章의 注釋 이 省略됨)	○「16-3」孔子曰: "祿之去公室五世矣, 政逮於大夫四世矣, 故夫三桓 之子孫微矣." (공자가 정치가를 평한 장에는 되도록 주석을 생략하였음.) ○「16-4」孔子曰: "益者三友, 損者三友. 友直, 友諒, 友多聞, 益矣. 友便辟, 友善柔, 友便佞, 損矣." (유교적 덕목이 강조된 장에는 주석을 생략하였음.) ○「16-6」孔子曰: "侍於君子有三愆: 言未及之而言謂之躁, 言及之而 不言謂之隱, 未見顏色而言謂之瞽." (유교적 덕목이 강조된 장에는 주석을 생략하였음.) ○「16-11」孔子曰: "見善如不及, 見不善如探湯, 吾見其人矣, 吾聞其 語矣. 隱居以求其志, 行義以達其道, 吾聞其語矣, 未見其人也." (공자가 은자를 評한 장에는 되도록 주석을 생략하였음.) ○「16-12」齊景公有馬千駟, 死之日民無德而稱焉. 伯夷·叔齊餓於首 陽之下, 民到於今稱之. '誠不以富, 亦只以異.', 其斯之謂與! (공자가 정치가를 평한 장에는 가급적 주석을 생략하였음.)

「陽貨 第十七」 (넉 章의 注釋이 省略됨)	○「17-4」子之武城, 聞弦歌之聲. 夫子莞爾而笑曰: "割雞焉用牛刀?" 子游對曰: "昔者偃也聞諸夫子: '君子學道則愛人, 小人學道則易使也.'" 子曰: "二三子! 偃之言是也! 前言戲之耳." (공자가 제자들과 농담을 주고받은 내용을 기술한 장에는 주석을 생략하였음.) ○「17-13」子曰: "鄕原, 德之賊也." (孔子가 鄕原을 비판한 장에는 주석을 생략하였음.) ○「17-17」子曰: "巧言令色, 鮮矣仁." (「1-3」에서 이미 나왔음. 「1-3」子曰: "巧言令色, 鮮矣仁.") ○「17-20」孺悲欲見孔子, 孔子辭以疾. 將命者出戶, 取瑟而歌, 使之聞之. (修行과 精進이 부족한 제자들이 나오는 장에는 주석을 생략하였음.)
「微子 第十八」 (두 章의 注釋이 省略됨)	○「18-3」齊景公待孔子曰: "若季氏, 則吾不能." 以季·孟之間待之. 曰: "吾老矣, 不能用也." 孔子行. (제후라는 신분에 걸맞게 행동하지 못한 정치가가 기술된 장에는 주석을 생략하였음.) ○「18-4」齊人歸女樂, 季桓子受之, 三日不朝. 孔子行. (제후라는 신분에 걸맞게 행동하지 못한 정치가가 기술된 장에는 주석을 생략하였음.)
「子張 第十九」 (일곱 章의 注釋 이 省略됨)	○「19-4」子夏曰: "雖小道, 必有可觀者焉, 致遠恐泥, 是以君子不爲也." (修行과 精進이 부족한 제자들이 나오는 장에는 주석을 생략하였음.) ○「19-14」子游曰: "喪致乎哀而止." (喪禮를 언급한 장에는 주석을 생략하였음.) ○「19-15」子游曰: "吾友張也, 爲難能也, 然而未仁." (修行과 精進이 부족한 제자들이 나오는 장에는 주석을 생략하였음.) ○「19-17」曾子曰: "吾聞諸夫子: '人未有自致者也, 必也親喪乎?'" (喪禮를 언급한 장에는 주석을 생략하였음.) ○「19-18」曾子曰: "吾聞諸夫子: '孟莊子之孝也, 其他可能也, 其不改父之臣與父之政, 是難能也.'" (修行과 精進이 부족한 제자들이 나오는 장에는 주석을 생략하였음.) ○「19-23」叔孫武叔語大夫於朝曰: "子貢賢於仲尼." 子服景伯以告子貢. 子貢曰: "譬之宮牆, 賜之牆也及肩, 窺見室家之好. 夫子之牆數仞, 不得其門而入, 不見宗廟之美·百官之富. 得其門者或寡矣. 夫子之云, 不亦宜乎?" (공자를 헐뜯는 장면이 기술된 장에는 주석을 생략하였음.) ○「19-24」叔孫武叔毀仲尼. 子貢曰: "無以爲也, 仲尼不可毀也. 他人之賢者, 丘陵也, 猶可踰也, 仲尼, 日月也, 無得而踰焉. 人雖欲自絶, 其何傷於日月乎? 多見其不知量也!" (공자를 헐뜯는 장면이 기술된 장에는 주석을 생략하였음.)
「堯曰 第二十」 (한 章의 注釋이 省略됨)	○「20-2」寬則得衆, 信則民任焉, 敏則有功, 公則說. (현실 정치 방법론이 기술된 장에는 되도록 주석을 생략하였음.)
計	總69章

〈표2-2〉 지욱 대사가 『論語點睛』에서 주석을 생략한 주된 까닭

番號	지욱 대사가 『論語點睛』에서 주석을 생략한 주된 까닭
①	공자가 정치가에 대해서 논평하거나 현실 정치 방법론을 開陳한 장에는 주석을 생략함. {17회} (「3-19」·「5-20」·「12-11」·「13-6」·「13-7」·「13-8」·「13-16」·「14-10」·「14-12」·「14-15」·「14-16」·「14-44」·「16-3」·「16-12」·「18-3」·「18-4」·「20-2」)
②	修行과 精進이 부족한 제자들이 나오는 장에는 주석을 생략함. {10회} (「6-4」·「6-7」·「6-11」·「12-12」·「12-21」·「12-22」·「17-20」·「19-4」·「19-15」·「19-18」)
③	평상시 공자의 생활하는 모습이나 제자들과 담소하는 모습을 묘사한 장에는 주석을 생략함. {8회} (「7-4」·「7-31」·「10-3」·「10-8」·「10-11」·「10-12」·「11-12」·「17-4」)
④	戰爭·疾病, 喪禮·齋禮, 獄事·訟事 등이 기술된 장에는 주석을 생략함. {7회} (「7-9」·「7-12」·「8-10」·「9-9」·「12-13」·「19-14」·「19-17」)
⑤	앞에서 이미 언급된 장이 반복하여 나오는 경우 주석을 생략함. {6회} (「4-20」·「9-24」·「12-15」·「14-27」·「15-18」·「17-17」)
⑥	유교적 덕목이 강조된 장에는 주석을 생략함. {6회} (「7-7」·「7-24」·「8-12」·「14-8」·「16-4」·「16-6」)
⑦	수신 및 덕행 향상과 직접적인 관련이 없는 장에는 주석을 생략함. {3회} (「3-16」·「11-5」·「14-40」)
⑧	본문의 내용이 유기적으로 연결되어 있으면서 연속적으로 배열되어 있는 장들의 경우, 마지막에 배열된 장에다가 하나의 주석을 두어 풀이함. {3회} (「11-8」·「12-17」·「12-18」)
⑨	공자가 세태를 탄식하고 鄕原을 비판한 장에는 주석을 생략함. {2회} (「6-28」·「17-13」)
⑩	꾸준하게 학문을 해야 할 것을 강조한 장에는 주석을 생략함. {2회} (「8-17」·「9-18」)
⑪	공자가 은자와 대화를 나눈 장에는 되도록 주석을 생략함. {2회} (「14-34」·「16-11」)
⑫	공자를 헐뜯는 장면이 기술된 장에는 주석을 생략함. {2회} (「19-23」·「19-24」)
⑬	음악에 대한 공자의 評이 언급된 장에는 주석을 생략함. {1회} (「8-15」)
計	總69章

한편, 지욱 대사가 주석을 생략한 總69章에서 陽復子 江謙이 단독으로
주석을 낸 곳은 모두 아홉 군데이다. 이를 도표로 나타내면 〈표3〉과 같다.

〈표3〉 陽復子 江謙이 단독으로 주석을 낸 各 篇의 章數와 章次

『論語』篇名	廬山 東林寺 印本 『論語點睛補注』 各 篇의 章數	江謙이 주석을 낸 各 篇의 章數와 章次 {*괄호 안 숫자는 章次임}	江謙이 단독으로 주석을 낸 各 篇의 章數와 章次
「學而 第一」	16	總7章 (1·2·7·8·9·10·12)	0
「爲政 第二」	24	總9章 (1·2·4·5·6·11·16·18·23)	0
「八佾 第三」	26	總4章 (10·11·23·26)	0
「里仁 第四」	26	總6章 (1·5·8·15·19·21)	0
「公冶長 第五」	27	總8章 (2·4·7·8·12·17·18·19)	0
「雍也 第六」	28	總9章 (2·3·5·10·17· 21·24·27·29-1·29-2) {*第29章의 경우【補注】가 두 文段으로 되어 있음.}	0
「述而 第七」	37	總13章 (1·2·3·6·7·8·12·14·16· 23·26·29·30)	2 (第7章·第12章)
「泰伯 第八」	21	總4章 (7·10·11·19)	1 (第10章)
「子罕 第九」	30	總8章 (1·2·7·10·13·15·17·21)	0
「鄕黨 第十」	14	總6章 (3·4·8·11·13·14)	3 (第3章·第8章·第11 章)
「先進 第十一」	28	總6章 (1·2·8·11·24-11-25-3)	1 (第8章)
「顔淵 第十二」	27	總1章 (1)	0
「子路 第十三」	30	總9章 (4·5·9·11·12·18·20·22·30)	0

「憲問 第十四」	48	總8章 (5·7·9·10·14·29·31·39)	1 (第10章)
「衛靈公 第十五」	41	總8章 (7·10·15·24·29·32·35·38)	0
「季氏 第十六」	14	總6章 (1·2·5·7·13·14)	0
「陽貨 第十七」	26	總7章 (2·3·10·20·21·25·26)	1 (第19章)
「微子 第十八」	11	總5章 (1·7·9·10·11)	0
「子張 第十九」	25	總1章 (1)	0
「堯曰 第二十」	4	0	0
計	全503章	總126章	總9章

2) 불교적 관점에서의 『논어』 해석

지욱 대사는 『논어점정』을 주석하는 데 있어서 유교 경전·도교 경전·
제자백가서·불교의 經·律·論 三藏 등 여러 經書의 훌륭한 가르침을 채
택하여, '마음 깨침'을 밝혔다.

『논어점정』에서 지욱 대사는 공자의 '仁'을 불교의 '如來藏{佛性}'으로
해석하였으며, 공자의 '學{배움}'을 불교의 '覺{깨달음}'으로 풀이하였다.[16]
그리고 天台 智顗(538-597) 선사가 부처님이 평생 설한 교법의 특징을

---

16 蕅益 智旭 解, 陽復子 江謙 補注, 廬山 東林寺 印本『四書蕅益解』, 中國 廬山:
東林寺淨土宗文化硏究學會, 2019, 95면, "只一'學'字到底. 學者, 覺也. 念念背
塵合覺謂之志, 覺不被迷情所動謂之立, 覺能破微細疑網謂之不惑, 覺能透眞
妄關頭謂之知天命, 覺六根皆如來藏謂之耳順, 覺六識皆如來藏之從心所欲
不踰矩. 此是得心自在. 若欲得法自在, 須至八十九十始可幾之, 故云'若聖與仁,
則吾豈敢?', 此孔子之眞語實語, 若作謙詞解釋, 冤却大聖一生苦心. 返聞聞自
性, 初須入流亡所, 名之爲逆. 逆極而順, 故名耳順, 卽聞所聞盡, 分得耳門圓照
三昧也."

판별하여 해석한 五時八教의 教相判釋을 중심으로 圓教『華嚴經』·『圓覺經』·『法華經』·『楞嚴經』의 義理로써『논어』를 이해하는 기초로 삼았다.[17]

　지욱 대사의『논어점정』은 經學史的으로도 매우 중요한 저서인데, 이미 실전된『孟子擇乳』의 儒佛 合一 思想의 실마리를 엿볼 수 있기 때문이다. 지욱 대사는『논어점정』에서『맹자』의 핵심 사상인 '良知良能'·'集義所生'·'天爵天祿'·'行一不義, 殺一不辜而得天下, 皆不爲也'·'狂狷'·'瞯其亡'·'性善'·'存心' 등을 불교 수행자의 관점에서 풀이하였다.[18]

　상당수의 불교학자와 승려들이 유교의 불교 비판에 대응하기 위해 불교가 유교와 상반된 가르침이 아니라 소통할 수 있다는 점을 해명하는 護法論的 저술을 남겨주고 있는 것과는 달리, 지욱 대사는『논어점정』에서 불교적 사유의 기반 위에서 유교의 대표적인 경전을 체계적으로 주석하여, 유교와 불교의 사상적 융화의 논리를 깊이 있게 제시하였다. 불교적 사유 기반 위에서 유교 경전의 가르침을 전반적으로 수용할 수 있다는 포용론의 당당한 자세를 각각의 經文에 대한 注釋文으로써 보여주고 있는 것이다.[19]

17　鄭雅芬,「藕益大師『論語點睛』探究」,『興大中文學報』, 臺中市: 國立中興大學, 2008, 21~29면 참조.
18　지욱 대사의『논어점정』에서『맹자』의 핵심 사상에 대해 주석을 단 편목은 모두 아홉 군데이다. '양지양능(良知良能)『論語點睛·學而 第一』제2장)', '집의소생(集義所生)『論語點睛·爲政 第二』제3장)', '천작천록(天爵天祿)『論語點睛·爲政 第二』제18장)', '행일불의(行一不義), 살일불고이득천하(殺一不辜而得天下), 개불위야(皆不爲也)『論語點睛·八佾 第三』제25장)', '맹자지집의(孟子之集義)『論語點睛·里仁 第四』제10장)', '광견(狂狷)『論語點睛·子路 第十三』제21장)', '감기무(瞯其亡)『論語點睛·陽貨 第十七』제1장)', '맹자도성선(孟子道性善)『論語點睛·陽貨 第十七』제2장)', '존심(存心)『論語點睛·陽貨 第十七』제6장)' 등이다.
19　이영호 선생은 그의 논문에서 유가의 경전에 대한 동아시아 학자들의 새로운 해석은 동아시아 유학 발전의 내재적 동력이었다는 점을 강조하면서 다음과 같이 말하였다. "중국사상사에서 새로운 사상이 등장할 때마다, 이것에 의하여 경전의 주석도 따라서 변모하였다. 즉 동일한 경전의 문구에 대하여 현학·주자학·

지욱 대사는 『논어점정』에서 心과 性을 핵심적인 기초로 삼아[20] 불교의 唯心論的 見解를 밝혔고 孔子를 부처님 다음가는 聖人으로 극진하게 높였다.

지욱 대사는 그의 또 다른 저서 『周易禪解』의 서문에서 "내가 『周易』을 해석한 까닭은 다른 것이 아니라 禪으로써 儒敎에 들어가 儒者들을 이끌어 禪을 알도록 勸勉한 것이다."[21]라고 언급하여, 유교와 불교의 조화를 추구하는 것이 儒敎人에게 불교를 이해시키려는 방편임을 밝혔다.

지욱 대사는 이러한 불교적 관점을 바탕으로 『논어』를 비롯한 유교 경전을 해석하였기 때문에, 유교 전통의 해석과 상당한 차이를 드러내는 독특한 해석을 하였다. 예컨대, 『논어점정』의 서문에서 언급하였던 것처럼 공자의 道脈이 曾子가 아니라 顔子에게 계승되었음을 지적하였고 『中庸』이 『大學』에 앞서 저작되었으며 『大學』도 曾子가 아니라 子思에 의해 저술되었다고 주장함으로써, 朱子의 견해와 상반된 입장을 견지하였다.

"올여름에 『成唯識論觀心法要』를 造述하다가 우연히 여력이 있어 舊稿를 다시 보아서, 그 아직 온전하지 못한 글귀를 고쳐 쓰고 그 미비한 글자를 增補하였다. 『論語』를 첫 번째로 놓았고 『中庸』을 그다음에

양명학·고증학을 대표하는 학자들은 자신들의 사상적 관점에 비추어서 각기 다르게 해석하고 있는 것이다. … 이것을 달리 설명하면, 동아시아 사상사에서 새로운 사상이 등장할 때면 예외 없이 새로운 경학으로서의 경전주석이 등장하였다고 할 수 있다." - 이영호, 「張岱의 『四書遇』를 통해 본 양명학파 경학의 일면」, 앞의 논문, 113면.

20 簡意濤, 「從 『論語點睛』 看佛儒融通的生命觀」, 『法印學報』 第10期, 桃園市: 佛敎弘誓學院, 2019, 177면.

21 藕益 智旭 著, 『周易禪解·周易禪解序』, "吾所由解易者, 無他, 以禪入儒, 務誘儒以知禪耳." 『嘉興大藏經』 第20冊·No.B096·周易禪解 第1卷 (J20nB096_001).

놓았고 『大學』을 그다음에 놓았고 『孟子』를 뒤에다가 놓았다. 『論語』는
孔氏의 기록이 된다. 그러므로 첫 번째에 놓았다. 『中庸』과 『大學』은
모두 子思가 著作한 바이기 때문에 그다음에 놓았다. 子思는 먼저 『中
庸』을 지었으니 (이 책은) 『戴禮』의 제31편에 속해 있으며, 뒤에 『大學』
을 지었으니 (이 책은) 『戴禮』의 제42편에 속해 있다. 이 때문에 (『大學』
의) 章 첫머리의 '在明明德'이 앞의 章의 끝부분인 (『中庸』의) '予懷明
德'을 이어서 말하였으니, 본래 '一經十傳'이 아니요 舊本{古本大學}에
도 錯簡이 없었다. 王陽明 居士가 이미 (이를) 論辨하였다. 孟子는 子
思에게 배웠으므로 그 뒤에 (『孟子』를) 놓았다."[22]

『論語點睛』은 1647년 음력 9월에 지욱 대사가 저술을 마친 책으로
서,[23] 중국 춘추시대의 大思想家 孔子와 그 제자들의 언행을 기록한 『論
語』라는 유교 경전을 불교적 관점에서 풀이한 最初의 그리고 惟一한 注
釋書이다.[24]

---

22 廬山 東林寺 印本 『四書藕益解』, 앞의 책, 1-2면 참조, "今夏述成『唯識心要』,
偶以餘力重閱舊稿, 改竄其未妥, 增補其未備. 首『論語』, 次『中庸』, 次『大學』, 後
『孟子』. 『論語』爲孔氏書, 故居首. 『中庸』·『大學』皆子思所作, 故居次. 子思先作
『中庸』, 『戴禮』列爲第三十一, 後作『大學』, 『戴禮』列爲第四十二, 所以章首'在明
明德'承章末'予懷明德'而言. 本非一經十傳, 舊本亦無錯簡, 王陽明居士已辨
之矣. 孟子學於子思, 故居後."

23 廬山 東林寺 印本 『四書藕益解』, 앞의 책, 2면, "丁亥孟冬九日古吳西有道人智
旭漫識(時在順治四年)."

24 지욱 대사가 1647년에 목판으로 인출(印出)한 초간본 『사서우익해(四書藕益解)』는
남아 있지 않으며, 그중 『맹자택유(孟子擇乳)』의 경우 병화(兵火)를 만나 실전되었
다. 1920년에 상참괴승(常慚愧僧) 인광(印光, 1861-1940) 스님이 『맹자택유(孟子擇
乳)』를 제외한 『논어점정(論語點睛)』·『대학직지(大學直指)』·『중용직지(中庸直指)』 등
3편이 수록된 『사서우익해(四書藕益解)』를 중간하였다. 간행과 관련된 내용이 인광
(印光) 스님이 찬(撰)한 「사서우익해중각서(四書藕益解重刻序)」에 보인다. 이 책에서
대본(臺本)으로 삼은 중국 여산(廬山) 동림사(東林寺) 인본(印本) 『사서우익해(四書
藕益解)』(2019)의 권두에는 지욱 대사 찬(撰) 「사서우익해서(四書藕益解序)」(1-2쪽)·

지욱 대사가 『논어점정』을 저술하게 된 동기가 『四書藕益解』의 저자 서문에 쓰여 있다. 서문에 따르면, 36세경에 죽을병을 얻게 된 지욱 대사는 中國 安徽省에 있는 地藏菩薩道場 九華山에 들어가 回香閣을 창건하고 험한 음식들을 먹으면서 저술 활동을 펼쳤다고 하였다. 지욱 대사는 고생스럽고 곤궁했던 그 당시에 親友였던 徹因 比丘와 친하게 지냈었는데 그가 律學은 자못 알았지만 禪觀을 깨치지 못하였으므로, 부처님의 최상승·제일의 진리를 나타냄을 돕는 역할로서 儒敎의 四書를 直解하게 되었다고 하였다. 지욱 대사가 혼자 생각해서 四書를 直解하게 된 것이 아니라, 徹因 比丘 때문에 四書를 直解하게 되었다는 것이다.

"藕益子가 나이 열두 살에 性理學을 談論하였으되 이치를 알지 못하였으며, 나이 스무 살에 玄門을 익혔으되 玄妙함을 알지 못하였으며, 나이 스물세 살에 禪을 參究하였으되 禪을 알지 못하였으며, 나이 스물일곱 살에 戒律을 익혔으되 戒律을 알지 못하였으며, 나이 서른여섯 살에 敎理를 演說하였으되 敎理를 알지 못하였다. 위중한 병에 목숨이 거의 끊어진 때에 이르러 九華山으로 돌아와 누웠다. 豆腐의 찌꺼기{비지}를 饌으로 삼고 쌀겨와 궂은쌀을 양식으로 삼아 形骸를 잊고서 俗世의 일을 끊으니, 온갖 생각이 흔적도 없이 사라지고 一心이 의지할 곳이 없었다. 그런 뒤에야 '儒{儒敎}'와 '玄{道敎}'과 '佛'과 '禪'과 '律{律藏}'과 '敎{經藏}'가 (모두) '버드나무 잎{楊葉}'과 '맨 주먹{空拳}'이 아닌 것이 없음을 알았다. …… 그때 徹因 比丘가 고생스럽고 곤궁한 상황에서 서로를 따르며 친하게 지냈는데, 律學은 조금 알았지만 참

___

상참괴승(常慚愧僧) 인광(印光) 찬(撰) 「사서우익해중각서(四書藕益解重刻序)」(3-6쪽)가 순서대로 실려 있다. 그리고 『논어점정보주(論語點睛補注)』의 권두에는 양복자 강겸 거사의 「논어점정보주서(論語點睛補注序)」(82-83쪽)가 수록되어 있다.

선법을 아직 깨우치지 못하였다. 자주 警策하여 분발시켰으나, 끝내 하나의 막{一膜}이 막혀 있었다. 이에 徹因 比丘가 至誠으로 부처님께 (祈禱하여) 下命을 請하고 두어 개의 제비로써 占을 친 뒤에, 모름지기 『四書』를 빙자해서 '第一義諦'를 도와서 나타내라는 점괘가 나왔다."[25]

한편, 지욱 대사 사후 삼백여 년이 지나서 陽復子 江謙(1876-1942)[26]이라는 거사가 나와서 『論語點睛』에 補注를 달았다. 그리하여 현재는 原注者 지욱 대사와 補注者 양복자 강겸의 주석이 합쳐진 『論語點睛補注』가 通行本이 되었다.

---

25 廬山 東林寺 印本 『四書藕益解』, 앞의 책, 1-2면, "藕益子年十二, 談理學而不知理, 年二十, 習玄門而不知玄, 年二十三, 參禪而不知禪, 年二十七, 習律而不知律, 年三十六, 演敎而不知敎. 逮大病幾絕, 歸臥九華, 腐滓以爲饌, 糠粃以爲糧, 忘形骸, 斷世故, 萬慮盡灰, 一心無寄, 然後知儒也, 玄也, 佛也, 禪也, 律也, 敎也, 無非楊葉與空拳也. …… 維時徹因比丘相從於患難顚沛, 律學頗諳, 禪觀未了, 屢策發之, 終隔一膜. 爰至誠請命於佛, 卜以數鬮, 須藉 『四書』助顯第一義諦."
26 강겸 거사는 자는 역원(易園)이고, 호는 양복자이다. 안휘(安徽) 무원(婺源) 사람{지금의 江西 婺源임}으로서 청말민초(淸末民初)의 교육자이다. 중국 현대 교육 사업을 이끈 선구자 가운데 한 명이기도 하다. 1902년에 과거가 폐지되자 10여 년간 남통사범학교를 창건하고 왕양명의 지행합일(知行合一)의 가르침에 의거하여 학생들을 교육시키면서 많은 인재들을 육성하였다. 1919년에는 모든 공직을 사직하고서 불학(佛學) 연구에 매진하였는데, 당시 고승이었던 제한(諦閑)·인광(印光) 두 법사를 사사하였다. 음운학(音韻學)에 밝았으며 만년(晩年)에는 불교 연구에 마음을 쏟아 정토종(淨土宗)을 창립하고 유교와 불교를 하나로 합한 의론을 선양하였다. 무원(婺源)에 머물 때 불광사(佛光社)를 창설하여 재가 불교 운동을 일으키기도 하였다. 1923년에 홍일 법사의 권유로 지욱 대사의 저술인 『영봉종론(靈峰宗論)』을 읽고서는 지욱 대사의 유불합일론(儒佛合一論)에 깊이 심복하였다. 양복자 강겸 거사는 1942년 4월 10일 상해에서 눈을 감기 전까지 약 17종의 불학 저작을 남겼다. 특히 지욱 대사가 주석을 단 『논어점정(論語點睛)』에 보주(補注)를 달았는데, 이 『논어점정보주(論語點睛補注)』는 이후 지욱 대사의 유불회통의 학문 성향을 연구하는 이들에게 중요한 지침서 역할이 되었다. – 이영호, 「공자와 부처: 『논어』 주석사적 전통에서 바라본 유교와 불교의 교섭양상」, 『陽明學』 제44호, 한국양명학회, 2016, 345면 각주40) 재인용.

3. 경전주석 방식

지욱 대사가 『논어점정』에서 『논어』의 正文을 풀이하기 위하여 행한 주석 방식은 크게 네 가지로 유형화할 수 있다.[27] 이를 도표로 나타내면 아래의 〈표4〉와 같다.

〈표4〉『논어점정』에 보이는 경전주석 방식의 특징

지욱 대사가 『논어점정』에서 『논어』 正文을 풀이하기 위하여 행한 주석 방식			
1.	2.	3.	4.
유교 경전과 불교의 經·律·論 三藏 그리고 지욱 대사 자신이 저술한 儒佛 經典 注釋書들을 가지고 『논어』의 正文을 풀이함.	王陽明의 문집을 위시하여 급진적인 양명학자 李卓吾의 『論語評』과 제자백가서를 인용함.	朱子의 『論語集注』를 비판함.	주석을 『논어』의 正文에 대한 풀이로만 한정시키지 않고, 注釋文 自體를 佛敎의 公案으로 활용함.

지욱 대사가 『논어점정』에서 『논어』의 正文을 풀이하기 위하여 행한 네 가지 주석 방식 특징에 대한 설명과 각각의 例文을 살펴보면 다음과 같다.[28]

---

27 지욱 대사는 『논어점정』에서 『논어』 정문(正文) 전20편(篇) 전503장(章) 중 총69장(章)에 대한 주석을 과감하게 생략하였다. 그리고 나머지 433장(章)에 대하여 주석을 달았는데, 그 낱낱의 장(章)의 주석 방식이 〈표4〉에 기술된 내용처럼 그 네 가지 범주를 벗어나지 않는다.

28 예문(例文)으로 든 『논어점정』의 각 정문(正文) 역문(譯文) 앞에는 숫자가 표시되어 있다. 앞의 숫자는 『논어점정』의 편명(篇名) 차례이며, 뒤의 숫자는 해당 편(篇)의 장(章) 차례이다. 예컨대, 「1–1」에서 앞의 '1'은 「학이 제일」을 뜻하며 뒤의 '1'은 「학이 제일」의 제1장을 가리킨다.

1) 佛敎 經典 引用

　　지욱 대사는 비록 天台宗의 宗門에 가까이 몸담고 있었으나 어느 한 종파의 경론에 집착하지 않고, 華嚴·天台·唯識·律·淨土·禪 등 실로 다양한 종파의 經論書를 강설하고 주석하였다. 노년에는 유가의 경전을 불교적 관점에서 재해석한 저술들을 남겼다.

　　또한, 당시에 새로운 종교로서 중국에 들어온 서양 종교 '천주교'에 대한 비판 내용을 담은 『辟邪集』 전2권을 저술하기도 하였다.[29] 지욱 대사가 이처럼 평생에 걸쳐서 남긴 저술은 총68종 226권에 달한다.

　　『논어점정』에는 모두 32번에 걸쳐서 '方外史曰'이라는 표현이 나오는데, '方外史'는 다른 사람을 지칭하는 것이 아니라 바로 지욱 대사 자신을 가리킨다.[30] '方外史'가 인용한 論書에 지욱 대사 자신이 주석을 하였던 書名이 보인다. 한편, 지욱 대사가 『논어점정』에서 一乘敎를 인용하여 『논어』正文을 풀이한 各 篇의 章數와 章次를 도표로 나타내면 아래의 〈표5〉와 같다.

〈표5〉 一乘敎를 인용하여 正文을 풀이한 各 篇의 章數와 章次

지욱 대사가 一乘敎를 인용하여 『論語』 正文을 풀이한 各 篇의 章數와 章次					
『論語』篇名	『華嚴經』	『法華經』	『楞嚴經』	『金剛經』	天台學
「學而 第一」	0	0	0	第4章	0
「爲政 第二」	第15章 (全80卷本)	0	第4章· 『首楞嚴經』 第17章 『首楞嚴經』	0	第1章· (『摩訶止觀』) 第11章 (『摩訶止觀』)

29　蕅益 智旭 著, 『周易禪解』, 길봉준 역주, 『주역선해(周易禪解)』, 서울: 운주사, 2016, 26-27면 참조.
30　韓煥忠, 「蕅益 智旭對『論語』的佛學解讀」, 廣東: 學術硏究『原道』第38輯, 2020.

「八佾 第三」	第18章(全40卷本)	0	0	0	0
「里仁 第四」	第4章(全40卷本)	0	0	第25章(『金剛經觀心釋』)	第14章(『摩訶止觀』)
「公冶長 第五」	0	0	0	0	第5章(『摩訶止觀』)
「雍也 第六」	第26章(全60卷本)	0	第26章『首楞嚴經』	0	第20章(『文句格言』)
「述而 第七」	0	0	第25章『首楞嚴經文句』	0	第25章(『摩訶止觀』)
「泰伯 第八」	0	0	0	0	0
「子罕 第九」	0	0	0	0	0
「鄉黨 第十」	0	0	0	0	0
「先進 第十一」	0	0	0	0	0
「顏淵 第十二」	0	0	第1章·『首楞嚴經』第12-10-2章『首楞嚴經』	0	0
「子路 第十三」	0	0	0	0	0
「憲問 第十四」	第30章·(全80卷本)第36章·(全80卷本)第42章(全40卷本)	0	0	0	0
「衛靈公 第十五」	0	第32章『法華經玄贊要集』	0	0	0
「季氏 第十六」	第8章(全60卷本)	0	0	0	0
「陽貨 第十七」	0	0	0	0	0
「微子 第十八」	0	0	0	0	0
「子張 第十九」	0	0	0	0	0

「堯曰 第二十」	0	0	0	0	第4章 『妙法蓮華經 玄義』
計	總24章				

[예문1: 佛經 『大佛頂如來密因修證了義諸菩薩萬行首楞嚴經』의 正文 직접 인용: 지욱 대사는 『首楞嚴經』 또한 불교의 了義經으로 보아 6차례 인용을 하였음.]

「2-4」孔子가 말하였다. "나는 열다섯 살에 배움에 뜻을 두었고, 서른 살에 覺이 섰으며, 마흔 살에 迷惑되지 않았고, 쉰 살에 天命을 알았으며, 예순 살에 귀가 순하여졌고, 일흔 살에 마음이 하고자 하는 바를 따라도 法度를 어기지 않았다."

【蕅師注】 단지 이 하나의 '學'字가 끝까지 가는 것이니, '學'은 '覺'이다. 생각마다 '塵'을 등지고 '覺'에 부합하는 것을 '志'라고 하며, '覺'이 迷惑하는 情에 동요되지 않는 것을 '立'이라고 하며, '覺'이 微細한 疑網을 깨트리므로 '不惑'이라고 하며, '覺'이 '眞'과 '妄'의 關頭를 꿰뚫어 아는 것을 '知天命'이라고 하며, 六根이 모두 '如來藏'이라는 것을 깨닫는 것을 '耳順'이라고 하며, 六識이 모두 '如來藏'이라는 것을 깨닫는 것을 '從心所欲不踰矩'라고 한다. 이것은 곧 '心自在'함을 얻은 것이다. 만약 '法自在'함을 얻고자 한다면 모름지기 여든 살·아흔 살이 되어서야 비로소 가깝게 될 것이다. 그러므로 "聖과 仁으로 말하면, 내가 어찌 감히 自處하겠는가?"라고 하였다. 이 말은 孔子의 眞實된 말이다. 만약 이 말을 '謙詞'로 해석한다면, 大聖의 一生 동안의 苦心

을 억울하게 한 것이다. '返聞'하여 '自性'을 듣는 경우{返聞聞自性}, 처음에는 모름지기 流에 들어가서 所를 잃어버려야 하니, '逆'이라 이름한다. '逆'이 다하면 '順'해지니, 그러므로 '耳順'이라고 이름한다. '聞'에 卽하여 들은 내용을 여의면, 耳門의 圓照三昧를 나누어 攄得하는 것이다.31

※ '返聞聞自性'은 『大佛頂如來密因修證了義諸菩薩萬行首楞嚴經』 제6권에 실려 있는 구절이다. 부처님은 大衆들과 阿難에게 聲塵만 듣던 聞機를 되돌려 듣는 자성을 돌이켜 들으면{返聞聞自性}, 그 自性이 無上道를 이룬다는 가르침을 설파하였다.32

[예문2: 지욱 대사 자신이 저술한 佛經 注釋書 『金剛經觀心釋』을 "方外史"라는 인물의 말을 빌려서 인용]

---

31 廬山 東林寺 印本 『四書藕益解』, 앞의 책, 95면, 「2-4」 子曰: "吾十有五而志於學, 三十而立, 四十而不惑, 五十而知天命, 六十而耳順, 七十而從心所欲不踰矩."
【藕師注】只一'學'字到底. 學者, 覺也. 念念背塵合覺謂之志, 覺不被迷情所動謂之立, 覺能破微細疑網謂之不惑, 覺能透眞妄關頭謂之知天命, 覺六根皆如來藏謂之耳順, 覺六識皆如來藏謂之從心所欲不踰矩. 此是得心自在. 若欲得法自在, 須至八十九十始可幾之, 故云'若聖與仁, 則吾豈敢?' 此孔子之眞語實語, 若作謙詞解釋, 冤却大聖一生苦心. 返聞聞自性, 初須入流亡所, 名之爲逆. 逆極而順, 故名耳順, 卽聞所聞盡, 分得耳門圓照三昧也.
32 般刺蜜帝 漢譯 『大佛頂如來密因修證了義諸菩薩萬行首楞嚴經』, "大衆及阿難, 旋汝倒聞機, 反聞聞自性, 性成無上道." 『大正新脩大藏經』 第19冊·No.0945·大佛頂如來密因修證了義諸菩薩萬行首楞嚴經 第6卷 (T19n0945_006).

「4-25」孔子가 말하였다. "德이 있는 사람은 외롭지 않으니, 반드시 이웃이 있다."

【藕師注】 千里를 늘어선 사람들의 어깨와 맞닿고 百 世代의 사람들이 잇달아 쫓아온다. 李卓吾는 말하였다. "하나의 善한 단서가 있으면, 여러 善한 것이 모두 모인다." 方外史는 말한다. "이것은 『觀心釋』을 요약한 것이다."[33]

[예문3: 지욱 대사 자신이 저술한 佛經 注釋書 『大佛頂如來密因修證了義諸菩薩萬行首楞嚴經文句』를 인용]

「7-25」공자가 말하였다. "성인을 내가 만나볼 수 없다면 군자라도 만나볼 수 있으면 좋겠다. 선인(善人)을 내가 만나볼 수 없으면 떳떳한 마음{恆心}이 있는 자라도 만나볼 수 있으면 좋겠다. 없으면서 있는 체하고 비었으면서 가득한 체하며 적으면서 많은 체하면 항심(恆心)을 가지기 어렵다."

【藕師注】 성인은 다만 본래 없고 본래 비었고 본래 검소한 도리를 깨달아 얻은 분이요, 항심(恆心)이 있는 자는 대개 본래 없고 본래 비었고 본래 검소한 도리를 믿는 사람으로서 이곳으로부터 나아가 손을

---

33 廬山 東林寺 印本 『四書藕益解』, 앞의 책, 119면, 「4-25」子曰: "德不孤, 必有鄰."
　　【藕師注】千里比肩, 百世接踵. 卓吾云: "有一善端, 衆善畢至." 方外史曰: "此約觀心釋也."

댄다면 곧 성인의 지위에 도달할 수 있다. 이른바 "'불생불멸(不生不滅)'을 '본수인(本修因)'으로 삼은 연후에 '과지(果地)의 수증(修證)'을 원만히 성취할 수 있다."라는 것이다. '망(亡)'은 '진제(眞諦)'요, '허(虛)'는 '속제(俗諦)'요, '약(約)'은 '중제(中諦)'이다. 이것에 의지하여 닦으면 '삼지삼관(三止三觀)'이 되며, 이 오묘한 도리를 깨달아 얻으면 '삼덕삼신(三德三身)'을 이룰 수 있다.[34]

2) 陽明學派 經說 引用

지욱 대사는 『논어점정』에서 陸象山의 사상을 계승하였던 王陽明의 언설을 10차례 인용하였고, 급진적인 양명학파에 속했던 李卓吾의 언설을 93차례 인용하였다. 특히 이탁오의 저서 『논어평』을 중점적으로 언급하였다. 지욱 대사가 『논어평』을 중요시했던 까닭은 송대 이후로 쇠락해 가던 불교를 晚明 時期에 부흥시킬 수 있는 계기를 마련하여 주었던 인물이 바로 이탁오였기 때문이다. 지욱 대사가 『논어점정』에서 이탁오의 『논어평』을 인용한 各 篇의 章數와 章次를 도표로 나타내면 아래의 〈표6〉과 같다. 이외에도 『孔子家語』・『莊子』・『周易』 등 다양한 經書와 諸子百家書를 인용하였다.

---

34 廬山 東林寺 印本 『四書藕益解』, 앞의 책, 147-148면, 「7-25」 子曰: "聖人吾不得而見之矣, 得見君子者, 斯可矣. 善人吾不得而見之矣, 得見有恆者, 斯可矣. 亡而爲有, 虛而爲盈, 約而爲泰, 難乎有恆矣."
【藕師注】聖人只是證得本亡・本虛・本約之理. 有恆須是信得本亡・本虛・本約之理, 就從此處下手, 便可造到聖人地位, 所謂以不生不滅爲本修因, 然後圓成果地修證也. 亡是眞諦, 虛是俗諦, 約是中諦. 依此而修, 爲三止三觀, 證此妙理, 成三德三身.

〈표6〉 지욱 대사가 이탁오의 『논어평』을 인용한 各 篇의 章數와 章次

『論語』 篇名	지욱 대사가 『논어점정』에서 이탁오의 『논어평』을 인용한 各 篇의 章數와 章次	『논어평』의 原文과 다른 章
「學而 第一」	0	0
「爲政 第二」	1 (第12章)	0
「八佾 第三」	9 (第1章·第2章·第3章·第6章· 第8章·第13章·第15章·第17章·第21章)	1 (第15章)
「里仁 第四」	3 (第6章·第12章·第25章)	0
「公冶長 第五」	11 (第2章·第3章·第9章·第11章·第13章· 第14章·第16章·第17章·第18章·第19章·第23章)	2 (第3章·第9章)
「雍也 第六」	5 (第5章·第13章·第18章·第19章·第27章)	0
「述而 第七」	13 (第1章·第5章·第6章·第8章·第10章· 第11章·第19章·第22章·第23章·第27章· 第28章·第33章·第35章)	0
「泰伯 第八」	3 (第5章·第11章·第19章)	0
「子罕 第九」	8 (第1章·第2章·第3章·第13章· 第23章·第25章·第28章·第30章)	0
「鄕黨 第十」	0	0
「先進 第十一」	7 (第10章·第13章·第15章· 第16章·第17章·第21章·第22章)	0
「顔淵 第十二」	2 (第2章·第5章)	0
「子路 第十三」	6 (第1章·第9章·第14章· 第20章·第27章·第28章)	0
「憲問 第十四」	8 (第1章·第13-1-【正文】章· 第13-1-【藕師注】章·第13-2-【藕師注】章· 第14章·第19章·第29章·第47章)	3 (第13-1-【正文】章· 第13-1-【藕師注】章· 第13-2-【藕師注】章)
「衛靈公 第十五」	6 (第2章·第17章·第26章· 第31章·第35章·第40章)	0
「季氏 第十六」	1 (第2章)	1 (第2章)
「陽貨 第十七」	1 (第5章)	0
「微子 第十八」	2 (第1章·第2章)	0
「子張 第十九」	7 (第1章·第2章·第8章· 第11章·第13章·第22章·第25章)	0
「堯曰 第二十」	0	0
計	總93章	總7章

[예문1: 왕양명의 문집 『傳習錄』을 인용]

「7-18」 葉公이 子路에게 孔子의 인물됨을 물었는데, 子路가 대답하지 못하였다. 공자가 말하였다. "너는 어찌 이렇게 말하지 않았느냐? '그 사람됨이 알지 못하면 분발하여 먹는 것도 잊고, 알고 나면 즐거워하여 근심을 잊어버리며, 늙음이 장차 닥쳐오는 줄도 모른다.'라고 말이다."

【藕師注】 이제야 겨우 사람이 되었다. 지금은 단지 한 사람의 生을 훔친 것일 뿐이니, 사람이 된 것을 언제 기꺼워한 적이 있었느냐? 이미 사람이 된 것을 기꺼워하지 않으니, 이 때문에 한 번 사람 몸을 잃으매 萬劫으로 어려움을 겪게 되는 까닭이다. 왕양명이 말하였다. "'發憤忘食'은 聖人의 뜻이 이와 같아서 참으로 그만두는 때가 없음이요, '樂以忘憂'는 聖人의 道가 이와 같아서 참으로 슬퍼하는 때가 없음이다. 행여나 朱子처럼 '뜻을 얻어서 그러하다.'든가 '뜻을 얻지 못해서 그러하다.'라고 해석할 필요는 없을 것이다."[35]

[예문2: 급진적 양명학자 이탁오의 『논어평』을 인용]

---

35 廬山 東林寺 印本 『四書藕益解』, 앞의 책, 146면, 「7-18」 葉公問孔子於子路, 子路不對. 子曰: "女奚不曰'其爲人也, 發憤忘食, 樂以忘憂, 不知老之將至云爾.'?"
【藕師注】者才是爲人的. 今只偸得一人生耳, 何嘗肯爲人哉! 旣是不肯爲人, 所以一失人身萬劫難也. 王陽明曰: "發憤忘食, 是聖人之志如此, 眞無有已時. 樂以忘憂, 是聖人之道如此, 眞無有戚時. 恐不必云得不得也."

「2-12」孔子가 말하였다. "君子는 용도가 정해진 그릇으로 국한되지 않는다."

【藕師注】 '形而上'을 '道'라고 하며, '形而下'를 '器'라고 한다. '乾坤'과 '太極'은 모두 '器{有限한 것을 뜻함.}'이다. 仁者는 이것을 보고 '仁'이라고 하며, 智者는 이것을 보고 '智'라고 하니, 다 '器'이다. 하물며 (쓰임과 용량이 정해져 있는) 瑚璉과 鬥筲도 器가 아니겠는가! 이탁오가 "밑에서부터 차츰 배워서 깊은 이치에 도달해야만 바로 '(용도가 정해진) 그릇으로 한정되지 않는다. [不器]'고 할 수 있다."라고 하였으니, 그의 말이 속뜻을 얻었다.[36]

[예문3: 제자백가서 가운데 『孔子家語』를 인용]

「1-15」子貢이 말하였다. "가난하면서도 아첨함이 없고, 부유하면서도 교만함이 없다면 어떻겠습니까?" 孔子가 말하였다. "괜찮다. 그러나 가난하면서도 道를 즐거워하고 부유하면서도 禮를 좋아하는 자만 못한 것이다." 자공이 말하였다. "詩經』에서 이르기를,「잘라놓은 듯하고 가는 듯하며 쪼아놓은 듯하고 간 듯하다.」라고 하였는데, 이것을 일러 말한 것인지요?" 공자가 말하였다. "賜야, 비로소 너와 더불어 詩를 말할 만하구나! 지나간 것을 알려주자, 앞으로 올 것을 아는구나."

---

36 廬山 東林寺 印本 『四書藕益解』, 앞의 책, 98-99면 참조, 「2-12」子曰: "君子不器." 【藕師注】 形而上者謂之道, 形而下者謂之器. 乾坤·太極, 皆器也. 仁者見之謂之仁, 智者見之謂之智, 無非器也. 況瑚璉·鬥筲而非器哉! 李卓吾云: "下學而上達, 便是不器." 此言得之.

【蕅師注】 자공의 病痛은 사람 섬기는 일을 그만두고 싶어서 하는 데에 있었으며, 또 자기보다 못한 자를 기뻐하였던 것에 있다. 그러므로 그 잘 아는 것을 기대어 알려준 것이다. '告往知來'는 온전히 자공을 격려하여 촉진한 곳이다. 道는 넓어서 가없으니, 어찌 다함이 있겠는가? 만약 가난하면서도 道를 즐거워하고 부유하면서도 禮를 좋아하는 자리에 坐定하여 (그치고) 만다면, 곧 앞으로 올 것을 아는 것이 아니다.[37]

3) 朱子 經說 批判

지욱 대사는 『논어점정』에서 『논어』의 正文을 풀이하는 데 있어 道를 닦는 수행자의 처지에서 불교의 깨달음과 유교의 心法의 切點을 찾고자 애를 썼다. 이 때문에 『논어』를 性理哲學的 觀點에서만 注解한 朱子의 『論語集注』를 62차례에 걸쳐서 비판하였다. 지욱 대사가 『논어점정』에서 주자의 『논어집주』 풀이를 직접 비판한 各 篇의 章數와 章次를 도표로 나타나면 아래의 〈표7〉과 같다. 주자는 남송 때의 대표적인 辟佛論者로서, 『논어집주』에는 불교를 강도 높게 비판한 곳이 여러 군데에 걸쳐서 기술되어 있다.

---

37 廬山 東林寺 印本 『四書蕅益解』, 앞의 책, 92면, 「1-15」 子貢曰: "貧而無諂, 富而無驕, 何如?" 子曰: "可也. 未若貧而樂, 富而好禮者也." 子貢曰: "詩云'如切如磋, 如琢如磨.', 其斯之謂與?" 子曰: "賜也, 始可與言『詩』已矣! 告諸往而知來者." 【蕅師注】 子貢之病在願息, 又在悅不若己, 故因其所明而通之. 告往知來, 全是策進他處. 道曠無涯, 那有盡極? 若向樂與禮處坐定, 便非知來矣.

『論語』篇名	지욱 대사가 『논어점정』에서 주자의 『논어집주』를 비판한 各 篇의 章數와 章次
「學而 第一」	5 (第1章·第6章·第7章·第13章·第15章)
「爲政 第二」	9 (第4章·第6章·第9章·制12章· 第13章·第16章·第17章·第18章·第20章)
「八佾 第三」	10 (第4章·第5章·第8章·第10章·第12章· 第15章·第17章·第20章·第25章·第26章)
「里仁 第四」	4 (第4章·第5章·第6章·第26章)
「公冶長 第五」	3 (第8章·第23章·第24章)
「雍也 第六」	4 (第1章·第6章·第10章·第25章)
「述而 第七」	3 (第1章·第16章·第18章)
「泰伯 第八」	2 (第1章·第6章)
「子罕 第九」	1 (第5章)
「鄕黨 第十」	1 (第2章)
「先進 第十一」	7 (第9章·第11章·第13章·第16章·第19章·第25-2章·第25-3章)
「顔淵 第十二」	2 (第1章·第8-2章)
「子路 第十三」	0
「憲問 第十四」	5 (第14章·第30章·第32章·第42章·第47章)
「衛靈公 第十五」	1 (第17章)
「季氏 第十六」	0
「陽貨 第十七」	3 (第1章·第5章·第26章)
「微子 第十八」	0
「子張 第十九」	2 (第11章·第22章)
「堯曰 第二十」	0
計	總62章 {江謙 居士가 『논어집주』를 引用한 補注의 章數는 미포함됨}

[예문1: 주자의 『논어집주』를 비판]

「1-6」 孔子가 말하였다. "弟子가 집에 들어가서는 孝道하고, 밖으로 나와서는 공손하며, 行實을 삼가고 信實하며, 널리 사람들을 사랑하되 仁한 이를 가까이하고, 그렇게 실행한 뒤에 여력이 있거든 文을 배운다."

【藕師注】蒙昧함 속에서 正道를 수양하는 것은 學問만 한 것이 없고, 學問하는 것은 잃어버린 마음을 찾는 것에 지나지 않으며, 잃어버린 마음을 찾는 데에는 '格物致知'만 한 것이 없다. 孝·弟·謹·信과 文을 배우는 데에 이르기까지 모두 格物致知의 功效이다. 곧 一切의 때로 하여금 文行을 合一하여 수양하게 하는 것이지, 行을 먼저하고 文을 뒤로하는 것이 아니다. 대개 文은 道統이 깃드는 곳이요, 孝·弟·忠·信 등은 곧 文이 실천되는 곳이다. 그러므로 말하기를, "文王께서 이미 돌아가셨으나, 文이 나에게 있지 않은가?"라고 말하였다. 만약 단지 六藝로 한정하여 풀이한다면, 孤陋한 것이다.[38]

※ 지욱 대사의 위 주석은 주자가 『논어집주』에서 "文은 詩·書·六藝의 文을 이른다. [文謂詩書六藝之文.]"라고 하여 '文'을 '六藝'로 한정하여 注를 단 것에 대하여 직접 비판한 것이다.

[예문2: 주자의 『논어집주』를 비판]

「2-17」 孔子가 말하였다. "由{子路}야! 너에게 아는 것에 대해 가르쳐 주겠다. 내 마음의 佛性{自性}을 아는 것을 안다고 하고 모르는 것을 모른다고 하는 것, 이것이 참으로 아는 것이다."

---

38 廬山 東林寺 印本 『四書藕益解』, 앞의 책, 87면, 「1-6」子曰: "弟子入則孝, 出則弟, 謹而信, 汎愛衆, 而親仁. 行有餘力, 則以學文."
【藕師注】養蒙莫若學問, 學問不過求放心, 求放心莫若格物致知. 孝·弟·謹·信, 乃至學文, 皆格物致知之功也. 直敎一切時文行合一而修, 不是先行後文. 蓋文是道統所寄, 孝·弟·忠·信等即是文之實處, 故曰'文王旣沒, 文不在茲乎?'. 若僅作六藝釋之, 陋矣.

【藕師注】 子路는 能知{認識}와 所知{對象}의 측면에서 마음을 써서 (밖으로) 알지 못하는 것이 없어야 비로소 안다고 이름하는 것으로 생각하였다. 알지 못하는 것을 억지로 안다고 여기는 것이 아니다. 이것은 밖을 향하여 열심히 구하는 것이니, 知의 本體를 전혀 모르는 것이다. 그러므로 이제 바로 本體를 지적하여, 다만 자기의 '眞知의 本體'를 알아야 하지 다른 知가 있는 것이 아니라고 한 것이다. 이는 "知見에서 知를 세우면 곧 無明의 근본이 되고 知見에서 見이 없는 것이 곧 涅槃의 새지 않는 無漏인 眞淨이다."라는 뜻과 같이 본다면, 바야흐로 聖人의 道脈의 오묘함을 볼 수 있을 것이다. 만약 이를 버리고 따로 '知'를 구한다면, 丙丁童子가 불을 구함과 다르지 않고 또한 소의 등에 올라타고서 소를 구하는 것과 비슷한 것이다.[39]

※ 주자는 『논어집주』에서 "아는 것을 안다고 하고, 알지 못하는 것을 알지 못한다고 하는 것이니, 이와 같다면 비록 혹 능히 다 알지는 못한다고 하더라도 자신을 속이는 弊端이 없을 것이요 또한 그 안다고 하는 것에 害가 되지 않을 것이다. [但所知者則以爲知, 所不知者則以爲不知. 如此, 則雖或不能盡知而無自欺之蔽, 亦不害其爲知矣.]"라고 풀이하여, 알지 못하는 것을 거짓으로 안다고 하는 것을 孔子가 경계한 말이라고 하였다. 그리고 '知'를 客觀世界 內에서의 探究를 통한 智識의 獲得으로 보았다. 이에 반해 지욱 대사는 자기 내면의 佛性을 깨치는 것을 '知'라고 풀

---

39 廬山 東林寺 印本『四書藕益解』, 앞의 책, 100면, 「2-17」子曰: "由, 誨女知之乎? 知之爲知之, 不知爲不知, 是知也."
【藕師注】子路向能知所知上用心, 意謂無所不知, 方名爲知, 不是强不知以爲知也. 此則向外馳求, 全昧知體. 故今直向本體點示, 只要認得自己眞知之體, 更無二知. 此與"知見立知, 卽無明本, 知見無見, 斯卽涅槃"之旨參看, 方見聖人道脈之妙. 若捨此而別求知, 不異丙丁童子求火, 亦似騎牛覓牛矣.

이하였다. 지욱 대사의 注에서 "알지 못하는 것을 억지로 안다고 여기는 것이 아니다."라고 말한 부분이 바로 주자를 직접 겨냥하여 비판한 곳이다.

4) 注釋과 佛敎 公案의 接木

지욱 대사는 자신이 직접 주석을 단 『논어』의 正文 총 433장에서 「顏淵 第十二」 제1장·「陽貨 第十七」 제21장·「微子 第十八」 제6장 및 제7장·「子張 第十九」 제12장 등 다섯 章의 주석 형태를 '禪問答式'으로 구성하였다.

『論語集解』와 『論語集注』 등에서 何晏과 朱子가 각 章의 내용이 끝나는 곳 옆에다가 그들 자신의 注를 달았던 전통적인 주석 방식과는 다르게, 지욱 대사는 각 章의 내용이 채 끝나기도 전에 句節과 句節 사이에다가 注釋文을 배치하였다. 『논어』 正文에 대한 注釋으로 달아놓은 글임에도 불구하고 그 접근 방식이 경학적이거나 훈고학적이지 않다. 오히려 參禪하는 수행자의 본분 상에서 經文을 상대하고 있어서, 주석문의 형태가 고도의 난제를 일으키고 그 답을 주고받는 '禪問答 形式'에 가깝다. 宋나라 때 저술된 대표적인 參禪 修行書로서 100개의 公案이 수록된 『佛果圜悟禪師碧巖錄』의 思惟의 깊이에 비견되는 지욱 대사의 話頭公案 5則이 『論語點睛』에 실려 있는 것이다.

[예문1: 注釋文 自體를 佛敎의 公案으로 활용]

「12-1」 顏淵이 仁에 관해 물었다. (한 스님이 和尙에게 물었다. "무엇이 곧 부처입니까?") 孔子가 말하였다. "능히 自己가 禮로 돌아가는 것이 仁이니, 하루라도 능히 自己가 禮로 돌아가면 천하 사람들이 모두 그 仁으로 依託한다. 仁을 하는 것은 자신에게 달린 것이지, 남에게 달린 것이겠는가?"(和尙이 대답하였다. "단지 자네가 곧 부처네.") 顔淵이 말하였다. "청컨대 그 實踐 條目을 묻습니다."(스님이 또 물었다. "어떻게 保任을 해야 합니까?") 孔子가 말하였다. "禮가 아니면 보지 말며[非禮勿視], 禮가 아니면 듣지 말며[非禮勿聽], 禮가 아니면 말하지 말며[非禮勿言], 禮가 아니면 움직이지 말아야 한다[非禮勿動]."(和尙이 대답하였다. "하나의 가림{눈병}이 눈에 있으면, 허공에 핀 꽃이 어지러이 흩어지느니라.") 顔淵이 말하였다. "제가 비록 不敏하나 청컨대 이 말씀을 잘 섬기겠습니다."(스님이 禮拜하였다.)[40]

【藕師注】'克'은 '能'이다. 능히 自己가 禮로 돌아감을 즉 '仁'이라고 이름한다. 한 번 仁의 體를 보면 천하가 바로 그때 仁의 體로 消歸하니, 仁의 밖에서 얻을 수 있는 천하는 따로 없다. '十方의 虛空이 모두 다 소멸한다.'라고 말하는 것과 같으니, 온 세상이 自己이다. 그러므로 '由己'라고 말하였다. '由己'는 바로 '克己'이다. '己'字를 두 가지로 해석하지 않는다. 夫子의 이 말은 분명히 仁의 體를 가지고 깡그리 다 털어놓았던 것인데, 오직 上根機만이 그 가르침의 은택을 입었다. 이 때문에 顔子는 神妙한 깨달음을 단박에 알았고, 단지 華屋에 들어가는 일개의 방편만을 구하였을 뿐이다. 그러므로 '청컨대 그 實踐 條目을 묻습니다.'라고 말하였다. '目'은 '眼目'이니, 비유하면 龍의 鬚髯을 그리고

---

40 廬山 東林寺 印本『四書藕益解』, 앞의 책, 183면, 「12-1」顔淵問仁. (僧問和尙: "如何是佛?") 子曰: "克己復禮爲仁, 一日克己復禮, 天下歸仁焉. 爲仁由己, 而由人乎哉?"(和尙答曰: "只你便是.") 顔淵曰: "請問其目."(僧又問: "如何保任?") 子曰: "非禮勿視, 非禮勿聽, 非禮勿言, 非禮勿動."(和尙答曰: "一翳在目, 空華亂墜.") 顔淵曰: "回, 雖不敏, 請事斯語矣."(僧禮拜.)

눈동자를 點 찍는 것과 같다. 그래서 夫子는 (즉각) 시작할 수 있는 工夫를 곧장 보였으니, 바로 이른바 "生死에 流轉하며 涅槃에 安樂하는 것이 오직 너의 六根일 뿐이요 다시 다른 물건이 아니다."라는 것이다. 보고 듣고 말하고 움직임은 즉 六根의 妙用이요 곧 自己의 일이다. 너에게 보지 못하게 하며 듣지 못하게 하며 말하지 못하게 하며 움직이지 못하게 하려는 것이 아니라 단지 禮가 아닌 것을 가려서 버리기를 바랄 뿐이니, (이렇게 하면) 바로 禮이다. 禮가 회복되면 仁의 體가 완전해진다. 옛말에 이르기를 '다만 가림{티끌}을 제거하는 法만이 있을 뿐이요, 밝아지도록 도와주는 法은 따로 없다.'라고 하였으며,『經』에서 이르기를 '知見으로 立知함이 즉 無明의 根本이요, 知見에 主觀的 識見이 없음이 곧 涅槃이다.'라고 하였다. '立知'는 즉 禮가 아니다. 지금 보지 말며 듣지 말며 말하지 말며 움직이지 말라는 것이 곧 知見에 主觀的 識見이 없는 것이다. 이 일은 사람 사람마다 본디 갖추고 있어서 확실히 다른 사람을 말미암지 않는다. 단지 즉시 당장 받아들여 堪當하는 것을 귀하게 여길 뿐이니, 무슨 가히 논할 만한 뛰어난 根機와 둔한 根機라는 것이 있겠는가? 그러므로 말하기를, '제가 비록 不敏하나, 청컨대 이 말씀을 잘 섬기겠습니다.'라고 하였다. 이로부터 삼 개월 동안 仁을 실천하는 일을 저버리지 않고 精進하여 그치지 않았기에, 비로소 '好學'이라고 이름하였다. 어찌 曾子와 子思가 능히 미칠 수 있는 바였겠는가![41]

41 앞의 책, 183-184면, 【蕅師注】克, 能也. 能自己復禮, 卽名爲仁. 一見仁體, 則天下當下消歸仁體, 別無仁外之天下可得, 猶云'十方虛空悉皆消殞.', 盡大地是個自己也. 故曰'由己.'. '由己'正卽'克己', '己'字不作兩解. 夫子此語, 分明將仁體和盤托出, 單被上根. 所以顔子頓開妙悟, 只求一個入華屋之方便, 故云'請問其目.'. 目者眼目, 譬如畵龍鬚點睛耳. 所以夫子直示下手工夫, 正所謂"流轉生死, 安樂涅槃, 惟汝六根, 更非他物.". 視·聽·言·動卽六根之用, 卽是自己之事, 非

※ 상기한 『論語·顔淵 第十二』 제1장의 正文을 살펴보면, 하나의 章 내용이 완결되지 않았음에도 불구하고 各 文章 사이마다 '禪問答式 注釋文'을 布置하였다. 그런 뒤에 총괄적으로 本 章에 대한 지욱 대사 자신의 見解를 注로써 밝혔다.

[예문2: 注釋文 自體를 佛教의 公案으로 활용]

「17-21」宰我가 물었다. "三年喪은 기간이 너무 오랩니다. 君子가 3년 동안 禮를 행하지 않으면 禮가 반드시 무너지고, 3년 동안 音樂을 익히지 않으면 音樂이 반드시 무너질 것입니다. (무엇을 禮樂이라 부르는가? 부끄럽다! 부끄럽다!) 묵은 곡식이 이미 없어지고 새 곡식이 이미 올라오며 불씨를 일으키는 나무도 계절에 따라 바뀌니, 1년이면 그칠 만합니다." 孔子가 말하였다. "喪中에 쌀밥을 먹고 비단옷을 입는 것이 네 마음에 편안하냐?" 宰我가 말하였다. "편안합니다." (理性을 잃고 미쳐 날뛰는 것이다!) 孔子가 말하였다. "네 마음이 편안하거든 그리하라. 대저 君子는 居喪 할 때는 맛있는 음식을 먹어도 달가워하지 않으며 음악을 들어도 즐거워하지 않으며 거처하는 것도 편안하지 않으니 이 때문에 하지 않는 것이다. (眞禮와 眞樂을 일절 남기지 않고 다 드러내었다.) 지금 네가 편안하거든 그렇게 하라." 宰我가 밖으로 나가자,

---

敎汝不視·不聽·不言·不動. 只要揀去非禮, 便卽是禮, 禮復則仁體全矣. 古云'但有去翳法, 別無與明法.'. 『經』云'知見立知, 卽無明本, 知見無見, 斯卽涅槃.'. 立知卽是非禮, 今勿視·勿聽·勿言·勿動卽是知見無見也. 此事人人本具, 的確不由別人, 只貴直下承當, 有何利鈍可論? 故曰'回雖不敏, 請事斯語.'. 從此三月不違, 進而未止, 方名好學, 豈曾子·子思所能及哉!

孔子가 말하였다. "宰予{宰我}는 仁하지 못하구나. 子息은 태어나서 3년이 된 뒤에야 부모의 품을 벗어난다. 대저 3년의 喪은 천하의 공통된 상례이다. 宰予도 그 부모에게서 3년 동안의 사랑을 받았었을 것이다!"[42]

【藕師注】 그래 三年喪이 곧 3년 동안의 사랑을 갚을 수 있다는 말인가? 다시금 人情의 뚜렷한 곳으로 나아가 지적하여 깨닫게 하였던 것일 뿐이다. 陳旻昭가 말하였다. "宰我가 편안하다고 대답한 것에는 진실로 調達이 地獄에 들어가게 된 手段이 있다. 그의 이러한 대답을 얻고 바야흐로 孔子의 한바탕 호된 꾸짖음을 끌어내었으며, 비로소 天下 後世의 자식 된 자들에게 모두 편안함을 얻지 못하게 하였으며, 바야흐로 영구한 세월에 걸쳐서 아버지를 이은 아들이 三年喪을 줄이고자 하는 邪說을 철저하게 막았다."[43]

마지막으로 지욱 대사가 『논어점정』에서 인용한 儒·佛·仙 三教를 비롯한 諸子百家書의 종류를 구분하여 살펴보면, 아래의 〈표8〉과 같다.

---

42 廬山 東林寺 印本『四書藕益解』, 앞의 책, 237면, 「17-21」宰我問: "三年之喪, 期已久矣. 君子三年不爲禮, 禮必壞, 三年不爲樂, 樂必崩. (喚甚麼作禮樂? 可恥! 可恥!) 舊穀旣沒, 新穀旣升, 鑽燧改火, 期可已矣." 子曰: "食夫稻, 衣夫錦, 於女安乎?" 曰: "安." (喪心病狂!) "女安則爲之. 夫君子之居喪, 食旨不甘, 聞樂不樂, 居處不安, 故不爲也. (眞禮眞樂, 和盤托出.) 今女安, 則爲之." 宰我出. 子曰: "予之不仁也! 子生三年, 然後免於父母之懷. 夫三年之喪, 天下之通喪也. 予也有三年之愛於其父母乎!"
43 앞의 책, 237-238면, 【藕師注】難道三年之喪便報得三年之愛? 且就人情眞切處點醒之耳. 陳旻昭曰: "宰我答安, 眞有調達入地獄的手段. 得他此答, 方引出孔子一番痛罵, 方使天下後世之爲子者皆不得安, 方杜絶千古世後欲短喪之邪說."

〈표8〉 지욱 대사가 인용한 儒·佛·仙 三敎와 諸子百家書의 종류

지욱 대사가 『논어점정』에서 인용한 儒·佛·仙 三敎를 비롯한 諸子百家書의 종류			
儒家書	道家書	佛家書	諸子百家書
『大學』·『中庸』·『孟子』·『詩經』·『書經』·『周易』·『春秋左氏傳』·『禮記』·『傳習錄』·『毛詩古訓傳』·李卓吾의 『論語評』·朱子의 『論語集注』·지욱 대사의 『周易禪解』·程伊川의 『易傳』·『二程外書』·範立本의 『明心寶鑑』	『莊子』	『金剛經』·『五燈會元』·『大乘起信論』·『四十二章經』·『華嚴經』{3種類}·『首楞嚴經』·『梵網經』·『妙法蓮華經』·『深密解脫經』·『佛說觀普賢菩薩行法經』·『萬松老人評唱天童覺和尙拈古請益錄』·『坐禪三昧經』·『祖庭事苑』·『維摩詰所說經』·『敎外別傳』·『大慧普覺禪師法語』·『景德傳燈錄』·『淨土十要』·『十牛圖頌』·『妙法蓮華經玄義釋籤』·「新安程季淸傳」·『長阿含經』·『大乘大集地藏十輪經』·『佛藏經』·『佛說長阿含經』·『正法念處經』·『占察善惡業報經義疏』·白居易의「念佛偈」·『趙州和尙語錄』·『六祖大師法寶壇經』·『四分律』·『達磨大師血脈論』·『敎外別傳』·『龍舒增廣淨土文』·『金剛經觀心釋』·『碧巖錄』·『妙法蓮華經玄義』·『靑原愚者智禪師語錄』·『密跡金剛力士會』·『佛本行集經』·『法華經會義』·『禪祖念佛集』·『大佛頂如來密因修證了義諸菩薩萬行首楞嚴經文句』·『四敎義』·『大般涅槃經後分』·永嘉 玄覺의 『證道歌』·『指月錄』·『妙法蓮華經通義』·『五燈嚴統』·『靈峰蕅益大師宗論』·『蓮修起信錄』·『大藏聖敎法寶標目』·『續高僧傳』·『妙法蓮華經文句』·『金剛三昧經論』·『大方廣佛華嚴經隨疏演義鈔』·『佛說阿彌陀經要解』·『慈悲水懺法』·『修習止觀坐禪法要』·『龍舒增廣淨土文』·『禪宗永嘉集』·『大慧普覺禪師語錄』·『宗鏡錄』·『佛果圓悟禪師碧巖錄』·『景德傳燈錄』·『續傳燈錄』·『法苑珠林』·『憨山老人夢遊集』·『憨山老人夢遊全集』·『禪宗頌古聯珠通集』·『一切經音義』·『大薩遮尼乾子所說經』·『大方便佛報恩經』·『成唯識論』·『法華經玄贊要集』·『息諍論』·『淨土生無生論』·『大般若波羅蜜多經』	『淮南子』·『舊唐書』·『警世通言』·『南齊書』·『西遊記』·『儒林外史』
16	1	78	6
총 101 종 {江謙 居士가 단독으로 인용한 서적은 미포함됨.}			

4. 結論

明末淸初 때의 高僧 지욱 대사는 律과 敎와 禪이 淨土法門에서 나오지 않은 것이 없으며 淨土法門으로 귀결되지 않은 것이 없다고 하면서 여러 종파를 '淨土'로 인도하고자 하였다.[44] 淨土法門의 핵심은 "나와 남을 함께 생각하는 것이란 마음과 부처와 중생, 이 세 가지에는 차별이 없다는 것이다."라는 '念佛三昧'를 기초로 한다.

晚明 時期는 祖師禪의 宗典인 『六祖大師法寶壇經』에서 깊은 영향을 받았던 陽明學이 유행하던 때로서, 宋代 以後로 쇠락해 가던 불교를 부흥시킬 수 있는 계기를 마련하여 주었다. 특히 이탁오가 그 중간의 매개적 역할을 잘 수행하였기에,[45] 雲棲 株宏·紫栢 眞可·憨山 德淸·藕益 智旭 등 이른바 명나라 사대 고승이 출현할 수 있었다.[46]

유교와 도교와 불교의 사상이 융합하던 시대적 조류의 흐름 속에서

---

44 지욱 대사의 淨土法門은 當代에 중국뿐만 아니라 조선 후기의 '往生淨土' 念佛 思想이 크게 盛行하는 데도 적지 않은 영향을 끼쳤다. 지욱 대사가 撰한 『阿彌 陀經』의 주석서 『佛說阿彌陀經要解』의 경우, 1753년 여름 關北 鶴城 雪峯 釋王 寺에서 開刊되었으며, 1793년 초여름에 三山 內院에서 또 한 번 刊板 印行{重 刊}되었다.

45 이영호 선생은 중국 경학사의 주축이었던 한학·송학·고증학파의 경학에서는 거의 찾아보기 어려운 불교·문학·역사로써 경서를 해석하는 방법은 이탁오에 의해서 이미 그 연원이 마련되었다고 하였다. 이탁오의 四書學에는 유불 회통의 요소, 문예학과 경전주석학의 결합, 그리고 경전의 내용을 역사로 인식하는 지 점 등이 중요 특징으로 자리하고 있었다고 하였다. – 이영호, 「張岱의 『四書遇』 를 통해 본 양명학파 경학의 일면」, 앞의 논문, 125–126면 참조.

46 김진무, 「탁오(卓吾) 이지(李贄)의 불교사상과 그 의의(意義)」, 『동아시아불교문화』 40집, 동아시아불교문화학회, 2019, 381면.

지욱 대사는 불교적 사유를 토대로 유교의 대표적인 경전『논어』를 체계적으로 주석한『논어점정』을 저술하였다. 지욱 대사는『논어점정』을 통해 유교와 불교의 사상적 융화의 논리를 깊이 있게 제시하였다.

『논어점정』이 경학사에서 중요한 또 하나의 까닭은 이미 실전된 지욱 대사의 또 다른 유교 경전 주석서『孟子擇乳』의 사상적 편린들이 흩어져 있기 때문이다. 지욱 대사는『논어점정』에서『孟子』의 핵심 사상인 '良知良能'·'集義所生'·'天爵天祿'·'行一不義, 殺一不辜而得天下, 皆不爲也.'·'狂狷'·'瞯其亡'·'性善'·'存心' 등을 불교 수행자의 관점에서 풀이하였다. 만약『大學直指』와『中庸直指』그리고『周易禪解』에 기술된『孟子』관련 주석문까지 포괄적으로 검토를 한다면, 지욱 대사가 사유하였던『孟子』에 대한 불교적 이해를 좀 더 심도 있게 고찰해 볼 수 있을 것이다.

지욱 대사가『논어점정』에서『논어』의 正文을 풀이하기 위하여 행한 주석 방식은 크게 다음의 네 가지로 유형화할 수 있다. 첫째, 유교 경전과 불교의 經·律·論 三藏 그리고 지욱 대사 자신이 저술한 유교·불교 경전 주석서들을 가지고『논어』의 正文을 풀이하였다. 둘째, 왕양명의 문집을 위시하여 급진적인 양명학자 이탁오의『논어평』과 제자백가서를 인용하였다. 셋째, 주자의『논어집주』를 비판하였다. 넷째, 주석을『논어』의 正文에 대한 풀이로만 한정시키지 않고, 注釋文 自體를 佛敎의 公案으로 활용하였다.

지욱 대사의 이와 같은 경전주석 방식에 의한 해석은 기존 유교 전통의 해석과 상당한 차이를 드러내지만, 이것은 지욱 대사의 말처럼 유교인에게 불교를 이해시키기 위한 하나의 방편에 불과하였던 셈이다.

한편, 지욱 대사 사후 삼백여 년의 시간이 지나 陽復子 江謙 居士가『논어점정』에 補注를 달았다. 그리하여 현재는 原注者 지욱 대사와 補注

者 양복자 강겸 거사의 주석이 합쳐진 『論語點睛補注』가 통행본이 되었다. 강겸 거사가 『論語點睛補注』에서 지욱 대사의 『논어점정』을 補注하기 위하여 행한 주석 방식의 특징은 크게 네 가지로 구분하여 살펴볼 수 있다.

첫째, 지욱 대사가 미처 언급하지 못하였거나 불교 교리상에서 개념 설명이 상세하지 못한 부분을 補注하여 불교를 처음 대하는 독자들도 쉽게 이해할 수 있도록 하였다.

둘째, 지욱 대사가 과감하게 주석을 생략한 『논어』의 正文 總69章 중 아홉 군데의 章에 단독으로 補注를 하였다. 강겸 거사가 『論語點睛補注』에서 단독으로 注釋을 낸 각 篇의 章數와 章次는 다음과 같다. 「述而 第七」 제7장·제12장, 「太伯 第八」 제10장, 「鄕黨 第十」 제3장·제8장·제11장, 「先進 第十一」 제8장, 「憲問 第十四」 제18장, 「陽貨 第十七」 제20장 등 총 아홉 章이다. 강겸 거사가 단독으로 補注를 단 까닭은 독자에게 해당 『논어』經文에 대한 불교적 이해를 심화시키기 위해서였다.

셋째, 지욱 대사가 原注에서 인용한 문헌들보다 좀 더 광범위한 제자백가서를 인용하였다. 예컨대, 지욱 대사는 단 한 차례도 언급하지 않았던 列子의 『沖虛經』을 강겸 거사는 네 차례나 인용하였다. 강겸 거사가 『列子』를 인용하여 補注를 낸 『논어점정』의 편명은 다음과 같다. 「雍也 第六」 제10장·제29장, 「述而 第七」 제26장, 「衛靈公 第十五」 제38장 등 넉 章이다.

넷째, 주자의 『논어집주』를 비판적으로만 보지 않고 불교의 사상과 서로 통하는 곳이 있다고 판단한 경우, 주자의 『논어집주』 원문을 補注에다가 그대로 인용하였다. 이처럼 지욱 대사의 儒·佛·禪 三敎同源論의 全貌를 파악하는 데에 있어, 강겸 거사의 補注는 또 하나의 중요한 지침서가 된다. 강겸 거사가 단 補注의 특징을 좀 더 구체적으로 살펴보면 아래의 〈표9〉처럼 요약할 수 있다.

〈표9〉 陽復子 江謙 居士가 단 補注의 特徵

番號	特徵	備考
1)	全503章으로 구성된 『논어점정』에서 강겸은 總126章에 補注하였음.	지욱의 주석: 총 433장
2)	강겸은 자신이 補注한 총126장 가운데 지욱의 주석이 생략된 아홉 장*에 단독으로 補注하였음. * 「7-7」·「7-12」·「8-10」·「10-3」·「10-8」·「10-11」·「11-8」·「14-10」·「17-20」	지욱이 생략한 주석: 총 69장
3)	○ 강겸이 단독으로 補注한 아홉 장의 槪要 ① 「7-7」子曰: "自行束修以上, 吾未嘗無誨焉." {가르침을 청하는 제자의 마음가짐 및 자세를 『周易』의 蒙卦로써 역설함.} ② 「7-12」子之所愼: 齊, 戰, 疾. {육식을 끊으면 전쟁과 질병의 원인이 끊어진다는 것을 강조함.} ③ 「8-10」好勇疾貧, 亂也. 人而不仁, 疾之已甚, 亂也. {『春秋』가 완성된 後 盛世 때는 亂臣賊子들이 惡名이 남을까 두려워했으나, 後世에는 그렇지 못했다는 것을 기술함. 다행하게도 佛法이 있게 된 이후로 亂臣賊子들의 마음을 서늘하게 하였다는 것을 말함.} ④ 「10-3」狐貉之厚以居. 去喪, 無所不佩. 非帷裳, 必殺之. 羔裘玄冠不以弔. 吉月必朝服而朝. 齊必有明衣, 布. 齊必變食, 居必遷坐. {공자가 齋戒할 때의 相인데, 부처님께서 설하신바 齋戒의 相과 같다고 풀이함.} ⑤ 「10-8」不撤薑食, 不多食. 祭於公, 不宿肉. 祭肉不出三日, 出三日, 不食之矣. 食不語, 寢不言. 雖疏食·菜羹, 瓜祭, 必齊如也. {공자는 반드시 먼저 祭를 지낸 뒤에 먹었으니, 그가 祭를 지낼 때 반드시 마음을 가다듬어 齋戒하는 것처럼 하였음을 밝힘.} ⑥ 「10-11」廐焚, 子退朝, 曰: "傷人乎?" 不問馬. {공자가 생명을 보호하고 살생을 경계한 聖人이었음을 강조함.} ⑦ 「11-8」顔淵死, 子曰: "噫! 天喪予! 天喪予!" {공자와 안연은 서로를 향한 마음이 以心傳心처럼 마치 空이 空에 합한 듯 融和하여 틈이 없었다는 것을 이야기함.} ⑧ 「14-10」或問子産. 子曰: "惠人也." 問子西. 曰: "彼哉! 彼哉!" 問管仲. 曰: "人也. 奪伯氏騈邑三百, 飯疏食, 沒齒無怨言." {세 사람 모두 仁者였음을 許與함.} ⑨ 「17-20」孺悲欲見孔子, 孔子辭以疾. 將命者出戶, 取瑟而歌, 使之聞之. {聖人이 不屑之敎를 행하였던 상황임을 기술함.}	스승과 제자의 關係性, 不殺生, 齋戒, 殊勝한 佛法을 闡明하는 데 主眼을 둠.

4)	○ 지욱 대사보다는 좀 더 광범위한 諸子百家書를 인용함. ① 『沖虛經』을 인용한 章:「6-10」·「6-29」·「7-26」·「15-38」등 모두 넉 章임. ② 『魏徵上唐太宗疏』를 인용한 章:「14-7」 ③ 『孝經』을 인용한 章:「1-2」·「2-5」 ④ 『勸提倡素食詩』를 인용한 章:「2-5」 ⑤ 白居易의 詩를 인용한 章:「4-5」·「7-3」 ⑥ 大乘經典『心經』을 인용한 章:「6-24」·「10-14」	지욱 대사는 『沖虛經』을 인용하지 않았음.
5)	○ 佛教에 처음으로 入門하는 사람들을 위해서 重要 佛教 術語를 풀이함. (1) 我相·人相·衆生相·壽者相 (2) 懺悔法 (3) 淨土法門 (4) 世間의 一切得失과 禍福의 原因 (5) 平等觀·差別觀·中道圓觀 (6) 三諦·眞諦·中諦·空觀·假觀·空假雙照 (7) 眞妄不二 (8) 六識 (9) 如來藏 (10) 圓照三昧 (11) 陀羅尼, 正念眞如, 善行方便 (12) 身·口·意 三業 (13) 本性一體之說 (14) 因該果海 (15) 念佛 (16) 西方極樂邦 (17) 南無阿彌陀佛 (18) 六道輪廻 (19) 全性起修, 全修顯性 (20) 不二法門 (21) 圓解·圓因, 圓因·圓果 (22) 觀心 (23) 犧牲의 意味 (24) 無樂無憂之本性 (25) 佛·菩薩 (26) 因緣和合, 色卽是空, 一心三觀 (27) 釋迦牟尼佛 (28) 六而常卽 (29) 禍福關·存亡關·生死關 (30) 寂而常照·照而常寂 (31) 無師智·道種智 (32) 上求佛道·下化衆生 (33) 愚鈍報 (34) 羅漢 (35) 心性·因果 (36) 平等之佛性·分別知見, 性相不二·自他不二 (37) 無知 (38) 無我 (39) 齋戒 (40) 護生戒殺 (41) 吉祥 (42) 正心 (43) 以心傳心 (44) 佛性 (45) 五濁惡世 (46) 四衆過戒 (47) 慚愧 (48) 五戒 (49) 四悉檀 (50) 懺法: 作法懺·取相懺·無生懺 (51) 三不護 (52) 大覺世尊 (53) 中道 (54) 貪·瞋·癡 三毒 (55) 十法界 (56) 提婆達多 (57) 大慈大悲 (58) 不變隨緣·隨緣不變, 入流亡所, 返聞聞自性 (59) 成佛, 授記	緣覺과 聲聞 등의 小乘이 되지 말고, 大乘心을 지닌 부처와 菩薩의 大慈大悲한 境界를 成就하기를 敎誨함.
6)	○ 주자의 『논어집주』 풀이를 인용함. ① 「1-2」: "論性則仁爲孝弟之本, 論修則孝弟爲爲仁之本."	
7)	佛教의 '上求菩提, 下化衆生.'의 精神이 『大學』의 修身·齊家·治國·平天下를 實踐하는 原動力이라는 것을 여러 차례 강조함.	
8)	'性'을 論하면 '仁'은 '孝弟'의 根本이고, '修養'을 論하면 '孝弟'가 '仁'을 實踐하는 根本임을 밝히면서 '孝弟'를 중요하게 여김.	
9)	'懺悔法'을 說明하면서 '淨土念佛法門'을 施說함. 極樂의 가르침을 說한 '淨土三部經{『無量壽經』·『觀無量壽經』·『阿彌陀經』}'의 重要性을 强調함.	
10)	佛教의 槪念語로써 각 儒敎 經典에 등장하는 術語를 풀이함.	

마지막으로『論語點睛補注』와『藕益大師年譜』의 내용을 통해서 파악할 수 있는 가장 중요한 사실은 지욱 대사는 철저하게 '戒律'을 根本으로 하여 修行을 하였던 '律僧'이었다는 점이다. 지욱 대사는 '比丘戒'를 '一心'으로 지키면서 禪·天台·般若·法華·華嚴·淨土의 宗旨를 涉獵하였고, '大菩提心'을 發하여 '上求菩提, 下化衆生.'의 '慈悲行'을 佛書 著述 作業으로써 실천하였다. 지욱 대사는 大藏經의 '經藏'과 '論藏'의 존재적 가치는 어디까지나 '律藏'을 根幹으로 僧侶들이 목숨을 걸고 '受持 戒律'을 실천할 때만 그 가치가 발현될 수 있다고 보았다. '律藏'은 '經藏'과 '論藏'의 토대가 될 뿐만 아니라 더 나아가 '經藏'과 '論藏'을 아우르고 있다는 實相을, 지욱 대사는『論語點睛補注』의 注釋文과 자신의 平生의 行脚을 통해서 보여주었다. '戒律 守護' 와 '無所有'의 참된 의미와 精神이 微弱해진 昨今의 佛敎界에 示唆하는 가르침이 크다 할 것이다.

※ 補論: 譯注의 方法

　한문을 번역할 때 가장 고심이 되는 부분은 원문의 의미와 구조를 충실히 살려서 번역하는 직역과 원문의 형식에 구애받지 않고 의미 전달을 중시하는 의역 사이에서의 갈등이다. 이 밖에도 원문 아래에다가 번역문을 둘 것인가 원문 위에다가 번역문을 둘 것인가, 교감 사항은 원문과 번역문 사이에다가 둘 것인가 아니면 주석으로 처리할 것인가, 주석으로 처리한다면 미주로 할 것인가 각주로 할 것인가, 각주는 원문에만 달 것인가 그렇지 않으면 번역문에도 달 것인가, 번역문의 이해를 심화시키기 위해 譯注者의 解說이 필요한가 필요하지 않은가, 만약 譯注者의 解

說이 필요하다면 原文 아래에다가 解說을 둘 것인가 그렇지 않으면 飜譯文 아래에다가 解說을 둘 것인가 등의 문제를 전반적으로 고려해야만 한다. 그러나 상기한 사항들을 모두 충족하여 완벽하게 번역해 내기란 어려운 일이다.

아무리 번역의 전문가라고 해도 자신도 모르게 빠지는 함정, 즉 오역을 저지른다. 엄밀한 의미에서 飜譯과 誤譯은 늘 함께 따라다니고 같이 다니는 戀人 같은 관계다. 飜譯 자체가 이미 解釋 行爲인 한 그것은 대상의 骨肉과 面貌를 어느 정도 成形하고 化粧하는 데서 자유로울 수 없다. 오역이란, "대체의 문맥을 어긋나게 파악했거나 의미가 부정확한 경우 또는 구체적 사실을 잘못 해독하여 바로 잡지 않을 수 없는 경우" 등을 의미한다.[47]

誤譯을 최소화하면서 완벽에 가까운 번역을 하려면 먼저 무엇을 고려해야 하는가? 번역 대상{원천 TEXT}과 번역물{목표 TEXT}을 읽는 사람이 누구인지를 살펴서 가장 적합한 번역 방법을 선택해야만 한다. 어떠한 번역 방법을 택하였든지 간에 가장 중요한 것은 原義를 벗어나지 않는 정확한 번역일 것이다.

『論語點睛補注』를 읽고 활용하려는 사람들은 儒學을 공부하는 연구자들뿐만 아니라 佛敎를 공부하는 연구자들일 것이다. 더 나아가서는 중국 명나라 때의 승려가 儒學의 經典을 어떠한 시각으로 풀이하였을지 자못 궁금해하는 識見을 갖춘 在家 佛者들도 그 범위에 포함될 수 있다. 전문 연구자들을 비롯하여 學識을 갖춘 佛敎徒들은 대체로 原文을 중심으로 飜譯文을 의지하면서 原文에 표현된 작자의 의도를 깊이 있게

---

47 尹在敏, 「民族文化推進會 古文獻 電算化의 成果와 課題」, 『漢文敎育硏究』 第27號, 2006, 18-19면 참조.

이해하려는 경향을 지니고 있다. 그렇다면 이들의 욕구를 충족시킬 수 있는 번역 방법은 과연 무엇인가?

윤재민 선생은 먼저 "飜譯이란, 서로 다른 언어를 사용하는 著者와 讀者가 飜譯者를 매개로 對話를 나누는 것이 飜譯이다."[48]라고 하여 "飜譯"의 意味를 정의하였다. 그리고 어떤 번역이든 번역을 통해 이루어진 대화는 저자와 독자 쌍방 간에서만 이루어진 것이 아니라 번역자가 매개하는 순간 이미 대화는 삼자 대화일 수밖에 없다는 점을 지적하면서, 때로는 독자를 대변하여 독자의 관점을 저자에게 요구하고 때로는 저자를 대변하여 저자의 관점을 독자에게 요구하는 노련한 중재자이자 협상가로서의 "적극적인 번역자"가 이상적인 번역자라고 하였다.

"飜譯"은 예상 독자와 번역이 지향하는 목적에 따라서 그 방법이 달라진다. 일반적인 번역의 방법으로는 엄격한 학술성을 담보로 하는 '학술 번역'과 대중을 위한 독서물로 기능하는 '대중 번역'의 두 가지로 구분할 수 있다.

첫째, '학술 번역'이란 무엇인가? 심경호 선생은 "학술 번역이란, 한문 텍스트가 지닌 생성적 의미와 문맥적 의미를 명확하게 파악하여 적절한 주석과 원전에 충실한 번역문을 작성하는 것이다."[49]라고 하였고, 이상하 선생은 典據와 飜譯 根據를 밝혀 주는 것이 '학술 번역'이라고 하였다.[50]

---

48 尹在敏, 「漢文 古典飜譯의 一問題」, 『고전번역연구』 제8호, 한국고전번역학회, 2017, 11–14면 참조.
49 심경호, 「한문고전번역에서 학술 번역의 개념과 그 역할」, 『한자한문연구』 4호, 고려대학교 한자한문연구소, 2008, 152면.
50 이상하, 「한문고전 문집번역의 특성과 문제점」, 『民族文化』 第31輯, 한국고전번역원, 2008, 137–138면 참조.

둘째, '대중 번역'이란 무엇인가? 윤재민 선생은 '현대의 독자 대중과의 소통을 가장 중요한 목적으로 하여 대중을 위한 독서물로 번역해 내는 방법'이 '대중 번역'이라고 하였다.[51]

이 책에서는 엄격한 학술성을 담보로 하는 '학술 번역' 방법을 중심으로『논어』正文과 原注 그리고 補注를 세밀하게 분석하여 원문의 의미를 정확하게 전달하고자 하였다. 이를 위해 번역문은 될 수 있으면 원문의 통사구조에 따라 직역을 원칙으로 하였는데, 직역만으로 의미가 전달되기 어려운 부분에 대하여서는 적극적으로 의역을 하였다. 飜譯文의 體裁·원문 교감과 표점·원문 주석에 관한 구체적인 사항을 검토하면 다음과 같다.

1) 飜譯文의 體裁

학술 번역에 있어서 번역의 體裁를 어떻게 구성하는 것이 바람직한지에 대해 살펴보자. 강민정 선생은 한·중·일의 고전 번역서 총 21종을 대상으로 체재 및 사례를 검토하였는데,[52] 이 결과를 요약하면 다음과 같다.

   "① 원문과 번역문의 배치는 21종 중 17종이 원문과 번역을 함께 배

---

51 윤재민 외, 「한문고전 정리·번역 시스템 연구」,『民族文化』第33輯, 한국고전번역원, 2009, 260–261면 참조.
52 강민정, 「한·중·일 고전 번역서의 체재 사례」, 한국문집표준연구 TFT 집담회, 한국고전번역원, 2008.

치했는데, 원문을 번역문의 앞에 배치한 것이 12건, 뒤에 배치한 것이 7건, 원문의 중요도에 따라 배치를 달리한 것이 1건이다. ② 주석의 위치는 각주가 10건, 미주가 9건, 두주가 1건이었다. ③ 주석 대상의 주석은 원문 주석이 11건, 번역문 주석이 7건, 원문과 번역문에 모두 주석을 단 것이 3건이다."

이 책에서는 이를 토대로 다음과 같은 방침을 정하였다.

(1) 讀者에게 편의를 제공하기 위해 『論語點睛補注』 各 篇이 시작되는 곳에 篇名과 篇次를 부여하였으며, 各 篇의 章마다 일련번호를 부여하였다. 各 篇이 시작되는 곳에 篇名과 篇次를 부여한 형식은 예컨대 '【○○ 第一】'·'【○○ 第二】'·'【○○ 第三】'·'【○○ 第四】'와 같은 형식이며, 各 篇의 章마다 부여한 일련번호의 형식은 '篇次-章次'의 순서로 표시하였다. 예컨대 『論語點睛補注』 「學而 第一」의 제1장의 경우 「1-1」로 표시하였으며, 제2장은 「1-2」, 제3장은 「1-3」, 제4장은 「1-4」 등으로 표시하였다.

(2) 各 篇의 各 章마다 『論語』 正文을 가장 먼저 배치하고 그 뒤에 正文의 飜譯文을 두었다. 그리고 ㉠ 藕益 智旭의 注釋 原文 ㉡ 藕益 智旭의 注釋 飜譯文 ㉢ 陽復子 江謙의 補注 原文 ㉣ 陽復子 江謙의 補注 飜譯文 등의 차례로써 本文을 구성하였다.

(3) 正文 總66章에는 藕益 智旭의 注釋 飜譯文 또는 (藕益 智旭이 注釋을 省略한 章의 경우) 陽復子 江謙의 補注 飜譯文이 끝난 지점 下段에다가 역자 본인의 '【解說】'을 달아 文脈의 理解를 돕고자 하였다. 『論語

點睛補注』에서 '【解說】'을 倂記한 各 篇의 章數와 章次는 아래의 〈표 10〉과 같다.

<표10> 『論語點睛補注』에서 '【解說】'을 병기한 各 篇의 章數와 章次

『論語』 篇名	廬山 東林寺 印本 『四書藕益解·論語點 睛補注』 各 篇의 章數	『論語點睛補注』에서 '【解說】'을 병기한 各 篇의 章數와 章次
「學而 第一」	16	5 (第1章·第6章·第7章·第8章·第13章)
「爲政 第二」	24	11 (第4章·第6章·第9章· 第10章·第12章·第13章·第16章· 第17章·第18章·第19章·第20章)
「八佾 第三」	26	10 (第4章·第5章·第10章·第12章·第15章· 第16章·第18章·第20章·第25章·第26章)
「里仁 第四」	26	5 (第4章·第5章·第6章·第15章·第26章)
「公冶長 第五」	27	4 (第2章·第8章·第23章·第24章)
「雍也 第六」	28	4 (第1章·第5章·第10章·第25章)
「述而 第七」	37	3 (第1章·第16章·第28章)
「泰伯 第八」	21	2 (第1章·第6章)
「子罕 第九」	30	3 (第5章·第6章·第13章)
「鄕黨 第十」	14	1 (第2章)
「先進 第十一」	28	7 (第9章·第11章·第13章·第19章· 第11-25-2章·第11-25-3章·第11-25-4章)
「顔淵 第十二」	27	3 (第1章·第8章·第12-10-3章)
「子路 第十三」	30	1 (第14章)
「憲問 第十四」	48	0
「衛靈公 第十五」	41	2 (第2章·第17章)
「季氏 第十六」	14	1 (第30章)
「陽貨 第十七」	26	2 (第5章·第26章)
「微子 第十八」	11	1 (第1章)
「子張 第十九」	25	1 (第11章)
「堯曰 第二十」	4	0
計	全503章	總66章

(4) 校勘 事項은 校勘이 된 漢字에 굵은 글씨와 음영(陰影)을 사용하여 강조한 뒤 本文 注釋으로써 밝혔다.

(5) 주석의 형태는 원문에다가 주석을 다는 방식을 채택하였다. 원문 주석은 번역문 주석보다 출처의 인용 방식을 더 잘 보여줄 수 있는 장점이 있기 때문이다.

2) 飜譯文의 特徵

(1) 飜譯文에서 漢字를 쓰는 경우, 한글을 倂記하였다. 특정 개념어의 경우, 독자의 이해를 돕기 위하여 개념어 뒤에다가 "{}"를 써서 보충 설명을 하였다.

(2) 지욱 대사가 주자의 『논어집주』 풀이를 직·간접적으로 비판하면서 『논어』正文을 새롭게 해석한 總62章의 경우, 【蕅師注】 번역문 뒤에다가 '◎' 표시를 하여 쉽게 구분이 될 수 있도록 하였다.

(3) 『논어』의 正文은 지욱 대사의 주석에 근거하여 번역하였다. 지욱 대사가 주석을 생략한 正文의 경우, 江謙의 補注에 근거하여 번역하였다. 지욱 대사의 주석과 江謙의 補注까지 생략된 正文의 경우, 주자의 『논어집주』 풀이를 근거로 하여 번역하였다.

(4) 지욱 대사의 一代記를 한눈에 眺望할 수 있도록 이 책 말미에 【부록】으로서 '弘一 大師 撰 『蕅益大師年譜』'를 譯注하여 실어 놓았다.

3) 原文 校勘과 標點

校勘은 中國 廬山 東林寺淨土宗文化研究學會에서 2019년에 編制한 '藕益 智旭 大師 解·陽復子 江謙 補注『四書藕益解』'를 중심으로,『禪解儒道叢書 四書藕益解』(2015)와 中國水利水電出版社에서 발행한『四書藕益解』(2012) 그리고 1989년에 中國 佛教書局에서 출판한『藕益大師全集』을 보조적으로 참조하여 문맥상 잘못된 글자를 바로잡는 '理校'만 행하였다. 校勘 事項은 各 原文 下段에 '【校勘】'이라고 구별하여 표시하였다.

표점은『한국고전번역원 교점지침』에 의거하여 고리점(。), 물음표(?), 느낌표(!), 반점(,), 가운뎃점(·), 쌍점(:) 6개의 점호와 큰따옴표(""), 작은따옴표(''), 홑낫표(「」), 겹낫표(『』), 어미 괄호(【】), 대괄호([]), 중괄호({}), 소괄호(( )), 겹 꺾쇠표(『 』), 밑줄(_) 10개의 표호를 사용하여 원문을 정리하였다. 단, 고리점은 마침표(.)로 대체하였다.

4) 原文 注釋

2008년에 한국고전번역원이 출범한 이후로 학술 번역의 필요성이 제기되어 왔고 원문에 주석을 단 번역물이 속속 출간되고 있다. 飜譯文에 주석을 달면 글을 이해하는 데 필요한 고사를 역자가 裁量하여 취사해 주석할 수밖에 없다. 이 때문에 원문의 자세한 典故와 典據 내지 글자의 출처를 밝혀서 글의 함의를 깊이 밝혀 줄 수 없으며, 또한 주석의 원칙과 범례를 엄밀하게 규정할 수 없다. 주석은 그저 원문을 이해하는 데 보조하는 기능만 수행하게 될 뿐이어서 번역 과정에서 역자가 찾아낸 많은 귀중한 정보들을 담아낼 길이 없어진다.

翻譯文에 注釋을 다는 방식이 번역문을 이해하는 데 주석이 보조하는 것이라면, 原文에 注釋을 다는 방식은 원문을 충실히 이해하는 데 목적을 둔 것이다. 즉 전자는 譯文에 중점을 두고, 후자는 原文에 중점을 둔다고 할 수 있다.

漢文은 다른 語文에 비해 典故를 특히 많이 구사하는 글이며, 글자 하나에도 典據가 있어 그 出典을 알지 못하면 뜻을 이해할 수 없는 경우가 많다. 그래서 어렵게 출전을 찾아서 번역해 놓은 것을 (後人은 그것의) 출전을 정확하게 알지 못하고 잘못 윤문·교정함으로써 改惡해 놓은 경우도 적지 않다. 원문 주석을 반대하는 쪽에서는 일반 독자들이 거부감을 느껴 역문에 쉽게 접근할 수 없게 된다는 문제점을 제기하곤 한다. 그렇지만 역자는 번역에 앞서 어떻게 번역할 것인지, 즉 일반 대중을 위해 쉽게 번역할 것인지, 독자가 접근하기는 어렵더라도 연구자를 위해 내용을 샅샅이 파헤치고 함의를 충실히 전달할 것인지 하는 문제를 생각하지 않을 수 없다. 한문 전적을 보면, 일반 독자들이 읽기 쉽게 번역할 수 있는 글은 전체의 30-40%도 못 미칠 것이다. 단순한 記事文·紀行錄·典故를 거의 사용하지 않은 詩 등과 같은 비교적 쉬운 글들을 빼면, 대개 그 분야 연구자가 아니라면 이해하기가 어렵고 또한 굳이 읽을 필요가 없는 글들이 많다.

經典 注釋書 翻譯에 있어서 특히 佛敎 僧侶가 儒敎 經典에 注釋을 낸 硏究書의 경우, 儒敎와 佛敎 그리고 道敎의 典故까지 폭넓게 구사되었기 때문에 번역문만으로 그 내용과 깊은 의미를 독자에게 온전하게 전달하기란 사실상 어려운 일이다.

양원석 선생은 그의 논문에서 經學의 기본 임무는 經書 句節에 대한 정확한 해석이라고 할 수 있는데, 이를 위해서는 經書가 쓰인 時代와 그

社會文化的 背景에 대한 理解를 시도하고, 역대의 主要 注釋 및 創見을 제시하는 注釋을 확인하며, 또한 출토문물의 연구 성과를 활용해야 한다고 하였다.[53]

즉, 이와 같은 經典 注釋書의 飜譯은 다른 散文의 飜譯보다 注釋의 機能이 더욱 중요시된다고 말한 것이다.

주석은 원문의 주석과 번역문의 주석이 있고, 주석의 방식에서도 대상 언어의 원 출전을 따라 원의를 살려주는 경우와 斷章取義를 하여 해당 부분과 관련된 문장만 뽑아서 사용하는 때도 있으며, 내용의 이해를 돕기 위한 설명적 주석에서 해당 자료의 판본 간의 비교, 즉 校勘記를 주석으로 사용하기도 하는 등 주석을 다는 방식이 상당히 다양하다.[54]

한편으로 원문에 주석을 달면 典故 및 글자의 용례·교감 사항까지 자세히 밝혀 줄 수 있으며, 표제어를 잡아서 주석을 달기 때문에 연구 성과를 축적하고 활용하는 데 쉽다. 또한, 무엇을 근거로 그렇게 번역을 했는지 번역의 과정을 밝혀 주어 윤문·교정에서 오해할 여지를 크게 낮출 수 있다. 정리하면 전공 연구자들과 견식이 있는 在家佛者들을 위한 학술 번역의 취지에 부합하려면 原文에 注釋을 달아야만 하는 것이다. 따라서 이 책에서는 原文 下段에 本文 注釋을 다는 것을 원칙으로 삼았다.

原文 下段에 本文 注釋을 다는 방식에 대해 살펴보도록 하자.

---

53 楊沅錫, 「漢字文化學 연구 성과를 활용한 經書 해석 및 漢字 교육」, 『漢文敎育研究』, 한국한문교육학회, 2011, 358-359면 참조.
54 윤재민 외, 「한문고전 정리·번역 시스템 연구」, 『民族文化』 第33輯, 한국고전번역원, 2009, 248면.

(1) 기본정보 소개: 원문의 이해를 돕거나 정보를 제공하는 데 필요하다고 생각되는 출처·제도·사건·인명·지명·서명·불교 교리·용례 등에 대한 정보를 제공하여 작품 이해를 돕는다.

 - 전거의 경우 해당 전거를 밝히고 해당 구절에서 고사가 의미하고 있는 바가 무엇인지 설명한다.

 - 사건·인명·지명·서명·불교 교리·용례 등에 대해서는 저자와의 연관성이나 원문의 이해를 돕는 데 필요한 핵심적인 사항만 간략하게 밝힌다.

(2) 인용된 작품의 창작연대 고증과 작품 배경 설명: 『論語點睛補注』에 인용된 儒敎·道敎·佛敎의 經書들은 창작연대를 대부분 고증할 수 있다. 창작연대를 밝힐 수 있는 작품에 한해서는 최대한 창작연대를 밝히도록 한다. 작품 내용의 이해와 관련 정보의 소개가 필요한 작품에 관해서는 설명을 붙인다.

(3) 本文 注釋의 인용 문헌 표기: 이 책에서는 많은 종류의 불교 경전이 인용되었다. 특히 다섯 種의 '大藏經'이 중점적으로 활용되었다. '大藏經'의 표기 방식은 "㉠ 大藏經의 種類 ㉡ 冊次 ㉢ 經典 番號 ㉣ 經典 名 ㉤ 經典 卷次 ㉥ 고유번호" 순서로 되어있다. 고유번호의 배열은 "㉠ 大藏經의 種類 ㉡ 冊次 ㉢ 經典 番號 ㉣ 經典名 ㉤ 經典 卷次"를 기호와 숫자로 간략하게 표시한 것이다.

〈例示〉㉠『大正新脩大藏經』㉡ 第19冊 ㉢ No.0945 ㉣ 大佛頂如來密因修證了義諸菩薩萬行首楞嚴經 ㉤ 第10卷 ㉥ (T19n0945_010)

고유번호에서 'T'는 『大正新脩大藏經』을 가리키고, 'X'는 『卍新纂大日本續藏經』을 가리키며, 'L'은 『乾隆大藏經』을 가리킨다. 'J'는 『嘉興大藏經』을 가리키고, 'B'는 『大藏經補編』을 가리키며, 'W'는 『藏外佛教文獻』을 가리킨다. 『大正新脩大藏經』을 비롯한 나머지 다섯 종류 大藏經의 주석 내 인용문 표기 방식은 모두 같다.

II
『論語點睛補注』譯注

【일러두기】

---

    1. 번역 대본은 2019년에 中國 廬山 東林寺 淨土宗文化研究學會에서 간행한 『四書蕅益解』이다. 그리고 2015년에 崇文書局에서 간행한 『禪解儒道叢書 四書蕅益解』와 2012년에 中國水利水電出版社에서 간행한 『四書蕅益解』 그리고 1989년에 中國 佛敎書局에서 출판한 『蕅益大師全集』을 보조적으로 참조하였다.

    2. 『論語點睛補注』 各 篇이 시작되는 곳에 篇名과 篇次를 부여하였으며, 各 篇의 章마다 일련번호를 부여하였다. 篇名과 篇次를 부여한 형식은 예컨대 '【○○ 第一】'·'【○○ 第二】'·'【○○ 第三】'·'【○○ 第四】'와 같은 형식이며, 各 篇의 章마다 부여한 일련번호의 형식은 「篇次-章次」 순서로 표시하였다. 일례로 『論語點睛補注』 「學而 第一」의 제1장의 경우 「1-1」로 표시하였으며, 제2장은 「1-2」, 제3장은 「1-3」, 제4장은 「1-4」 등으로 표시하였다. 이하 「篇次-章次」가 표시된 본문 내용도 이에 따른다.

    3. 各 篇의 各 章마다 『論語』 正文을 가장 먼저 배치하고, 이어서 正文의 校勘 事項·正文의 原文 注釋·正文의 飜譯文을 순서대로 실었다. 그 뒤에는 (1) 智旭의 注 原文 (2) 智旭의 注 原文 校勘 事項 (3) 智旭의 注 原文 注釋 (4) 智旭의 注 原文 飜譯文 (5) 江謙의 補注 原文 (6) 江謙의 補注 原文 校勘 事項 (7) 江謙의 補注 原文 注釋 (8) 江謙의 補注 飜譯文 등의 순서로 본문의 내용을 구성하였다.

    4. 일부 章에는, 蕅益 智旭의 注釋 飜譯文 또는 (蕅益 智旭이 注釋을 省略한 章의 경우) 陽復子 江謙의 補注 飜譯文이 끝난 지점 下段에다가 '【解說】'을 달아서 文脈의 理解를 돕고자 하였다.

    5. 주석은 원문 주석을 원칙으로 하였으며, 출처와 창작연대 고증 그리고 작품 배경 설명에 대한 주석은 本文 注釋으로 밝혔다.

6. 주석을 단 원문에는 굵은 글씨와 음영(陰影)을 사용하여 강조하였다.

7. 교감 사항은 각 원문 하단에 주석 형태로 밝혔는데, '【校勘】'이라고 구별하여 표시하였다.

8. 인용문의 경우, 큰따옴표(""), 작은따옴표(''), 겹낫표(「」)를 순서대로 사용하여 '인용문' –> '인용문 내에서의 2차 인용문' –> '2차 인용문 내에서의 3차 인용문'임을 밝혔다.

9. 원문 주석에서 '大藏經'의 표기 방식은 "㉠ 大藏經의 種類 ㉡ 冊次 ㉢ 經典 番號 ㉣ 經典名 ㉤ 經典 卷次 ㉥ 고유번호"의 순서로 되어있다. "고유번호"의 배열은 "㉠ 大藏經의 種類 ㉡ 冊次 ㉢ 經典 番號 ㉣ 經典名 ㉤ 經典 卷次"를 기호와 숫자로써 간략하게 표시한 것이다.

예컨대, " ㉠『大正新脩大藏經』 ㉡ 第19冊 ㉢ No.0945 ㉣ 大佛頂如來密因修證了義諸菩薩萬行首楞嚴經 ㉤ 第10卷 ㉥ (T19n0945_010)" 형태로 표기하였다.

한편, 고유번호에서 'T'는 『大正新脩大藏經』을 가리키고, 'X'는 『卍新纂大日本續藏經』을 가리키며, 'L'은 『乾隆大藏經』을 가리킨다. 'J'는 『嘉興大藏經』을 가리키고, 'B'는 『大藏經補編』을 가리키며, 'W'는 『藏外佛教文獻』을 가리킨다. 『大正新脩大藏經』을 비롯한 나머지 다섯 종류 大藏經의 주석 내 인용문 표기 방식은 모두 같다.

10. 원문 표점과 번역문에 사용한 부호는 다음과 같다.

종지부호: 마침표(.), 물음표(?), 느낌표(!)
휴지부호: 쉼표(,), 간점(·), 쌍점(:)
인용부호: 큰따옴표(""), 작은따옴표(''), 홑낫표(「」)
번역문의 서명과 주석의 전거 표시: 겹낫표(『』)
번역문의 편명, 작품명, 논문 제목: 홑낫표(「」)
원문의 서명과 편명 표시: 겹낫표(『』), 홑낫표(「」)
주석 내 원문 인용: 대괄호([])

주석 내 원문의 번역문 인용: 큰따옴표(""), 작은따옴표(''), 홑낫표(「」), 중괄호({})

중요 개념어에 대한 보충 설명: 중괄호({})

著者 藕益 智旭의 原注 표시: (【藕師注】)

補注者 陽復子 江謙의 補注 표시: (【補注】)

譯注者의 해설 부분 표시: (【解說】)

내용의 생략표시: (……)

빠진 원문의 표시: □

11. 고리점(。)은 마침표(.)로 대체하였다.

12. 지욱 대사의 一代記를 眺望할 수 있도록 論文 末尾에 【부록】 '弘一大師 撰『藕益大師年譜』'를 譯注하여 실어 놓았다.

「四書蕅益解序」

蕅益子年十二, 談理學而不知理, 年二十, 習玄門而不知玄, 年二十三, 參禪而不知禪, 年二十七, 習律而不知律, 年三十六, 演教而不知教. 逮大病幾絶, 歸臥九華, 腐滓以爲饌, 糠粃以爲糧, 忘形骸, 斷世故, 萬慮盡灰, 一心無寄, 然後知儒也, 玄也, 佛也, 禪也, 律也, 教也, **無非楊葉與空拳**[1]也. 隨嬰孩所欲而誘之, 誘得其宜, 則啞啞而笑, 不得其宜, 則呱呱而泣. 泣笑自在嬰孩, 於父母奚加損焉? 顧兒笑則父母喜, 兒泣則父母憂, 天性相關, 有欲罷而不能者. **"伐柯伐柯, 其則不遠."**[2] 今之誘於人者, 卽後之誘人者也. 倘猶未免隨空拳黃葉而泣笑, 其可以誘他乎?

【注釋】

1) 無非楊葉與空拳: '버들잎'과 '맨주먹'이 아님이 없었다는 것은, 온갖 생각이 흔적도 없이 사라지고 일심(一心)이 의지할 곳이 없어진 뒤에 '유(儒)'와 '현(玄)'과 '불(佛)'과 '선(禪)'과 '율(律)'과 '교(敎)'가 모두 방편임을 알았다는 뜻이다. 달마선사(達摩禪師)의 「식쟁론(息諍論)」에는 "소아(小兒)는 무식(無識)하여 가사 양엽(楊葉)을 황금으로 여기고, 지혜로운 자는 명연(明然)하나 명지(明知)가 실(實)답지 못하다. [小兒無識, 可使楊葉爲金. 智者明然, 明知不實.]"라는 구절이 있으며{『藏外佛教文獻』第1冊·No.0003·息諍論 第1卷(W01n0003_001).}, 『선조염불집(禪祖念佛集)』 권하(卷下) 고산영각선사(鼓山永覺禪師)의 어록(語錄)에는 "맨주먹과 황엽(黃葉)은 호려서 아이의 울음을 그치게 하는 것이다. [空拳黃葉誑止兒啼.]"라는 문장이 있다. 『大藏經補編』第32冊·No.0183·禪祖念佛集 第2卷(B32n0183_002).
2) 伐柯伐柯, 其則不遠: 진리는 멀리 있는 것이 아니라 바로 자기가 실천하는 가운데 있는 것임을 비유한 말이다. 『시경(詩經)·국풍(國風)·빈풍(豳風)·벌가(伐柯)』에서 다음과 같이 말하였다. "도끼자루를 베고, 도끼자루를 벰이여! 본(本) 법칙(法則)이 멀리 있지 않구나! 내가 그 님을 맞이하여 예를 갖추어 혼례(婚禮)를 하네. [伐柯伐柯·其則不遠. 我覯之子·籩豆有踐.]"

「사서우익해서(四書藕益解序)」

　우익자(藕益子)가 나이 열두 살에 이학(理學; 儒敎 性理學)을 담론하였으나 이(理)를 알지 못하였고, 스무 살에 현문(玄門: 道敎)을 익혔으나 현(玄)을 알지 못하였고, 스물세 살에 선(禪)을 참구하였으나 선(禪)을 알지 못하였고, 스물일곱 살에 계율을 익혔으나 율(律)을 알지 못하였고, 서른여섯 살에 교법(敎法)을 공부하였으나 교(敎)를 알지 못하였다. 그러다가 큰 병으로 목숨이 거의 끊어지게 되자 구화산(九華山)으로 돌아와 누워 두부(豆腐) 찌꺼기{비지}로 찬(饌)을 삼고 쌀겨와 굳은 쌀로 양식을 삼아 형해(形骸)를 잊고 속세의 일을 끊으니, 만 가지 생각이 다 타버린 재와 같이 되고 한 가지 마음도 붙어 있는 것이 없었다. 그런 뒤에야 유(儒)와 현(玄)과 불(佛)과 선(禪)과 율(律)과 교(敎)가 모두 양엽(楊葉; 버들잎)과 공권(空拳; 빈주먹)처럼 아이들을 달래는 방편이 아닌 게 없음을 알았다. 어린아이가 바라는 바를 따라 달래 줄 때, 달래는 방법이 맞으면 옹알옹알하면서 웃지만 맞지 못하면 응애응애 운다. 울고 웃는 것은 본디 어린아이에게 달려 있으니 부모에게 무슨 상관(相關)이 있겠는가? 하지만 아이가 웃으면 부모는 기뻐하고 아이가 울면 부모는 근심하게 마련이니, 천성(天性)이 서로 연관되어 그만두고자 하여도 그만둘 수 없는 것이 있어서이다. "도낏자루를 베고, 도낏자루를 베니, 그 본(本; 본보기)이 멀리 있지 않구나!" 지금 남에게 달래지는 자는 곧 훗날 남을 달랠 자이다. 만일 여전히 어린아이처럼 빈주먹과 노란 잎사귀를 따라 울고 웃는 것을 면하지 못한다면 어찌 남을 달랠 수 있겠는가?

維時徹因比丘相從於患難顛沛, 律學頗諳, 禪觀未了, 屢策發之, 終隔一膜. 爰至誠請命於佛, 卜以數䪆, 須藉『四書』助顯第一義諦, 遂力疾爲拈大旨. 筆而置諸笥中, 屈指復十餘年, 徹因比丘且長往矣. 嗟嗟! 事邁人遷, 身世何實? 見聞如故, 今古何殊? 變者未始變, 而不變者亦未始不變, 尙何存於**一分無常·一分常**[1]之邊執也哉!

【注釋】

1) 一分無常一分常: 『대불정여래밀인수증요의제보살만행수능엄경(大佛頂如來密因修證了義諸菩薩萬行首楞嚴經)』권제십(卷第十)에 보인다. "또 삼마지 중의 선남자가 바른 마음을 굳게 맑히어서 마가 기회를 노리지 못하거든, 생류(生類)의 근본을 궁구하여 저 깊고 맑고 항상하고 요동하는 근원을 관찰하고 자타의 가운데 계탁을 내는 이는, 이 사람이 네 가지 전도된 소견인 일분(一分)은 무상하고 일분(一分)은 항상하다는 주장에 떨어지느니라. [又三摩中諸善男子, 堅凝正心魔不得便, 窮生類本觀彼幽淸常擾動元, 於自他中起計度者, 是人墜入四顚倒見, 一分無常一分常論.]" 『大正新脩大藏經』第19冊·No.0945·大佛頂如來密因修證了義諸菩薩萬行首楞嚴經 第10卷(T19n0945_010).

이때 철인(徹因) 비구가 고생스럽고 곤궁한 상황에서 서로를 따르며 친하게 지냈는데, 율학(律學)은 자못 알았지만, 선관(禪觀)은 아직 깨우치지 못하였다. 자주 경책하여 분발시켰으나, 끝내 한 꺼풀이 가로막았다. 이에 지성(至誠)으로 부처님께 (기도祈禱하여) 하명(下命)을 청(請)하고 두어 개의 제비로써 점(占)을 친 뒤에, 마침내『사서(四書)』를 빌어서 '제일의제(第一義諦)'를 현시하는 데 돕고자 하였다. 마침내 재빨리『사서(四書)』의 대지(大旨)를 들어서 글을 써서 상자 속에 넣어둔 것이 어느덧 다시 십여 년이 흘렀고, 철인(徹因) 비구도 그만 세상을 떠나버렸다. 아! 일이 지나가고 사람이 옮겨가니, 신세(身世)에 무엇이 실(實)한가? 견문(見聞)이 옛날과 같으니, 지금과 옛날이 어찌 다르겠는가? 변한 것은 일찍이 변하지 않았고 변하지 않은 것도 일찍이 변하지 않은 적이 없는데, 오히려 '한 부분은 영원하지 않고 한 부분은 영원하다.'라는 치우친 집착에 어찌 마음을 두고 있는가?

今夏述成『唯識心要』,[1] 偶以餘力重閱舊稿, 改竄其未妥, 增補其未備. 首『論語』, 次『中庸』, 次『大學』, 後『孟子』. 『論語』爲孔氏書, 故居首. 『中庸』·『大學』皆子思所作, 故居次. 子思先作『中庸』, 『戴禮』列爲第三十一, 後作『大學』, 『戴禮』列爲第四十二, 所以章首"在明明德"承前章末"予懷明德"而言. 本非一經十傳, 舊本亦無錯簡,[2] 王陽明居士已辨之矣.[3] 孟子學於子思, 故居後. 解『論語』者曰『點睛』, 開出世光明也, 解『庸』·『學』者曰『直指』, 談不二心源也, 解『孟子』者曰『擇乳』, 飮其醇而存其水也.[4]

【校勘】 予 : 동림사(東林寺) 인본(印本)『사서우익해(四書藕益解)』에는 '자(子)'로 되어있는데, 『시경(詩經)·황의(皇矣)』와 『중용(中庸)』에 근거하여 '여(予)'로 고쳤다.

【注釋】

1) 『唯識心要』: 지욱 대사가 저술한 유식학(唯識學) 관련 저서 『성유식론관심법요(成唯識論觀心法要)』를 가리킨다. 전10권으로 이루어져 있다. 논문(論文)에서 난삽한 부분은 방서(旁書)의 수자(數字)로써 그 의의(意義)를 보충하여 뜻이 통하게 하였다. 그러므로 열람하는 사람들이 비교적 이해하기가 쉽다.
2) 本非一經十傳, 舊本亦無錯簡: 주자는 『대대예기(大戴禮記)』에 속해 있던 『고본대학(古本大學)』을 새로운 체재로 편집하여 '일경십전(一經十傳)'으로 구성된 『대학장구(大學章句)』를 저술하였다. 지욱 대사는 『고본대학(古本大學)』이 그 자체로 완전한 경(經)이라는 관점에서 주자의 『대학장구(大學章句)』를 비판한 것이다.
3) 王陽明居士已辨之矣: 왕양명(王陽明)이 문인(門人) 서애(徐愛)와의 문답을 통해서 주자의 『대학장구(大學章句)』 풀이를 비판한 내용이 『전습록(傳習錄)』 상권에 자세하게 실려 있다. "선생님께서는 『대학(大學)』의 '격물(格物)'에 관한 여러 설에 있어서 실로 구본(舊本)을 정본(正本)으로 여기셨으니, 대개 선유(先儒)가 이른바 '오본(誤本)'이라고 했던 것이다. 나는 처음에 이것을 듣고서 놀랐는데 얼마 뒤에

의심이 들어서 생각을 극도로 정밀하게 하여 서로 비교하고 종합하여 선생님께 질정하였다. 그런 뒤에 선생님의 설이 마치 물의 차가움과 같고 마치 불의 뜨거움과 같아서 확실히 '백세(百世)에 성인을 기다려도 의혹되지 않는 것'임을 알았다. [先生於『大學』'格物'諸說, 悉以舊本爲正, 蓋先儒所謂誤本者也. 愛始聞而駭, 旣而疑, 已而殫精竭思, 參互錯綜以質於先生. 然後知先生之說若水之寒, 若火之熱, 斷斷乎'百世以俟聖人而不惑'者也.] - 王陽明 撰 · 鄧艾民 注,『傳習錄注疏』, 上海古籍出版社, 2012, 5면.

4) 飮其醇而存其水也: 아왕(鵝王; 거위)은 물과 우유를 한 그릇에 함께 섞어 놓았을 때, 그 우유 즙만을 마시고 나머지 물은 남겨둔다고 한다. 최상승(最上乘)의 정화(精華)만을 택하였음을 비유한 말이다. 고사가 『조정사원(祖庭事苑)』 권오(卷五)에 보인다. "또 건타라(健陀羅)가 등광왕(燈光王)에게 말하였다. '제가 세상일을 생각해 보니, 긴 목을 지닌 흰 거위에게 물과 우유가 섞여 있는 것을 마시게 하면 단지 그 우유만 마시고 오직 물만은 남겨둡니다.' 왕이 말하였다. '이 일은 사실인가?' 대답하여 말하였다. '왕께서 당일에 시험해 보십시오.' 왕이 거위에게 마시게 하자 과연 말한 바와 같았다. 왕이 말하였다. '이것은 어떠한 까닭이 있는 것인가?' 대답하였다. '새의 부리{조구鳥口}는 성질이 초성(醋性)인지라 만약 우유를 마시는 때에는 마침내 곧 타락(駝酪)을 이루고 물은 남아 있도록 하는 것입니다.' [又健陀羅白燈光王曰: "我思世事, 長項白鶴以水和乳令飮, 但飮其乳, 唯有水存." 王曰: "此事實否?" 答言: "王當日驗." 王令鶴飮, 果如所言. 王曰: "此有何緣?" 答曰: "鳥口性醋, 若飮乳時, 遂便成酪, 致令水在."]『卍新纂大日本續藏經』 第64冊 · No.1261 · 祖庭事苑 第5卷(X64n1261_005).

올여름에 『성유식론관심법요(成唯識論觀心法要)』를 조술(造述)하다가 우연히 여력이 있어 구고(舊稿)를 다시 보아서, 그 아직 온전하지 못한 글귀를 고쳐 쓰고 그 미비한 글자를 증보하였다. 『논어』를 첫 번째로 놓았고 『중용(中庸)』을 그다음에 놓았고 『대학(大學)』을 그다음에 놓았고 『맹자(孟子)』를 뒤에다가 놓았다. 『논어』는 공씨의 기록이 된다. 그러므로 첫 번째에 놓았다. 『중용(中庸)』과 『대학(大學)』은 모두 자사가 저작(著作)한 바이기 때문에 그다음에 놓았다. 자사는 먼저 『중용(中庸)』을 지었으니 (이 책은) 『대례(戴禮)』의 제31편에 속해 있으며, 뒤에 『대학(大學)』을 지었으니 (이 책은) 『대례(戴禮)』의 제42편에 속해 있다. 이 때문에 (『대학(大學)』의) 장(章) 첫머리의 "재명명덕(在明明德)"이 앞의 장(章)의 끝부분인

(『중용(中庸)』의) "여회명덕(予懷明德)"을 이어서 말하였으니, 본래 "일경십전(一經十傳)"이 아니요 구본(舊本){고본대학(古本大學)}에도 착간이 없었다. 왕양명 거사가 이미 (이를) 논변하였다. 맹자는 자사에게 배웠다. 그러므로 뒤에 놓았다. 『논어』를 주해한 책을 "점정(點睛)"이라고 하였으니 출세(出世)의 광명을 열었기 때문이며, 『중용(中庸)』과 『대학(大學)』을 주해한 책을 "직지(直指)"라고 하였으니 둘이 아닌 마음의 근원을 이야기하였기 때문이며, 『맹자(孟子)』를 주해한 책을 "택유(擇乳)"라고 하였으니 그 순수한 젖만을 마시고 나머지 물은 남겨두었기 때문이다.

佛祖聖賢皆無實法繫綴人, 但爲人解粘去縛, 今亦不過用楔出楔, 助發聖賢心印而已. 若夫趨時制藝, 本非予所敢知, 不妨各從所好.

불조(佛祖)와 성현들께서는 모두 실법(實法)으로 사람을 속박함이 없었다. 다만 사람들을 위해서 달라붙은 것을 떼어내고 결박된 것을 풀어주셨을 뿐이다. 지금 또한 쐐기를 이용하거나 쐐기를 버려서 성현의 심인(心印)을 밝히는 데 도움을 주는 것에 불과하다. 시속에 따른 '제예(制藝){과거공부(科擧工夫)}'와 같은 것은 본래 내가 감히 알 바가 아니니, 각자가 좋아하는 바를 따라도 무방하다.

丁亥孟冬九日古吳西有道人智旭漫識 (時在順治四年)

정해년(丁亥年) 맹동(孟冬) 9일에 고오(古吳) 서유도인(西有道人) 지욱(智旭)이 붓 가는 대로 쓰다. (지금은 순치順治 4년{1647}이다.)

「四書藕益解重刻序」

　　道在人心, 如水在地, 雖高原平地了不見水, 苟穴土而求之, 無不得者. 水喩吾心固有之明德, 土喩吾心幻現之物欲. 果能格物致知, 無有不能明其明德者. 然穴土取水, 人無不施功求之, 以非水不能生活故也. 而道本心具, 人多不肯施功, 致物欲錮蔽眞知, 不知希聖希賢, 甘心**自暴自棄**.[1] 由茲喪法身以失**慧命**,[2] 生作走肉行屍, 死與草木同腐, 可不哀哉!

【注釋】

1) 自暴自棄:『맹자(孟子)·이루(離婁) 상(上)』 제10장, "맹자가 말하였다. '자신을 해치는 자와는 함께 도(道)를 말할 수 없고, 자신을 버리는 자와는 함께 도를 행할 수 없다. 말할 때마다 예의(禮義)를 비방하는 것을 일러 자신을 해치는 「자포(自暴)」라 하고, 나는 인(仁)을 행하거나 의(義)를 따를 수 없다고 포기하는 것을 일러 자신을 버리는 「자기(自棄)」라고 한다.' [孟子曰: "自暴者, 不可與有言也, 自棄者, 不可與有爲也. 言非禮義, 謂之自暴, 吾身不能居仁由義, 謂之自棄也."]"

2) 慧命: "불교에서는 지혜(智慧)를 법신(法身)의 수명(壽命)으로 여기니, 지혜(智慧)가 죽으면 법신(法身)도 없어진다. 그러므로 '혜명(慧命)'이라고 이른 것이다. [佛教以智慧爲法身的壽命, 智慧夭, 則法身亡, 故云慧命.]"

「사서우익해중각서(四書藕益解重刻序)」

　　도(道)가 인심(人心)에 있는 것이 마치 물이 땅에 있는 것과 같아서 비록 고원(高原)의 평지(平地)에서 끝내 물을 보지 못한다고 하더라도, 진실로 땅에 구멍을 뚫고서 물을 구한다면 얻지 못함이 없다. 물은 비유하자면 내 마음에 고유(固有)한 명덕(明德)이요, 땅은 비유하자면 내 마음에 환현(幻現)한 물욕(物欲)이니, 과연 '격물치지(格物致知)'를 할 수 있다면 능히 그 명덕(明德)을 밝히지 못할 사람은 없다. 그러나 땅에 구멍을 뚫어서 물을 취함은 사람이 공력(功力)을 베풀어 구하지 않음이 없는 것이니, 물이 아니면 생존할 수 없기 때문이다. 그러나 도(道)는 본래 마음에 갖추어져 있는데도 사람들은 대부분 기꺼이 공(功)을 베풀려 하지 않고 물욕(物欲)을 다하여 진여(眞如)를 덮어 가리고서는, 성인과 현인이 되기를 희망할 줄을 모르고 자포자기하는 것을 달가워한다. 이로 말미암아 법신(法身)을 잃고 혜명(慧命)을 잃어버려서, 살아서는 '고깃덩어리'·'걸어다니는 송장'이 되고 죽어서는 초목과 함께 썩어가니 가히 슬프지 않으랴!

『四書』者, 孔門上繼往聖, 下開來學, 俾由格物致知, 以自明其明德, 然後推而至於家國天下, 俾家國天下之人各皆明其明德之**大經大法**[1]也. 前乎此者, 雖其說之詳略不同, 而其旨同, 後乎此者, 雖其機之利鈍有異, 而其效無異. 誠可謂**先天而天弗違, 後天而奉天時,**[2] 萬世師表, 百代儒宗也. 其大綱在於明明德修道, 其下手最親切處在於格物愼獨[3]·**克己復禮**[4]·**主敬存誠**.[5] 學者果能一言一字皆向自己身心體究, 雖一介匹夫, 其經天緯地[6]·**參贊化育**[7]之道, 何**難**得自本心, 俾聖賢垂訓一番苦心不成徒設, 而爲乾坤大父大母增光, 不愧與天地竝稱三才? 可不自勉乎哉!

【校勘】　　**難** : 동림사(東林寺) 인본(印本) 『사서우익해(四書藕益解)』에는 '수(雖)'로 되어있다. '난(難)' 자(字)와 '수(雖)' 자(字)의 번체(繁體) 모양이 비슷하여서 잘못 새겨진

것이다. 『증광인광법사문초(增廣印光法師文鈔)』 권3에 근거하여 '난(難)'으로 고쳤다.

【注釋】

1) 大經大法: '공명정대(公明正大)한 원리와 법칙(法則)'이라는 뜻이다. 『서경집전(書經集傳)』 서문에 보인다. "경원(慶元) 기미년 겨울에 문공께서 침(沈)에게 명하여 『서경』의 집전(集傳)을 지으라 하시고 그 이듬해에 돌아가시거늘 십 년 만에 비로소 책을 완성하니 모두 수만 자라. 오호라! 『서경』을 어찌 쉽게 말할 수 있으리요! 이제 삼왕의 천하를 다스리는 큰 법이 이 책에 다 실렸으되, 나의 얕은 식견과 학식으로 어찌 족히 그 심오한 이치를 다 드러낼 것인가! 게다가 수천 년 뒤에 태어나서 수천 년 전의 일을 밝히려 하니 이 또한 어려운 일이로다. [慶元己未冬, 先生文公, 令沈作書集傳. 明年, 先生歿. 又十年, 始克成編, 總若干萬言. 嗚呼! 書豈易言哉! 二帝三王治天下之大經大法, 皆載此書, 而淺見薄識, 豈足以盡發蘊奧! 且生於數千載之下, 而欲講明於數千載之前, 亦已難矣.]"

2) 先天而天弗違, 後天而奉天時: 『주역(周易)·건괘(乾卦)·문언(文言)』에 보인다. "대인이란 자는 천지(天地)와 그 덕(德)이 합하며 일월(日月)과 그 밝음이 합하며 사시(四時)와 그 차례가 합하며 귀신과 그 길흉(吉凶)이 합한다. 하늘보다 먼저 하면 하늘이 어기지 않고 하늘보다 뒤에 하여 천시(天時)를 받드나니, 하늘도 어기지 않는데 하물며 사람에 있어서며, 하물며 귀신에 있어서랴? [夫'大人'者·與天地合其德, 與日月合其明, 與四時合其序, 與鬼神合其吉凶, 先天而天弗違, 後天而奉天時. 天且弗違, 而況於人乎? 況於鬼神乎?]"

3) 愼獨: '근독(謹獨)'이라고도 한다. '신독(愼獨)'은 홀로 있을 때를 삼가는 것이다. 『중용(中庸)』 제1장, "도라는 것은 잠시도 떠날 수 없으니, 떠날 수 있으면 도가 아니다. 이 때문에 군자는 보이지 않을 때도 경계하고 삼가며 들리지 않을 때도 두려워하는 것이다. 어두운 곳보다 더 드러나는 곳이 없으며 작은 일보다 더 나타나는 일이 없으니, 그러므로 군자는 그 혼자 있을 때를 삼가는 것이다. [道也者, 不可須臾離也, 可離非道也. 是故君子戒愼乎其所不睹, 恐懼乎其所不聞. 莫見乎隱, 莫顯乎微, 故君子愼其獨也.]"

4) 克己復禮: 『논어(論語)·안연(顏淵) 제십이(第十二)』 제1장, "안연이 인(仁)에 관해 물었다. 공자가 말하였다. '능히 자기가 예로 돌아가는 것이 인(仁)이니, 하루라도 능히 자기가 예로 돌아가면 천하 사람들이 모두 그 인(仁)으로 의탁한다. 인(仁)을 하는 것은 자신에게 달린 것이지, 남에게 달린 것이겠는가?' 안연이 말하였다. '청컨대 그 실천 조목을 묻습니다.' 공자가 말하였다. '예가 아니면 보지 말며[非禮勿視], 예가 아니면 듣지 말며[非禮勿聽], 예가 아니면 말하지 말며[非禮勿言], 예가 아니면 움직이지 말아야 한다[非禮勿動].' 안연이 말하였다. '제가 비록 불민하나 청컨대 이 말씀을 잘 섬기겠습니다. [顏淵問仁. 子曰: "克己復禮爲仁. 一日克己復禮, 天下歸仁焉. 爲仁由己, 而由人乎哉!" 顏淵曰: "請問其目." 子曰: "非禮勿視, 非禮勿聽, 非禮勿言, 非禮勿動." 顏淵曰: "回雖不敏, 請事斯語矣."]"

5) 主敬存誠: '존성주경(存誠主敬)'이라고도 한다. 성의(誠意)를 보존하고 공경을 존중하는 것으로, 송유(宋儒)가 이를 수신(修身)의 근본으로 삼았다. '주경(主敬)'은 경(敬)을 근본으로 삼는 것이다. 경(敬)은 마음을 한곳에 집중하여 잡념을 없애는 것{주일무적主一無適}이다. '존성(存誠)'은 『주역(周易)·건괘(乾卦)·문언(文言)』에서 "사특함을 막아 그 성(誠)을 보존한다. [閑邪存其誠.]"라고 하였다. 성(誠)은 진실무망(眞實無妄)한 마음의 본연의 상태이다.

6) 經天緯地: 천지(天地)를 경위(經緯)한다는 것으로, 천하를 베의 날줄과 씨줄처럼 체계를 세워 바르게 경영한다는 의미이다. '경위(經緯)'는 직물(織物)의 날줄과 씨줄을 가리킨다. 『좌전(左傳)·소공이십팔년(昭公二十八年)』에 보인다. "하늘을 날줄로 삼고 땅을 씨줄로 삼는 것을 '문(文)'이라 한다. [經緯天地曰文.]"

7) 參贊化育: 『중용(中庸)』제22장, "오직 천하에 지극히 성(誠)한 분이라야 그 성(性)을 다할 수 있다. 그 성(性)을 다하면 사람의 성(性)을 다할 수 있고, 사람의 성(性)을 다하면 사물의 성(性)을 다할 수 있고, 사물의 성(性)을 다하면 천지(天地)의 화육(化育)을 도울 수 있고, 천지(天地)의 화육(化育)을 도우면 천지(天地)와 함께 나란히 설 수 있게 된다. [唯天下至誠, 爲能盡其性, 能盡其性, 則能盡人之性, 能盡人之性, 則能盡物之性, 能盡物之性, 則可以贊天地之化育, 可以贊天地之化育, 則可以與天地參矣.]"

'사서(四書)'는 유가(儒家)에서 위로는 왕성(往聖)을 계승하고 아래로는 후학(後學)을 개도(開導)하여 그들에게 '격물치지(格物致知)'로부터 스스로 그 '명덕(明德)'을 밝히고, 연후에 확충하여 가(家)와 국(國)과 천하(天下)에까지 이르게 하고, 가(家)와 국(國)과 천하(天下)의 사람들에게 각기 모두 그 '명덕(明德)'을 밝히게 한 '대경대법(大經大法)'이다. 이보다 앞에 있었던 책들{『시경(詩經)』·『서경』·『주역』 등}은 비록 그 설명의 상세함과 간략함이 같지 않았을지라도 그 뜻은 같았으며, 이보다 뒤에 있었던 책들은 비록 그 도구의 날카로움과 무딤에 차이가 있었을지라도 그 효과는 다름이 없었다. 진실로 "하늘보다 먼저 하면 하늘이 어기지 않고, 하늘보다 뒤에 하여 하늘의 때를 받든다."라고 말할 만하니, 만세(萬世)의 사표(師表)요 백대(百代)의 유종(儒宗)이라고 하겠다. 그 대강은 '명덕(明德)'을 밝히고 '도(道)'를 닦음에 있음이요, 그 공부에 실천해야 할 가장 절실(切實)한 곳은 '격물신독(格物愼獨)'·'극기복례(克己復禮)'·'주경존성(主

敬存誠)'에 있다. 배우는 자가 과연 능히 한마디 한 글자라도 모두 자기의 신심(身心)을 향하여 자세히 체득하고 탐구한다면, 비록 일개의 필부라 할지라도 그 천하를 경륜하여 다스려서 만물의 화육(化育)에 참여하는 도(道)에 있어 스스로 본심(本心)을 깨닫는 데에 무슨 어려움이 있겠는가? 성현이 후세에 전한 교훈으로 하여금 한바탕 고심하여 도설(徒設)을 이루지 않고 건(乾)과 곤(坤)의 대부(大父)와 대모(大母)를 위하여 일층(一層) 영예를 높인다면, 천지(天地)와 나란히 '삼재(三才)'라고 병칭되는 것이 부끄럽지 않을 것이니, 가히 스스로 힘쓰지 않을 수 있겠는가?

如來大法**自漢東傳**,[1] 至唐而各宗悉備, 禪道大興, 高人林立, 隨機接物, 由是**濂洛關閩**[2]以迄元明諸儒, 各取佛法要義以發揮儒宗, 俾孔顔心法絶而復續. 其用靜坐參究以期開悟者, 莫不以佛法是則是傚, 故有功深力極, 臨終豫知時至‧談笑坐逝者甚多. 其誠意正心固足爲儒門師表, 但欲自護門庭, 於所取法者不唯不加表彰, 或反故爲辟駁, 以企後學尊己之道, 不入佛法. 然亦徒爲是擧, 不思己旣陰取陽排, 後學豈無**見過於師**[3]之人適見其心量狹小, 而誠意正心之不無**罅漏**[4]也? 深可痛惜!

【注釋】

1) 自漢東傳: 예전에 한명제가 꿈에서 먼저 감응하고 불법(佛法)이 동쪽으로 흘러 들어왔다고 하였다. 『법원주림(法苑珠林)』 권제십삼(卷第十三)에 보인다. "지인(至人)이 감응하여 이에 물건의 기틀에 나아갔다. 색상(色相)은 빛이 나고 밝아서 감로(甘露)의 못에서 덕(德)을 베풀었으며, 해가 움직여 숨어버린 서쪽에서 교화를 펼쳤다. 이 때문에 도리천(忉利天)과 잠시 떨어져 있었지만, 오히려 전단(栴檀)에 새긴 성인의 용모를 이루었다. 더구나 견고하고 오랜 어둠에서 누가 옛날의 마음을 잊으랴! 이 때문에 서쪽 나라에서 발원(發源)하니 곧 우전왕(優塡王)이 최초로

불상 제작의 시원(始原)을 열었고, 동쪽 지역으로 가르침이 이동하니 한명제(漢明帝)가 처음으로 불교가 전파되도록 하였다. 이로부터 장자(匠者)가 뒤를 이어 마침내 법신(法身)을 좇아 진귀한 보물들을 갖추어 놓으매, 금석(金石)과 주옥(珠玉)의 장식과 토목(土木)과 수화(繡畫)의 자태가 마음에 즉입(卽入)하여 공교로움을 이루지 못한 것이 없었으니, 이것을 말미암아 오묘함을 드러내었다. 옛날 진대(晉代)의 승려들은 위절(煒絕)을 만들었고, 송(宋)나라·제(齊)나라의 제왕(帝王)은 일신(日新)을 제작하였으되, 대부분 명(銘)을 기록하지 못하였다. 혹 그 발원(發源)을 잊을까 염려되어서 지금 그 수승한 자취를 기록하여 모범을 보이고 이익을 나타내는 것이다. [夫至人應感, 茲赴物機. 色相光明, 振德於甘露之澤, 影留圖像, 遣化於日隱之運, 所以忉利暫隔, 猶致刻檀之聖容. 況堅固長晦, 孰忘疇昔之心哉! 是故發源西國, 則優填創其始, 移敎東域, 則漢明肇其初. 沿茲而來, 匠者踵武, 聿追法身備極珍寶, 金石珠玉之飾·土木繡畫之姿, 莫不卽心致巧. 因茲呈妙. 昔晉代僧眾創造煒絕, 宋齊帝王製作日新, 多未記銘. 懼以失源, 今錄其殊勝, 垂範表益也.]" 『大正新脩大藏經』第53冊·No.2122·法苑珠林 第13卷(T53n2122_013).

2) 濂·洛·關·閩: 송(宋)나라의 유학자 주돈이(周敦頤)·정호(程顥)·정이(程頤)·장재(張載)·주희(朱熹)를 가리키는데, 이들이 살던 지역의 명칭을 따서 부르는 것이다. '염(濂)·락(洛)·주(朱)·장(張)'이라고도 한다.

3) 見過於師: '견과어사방감전수(見過於師方堪傳授).'의 뜻이다. 선림(禪林)의 용어이다. 제자의 지견(知見)이 스승을 뛰어넘었을 때이어야만 비로소 스승의 전수(傳授)를 감내할 수 있다는 뜻이다. 『오등회원(五燈會元)』권제삼(卷第三)「홍주백장산회해선사자(洪州百丈山懷海禪師者)」에 보인다. "어느 날 스님이 대중에게 일러 가로되, '불법이 작은 일이 아니다. 노승이 옛적에 마대사의 1할(喝)을 입고는 바로 3일 동안 귀먹음을 얻었다.' 황벽이 법문을 듣다가 자기도 모르게 혀를 토하였다. 스님이 가로되, '자네가 이후에 마조를 승사(承嗣)하지 않겠는가?' 황벽이 가로되, '그렇지 않습니다. 금일 화상의 법문으로 인해 마조의 대기지용(大機之用)을 볼 수 있었습니다. 그리고 마조를 알지 못하면서 만약 마조를 잇는다면, 이후에 나의 아손(兒孫)을 잃을 것입니다.' 스님이 가로되, '이와 같고 이와 같다. 지견(知見)이 스승과 가지런하면 스승의 반덕을 감(減)하고 지견(知見)이 스승을 초과해야만 비로소 전수(傳授)를 감내한다. 자네는 심히 스승을 초월하는 지견(知見)이 있다.' 황벽이 곧 예배하였다. [一日, 師謂眾曰: "佛法不是小事, 老僧昔被馬大師一喝, 直得三日耳聾." 黃檗聞舉, 不覺吐舌. 師曰: "子已後莫承嗣馬祖去麼." 檗曰: "不然. 今日因和尙舉, 得見馬祖大機之用. 然且不識馬祖, 若嗣馬祖, 已後喪我兒孫." 師曰: "如是如是. 見與師齊, 減師半德, 見過於師, 方堪傳授, 子甚有超師之見." 檗便禮拜.]" 『卍新纂大日本續藏經』第80冊·No.1565·五燈會元 第3卷(X80n1565_003).

4) 罅漏: 적용되는 기준에 모자람을 뜻한다. 당(唐)나라 한유(韓愈)의 『진학해(進學解)』에서 "틈과 새는 곳을 보완하셨다. [補苴罅漏.]"라고 하였다.

여래(如來)의 대법(大法)이 한(漢)나라 때 동쪽으로 전해져서 당(唐)나라에 이르러 각 종파가 다 갖추어지고, 선도(禪道)가 크게 흥기하여 고인(高人)들이 임목(林木)처럼 즐비하여 근기(根機)에 따라 대중을 가르쳤다. 이로 말미암아 렴계(濂溪)의 주돈이(周敦頤)·낙양(洛陽)의 정명도(程明道)와 정이천(程伊川)·관중(關中)의 장재(張載)·민중(閩中)의 주자(朱子)부터 원(元)나라와 명(明)나라의 제유(諸儒)들에 이르기까지 각기 불법(佛法)의 요의(要義)를 취하여 유가(儒家)의 종지를 발휘하여 공자와 안연의 심법(心法)이 끊어졌던 것을 다시 잇게 하였다. 그 정좌하여 참구하는 법을 써서 개오(開悟)를 기약하는 자들이 불법(佛法)을 본보기로 삼고 배우지 않은 것이 없었다. 공력(功力)이 깊고 힘이 지극하여서, 임종시(臨終時)에 때가 이르렀음을 미리 알고 담소를 나누며 앉아서 죽은 자들이 매우 많았다. 그 '성의(誠意)'와 '정심(正心)'이 진실로 유문(儒門)의 사표(師表)가 되기에 충분하였다. 다만 스스로 문정(門庭)을 보호하고자 불법(佛法)을 취했던 것에 표장(表彰)을 더하지 않을 수 없었을 뿐만 아니라 간혹 도리어 (불법佛法을) 배척하고 논박하여, 후학들이 자기의 도(道)만을 존숭하게 하고 불법(佛法)에는 들어가지 못하도록 기도(企圖)하였다. 그러나 또한 한갓 이런 일들을 거행(擧行)했을 뿐 자기들이 (불법佛法을) 음(陰)으로 취하고 양(陽)으로 배척함을 생각하지 못했으니, 후학들 가운데 견식(見識)이 스승보다 뛰어난 사람이 그 (스승의) 심량(心量)이 협소하여 '성의정심(誠意正心)'에 누락이 없지 않은 것을 본 것이 어찌 없었겠는가? 매우 애석하게 여길 만하다!

明末藕益大師, 系法身大士乘願示生. 初讀儒書, 卽效先儒辟佛, 而實未知佛之所以爲佛. 後讀佛經, 始悔前愆. 隨卽殫精硏究, 方知佛法乃一切諸法之本, 其有辟駁者, 非**掩耳盜鈴**,[1] 卽**未見顏色之瞽論**[2]也. 遂發心出家, 弘揚法化. 一生注述經論四十餘種, 卷盈數百, 莫不言言見諦, 語語超宗, 如走盤珠, 利益無盡. 又念儒宗上焉者取佛法以自益, 終難究竟貫通, 下焉者習詞章以自足, 多造謗法惡業, 中心痛傷, 欲爲救援, 因取『四書』·『周易』以佛法釋之. 解『論語』·『孟子』則略示大義, 解『中庸』·『大學』則直指心源. 蓋以秉『法華』**開權顯實**[3]之義, 以圓頓教理釋治世語言, 俾靈山·**泗水**[4]之心法徹底顯露, 了無餘蘊. 其取佛法以自益者, 卽得究竟實益, 卽專習詞章之流, 由玆知佛法廣大, 不易測度, 亦當頓息邪見, 漸生正信. 知**格除物欲**,[5] 自能明其明德, 由是而力求之, 當直接孔顏心傳, 其利益豈能讓宋·元·明諸儒獨得也已.

【注釋】

1) 掩耳盜鈴: '귀를 막고 방울을 훔친다.'라는 말로 자신이 듣지 않는다고 남도 듣지 않는 줄로 안다는 뜻이다. 남의 말을 듣지 않으려는 독선적이고 어리석은 사람을 가리키는 말이다. 『여씨춘추(呂氏春秋)·자지(自知)』에 보인다. "범씨가 망하자 백성 가운데 종(鍾)을 획득한 자가 있었다. 등에 메고 달아나려고 하였으나 종(鍾)이 커서 등에 멜 수가 없었다. 망치로 때려 부수니 종(鍾)에서 황홀한 소리가 났는데, 다른 사람들이 듣고서 자기의 종(鍾)을 빼앗아 갈까 얼른 자신의 귀를 막았다. 남이 (종소리를) 듣기를 싫어하는 것은 괜찮으나 자기가 스스로 (종소리를) 듣기 싫어하는 것은 이치에 어긋난다. 남의 군주가 되어서 그 자신의 허물을 듣기 싫어하는 것이 이와 같지 않겠는가? 남이 그 (군주의) 허물을 듣기를 싫어하는 것은 오히려 괜찮다. [範氏之亡也, 百姓有得鍾者. 欲負而走, 則鍾大不可負. 以椎毁之, 鍾況然有音, 恐人聞之而奪己也, 遽揜其耳. 惡人聞之可也, 惡己自聞之悖矣. 爲人主而惡聞其過, 非猶此也? 惡人聞其過尙猶可.]"

2) 未見顏色之瞽論: 『논어(論語)·계씨(季氏) 제십육(第十六)』 제6장, "공자가 말하였다. '군자를 모실 때 저지르는 세 가지 허물이 있다. 말할 차례가 자기에게 돌아오지 않았는데 먼저 말하는 것을 「조급함」이라고 하고, 말할 차례가 자기에게 돌아왔는데 말하지 않는 것을 「숨김」이라고 하고, 안색을 살피지 않고 말하는 것을 「장님」이라고 한다.' [孔子曰: '侍於君子有三愆. 言未及之而言謂之躁, 言及之而不言謂之隱, 未見顏色而言謂之瞽.]"

3) 開權顯實: '권(權)'은 '방편'을 뜻한다. 방편임을 밝히고 진실을 드러낸다는 의미이다. 천태(天台) 지의(智顗, 538-597)가 『묘법연화경현의(妙法蓮華經玄義)』에서 『법화경(法華經)』 28품 가운데 앞 14품의 요지(要旨)로서 제시한 말이다. "질문: '일체법은 모두 불법인데, 어찌하여 방편을 간략하게 하여 진실을 취하는 것을 체(體)로 삼는 것인가?' 답: '만약 방편임을 밝히고 진실을 드러낸다면 모든 법이 체(體)이나, 만약 방편임을 폐하고 진실을 드러낸다면 이전처럼 쓰이는 바이다.' [問: "一切法皆佛法, 何意簡權取實爲體?" 答: "若開權顯實, 諸法皆體, 若廢權顯實, 如前所用."]"

4) 靈山·泗水: '영산(靈山)'은 고대(古代) 인도(印度) 마갈타국(摩竭陀國)의 왕사성(王舍城) 동북(東北)쪽에 있는 산으로서, 석가모니여래(釋迦牟尼如來)가 『법화경(法華經)』과 『무량수경(無量壽經)』을 강(講)하였다는 곳이다. '취산(鷲山)'이라고도 한다. '사수(泗水)'는 공자가 태어났던 노(魯)나라 추읍(陬邑)을 허리띠처럼 감싸 안고 있었던 강(江) 이름이다. 중국 산동성(山東省)에 있다.

5) 格除物欲: '격물(格物)'은 『대학(大學)』에 나오는 말인데, 지욱 대사는 왕양명의 견해를 좇아 '격(格)'을 '격제(格除; 바로잡아 제거함)'로, '물(物)'을 '물욕(物欲)'으로 보아 설명하였다. 왕양명은 『지행록(知行錄)·전습록(傳習錄) 상(上)』에서 '격물(格物)'에 대해 다음과 같이 설명하였다. "선생님께서 또 말씀하셨다. 「격물(格物)」은 『맹자(孟子)』의 「대인격군심(大人格君心; 오직 대인大人만이 임금의 나쁜 마음을 바로잡을 수 있음)」의 「격(格)」자(字)와 같으니, 이는 바로 그 마음의 부정한 것을 제거하여 그 본체의 바름을 온전하게 하는 것이다.' …… '또 생각해 보면, 내 마음의 신령함에 어찌 의지(意志)의 선(善)함과 악(惡)함을 알지 못함이 있겠느냐마는 단지 물욕(物慾)이 가리고 있을 뿐이다. 모름지기 물욕(物慾)을 바로잡아 제거한다면, 비로소 능히 안자가 일찍이 알지 못했던 적이 없었던 것과 같아질 수 있다.' [先生又曰: '格物, 如『孟子』「大人格君心」之「格」, 是去其心之不正, 以全其本體之正. …… 又思來吾心之靈, 何有不知意之善惡, 只是物慾蔽了, 須格去物慾, 始能如顏子未嘗不知耳.']"

명말(明末)의 우익대사(藕益大師)는 '법신대사(法身大士)'이니, 발원(發願)하여 중생에게 모습을 보였다. 처음에는 유서(儒書)를 읽고서 곧 선유(先儒)들을 본받아 불법(佛法)을 배척하였으니 실로 부처님께서 부처님이 되신 까닭을 알지 못했던 것이요, 뒤에 불경(佛經)을 읽고서 비로소 이전의 허물을 후회하였으니 곧 모든 정력을 다 기울여 연구하여서 바야흐로 불법(佛法)이 정말로 일체제법(一切諸法)의 근본임을 알았다. 그 불법(佛法)을 배척하고 논박하는 견해들이 있었는데, 귀를 막고 방울을 훔친 것이 아니면 즉 안색을 보지 않은 '고론

(聱論)'이었다. 마침내 발심(發心)하여 출가하고서 불법(佛法)의 교화를 널리 발양(發揚)하였는데 일생 주(注)를 달아 서술한 경론이 40여 종이요, 그 권수(卷數)가 수백 권이나 된다. 말마다 진리를 명확하게 터득하였고 이야기마다 종파를 뛰어넘었던 것이 마치 '주반주(走盤珠)'와 같이 그 이익이 다함이 없었다. 또 불가(佛家)와 유가(儒家)에서 근기(根機)가 수승(殊勝)한 자들은 불법(佛法)을 취하여 자기를 이롭게 하였으나 끝내 구경(究竟)을 관통하는 것이 어려웠고, 근기(根機)가 얕은 자들은 사장(詞章)을 익혀서 스스로 만족하여 대부분 불법(佛法)을 비방하는 악업(惡業)을 쌓아왔던 것을 생각하니, (우익대사藕益大師는) 마음 한가운데가 몹시 슬프고 아파서 (그들을) 구원하고자 하였다. 인(因)하여 『사서(四書)』와 『주역(周易)』을 취하여 불법(佛法)으로써 해석하였다. 『논어』와 『맹자(孟子)』를 주해함에 있어서는 곧 대의를 간략하게 보였고 『중용(中庸)』과 『대학(大學)』을 주해함에 있어서는 곧 심원(心源)을 곧장 가리켰다. 대개 『법화경(法華經)』의 '개권현실(開權顯實)'의 의의(意義)를 가지고 '원돈(圓頓)'의 교리{선종禪宗}로써 '치세(治世)의 언어{사서四書를 가리킴}'를 해석하여, '영취산(靈鷲山)'에 계셨던 부처님과 '사수(泗水)가'에서 태어나셨던 공자의 심법(心法)을 철저하게 다 드러내서 조금도 숨겨진 뜻이 없게 하였다. (그리하여) 그 불법(佛法)을 취하여 자기를 이롭게 한 자들은 곧바로 구경(究竟)의 실익(實益){깨침 또는 해탈解脫}을 얻었고, 오로지 사장(詞章)만을 익혔던 부류들은 이로 말미암아 불법(佛法)이 광대하여 따져서 헤아림이 쉽지 않으며, 또한 마땅히 사견(邪見)을 단박에 멸(滅)하고 점점 올바른 믿음을 내어서 물욕(物欲)을 바로잡아 제거하여 스스로 능히 그 '명덕(明德)'을 밝힐 수 있다는 것을 알았다. 이 때문에 힘써 구하여 마땅히 공자와 안연의 '심전(心傳)'을 곧장 접할 수 있다면, 그 이

익이 어찌 능히 송(宋)나라·원(元)나라·명(明)나라 때의 제유(諸儒)들이 홀로 얻을 것보다 뒤질 것이 있겠느냐?

近來各界眼界大開, 天姿高者無不研究佛法, 一唱百和, 靡然風從.[1] 旣知卽心本具佛性無始無終, 具足**常樂我淨**[2]眞實功德, 豈肯當仁固讓·見義不爲·高推聖境·自處凡愚乎哉! 以故偉人名士率多吃素念佛, 篤修淨業, 企其生見佛性·死生佛國而已.

【注釋】

1) 風從: '초언풍종(草偃風從)'과 같다. '풀이 바람을 따라 쏠린다.'라는 뜻으로, 임금의 덕이 백성을 감화시킴을 이르는 말이다. 남조(南朝) 양(梁)나라 때의 사람 임방(任昉)의 「천감삼년책수재문(天監三年策秀才文)」에 보인다. "위에 있는 임금의 덕이 아래의 백성을 감화시키는 것은 풀이 바람을 따라 쏠리는 것입니다. [上之化下, 草偃風從.]"
2) 常樂我淨: 열반(涅槃)의 네 가지 덕(德)이다. '상(常)'은 열반의 경지는 생멸 변천함이 없는 덕이고, '락(樂)'은 생사의 고통을 여의어 무위안락(無爲安樂)한 덕이며, '아(我)'는 망집(妄執)의 아(我)를 여의고 팔대자재(八大自在)가 있는 진아(眞我)이고, '정(淨)'은 번뇌의 더러움을 여의어 담연청정(湛然淸淨)한 덕이라는 뜻이다.

근래 각계에서 식견을 넓혀서 타고난 자태가 높은 자들이 불법(佛法)을 연구하지 않음이 없어서, 한 사람의 호소에 많은 사람이 호응하여 미연(靡然)히 풀이 바람을 따라 쏠리듯이 하였다. 즉심(卽心)이 본래 불성(佛性)을 갖추고 있어 시작도 없고 끝도 없이 상(常)·락(樂)·아(我)·정(淨)의 진실한 공덕을 구족하고 있음을 이미 알았으니, 어찌 기꺼이 인(仁)을 당하여 굳이 사양하고 의(義)를 보고 실천하지 않아서 성인의 경지를 멀리 밀어내고 범부와 어리석은 사람으로 자처하겠는가? 이 때문에 위인(偉人)과 명사(名士)들은 대부분 어육(魚肉)을 삼가서 채식(菜食)을 하고 염불(念佛)을 하면서 정업(淨業)을 독실하게 닦아서, 살아서는 불성(佛性)을 보고 죽어서는 불국토(佛國土)에 태어나기를 기도했었을 뿐이다.

施調梅·蔡禹澤·李筱和·陳魯德·葉伯齡·彭笑潮·鬱九齡居士等宿[1]具靈根, 篤信佛法, 一見『四書藕益解』, 不勝歡喜, 謂此書直指當人一念, 大明儒釋心法, 於世出世法融通貫徹, 俾上中下根隨機受益. 深則見深, 不妨直契菩提, 淺則見淺, 亦可漸種善根. 卽欲刊板, 用廣流通. 以此功德, 恭祝現在**椿萱**,[2] 壽登**期頤**,[3] 百年報盡, 神歸安養, 過去父母, 宿業消除, 蒙佛接引, 往生淨土. 祈序於光, 企告來哲. 光自愧昔作闡提, 毀謗佛法, 以致業障覆心, 悟證無由, 喜彼之請, 企一切人於佛法中鹹生正信, 庶可業障同消, 而心光俱皆發現矣. 『周易禪解』, 金陵已刻. 『孟子擇乳』, 兵燹後失傳, 楊仁山居士求之東瀛, 亦不可得, 惜哉!

中華民國九年庚申孟夏常慚愧僧釋**印光**[4]撰

【注釋】

1) 宿: '숙세'라는 뜻이다. '오래'라는 뜻으로 '숙세'는 전생의 세상·과거세란 뜻이다. '숙세'에서의 생존상태를 '숙명(宿命)'이라 하고, '숙세'에서의 선악의 습관이 남아 있는 것을 '숙습(宿習)', 숙세에 맺은 인연을 '숙인(宿因)' 또는 '숙연(宿緣)'이라고 한다.
2) 椿萱: '춘당(椿堂)'과 '훤당(萱堂)'으로서, 남의 부모를 높여 일컫는 말이다. 당(唐)나라 모융(牟融)의 한시(漢詩) 「송서호(送徐浩)」에 보인다. "그대의 이번 걸음 정(情)이 간절해서이니, 당상(堂上)의 부모님은 흰 눈 같은 백발이 머리를 가득 채웠네. [知君此去情偏切, 堂上椿萱雪滿頭.]"
3) 期頤: 나이 백 살을 가리키는 말이다. 『예기(禮記)·곡례(曲禮) 상(上)』에서 "백세가 되면 '기(期)'라고 하고 이때가 되면 부양된다. [百年曰期, 頤.]"라고 하였다. 이

는 백세가 된 노인은 음식·거처·생활 등 모든 면에 있어 부양에 의존해야 하기 때문에 '이(頤)'라고 한 것이다.

4) 印光: 1861-1940. 인광대사(印光大師)는 휘(諱)는 성량(聖量)이고, 자(字)는 인광 (印光)이며, 법호(法號)는 '항상 부끄러워하는 중'이라는 뜻으로 '상참괴승(常慚愧 僧)'이라 하였다. 섬서 출생인데 어려서 형님으로부터 유가의 책을 배워 이것이 성현의 학문이라며 자못 자부하여 한유(韓愈)와 구양수(歐陽修)의 불교 배척론 에 적극 찬동하였다. 나중에 병으로 몇 년간 고생한 뒤에야 비로소 큰 잘못임을 깨달았다. 대사는 나이 21세(1881)에 도순(道純) 화상을 스승으로 출가하였고, 이듬해 해정(海定) 율사(律師)로부터 구족계를 받았다. 그 전에 호북 연화사에 잠 시 들렸다가 햇볕에 말리는 불경 중 용서(龍舒)의 정토문(淨土文) 파본을 우연히 읽어보고 염불 법문을 알게 되었다. 어려서부터 눈에 병이 있어 거의 실명의 위 기를 맞았는데, 이때 육신이란 고통의 근본임을 깨닫고 일심으로 염불을 하였는 데 눈병이 갑자기 나아 버렸다. 그로부터 한평생 오로지 정토에 귀의하여 스스 로 수행하며 남을 교화하는 방편 법문으로 삼았다. 나중에 북경 홍라산 자복사 (資福寺)가 오로지 정토 법문을 수행하는 염불 도량이라는 소식을 듣고 26세 때 스승을 하직하고 그곳으로 가서 수행하였고, 2년 후에 보타산 법우사에서 6년 동안 정진하였으며, 출가한 지 30여 년 동안 청나라가 망할 때까지 시종 자취를 감추고 드러내지 않았다. 대사는 권속을 좋아하지 않아 천하(天下) 사해(四海)를 모두 스승으로 삼았고, 설법은 '편지설법'으로 대신하였으며, 또 사찰의 주지가 되지 않는 것이 본래 굳건히 세운 서원이었으나 그 지팡이가 이르는 곳마다 책임 이 따랐고 모두 명산대찰이 되었다. 1937년 겨울 영암사로 자리를 옮겨 3년간 안 거하였는데, 이곳이 바로 대사가 입적하여 극락왕생한 곳이 되었다.

시조매(施調梅)·채우택(蔡禹澤)·이소화(李筱和)·진로덕(陳魯德)·섭백 령(葉伯齡)·팽소조(彭笑潮)·욱구령(鬱九齡) 거사 등은 숙세에 영근(靈根) 을 갖추어서 독실하게 불법(佛法)을 믿었다. 『사서우익해(四書藕益解)』를 한 번 보고 기쁨을 참을 수 없었으니, 이 책이 당인(當人)의 일념을 곧장 가리켜서 유가(儒家)와 불가(佛家)의 심법(心法)을 크게 밝혀서 세간법(世 間法)과 출세간법(出世間法)을 융통(融通)하고 꿰뚫어서 상근기(上根機)· 중근기(中根機)·하근기(下根機)가 근기(根機)에 따라 이익을 얻게 하여서, (근기根機가) 깊으면 깊은 곳을 보아서 곧장 정각(正覺; 菩提)을 깨닫게 하 고 (근기根機가) 얕으면 얕은 곳을 보아서 또한 점점 선근(善根)을 심을 수 있다고 이르렀다. 곧 제판(製版) 인쇄하여 널리 활용하게끔 유통하여, 이 공덕으로써 현재의 부모는 수명이 백세(百歲)에 나아가고 백 년 동안의 과보가 다하면 그 정신이 편안하고 안락하게 지내는 곳으로 돌아가며, 과거의 부모는 숙업(宿業)이 사라져 없어지고 부처님의 접인(接引)을 받아서 정토에 가서 태어나기를 공경히 축원하고자 하였다. 나에게 서문을 부탁하여 장래의 독자들에게 고하여 주기를 기원하였다. 나는 부끄럽게도 옛날에 천제(闡提)로서 불법(佛法)을 훼방하여 업장(業障)이 마음을 덮어서 (구경究竟을) 깨달을 길이 없음에 빠진 데에 스스로 부끄러워하였다. 그의 간청이 일체의 사람들이 불법(佛法) 가운데에서 모두 바른 믿음을 내어서 바라건대 거의 업장(業障)이 함께 소멸되어 '마음의 빛'이 전부 다 발현될 수 있기를 기도하고 있다는 데에서 기쁨을 느낀다. 『주역선해(周易禪解)』는 금릉(金陵)에서 이미 간행하였으나, 『맹자택유(孟子擇乳)』는 전란(戰亂) 뒤에 실전되었다. 양인산(楊仁山) 거사가 일본에서 찾았지만 역시 얻지 못하였으니, 애석하구나!

중화민국(中華民國) 9년 경신년(庚申年; 1920) 맹하(孟夏; 음력 4월)에 상참괴승(常慚愧僧) 석자(釋子) 인광(印光)이 찬(撰)하다.

「論語點睛補注序」

孔子沒而微言絕, 七十子喪而大義乖, 其信然乎! 漢儒明於訓詁典章, 宋儒明於世法義理, 皆各有功後來, 而於聖言之量未盡也. 明藕益大師以佛知見爲『四書解』, 而佛儒始通, 微言始顯, 眞解也, 亦圓解也. 『四書解』者, 一·『論語點睛』, 二·『中庸直指』, 三·『大學直指』, 四·『孟子擇乳』. 『擇乳』亡於兵燹, 惜哉! 於是印光法師亟取前之三種, 序印而流通之. 不慧以『論語』理深語簡, 佛法廣大精微, 學者未易知也. 於藕師所未及未詳者, 更爲補注以明之. 夫『點睛』則圓照之體·相·用全矣, 今所補者, 但東云一鱗, 西云一爪[1]之敷云爾. 或曰: 朱子『集注』無取乎? 曰: 焉得無取? 朱子『集注』, 闡世間義理者也, 可師也. 其探時賢之說, 毀佛正法, 使人不悟本來佛性, 不信因果輪廻, 善無以勸, 惡無以懲, 小人無所忌憚, 佛教衰而儒教亦熄, 此天下大亂所由生也, 不可從也. 朱子去今千年矣, 其精進當不可思議, 豈尚拘曩時成見乎? 藕師此解, 開出世光明者也, 而不離世間法. 使人了知本來佛性, 深信因果輪廻, 敦倫而盡分, 畏惡而遷善, 滌染而修淨. 佛教昌而儒教益顯, 非但天下大治所由始, 而亦作佛·菩薩·聖賢自度度他, 俾久塞得通·久苦得樂之津樑也. 人身難得, 佛法難聞, 聞世間超世間不二之法尤難, 學者其敬受之哉!

民國二十三年甲戌季春陽復居士江謙謹述

【注釋】

1) 東云一鱗, 西云一爪: '동린서조(東鱗西爪)'와 같다. 용(龍)을 그릴 때 단지 동쪽으
로 용비늘 한 조각만 그리고, 서쪽으로는 발톱 한 개만 내놓아 용의 전신이 보이
지 않는 것을 말한다. 인신하여 '흩어져 완전하지 않음'·'자질구레하고 단편적임'
이라는 뜻으로 쓰인다.

「논어점정보주서(論語點睛補注序)」

공자께서 돌아가시고 미언(微言)이 끊겼으며, 칠십제자(七十弟子)가 죽
자 대의가 어그러졌다고 하는데, 진실로 그러하도다! 한유(漢儒)는 훈고
(訓詁)와 전장(典章) 제도에 밝았으며, 송유(宋儒)는 세법(世法)의 의리(義
理)에 밝았다. 모두 각각 공(功)이 뒤에 있었으나 성인의 말씀을 헤아림
에는 미진한 점이 있었다. 그런데 명(明)나라 우익대사(藕益大師)께서 불
지견(佛知見)으로써 『사서해(四書解)』를 저술하매, 불교와 유교가 비로소
소통하였으며 미언(微言)이 드디어 드러났으니, 참다운 풀이이면서 완벽
한 풀이였다. 『사서해(四書解)』는 첫째 『논어점정(論語點睛)』·둘째 『중용직
지(中庸直指)』·셋째 『대학직지(大學直指)』·넷째 『맹자택유(孟子擇乳)』이다.
『맹자택유』는 병화(兵禍)에 망실(亡失)되었으니, 애석하도다! 이에 인광법
사(印光法師)께서 빨리 앞의 세 종의 책들을 취합하여 서문을 쓰시고 출
판(出版)하여 유통하게 하셨다. 나는 『논어』는 이치가 심오하고 말이 간
략하며, 불법(佛法)은 광대정미(廣大精微)하니, 배우는 자가 쉽게 그 뜻
을 알지 못한다고 생각한다. 이에 우익대사(藕益大師)께서 미처 언급하
지 못하셨던 곳과 상세하게 풀이하시지 못한 부분을 다시 주석을 보태어
밝혔다. 대저 『논어점정』은 원조(圓照)의 체(體)·상(相)·용(用)이 완전한
데, 지금 또 보주(補注)를 단 것은 단지 동쪽에서는 비늘 한 조각, 서쪽에
서는 발톱 한 개라는 식으로 단편적인 견해를 펼친 것일 뿐이다. 혹자가

말하였다. "주자의『집주』에서는 취할 것이 없는가?" 내가 말하였다. "어찌 취할 것이 없을 수 있겠는가? 주자의『집주』는 세간의 의리(義理)를 천명하였으니, 본받을 만하다. 그러나 그중에 당시의 현인들의 설을 채택하여 불교의 정법(正法)을 비방하여 사람들에게 본래의 불성(佛性)을 깨닫지 못하게 하고 인과와 윤회를 믿지 못하게 하여서, 선(善)을 권면할 수 없었고 악(惡)을 징계할 수 없었기에, 소인들이 거리끼는 바가 없어져서 불교가 쇠퇴하자 유교도 망하게 되었으니, 이것이 천하의 대란이 발생하게 되었던 까닭인지라 따를 수가 없다. 주자가 세상을 떠난 지 천년이 되었는데, 그 정진은 마땅히 불가사의(不可思議)하지만 어찌 아직도 옛날의 성견(成見)에 매일 수 있겠는가?"

우익대사(藕益大師)의 이 풀이는 출세(出世)의 광명을 열어놓은 것이면서도 세간법(世間法)을 벗어나지 않아서, 사람들이 본래의 불성(佛性)을 알고 인과와 윤회를 깊이 믿으며, 인륜을 돈독하게 하고 분수를 다하게 하며, 악행을 두려워하게 하여 선행으로 옮겨가게 하며, 더러움을 씻고 깨끗함을 닦게 하였다. 불교가 창성하고 유교도 더욱 드러나므로, 비단 천하의 큰 다스림이 시작되는 바였을 뿐만 아니라 불보살(佛菩薩)과 성현(聖賢)들이 스스로 자신을 제도하고 타인을 제도하여 오랫동안 막혀 있던 진리를 소통시키고 오랫동안 고통받았던 중생이 극락을 얻게 하는 나루와 교량을 만드셨다. 사람 몸을 얻어 태어나기 어렵고 불법(佛法)을 만나 듣기가 어려우며, 세간(世間)과 초세간(超世間)의 둘이 아닌 법을 만나서 듣기란 더욱 어려운 일이니, 배우는 자들은 공경히 잘 받아서 배워야 할 것이다!

중화민국(中華民國) 23년 갑술년(甲戌年; 1934) 계춘(季春)에 양복거사(陽復居士) 강겸(江謙)이 삼가 술(述)하다.

【學而 第一】

「1-1」 子曰: "學而時習之, 不亦說乎? 有朋自遠方來, 不亦樂乎? 人不知而不慍, 不亦君子乎?"

「1-1」 공자가 말하였다. "배우고 늘 익히니 또한 기쁘지 아니한가? 벗이 먼 곳에서부터 찾아오니 또한 즐겁지 아니한가? 남들이 알아주지 않아도 성내지 않으니 또한 군자가 아니겠는가?"

【藕師注】 此章以‘學’字爲宗主, 以‘時習’二字爲旨趣, 以‘悅’字爲血脈. 朋來及人不知皆是時習之時, 樂及不慍皆是說之血脈無間斷處. 蓋人人本有靈覺之性, 本無物累, 本無不說, 由其迷此本體, 生出許多恐懼·憂患. 今學卽是始覺之智. 念念覺於本覺, 無不覺時, 故名時習. 無時不覺, 斯無時不說矣. 此覺原是人所同然, 故朋來而樂, 此覺原無人我對待, 故不知不慍. 夫能歷朋來·人不知之時, 而無不習·無不說者, 斯爲君子之學. 若以知不知二其心, 豈孔子之所謂學哉!

【藕師注】 이 장(章)은 ‘학(學)’ 자(字)를 종주(宗主)로 삼았고, ‘시습(時習)’ 두 자(字)를 지취(旨趣)로 삼았으며, ‘열(悅)’ 자(字)를 혈맥(血脈)으로 삼았다. ‘벗이 옴{朋來}’과 ‘남들이 알아주지 않음{人不知}’이 모두 ‘시습(時習; 늘 익힘)’의 시(時; 時常, 恒常)요, ‘락(樂)’과 ‘불온(不慍)’이 모두 ‘열(說)’의 혈맥과 잠시도 끊어진 적 없는 자리이다. 대개 사람마다 원래 가지고 있는 영각(靈覺; 靈妙한 本覺)의 성(性)은 본디 외물에 얽매임이 없

고 본디 기쁘지 않음이 없는데, 이 본체를 잃어버려 허다(許多)한 두려움과 근심을 자아내는 것이다. 여기에서 '배움{學}'은 곧 시각(始覺)의 지(智)이니, 생각마다 본각(本覺)을 깨달아서 깨닫지 않는 때가 없으므로 '시습(時習: 늘 익힘)'이라고 이름한 것이니, 어느 때고 깨닫지 않는 때가 없어야 이에 기쁘지 않은 때가 없는 것이다. 이 본각(本覺)은 원래 사람들이 똑같이 갖춘 것이므로 벗이 오매 즐거운 것이요, 이 본각(本覺)은 원래 남과 나의 구별이 없으므로 나를 알아주지 않아도 성내지 않는 것이다. 대저 벗이 찾아오거나 남들이 알아주지 않는 때를 겪고도 익히지 않음이 없으며 기쁘지 않음이 없을 수 있는 것, 이것이 바로 군자의 배움{學}이니, 만약 알아주거나 알아주지 않는다고 해서 그 마음이 달라진다면, 어찌 공자의 이른바 '배움{學}'이라고 하겠는가? ◎

【補注】　或問: 學者, 覺也. 但覺悟心性, 不求之事物, 有濟乎? 曰: 圓覺之人, 知天下一切事物皆吾心也. 一事未治, 一物未安, 則是吾心未治未安也. 治之安之, 悅可知矣. 故『大學』言致知在格物, 又言物格而後知至. 學是致知, 時習之則格物之功也, 安有棄物蹈空之弊乎? 棄物蹈空, 非覺者也. 格物之本卽是修身, 故自天子至於庶人, 壹是皆以修身爲本. 一身果修, 多身化之, 故朋自遠來, 與人同樂. 有未化者, 是吾心之誠未至也. 但當反求諸己, 故人不知而不慍. **至誠無息,**[1] 則君子也. 君子卽『**易**』**所謂大人.**[2] 修身·齊家·治國·平天下, 人人有責, 位雖不同, 其有事則同也, 故曰'不亦君子乎?'.

【注釋】

1) 至誠無息: 『중용(中庸)』 제26장, "성(誠)은 자신을 이룰 뿐만 아니라 남을 이루어 주니, 자신을 이룸은 인(仁)이고, 남을 이루어 줌은 지(智)이다. 이는 성(性)의 덕(德)으로 안과 밖을 합일하는 도(道)이다. 그러므로 이것을 자신에게서 얻으면 때

에 맞게 조처하여 마땅함을 얻게 될 것이다. 그러므로 지극한 성(誠)은 쉼이 없느니라. [誠者非自成己而已也, 所以成物也. 成己, 仁也, 成物, 知也. 性之德也. 合外內之道也, 故時措之宜也. 故至誠無息.]"

2) 『易』所謂大人: 『주역(周易)·건(乾)·문언전(文言傳)』에 보인다. "무릇 대인이란 천지(天地)와 그 덕(德)이 합하며, 일월(日月)과 그 밝음이 합하며, 사시(四時)와 그 질서(秩序)가 합하며, 귀신과 그 길흉(吉凶)이 합하여, 하늘보다 먼저 하여도 하늘이 어기지 않으며, 하늘보다 뒤에 하여도 천시(天時)를 받든다. 하늘도 어기지 않는데 하물며 사람에게 있어서랴? 하물며 귀신에게 있어서랴? [夫「大人」者·與天地合其德, 與日月合其明, 與四時合其序, 與鬼神合其吉凶, 先天而天弗違, 後天而奉天時. 天且弗違, 而況於人乎? 況於鬼神乎?]"

【補注】　혹자가 물었다. "배움은 깨닫는 것이다. 그러나 심성(心性)만을 깨달아 알고 사물에서 구하지 않아도 되겠는가?" 내가 대답하였다. "원만한 깨달음을 얻은 사람은 천하 일체의 사물이 모두 내 마음인 줄을 안다. 한 가지 일이라도 다스려지지 못하고 일물(一物)이 편안하지 못하면, 내 마음이 다스려지지 못하고 편안하지 못하게 된다. 내 마음을 다스리고 사물이 편안하다면, 그 기쁨을 알 만하다. 그러므로 『대학(大學)』에서는 '치지(致知)는 격물(格物)에 달려 있다.'라고 말하였고, 또 '물(物)이 격(格)한 뒤에 지(知)가 이른다.'라고 말하였다. '배움{學}'은 '앎에 이르는 것{치지(致知)}'이요, 매 순간 익힘은 격물(格物)의 공효(功效)이다. 어찌 사물을 버리고 허공만을 밟는 폐단이 있을 수 있겠는가? 사물을 버리고 허공만을 밟음은 깨달은 자가 아니다. 격물(格物)의 근본은 곧 수신(修身)이다. 그러므로 천자(天子)로부터 서인(庶人)에 이르기까지 모두가 수신(修身)으로써 근본으로 삼는 것이다. 일신(一身)이 과연 닦인다면 다신(多身)이 교화되고, 그러므로 벗이 먼 곳으로부터 오매 남과 더불어 즐거워하는 것이요, 감화되지 못한 자가 있다면 내 마음의 정성이 진실로 지극하지 못한 것이니, 단지 마땅히 자기에게서 돌이켜 구할 뿐이다. 그리므로 남들

이 알아주지 않아도 성내지 않는다. 지극한 정성이 쉼이 없는 것은 군자이니, 군자는 『주역』에서 말한 '대인'이다. 자기 몸을 수양하고 집안을 정돈하며 나라를 다스리고 천하를 화평하게 함은 사람마다 각각 책임이 있는 것이니, 지위가 비록 같지 않더라도 일삼아야 하는 것은 똑같은 것이다. 그러므로 '또한 군자가 아니겠는가?'라고 말하는 것이다."

【解說】 지욱 대사는 이 장에서 언급된 '학(學)' 자(字)를 불교의 본각(本覺)에 상대되는 '시각(始覺)의 지(智)'라고 풀이하였다. 또 본문 「위정」편 제4장의 주석에서도 "단지 이 하나의 '학(學)' 자(字)가 끝까지 가는 것이니, 학(學)은 각(覺)이다. [只一'學'字到底. 學者, 覺也.]"라고 말하였다. 반면에 주자는 『논어집주』에서 '학(學)' 자(字)를 "학(學)이라는 말은 본받는다는 뜻이다. 사람의 본성은 모두 선(善)하지만 깨닫는 것에는 먼저 하고 뒤에 하는 것이 있으니, 뒤에 깨닫는 자는 반드시 먼저 깨달은 자의 하는 바를 본받아야 선(善)을 밝혀서 그 처음을 회복할 수 있다. [學之爲言, 效也. 人性皆善而覺有先後, 後覺者必效先覺之所爲, 乃可以明善而復其初也.]"라고 풀이하였다. 주자가 '학(學)' 자(字)를 풀이할 때에 후각(後覺)과 선각(先覺)에서처럼 '각(覺)' 자(字)를 먼저 언급하기는 하였지만, 지욱 대사와 같이 '학(學)'이 곧 '각(覺; 시각始覺의 지智)'이라고 천명하지는 못하였다. '학(學)' 자(字)에 대하여 지욱 대사와 주자의 해석은 서로 큰 차이를 보인다.

「1-2」 有子曰: "其爲人也孝弟, 而好犯上者鮮矣. 不好犯上而好作亂者, 未之有也. 君子務本, 本立而道生. 孝弟也者, 其爲仁之本與!"

「1-2」유자(有子)가 말하였다. "그 사람이 되어 효성스럽고 공경스러우면서도, 윗사람을 범(犯)하는 것을 좋아하는 자는 드물다. 윗사람을 범(犯)하는 것을 좋아하지 않는데, 난(亂)을 일으키기를 좋아하는 자는 없었다. 군자는 근본에 힘을 쓰고, 근본이 제대로 서야 도(道; 효제孝弟를 일으키는 방법)가 생하니, 효도하고 공경하는 것은 '인(仁)'을 행하는 근본이로다."

【藕師注】 爲仁正是爲人, 不仁便不可爲人矣. 作亂之本由於好犯上, 犯上之本, 由於不孝弟, 不孝弟由於甘心爲禽獸. 若不肯做衣冠禽獸, 必孝弟以爲人, 爲人卽仁義禮智自皆具足, 故孝弟是仁義禮智之本. 蓋孝弟是**良知良能**,[1) 良知良能是萬事萬物之本源也.

【注釋】

1) 良知良能: 경험이나 교육에 의하지 아니하고도 알며, 또한 행할 수 있는 타고난 지능을 가리킨다. 『맹자(孟子)·진심(盡心) 상(上)』 제15장, "맹자가 말하였다. '사람들이 배우지 않아도 할 수 있는 것은 양능(良能)이요, 생각하지 않아도 알 수 있는 것은 양지(良知)이다.' [孟子曰: "人之所不學而能者, 其良能也, 所不慮而知者, 其良知也."]"

【藕師注】 인(仁)을 행해야 바로 사람이 되니, 인(仁)하지 못하면 곧 사람이라 할 수 없다. 난(亂)을 일으키는 근본은 윗사람을 범(犯)하기 좋아하는 데서 말미암고, 윗사람을 범(犯)하는 근본은 효성스럽고 공경스럽지 못한 데서 연유하며, 효성스럽고 공경스럽지 못함은 금수(禽獸)가 됨을 달게 여기는 데서 연유한다. 만약 의관을 갖춘 금수(禽獸)가 되려고 하지 않는다면, 반드시 효도와 공경을 행하여서 사람이 되어야 한다. 사람이 되면 곧 인의예지(仁義禮智)가 스스로 모두 갖추어져 있다. 그러므로 효

성스럽고 공경스러움이 있음은 인의예지(仁義禮智)의 근본이다. 대개 효성스럽고 우애 있음은 곧 양지양능(良知良能)이니, 양지양능(良知良能)은 만사만물(萬事萬物)의 본원(本源)이다.

【補注】　論性則仁爲孝弟之本, 論修則孝弟爲爲仁之本.[1] 天下大亂之原, 自不孝不弟始, 孝弟則仁慈興而亂機息矣. 然則興孝弟之道奈何? 曰: "上老老而民興孝, 上長長而民興弟, 上卹孤而民不倍." 不孝不弟之人而居上位, 天下大亂所由生也, 孝弟之人而居上位, 天下大治所由生也. 『孝經』云: "孝弟之至, 通於神明, 光於四海." 至仁莫如佛. 佛之發大誓願, 普度衆生, 以衆生皆過去之父母六親也. 孝弟之至, 報恩之大, 無過是矣.

【注釋】

1) 論性則仁爲孝弟之本, 論修則孝弟爲爲仁之本: 주자의 『논어집주』에 같은 맥락에서 언급한 문장이 있다. "인(仁)을 실천하는 것은 효(孝)·제(弟)로써 근본을 삼으니, 성(性)을 논하면 인(仁)으로써 효(孝)·제(弟)의 근본으로 삼는다. 어떤 제자가 물었다. '「孝弟爲仁之本」은 이것이 곧 효(孝)·제(弟)를 말미암아 인(仁)에 이를 수 있다는 것입니까?' 말하였다. '아니다. 인(仁)을 실천하는 것은 효(孝)·제(弟)로부터 비롯됨을 말한 것이니, 효제(孝弟)는 인(仁)의 한 가지 일이다. 효(孝)·제(弟)를 인(仁)을 실천하는 근본이라고 말하는 것은 괜찮지만, 효(孝)·제(弟)가 인(仁)의 근본이라고 말하는 것은 불가하다. 대저 인(仁)은 성(性)이요, 효(孝)·제(弟)는 용(用)이다.' [爲仁, 以孝弟爲本, 論性則以仁爲孝弟之本. 或問: "'孝弟爲仁之本', 此是由孝弟, 可以至仁否?" 曰: "非也. 謂行仁自孝弟始, 孝弟是仁之一事. 謂之行仁之本則可, 謂是仁之本則不可. 蓋仁, 是性也, 孝弟, 是用也."]"

【補注】　성(性)을 논(論)하면 인(仁)은 효제(孝弟)의 근본이고, 수양을 논(論)하면 효제(孝弟)가 인(仁)을 실천하는 근본이다. 천하(天下) 대란(大亂)의 원인은 효성스럽지 못하고 공경스럽지 못한 데서부터 비롯되니, 효

성스럽고 공경스러우면 인자(仁慈)함이 흥기하여 난(亂)의 동기가 사라질 것이다. 그렇다면 효제(孝弟)를 흥기하는 방법은 어떻게 해야 하는가? 나는 말한다. "윗사람이 노인을 노인으로서 섬기면 백성들이 효를 일으키며, 임금이 어른을 어른으로서 모시면 백성들이 우애를 일으키며, 윗사람이 고아(孤兒)들을 구휼하면 백성들이 배반하지 않는다." 효도하지 못하고 우애 있지 못한 사람이 윗자리에 있는 것이 천하의 대란이 그로부터 발생하는 것이요, 효성스럽고 공경스러운 사람이 윗자리에 있는 것이 천하의 대치(大治)가 그로부터 생기는 것이다. 『효경』에서 말하기를, 「효제(孝弟)가 지극하면 신명(神明)에 통(通)하고 사해에 빛난다.」라고 하였으니, 지극한 인(仁)은 부처님만 같은 분이 없다. 부처님은 중생을 두루 제도하겠다는 대서원(大誓願)을 내셨으니, 중생이 모두 과거의 부모·육친(六親)이라고 생각하셨다. 효제(孝弟)의 지극함과 보은(報恩)의 큼이 이보다 더 나은 것이 없다!

「1-3」子曰: "巧言令色, 鮮矣仁."

「1-3」 공자가 말하였다. "말을 좋게 하고 안색을 착하게 하는 사람 중에는 인(仁)한 이가 드물다."

【藕師注】 巧言, 口爲仁者之言也. 令色, 色取仁也. 仁是心上工夫, 若向言·色處下手, 則愈似而愈非.

【藕師注】 '교언(巧言)'은 입으로 인자(仁者)의 말을 하는 것이다. '영색(令色)'은 안색으로 인(仁)한 모습을 취한 것이다. '인(仁)'은 곧 마음의 공부

이니, 만약 교언영색(巧言令色) 하는 곳을 향하여 손대기 시작한다면, 비슷해지고자 할수록 더욱 그르게 된다.

「1-4」曾子曰: "**吾日三省吾身**: 爲人謀而不忠乎? 與朋友交而不信乎? 傳不習乎?"

【校勘】　　**吾日三省吾身**: 동림사(東林寺) 인본(印本) 『사서우익해(四書藕益解)』에는 '오일이삼사이성오신(吾日以三事而省吾身)'으로 되어있지만, 하안(何晏)의 『논어집해(論語集解)』에는 '오일삼성오신(吾日三省吾身)'으로 되어있다. 여기서는 『논어집해(論語集解)』의 정문(正文)을 따랐다.

「1-4」 증자가 말하였다. "나는 날마다 세 가지 일로써 내 몸을 반성한다. '타인을 위하여 일을 도모함에 충(忠)하지 않았는가? 벗들과 교류함에 신실하지 않았는가? 스승에게서 전수(傳受)한 것을 익히지 않았는가?'"

【藕師注】　　三事只是己躬下一大事耳. 倘有人我二相[1]可得, 便不忠信, 倘非見過於師,[2] 便不能習. 此是既唯 '一以貫之'[3]之後, 方有此眞實切近功夫.

【注釋】

1) 人我二相: 불교 술어로서, 사상(四相) 가운데 인상(人相)과 아상(我相)을 가리킨다. 육조(六祖) 혜능(惠能)은 『금강경오가해(金剛經五家解)』에서 사상(四相)을 다음과 같이 풀이하였다. "미혹한 사람이 재물과 학식과 문벌(門閥)을 믿고서 모든 사람을 업신여기는 것을 '아상(我相)'이라고 이름한다. 비록 인(仁)·의(義)·예(禮)·지(智)·신(信)을 행하나 자의식이 높고 자부하여 널리 공경을 실천하지 못하며, 내가 인(仁)·의(義)·예(禮)·지(智)·신(信)을 연구하여 실천한다고 말하지만 공경하는 것에 부합하지 못하는 것을 '인상(人相)'이라고 이름한다. 좋은 일은 자기에게 돌리고 나쁜 일은 타인에게 베푸는 것을 '중생상(衆生相)'이라고 이름한다.

경계를 마주하여 취하고 버리며 분별하는 것을 '수자상(壽者相)'이라고 이름한다. [迷人恃有財寶學問族姓, 輕慢一切人, 名我相. 雖行仁義禮智信而意高自負, 不行普敬, 言我解行仁義禮智信, 不合敬爾, 名人相. 好事歸己, 惡事施於人, 名衆生相. 對境取捨分別, 名壽者相.]" 元寶山 著作兼發行, 五臺山 上院寺 藏版, 『金剛般若波羅蜜經』, 上院寺, 1937, 卷上 아홉 번째 張次.

2) 見過於師: '견과어사방감전수(見過於師方堪傳授).'의 뜻이다. 선림(禪林)의 용어이다. 제자의 지견(知見)이 스승을 뛰어넘었을 때이어야만 비로소 스승의 전수(傳授)를 감내할 수 있다는 뜻이다. 『오등회원(五燈會元)』 권제삼(卷第三) 「홍주백장산회해선사자(洪州百丈山懷海禪師者)」에 보인다. 이 책 「사서우익해중각서(四書藕益解重刻序)」 셋째 문단의 주석(注釋)을 참조할 것.

3) 一以貫之: 하나로써 관철하는 것이라는 뜻이다. 『논어(論語)·리인(里仁) 제사(第四)』 제15장, "공자가 말하였다. '삼(參)아! 나의 도(道)는 하나로써 관철하는 것이다.' 증자가 '예.'하고 대답하였다. 공자가 나가자, 문인들이 '무슨 말씀입니까?'하고 물으니, 증자가 대답하였다. '선생님의 도(道)는 충(忠)과 서(恕)일 뿐이니라.' [子曰: "參乎! 吾道一以貫之." 曾子曰: "唯." 子出, 門人問曰: "何謂也?" 曾子曰: "夫子之道, 忠恕而已矣."]"

【藕師注】 세 가지 일은 바로 자신이 해야 할 한 가지의 큰일이다. 만일 인상(人相)과 아상(我相)의 두 가지 상(相)을 얻게 된다면 곧 충신(忠信)하지 못한 것이요, 만약 견식(見識)이 스승보다 뛰어나지 않으면 능히 익히지 못한다. 이것은 곧 오직 '일이관지(一以貫之)'한 다음에야 이처럼 진실하고 절근(切近)한 공부가 있게 되는 것이다.

「1-5」 子曰: "道千乘之國, 敬事而信, 節用而愛人, 使民以時."

「1-5」 공자가 말하였다. "천승(千乘)의 나라를 다스릴 때는 매사를 공경히 하여서 믿음을 받고, 쓰임을 절도 있게 하고, 백성들을 사랑하며, 백성들을 부릴 때는 때에 맞게 해야 한다."

【藕師注】　五者以敬事爲主, 敬事又從敬止[1]功夫得來.

【注釋】

1) 敬止: '삼가서 멈추어야 할 곳에서 멈춤'이라는 뜻이다. 『시경(詩經)·대아(大雅)·문왕지십(文王之什)』에 보인다. "심원한 문왕이여! 아! 정성을 계속하여 밝히셨도다. 위대한 천명은 상(商)나라의 자손들에게 있었느니라. 상(商)나라의 자손들이 그 수(數)가 억(億)뿐이 아니었지마는 상제(上帝)가 이미 (주周나라에게) 명한지라 주(周)나라에 복종하도다. [穆穆文王, 於緝熙敬止. 假哉天命, 有商孫子. 商之孫子, 其麗不億. 上帝旣命, 侯於周服.]"

【藕師注】　다섯 가지는 '경사(敬事)'를 주(主)로 삼으니, '경사(敬事)'는 또 '경지(敬止)'공부로부터 얻어진다.

「1-6」子曰: "弟子入則孝, 出則弟, 謹而信, 汎愛衆, 而親仁. 行有餘力, 則以學文."

「1-6」공자가 말하였다. "제자가 집에 들어가서는 효도하고, 밖으로 나와서는 공손하며, 행실을 삼가고 신실하며, 널리 사람들을 사랑하되 인(仁)한 이를 가까이하고, 그렇게 실행한 뒤에 여력이 있거든 문(文)을 배운다."

【藕師注】　養蒙[1]莫若學問, 學問不過求放心, 求放心莫若格物致知.[2] 孝·弟·謹·信, 乃至學文, 皆格物致知之功也. 直敎一切時文行合一而修, 不是先行後文. 蓋文是道統所寄, 孝·弟·忠·信等卽是文之實處, 故曰'文王旣沒, 文不在茲乎?'.[3] 若僅作六藝釋之, 陋矣.

1) 養蒙: 『주역(周易)·몽괘(蒙卦)』의 단사(彖辭)에 보인다. "몽매(蒙昧)함으로써 바름을 기름이 성인의 공(功)이다. [蒙以養正, 聖功也.]"

2) 格物致知: '격물(格物)'과 '치지(致知)'는 모두 『대학(大學)』에 나오는 말이다. 지욱 대사는 격물치지(格物致知)를 다음과 같이 풀이하였다. "격물(格物)이라고 하는 것은 유심식관(唯心識觀)을 지어서 천하와 국가와 근(根)과 몸과 기계(器界)가 모두 자기 마음 가운데 나타난 바 물건임을 분명히 앎이니 마음 밖에는 따로 다른 물건이 없다. [格物者, 作唯心識觀, 了知天下國家·根身器界皆是自心中所現物, 心外別無他物也.]", "또 다만 하나의 명덕(明德)에 대해서 심(心)·의(意)·지(知) 세 가지 이름을 나누었음이니 치지(致知)가 곧 명명덕(明明德)이다. [又祇一明德, 分心·意·知三名, 致知卽明明德.]" − 子思 著, 智旭 述, 覺性 講解, 『大道直指』, 부산: 統和叢書刊行會, 1995, 211-219면 참조.

3) 文王旣沒, 文不在茲乎: 『논어(論語)·자한(子罕) 제구(第九)』에 보인다. "공자가 광(匡) 땅에서 두려운 일을 당하였을 때 말하였다. '문왕이 이미 돌아가셨으니, 문(文)이 이 몸에 있지 않겠는가! 하늘이 장차 이 문(文)을 없애려 하셨다면 뒤에 죽는 내가 이 문(文)에 참여하지 못하였을 것이지만 하늘이 아직 이 문(文)을 없애려 하지 않으신다면, 광(匡) 땅 사람들이 나를 어떻게 하겠는가?' [子畏於匡, 曰: "文王旣沒, 文不在茲乎? 天之將喪斯文也, 後死者不得與於斯文也, 天之未喪斯文也, 匡人其如予何?"]"

【藕師注】 몽매(蒙昧)함 속에서 정도(正道)를 수양하는 것은 학문(學問)만 한 것이 없고, 학문(學問)하는 것은 잃어버린 마음을 찾는 것에 지나지 않으며, 잃어버린 마음을 찾는 데에는 '격물치지(格物致知)'만 한 것이 없다. 효제근신(孝弟謹信)과 문(文)을 배우는 데에 이르기까지 모두 격물치지(格物致知)의 공효(功效)이다. 곧 일체의 때로 하여금 문행(文行)을 합일(合一)하여 수양하게 하는 것이지, 행(行)을 먼저하고 문(文)을 뒤로하는 것이 아니다. 대개 문(文)은 도통(道統)이 깃드는 곳이요, 효(孝)·제(弟)·충(忠)·신(信) 등은 곧 문(文)이 실천되는 곳이다. 그러므로 말하기를, "문왕께서 이미 돌아가셨으나, 문(文)이 나에게 있지 않은가?"라고 말하였다. 만약 단지 육예(六藝)로 한정하여 풀이한다면, 고루한 것이다. ◎

【解說】　지욱 대사의 주석에서 "약근작육예석지(若僅作六藝釋之), 루의(陋矣)."라는 표현은 주자의 풀이를 비판한 것이다. 주자는 『논어집주·학이 제일』 제6장에서 "문(文)은 시(詩)·서(書)·육예(六藝)의 문(文)을 이른다. [文謂詩書六藝之文.]"라고 주(注)를 달았다. 한편 주자는 『논어집주·자한 제구』 제5장의 "문왕기몰(文王旣沒), 문부재자호(文不在玆乎)?" 정문(正文)을 풀이하기를, "도(道)가 드러난 것을 문(文)이라 하니, 대개예악(禮樂)과 제도(制度)를 이른 것이다. 도(道)라고 말하지 않고, 문(文)이라고 한 것은 또한 (공자의) 겸사이다. '자(玆)'는 이것이니, 공자가 자신을 일컬은 것이다. [道之顯者謂之文, 蓋禮樂制度之謂. 不曰道而曰文, 亦謙辭也. 玆, 此也, 孔子自謂.]"라고 하였다.

「1-7」 子夏曰: "賢賢易色, 事父母, 能竭其力, 事君, 能致其身, 與朋友交, 言而有信, 雖曰未學, 吾必謂之學矣."

「1-7」 자하가 말하였다. "어진 이를 어질게 여겨서 좋은 색(色)을 좋아하는 마음과 바꾸며, 부모를 섬김에 능히 그 힘을 다하며, 임금을 섬김에 능히 그 본분을 다하며, 벗들과 교류할 때에 말에 신실함이 있다면, 비록 '배우지 못하였다.'라고 말할지라도, 나는 반드시 그가 배운 사람이라고 말할 것이다."

【藕師注】　賢賢不但是好賢, 乃**步步趨趨**[1]之意. 蓋自置其身於聖賢之列, 此卽學之本也. 事親·事君·交友皆躬行實踐, 克到聖賢自期待處, 所以名爲實學.

1) 步步趨趨: 보추(步趨)와 같다. '추종하다·뒤따르다'의 뜻이다. 『장자(莊子)·외편(外篇)·전자방(田子方)』에 보인다. "선생님께서 걸으시면 저도 걷고, 선생님께서 빨리 가시면 저 역시 빨리 가며, 선생님께서 달리시면 저 또한 달리지만, 선생님께서 먼지도 일지 않을 정도로 빨리 달려 버리시면 저는 뒤에서 눈만 빤히 뜨고 바라볼 뿐입니다. [夫子步亦步, 夫子趨亦趨, 夫子馳亦馳, 夫子奔逸絕塵, 而回瞠若乎後矣.]"

【藕師注】 '현현(賢賢)'은 다만 현인을 좋아하는 것뿐만 아니라, 하나하나 다 본받는다는 의미이다. 대개 자신의 몸을 성현이 선 자리에 두는 것이니, 이것이 곧바로 배움의 근본이다. 어버이를 섬기고 임금을 섬기고 벗들과 교유하는 것 모두 몸소 행하고 실천을 하여 능히 성현으로 스스로 기대할 수 있는 곳에 이르는 것이니, 그러므로 '진실한 학문'이라고 이름하는 것이다.

【補注】　　易色, 謂無我相人相[1]也. 人之有技, 若己有之, 自他不二, 故曰'易色'. 有我相人相, 則妒賢嫉能之心生矣.

【注釋】

1) 我相人相: 『논어(論語)·학이(學而) 제일(第一)』 제4장의 【藕師注】의 주석1)을 참조할 것.

【補注】　　'역색(易色)'은 아상(我相)과 인상(人相)이 없음을 이른다. 타인에게 재주가 있음을 마치 자기에게 있는 듯이 여겨서 자(自)와 타(他)가 둘이 아니다. 그러므로 '역색(易色)'이라고 한다. 아상(我相)과 인상(人相)이 있게 되면, 남의 훌륭함을 시기하고 남의 능력을 질투하는 마음이 생길 것이다. ◎

【解說】   강겸의 보주(補注)에서 특별히 주목할 부분은 '역색(易色)'의 '색(色)'을 불교의 '아상(我相)'과 '인상(人相)'으로 풀이하였다는 점이다. 반면에 주자는 '역색(易色)'을 '그 여색을 좋아하는 마음과 바꿔서 하다. [易其好色之心.]'라고 보았다. 주자는 주지주의(主知主義)적 입장에서 '역색(易色)'의 '색(色)'을 '여색'이라는 다소 한정적인 뜻으로 풀이를 하였던 반면에, 강겸은 불교 철학적 관점에서 '역색(易色)'의 '색(色)'을 '아상(我相)'과 '인상(人相)'이라는 불교 교리로서 해석하였다.

「1-8」子曰: "君子不重則不威, 學則不固. 主忠信, 無友不如己者, 過則勿憚改."

「1-8」공자가 말하였다. "군자가 스스로 존중하지 않으면 위엄이 있지 아니하여서, 배움이 견고하지 못하게 된다. 충(忠)과 신(信)을 주(主)로 하여, 스스로 성찰하지 않는 자를 벗하지 말아서, 허물이 있다면 고치기를 꺼리지 말아야 한다."

【藕師注】   期心於大聖大賢, 名爲自重, 戒愼恐懼,[1] 名爲威, 始覺[2] 之功有進無退, 名爲學固. 倘自待稍輕, 便不能念念兢業惕厲,[3] 而暫覺還迷矣. 此直以不重爲根本病也. 忠則直心正念眞如, 信則的知得自己可爲聖賢, 正是自重之處. 旣能自重, 更須親師取友, 勇於改過. 此三皆對症妙藥也. 故知今之悅不若己·憚於改過者, 皆是自輕者耳. 又, 主忠信是良藥, 友不如·憚改過是藥忌.

【注釋】

1) 戒愼恐懼:『중용(中庸)』제1장, "도(道)란 잠시도 떠날 수 없으니, 떠날 수 있으면 도가 아니다. 그러므로 군자는 보이지 않는 바에도 경계하고, 들리지 않는 바에도 두려워한다. [道也者, 不可須臾離也, 可離, 非道也. 是故君子戒愼乎其所不睹, 恐懼乎其所不聞.]"

2) 始覺: 서정형, 마명『대승기신론』(해제), 서울대학교 철학사상연구소, 2005, 8면. "'본각(本覺)'의 뜻이란 '시각(始覺)'의 뜻에 대하여 말한 것이니 '시각(始覺)'이란 바로 '본각(本覺)'과 같기 때문이며, '시각(始覺)'의 뜻은 '본각(本覺)'에 의하기 때문에 '불각(不覺)'이 있으며 '불각(不覺)'에 의하므로 '시각(始覺)'이 있다고 말하는 것이다. '시각(始覺)'이란 '심체(心體)'가 무명(無明)의 연(緣)을 따라 움직여 망념[不覺]을 일으키지만, 본각(本覺)의 훈습(薰習)의 힘으로 차츰 각(覺)의 작용이 있으며 구경(究竟)에 이르러 다시 '본각(本覺)'과 같아지는 것이니, 이를 '시각(始覺)'이라 한다. '시각(始覺)'과 '본각(本覺)'은 상의상대(相依相對)하면서 서로를 성립시킨다. 이미 서로 의존하는 관계라면 둘 다 자성(自性)이 없는 것이고, 그렇다면 각이 (실체로서) 존재하지 않는다는 것이다. 그러나 서로 의존해서 성립함이 없지는 않기 때문에 '각(覺)'이 없는 것은 아니다. 따라서 '각(覺)'이라고는 하지만 자성(自性)으로서의 '각(覺)'을 말하는 것은 아니다."

3) 兢業惕厲: '긍업(兢業)'은 '긍긍업업(兢兢業業)'의 줄임말로, 경계하고 근신하면서 위태롭게 여겨 두려워해야 한다는 뜻이다.『서경(書經)·고요모(皐陶謨)』에서 하(夏)나라 우왕(禹王)에게 고요(皐陶)가 건의한 말이다. '척려(惕厲)'는 조심조심하는 모습이다.『주역(周易)·건괘(乾卦)』의 구삼(九三)에 "군자가 종일토록 굳세고 굳세어서 저녁까지도 두려운 듯이 행동하면 비록 위태로우나 허물은 없을 것이다. [君子終日乾乾, 夕惕若, 厲無咎.]"라고 하였다.

【藕師注】

대성(大聖)과 대현(大賢)이 되기를 마음으로 기약하는 것을 자신을 존중하는 것이라고 이름하고, 계신공구(戒愼恐懼)를 위엄스럽다고 이름한다. 시각(始覺)의 공(功)을 물러섬이 없이 밀고 나아가는 것을 배움이 견고하다고 이름한다. 만일 스스로 대비하는 것에 조금 경솔하면 문득 념념(念念)마다 부지런하고 두려워하지 못하게 되어서, 잠시 깨달았던 것이 미혹으로 되돌아간다. 이것은 바로 자신을 무겁게 대하지 않은 것이 근본의 병이 되었기 때문이다. '충(忠)'은 곧은 마음으로 진여(眞如)를 바르게 생각함이요, '신(信)'은 확실하게 자기가 성현이 될 수 있음을 아는 것이니 바로 자기를 중히 여기는 곳이다. 이미 자신을 무겁게 여길 수 있다면, 다시 스승을 가까이하고 훌륭한 벗들을 사귀어서 자신의 허물을 고치는 데에 용감해야 한다. 이 세 가지는 모두 증세에 효험이 있는 묘약이다. 그러므로 자기보다 못한 자를 즐거워하고 허물을 고치는 데 거리낌이 있는 자는 곧 스스로 경솔한 사람일 뿐임을 알 수 있다. 또 '충(忠)'과 '신(信)'을 주로 하는 것은 양약이요, 나만 같지 못한 이를 벗하고 허물을 고치는 데 거리끼는 것은 복약(服藥)할 때 금기(禁忌)해야 하는 것이다.

【補注】 眞實修行, 須從心性悟入, 從忠信立身, 從懺悔起行. 知自性無量無邊·不生不滅, 則誓成正覺, 誓度衆生. **橫遍十方**[1)]故重, **豎窮三際**[2)]故威. 知人道不修, 他道難修, 一失人身, 萬劫難復, 則當戒愼恐懼, 精進不退, 故學日固. 知自性無邪故忠, 知自性無妄故信, 知善惡淨染皆由緣生, 故當友下之善士. 又, **尙友古之人**[3)]而無友不如己者, 無友者見不賢而內自省也. 知多生罪暗, 懺炬能消, 故過則勿憚改, 以期障雲盡而慧日明. **唐悟達國師'三昧水懺'**,[4)] **梁武皇'慈悲道場懺法'**,[5)] 皆懺罪修行之大導師也.

【注釋】
1) 橫遍十方: 시방(十方)은 불교에서 우주에 대한 공간적인 구분이다. 동·서·남·북의 사방(四方)과 동북·동남·서남·서북의 사유(四維)와 상·하의 열 가지 방향이다. 시간 구분인 삼세와 통칭하여 전 우주를 가리킨다.
2) '횡편시방(橫遍十方), 수궁삼제(豎窮三際).'는 "공간적으로는 사방에 두루 있고 시간상으로는 과거·현재·미래 삼제(三際)에까지 미친다."라는 뜻이다. 명(明)나라 전등(傳燈)이 찬(撰)한 『정토생무생론(淨土生無生論)』에 보인다. 『정토생무생론(淨土生無生論)』에는 '수궁삼제(豎窮三世), 횡편시방(橫遍十方).'이라고 되어있다. 『정토생무생론(淨土生無生論)』은 지욱 대사가 선정(選定)하여 편찬한 『정토십요(淨土十要)』에 아홉 번째로 실려 있는 논서(論書)이다.

3) 豎窮三際: '삼제(三際)'는 '삼세(三世)'라고도 한다. 과거세(過去世, 과거·전세·전생·전제)와 현재세(現在世, 현재·현세·현생·중제)와 미래세(未來世, 미래·내세·내생·당내·후제)의 총칭이다. '거래현(去來現)'이라고도 '사금당(已今當)'이라고도 하고 현재세(現在世)와 거래세(去來世)를 합하여 '현당이세(現當二世)'라고도 한다. 하나의 인간에 대해서 현재의 한 생애를 현세, 그 출생 이전의 생애를 전생, 명종(命終) 이후의 생애를 내세라고도 하는데, 또 현재를 1찰나(刹那)로 보고 그 전과 그 후로서 '삼제(三際)'를 말하는 수도 있다. 혹은 또 겁(劫)을 단위로 하여 현겁(賢劫)의 사이를 현재로 하여, 이것에 의해서 '삼제(三際)'를 세우는 경우도 있다.

4) 尙友古之人: '상우(尙友)'는 옛 시대로 거슬러 올라가 고인과 벗한다는 말이다. 『맹자(孟子)·만장(萬章) 하(下)』제8장, "이 세상의 훌륭한 선비와 벗하는 것을 만족스럽지 못하게 여겨 다시 옛 시대로 올라가서 옛사람을 논한다. 그의 시를 낭송하고 그의 글을 읽으면서도 그가 어떤 사람인지 모른대서야 말이 되겠는가? 그러므로 그 당세를 논하는 것이니, 이것이 바로 옛 시대로 올라가서 벗하는 것이다. [以友天下之善士爲未足, 又尙論古之人, 頌其詩讀其書, 不知其人可乎? 是以論其世也, 是尙友也.]"

5) 唐悟達國師'三昧水懺': 오달국사(悟達國師, 811-883)는 당(唐)나라 때의 승려이다. 미주(眉州) 홍아(洪雅, 四川 洪雅) 사람으로, 속성(俗姓)은 진씨(陳氏)이고, 법명(法名)은 지현(知玄)이며, 자(字)는 후각(後覺)이다. 어릴 때 불상(佛像)과 스님 모습을 보기를 좋아하였다. 7살 때 영이사(寧夷寺)에 와서 법태(法泰)가 강의하는 『열반경(涅槃經)』을 듣고 이날 밤 꿈에 이 절에 부처님이 이마를 쓰다듬는 꿈을 꾸었다. 11살 때 법태를 따라 출가하고 『열반경』을 공부하였다. 2년 뒤 촉(蜀) 땅 대자사(大慈寺)에서 승상의 명령에 따라 승당설법(升堂說法)했는데, 듣는 사람이 매일 만여 명을 헤아렸다. 그 지혜로움에 탄복하지 않은 사람이 없어 모두들 스님을 높여 '진보살(陳菩薩)'이라 불렀다. 나중에 변정율사(辯貞律師)에게 구족계(具足戒)를 받고, 다시 안국신법사(安國信法師)에게 유식(唯識)을 배우면서 스스로 경전에 대한 백가의 학설을 연구하였다. 선종(宣宗)이 즉위하자 대내(大內)로 불러 강경(講經)하게 하는 한편 자가사(紫袈裟)를 하사하고 삼교수좌(三敎首座)로 삼았다. 나중에 팽주(彭州) 단경산(丹景山)에 머물렀다. 희종(僖宗)이 촉(蜀)에 왔을 때 '오달국사(悟達國師)'라는 호(號)를 내렸다. 사대부들이 즐겨 교유하여 이상은(李商隱)이 귀전(歸田)한 뒤 스님과 오래 함께 지냈다. 중화(中和) 3년 입적했고, 세수(世壽) 73세, 법랍(法臘) 54세였다. 저서에 『자비수참법(慈悲水懺法)』전3권과 『승만경소(勝鬘經疏)』전4권·『반야심경소(般若心經疏)』·『금강경소(金剛經疏)』등 20여 권이 있다. '삼매수참(三昧水懺)'은 오달국사(悟達國師)가 저술한 『자비수참법(慈悲水懺法)』을 가리킨다. 『자비수참법(慈悲水懺法)』의 「어제수참서(御製水懺序)」에서 "대저 삼매수참(三昧水懺)은 당(唐)나라 오달국사(悟達國師) 지현(知玄)이 가낙가존자(迦諾迦尊者)를 만남을 인(因)하여 삼매수(三昧水)로써 적세(積世)의 원수를 씻으니, 지현(知玄)이 마침내 대각(大覺)의 지취(旨趣)를 알아서 참문(懺文)을 저술하였다. [夫三昧水懺者, 因唐悟達國師知玄, 遇迦諾迦尊者, 以三昧水

爲灈積世怨讐, 知玄邃演大覺之旨. 述爲懺文.]"라고 하였다. 『大正新脩大藏經』 第45
冊·No.1910·慈悲水懺法 第1卷(T45n1910_001).

6) 梁武皇'慈悲道場懺法': '양무황(梁武皇)'은 '양무제(梁武帝, 464-549)'를 가리킨
다. '양무제(梁武帝)'는 중국 6조 시대에 양(梁)의 초대 황제(재위 502-549)였다. 성
(姓)은 소(蕭)이고, 이름은 연(衍)이며, 자(字)는 숙달(叔達)이다. 남란릉 (장쑤성)
사람이다. 남제 황실의 일족으로 박학하며 문무 재간이 뛰어났다. 남제 때 보국
장군(補國將軍), 동주 차사에서 양국공(梁國公)으로 승진, 난을 틈타 마침내 제화
제(齊和帝)의 뒤를 이어 제위에 올랐다. 법령을 정하고 학관을 일으키고 호적·토
지 제도를 확립하여 정치·문화면에 공헌하였다. 또 불교를 신봉하여 동태사(同
泰寺)에 여러 번 사신(捨身)하여 짓고 국가사업으로서 불교 대회를 자주 열었다.
『자비도량참법(慈悲道場懺法)』은 양무제(梁武帝)가 황후(皇后) 치씨(郗氏)를 위해
편찬한 책으로서, 미륵(彌勒)의 몽감(夢感)에 의한 것이기 때문에 '자비도량(慈悲
道場)'이라고 제명(題名)하였다. 전10권으로 구성되어 있다.

【補注】　진실한 수행은 모름지기 심성(心性)으로부터 깨달아 들어가
야 하니, '충(忠)'과 '신(信)'으로부터 몸을 세우며, 참회로부터 행을 일으
켜야 한다. 자성(自性)이 무량무변하고 불생불멸하는 것을 안다면 정각
(正覺)을 이루고 중생을 제도하기를 맹세하고, 시방(十方)에 횡(横)으로
두루 미치게 되므로 자기를 존중하는 것이며, 삼제(三際)에 종(縱)으로
다하므로 위엄스러운 것이다. 인도(人道)를 닦지 못하면 다른 도(道)를
닦기가 어려우며, 한 번 사람의 몸을 잃으면 만 번의 겁(劫)으로도 다시
사람 몸 회복하기가 어려움을 안다면, 마땅히 계신공구(戒愼恐懼)하고
정진하여 물러서지 아니하나니, 그러므로 배움이 날마다 견고해지는 것
이다. 자성(自性)이 삿됨이 없음을 알기에 충(忠)하며, 자성(自性)이 망령
됨이 없음을 알기에 신(信)하며, 선악(善惡)과 정염(淨染)이 모두 인연으
로부터 생겨남을 알기에 마땅히 아래의 선사(善士)를 벗한다. 또 책을 통
하여 옛 분들을 벗으로 삼으며 나만 같지 못한 자를 벗함이 없으니, 벗
삼지 말라는 것은 어질지 못한 부분을 보고서 안으로 자성(自省)하는 것
이다. 다생에 지은 죄업(罪業)의 어두움을 참회의 횃불이 능히 소멸시킬

수 있음을 알기에, 허물이 있다면 고치기를 꺼리지 말아서 이로써 장애의 먹구름이 멸진(滅盡)되어 혜일(慧日)의 광명을 기약하는 것이다. 삼매수참(三昧水懺)을 하셨던 당(唐)나라 오달국사(悟達國師)와 자비도량참법(慈悲道場懺法)을 수행하셨던 양무황(梁武皇) 등이 모두 죄를 참회하는 수행을 하셨던 위대한 큰 스승들이다.

【解說】 불교가 중국에 전래된 이래 경전에 근거하여 업장을 참회하는 '참법(懺法)'이 발달하였다. 중국불교에서 참법이 발달하게 된 배경은 유가나 도교의 문화와 상호 교섭하며 '예'의 중시·귀신 관념·효도 사상·국가 관념 등과 같은 중국의 관념이 흡수되었기 때문이다. 중국불교에 참법이 형성되는 초기에는 참문(懺文)이 중심이었지만 점차 불명(佛名)에 예를 표하는 참법이 등장한다. 불명을 칭명함으로써 어려움과 환난, 병을 없애거나 갖가지 공덕을 얻고자 한 것이다. 『자비도량참법』을 필두로 신행 선사의 『칠계예참』·천태(天台) 지의(智顗)의 『법화삼매참의』·『청관세음참법』·『방등참법』·『금광명참법』이 등장하며 참법의 전성시대가 열리기 시작하였다. 이후 종밀의 『원각경도량수증의』를 비롯하여 『화엄보현행원수증의』·『자비삼매수참(慈悲三昧水懺)』·『천수안대비심주행법』·『예념미타도량참법』 등 각 종파는 자종의 종지에 걸맞은 참법을 생성하여 실천하였다. 중국불교 주요 참법에 등장하는 참회·권청·수희·회향·발원의 오회(五悔)가 성립된 것은 지의(智顗)의 『마하지관』과 『법화삼매참의』에 이르러서이고, 그 행법은 첫 번째 행자가 도량을 깨끗이 하는 법을 비롯해 열 번째 좌선으로 실상을 바르게 관하는 방법의 10법으로 구성되었다.[1] 한편, 지욱 대사가 주로 수행하였던 참회법은 양무제의 『자비

---

1 이성운, 「중국불교의 참법(懺法)에 대한 소고(小考)」, 『불교문예연구』 제8호, 동방문화대학원대학교 불교문예연구소, 2017, 10면.

도량참법』이다. 지욱 대사는 어머니가 돌아가신 후에 『자비참법(慈悲懺法)』을 정서(正書)하였으며, 『예자비도량참법원문(禮慈悲道場懺法願文)』을 저술하기도 하였다. 이 책의 끝에 수록된 지욱 대사 연보에 관련 내용이 보인다.

「1-9」曾子曰: “愼終追遠, 民德歸厚矣.”

「1-9」 증자가 말하였다. “돌아가신 분의 장례를 삼가 치르고 조상을 추모하게 한다면, 백성들의 덕(德)이 후덕한 본성으로 돌아갈 것이다.”

【藕師注】 厚是本性之德, 復其本性, 故似歸家.

【藕師注】 ‘후(厚)’는 본성의 덕(德)이다. 그 본성으로 돌아가는 것이므로 집으로 돌아가는 것과 같다.

【補注】 知眞性無量無邊·不生不滅, 則知民德本厚. 流於薄者, 習爲之也. 敎民愼終追遠, 其事甚多, 不但**喪盡其禮·祭盡其誠**[1]而已. 言其小者, 如一粥一飯, 當思來處不易, 便是追遠, 飯食已訖, 一箸一器, 必安放整齊, 便是愼終. 言其大者, 如弘揚淨土法門, 敎人臨命終時, 一心念佛, 求生淨土, 是眞愼終, 發弘誓願, 普度衆生, 以報多生多劫父母養育之恩, 是眞追遠. 然非敎天下人民皆悉歸依三寶, 安能歸其本厚之性德乎? 三寶者, 佛法僧也. 佛是自覺·覺他·覺行·圓滿之果位, 法是脫苦得樂·去染修淨之良方, 僧是紹隆佛種·弘揚正法之菩薩·羅漢·諸聖賢也.

【注釋】

1) 喪盡其禮·祭盡其誠: 주자의 『논어집주·학이 제일』 제9장에 보인다. "'신종(愼終)'이란 상례에서 그 예를 다하는 것이요, '추원(追遠)'이란 제사에서 그 정성을 극진히 하는 것이다. [愼終者, 喪盡其禮, 追遠者, 祭盡其誠.]"

【補注】

진성(眞性)이 무량무변하고 불생불멸함을 안다면, 백성들의 덕(德)이 본디 두터운 것을 안다. 그런데 (백성들의 덕德이 천박한 데로 흐르는 것은) 습(習)이 만든 것이다. 백성들에게 '신종추원(愼終追遠)'을 하게 하는 것은 그 일이 매우 많다. 비단 상례에 그 예를 다하고 제사를 지냄에 있어서 그 정성을 다하게 해야 할 뿐만이 아니다. 그 작은 것을 말한다면, 예컨대 한 그릇 죽과 한 그릇 밥조차도 그것이 온 곳이 쉽지 않음을 마땅히 생각해야 하니, 바로 이것이 '추원(追遠)'이다. 식사가 이미 끝나고 난 뒤에 젓가락 하나와 그릇 하나를 반드시 정돈하여 가지런하게 놓는 것이 '신종(愼終)'이다. 그 큰 것을 말한다면, 예컨대 정토법문(淨土法門)을 널리 펴서 사람들에게 목숨이 마치는 때에 임하여 일심(一心)으로 염불을 하여 정토에 태어나기를 구하도록 하는 것이 진정한 신종(愼終)이요, 중생을 두루 제도하여 다생다겁 동안 부모님께서 양육해 주신 은혜에 보답하겠다고 서원을 발홍(發弘)하는 것이 곧 진정한 '추원(追遠)'이다. 그러나 천하의 인민(人民)들이 모두 다 삼보(三寶)에 귀의하도록 하지 않는다면, 어찌 능히 그 본디 두터운 성덕(性德)으로 돌아갈 수 있겠는가? 삼보(三寶)는 '불(佛)'과 '법(法)'과 '승(僧)'이다. '불(佛)'은 곧 자신을 깨치고 남을 깨우쳐서 '각(覺)'과 '행(行)'이 원만한 과위(果位)요, '법(法)'은 곧 고통에서 벗어나 즐거움을 얻음이니, 더러움을 물리치고 청정함을 닦는 좋은 방편이요, '승(僧)'은 곧 불종(佛種)을 계승하고 정법(正法)을 홍양(弘揚)하는 보살(菩薩)·나한(羅漢)과 뭇 성현들이다.

「1-10」子禽問於子貢曰: "夫子至於是邦也, 必聞其政, 求之與? 抑與之與? " 子貢曰: "夫子溫·良·恭·儉·讓以得之. 夫子之求之也, 其諸異乎人之求之與!"

「1-10」자금이 자공에게 물었다. "부자께서는 어떤 나라에 이르시면 반드시 그 정사(政事)에 대해 들으셨는데, 이는 구하셨던 것입니까? 아니면 저들이 먼저 주었던 것입니까?" 자공이 말하였다. "부자께서는 온화함과 선량함, 공손함과 검소함 그리고 겸양으로써 얻으셨다. 부자의 요구하심은 다른 사람들의 요구함과는 다르시다."

【藕師注】 此可與'美玉'¹⁾章參看, 子貢以沽與藏爲問, 夫子再言沽之, 只是"待價"二字便與尋常沽法不同. 今子禽以求竝與爲問, 子貢亦言求之, 只是說出"溫·良·恭·儉·讓"五字, 便與尋常求法不同. 若竟說不求不沽, 則與巢許何別? 若竟說求之沽之, 則與功名之士何別? 若知舜禹有天下而不與焉, 顏子居陋巷而非置斯民於度外, 則知富强禮樂·**春風沂水**,²⁾ 合則雙美·離則兩偏矣.

【注釋】

1) 美玉: 『논어(論語)·자한(子罕) 제구(第九)』에 보인다. "자공이 말하였다. '여기에 아름다운 옥이 있으면, 궤 속에 감추어서 보관하시겠습니까? 좋은 값을 요구하여 파시겠습니까?' 공자가 말하였다. '팔아야지! 팔아야지! 그러나 나는 좋은 값을 받을 때까지 기다리는 사람이다.' [子貢曰: "有美玉於斯, 韞匵而藏諸? 求善賈而沽諸? " 子曰: "沽之哉! 沽之哉! 我待賈者也."]"
2) 春風沂水: 『논어(論語)·선진(先進) 제십일(第十一)』에 보인다. 공자가 자로·증석·염유·공서화와 함께 있는 자리에서 "혹시라도 너희들을 알아준다면 어찌하겠느냐?"라는 질문을 했을 때, 증석은 다음과 같이 대답하였다. "늦봄에 봄옷이 완성되고 나면, 관(冠)을 쓴 어른 5-6인과 동자 6-7인과 함께 기수(沂水)에서 목욕(沐浴)하고 무(舞雩)에서 바람을 쐰 뒤에 시(詩)를 읊으며 돌아오겠습니다. [曰:

"莫春者, 春服旣成, 冠者五六人, 童子六七人, 浴乎沂, 風乎舞雩, 詠而歸.")"

【藕師注】 이 장(章)은 미옥장(美玉章)과 같이 참조하여 보는 것이 좋다. 자공이 "팔까요?"와 "감춰둘까요?"로써 질문을 하자, 부자가 "팔아야지! 팔아야지!"라고 두 번이나 말하였다. 다만 여기서 "대가(待價)" 두 글자는 보통의 장사꾼이 물건을 파는 법과는 같지가 않다. 지금은 자금이 "구하셨던 것입니까?"와 "주었던 것입니까?"로써 질문을 하였는데, 자공이 또한 "구한 것이다."라고 말하였다. 다만 "온(溫)·량(良)·공(恭)·검(儉)·양(讓)" 다섯 자(字)를 말하였으니, 보통의 구법(求法)과는 같지 않은 것이다. 만약 필경 "구하지 않았다."와 "팔지 않았다."를 설하였다면 소보(巢父)·허유(許由)와 무엇이 다르겠으며, 만약 필경 "구하였다."와 "팔았다."를 설하였다면 공명(功名)을 추구하는 선비와 무엇이 다르겠는가? 만약 순(舜)임금과 우(禹)임금께서 천하를 소유하셨었으되 참견하지 않으셨으며, 안자가 누추한 마을에 거처하였으나 백성들을 도외시하지 아니하였음을 안다면, '부강예악(富强禮樂)'과 '춘풍기수(春風沂水)'가 합하면 한 쌍으로 아름답고 떨어지면 양 갈래로 각각 치우치게 됨을 알게 될 것이다.

【補注】 子貢聖門言語之選,[1] 不但讚孔子入妙, 其論因果亦甚精. 溫則人親之, 良則人信之, 恭則人敬之, 儉則人便之, 讓則人與之, 故至於是邦, 必聞其政. 世間一切得失禍福, 皆是自因自果, **自作自受,**[2] 故君子求諸己, 不願乎其外.[3] 『大學』言: "自天子以至於庶人, 壹是皆以修身爲本." 小人不信因果, 不務修身, 舍己而求人, 行險以徼幸. 求之不得, 則怨天尤人, 而爲惡爲亂無所不至矣.

1) 子貢聖門言語之選: 『논어(論語)·선진(先進) 제십일(第十一)』에 보인다. "공자가 말하였다. '진(陳)나라와 채(蔡)나라에서 나를 따르던 자들이 지금 모두 문하에 있지 않구나.' 덕행(德行)에는 안연·민자건·염백우·중궁이었고, 언어에는 재아·자공이었고, 정사(政事)에는 염유·계로이었고, 문학(文學)에는 자유·자하였다. [子曰: "從我於陳·蔡者, 皆不及門也." 德行: 顏淵·閔子騫·冉伯牛·仲弓. 言語: 宰我·子貢. 政事: 冉有·季路. 文學: 子遊·子夏.]"

2) 自作自受: '자작자수(自作自受)'란 '자업자득(自業自得)'과 같은 뜻으로 자기가 저지른 일의 과보를 자기가 받음을 의미한다. 『정법염처경(正法念處經)』 제17권 「아귀품(餓鬼品)」에서 염라왕(閻羅王)이 게송을 설하여 비구를 가책(呵責)하는 말에 "내가 스스로 지어서 스스로 받는 것은 타인 때문이 아니요, 타인이 지은 바의 경우에는 나의 과보가 아니다. [自作自受不爲他, 若他所作非己報.]"라고 하였다. 『大正新脩大藏經』第17冊·No.0721·正法念處經 第17卷(T17n0721_017).

3) 君子求諸己, 不願乎其外: 『중용(中庸)』 제14장, "군자는 현재 자신의 지위에 따라 마땅히 해야 할 것을 행하고, 그 밖의 것을 원하지 않는다. [君子素其位而行, 不願乎其外.]"

【補注】　자공이 공자 문하의 사과(四科) 중에 '언어'로 뽑혔던 것은 단지 공자를 송찬(頌讚)한 것이 신묘한 경지에 들어갔을 뿐만 아니라 그 인과를 논함이 또한 매우 정밀해서였다. 온화하면 사람들이 나를 친밀하게 대하고, 선량하면 사람들이 나를 신뢰하고, 공손하면 사람들이 나를 공경하고, 검소하면 사람들이 나를 편히 생각하고, 겸양하면 사람들이 나에게 준다. 그러므로 그 나라에 이르면, 반드시 그 정사(政事)를 듣게 된다. 세간의 일체 득실과 화복(禍福)은 모두 자신을 원인으로 하여 자신이 결과를 만들며 자작자수(自作自受)이다. 그러므로 군자는 자기에게서 그 책임을 구하고 밖에서 원인을 찾지 않는다. 『대학(大學)』에서 말하였다. "천자(天子)로부터 서인(庶人)에 이르기까지 모두가 수신(修身)으로써 근본으로 삼는다." 소인은 인과를 믿지 않아 수신(修身)에 힘쓰지 않으며, 자기는 그냥 두고 남에게 요구하며, 위험을 행하고 요행을 바라며, 구하여 얻지 못하면 곧 하늘을 원망하고 남을 허물한다. 그래서 악(惡)한 행

위와 음란한 행동을 하지 못하는 바가 없다.

「1-11」子曰: "父在觀其志, 父沒觀其行. 三年無改於父之道, 可謂
孝矣."

「1-11」 공자가 말하였다. "아버지께서 살아계신 동안에는 그 뜻을 살피
고, 아버지께서 돌아가셨을 때는 그 행실을 관찰한다. 삼년의 거상(居喪)
동안 부친이 (정해놓았던) 방법을 고침이 없어야 효라 이를 만하다."

【藕師注】 此總就孝道上說. 觀其志, 觀其事父之心也, 觀其行, 觀
其居喪之事也.

【藕師注】 이것은 모두 효도에 대해서 말한 것이다. '관기지(觀其志)'는
아버지를 섬기는 마음을 살피는 것이요, '관기행(觀其行)'은 (상중喪中에
어떻게 하고 지내는지) 그 거상(居喪) 중에 행한 것을 살피는 것이다.

「1-12」有子曰: "禮之用, 和爲貴, 先王之道斯爲美, 小大由之. 有所
不行, 知和而和, 不以禮節之, 亦不可行也."

「1-12」 유자(有子)가 말하였다. "예의 운용은 화(和)가 귀하니, 선왕의 도
(道)는 이것을 아름답게 여겼다. 그리하여 크고 작은 일이 이 화(和)를 따
른다. 행하지 못하는 바가 있으니, 화(和)를 알아서 화(和)만 하고 예로써
절제하지 않으면 또한 행해서는 안 되는 것이다."

【蕅師注】 由之, 由其本和之禮也. 不行者, 廢禮而尙和. 禮不行, 而和亦不可行也.

【蕅師注】 '유지(由之)'는 그 본디 화(和)한 예를 따르는 것이다. 실행되지 않는 것은 예를 폐하고 화(和)를 숭상함이다. 예가 행해지지 않으면 화(和)도 행해질 수 없다.

【補注】 '有所不行'·'知和而和'二句, 是說明上文之意, 謂禮有所不行者, 知和而得行矣. 故禮之用, 和爲貴, 先王之道斯爲美, 而小事大事無不由之也. 然不以禮節之, 則是同乎流俗·合乎汙世之鄕原, 不得謂之和, 亦決不可行也, 故小人同而不和, 君子則非禮勿視, 非禮勿聽, 非禮勿言, 非禮勿動, **發而皆中節,**[1] 故君子和而不同也. 有所不行者, 謂可行之道而有所窒礙, 未之能行, 不可行者, 謂鄕原小人之道, 必不可行也. 和者, **平等觀**[2]也, 禮者, **差別觀**[3]也. 於平等知差別, 於差別知平等, 則**中道圓觀**[4]也. 若偏於差別或偏於平等, 而欲以強力行之, 其爲禍於天下, 不可勝言矣.

【注釋】

1) 發而皆中節: 『중용(中庸)』 제1장, "기뻐하고 성내고 슬퍼하고 즐거워하는 정(情)이 일어나지 않은 상태를 중(中)이라 이르고, 기뻐하고 성내고 슬퍼하고 즐거워하는 정(情)이 일어나되 모두 절도에 맞는 상태를 화(和)라 이르니, 중(中)이란 천하의 큰 근본이고 화(和)란 천하에 두루 통하는 도(道)이다. [喜怒哀樂之未發, 謂之中, 發而皆中節, 謂之和, 中也者, 天下之大本也, 和也者, 天下之達道也.]"

2) 平等觀: 모든 법의 진상(眞相)은 평등일여(平等一如)하다고 보는 견해이며, 일체의 것에 구별·차별을 두지 아니하는 견해이다. 천태산(天台山) 수선사(修禪寺) 사문(沙門) 지의(智顗)가 저술한 『수습지관좌선법요(修習止觀坐禪法要)』에서 "바로 공(空)으로부터 가(假)에 들어가는 관(觀)이니 또한 '평등관(平等觀)'이라고 이름하며, 또한 '법안(法眼)'이라고 이름하며, 또한 '도종지(道種智)'라고 이름한다. [乃

是從空入假觀, 亦名平等觀, 亦名法眼, 亦名道種智.]"라고 하였다.『大正新脩大藏經』
第46冊·No.1915·修習止觀坐禪法要 第1卷(T46n1915_001).

3) 差別觀: 선악(善惡)·고하(高下) 등의 차별을 두어 사물을 보는 관념이다.『심밀해
탈경(深密解脫經)』제3권「성자미륵보살문품(聖者彌勒菩薩問品) 제구」에서 "미륵
보살(彌勒菩薩)이 다시 말하였다. '세존이시여! 몇 종의 비파사나관(毘婆舍那觀)이
있을 수 있습니까?' 부처님께서 말씀하셨다. '미륵(彌勒)아! 오직 한 종만이 있으
니, 이른바「차별관(差別觀)」이라 하는 것이다.'"라고 하였다.『大正新脩大藏經』
第16冊·No.0675·深密解脫經 第3卷(T16n0675_003).

4) 中道圓觀: '중도(中道)'는 두 극단을 떠나 한편에 치우치지 않는 공명한 길을 뜻
한다. 불교에서는 유(有)나 공(空)에 치우치지 않는 진실한 도리 또는 고락의 양편
을 떠난 올바른 행법을 '중도(中道)'라고 한다. '원관(圓觀)'은 '공(空)'·'가(假)'·'중
(中)' 삼제(三諦)를 한마음으로 관(觀)하는 것을 뜻한다.『묘법연화경문구(妙法蓮
華經文句)』제10권「석관세음보살보문품(釋觀世音菩薩普門品)」에서 "관(觀)에는
여러 가지의 종이 있으니, 석관(析觀)·체관(體觀)·차제관(次第觀)·원관(圓觀)을
이른다. 석관(析觀)은 색(色)을 멸(滅)하여 공(空)에 들어감이요, 체관(體觀)은 즉
색(色)이 곧 공(空)함이요, 차제관(次第觀)은 석관(析觀)에서부터 원관(圓觀)까지
요, 원관(圓觀)은 즉 석관(析觀)이 곧 실상(實相)이고 내지 차제관(次第觀)도 실상
(實相)인 것이다. [觀有多種, 謂析觀·體觀·次第觀·圓觀. 析觀者滅色入空也, 體觀者卽
色是空也, 次第觀者, 從析觀乃至圓觀也, 圓觀者, 卽析觀是實相, 乃至次第觀亦實相也.]"
라고 하였다.『大正新脩大藏經』第34冊·No.1718·妙法蓮華經文句 第10卷
(T34n1718_010).

【補注】 '유소불행(有所不行)'·'지화이화(知和而和)' 두 구절은 앞의 문
장의 뜻을 설명한 것이니, 예에 행하지 못하는 바가 있음은 화(和)를 알
아서 행을 얻을 수 있음을 이른 것이다. 그러므로 예의 용(用)은 화(和)
가 귀하니, 선왕의 도(道)는 이것을 훌륭하게 여겨서 작은 일이든 큰일이
든 그것으로부터 말미암지 않음이 없었다. 그러나 예로써 절제하지 않으
면 유속(流俗)에 동화(同化)되고 오세(汚世)에 부합하는 소인배이니, '화
(和)'라고 이를 수 없고 또한 결코 행할 수 없다. 그러므로 소인은 동이불
화(同而不和; 부화뇌동附和雷同을 할 뿐 조화調和를 이루지 못함.)를 한다.
군자는 예가 아니면 보지 않으며, 예가 아니면 듣지 않으며, 예가 아니
면 말하지 않으며, 예가 아니면 움직이지 않으니, 감정이 발하되 모두 절

도에 맞아서 그러므로 군자는 조화를 이루되 부화뇌동하지 않는다. 행하지 못하는 바가 있다는 것은, 행할 만한 도(道)이지만 막히는 바가 있어서 미처 행할 수 없는 것을 이른다. 행할 수 없다는 것은 향원과 소인의 도(道)이니, 반드시 행해서는 안 되는 것이다. '화(和)'는 '평등관(平等觀)'이요, '예(禮)'는 '차별관(差別觀)'이요, 평등 속에 차별을 알고 차별 속에 평등을 아는 것은 곧 '중도원관(中道圓觀)'이다. 만약 차별에만 치우치거나 평등에만 치우쳐서 강한 힘으로써 행하려고 한다면, 그 천하에 화(禍)가 되는 것을 이루 말할 수 없을 것이다.

「1-13」 有子曰: "信近於義, 言可復也. 恭近於禮, 遠恥辱也. 因不失其親, 亦可宗也."

「1-13」 유자(有子)가 말하였다. "약속이 의(義)에 가까우면 약속한 말을 실천할 수 있고, 공손함이 예에 부합하면 치욕을 멀리할 수 있으며, 주인을 정하여 의지할 때 친할 만한 사람을 잃지 않으면 (그 집에 머물러서) 주인으로 삼을 만하다."

【藕師注】 欲愼終者, 全在謀始. 只貴可復可宗, 不必定復定宗.

【藕師注】 마침을 신중하게 하고자 하는 자는 온전히 처음을 도모하는 것에 달려 있다. 다만 실천할 수 있고 주인으로 삼을 수 있는 것을 귀하게 여길 뿐이요, 꼭 실천하거나 꼭 주인으로 삼는 것을 기필하지는 않는다. ◎

【解說】　주자는 『논어집주』에서 이 구절에 대해 "약속을 하면서 사리에 합치되면 그 약속이 반드시 이행될 수 있을 것이요, 남에게 경의를 나타내면서 예절에 맞게 한다면 치욕을 멀리할 수 있을 것이다. [言約信而合其宜, 則言必可踐矣. 致恭而中其節, 則能遠恥辱矣.]"라고 하여 두 번의 '근(近)' 자(字)를 '합(合)'과 '중(中)', 즉 '합치'나 '들어맞음'으로 보았다.[2] 그러나 지욱 대사는 "다만 실천할 수 있고 주인으로 삼을 수 있는 것을 귀하게 여길 뿐이요, 꼭 실천하거나 꼭 주인으로 삼는 것을 기필하지는 않는다. [只貴可復可宗, 不必定復定宗.]"라고 하여 '근(近)' 자(字)를 '합'과 '중(中)'으로 보지 않고 하안(何晏)의 『논어집해』의 풀이{義不必信, 信不必義.}와 같이 원뜻 그대로 '가깝다'로 보았다.

　　참고로, 주자는 "인불실기친(因不失其親), 역가종야(亦可宗也)."를 "인(因)은 의지함와 같고, 종(宗)은 주인으로 삼는 것과 같다. 의지하는 자가 그 가까이할 만한 사람을 잃지 않았다면, 또한 으뜸으로써 주인으로 삼을 수 있을 것이다. [因猶依, 宗猶主也. 所依者不失其可親之人, 則亦可以宗而主之矣.]"라고 풀이하였다.

「1-14」子曰: "君子食無求飽, 居無求安, 敏於事而愼於言, 就有道而正焉, 可謂好學也已."

「1-14」공자가 말하였다. "군자가 먹음에 배부름을 구하지 않으며, 거처함에 편안함을 구하지 않으며, 일에 민첩하고 말을 함에 삼가며, 도(道)가 있는 자에게 나아가 질정을 받는다면, 학문을 좋아한다고 이를 만하

2　김언종, 「丁茶山의 『論語集註』 批判1」, 『민족문화연구』 29호, 1996, 52-54면 참조.

다.”

【藕師注】 敏事, 如顔子之請事斯語,[1] 惟此一事, 更非餘事也. 愼言, 卽所謂仁者其言也訒,[2] 從敏事處得來, 不是兩橛. 就正有道, 是慕道集義. 不求安飽, 是簞瓢陋巷家風. 非顔子不足以當此, 故惟顔子好學.

【注釋】

1) 請事斯語: 『논어(論語)·안연(顔淵) 제십이(第十二)』 제1장, “안연이 인(仁)에 관해 물었다. 공자가 말하였다. ‘능히 자기가 예로 돌아가는 것이 인(仁)이니, 하루라도 능히 자기가 예로 돌아가면 천하 사람들이 모두 그 인(仁)으로 의탁한다. 인(仁)을 하는 것은 자신에게 달린 것이지, 남에게 달린 것이겠는가?’ 안연이 말하였다. ‘청컨대 그 실천 조목을 묻습니다.’ 공자가 말하였다. ‘예가 아니면 보지 말며[非禮勿視], 예가 아니면 듣지 말며[非禮勿聽], 예가 아니면 말하지 말며[非禮勿言], 예가 아니면 움직이지 말아야 한다[非禮勿動].’ 안연이 말하였다. ‘제가 비록 불민하나 청컨대 이 말씀을 잘 섬기겠습니다.’ [顔淵問仁. 子曰: “克己復禮爲仁. 一日克己復禮, 天下歸仁焉. 爲仁由己, 而由人乎哉!” 顔淵曰: “請問其目.” 子曰: “非禮勿視, 非禮勿聽, 非禮勿言, 非禮勿動.” 顔淵曰: “回雖不敏, 請事斯語矣.”]”
2) 仁者其言也訒: 『논어(論語)·안연(顔淵) 제십이(第十二)』 제3장, “사마우가 인(仁)에 관해 물었다. 공자가 말하였다. ‘인자(仁者)는 그 말하는 것이 어눌하다.’ 사마우가 말하였다. ‘말하는 것이 어눌하면, 곧 인(仁)이라 이를 수 있습니까?’ 공자가 말하였다. ‘몸소 실천함이 어려운 것이니, 그 말하는 것에 어눌함이 없을 수 있으랴?’ [司馬牛問仁, 子曰: “仁者其言也訒.” 曰: “其言也訒, 斯謂之仁矣乎?” 子曰: “爲之難, 言之得無訒乎?”]”

【藕師注】 ‘민사(敏事)’는 안자가 이 말을 청(請)하여 섬겼던 것과 같은 것이니, 오직 이 한 가지 일일 뿐이요, 전혀 여사(餘事)가 아니다. ‘신언(愼言)’은 곧 이른바 “인자(仁者)는 그 말이 어눌하다.”라는 것이다. ‘민어사(敏於事)’의 곳으로 오는 것이니, 두 가지 갈래가 아니다. 도(道)가 있는 자에게 나아가 질정을 받음은 도(道)를 사모하고 의(義)를 모으는 것이

다. 편안함과 배부름을 구하지 않음은 '단표누항(簞瓢陋巷)'의 가풍이다.
안자가 아니면 족히 해당시킬 사람이 없으니, 오직 안자 만이 학문을 좋
아하였다.

「1-15」子貢曰: "貧而無諂, 富而無驕, 何如?" 子曰: "可也. 未若貧
而樂, 富而好禮者也." 子貢曰: "詩云'如切如磋, 如琢如磨.',[1] 其斯
之謂與?" 子曰: "賜也, 始可與言『詩』已矣! 告諸往而知來者."

【注釋】

1) 如切如磋, 如琢如磨: 『시경(詩經)·국풍(國風)·위풍(衛風)·기오(淇奧)』, "기수 물
    굽이 바라보니 푸른 대나무 무성한데 훌륭하신 그 임은 깎고 다듬은 듯 쪼고 간
    듯하다네. 장엄하고 굳세며 빛나고 훤하도다. 훌륭하신 그 임을 끝내 잊을 수 없
    구나. [瞻彼淇奧, 綠竹猗猗. 有匪(斐)君子, 如切如磋, 如琢如磨. 瑟兮僩兮, 赫兮咺兮, 有
    匪君子, 終不可諼兮.]"

「1-15」자공이 말하였다. "가난하면서도 아첨함이 없고, 부유하면서도
교만함이 없다면 어떻겠습니까?" 공자가 말하였다. "괜찮다. 그러나 가
난하면서도 도(道)를 즐거워하고 부유하면서도 예(禮)를 좋아하는 자만
못한 것이다." 자공이 말하였다. "『시경(詩經)』에서 이르기를, '잘라놓은
듯하고 가는 듯하며 쪼아놓은 듯하고 간 듯하다.'라고 하였는데, 이것을
일러 말한 것인지요?" 공자가 말하였다. "사(賜)야, 비로소 너와 더불어
시(詩)를 말할 만하구나! 지나간 것을 알려주자, 앞으로 올 것을 아는구
나."

【藕師注】 子貢之病在願息,[1] 又在悅不若己,[2] 故因其所明而通之.

告往知來, 全是策進他處. 道曠無涯, 那有盡極? 若向樂與禮處坐定, 便非知來矣.

【注釋】

1) 子貢之病在願息: '자공지병재원식(子貢之病在願息)'은 『공자가어(孔子家語)·곤서(困誓)』와 『순자(荀子)·대략(大略)』에 그 내용이 똑같이 나온다. "자공이 공자께 여쭈었다. '저는 학문을 하는데 진저리가 나고 도(道)를 공부하는 데 지쳤습니다. 그만 쉬면서 임금이나 섬기고 싶습니다. 괜찮겠는지요?' 공자가 말하였다. '『시경(詩經)』에서 「아침저녁으로 온순히 공경하고, 신중히 일하네.」라고 하였으니, 임금을 섬기는 것의 어려움을 말하였네. 어떻게 쉴 수가 있겠는가?' 자공이 말하였다. '그렇다면 저는 그만 쉬면서 부모님이나 섬기고 싶습니다.' 공자가 말하였다. '『시경(詩經)』에 이르기를, 「효자가 효성을 그치지 아니하니, 계속해서 그와 같은 효자가 나오는구나.」라고 하였으니, 부모를 섬기는 것의 어려움을 말하였네. 어떻게 쉴 수가 있겠는가?' 자공이 말하였다. '그렇다면 저는 그만 쉬면서 처자(妻子)와 함께 지내고 싶습니다.' 공자가 말하였다. '『시경(詩經)』에 이르기를, 「자기의 처(妻)에게 모범이 되고, 그 모범이 형제에게까지 이르러서 그것으로써 가정(家庭)과 국가를 다스리네.」라고 하였으니, 처자(妻子)와 함께 지내는 것의 어려움을 말하였네. 어떻게 쉴 수가 있겠는가?' 자공이 말하였다. '그렇다면 저는 그만 쉬면서 친구들과 함께 지내고 싶습니다.' 공자가 말하였다. '『시경(詩經)』에 이르기를, 「친구들이 위엄과 예의를 갖추고 돕고 있네.」라고 하였으니, 친구들과 함께 지내는 것의 어려움을 말하였네. 어떻게 쉴 수가 있겠는가?' 자공이 말하였다. '그렇다면 저는 그만 쉬면서 농사나 짓고 싶습니다.' 공자가 말하였다. '『시경(詩經)』에 이르기를, 「낮에는 네가 가서 띠를 꺾어오고, 밤에는 네가 새끼를 꼬아서 빨리 그 지붕을 해이어야 그 비로소 백곡(百穀)을 뿌리느니라.」라고 하였으니, 농사짓는 것의 어려움을 말하였네. 어떻게 쉴 수가 있겠는가?' 자공이 말하였다. '그렇다면 저는 장차 쉴 곳이 없다는 것입니까?' 공자가 말하였다. '있다네. 스스로 무덤의 봉분을 바라보면 기쁘고, 그 높이를 보면 만족스럽고, 그 자취를 관찰하면 가로막힌 듯하니, 여기가 바로 쉴 수 있는 곳이네.' 자공이 말하였다. '위대하도다, 죽음이여! 군자가 쉬게 되고, 소인도 모든 일을 그만두게 되는구나! 위대하도다, 죽음이여!' [子貢問於孔子曰: "賜倦於學, 困於道矣. 願息而事君, 可乎?" 孔子曰: "『詩』云: '溫恭朝夕, 執事有恪.' 事君之難也, 焉可息哉!" 曰: "然則賜願息而事親." 孔子曰: "『詩』云: '孝子不匱, 永錫爾類.' 事親之難也, 焉可以息哉?" 曰: "然則賜願息於妻子." 孔子曰: "『詩』云: '刑於寡妻, 至於兄弟, 以御於家邦.' 妻子之難也, 焉可以息哉?" 曰: "然則賜願息於朋友." 孔子曰: "『詩』云: '朋友攸攝, 攝以威儀.' 朋友之難也, 焉可以息哉?" 曰: "然則賜願息於耕矣." 孔子曰: "『詩』云: '晝爾於茅, 宵爾索綯, 亟其乘屋, 其始播百穀.' 耕之難也, 焉可以息哉?" 曰: "然則賜將無息者乎?" 孔子曰: "有焉. 自望其壙, 則睪如也, 視其高, 則顓

如也, 察其從, 則隔如也, 此其所以息矣.” 子貢曰: “大哉乎死也! 君子息焉! 小人休焉! 大哉乎死也!”]”

2) 又在悅不若己: ‘우재열불약기(又在悅不若己)’는 『공자가어(孔子家語)·육본(六本)』에서 그 내용이 나온다. “공자가 말하였다. ‘내가 죽은 뒤에 자하는 날마다 더해갈 것이요, 자공은 날마다 덜어질 것이다.’ 증자가 말하였다. ‘무엇을 두고서 하시는 말씀입니까?’ 공자가 말하였다. ‘자하는 자신보다 나은 사람과 거처하기를 좋아하고, 자공은 자신보다 못한 사람과 놀기를 좋아하기 때문이다. 그 아들을 알아보지 못하겠거든 그 아버지를 보면 되고, 그 사람의 됨됨이를 알지 못하겠거든 그 벗을 보면 되고, 그 임금을 알지 못하겠거든 그가 부리는 사람들을 보면 되고, 그 땅을 알지 못하겠거든 그 땅에 자라고 있는 초목을 보면 된다. 그러므로 말하기를, 「훌륭한 사람과 거처함은 마치 지초(芝草)와 난초(蘭草)가 있는 방에 들어가는 것과 같아서, 오래 지나면 그 향기를 맡을 수는 없으나 곧 더불어 동화(同化)되는 것이요, 착하지 못한 사람과 거처함은 마치 생선가게에 들어가는 것과 같아서 오래 지나면 그 악취를 맡을 수는 없지만, 또한 그 생선의 비린내가 배어드는 것과 같다.」라고 말하는 것이다. 단(丹)이 감추고 있는 바의 것은 붉은색이며, 칠(漆)이 간직하고 있는 바의 것은 검은색이다. 이 때문에 군자는 반드시 그 함께 거처하는 바의 것을 삼가야만 하는 것이다.’ [孔子曰: “吾死之後, 則商也日益, 賜也日損.” 曾子曰: “何謂也?” 子曰: “商也好與賢己者處, 賜也好說不若己者. 不知其子, 視其父, 不知其人, 視其友, 不知其君, 視其所使, 不知其地, 視其草木. 故曰‘與善人居, 如入芝蘭之室, 久而不聞其香, 卽與之化矣, 與不善人居, 如入鮑魚之肆, 久而不聞其臭, 亦與之化矣.’. 丹之所藏者赤, 漆之所藏者黑. 是以君子必愼其所與處者焉.”]”

【藕師注】 자공의 병통은 사람 섬기는 일을 그만두고 싶어서 하는 데에 있었으며, 또 자기보다 못한 자를 기뻐하였던 것에 있다. 그러므로 그 잘 아는 것을 기대어 알려준 것이다. ‘고왕지래(告往知來)’는 온전히 자공을 격려하여 촉진한 곳이다. 도(道)는 넓어서 가없으니, 어찌 다함이 있겠는가? 만약 가난하면서도 도(道)를 즐거워하고 부유하면서도 예를 좋아하는 자리에 좌정(坐定)하여 (그치고) 만다면, 곧 앞으로 올 것을 아는 것이 아니다. ◎

「1-16」 子曰: “不患人之不己知, 患不知人也.”

공자가 말하였다. "남이 자기를 알지 못할까 근심하지 말고, 내가 남을 알지 못할까 근심해야 한다."

【藕師注】 自利則親師取友, 必要知人, 利他則應病與藥, 尤要知人.

【藕師注】 스스로 수행하여 자기를 위하는 이익을 얻기 위해서는 스승을 가까이하고 벗들과 사귀어야 하니, 반드시 남을 알아야 한다. 자기를 희생하여 남의 이익을 위하여 행동하기 위해서는 병에 따라 약을 주어야 하니, 더욱 남을 알아야 한다.

【爲政 第二】

「2-1」子曰: "爲政以德, 譬如北辰, 居其所而衆星共之."

「2-1」공자가 말하였다. "정사(政事)를 펼치는 데에 은덕으로써 하는 것은, 비유하자면 북극성(北極星)이 제자리에 머물러 있을 때 뭇 별들이 그 곳을 향해 도는 것과 같다."

【藕師注】 爲政以德, 不是以德爲政, 須深體此語脈. 蓋自正正他, 皆名爲政. 以德者, 以一心三觀¹⁾觀於一境三諦, 知是性具三德也. 三德祕藏, 萬法之宗, 不動道場, 萬法同會, 故譬之以北辰之居所.

【注釋】

1) 一心三觀: 천태(天台) 지의(智顗)는 『마하지관(摩訶止觀)』에서 공(空)·가(假)·중(中) 진리를 동시에 통찰하는 것이 '일심삼관(一心三觀)'이라고 하였다. 그는 한 마음에서 모든 존재의 실상의 통찰을 주장하였다. 김정희는 그의 논문에서 일심삼관(一心三觀)을 다음과 같이 설명하였다. "일심삼관을 총괄해서 설명하면, 이는 무명의 마음이 인연에 따라 생겨나 곧 공이자, 가이며, 곧 중으로 관찰하는 것이다." - 김정희, 「토픽맵에 기초한, 철학 고전 텍스트들의 체계적 분석 연구와 디지털 철학 지식지도 구축-지의 『마하지관』」, 『철학사상』 별책 제7권 제1호, 서울대학교 철학사상연구소, 2006, 240면.

【藕師注】 '위정이덕(爲政以德)'은 은덕으로써 정사(政事)를 펼치는 것이 아니다. 모름지기 깊이 이 말의 맥락을 이해해야만 한다. 대개 자기를 바르게 하고 남을 바르게 하는 것이 모두 정사(政事)를 행한다고 이름할 수 있다. '이덕(以德)'은 일심삼관(一心三觀)으로써 일경삼제(一境三諦)를 관

(觀)하여서, 이 성품이 삼덕(三德)을 갖추고 있음을 아는 것이다. 삼덕(三德)의 비장(祕藏)은 만법의 으뜸이 되니, 도량을 움직이지 않고도 만법이 함께 모인다. 그러므로 북극성(北極星)이 제자리에 머물러 있는 것으로써 비유하였다.

【補注】　三諦者, 天然之性德也. 眞諦者, 泯一切法, 俗諦者, 立一切法, 中諦者, 統一切法. 修行者, 依於眞諦而起空觀, 依於俗諦而起假觀, 依於中諦而起中道圓觀. 此三觀者, 三世諸佛之心印也. 堯·舜·禹授受**"惟精惟一·允執厥中"**[1]之心法, 亦卽此三觀: 惟一卽空觀, 惟精卽假觀, 允執厥中卽**空假雙照之中觀**[2]也. 故堯舜垂衣裳而天下治. 北辰卽上帝之所居, 上帝居須彌山頂. 吾人所居之贍部洲在須彌山南, 故稱之曰'北辰', 實則一小世界東西南北四天下之中樞也. 日月衆星皆環繞須彌山腰而行, 故曰'拱之.'. 爲政以德, 則正己而物自正, 不言而民信, 不動而民敬, 不怒而民威於鈇鉞. 又, **上老老而民興孝, 上長長而民興弟, 上恤孤而民不倍,**[3] 故取譬於北辰, 居其所而衆星拱之也.

【注釋】

1) 惟精惟一·允執厥中: 『서경(書經)·우서(虞書)·대우모(大禹謨)』, "인심(人心)은 위태로운 것이고 도심(道心)은 아주 작은 것이니, 정밀하게 하고 전일하게 하여야만 진실로 그 중정(中正)의 도리를 가질 수 있을 것이다. [人心惟危, 道心惟微, 惟精惟一, 允執厥中.]"

2) 空假雙照之中觀: 『종경록(宗鏡錄)』제35권, "일념의 마음이 일어나면 일어나도 일어난 것이 없어서 삼제(三際)에 적연(寂然)하며, 일어난 것이 없되 일어나서 삼천 가지의 성상(性相)이 공(空)도 아니고 가(假)도 아니다. 공(空)과 가(假)를 한 쌍으로 비추는 것이 이것이 중관(中觀)이다. [一念心起, 起而無起, 三際寂然, 無起而起, 三千性相, 非空非假. 雙照空假, 此中觀也.]"『大正新脩大藏經』第48冊·No.2016·宗鏡錄 第35卷(T48n2016_035).

3) 上老老而民興孝, 上長長而民興弟, 上卹孤而民不倍: 『대학(大學)』에 보인다. "이른바 '천하를 화평하게 함이 그 나라를 다스림에 있다.'라는 것은 윗사람이 노인을 노인으로 대접하면 백성들이 효를 일으키고, 윗사람이 어른을 어른으로 대접하면 백성들이 공경하는 마음을 일으키며, 윗사람이 고아(孤兒)를 구휼하면 백성들이 배반하지 않는다. 이러므로 군자는 구(矩; 척도)로써 헤아리는 도{혈구지도 絜矩之道} 가 있는 것이다. [所謂平天下在治其國者: 上老老而民興孝, 上長長而民興弟, 上恤孤而民不倍. 是以君子有絜矩之道也.]"

【補注】　'삼제(三諦)'는 천연(天然)의 성덕(性德)이니, 진제(眞諦)는 일체법을 멸(滅)함이며, 속제(俗諦)는 일체법을 세움이며, 중제(中諦)는 일체법을 통괄한다. 수행은 진제(眞諦)에 의지하여 공관(空觀)을 일으킴이요, 속제(俗諦)에 의지하여 가관(假觀)을 일으킴이요, 중제(中諦)에 의지하여 중도원관(中道圓觀)을 일으킴이다. 이 세 가지 관(觀)은 삼세제불(三世諸佛)의 심인(心印)이다. 요(堯)·순(舜)·우(禹)가 주고받은 "유정유일(惟精惟一), 윤집궐중(允執厥中)."의 심법(心法)은 곧 이 삼관(三觀)이니, '유일(惟一)'은 공관(空觀)이며, '유정(惟精)'은 가관(假觀)이며, '윤집궐중(允執厥中)'은 공가쌍조(空假雙照)의 중관(中觀)이다. 그러므로 요(堯)·순(舜)이 의상(衣裳)을 드리우매 천하가 다스려졌다. 북신(北辰)은 상제(上帝)께서 사시는 곳이니, 상제(上帝)는 수미산(須彌山) 꼭대기에서 머무신다. 우리가 거처하는 곳은 섬부주(贍部洲)이니, 수미산(須彌山)의 남쪽에 있다. 그러므로 '북신(北辰)'이라고 칭한 것이지만, 실로 하나의 작은 세계의 동서남북 사천하(四天下)의 중심이다. 해와 달 그리고 뭇별들이 모두 수미산(須彌山)의 허리 부분을 에워싸 돌고 있으므로, '공지(拱之)'라고 하였다. '위정이덕(爲政以德)'은 자기를 바르게 하매 남들이 스스로 바르게 되니, 말하지 않아도 백성들이 믿으며, 움직이지 않아도 백성들이 공경하며, 성내지 않아도 백성들이 부월(斧鉞)보다 위엄을 느낀다. 또 임금이 노인을 노인으로 모심에 백성들이 효를 흥기하며, 임금이 어른을 어른으로

모심에 백성들이 화락함과 공손함을 흥기하며, 임금이 외로운 이들을 구휼하매 백성들이 배신(背信)하지 않는다. 그러므로 '북극성(北極星)이 제자리에 머물러 있을 때 뭇 별들이 그곳을 향해서 있는 것과 같다.'라는 말로 비유하였다.

「2-2」 子曰: "『詩』三百, 一言以蔽之, 曰: 思無邪."

「2-2」 공자가 말하였다. "『시경(詩經)』삼백편(三百篇)은 한마디로 말한다면, '생각함에 간사함이 없다.'라고 될 터이다."

【藕師注】 此指示一經宗要, 令人隨文入觀, 卽聞·卽思·卽修也. 若知『詩』之宗要, 則知千經萬論亦同此宗要矣.

【藕師注】 이것은 일경(一經)의 종요(宗要)를 가리켜 보여서, 사람들이 경문을 통해서 관조(觀照)에 들어가 바로 듣고 바로 생각하고 바로 수양하게 한 것이다. 만약 『시경(詩經)』의 종요(宗要)를 안다면, 천경만론(千經萬論)도 이 종요(宗要)와 같다는 것을 알게 된다.

【補注】 思, 妄心也. 無邪, 眞心也. 『詩』三百篇皆妄心所成. 妄依眞有, 眞妄不二. 解此義者, 全妄成眞. **黃花翠竹**[1]皆是眞如, 紙畫木雕無非眞佛, 故曰'思無邪.'也.

【注釋】
1) 黃花翠竹:『속전등록(續傳燈錄) 이십이(二十二)·쌍령화게(雙嶺化偈)』에 보인다.

"취죽(翠竹)과 황화(黃花)는 외경(外境)이 아니며, 백운(白雲)과 명월(明月)이 전진(全眞)을 드러내도다. 두두(頭頭)가 다 내 집 물건인지라, 손닿는 대로 집어 오매 티끌이 아니로다. [翠竹黃花非外境, 白雲明月露全眞. 頭頭盡是吾家物, 信手拈來不是塵.]" 『大正新脩大藏經』第51冊 · No.2077 · 續傳燈錄 第22卷(T51n2077).

【補注】 '사(思)'는 '망심(妄心; 분별심分別心, 허망심虛妄心)'이요, '무사(無邪)'는 '진심(眞心)'과 '망심(妄心)'이 분리(分離)되지 않는다. 이러한 뜻을 이해하는 자는 모든 망심(妄心)이 진심(眞心)이 된다. 황화(黃花)와 취죽(翠竹)이 모두 '진여(眞如)'이고, 지화(紙畵)와 목조(木雕)가 '진불(眞佛)'이 아닌 것이 없다. 그러므로 '사무사(思無邪).'라고 말하였다.

「2-3」 子曰: "道之以政, 齊之以刑, 民免而無恥, 道之以德, 齊之以禮, 有恥且格."

「2-3」 공자가 말하였다. "백성들을 정사(政事)로써 인도하고 형벌로써 다스리면 백성들이 구차하게 형벌은 면할 수 있으나 부끄러워하는 것이 없게 된다. 백성들을 덕(德)으로써 인도하고 예로써 규제한다면 부끄러워하는 것이 있고, 바르게 될 것이다."

【藕師注】 五霸雖駕言於德 · 禮, 總只政 · 刑, 帝王雖亦似用政 · 刑, 無非德 · 禮. 蓋德 · 禮從格物誠意[1]中來, 孟子所謂集義所生,[2] 政 · 刑從賢智安排出來, 孟子所謂義襲而取也.

【校勘】 從: 동림사(東林寺) 인본(印本)『사서우익해(四書藕益解)』의 교감 사항을 따라 '종(從)'으로 하였다.

【注釋】

1) 格物誠意: 『대학(大學)』에 보인다. "옛날에 밝은 덕을 천하에 밝히고자 하는 자는 먼저 그 나라를 다스리고, 그 나라를 다스리고자 하는 자는 먼저 그 집안을 가지런히 하고, 그 집안을 가지런히 하고자 하는 자는 먼저 그 몸을 닦고, 그 몸을 닦고자 하는 자는 먼저 그 마음을 바르게 하고, 그 마음을 바르게 하고자 하는 자는 먼저 그 뜻을 성실히 하고, 그 뜻을 성실히 하고자 하는 자는 먼저 그 아는 것을 지극히 하였으니, 아는 것을 지극히 함은 사물의 이치를 궁구함에 있다. [古之欲明明德於天下者, 先治其國, 欲治其國者, 先齊其家, 欲齊其家者, 先修其身, 欲修其身者, 先正其心, 欲正其心者, 先誠其意, 欲誠其意者, 先致其知, 致知, 在格物.]"

2) 集義所生: 『맹자(孟子)·공손추(公孫丑) 상(上)』 제2장, "이 호연지기는 의를 많이 축적하여 생겨나는 것이지, 나의 어떤 행위가 우연히 한 번 의에 부합되었다고 해서 취해지는 것이 아닐세. 내가 행하고서 마음에 흡족하지 않은 바가 있으면 호연지기는 위축되고 마네. 그래서 내가 '고자는 일찍이 의를 안 적이 없다.'라고 말한 것이니, 그는 의를 밖에 있는 것이라고 여겼기 때문일세. [是集義所生者, 非義襲而取之也. 行有不慊於心則餒矣. 我故曰'告子未嘗知義.', 以其外之也.]"

【藕師注】

오패(五霸)는 비록 '덕례(德禮)'를 표방했지만, 결국 '법령'과 '형벌'만을 썼다. 옛 성왕(聖王)들은 비록 또한 '법령'과 '형벌'을 사용한 것 같지만 '덕(德)'과 '례(禮)'가 아닌 것이 없었다. '덕(德)'과 '례(禮)'는 '격물(格物)'과 '성의(誠意)'에서부터 오니, 맹자가 말한 "의(義)를 모아서 생겨난 바라."라는 것이다. '법령'과 '형벌'은 현자(賢者)와 지자(智者)의 안배에서 나온 것이니, 맹자가 말한 '우연히 한 번 의(義)에 부합되었다고 해서 취해지는 것'이라는 것이다.

「2-4」 子曰: "吾十有五而志於學, 三十而立, 四十而不惑, 五十而知天命, 六十而耳順, 七十而從心所欲不踰矩."

「2-4」 공자가 말하였다. "나는 열다섯 살에 배움에 뜻을 두었고, 서른 살에 각(覺)이 섰으며, 마흔 살에 미혹되지 않았고 쉰 살에 천명을 알았으며, 예순 살에 귀가 순하여졌고, 일흔 살에 마음이 하고자 하는 바를 따라도 법도를 어기지 않았다."

【蕅師注】 只一'學'字到底. 學者, 覺也. 念念背塵合覺謂之志, 覺不被迷情所動謂之立, 覺能破微細疑網謂之不惑, 覺能透眞妄關頭謂之知天命, 覺六根皆如來藏謂之耳順, 覺六識皆如來藏謂之從心所欲不踰矩. 此是得心自在. 若欲得法自在, 須至八十九十始可幾之, 故云'若聖與仁, 則吾豈敢?',[1] 此孔子之眞語實語, 若作謙詞解釋, 冤却大聖一生苦心. 返聞聞自性,[2] 初須入流亡所, 名之爲逆. 逆極而順, 故名耳順, 卽聞所聞盡, 分得耳門圓照三昧也.

【注釋】

1) 若聖與仁, 則吾豈敢: 『논어(論語)·술이(述而) 제칠(第七)』 제33장, "공자가 말하였다. '성(聖)과 인(仁)으로 말하면 내 어찌 감히 자처하겠는가? 그러나 인(仁)과 성(聖)의 도(道)를 행하기를 싫어하지 않으며 남을 가르치기를 게을리하지 않는 것은 그렇다고 말할 수 있다.' 공서화가 말하였다. '바로 그것이 저희 제자들이 배울 수 없는 점입니다.' [子曰: "若聖與仁, 則吾豈敢? 抑爲之不厭, 誨人不倦, 則可謂云爾已矣." 公西華曰: "正唯弟子不能學也."]"

2) 反聞聞自性: 반랄밀제(般刺蜜帝) 한역(漢譯) 『대불정여래밀인수증요의제보살만행수능엄경(大佛頂如來密因修證了義諸菩薩萬行首楞嚴經)』 제6권, 관세음보살(觀世音菩薩)이 능엄회상(楞嚴會上)에서 설한 수행 방법으로서, 듣는 것을 돌이켜서 '듣는 성품{자성自性}'을 듣는다는 뜻이다. "대중이여, 아난이여! 여러분들이 전도하게 듣는 기관을 돌이키시오. 듣는 자성을 돌이켜 들으면 그 자성이 무상도(無上道)를 이루리니, 그 원통(圓通)이 진실로 그러합니다. [大衆及阿難! 旋汝倒聞機, 反聞聞自性, 性成無上道, 圓通實如是.]" 『大正新脩大藏經』 第19冊·No.0945·大佛頂如來密因修證了義諸菩薩萬行首楞嚴經 第6卷(T19n0945_006).

【蕅師注】 단지 이 하나의 '학(學)' 자(字)가 끝까지 가는 것이니, '학(學)'은 '각(覺)'이다. 생각마다 '진(塵)'을 등지고 '각(覺)'에 부합하는 것을 '지(志)'라고 하며, '각(覺)'이 미혹 하는 정(情)에 동요되지 않는 것을 '립(立)'

이라고 하며, '각(覺)'이 미세한 의망(疑網)을 깨트리므로 '불혹(不惑)'이라고 하며, '각(覺)'이 '진(眞)'과 '망(妄)'의 관건을 꿰뚫어 아는 것을 '지천명(知天命)'이라고 하며, 육근(六根)이 모두 '여래장(如來藏)'이라는 것을 깨닫는 것을 '이순(耳順)'이라고 하며, '육식(六識)'이 모두 '여래장(如來藏)'이라는 것을 깨닫는 것을 '종심소욕불유구(從心所欲不踰矩).'라고 한다. 이것은 곧 '심자재(心自在)'를 얻는 것이다. 만약 '법자재(法自在)'함을 얻고자 한다면 모름지기 여든 살·아흔 살이 되어서야 비로소 가깝게 될 것이다. 그러므로 '성(聖)과 인(仁)으로 말하면, 내가 어찌 감히 자처하겠는가?'라고 하였다. 이 말은 공자의 진실된 말이다. 만약 이 말을 '겸사'로 해석한다면, 대성(大聖)의 일생의 고심을 억울하게 한 것이다. '반문(返聞)'하여 '자성(自性)'을 듣는 경우, 처음에는 모름지기 류(流)에 들어가서 소(所)를 잃어버려야 하니, '역(逆)'이라 이름한다. '역(逆)'이 다하면 '순(順)'해지니, 그러므로 '이순(耳順)'이라고 이름한다. '문(聞)'에 즉(卽)하여 들은 내용을 여의면, 이문(耳門)의 원조삼매(圓照三昧)를 명백하게 터득하는 것이다. ◎

【補注】 眼·耳·鼻·舌·身·意爲六根, 眼識·耳識·鼻識·舌識·身識·意識爲六識. 如來藏卽佛性, 亦卽無量無邊·不生不滅·**不變隨緣·隨緣不變**[1]之妙眞如心也. 眞者不妄, 如者不變, 妙者不可思議也. **入流亡所**[2]卽**返聞聞自性.**[3] 逆隨緣之流, 順不動之性, 性體不動, 故**能聞所聞**[4]俱盡也. 是謂**圓照三昧.**[5] 三昧者, 正定之法門也.

【注釋】
1) 不變隨緣·隨緣不變: 인연에 따르지만 본질·근원은 변하지 않는다는 뜻이다.

유계(幽溪) 사문(沙門) 전등(傳燈)이 찬(撰)한 『정토생무생론(淨土生無生論)』에 보인다. "하나의 참된 법계(法界)의 본성(本性)은 곧 앞의 글에서 밝힌 성체(性體)·성량(性量)·성구(性具)이다. 교(敎) 중에서 '진여(眞如)는 불변수연(不變隨緣)하고 수연불변(隨緣不變)한다.'라고 설한 것은 바로 성체(性體)와 성량(性量)이 즉 성구(性具)임을 말미암고 있기 때문이니, 마치 군자가 (용도가 정해진) 그릇으로 한정되지 않아 선(善)과 악(惡)에 모두 능한 것과 같다. 그러므로 동진(東晉) 천축삼장(天竺三藏) 불타발타라(佛馱跋陀羅) 한역(漢譯) 60권본 『대방광불화엄경(大方廣佛華嚴經)』에서는 이르기를 '능히 더러움과 청정함의 연(緣)을 따라서 십법계(十法界)를 모두 만든다.'라고 하였으니, (이것은) 진여성(眞如性) 가운데 갖춘바 구법계(九法界)가 능히 더러움의 연(緣)을 따라서 사(事) 중의 구법계(九法界)를 만들고 진여성(眞如性) 가운데 갖춘바 불법계(佛法界)가 능히 청정함의 연(緣)을 따라서 사(事) 중의 불법계(佛法界)를 만든다는 것을 이른 것이다. 능히 할 수 있는 까닭은 바로 성구(性具)를 말미암고 있기 때문이니, 본성(本性)에 만약 갖춰지지 않았다면, 어찌 능히 할 수 있다고 일컬을 바이겠는가? [一眞法界性, 卽前文所明性體·性量·性具也. 教中說'眞如不變隨緣, 隨緣不變.'者, 正由性體·性量卽性具故, 如君子不器, 善惡皆能. 故晉譯『華嚴經』云'能隨染淨緣, 具造十法界.', 謂眞如性中所具九法界, 能隨染緣造事中九法界, 眞如性中所具佛法界, 能隨淨緣造事中佛法界. 所以能者, 正由性具, 性若不具, 何所稱能?]" 『大正新脩大藏經』第47冊·No.1975·淨土生無生論 第1卷 (T47n1975_001).

2) 入流亡所: 입류(入流)는 소리가 외부로 반입되지 않고 내부로 흐른다는 뜻이다. 외부로 나가는 것은 번뇌를 말하고 내부로 들어간다는 것은 한 생각이 일념으로 자성을 밝혀 법의 흐름에 함께 하는 일을 말하는 것이다. 소리의 흐름이 밖으로 나간다거나 안으로 흐르는 것은 아니다. 원래 감각기관과 감각 대상은 둘이 아니라 하나인데 그 소리의 흐름에 따라가는 것을 번뇌라 하고, 감각 대상을 돌이켜 비춰보는 것{회광반조回光返照}을 자성을 밝힌다고 한다. 그러나 자성 역시 실체가 없으므로 나라는 존재도 없다. 결국, 이것을 돌이켜 비춰봄은 공(空)의 깨달음으로 귀결된다. 『대불정여래밀인수증요의제보살만행수능엄경(大佛頂如來密因修證了義諸菩薩萬行首楞嚴經)』제6권, "관조(觀照)하는 흐름에 들어 대상을 벗어나고, 대상과 흐름에 들어갔다는 것까지 고요해진다. [初於聞中入流亡所, 所入旣寂.]" 『大正新脩大藏經』第19冊·No.0945·大佛頂如來密因修證了義諸菩薩萬行首楞嚴經 第6卷(T19n0945_006).

3) 返聞聞自性: 『대불정여래밀인수증요의제보살만행수능엄경(大佛頂如來密因修證了義諸菩薩萬行首楞嚴經)』제6권, 관세음보살(觀世音菩薩)이 능엄회상(楞嚴會上)에서 설한 수행 방법으로서, 듣는 것을 돌이켜서 '듣는 성품{자성自性}'을 듣는다는 뜻이다. "대중이여, 아난이여! 여러분들이 전도하게 듣는 기관을 돌이키시오. 듣는 자성을 돌이켜 들으면 그 자성이 무상도(無上道)를 이루오리니, 그 원통(圓通)이 진실로 그러합니다. [大衆及阿難! 旋汝倒聞機, 反聞聞自性, 性成無上道, 圓通實如是.]" 『大正新脩大藏經』第19冊·No.0945·大佛頂如來密因修證了義諸菩薩萬

行首楞嚴經 第6卷(T19n0945_006).

4) 能聞所聞: 능문(能聞)은 듣는 주체로서 주로 감각기관을 말하며, 소문(所聞)은 들리는 대상으로서 소리를 말한다.

5) 圓照三昧: 『대불정여래밀인수증요의제보살만행수능엄경(大佛頂如來密因修證了義諸菩薩萬行首楞嚴經)』제6권에 보인다. "부처님께서 원통(圓通)을 물으시니, 저는 이문(耳門)을 원만히 관조(觀照)하는 삼매로부터 반연하는 마음이 자유자재하게 되었기 때문에, 이러한 흐름에 드는 수행을 통해 삼마지(三摩地)를 터득하여 보리를 성취하는 것이 곧 제일이라고 생각합니다. [佛問圓通, 我從耳門圓照三昧, 緣心自在, 因入流相, 得三摩地, 成就菩提, 斯爲第一.]"『大正新脩大藏經』第19冊·No.0945·大佛頂如來密因修證了義諸菩薩萬行首楞嚴經 第6卷 (T19n0945_006).

【補注】　안(眼)·이(耳)·비(鼻)·설(舌)·신(身)·의(意)가 '육근(六根)'이 되며, 안식(眼識)·이식(耳識)·비식(鼻識)·설식(舌識)·신식(身識)·의식(意識)이 '육식(六識)'이 된다. '여래장(如來藏)'은 곧 불성(佛性)이니 또한 무량무변하고 불생불멸하며 불변수연(不變隨緣)하고 수연불변(隨緣不變)하는 '묘진여심(妙眞如心)'이다. '진(眞)'은 '불망(不妄)'이며, '여(如)'는 '불변(不變)'이며, '묘'는 '불가사의(不可思議)'이다. '입류망소(入流亡所)'는 즉 '반문(返聞)'하여 자성(自性)을 듣는 것이다. 수연(隨緣)의 흐름을 거스르고 부동(不動)의 성품을 따라서 성체(性體)는 흔들리지 않으니, 그러므로 '능문(能聞)'과 '소문(所聞)'을 다 여의는 것이다. 이를 '원조삼매(圓照三昧)'라 이른다. '삼매(三昧)'는 '정정(正定)'의 법문이다.

【解說】　지욱 대사의 주석에서 '차공자지진어실어(此孔子之眞語實語), 약작겸사해석(若作謙詞解釋), 원각대성일생고심(冤却大聖一生苦心).'은 주자의 『논어집주』풀이를 비판한 문장이다. 공자가 살아서 도달한 경지가 '심자재(心自在)'는 터득하였으나 '법자재(法自在)'는 터득하지 못하였기에 위와 같이 술회(述懷)한 것인데, 주자는 공자의 겸사로 보았기 때문이다.

지욱 대사는 공자가 '심자재(心自在)'만 터득하였기 때문에, '심자재(心自在)'와 '법자재(法自在)'까지 모두 터득한 부처님의 경지에는 미치지 못하는 그 다음가는 성인으로 보았다. 한편, 주자가 『논어집주』에서 본장(本章)을 풀이한 내용은 다음과 같다. "내가 생각건대, 성인은 나면서부터 알고 편안히 행하여, 진실로 차츰차츰 쌓아나가는 것이 없다. 그러나 그 마음에 일찍이 스스로 이미 이 경지에 이르렀다고는 생각하지 않는다. 이는 일상생활을 하는 사이에 반드시 홀로 그 진도를 깨달았으나, 다른 사람은 미처 알지 못하는 것이 있었을 것이다. 그러므로 그 근사한 것을 인하여 스스로 이름하여 배우는 자들이 이것을 법칙으로 삼아 스스로 힘쓰게 하고자 한 것이요, 마음속으로는 실제로 스스로 성인이라고 생각하면서 짐짓 이렇게 겸사한 것은 아니다. 뒤에 모든 겸사를 말한 등속은 모두 이와 같다. [愚謂聖人生知安行, 固無積累之漸. 然其心未嘗自謂已至此也. 是其日用之間, 必有獨覺其進而人不及知者. 故因其近似以自名, 欲學者以是爲則而自勉, 非心實自聖而姑爲是退託也. 後凡言謙辭之屬, 意皆放此.]"

「2-5」 孟懿子問孝. 子曰: "無違." 樊遲御, 子告之曰: "孟孫問孝於我, 我對曰'無違'." 樊遲曰: "何謂也?" 子曰: "生, 事之以禮, 死, 葬之以禮, 祭之以禮."

「2-5」 노(魯)나라의 대부 맹의자가 효에 관하여 묻자, 공자가 대답하였다. "도리에 어긋남이 없는 것입니다." 번지가 수레를 몰고 있었는데, 공자가 말하였다. "맹손씨가 나에게 효에 관하여 묻기에, 내가 '도리에 어긋남이 없는 것'이라고 대답하였네." 번지가 여쭈었다. "무슨 말씀입니까?" 공자가 말하였다. "부모님께서 살아 계실 때는 예로써 섬기고, 돌아가시면 예로써 장사 지내고, 예로써 제사를 지내는 것이네."

【蕅師注】 克己復禮[1]方能以禮事親, 違禮卽非孝矣.

【注釋】

1) 克己復禮: 『논어(論語)·안연(顏淵) 제십이(第十二)』 제1장의 정문(正文)과 【蕅師注】를 참조할 것.

【蕅師注】 자기를 이기고 예를 회복해야 예로써 부모님을 섬길 수 있으니, 예에 어긋나면 곧 효가 아니다.

【補注】 一部『孝經』, 三言盡之. 禮之大者, 無過於勸親戒殺, 免墮惡道, 念佛求生淨土. **陽復齋**[1]『勸提倡素食詩』云: "果蔬百穀各芬芳, 種種烹調恣啖嘗. 何苦刀頭結冤業, 不辭世世變豬羊. 欲將宰割報親恩, 轉送雙親地獄門. 豈料孝思成毒計, 愚生眞是可憐蟲. 數百亡靈哭震天, 阿難問佛佛宣言. 殺生設祭資冥福, 豈意翻成惡道緣. (佛與阿難在河邊行, 見五百餓鬼歌吟而前, 阿難問佛. 佛言: '其家子孫爲彼修福, 當得解脫, 是以歌舞.' 又見數百好人啼哭而過, 阿難又問. 佛言: '彼家子孫爲其殺生設祭, 後有大火逼之, 是以啼哭.' 見『大藏一覽』.) 三年饘粥報親恩, 自古君民一例同. 漢室何緣廢昌邑, 居喪私自饌雞豚. (漢迎昌邑王入紹帝位, 因居喪不素食, 奉太后詔廢免. 見『霍光傳』. 孟子言三年之喪, 饘粥之食, 自天子達於庶人.[2]) 陽明素食尊喪禮, 特爲**甘泉**[3]設一餚. 歸去遺書猶切責, 俗儒何忍恣烹炮. (**明王陽明爲湛甘泉自遠來弔, 特設一肉, 甘泉切責之.**[4] 見『陽明文集』.) 若能勸親念佛, 或爲親念佛, 求生淨土, 永脫輪廻, 尤爲大孝. **蓮池大師**[5]云: "**親得離塵垢, 子道方成就.**"[6] 眞至言也.

【注釋】

1) 陽復齋: '양복(陽復)'은 강겸(江謙) 거사의 호(號)이다. 문집(文集) 『양복재시게집(陽復齋詩偈集)』이 전한다.

2) 孟子言三年之喪, 饘粥之食, 自天子達於庶人: 『맹자(孟子)·등문공(滕文公) 상(上)』제2장, "연우가 추(鄒) 땅에 가서 맹자에게 묻자, 맹자가 말하였다. '좋지 않습니까? 부모상은 진실로 스스로 정성을 다해야 하는 것입니다. 증자께서 말씀하시기를, 「부모가 살아 계실 때는 섬기기를 예로써 하며, 돌아가셨을 때는 장례하기를 예로써 하고 제사하기를 예로써 하면 효라고 이를 수 있다.」 하셨습니다. 제후의 예는 제가 아직 배운 적이 없으나 제가 일찍이 들은 적이 있으니, 삼년상에 거친 베로 만든 상복을 입고 미음과 죽을 먹는 것은 천자(天子)로부터 서인(庶人)에 이르기까지 하·은·주 삼대(三代)가 공통이었습니다.' [然友之鄒問於孟子. 孟子曰: "不亦善乎! 親喪固所自盡也. 曾子曰: '生事之以禮, 死葬之以禮, 祭之以禮, 可謂孝矣.' 諸侯之禮, 吾未之學也. 雖然, 吾嘗聞之矣. 三年之喪, 齊疏之服, 飦粥之食, 自天子達於庶人, 三代共之."]"

3) 甘泉: 담약수(湛若水, 1466-1560)이다. 담약수(湛若水)는 명(明)나라의 철학자이자 교육자이며 서법가이다. 자(字)는 원명(元明)이고 호(號)는 감천(甘泉)이다. 남경(南京)에서 예부(禮部)·이부(吏部)·병부(兵部)의 상서(尙書)를 두루 거쳤다. 신유학파(新儒學派)의 거두(巨頭)였던 담약수(湛若水)는 수양의 수단으로 독서를 권하는 것이 유교의 폐단이라고 지적하였다. 도(道)는 책이 아니라 사색을 통해 마음에서 찾는 것이라고 주장하면서 왕양명과 함께 신유학(新儒學)을 연구하며 양명학의 한 계파인 심학(心學)을 크게 발전시켰다. 75세에 관직에서 물러난 뒤 증성(增城)으로 낙향한 담약수(湛若水)는 고령에도 불구하고 교육에 전념하며 가는 곳마다 사원을 설립해 그 수가 50여 개에 달하였다. 4천여 명의 제자를 키워낸 담약수(湛若水)는 90세에 이르러 거동이 불편해지자 그때부터는 자신의 관을 타고 다니며 강의를 할 정도로 교육에 대한 열정이 남달랐던 학자였다. 95세에 세상을 떠났다.

4) 明王陽明爲湛甘泉自遠來弔, 特設一肉, 甘泉切責之: 『왕양명전집(王陽明全集)·순생록(順生錄)』에 보인다. "오직 나이가 많고 멀리서 온 손님을 만났을 때만 채소 밥 사이에 고기가 담긴 접시 두 그릇을 내놓고서 말하였다. '채식 위주로 재계하는 것은 막내(幕內)에서 행하는 것이니, 만일 조문객이 효자와 함께 밥을 먹는다면 (고기반찬이 없는 음식으로 대접하는 것은) 연장자를 편안하게 하고 빈객을 응대하는 도리가 아닙니다.' 후일 감천 선생이 와서 조문하였는데, 육식하는 것을 보고는 즐거워하지 않아서 글을 남겨 꾸짖었다. 이에 선생이 (스스로) 죄라고 여겨서 논변하지 않았다. [惟遇高年遠客, 素食中間肉二器, 曰: "齋素行於幕內, 若使弔

客同孝子食, 非所以安高年而酬賓旅也." 後甘泉先生來弔, 見肉食不喜, 遣書致責. 先生引罪不辯.]"

5) 蓮池大師: 주굉(袾宏, 1535-1615) 스님이다. 항주(杭州) 사람으로 속세의 성(姓)은 심(沈)이고, 자(字)는 불혜(佛慧)이다. 명(明)나라 때의 고승(高僧)으로 27세 이후에 부모를 잃은 슬픔에 「칠필구(七筆勾)」를 짓고 출가하여 법호를 '연지(蓮池)'라고 불렀다. 만년에 운서사(雲棲寺)에 거주하여 '연지대사' 혹은 '운서대사(雲棲大師)'라고 일컬어진다. 불교 연종(蓮宗)의 8대 조사(祖師)이다.

6) 親得離塵垢, 子道方成就: 연지대사의 「칠필구(七筆勾)」에 보인다. "은혜가 산과 구릉보다 무거우니, 오정(五鼎)에 가득 담은 삼생(三牲)으로도 보답하기가 어렵네. 어버이가 진세(塵世)의 때를 벗어날 수 있다면, 자식의 도리가 바야흐로 성취되리라. 악! 세상을 벗어난 큰 인유(因由)를 보통 사람의 정(情)이 어찌 다스릴 수 있으랴? 효자와 현손이 진공(眞空)을 향해 참구하기를 좋아한다면, 이로 인해 오색금장(五色金章)을 붙잡아 단번에 묵은 빚을 갚을 것이다! [恩重山丘, 五鼎三牲未足酬, 親得離塵垢, 子道方成就. 嗏! 出世大因由, 凡情怎剖? 孝子賢孫好向眞空究, 因此把五色金章一筆勾!]"

【補注】 『효경』 한 부를 세 가지 언사로써 다 표현해 내었다. 예에서 큰 것은 부모님에게 권하여 살생을 경계해서 악도(惡道)에 떨어지는 것을 피하고 염불하여 정토에 태어나기를 구하게 하는 것보다 더 나은 것이 없다. 양복재(陽復齋)의 『권제창소식시(勸提倡素食詩)』에서는 말하였다.

"과일과 온갖 채소가 각각 향긋한 것이거늘, 가지가지 삶고 조리하여 마음껏 씹고 맛보네. 어찌 괴롭게 칼끝에다가 원업(冤業)을 맺어서, 세세 동안 돼지와 양으로 변하는 일을 피하지 않는가? 고기를 썰고 잘라서 어버이의 은혜를 갚으려고 하다가 도리어 양친(兩親)을 지옥문(地獄門)으로 보내네. 효성스러운 생각이 독계(毒計)를 이룰 줄을 어찌 생각했겠는가? 어리석은 중생은 참으로 가련한 벌레로다. 수백의 망령(亡靈)들이 통곡하여 하늘을 진동시키니, 아난(阿難) 존자가 부처님께 여쭙자 부처님께서 풀이하여 말씀을 펼치셨네. 생명을 죽여서 제사상을 갖추어 명복(冥福)을 비는 것이 도리어 악도(惡道)의 인연을 이룰 줄 어찌 생각했겠는가? {부처님께서 아난(阿難)과 항하(恒河) 가를 가다가 오백(五百)의 아귀가 노래를 부르면서 앞으로 나아가는 것을 보았다. 아난(阿難)이 부처님께 물으니, 부처님께서 말씀하셨다. "그 아귀의 자손들이 이들을 위하여 복(福)을 닦아주어 마땅히 해탈할 수 있게 되었기에 그래서 노래하고 춤을 춘 것이다." 또 수백의 선인(善人)들이 통곡하며 지나가고 있는 것을 보았다. 아난(阿難) 존자가 또 그 까닭을 묻자, 부처님께서 말씀하셨다. "저 선인(善人)의 자손들이 이들을 위하여 살생해서 제사를 드려서 후에 큰 재앙이 닥치게 생겼기에 그래서 울면서 통곡하는 것이다." 『대장일람(大藏一覽)』에 보인다.} 삼 년 동안 전죽(饘粥)을 먹으며 어버이의 은혜를 갚는 것은 자고로 군(君)과 민(民)이 일례(一例)로 같이 하였네. 한실(漢室)에서는 어떤 연유로 창읍왕(昌邑王)을 폐하였던 것인가? 거상(居喪) 중에 제멋대로 닭과 돼지를 먹었기 때문이라네. {한실(漢室)에서 창읍왕(昌邑王)을 맞이하여 제위를 잇게 했는데, 거상(居喪) 중에 소식(素食)하지 않아서 태후(太后)의 조칙(詔飭)을 받들어서 폐위(廢位)시켰다. 『곽광전(霍光傳)』에 보인다. 맹자는 말하기를 삼 년 동안의 거상(居喪)에서 전죽(饘粥)을 먹는 예(例)는 천자(天子)로부터 서인(庶人)에 이르기까지 다 그렇다고 말하였다.} 양명(陽明)이 소식(素食)을 하면서 상례를 존숭하다가, 멀리서 온 담감천(湛甘泉)을 위하여 특별히 고기 안주상(按酒床)을 차렸다네. 담감천(湛甘泉)이 돌아갈 때 글을 남겨서 오히려 절절하게 꾸짖었으니, 세속의 선비라고 해도 어찌 차마 마음대로 고기를 먹을 수 있으랴! {명(明)나라 왕양명이 감천(甘泉)이 멀리서 조문을 온 정성을 생각하여 특별히 고기 한 점의 안주상(按酒床)을 내오자, 감천(甘泉)이 매우 책망하였다. 『양명문집(陽明文集)』에 보인다.}" 만약 능히 어버이를 염불하도록 권하거나 혹은 어버이를 위하여 염불하여 정토에 태어남을 구하고 윤회의 굴레에서 영원히 벗어나게 할 수 있다면, 더욱 큰 효라 하겠다. 연지대사께서 '어버이가 속세의 티끌에서 벗어날 수 있어야, 자식의 효도가 비로소 이루어질 것이다.'라고 하셨으니, 참으로 지극한 말이라 하겠다.

「2-6」孟武伯問孝. 子曰: “父母唯其疾之憂.”

「2-6」 맹무백이 효에 대해 여쭙자, 공자가 말하였다. “부모님의 병을 근심해야 한다.”

【藕師注】　此等點示, 能令有人心者痛哭.

【藕師注】　이러한 지적은 능히 사람 마음을 가진 자에게 눈물나게 한다. ◎

【補注】　其, 謂父母也. 唯父母致疾之憂, 則必竭誠盡敬·和氣婉容以事其親矣, 修身立行·揚名後世以慰其親矣. 孔子之答問孝諸章, 孟子所謂養志,[1] 所謂唯順於父母, 可以解憂,[2] 皆是唯其疾之憂之心推之也.

【注釋】

1) 養志: 『맹자(孟子)·이루(離婁) 상(上)』 제19장, “증자가 아버지 증석을 봉양할 적에 밥상에 반드시 술과 고기를 올렸다. 밥상을 치우려 할 때 증자는 반드시 남은 음식을 ‘누구에게 줄까요?’ 하고 물었다. 아버지가 ‘남은 것이 있느냐?’고 물으면 반드시 ‘있습니다.’ 하고 대답하였다. 증석이 죽자 증원(曾元)이 아버지 증자를 봉양하였는데, 밥상에 반드시 술과 고기를 올렸다. 그러나 밥상을 치우려 할 때 증원은 남은 음식을 ‘누구에게 줄까요?’ 하고 묻지 않았다. 증자가 ‘남은 것이 있느냐?’고 물으면 반드시 ‘없습니다.’ 하고 대답하였으니, 이는 나중에 그 음식을 다시 올리려고 해서였다. 이것은 소위 입과 몸만 봉양하는 것이다. 증자와 같이해야만 ‘어버이의 뜻을 봉양한다.’라고 이를 만하다. 어버이를 섬기는 것은 증자처

림 해야 옳다. [曾子養曾晳, 必有酒肉. 將徹, 必請所與. 問: '有餘?', 必曰: '有.'. 曾晳死, 曾元養曾子, 必有酒肉. 將徹, 不請所與. 問: '有餘?', 曰: '亡矣.'. 將以復進也. 此所謂養口體者也. 若曾子, 則可謂養志也. 事親若曾子者, 可也.]"

2) 唯順於父母, 可以解憂: 『맹자(孟子)·만장(萬章) 상(上)』 제1장, "천하의 선비가 좋아해 주는 것은 사람들이 원하는 바이지만 천하의 선비가 좋아해 주는 것도 순의 근심을 풀기에 부족하였다. 아름다운 여색은 사람들이 바라는 바이지만 요임금의 두 딸을 아내로 삼았어도 근심을 풀기에 부족하였다. 부유함은 사람들이 원하는 바이지만 부유함으로 말하면 천하를 소유하였으나 근심을 풀기에 부족하였으며, 귀함은 사람들이 원하는 바이지만 귀함으로 말하면 천자(天子)가 되었으나 근심을 풀기에 부족하였다. 사람들이 좋아해 주는 것과 아름다운 여색과 부귀는 순의 근심을 풀 수 있는 것이 없었고, 오직 부모의 마음에 들어야만 근심을 풀 수 있었다. [天下之士悅之, 人之所欲也, 而不足以解憂. 好色, 人之所欲, 妻帝之二女, 而不足以解憂. 富, 人之所欲, 富有天下, 而不足以解憂, 貴, 人之所欲, 貴爲天子, 而不足以解憂. 人悅之·好色·富貴, 無足以解憂者, 惟順於父母, 可以解憂.]"

【補注】 '기(其)'는 '부모'를 가리킨다. 오직 부모님께서 병이 드실까 걱정한다면, 반드시 정성을 다하고 공경을 극진히 하여 온화한 기운과 은근한 모습으로써 부모님을 섬겨서, 몸을 닦고 행실을 올바르게 세우고 후세에 이름을 드날림으로써 부모님을 위로해 드려야 한다. 공자가 '문효(問孝)'에 답한 여러 장(章)들과 맹자의 이른바 "부모님의 뜻을 봉양한다."라는 것과 이른바 "오직 부모님의 마음에 들어야만 근심을 풀 수 있었네."라는 것이 모두다 '부모님께서 병이 드실까 근심하는 마음'으로부터 미루어 나온 것이다.

【解說】 원문(原文)의 "부모유기질지우(父母唯其疾之憂)."에서 주자는 후한(後漢) 마융(馬融, 79-166)의 설과 궤를 같이하면서 '기(其)'의 주체를 '자식'으로 보아 "부모가 자식을 사랑하는 마음은 이르지 않는 데가 없으나 오직 자식에게 질병이 있을까 염려하여 항상 조심함을 말한 것이다. [言

父母愛子之心, 無所不至, 唯恐其有疾病, 常以爲憂也.]"라고 풀이하였다.[3] 이에 반해 강겸은 후한(後漢)의 사상가 왕충(王充, 25-220)·고유(高誘, ?-?)·청(淸)나라 사상가 유보남(劉寶楠, 1791-1855)의 설과 같이 '기(其)'의 주체를 '부모'로 보아 "부모님의 병을 근심해야 한다."라고 풀이하였다.

「2-7」子遊問孝. 子曰: "今之孝者, 是謂能養. 至於犬馬, 皆能有養, 不敬, 何以別乎?"

「2-7」제자 자유가 효에 대해 여쭈었다. 공자가 말하였다. "오늘날의 효는 봉양을 잘하는 것을 이른다. 그러나 심지어 개와 말에 이르러서도 모두 잘 기르는 경우가 있다. 부모님을 공경하지 않는다면, 어떻게 구별하겠는가?"

【藕師注】 以犬馬養, 但養口體. 能養志者, 乃名爲敬.

【藕師注】 개와 말 같이 봉양한다는 것은 단지 입과 몸만을 봉양하는 것이다. 능히 부모님의 뜻을 봉양할 수 있는 자라야 이에 공경한다고 이름할 수 있다.

「2-8」子夏問孝. 子曰: "色難. 有事, 弟子服其勞, 有酒食, 先生饌, 曾是以爲孝乎?"

---

3   김언종, 「丁茶山의 『論語集註』批判 II」, 『대동문화연구』 제31권, 성균관대학교 동아시아학술원, 1996, 28-29면 참조.

「2-8」자하가 효에 관해 물었다. 공자가 말하였다. "안색으로 드러내는 것이 어렵다는 것이다. 부형께서 일이 있으시면 자제들이 그 수고로움을 대신하고, 술과 밥이 있으면 부형께서 (먼저) 잡수시게 하는 이것을 효라고 할 수 있겠는가?"

【藕師注】 根於心而生於色,[1] 孝在心而不獨在事也.

【注釋】

1) 根於心而生於色:『맹자(孟子)·진심(盡心) 상(上)』제21장, "군자가 본성으로 여기는 것은 인의예지(仁義禮智)가 마음속에 뿌리박고 있다. 그것이 밖으로 드러난 것이 환하고 깨끗하게 얼굴에 나타나고 등에 가득하며 사지(四肢)에 퍼져서, 굳이 말하지 않아도 사지가 스스로 알게 되는 것이다. [君子所性, 仁義禮智根於心. 其生色也, 睟然見於面, 盎於背, 施於四體, 四體不言而喩.]"

【藕師注】 마음에 뿌리박고 있어서 안색으로 나타나는 것이니, '효'는 마음에 있는 것이지 다만 일에 있는 것은 아니다.

「2-9」子曰: "吾與回言終日, 不違如愚. 退而省其私, 亦足以發, 回也不愚!"

「2-9」공자가 말하였다. "내가 안회와 종일토록 말을 해보았는데, 인(仁)을 어기지 않는 것이 어리석은 것과 같았다. 내가 물러나 그의 내심(內心)을 살펴보았더니, 또한 내가 한 말을 진전시키고 있었다. 안회는 어리석지 않도다!"

【藕師注】 私者, 人所不見之地, 卽愼獨'獨'字. 惟孔子具他心道眼,

能於言語動靜之際窺見其私, 故曰'回也, 其心三月不違仁.'.[1] 退, 非
顔子辭退, 乃孔子退而求之於接見·問答之表耳.

【注釋】

1) 回也其心三月不違仁:『논어(論語)·옹야(雍也) 제육(第六)』제6장, "공자가 말하였
    다. '회(回)는 그 마음이 삼 개월이 지나도 인(仁)을 어기지 않았다. 나머지 지엽적
    인 것들은 일신월성(日新月盛)하여 이르게 할 뿐이었다.' [子曰: "回也, 其心三月不違
    仁, 其餘則日月至焉而已矣."]"

【藕師注】 '사(私)'는 남들이 보지 못하는 곳이니, 바로 '신독(愼獨)'의 '독
(獨)' 자(字)이다. 오직 공자만이 타심통(他心通)의 도안(道眼)을 갖추고
있어서, 능히 이야기하고 행위를 하는 사이에 그의 내면에서 싹트는 마
음을 엿볼 수 있었다. 그러므로, "안회는 그 마음이 삼 개월이 지나도 인
(仁)을 어기지 않았다."라고 말한 것이다. '퇴(退)'는 안자가 하직하고 물러
난 것이 아니라 바로 공자가 물러 나와서 접견하고 문답하는 거동(擧動)
에서 그것을 살펴본 것이다. ◎

【解說】   정문(正文)의 '퇴이성기사(退而省其私)'에서 주자는『논어집주』
에서 '사(私)'를 안회가 공자를 뵙고 가르침을 받을 때가 아닌 혼자 있을
때{사위연거독처(私謂燕居獨處), 비진현청문지시(非進見請問之時).}라고 하
였다.[4] 이에 반해 지욱 대사는 "'사(私)'는 남들이 보지 못하는 곳이니, 바
로 '신독(愼獨)'의 '독(獨)' 자(字)이다."라고 하여, '사(私)'를 내면의 마음으
로 보았다. 또 정문(正文)의 '퇴이성기사(退而省其私)'에서 주자는 '퇴(退)'
의 주체를 안회로 보아 '안회가 물러가다'의 뜻으로 풀이하였지만, 지욱

---

4   김언종, 「丁茶山의『論語集註』批判 Ⅱ」,『대동문화연구』제31권, 성균관대학교
    동아시아학술원, 1996, 29-30면 참조.

대사는 '퇴(退)'의 주체를 공자로 보아 '내가 물러서다'의 뜻으로 풀이하였다. 그리고 '역족이발(亦足以發)'에서 주자는 '발(發)'을 '(도道를) 발명하다. [發謂發明所言之理.]'의 뜻으로 보았던 반면에, 지욱 대사는 '발(發)'을 '(새로운 사실을) 발견(發見)하다.'의 뜻으로 보았다.

「2-10」子曰: "視其所以, 觀其所由, 察其所安, 人焉廋哉! 人焉廋哉!"

「2-10」 공자가 말하였다. "자기의 행하는 바를 보며, 자기의 행동이 연유하는 배경을 살펴보고, 자기가 기꺼워하는 마음가짐을 관찰한다면, 그 사람들이 어찌 감출 수 있겠는가! 그 사람들이 어찌 감출 수 있겠는가!"

【藕師注】 己之所以·所由·所安, 千停百當, 則人之所以·所由·所安 不難視·觀·察矣. 故君子但求諸己, 如磨鏡[1]然.

【注釋】

1) 磨鏡: 가섭마등(迦葉摩騰) 스님과 축법란(竺法蘭) 스님이 공역(共譯)하였던 『사십이장경(四十二章經)』에 보인다. "어떤 사문이 부처님께 여쭈었다. '어떤 인연으로 도(道)를 얻으며 어떻게 하면 숙명(宿命)을 알게 됩니까?' 부처님께서 말씀하셨다. '도(道)는 형상이 없으므로 그것을 알려고 해도 이익이 없으니, 오로지 뜻을 지켜 행하여야 한다. 마치 거울을 닦아 때가 없어지면 밝음이 나타나 곧 스스로 형상을 보게 되듯이, 욕심을 끊고 공(空)을 지키면 곧 도의 진리를 보게 되고 숙명을 알게 된다.' [有沙門問佛: "以何緣得道, 奈何知宿命?" 佛言: "道無形, 知之無益. 要當守志行, 譬如磨鏡, 垢去明存, 卽自見形. 斷欲守空, 卽見道眞, 知宿命矣."]『大正新脩大藏經』第17冊·No.0784·四十二章經 第1卷(T17n0784_001).

【藕師注】 자기가 행하는 바와 자기의 행동이 연유하는 배경과 자기가

기꺼워하는 마음가짐이 천 가지·백 가지 마땅하다면, 타인이 행하는 바와 타인의 행동이 연유하는 배경과 타인이 기꺼워하는 마음가짐을 보고 살피고 관찰하는 것이 어렵지 않다. 그러므로 군자는 다만 자기에게서 구하기를 마치 거울을 문질러 깨끗하게 하는 것처럼 하는 것이다.

【解說】　주자는 『논어집주』에서 '이(以)'를 '하다{爲}'의 뜻으로 보았다{"'이(以)'는 '위(爲)'이니, 선(善)을 행한 자는 군자가 되고, 악(惡)을 행한 자는 소인이 된다. [以, 爲也. 爲善者爲君子, 爲惡者爲小人.]"}. 그리고 '유(由)'를 '따름·부터{종(從)}'의 뜻으로 보았으며, '안(安)'을 '즐거워하는 바{소락(所樂)}'의 뜻으로 보았다.

「2-11」 子曰: "溫故而知新, 可以爲師矣."

「2-11」 공자가 말하였다. "내 마음을 잘 관찰함으로써 원해(圓解)가 열려서 다라니(陀羅尼)를 얻어 새것을 알게 되면, 스승이 될 수 있다."

【藕師注】　觀心[1]爲溫故. 由觀心故, 圓解開發, 得陀羅尼, 爲知新. 蓋天下莫故於心, 亦莫新於心也.[2]

【注釋】

1)　觀心: 천태(天台) 지의(智顗)의 저서 『마하지관(摩訶止觀)』에서는 '관심(觀心)'을 다음과 같이 풀이하였다. "이는 가상, 숨 등과 함께 하지 않고 마음만을 관찰하는 방법이다. 안과 밖으로 구해도 마음을 얻을 수 없다. 병이 와서 누구를 괴롭히는지 누가 병을 받는지 이 모두를 얻을 수 없다고 관찰한다." – 김정희, 「지의 『마하지관』」, 앞의 논문, 175면.

2) 蓋天下莫故於心, 亦莫新於心也: 지욱 대사가 찬(撰)한 그의 또 다른 저서(著書) 『영봉종론(靈峰宗論)』에 보인다. "〈새로 자란 나뭇가지를 보였다.〉 '온고지신(溫故知新)'이 스승이 될 수 있다. 이른바 「옛것」과 「새것」은 어떠한 물건을 이르는 것인가? 천하에는 앞에 나타난 일념의 마음보다 오래된 것이 없으며, 또한 앞에 나타난 일념의 마음보다 새로운 것이 없다. 오직 묵었기 때문에 인연을 따르면서도 변하지 않고, 오직 새로우므로 변하지 않으면서도 인연을 따른다. 만약 우리의 옛 물건을 단박에 통투(通透)하여 깨달을 수 있다면 곧 조령(條令)을 새롭게 할 수 있나니, 보리심(菩提心)과 자비의 지혜를 이용하여 근본으로 삼으며 육도만행(六度萬行)으로써 새로 자란 나뭇가지로 삼는다. [〈示新枝〉溫故知新, 可以爲師. 所謂故者新者何物邪? 天下莫故於現前一念之心, 亦莫新於現前一念之心. 惟故故隨緣而不變, 惟新故不變而隨緣. 若能頓達吾家故物, 便可斬新條令, 以菩提悲智爲幹本, 以六度萬行爲新枝矣.]"『嘉興大藏經』第36冊·No.B348·靈峰藕益大師宗論 第2卷 (J36nB348_002).

【藕師注】 마음을 관조(觀照)하는 것이 '온고(溫故)'하는 것이다. 마음을 관조(觀照)하는 것을 말미암기 때문에, 원해(圓解)가 열려서 다라니(陀羅尼)를 얻어 새것을 알게 된다. 대개 천하에는 마음보다 더 오래된 것은 없으며, 또한 마음보다 더 새로운 것은 없다.

【補注】 陀羅尼, 印度語, 譯云能持, 又云能遮, 持善令不失, 遮惡令不生也. 溫故者, 明其不變之體, 知新者, 妙其隨緣之用. 溫故是正念眞如,[1] 知新是善行方便.[2]

【注釋】

1) 正念眞如: 1-2세기경 인도의 마명보살이 저술했다고 전해지는 『대승기신론(大乘起信論)』에 보인다. '정념진여(正念眞如)'는 '진여를 바르게 생각한다.' · '진여를 잊어버리지 않는다.'라는 뜻이다. "다시 믿음을 이룩하여 도 닦을 마음을 낸다는 것은 어떤 마음을 내는 것인가? 간단히 말하면 세 가지가 있다. 무엇이 그 세 가지인가? 첫째는 곧은 마음이니 진여라는 법을 바르게 생각하기 때문이다. 둘째는 깊은 마음이니 일체의 모든 좋은 행을 즐기기 때문이다. 셋째는 자비로운 큰 마음이니 일체중생의 괴로움을 없애려고 하기 때문이다. [復次, 信成就發心者, 發何等心? 略說有三種. 云何爲三? 一者·直心, 正念眞如法故. 二者·深心, 樂集一切諸善行

故. 三者·大悲心, 欲拔一切衆生苦故.]」『大正新脩大藏經』第32冊·No.1666·大乘
起信論 第1卷(T32n1666_001).

2) 善行方便: 우전국(於闐國) 삼장(三藏) 실차난타(實叉難陀) 한역(漢譯) 전80권본
『대방광불화엄경(大方廣佛華嚴經)·십행품(十行品) 제이십일(第二十一)』에 보인다.
"불자들이여! 보살이 이렇게 청정한 계율을 가질 적에 하루 동안에 가령 수없
는 백 천억 나유타 큰 악마가 보살이 있는 곳에 나오면서 저마다 각각 한량없
고 수없는 백 천억 나유타 천녀(天女)를 데리고 왔는데, 모두 오욕(五欲)에 대하
여 방편을 잘 행하며 단정하고 아름다워 사람의 마음을 홀리게 하며 갖가지 홀
륭한 물건을 가지고 와서 보살의 도심(道心)을 의혹하고 어지럽게 합니다. [佛子!
菩薩如是持淨戒時, 於一日中, 假使無數百千億那由他諸大惡魔詣菩薩所, 一一各將無量
無數百千億那由他天女皆於五欲善行方便, 端正姝麗傾惑人心, 執持種種珍玩之具, 欲來
惑亂菩薩道意.]」『大正新脩大藏經』第10冊·No.0279·大方廣佛華嚴經 第19卷
(T10n0279_019).

【補注】　다라니(陀羅尼)는 인도의 말로, '능지(能持)' 또는 '능차(能遮)'
라고 번역된다. 선(善)을 수지(受持)하여 망실(亡失)하지 않게 하며, 악(惡)
을 금지하여 발생하지 않게 하는 것이다. '온고(溫故)'는 그 불변하는 본
체를 밝힌 것이다. '지신(知新)'은 그 인연에 따르는 작용을 오묘하게 한
것이다. '온고(溫故)'는 바로 진여(眞如)를 바르게 새기는 것이요, '지신(知
新)'은 바로 방편을 잘 행하는 것이다.

「2-12」子曰: "君子不器."

「2-12」공자가 말하였다. "군자는 용도가 정해진 그릇으로 국한되지 않
는다."

【藕師注】　形而上者謂之道, 形而下者謂之器.[1] 乾坤·太極, 皆器也.
仁者見之謂之仁, 智者見之謂之智, 無非器也. 況瑚璉[2]·鬥筲[3]而非

器哉! 李卓吾⁴⁾云: "下學而上達,⁵⁾ 便是不器."⁶⁾ 此言得之.

【注釋】

1) 形而上者謂之道, 形而下者謂之器: 『주역(周易)·계사(繫辭) 상(上)』에 보인다. "형이상(形而上)의 것을 도(道)라 하고, 형이하(形而下)의 것을 기(器)라고 한다. [形而上者謂之道, 形而下者謂之器.]"

2) 瑚璉: 『논어(論語)·공야장(公冶長) 제오(第五)』제3장, "자공이 물었다. '저는 어떻습니까?' 공자가 말하였다. '너는 그릇이다.' 자공이 말하였다. '어떤 그릇입니까?' 공자가 말하였다. '호(瑚)와 련(璉)이다.' [子貢問曰: "賜也何如?" 子曰: "女, 器也." 曰: "何器也?" 曰: "瑚璉也."]"

3) 鬥筲: 『논어(論語)·자로(子路) 제십삼(第十三)』제20장, "자공이 물었다. '지금 정사(政事)에 종사하는 자들은 어떻습니까?' 공자가 말하였다. '아! 그런 비루하고 자잘한 사람들을 어찌 따질 것이 있겠는가?' [曰: "今之從政者, 何如?" 子曰: "噫! 鬥筲之人, 何足算也?"]"

4) 李卓吾: 1527-1602. 명(明)나라의 사상가이다. 원래 이름은 재지(載贄)이고, 호는 탁오(卓吾)이다. 유교적 권위에 맹종하지 않고 자아 중심의 혁신 사상을 제창하였다. 1552년 26세에 푸젠성에서 치러진 향시에 응시하여 거인(擧人)에 합격하였다. 1556년 하남 휘현 교유로 임명되었다가 1560년 남경 국자감 교관으로 발탁되었으며 1561년에는 왜구가 쳐들어오자 동생과 조카 등과 함께 수비하였다. 1564년 북경 국자감 박사로 임명되었다. 이지(李贄)는 1547년에 황씨와 혼인하여 장남·차남을 두었으나 어려서 둘 다 죽었고 차녀와 막내딸도 1565년에 죽었으며 남은 자식은 큰딸뿐이었다. 이때부터 노장사상에 관심을 가졌으며 당시 유교적 권위에 맹종하지 않고 자아(自我) 중심의 혁신 사상을 제창한 왕양명의 양명학(陽明學)을 공부하기 시작하였다. 유교적 전통과 배치되는 개인의 권리와 자유와 행복이 중요하며 그에 합당한 처세를 주장하였다. 유교로 인해 사람은 타고난 품성을 상실하게 되었고 이를 회복하기 위해서는 자기를 위하는 것을 귀하게 여기고 자기의 길을 가도록 힘써야 한다는 개인 행복론을 펼쳤는데 유생들이 그에게 공감하며 따르게 되었다. 하지만 한편으로는 이런 이지의 사상에 시비와 비판이 일어나 사상적 이단으로 몰리게 되었다. 그 때문에 비교적 유교적 교리에서 자유로운 불교 승려로 처신하기 위해 머리를 삭발하였다. 1589년 마성 용담(龍潭)에 있는 사찰인 지불원(池佛院)에 기거하였고 대표적인 저작인 『장서(藏書)』·『분서(焚書)』(전6권) 등을 저술하였다.

5) 下學而上達: 『논어(論語)·헌문(憲問) 제십사(第十四)』제37장, "공자가 말하였다. '나를 아는 이가 없구나!' 자공이 말하였다. '어찌하여 선생님을 아는 이가 없다고 하십니까?' 공자가 말하였다. '하늘을 원망하지 않고 사람을 탓하지 않으며, 아래로 인간의 일을 배워서 위로 천명을 통달하였다. 나를 알아주는 것은 아마

도 하늘일 것이다!' [子曰: "莫我知也夫!" 子貢曰: "何爲其莫知子也?" 子曰: "不怨天, 不尤人, 下學而上達. 知我者, 其天乎!"]"

6) 下學而上達, 便是不器: 이탁오의 저서 『논어평(論語評) · 위정(爲政) 제이(第二)』 제12장에 보인다. "[評] 下學而上達, 便是不器." 續修四庫全書編纂委員會 編, 『續修四庫全書』第161冊「經部 · 四書類 · 四書評 · 論語評」, 上海古籍出版社, 1995, 91면.

【藕師注】 '형이상(形而上)'을 '도(道)'라고 하며, '형이하(形而下)'를 '기(器)'라고 한다. 건곤(乾坤)과 태극(太極)은 모두 '기(器; 유한有限한 것을 뜻함.)'이다. 인자(仁者)는 이것을 보고 '인(仁)'이라고 하며, 지자(智者)는 이것을 보고 '지(智)'라고 하니, 다 '기(器)'이다. 하물며 (쓰임과 용량이 정해져 있는) 호련(瑚璉)과 두소(斗筲)도 기(器)가 아니겠는가! 이탁오(李卓吾)가 "밑에서부터 차츰 배워서 깊은 이치에 도달해야만 바로 '그릇으로 한정되지 않는다. [不器.]'라고 할 수 있다."라고 하였으니, 그의 말이 속뜻을 얻었다. ◎

【解說】 지욱 대사는 물질 전반을 지시하는 포괄적인 뜻에서 '기(器)' 자(字)를 '형이하(形而下)'라고 풀이하였던 반면에, 주자는 『논어집주』에서 "기(器)는 각기 그 용도에만 적합하여 서로 통용되지 못한다. 덕(德)을 이룬 선비는 몸에 갖추지 못한 것이 없다. 그러므로 용도에 두루 하지 못 하는 것이 없으니, 단지 한 가지 재주와 한가지 기예일 뿐만이 아니다. [器者, 各適其用而不能相通. 成德之士, 體無不具故, 用無不周, 非特爲一才一藝而已.]"라고 하여 '기(器)' 자(字)를 그릇이라는 다소 한정적인 뜻으로 풀이하였다.

「2-13」子貢問君子. 子曰: "先行其言, 而後從之."

「2-13」 자공이 군자에 관하여 물었다. 공자가 말하였다. "먼저 그 말을 행하고, 이후 말을 하는 사람이다."

【藕師注】 說得一丈, 不如行得一尺,[1] 正是此意.

【注釋】

1) 說得一丈, 不如行得一尺:『만송노인평창천동각화상염고청익록(萬松老人評唱天童覺和尙拈古請益錄)』제구십이(第九十二) 대자행설(大慈行說), "대자(大慈) 스님이 대중에게 보이며 말하였다. '일장(一丈)의 크기만큼 설하는 것이 일척(一尺)의 크기만큼 행하는 것만 같지 못하며, 일척(一尺)의 크기만큼 설하는 것이 일촌(一寸)의 크기만큼 행하는 것만 같지 못하다.' [大慈示衆云: "說得一丈, 不如行得一尺. 說得一尺, 不如行得一寸."]"『卍新纂大日本續藏經』第67冊·No.1307·萬松老人評唱天童覺和尙拈古請益錄 第2卷(X67n1307_002).

【藕師注】 '일장(一丈)의 크기만큼 설하는 것이 일척(一尺)의 크기만큼 행하는 것만 같지 못하다는 것'이 바로 이 뜻이다. ◎

【解說】 위 정문(正文)에 대해 주자는『논어집주』에서 범조우(範祖禹)의 말을 인용하여 "자공의 병통은 말함이 어려운 것이 아니라 실행하는 것이 어려웠다. [子貢之患, 非言之艱而行之艱. 故告之以此.]"라고 풀이하여, 자공은 말은 잘하지만 실천은 잘하지 못하는 결점이 있으므로 공자가 '인재시교(因材施敎)' 혹은 '대증하약(對症下藥)'의 차원에서 말보다 실천을 앞세우기를 권면하였던 것으로 보았다. 이러한 '인재시교(因材施敎)'설은 정이(程頤)가 제창하고 범조우(範祖禹)가 화답하면서 널리 전파된 것인데, 주자도 신종(信從)하게 되어 공문제자(孔門弟子)의 인물평(人物評)에 적극적으로 응용하였다.[5] 하지만 지욱 대사는 "'일장(一丈)의 크기만큼 설하는

_____

5 김언종,「丁茶山의『論語集註』批判 Ⅱ」,『대동문화연구』제31권, 성균관대학교

것이 일척(一尺)의 크기만큼 행하는 것만 같지 못하다는 것'이 바로 이 뜻
이다."라고 하여 정주류(程朱類)의 '대증하약(對症下藥)'설의 개별적 적용
을 부정하면서, 공자와 제자들 간의 대화는 그 화제가 특수성보다는 보
편성에 바탕을 두고 이야기하는 것으로 보았다.

「2-14」 子曰: "君子周而不比, 小人比而不周."

「2-14」 공자가 말하였다. "군자의 사랑은 두루 하되 치우치지 않고, 소인
의 사랑은 치우치기만 하고 두루 하지 못한다."

【藕師注】　生緣·法緣·無緣三慈[1]皆是周, 愛見[2]之慈卽是比.

【注釋】

1) 生緣·法緣·無緣三慈: 구마라습(鳩摩羅什) 스님이 한역(漢譯)한 『좌선삼매경(坐
禪三昧經)』에 다음과 같은 내용이 있다. "물었다. '당신은 어떠한 술법(術法)이 있
습니까?' 대답하였다. '저에게는 신이(神異)한 술법(術法)이 없습니다. 저는 부처
님 제자로서, 자삼매(慈三昧)에 들기 때문입니다.' '이 자삼매(慈三昧)를 간략하게
설하면 세 가지 연(緣)이 있으니, 생연(生緣)·법연(法緣)·무연(無緣)입니다. 도(道)
를 아직 얻지 못한 것을 생연(生緣)이라고 이름합니다. 아라한(阿羅漢; 소승小乘의
수행자修行者로서, 성문승聲聞乘 가운데 최고의 이상상理想像을 말함. 줄여서 나한羅漢이
라고도 함.)과 벽지불(辟支佛; 스승의 지도指導 없이 혼자서 깨친 불보살佛菩薩을 뜻함. 연
각緣覺·독각獨覺이라는 말로 번역翻譯되기도 함.)을 법연(法緣)이라고 이름합니다. 모
든 부처님과 세존을 무연(無緣)이라고 이름합니다. 이 때문에 자삼매문(慈三昧
門)을 약설(略說)한 것입니다.' [問言: "汝有何術?" 答言: "我無異術. 我是佛弟子, 入慈
三昧故也." "是慈三昧略說有三種緣: 生緣·法緣·無緣. 諸未得道, 是名生緣. 阿羅漢辟
支佛, 是名法緣. 諸佛世尊, 是名無緣, 是故略說慈三昧門."]" 『大正新脩大藏經』第15
冊·No.0614·坐禪三昧經 第2卷(T15n0614_002).

동아시아학술원, 1996, 31-32면 참조.

2) 愛見: '애견(愛見)'은 '애견대비(愛見大悲)'를 뜻한다. '애견대비(愛見大悲)'는 '애견(愛見)'을 여의지 않고 일어나는 소승적인 대비로서 남을 구제한다 하더라도 번뇌가 있어서, 즉 "너는 나보다 못하니까." · "너는 나보다 못하니 내가 좀 도와주어야 하겠구나!" 하는 우쭐한 생각으로 도와주는 대비(大悲)를 말한다. 애견(愛見)을 여의지 않은 대비(大悲)이다. 『유마힐소설경(維摩詰所說經) · 문수사리문질품(文殊師利問疾品) 제오』에 보인다. "그 병이 있는 보살은 응당 다시 이러한 생각을 일으켜야 한다. '나의 이 병이 실제로 있는 것이 아니듯이, 중생의 병도 실제로 있는 것이 아니다.' 이러한 관조(觀照)를 할 때 모든 중생에 대해서 만약 애견대비(愛見大悲)를 일으킨다면, 곧 응당 떠나야 한다. 어째서인가? 보살은 객진번뇌(客塵煩惱)를 끊어 버리고서 대비(大悲)를 일으킨다. 애견대비(愛見大悲)는 즉 생사(生死)에 피염심(疲厭心)이 있다. 만약 능히 이를 떠나 버리면 피염(疲厭)이 없어서 태어나는 곳곳마다 애견(愛見)에 전도(轉倒)되는 것을 당하지 않을 것이다. [彼有疾菩薩應復作是念: '如我此病, 非眞非有, 衆生病亦非眞非有.' 作是觀時, 於諸衆生若起愛見大悲, 卽應捨離. 所以者何? 菩薩斷除客塵煩惱而起大悲. 愛見悲者, 則於生死有疲厭心. 若能離此, 無有疲厭, 在在所生, 不爲愛見之所覆也.]『大正新脩大藏經』第14冊 · No.0475 · 維摩詰所說經 第2卷(T14n0475_002).

【藕師注】 생연(生緣)의 자비심 · 법연(法緣)의 자비심 · 무연(無緣)의 자비심 등 세 가지 자비심(慈悲心)이 모두 '주(周)'이다. 집착에서 생겨난 자비심이 곧 '비(比)'이다.

「2-15」 子曰: "學而不思則罔, 思而不學則殆."

「2-15」 공자가 말하였다. "배우고 생각하지 않으면 얻는 것이 없고, 생각하되 배우지 않으면 위태하다."[6]

---

6 심경호 선생은 그의 논문에서 본 장의 구절 '학이불사즉망(學而不思則罔), 사이불학즉태(思而不學則殆).'가 좁게는 지식축적과 이론 사유의 상보적 중요성을 강조한 것이라고 말하였다. 더 나아가 전통학술에서 진가를 발휘하여 왔던 박학(博學)과 독서(讀書)는 현대에도 실증의 방법으로 계승할 만한 것으로서, 박학(博學)은 지식을 체계 있게 쌓아 가는 일을 뜻하고, 독서는 저작물을 그 살아 숨쉬던 맥락 속에 위치시켜 보고 현재와의 의미를 재해석하는 작업이라고 하였

【藕師注】　學而不思卽有聞無慧, 思而不學卽有慧無聞. 罔者, 如人數他寶, 自無半錢分也,[1] 殆者, 如增上慢人, 墮坑落塹[2]也.

【注釋】

1) 如人數他寶, 自無半錢分也: 우전국(於闐國) 삼장(三藏) 실차난타(實叉難陀) 한역(漢譯) 전80권본 『대방광불화엄경(大方廣佛華嚴經) 권제십삼(卷第十三)·광명각품(光明覺品) 제구』, "그때 법수보살이 게송으로 답하였습니다. '불자여! 잘 들어라. 물은 것이 사실과 같으니 다만 많이 듣는 것으로는 능히 여래의 법에 들어가지 못하리라. 어떤 사람이 물에 떠내려가면서 빠질까 두려워하다가 목말라 죽듯이 법에 수행하지 아니하면 많이 듣는 것도 또한 이와 같도다. 어떤 사람이 좋은 음식을 늘어놓고도 스스로 주리면서 먹지 않듯이 법에 수행하지 아니하면 많이 듣는 것도 또한 이와 같도다. 어떤 사람이 약방문을 잘 알면서 자신의 병은 고치지 못하듯이 법에 수행하지 아니하면 많이 듣는 것도 또한 이와 같도다. 어떤 사람이 남의 보물을 세는데 자기에게는 (실로) 반 푼도 없듯이 법에 수행하지 아니하면 많이 듣는 것도 또한 이와 같도다. 마치 왕궁에 태어난 사람이 배고프고 추위에 떨 듯이 법에 수행하지 아니하면 많이 듣는 것도 또한 이와 같도다. 마치 귀머거리가 음악을 연주하는데 남은 기쁘게 하나 자신은 못 듣듯이 법에 수행하지 아니하면 많이 듣는 것도 또한 이와 같도다. 마치 눈이 먼 이가 온갖 형상을 수놓되 남에게는 보이면서 자신은 못 보듯이 법에 수행하지 아니하면 많이 듣는 것도 또한 이와 같도다. 비유하건대 바다의 뱃사공이 바다에서 죽는 것과 같이 법에 수행하지 아니하면 많이 듣는 것도 또한 이와 같도다. 마치 네거리 길에서 온갖 좋은 일을 말하되 자신에게는 실다운 덕이 없듯이 행하지 아니하면 또한 이와 같도다.' [時, 法首菩薩以頌答曰: "佛子善諦聽, 所問如實義, 非但以多聞, 能入如來法. 如人水所漂, 懼溺而渴死, 於法不修行, 多聞亦如是. 如人設美膳, 自餓而不食, 於法不修行, 多聞亦如是. 如人善方藥, 自疾不能救, 於法不修行, 多聞亦如是. 如人數他寶, 自無半錢分, 於法不修行, 多聞亦如是. 如有生王宮, 而受餒與寒, 於法不修行, 多聞亦如是. 如聾奏音樂, 悅彼不自聞, 於法不修行, 多聞亦如是. 如盲績衆像, 示彼不自見, 於法不修行, 多聞亦如是. 譬如海船師, 而於海中死, 於法不修行, 多聞亦如是. 如在四衢道, 廣說衆好事, 內自無實德, 不行亦如是."] 『大正新脩大藏經』 第10冊·No.0279·大方廣佛華嚴經 第13卷(T10n0279_013).

2) 墮坑落塹: 『대혜보각선사법어(大慧普覺禪師法語) 권제이십사(卷第二十四)·시묘전선인(示妙詮禪人)』, "범부의 지위에서 부처의 지위로 바뀌는 것은 8냥과 반 근의

다. - 심경호, 「문헌고증과 해석, 그리고 현실에의 매개적 참여」, 『중국어문학회』 제7권, 2000, 91-92면 참조.

관계와 같을 뿐이다. 이 말은 지극히 얕고 가까운 뜻이면서 동시에 지극히 깊고 먼 뜻이기도 하다. 흔히 배우는 자들은 무엇인가를 얻겠다는 마음{有所得心}을 가지고 아무것도 얻을 수 없는 경지{無所得處}를 궁구하다가 구덩이에 떨어지는 경우가 많다. [以此易彼, 八兩半斤耳. 此說至淺近而至深遠. 往往學者, 以有所得心, 參向無所得處, 墮坑落塹, 多矣.]"『大正新脩大藏經』第47冊·No.1998·大慧普覺禪師語錄 第24卷(T47n1998_024).

【藕師注】 '학이불사(學而不思)'는 들음은 있으나 지혜가 없는 것이요, '사이불학(思而不學)'은 지혜는 있으나 들음은 없는 것이다. '망(罔)'은 어떤 사람이 남의 보물을 세면서 스스로는 반푼의 돈도 없는 것과 같다. '태(殆)'는 '스스로 깨달았다.'라고 오만(傲慢)한 사람{증상만인(增上慢人)}이 구덩이와 함정에 추락하는 것과 같다.

「2-16」子曰: "攻乎異端, 斯害也已."

「2-16」 공자가 말하였다. "어긋난 실마리로 풀어나가면, 해가 될 뿐이다."

【藕師注】 端, 頭緒也. 理本不異, 但頭緒一差, 則天地懸隔.

【藕師注】 '단(端)'은 실마리이다. 사태(事態)에서의 이치는 본디 다르지 않으나, 다만 실마리가 한 번 어긋나면{방법이 잘못되면}, 하늘과 땅 차이만큼 벌어지게 된다. ◎

【補注】 佛·老·孔三敎皆有正道與末流異端之分. 攻乎異端, 則自害害他, 可不愼乎!

【補注】　부처·노자·공자의 삼교(三敎)는 모두 정도(正道)와 말류(末流)·이단의 구분이 있다. 이단을 전공하면, 자신의 교(敎)를 해치고 남을 해치니 삼가지 않을 수 있겠는가!

【解說】　지욱 대사는 이단을 어떤 사태(事態)에서의 어긋난 실마리로 풀이하였다. 다시 말하면 엉킨 실타래에서 바른 실마리를 찾아야만 그 엉킨 실타래를 풀 수 있는 것인데, 만약 어긋난 실마리로써 풀어나가면 그 엉킨 상태를 바르게 풀 수 없다는 뜻으로서 본 것이다. 이에 반해 주자는 공자의 이 구절에서 "이단은 성인의 도(道)가 아니요 별도로 일단(一端)이 된 것이니, 양주(楊朱)와 묵적(墨翟) 같은 것이 이것이다. [異端, 非聖人之道而別爲一端, 如楊墨是也.]"라고 풀이하였다. 『맹자(孟子)·등문공(滕文公) 하(下)』 제9장에서도 "성왕(聖王)이 나오지 아니하여 제후들이 방자하고, 초야(草野)에 있는 선비들이 멋대로 의논하여, 양주(楊朱)와 묵적(墨翟)의 학설이 천하에 가득해서, 천하의 학설이 양주(楊朱)에게 돌아가지 않으면 묵적(墨翟)에게 돌아갔네. [聖王不作, 諸侯放恣, 處士橫議, 楊朱墨翟之言盈天下. 天下之言, 不歸楊, 則歸墨.]"라고 하여 유가(儒家) 내부에서의 이단을 양주(楊朱)와 묵적(墨翟)으로 규정하였다.

「2-17」 子曰: "由, 誨女知之乎? 知之爲知之, 不知爲不知, 是知也."

「2-17」 공자가 말하였다. "유(由)야, 너에게 아는 것에 대해 가르쳐 줄까? 내 마음의 불성(佛性: 자성自性)을 아는 것을 안다고 하고 모르는 것을 모른다고 하는 것, 이것이 참으로 아는 것이다."

【蕅師注】　子路向能知所知上用心, 意謂無所不知, 方名爲知, 不是强不知以爲知也. 此則**向外馳求**,[1] 全昧知體. 故今直向本體點示, 只要認得自己眞知之體, 更無二知. 此與"**知見立知, 卽無明本, 知見無見, 斯卽涅槃**"[2]之旨參看, 方見聖人道脈之妙. 若捨此而別求知, 不異**丙丁童子求火**,[3] 亦似**騎牛覓牛**[4]矣.

【注釋】

1) 向外馳求: 왕양명은 『전습록(傳習錄)』 상권에서 다음과 같이 말하였다. "네가 지금 온종일 밖으로 쏘다니면서 구하는 것은 명성을 위한 것이거나 이익을 위하는 것일 거다. 이것들은 모두가 몸뚱이와 외면의 일에 집착하는 것이 된다. [汝今終日向外馳求, 爲名爲利, 一遍都是爲著軀殼外面的物事.]"

2) 知見立知, 卽無明本, 知見無見, 斯卽涅槃: 『대불정여래밀인수증료의제보살만행수능엄경(大佛頂如來密因修證了義諸菩薩萬行首楞嚴經)』 제5권, "그러므로 네가 지금 지견(知見)에서 지(知)를 세우면 곧 무명(無明)의 근본이 되고, 지견(知見)에서 견(見)을 없애면 곧 열반의 새지 않는 무루(無漏)인 진정(眞淨)이다. 어찌 이 가운데 다른 것을 용납하겠느냐? [是故汝今, 知見立知, 卽無明本, 知見無見, 斯卽涅槃·無漏眞淨. 云何是中, 更容他物?]" 『大正新脩大藏經』 第19冊·No.0945·大佛頂如來密因修證了義諸菩薩萬行首楞嚴經 第5卷(T19n0945_005).

3) 丙丁童子求火: 송(宋)나라 도원(道原)이 1004년에 찬(撰)한 『경덕전등록(景德傳燈錄)』 제25권 「청원행사선사(靑原行思禪師) 제구세상(第九世上)·금릉청량문익선사법사(金陵淸涼文益禪師法嗣)」에 보인다. "금릉(金陵) 보은원(報恩院) 현칙(玄則) 선사는 활주(滑州) 위남(衛南) 사람이다. 처음에 청봉에게 이렇게 물었다{본디 백조(白兆) 지원(志圓) 스님을 이른 것이다}. '어떤 것이 부처입니까?{자기(自己)를 이른 것이다.}' 청봉이 대답하였다. '병정동자가 불을 얻으러 왔구나.' 대사가 이 말을 마음속에 간직하고 있다가 정혜를 뵈니, 정혜가 그의 깨달은 지취를 따져 물었다. 이에 대사가 대답하였다. '병정은 원래 불인데, 다시 「불을 얻으러 왔다.」하니, 마치 제가 부처를 가지고 있으면서 부처를 물은 것 같다는 뜻인가 합니다.' 이에 정혜가 말하였다. '하마터면 놓칠 뻔했구나. 원래 잘못 알고 있었군.' 대사는 이런 깨침을 받았으나 여전히 의심이 풀리지 않았다. 물러 나와서 곰곰이 생각했지만 현묘한 이치는 끝내 깨닫지 못하였다. 그리하여 정성을 기울여 물으니, 정혜가 말하였다. '그대가 다시 물어라. 대답해 주리라.' 이에 대사가 다시 '어떤 것이 부처입니까?' 하니, 정혜가 말하였다. '병정동자가 불을 얻으러 왔구나.' 대사가 활연히 돌아갈 곳을 알았다. [金陵報恩院玄則禪師滑州衛南人也. 初問靑峯(有本云白兆): "如何是佛(有云自己)?" 靑峯曰: "丙丁童子來求火." 師得此語藏之於心. 及謁淨慧.

詰其悟旨. 師對曰: "丙丁是火而更求火. 亦似玄則將佛問佛." 淨慧曰: "幾放過元來錯會."
師雖蒙開發頗懷猶豫. 復退思既殆莫曉玄理. 乃投誠請益. 淨慧曰: "汝問我與汝道." 師乃
問: "如何是佛?" 淨慧曰: "丙丁童子來求火. 師豁然知歸."]『大正新脩大藏經』第51
冊·No.2076·景德傳燈錄 第25卷(T51n2076_025).

4) 騎牛覓牛:『경덕전등록(景德傳燈錄) 권제구(卷第九)·회양선사제삼세상오십륙인
(懷讓禪師第三世上五十六人)·전백장회해선사법사(前百丈懷海禪師法嗣)』, "복주(福
州) 대안선사(大安禪師)는 본주 사람으로서 성은 진씨이다. 어릴 때 황벽산에서
공부하면서 계율을 두루 익혔는데, 혼자 생각하기를 '내가 아무리 애써 고행하
여도 현극(玄極)의 진리는 듣지 못하였다.'라고 하면서 혼자서 길을 떠났다. 장차
홍주까지 가는 길에 상원에 도착했을 때 한 늙은이를 만났는데, 그가 대사에게
말하였다. '대사가 남창으로 가면 반드시 얻는 바가 있을 것이다.' 대사는 바로
백장산으로 가서 절을 하고 물었다. '학인이 부처를 알고자 하는데 어느 것입니
까?' 백장이 말하였다. '흡사 소를 타고 소를 찾는 것과 같다.' 대사가 물었다. '알
아챈 뒤에는 어떠합니까?' 백장이 말하였다. '사람이 소를 타고 집에 이른 것과
같다.' 대사가 물었다. '처음부터 끝까지 어떻게 보임해야 합니까?' 백장이 말하
였다. '소먹이는 사람이 지팡이를 들고 지키면서 남의 밭을 침범하지 않게 하는
것과 같으니라.' 대사가 이로부터 종지를 깨달아 다시는 밖으로 구하지 않았다.
[福州大安禪師者本州人也. 姓陳氏. 幼於黃檗山受業聽習律乘. 嘗自念言: '我雖勤苦而未
聞玄極之理.' 乃孤錫遊方將往洪州路出上元逢一老父. 謂師曰: "師往南昌當有所得." 師卽
造於百丈. 禮而問曰: "學人欲求識佛. 何者卽是?" 百丈曰: "大似騎牛覓牛." 師曰: "識後如
何?" 百丈曰: "如人騎牛至家." 師曰: "未審始終如何保任?" 百丈曰: "如牧牛人執杖視之不
令犯人苗稼." 師自茲領旨更不馳求."]『大正新脩大藏經』第51冊·No.2076·景德傳
燈錄 第9卷(T51n2076_009).

【藕師注】 자로는 능지(能知; 인식認識)와 소지(所知; 대상對象)의 측면에
서 마음을 써서, 알지 못하는 것이 없어야 비로소 안다고 이름하는 것으
로 생각하였다. 알지 못하는 것을 억지로 안다고 여기는 것은 아니다. 이
것은 밖을 향하여 열심히 구하는 것이니, 지(知)의 본체를 전혀 모르는
것이다. 그러므로 이제 바로 본체를 지적하여, 다만 자기의 '진지(眞知)의
본체'를 알아야 하지 다른 지(知)가 있는 것이 아니라고 하신 것이다. 이
것은 "지견(知見)에서 지(知)를 세우면 곧 무명(無明)의 근본이 되고, 지
견(知見)에서 견(見)이 없는 것이 곧 열반의 새지 않는 무루(無漏)인 진정
(眞淨)이다."라는 뜻과 참조해서 본다면, 바야흐로 성인의 도맥(道脈)의

오묘함을 볼 수 있을 것이다. 만약 이를 버리고 따로 '지(知)'를 구한다면, 병정동자(丙丁童子)가 불을 구함과 다르지 않고 또한 소의 등에 올라타고서 소를 구하는 것과 비슷한 것이다. ◎

【解說】　주자는 『논어집주』에서 "아는 것을 안다고 하고, 알지 못하는 것을 알지 못한다고 하는 것이니, 이와 같다면 비록 혹 능히 다 알지는 못한다고 하더라도 자신을 속이는 폐단이 없을 것이요 또한 그 안다고 하는 것에 해가 되지 않을 것이다."라고 풀이하여, '지(知)'를 객관세계(客觀世界) 내에서의 탐구를 통한 지식(智識)의 획득으로 보았다. 이에 반하여 지욱 대사는 자기 내면의 불성(佛性)을 깨치는 것을 '지(知)'라고 풀이하였다. 지욱 대사의 주(注)에서 "알지 못하는 것을 억지로 안다고 여기는 것은 아니다."라고 말한 부분이 바로 주자를 비판한 곳이다.

「2-18」子張學干祿. 子曰: "多聞闕疑, 愼言其餘, 則寡尤, 多見闕殆, 愼行其餘, 則寡悔. 言寡尤, 行寡悔, 祿在其中矣."

「2-18」 자장이 봉록을 구하는 방법을 배우려고 하였다. 공자가 말하였다. "듣는 것이 많을 땐 그중에 의심나는 것을 빼놓고 그 나머지를 신중하게 말한다면 허물이 작을 것이요, 보는 것이 많을 땐 그중에 위태로운 것을 빼놓고 그 나머지를 조심스럽게 행한다면 후회하는 일이 적을 것이다. 말에 허물이 작으며 행실에 후회가 적으면, 봉록이 그 안에 있을 것이다."

【藕師注】　何日無聞, 何日無見? 聞見不患不多, 患不能闕疑殆, 愼言行耳. 祿在其中, 是點破**天爵天祿**¹⁾乃吾人眞受用處. 若作有得祿之道解釋, 陋矣! 陋矣!

【注釋】

1) 天爵天祿: 『맹자(孟子)·고자(告子) 상(上)』 제16장, "맹자가 말하였다. '자연의 존귀함인 천작(天爵)이 있고 사람이 주는 벼슬인 인작(人爵)이 있으니, 인의(仁義)와 충신(忠信)을 하고 선(善)을 즐거워하기를 게을리하지 않는 것은 천작(天爵)이고, 공경과 대부 같은 벼슬은 인작(人爵)이다. 옛사람은 천작(天爵)을 닦으면 인작(人爵)이 저절로 따라왔다. 그러나 지금 사람들은 천작(天爵)을 닦아서 인작(人爵)을 구하고, 이미 인작(人爵)을 얻고 나면 천작(天爵)을 버리니, 이는 미혹됨이 심한 것이다. 끝내는 또한 반드시 인작(人爵)마저 잃게 될 뿐이다.' [孟子曰: "有天爵者, 有人爵者. 仁義忠信, 樂善不倦, 此天爵也, 公卿大夫, 此人爵也. 古之人修其天爵, 而人爵從之. 今之人修其天爵, 以要人爵, 旣得人爵, 而棄其天爵, 則惑之甚者也, 終亦必亡而已矣."]"

【蕅師注】 어느 날이고 듣는 것이 없겠으며, 어느 날이고 본 것이 없겠느냐? 보고 듣는 것이 많지 못한 것을 근심하지 말고, 의심스럽거나 위태로운 것을 제쳐놓고 말과 행실을 삼가지 못하는 것을 근심해야 한다. "녹재기중(祿在其中)"은 곧 '천작(天爵)'과 '천록(天祿)'의 본질을 갈파(喝破)한 것이니, 바로 우리가 참으로 평생 받아들여야 할 곳이다. 만약 '세속의 녹을 얻는 방법'이 있다는 것으로 해석한다면, 고루하도다! 고루하도다! ◎

【補注】 干祿謂求福也. 言是口業, 行是身業, 愼是意業. 身口意三業勤修, 外則寡尤, 內則寡悔, 卽是自求多福, 故曰'祿在其中.'. 多聞多見而不能闕疑闕殆, **隨波而流, 隨風而靡,**¹⁾ 則災禍墮落之所由來也. 可不愼與!

1) 隨波而流, 隨風而靡: 송(宋)나라 육구연(陸九淵)의 「여서자의서(與徐子宜書)」에
   보인다. "중인(中人)들은 자립할 수 없어서 대개 바람에 따라 쏠리고 물결을 좇아
   흐른다네. [中人無以自立, 皆從風而靡, 隨波而流.]"

【補注】　'간록(干祿)'은 복(福)을 구한다는 말이다. 말은 구업(口業)이
요, 행실은 신업(身業)이요, 삼가는 것은 의업(意業)이다. 신업(身業)·구업
(口業)·의업(意業) 삼업(三業)을 부지런히 닦으면 밖으로는 허물이 작고
안으로는 후회할 일이 적게 되어서 곧 스스로 많은 복(福)을 구하게 되나
니, 그러므로 "녹(祿)이 그 안에 있다."라고 말하였다. 듣는 것이 많고 보
는 것이 많을 때 능히 의심스럽고 위태로운 것을 빼놓지 못하여 물결을
따라 흐르고 바람 따라 휩쓸린다면, 재화(災禍)와 타락(墮落)이 말미암
아 오게 된다. 가히 삼가지 않을 수 있겠는가!

【解說】　위의 지욱 대사 풀이는 주자의 『논어집주』 풀이를 비판한 것
이다. 주자는 정자의 말을 인용하여 "천작(天爵)을 닦으면 인작(人爵)이
이르나니, 군자가 언행을 능히 삼가는 것이 녹을 얻는 방법이다. 자장이
'간록(干祿)'을 배우고자 하였으므로 이처럼 말해주어 마음을 가라앉혀
'이록(利祿)'에 움직이지 않도록 해준 것이다. 만약 안연·민자건이었다면
이런 질문을 하지 않았을 것이다. [程子曰: "修天爵則人爵至, 君子言行能
謹, 得祿之道也. 子張學干祿, 故告之以此, 使定其心而不爲利祿動. 若顏閔則
無此問矣."]"라고 주(注)를 달았는데, 지욱 대사는 바로 이 부분을 지적한
것이다.

「2-19」哀公問曰: "何爲則民服?" 孔子對曰: "舉直錯諸枉, 則民服,

舉枉錯諸直, 則民不服."

「2-19」 노(魯)나라 애공이 물었다. "어떻게 해야 백성들이 복종합니까?"
공자가 대답하였다. "정직한 사람을 들어 쓰고 여러 정직하지 못한 사람
을 버려두면 백성들이 복종하며, 정직하지 못한 사람을 들어 쓰고 여러
정직한 사람을 버려두면 백성들이 복종하지 않습니다."

【藕師注】　惟格物誠意[1]之仁人爲能舉直錯枉, 可見民之服與不服,
全由己之公私, 不可求之於民也.

【注釋】

1)　格物誠意: '격물(格物)'과 '성의(誠意)'는 모두 『대학(大學)』에 나오는 말이다. 지욱
대사는 왕양명의 견해를 좇아 '격(格)'을 '격제(格除; 바로잡아 제거함)'로, '물(物)'을
'물욕(物欲)'으로 보아 설명하였다{격제물욕格除物欲}. 왕양명은 『지행록(知行錄)·
전습록(傳習錄) 상』에서 '격물(格物)'에 대해 다음과 같이 설명하였다. "선생님께
서 또 말씀하셨다. 「격물(格物)」은 『맹자(孟子)』의 「대인격군심(大人格君心; 오직
대인大人만이 임금의 나쁜 마음을 바로잡을 수 있음.)」의 「격(格)」 자(字)와 같으니, 이
는 바로 그 마음의 부정한 것을 제거하여 그 본체의 바름을 온전하게 하는 것
이다. …… 또 생각해 보면, 내 마음의 신령함에 어찌 의지(意志)의 선(善)함과 악
(惡)함을 알지 못함이 있겠느냐마는 단지 물욕(物慾)이 가리고 있을 뿐이다. 모름
지기 물욕(物慾)을 바로잡아 제거한다면, 비로소 능히 안자가 일찍이 알지 못했
던 적이 없었던 것과 같아질 수 있다.' [先生又曰: "格物, 如『孟子』'大人格君心'之'格',
是去其心之不正, 以全其本體之正. …… 又思來吾心之靈, 何有不知意之善惡, 只是物慾
蔽了, 須格去物慾, 始能如顏子未嘗不知耳."]" 성의(誠意)의 경우, 지욱 대사는 제칠식
(第七識; 팔식八識 가운데 일곱 번째인 말나식末那識을 말함.)을 전변(轉變)하여 평등성
지(平等性智)를 만드는 것이라고 하였다. 평등성지(平等性智)는 사물은 본래 평등
하다는 것을 깨달은 지혜로서, 유식학(唯識學)에서 말하는 사지(四智)의 하나이
다. 사지는 범부의 8가지 의식이 변하여 도달된 지혜로 대원경지(大圓鏡智; 제팔식
第八識을 전변轉變함)·평등성지(平等性智; 제칠식第七識을 전변轉變함)·묘관찰지(妙觀
察智; 제육식第六識을 轉變함)·성소작지(成所作智; 전오식前五識을 전변轉變함)의 네 가
지이다. 평등성지는 제7말라식을 전환하여 얻게 되는 지혜로서, 자타 일체의 평
등을 깨닫고 대자대비심을 일으키는 지혜이다.

【藕師注】 오직 '격물성의(格物誠意)'하는 인인(仁人)만이 능히 정직한 사람을 들어 쓰고 정직하지 못한 사람을 버려둘 수 있으니, 백성들이 복종하고 복종하지 않는 것은 전적으로 자기가 공변된가 삿된가에 달려 있지 백성들에게서 찾아서는 안 된다는 것을 알 수 있다.

【解說】 주자는 『논어집주』의 이 장(章)에서 '조(錯)'를 '사치(捨置)'로, '제(諸)'를 '중(衆)'으로 보아, "정직한 사람을 들어 쓰고 정직하지 못한 여러 사람을 버려두면 백성들이 복종하며, 정직하지 못한 사람을 들어 쓰고 여러 정직한 사람을 버려두면 백성들이 복종하지 않습니다."라고 풀이하였다. 반면에 지욱 대사는 인인(仁人)만이 '거직조제왕(擧直錯諸枉)'을 할 수 있다고 하여 '거직조제왕(擧直錯諸枉)'의 주체를 강조하였다.

「2-20」 季康子問: "使民敬·忠以勸, 如之何?" 子曰: "臨之以莊, 則敬, 孝慈, 則忠, 擧善而敎不能, 則勸."

「2-20」 계강자가 물었다. "백성들에게 윗사람을 공경하고 충직하게 하며 이것을 권면하게 하려면 어떻게 해야 합니까?" 공자가 말하였다. "백성을 대하기를 엄숙한 자세로 백성 앞에 서면 백성들이 공경하고, 부모에게 효도하고 아랫사람을 사랑하면 백성들이 충성하고, 잘하는 자를 등용하고 서투른 자를 가르치면 권면하게 될 것입니다."

【藕師注】 臨莊從知及仁守[1]發源, 知及仁守只是致知誠意耳. 孝慈·擧善敎不能皆是親民之事, 皆是明德之所本具. 可見聖門爲治, 別無岐路. 此節三個'則'字, 上節兩個'則'字, 皆顯示**感應不忒**[2]之機全在自己.

【注釋】

1) 知及仁守: 『논어(論語)·위령공(衛靈公) 제십오(第十五)』 제32장, "공자가 말하였다. '지혜가 거기에 미치더라도 인(仁)이 그것을 능히 지킬 수 없으면 비록 얻더라도 반드시 잃게 될 것이다. 지혜가 거기에 미치며 인(仁)이 그것을 지킬 수 있더라도 장엄함으로써 임하지 못한다면 백성들이 공경하지 않을 것이다. 지혜가 거기에 미치며 인(仁)이 그것을 지킬 수 있으며 장엄함으로써 백성들에게 임하더라도 움직이기를 예로써 하지 않으면 훌륭하지 않은 것이다.' [子曰: "知及之, 仁不能守之, 雖得之, 必失之. 知及之, 仁能守之, 不莊以涖之, 則民不敬. 知及之, 仁能守之, 莊以涖之, 動之不以禮, 未善也."]"

2) 感應不忒: 지욱 대사가 찬(撰)한 『정토십요(淨土十要)』 제7권 「각보왕삼매염불직지서(刻寶王三昧念佛直指序)」에 보인다. "유심(唯心)의 극치(極致)를 천명하는 것은 정(正)에 의지함이 완연하고, 자성(自性)의 근원을 보이는 것은 감응함이 어긋나지 않는다. 통달한 자에게 본체로써 현상을 융화하게 하되 본체는 현상 밖에 있는 것이 아니요, 어리석은 자에게 현상을 원인으로 하여 본체로 들어오게 하되 현상은 본체의 공덕을 지니고 있도다. 진실로 앞에 있는 의혹의 띠를 제거하는 것이 서방 극락정토(極樂淨土)에 태어날 수 있는 증서(證書)이다! [闡唯心之致, 依正宛然, 示自性之源, 感應不忒. 俾達者, 以理融事, 而理非事外, 愚者, 因事入理, 而事挾理功. 誠除惑前茅, 生西左券也!]" 『卍新纂大日本續藏經』第61冊·No.1164·淨土十要第7卷(X61n1164_007).

【藕師注】 대하기를 장엄하게 하는 것은 지혜가 미치고 인(仁)이 능히 지키는 것으로부터 발원(發源)하니, 지혜가 미치고 인(仁)이 능히 지키는 것은 다만 '치지(致知)'와 '성의(誠意)'일 뿐이다. '효자(孝慈)'와 '거선교불능(舉善教不能)'은 대개 친민(親民)의 일이요, 모두 명덕(明德)이 본디 갖추고 있는 것이니, 성문(聖門)의 통치에는 따로 별도의 길이 없다는 것을 알 수 있다. 이 절(節)에 세 개의 '즉(則: "臨之以莊則敬, 孝慈則忠, 舉善而教不能則勸.")'자(字)와 그 위 절(節)에 두 개의 '즉(則: "舉直錯諸枉, 則民服, 舉枉錯諸直, 則民不服.")'자(字)는 모두 감응하는 것이 어그러지지 않는 기계(機械; 원인原因)가 온전히 자기에게 달려 있음을 드러내 보인 것

이다. ◎

【解說】 위 정문(正文)에서 '임지이장(臨之以莊)'의 '장(莊)'을 주자는 '용모단엄(容貌端嚴)'이라 하여 엄(嚴)의 주체가 통치자의 용모에 있다고 생각하였다.[7] 이에 반해 지욱 대사는 '장(莊)'을 엄숙한 태도 또는 장엄한 자세로 보았는데, 엄숙한 태도와 장엄한 자세로써 백성들을 대하는 것은 지혜가 미치고 인(仁)이 능히 지키는 것으로부터 발원(發源)한다고 설명을 하였다. 지욱 대사는 주자의 '용모단엄(容貌端嚴)'이라는 풀이가 '색장내임(色莊內荏)'·'색려(色厲)'의 뜻으로 해석될 소지가 다분하였기 때문에, 미리 이러한 부분을 경계하여 주석을 단 것이다.

「2-21」 或謂孔子曰: "子奚不爲政?" 子曰: "『書』云: '**孝乎惟孝, 友於兄弟, 施於有政.**'[1] 是亦爲政, 奚其爲爲政?"

【注釋】

1) 孝乎惟孝, 友於兄弟, 施於有政:『서경(書經) 권구(卷九)·주서(周書)·군진(君陳)』, "임금께서 다음과 같이 말씀하셨다. '군진(君陳)아! 너의 훌륭한 덕은 효도와 공손함이니, 효도하고 형제에게 우애하여 능히 정사에 시행하기에 너에게 명하여 이 동교(東郊)를 다스리게 하노니 공경하라!' [王若曰: "君陳! 惟爾令德, 孝恭. 惟孝, 友於兄弟, 克施有政, 命汝, 尹玆東郊, 敬哉!"]"

「2-21」 어떤 사람이 공자께 물었다. "선생님께서는 왜 정사(政事)를 하지 않으십니까?" 공자가 말하였다. "『서경』에 이르기를, '부모에게 효도하고

---

7   김언종, 「丁茶山의『論語集註』批判 Ⅱ」, 『대동문화연구』 제31권, 성균관대학교 동아시아학술원, 1996, 37면.

효도하며 형제와 우애가 있고 이를 미루어서 정사(政事)에 베푼다.'라고
하였으니, 이것 또한 정사(政事)를 하는 것이오. 어찌 그것만이{지위를 얻
어서 정사(政事)를 하는 것만이} 정사(政事)를 하는 것이 되겠는가?"

【藕師注】 此便是爲政以德.

【藕師注】 이것이 바로 정사(政事)를 펼치는 데에 은덕으로써 하는 것이
다.

「2-22」子曰: "人而無信, 不知其可也. 大車無輗, 小車無軏, 其何以
行之哉!"

「2-22」공자가 말하였다. "사람으로서 신실함이 없다면 괜찮은지 모르
겠다. 군용 짐수레에 수레채 마구리가 없고, 전투용 수레에 멍에 막이가
없다면, 어떻게 가겠는가?"

【藕師注】 不信自己可爲聖賢, 如何進德修業?[1]

【注釋】

1) 進德修業: 『주역(周易)·건괘(乾卦)』 구삼(九三) 효사(爻辭), "공자가 말하였다. '군
   자가 덕에 나아가며 업을 닦나니 충성되고 미덥게 함이 덕에 나아가는 바요, 말
   을 닦고 그 정성을 세움이 업에 거하는 바라.' [子曰: "君子進德修業, 忠信, 所以進德
   也, 修辭立其誠, 所以居業也."]"

【藕師注】 자기가 성현이 될 수 있음을 믿지 못한다면, 어떻게 덕(德)에

나아가고 업(業)을 닦겠는가?

「2-23」子張問: "十世可知也?" 子曰: "殷因於夏禮, 所損益, 可知也, 周因於殷禮, 所損益, 可知也. 其或繼周者, 雖百世, 可知也."

「2-23」 자장이 여쭈었다. "십세(十世) 뒤의 일을 미리 알 수 있습니까?" 공자가 말하였다. "은(殷)나라는 하(夏)나라의 예를 따랐으니 무엇을 더하고 뺐는지를 알 수 있으며, 주(周)나라는 은(殷)나라의 예를 따랐으니 무엇을 더하고 뺐는지를 알 수 있네. 혹여 주(周)나라를 계승하는 나라가 있다면 비록 백세 뒤의 일이라도 알 수 있을 것이네."

【藕師注】 知來之事, 聖人別有心法, 與如來性具六通相同, 如明鏡無所不照, 非外道所修作意五通[1]可比也. 子張騖外, 尚未能學孔子之跡, 又安可與論及本地工夫? 故直以禮之損益答之. 然禮之綱要決定不可損益, 所損益者, 因時制宜[2]·隨機設敎[3]之事耳. 若知克己復禮[4]爲仁, 則知實智,[5] 若知隨時損益之致, 則知權智.[6] 旣知權實二智, 則知來之道不外此矣. 言近指遠, 善哉! 善哉!

【注釋】

1) 外道所修作意五通: 외도(外道)는 불교가 아닌 다른 종교 및 그 가르침을 가리킨다. 대표적인 외도 사상가로는 푸라나(Pūraṇa)·파쿠다(Pakudha)·고살라(Gosāla)·아지타(Ajita)·산자야(Sañjaya)·니간타-나타풋타(Nigaṇṭha-Nātaputta) 등 여섯 사람이 이름을 드날렸는데, 이들을 불교에서는 '육사외도(六師外道)'라 부른다. 오통(五通)은 육신통(六神通; 신족통神足通·천안통天眼通·천이통天耳通·타심통他心通·숙명통宿命通·누진통漏盡通)에서 여섯 번째 신통력인 '누진통(漏盡通)'을 뺀 나머지 다섯 가지 신통력을 뜻한다.

2) 因時制宜: 『회남자(淮南子)·범론훈(氾論訓)』, "법도는 백성의 풍속을 논하고 완급을 조절하는 것이다. 기계(器械)는 시대의 변화를 따라 마땅하고 적당하게 제재하는 것이다. [法度者, 所以論民俗而節緩急也. 器械者, 因時變而制宜適也.]"

3) 隨機設敎: 중국 남송(南宋) 때 정주(鼎州) 양산(梁山)에 머물었던 곽암화상(廓庵和尙)의 십우도송(十牛圖頌) 서문에 보인다. "요즈음 청거(淸居) 선사란 이가 있어 중생의 근기를 살펴 병에 응하여 처방을 베풀 듯, 소를 기르는 것을 그림으로 그려 근기에 따라 가르침을 베풀었다. [間有淸居禪師. 觀衆生之根器, 應病施方. 作牧牛以爲圖, 隨機設敎.]" 『卍新纂大日本續藏經』第64冊·No.1269·十牛圖頌 第1卷 (X64n1269).

4) 克己復禮: 『논어(論語)·안연(顏淵) 제십이(第十二)』제1장의 정문(正文)과 【蕅師注】를 참조할 것.

5) 實智: '모든 분별이 끊어진 진실한 지혜'·'분별하지 않는 깨달음의 지혜'·'분별이나 추리에 의하지 않고, 있는 그대로 직관하는 지혜'라는 뜻이다. 『묘법연화경현의석첨(妙法蓮華經玄義釋籤)』권제십일(卷第十一)에서는 다음과 같이 말하였다. "만약 권(權)·실(實) 두 지(智)의 법을 분석(分析)하는 것으로 말할 것 같으면, 삼라만상(森羅萬象)의 분별을 비춤이 권지(權智)가 되고, 삼라만상(森羅萬象)의 분별을 다함이 실지(實智)가 된다. [若析法權實二智者, 照森羅分別爲權智, 盡森羅分別爲實智.]" 『乾隆大藏經』第116冊·No.1490·妙法蓮華經玄義釋籤 第11卷 (L116n1490_011).

6) 權智: '중생의 차별상을 알고 그 소질에 따라 일시적인 방편으로 교화하는 지혜'를 가리킨다. 『묘법연화경현의석첨(妙法蓮華經玄義釋籤)』권제십일(卷第十一)에서는 다음과 같이 말하였다. "만약 권(權)·실(實) 두 지(智)의 법을 체득하는 것으로 말할 것 같으면, 삼라만상(森羅萬象)의 색(色)이 즉시 공(空)에 있음을 체득하는 것이니, 색(色)에 즉(卽)함이 권지(權智)이고 공(空)에 즉(卽)함이 실지(實智)이다. [體法權實二智者, 體森羅之色卽是於空. 卽色是權智, 卽空是實智.]" 『乾隆大藏經』第116冊·No.1490·妙法蓮華經玄義釋籤 第11卷(L116n1490_011).

【蕅師注】 장래를 아는 일은 성인에게 따로 심법(心法)이 있으니, 불성(佛性)이 육신통(六神通)을 갖춘 것과 서로 같아서 밝은 거울이 비추지 않는 바가 없어 외도(外道)가 일부러 하는 오통(五通)이 비할 바가 아닌 것과 같다. 자장이 외면에만 힘써서 오히려 공자의 자취를 제대로 배우지 못하였으니, 또 어찌 함께 본래의 공부를 논급(論及)할 수 있겠는가? 그러므로 다만 예의 손익(損益)으로써 대답한 것이다. 그러나 예의 요강(要綱)은 결단코 더하거나 뺄 수 없다. 더하거나 빼는 것은 때에 따라 알

맞게 하거나 기회에 따라 가르침을 베푸는 일일 뿐이다. 만약 극기복례 (克己復禮)가 인(仁)이 되는 것을 안다면 실지(實智)를 알 것이요, 만약 때에 따라 더하고 빼는 이치를 안다면 권지(權智)를 알 것이다. 이 권지(權智)와 실지(實智)를 알았다면, 장래의 일을 아는 방도(方道)는 이것을 벗어나지 않는다. 말은 천근하지만 가리키는 뜻은 심원하니, 좋구나! 좋구나!

【補注】　禮有理有事. 不可損益者, 理也, 所可損益者, 事也. 故雖百世可知也.

【補注】　예에는 이(理)가 있고, 사(事)가 있다. 더하거나 빼지 못하는 것은 이(理)요, 더하거나 뺄 수 있는 것은 사(事)이다. 그러므로 비록 백세 뒤라도 알 수 있다.

「2-24」子曰: "非其鬼而祭之, 諂也. 見義不爲, 無勇也."

「2-24」공자가 말하였다. "제사 지내야 할 귀신이 아닌데 제사를 지내는 것은 아첨하는 것이다. 의(義)로운 일을 보고서 하지 않는 것은 용기가 없는 것이다."

【藕師注】　罵得痛切, 激動良心.

【藕師注】　통절하게 꾸짖어 양심을 격동시킨다.

【八佾 第三】

「3-1」孔子謂季氏: "八佾舞於庭, 是可忍也, 孰不可忍也!"

「3-1」 공자가 계씨에 대하여 말하였다. "'팔일(八佾)'을 계손씨의 뜨락에서 춤추게 하니, 이런 짓을 차마 한다면 차마 하지 못할 것이 무엇이겠는가!"

【藕師注】 卓吾云: "季氏要哭."[1]

【注釋】

1) 季氏要哭: 『논어평(論語評)·팔일(八佾) 제삼(第三)』, "[評] 季氏要哭." 앞의 책, 97면.

【藕師注】 이탁오는 이렇게 말하였다. "계씨가 우리를 울리는구나."

「3-2」三家者, 以『雍』徹. 子曰: "'相維辟公, 天子穆穆', 奚取於三家之堂?"

「3-2」 삼가(三家)가 제사를 마치고, 『시경(詩經)』「주송(周頌)」의 「옹시(雍詩)」를 읊으며 제사상을 물렸다. 공자가 말하였다. "'제후들이 도우니 천자(天子)께서 엄숙하게 계시는구나.'라는 가사를, 어찌 삼가(三家)의 집안에서 취하여 쓴단 말인가?"

【藕師注】　卓吾云: "三家要笑."[1]

【注釋】

1) 三家要笑:『논어평(論語評)·팔일(八佾) 제삼(第三)』, "[評] 三家要笑." 앞의 책, 97면.

【藕師注】　이탁오는 이렇게 말하였다. "삼가(三家)가 우리를 웃기는구나."

「3-3」子曰: "人而不仁, 如禮何? 人而不仁, 如樂何?"

「3-3」공자가 말하였다. "사람으로서 인(仁)하지 못하다면 예(禮)를 어떻게 행할 수 있겠는가? 사람으로서 인(仁)하지 못하다면 악(樂)을 어떻게 할 수 있겠는가?"

【藕師注】　世人雖甘心爲不仁, 未有肯甘棄禮樂者. 但既棄仁, 卽棄禮樂, 故就其不肯棄禮樂處喚醒之也. 卓吾云: "季氏三家, 哭不得, 笑不得."[1]

【注釋】

1) 季氏三家, 哭不得, 笑不得:『논어평(論語評)·팔일(八佾) 제삼(第三)』제3장, "[評] 季氏·三家, 哭不得, 笑不得." 앞의 책, 98면.

【藕師注】　세상 사람들이 비록 즐겨 불인(不仁)을 한다고 하더라도, 예악(禮樂)을 기꺼이 버리는 자는 없다. 다만 인(仁)을 버리고 나면 곧 예악

(禮樂)을 버리게 된다. 그러므로 예악(禮樂)을 버리는 것을 기꺼워하지 않는 곳으로 나아가 일깨운 것이다. 이탁오는 이렇게 말하였다. "계씨 등 삼가(三家)는 울지도 못하고 웃지도 못한다."

「3-4」 林放問禮之本. 子曰: "大哉問! 禮, 與其奢也, 寧儉, 喪, 與其易也, 寧戚."

「3-4」 임방이 예의 근본에 관해 물었다. 공자가 말하였다. "참 훌륭하다, 질문이여! 예는 사치하기보다는 차라리 검소한 것이 낫다. 상(喪)은 잘 치르기보다는 차라리 슬퍼하는 것이 낫다."

【藕師注】 儉非禮之本, 而近於本, 故就此指點, 庶可悟本.

【藕師注】 검소는 예의 근본이 아니지만, 그 근본에 가깝다. 그러므로 여기에 나아가 지적하여 근본을 깨닫기를 바란 것이다. ◎

【解說】   주자는 『논어집주』에서 '易{이}'를 다음과 같이 풀이하였다. "'易{이}'는 다스림이다. 『맹자(孟子)』에서 '그 밭두둑을 다스린다.'라고 하였다. 상례(喪禮)에서는 절문(節文)만 익숙하고, 애통하고 서글퍼하는 실상이 없는 것이다. ['易', 治也. 孟子曰: '易其田疇.' 在喪禮, 則節文習熟而無哀痛慘怛之實者也.]" 이어서 "예는 중(中)을 얻음을 귀중히 여기는데, 사(奢)와 이(易)는 문(文)에 지나치고 검(儉)과 척(戚)은 미치지 못해서 질박하니, 이 두 가지는 모두 예(禮)에 합하지 않는다. 그러나 사물의 이치는 반드시 먼저 질(質)이 있는 뒤에 문(文)이 있는 것이므로 질(質)은 바

로 예(禮)의 근본이다. [禮貴得中, 奢易則過於文, 儉戚則不及而質, 二者皆未
合禮. 然凡物之理, 必先有質而後有文, 則質乃禮之本也.]"라고 풀이하였다.[8]
즉, 검소함{검(儉)}과 슬퍼함{척(戚)}은 미치지 못해서 질박하므로 예에 합
하지는 않지만, 질(質)이 있는 뒤에 문(文)이 있는 것이어서 질(質)이 바로
예(禮)의 근본이라고 하였다. 이에 반하여 지욱 대사는 검소는 예(禮)의
근본이 아니나 그 근본에 가까우므로, 그와 같이 지적하여 근본을 깨달
을 수 있기를 바란 것이라고 하였다. 검소함{검(儉)}과 슬퍼함{척(戚)}에 관
하여 주자와 지욱 대사가 상반된 견해를 보이는 장(章)이다.

「3-5」子曰: "夷狄之有君, 不如諸夏之亡也."

「3-5」 공자가 말하였다. "이적(夷狄)도 임금이 있어 중국에 임금이 없는
것과 같지 않다."

【藕師注】 此痛哭流涕之言也. 嗚呼! 可以中國而不如夷乎!

【藕師注】 이는 통곡하고 눈물을 흘리면서 하였던 말이다. 아! 어떻게
중국이 이적(夷狄)만도 못하단 말인가! ◎

【解說】 이 장(章)은 고래로 학설이 분분한 장(章)이다. 고주(古注)인
송(宋)나라 형병(邢昺, 932-1010)의 『논어정의(論語正義)』에서는 "이적(夷
狄)에는 비록 군장이 있다 하여도 예의가 없고, 중국에는 비록 주공과

---

8 김언종, 「丁茶山의 『論語集註』批判 Ⅱ」, 『대동문화연구』 제31권, 성균관대학교
   동아시아학술원, 1996, 40-41면 참조.

소공(召公)이 공화(共和; 공동집정共同執政)한 시대처럼 우연히 임금이 없는 때가 있었으나 예의를 폐기하지 않았다. 그러므로 '이적(夷狄)에 임금이 있는 것이 제하(諸夏)에 없는 것만도 못하다.'라고 하신 것이다. [言夷狄雖有君長而無禮義, 中國雖偶無君, 若周·召共和之年, 而禮義不廢, 故曰'夷狄之有君, 不如諸夏之亡也.'.]"라고 하여 중화주의적(中華主義的)인 태도를 견지하였다.[9] 이에 반해 주자는 『논어집주』에서 정자의 말을 인용하여 "이적(夷狄)도 오히려 군장(君長)이 있으니, 이는 제하(諸夏)가 분수없이 어지럽혀져서 도리어 위와 아래의 구분이 없는 것과는 같지 않다. [程子曰: "夷狄且有君長, 不如諸夏之僭亂, 反無上下之分也."]"라고 하여 비록 실권은 없더라도 나라에 임금이 있어야 한다는 군주주의적(君主主義的) 정치 신념을 드러내었다. 지욱 대사는 "이적(夷狄)도 임금이 있어 중국에 임금이 없는 것과 같지 않다."라고 말하였다. 지욱 대사의 견해와 주자의 견해가 상통하는 것을 발견할 수 있는 장(章)이다.

「3-6」季氏旅於泰山. 子謂冉有曰: "女弗能救與?" 對曰: "不能." 子曰: "嗚呼! 曾謂泰山不如林放乎?"

「3-6」 계씨가 태산에 려제(旅祭)를 지내려고 하였다. 공자가 제자 염유에게 말하기를, "네가 바로 잡아줄 수 없느냐?"라고 하자, 염유가 "바로 잡을 수 없습니다."라고 대답하였다. 공자가 말하였다. "아! 태산이 임방만도 못하다고 생각하는 것이냐?"

---

9   김언종, 「丁茶山의 『論語集註』 批判 Ⅱ」, 『대동문화연구』 제31권, 성균관대학교 동아시아학술원, 1996, 41-42면 참조.

【藕師注】 卓吾云: "季氏聞之, 不勝扯淡. 便是夫子救季氏處."[1]

【注釋】

1) 季氏聞之, 不勝扯淡, 便是夫子救季氏處: 『논어평(論語評)·팔일(八佾) 제삼(第三)』, "[評] 季氏聞之, 不勝扯淡, 便是夫子救季氏處." 앞의 책, 98~99면.

【藕師注】 이탁오는 이렇게 말하였다. "계씨가 들었다면 헛소리하지 않을 수 없었을 것이니, 바로 부자가 계씨의 잘못을 바로잡아 준 부분이다."

「3-7」 子曰: "君子無所爭, 必也射[1]乎! 揖讓而升, 下而飮, 其爭也君子."

【注釋】

1) 射: 古代 中國의 射禮는 堂上에서 거행했는데, 두 사람이 짝이 되어 먼저 서로 손을 들어 읍을 함으로써 상대방에게 경의를 표한 후 당에 올라가 활을 쏘았다고 한다. – 류종목, 『논어의 문법적 이해』, 문학과지성사, 2000, 53면.

「3-7」 공자가 말하였다. "군자는 다투는 바가 없으니, 틀림없이 저 활쏘기 할 때와 같이 다툰다! 읍(揖)하고 사양하고서 올라갔다가 (시합에서 패하고 난 뒤에) 또 당을 내려와서 마시니, 그 다툼이 군자로다."

【藕師注】 必也射乎, 正是君子無所爭處.

【藕師注】 '필야사호(必也射乎)'라는 말은 군자는 다투는 바가 없다는 것이다.

「3-8」子夏問曰: "'巧笑倩兮, 美目盼兮, 素以爲絢兮.',[1] 何謂也?" 子曰: "繪事後素." 曰: "禮後乎?" 子曰: "起予者商也! 始可與言『詩』已矣."

【注釋】

1) 巧笑倩兮, 美目盼兮, 素以爲絢兮: 『시경(詩經)·국풍(國風)·위풍(衛風)』의「석인(碩人)」에 보이는데, '素以爲絢兮' 일구(一句)는 실려 있지 않다. 이에 대해 주자는 문인과의 문답에서 원래는 '素以爲絢兮' 일구(一句)까지 포함된 별도의 시(詩)였으나 지금은 없어진 일시(逸詩)라고 하였다. "손은 부드러운 띠 싹 같고 피부는 엉긴 기름 같으며, 목은 나무 벌레 같고 이는 박씨 같으며 털매미 머리에 나방 눈썹인데, 예쁜 웃음 보조개 피어나고, 아름다운 눈 선명하구나! [手如柔荑, 膚如凝脂. 領如蝤蠐, 齒如瓠犀, 螓首蛾眉. 巧笑倩兮, 美目盼兮.]"

「3-8」 자하가 물었다. "'예쁜 웃음 보조개 피어나고, 아름다운 눈 선명하구나. 본디 그 모습이 참으로 찬란히 빛나는구나.'라고 하였는데, 무엇을 말한 것입니까?" 공자가 말하였다. "화장하는 일은 천연(天然)의 절색(絶色)보다 뒤떨어진다." 자하가 물었다. "후진의 예가 뒤떨어지는 것입니까?" 공자가 말하였다. "나를 흥기시키는 자가 상(商)이로구나! 시(詩)에 관해서 이야기해도 되겠구나."

【蕅師注】

素以爲絢, 謂倩·盼是天成之美, 不假脂粉, 自稱絶色也. 人巧終遜天工, 故曰'繪事後素.'. **後者, 落在第二義之謂, 非素質後加五探之解.**[1] 禮後乎者, 直斥**後進之禮**[2]爲不足貴, 亦非先後之後. 卓吾云: "與言『詩』, 非許可子夏也, 正是救禮苦心處."[3]

【注釋】

1) 後者, 落在第二義之謂, 非素質後加五探之解: 주자가 『논어집주·팔일 제삼』 제8장에서 풀이한 글을 비판한 것이다. 주자는 '회사후소(繪事後素)'를 다음과 같

이 풀이하였다. "회사(繪事)는 그림을 그리는 일이다. 후소(後素)는 흰 바탕보다 나중이라는 말이다. 『주례(周禮)·고공기(考工記)』에서는 '그림 그리는 일은 흰 비단을 마련한 다음에 칠을 한다.'라고 하였으니, 먼저 분칠하여 바탕으로 삼은 후에 오채(五采)를 칠하는 것은 사람이 먼저 본바탕이 있고 나서 문식(文飾)을 가할 수 있는 것과 같다는 말이다. [繪事, 繪畵之事也. 後素, 後於素也. 『考工記』曰: '繪畵之事後素功.' 謂先以粉地爲質, 而後施五采, 猶人有美質, 然後可加文飾.]"

2) 後進之禮: 『논어(論語)·선진(先進) 제십일(第十一)』 제1장에 선진과 후진의 예악(禮樂)에 대한 공자의 평이 있다. "「11-1」 공자가 말하였다. '선진들은 예악(禮樂)을 함에 있어서 촌스러운 야인(野人)이었고, 후진들은 예악(禮樂)을 함에 있어서 세련(洗練)된 군자였다. 그렇지만 내가 만일 예악(禮樂)을 쓴다면, 나는 선진들을 따르겠다.' [「11-1」 子曰: "先進於禮樂, 野人也, 後進於禮樂, 君子也. 如用之, 則吾從先進."]"

3) 與言『詩』, 非許可子夏也, 正是救禮苦心處: 『논어평(論語評)·팔일(八佾) 제삼(第三)』 제8장, "[評] 與言『詩』, 非許可子夏也, 正是救禮苦心處, 要知, 要知!" 앞의 책, 100면.

【藕師注】 '소이위현(素以爲絢)'은 보조개와 눈동자가 곧 자연스러운 아름다움인지라 화장품을 바르지 않아도 저절로 절색(絶色)에 걸맞은 것을 이른 것이다. 인교(人巧)는 끝내 천공(天工)만 못 하니, 그러므로 '화장하는 일은 천연(天然)의 절색(絶色)보다 뒤떨어진다.'라고 한 것이다. '후(後)'는 제이의(第二義)로 떨어졌다는 것을 일컫는 것이지, 바탕을 하얗게 칠한 다음에 다섯 가지 채색을 더 한다는 풀이가 아니다. '예후호(禮後乎)'는 후진의 예는 족히 귀한 것이 못 된다는 것을 바로 지적한 것이다. 이것 또한 선후(先後)의 '후(後)'가 아니다. 이탁오는 이렇게 말하였다. "'여언시(與言詩)'는 자하를 인정한 것이 아니요, 바로 후진의 예를 바로잡고자 고심한 것이다." ◎

「3-9」 子曰: "夏禮吾能言之, 杞不足徵也, 殷禮吾能言之, 宋不足徵也. 文獻[1]不足故也, 足則吾能徵之矣."

【注釋】

1) 文獻: 주자는 『논어집주』에서 '문(文)'을 '전적(典籍)'으로, '헌(獻)'을 '현(賢)'으로 보아 다음과 같이 풀이하였다. "'하례(夏禮)와 은례(殷禮)를 내{공자}가 능히 말할 수 있으나 취하여 증거를 댈 만한 것이 부족하니, 그 전적(典籍)과 현인이 충분하지 못하기 때문이다. 그 전적(典籍)과 현인이 충분하다면 내가 그것을 취하여 내 말을 증거 댈 수 있다.'라고 말한 것이다. [言二代之禮, 我能言之, 而二國不足取以爲證, 以其文獻不足故也. 文獻若足, 則我能取之, 以證吾言矣.]"

「3-9」 공자가 말하였다. "하(夏)나라의 예를 내가 말할 수 있으나 기(杞)나라로 충분히 증명하지 못하며, 은(殷)나라의 예를 내가 말할 수 있으나 송(宋)나라로 충분히 증명하지 못하는 것은 문헌이 부족하기 때문이니, 문헌이 충분하다면 내가 증명할 수 있을 것이다."

【藕師注】 無限感慨.

【藕師注】 감개가 무한하다.

「3-10」 子曰: "禘自旣灌而往者, 吾不欲觀之矣."

「3-10」 공자가 말하였다. "노(魯)나라의 체제사(禘祭祀)는 강신주(降神酒)를 따르고 난 뒤부터는 내가 보고 싶지 않다."

【藕師注】 方外史曰: "禪自白椎而往者, 吾不欲聞之矣, 敎自擊鼓而往者, 吾不欲聽之矣, 律自發心而往者, 吾不欲觀之矣. 嗚呼! 古今同一痛心事, 世出世法同一流弊, 奈之何哉?"

【藕師注】 방외사는 말한다. "선(禪)은 백추(白椎)를 사용하고 난 이후부터는 나는 들으려 하지 않았다. 교(敎)는 격고(擊鼓)를 사용하고 난 이후부터는 내가 듣고자 하지 않았다. 율(律)은 보리심(菩提心)을 일으키고 난 이후부터는 나는 보고자 하지 않았다. 아! 예나 지금이나 마음이 참 아픈 일이 같고, 세간의 법과 출세간의 법이 그 폐단이 같으니, 어찌할꼬?" ◎

【補注】 當與'三家者, 以『雍』徹'[1]章, 合看.

【注釋】
1) 三家者以『雍』徹:「3-2」의 정문(正文)과 【藕師注】를 참조할 것.

【補注】 마땅히 '삼가(三家)가 『시경(詩經)』「주송(周頌)」의 「옹장(雍章)」을 노래하면서 제사상을 물렸다.'라는 장(章)과 더불어 합쳐서 보아야 할 것이다.

【解說】 위 정문(正文)에 대해 주자는 『논어집주』에서 "관(灌)은 제사하는 초기에 울창주(鬱鬯酒)를 땅에 부어 신(神)을 강림케 하는 것이다. 노나라의 군신이 이때까지는 성의(誠意)가 흩어지지 않아 그래도 볼만한 것이 있었으나 그다음부터는 점차 게을러져서 볼만한 것이 없었다. 노나라의 제사는 예가 아니었기 때문에 공자께서 본래 보고 싶지 않으셨는데 이때 이르러서는 실례(失禮)한 가운데 또 실례(失禮)하였다. 그러므로 이러한 탄식을 한 것이다. [灌者, 方祭之始, 用鬱鬯之酒, 灌地以降神也. 魯之君臣, 當此之時, 誠意未散, 猶有可觀, 自此以後, 則浸以懈怠而無足觀矣. 蓋魯祭非禮, 孔子本不欲觀, 至此而失禮之中, 又失禮焉. 故發此歎也.]"라고 하

였다.[10] 이에 반하여 지욱 대사는 관(灌) 자체는 어느 제사에나 다 하는 첫 의식이고 그다음부터의 절차에 있어서 분수에 넘치는 행위가 드러났으므로 공자가 이를 보려 하지 않은 것으로 이해하였다. 그러므로 "선(禪)은 백추(白椎)를 사용하고 난 이후부터는 나는 들으려 하지 않았다. 교(敎)는 격고(擊鼓)를 사용하고 난 이후부터는 내가 듣고자 하지 않았다. 율(律)은 보리심(菩提心)을 일으키고 난 이후부터는 나는 보고자 하지 않았다."라고 주(注)를 단 것이다.

「3-11」 或問禘之說. 子曰: "不知也. 知其說者之於天下也, 其如示諸斯乎!" 指其掌.

「3-11」 어떤 자가 체제사(禘祭祀)의 내용을 물었다. 공자가 말하였다. "모르겠다. 그 내용을 아는 자는 천하를 여기에서 보는 것과 같을 것이다." 그렇게 말씀하시고서는 손바닥을 가리켰다.

【藕師注】 程季清[1]曰: "王者於天下大定之後方行禘禮, 爾時九州之方物畢貢於前, 歷代之靈爽盡格於廟, 可謂豎窮橫遍, 互幽徹明, 浹上洽下, 無一事一物, 不羅列於現前一刹那際矣. 示天下如指其掌, 不亦宜乎!" 方外史曰: "旣云不知, 又指其掌, 所謂**此處無銀三十兩也**.[2]"

---

10 김언종, 「정다산의 〈논어집주 (論語集註)〉 비판 (3)」, 『국제중국학연구』 제40권, 1999, 222-223면 참조.

【注釋】

1) 程季淸: 『영봉우익대사종론(靈峰藕益大師宗論)』제8권「신안정계청전(新安程季淸傳)」에 정계청(程季淸)의 전기(傳記)가 실려 있다. "계청 거사는 신안(新安) 정소계(程小溪)의 셋째 아들이니, 이름은 문제(文濟)이고, 법명은 통혜(通慧)이다. 서천목(西天目)에서 책을 읽고서 우연히 고봉대사(高峰大師)의 탑을 알현하였었는데, 자기도 모르게 통곡을 하고서는 팔 일부를 잘라 봉공을 하였다. 마침내 화두를 참구하기를 맹세하여 설교선숙(雪嶠禪宿)께 예배를 드리고 스승으로 모셨는데, 오랜 세월이 지나자 점점 입처(入處)가 있었다. [季淸居士, 新安程小溪第三子也. 名文濟, 法名通慧. 讀書西天目, 偶謁高峰大師塔, 不覺痛哭, 翦臂肉寸許奉供. 遂矢志參究, 禮雪嶠禪宿爲師, 逼拶旣久, 漸有入處.]"『嘉興大藏經』第36冊·No.B348·靈峰藕益大師宗論 第8卷(J36nB348_008).

2) 此處無銀三十兩也: 부처님께서 오의(奧義)를 감추려고 하시는 듯이 보였으나, 실제로는 다른 사람들이 모두 알 수 있게끔 분명하게 가르침을 주셨다는 뜻으로 말한 것이다. '차처무은삼십량(此處無銀三十兩)'은 중국 민간(民間)의 고사성어로서, '차지무은삼백량(此地無銀三百兩), 격벽왕이부증투(隔壁王二不曾偸).'{이곳에는 은銀 삼백 량이 없습니다. 옆집 사는 왕이王二가 훔치지 않았습니다.}라는 성어(成語)로 더 알려져 있다. "옛날에 장삼(張三)이라고 불리는 한 사람이 있었다. 은화(銀貨)를 가지고 땅 아래에다가 묻어 감췄는데, 또 타인(他人)이 와서 훔쳐 갈까 봐 두려워하였다. 그 윗면에 쪽지를 남겨서 길에다 다음과 같이 썼다. '이곳에는 은(銀) 삼백 량이 없습니다.' 이웃에 사는 왕이(王二)가 은화(銀貨)를 훔쳐서 달아났는데, 또 쪽지를 남겨서 길에다 다음과 같이 썼다. '이웃집 왕이(王二)가 일찍이 훔치지 않았습니다.' [古時, 有一個叫張三的人, 把銀子埋藏地下, 又害怕別人來偸, 於是上面留字寫道: '此地無銀三百兩.'. 鄰居王二偸走了銀子, 也留字寫道: '隔壁王二不曾偸.']"

【藕師注】

정계청(程季淸)이 말하였다. "왕자가 천하가 크게 안정된 뒤에야 바야흐로 체례(禘禮)를 하였는데, 그때 온 세상의 특산물들이 모두 왕 앞에 공물로 바쳐지고 신령들이 모두 종묘에 이르니, 가히 시방공계(十方空界)의 이승세계와 저승세계가 서로 통하여 위와 아래에 널리 전해져서 일사일물(一事一物)도 찰나의 순간에 나열되지 않는 것이 없다고 할 만하다. 천하를 보기를 마치 손바닥을 가리킴과 같을 것이 또한 마땅하지 않겠는가!"

방외사는 말한다. "알지 못하겠다고 하고서는 다시 손바닥을 가리켰으니, 이른바 '이곳에는 은(銀) 30량(兩)이 없다.'라는 것이다."

【補注】　莊子云: "天地與我竝生, 而萬物與我爲一."[1] 此本性一體之說也. 知神人之一體, 爲萬物而報恩, 其知禘與一切祭之說矣. 若殺生以祭神, 行私而求福, 則獲罪於天, 無所禱也.[2] 昔人有埋金而榜之者曰: "此處無銀三十兩." 藕師蓋借以喩孔子不言之言[3]也.

【注釋】

1) 天地與我竝生, 而萬物與我爲一: 『장자(莊子)·내편(內篇)·제물론(齊物論)』에 보인다. "천하에 추호(秋毫)의 끝보다 큼이 없고 태산이 작음이 되며 상자(殤子)보다 수(壽)함이 없고 팽조(彭祖)가 요사(夭死)함이 되는지라. 천지(天地)가 나로 더불어 아울러 나고 만물이 나로 더불어 하나가 되나니, 이미 하나가 될진댄 또 말이 있음을 얻으랴? 이미 하나라 이를진댄 또 말이 없음을 얻으랴? 일(一)과 다못 말이 이(二)가 되고 이(二)와 다못 일(一)이 삼(三)이 되나니, 이로부터 이왕(以往)은 역수(曆數)에 교묘한 이도 능히 얻지 못하거늘, 하물며 그 범부랴! 고로 무(無)로부터 유(有)에 가더라도 그로써 삼(三)에 이르거늘, 하물며 유(有)로부터 유(有)에 감이랴! 가지 말 것이요, 이것을 인임(因任) 할지니라. [天下莫大於秋豪之末, 而大山爲小, 莫壽乎殤子, 而彭祖爲夭. 天地與我竝生, 而萬物與我爲一. 旣已爲一矣, 且得有言乎? 旣已謂之一矣, 且得無言乎? 一與言爲二, 二與一爲三. 自此以往, 巧歷不能得, 而況其凡乎! 故自無適有, 以至於三, 而況自有適有乎! 無適焉, 因是已.]"

2) 獲罪於天, 無所禱也: 『논어(論語)·팔일(八佾) 제삼(第三)』 제13장, "왕손가가 물었다. 「아랫목 신(神)에게 아부하는 것보다는, 차라리 부엌 신(神)에게 아부하는 것이 낫다.」라고 하니, 무엇을 말하는 것입니까?' 공자가 말하였다. '그렇지 않습니다. 하늘에 죄를 지으면 빌 곳이 없는 법입니다.' [王孫賈問曰: "'與其媚於奧, 寧媚於竈', 何謂也?" 子曰: "不然, 獲罪於天, 無所禱也."]"

3) 不言之言: 『장자(莊子)·잡편(雜篇)·서무귀(徐無鬼)』, "중니가 초(楚)나라에 갔을 때 초왕(楚王)이 주연(酒宴)을 베풀었다. 손숙오(孫叔敖)는 술잔을 든 채 일어나고 시남의료(市南宜僚)는 술을 받아 땅에 뿌리고서 말하였다. '옛사람은 이럴 때 반드시 뭣인가 이야기를 했습니다. 부디 한 말씀해 주십시오.' 공자가 말하였다. '저는 말 없는 말{불언지언(不言之言)}이라는 것을 들었습니다만 아직 이야기해 본 일이 없으므로 이 기회에 그것을 말해 보겠습니다. 초(楚)의 백공승(白公勝)이 반란을 일으키려고 의료(宜僚)를 꾀었을 때 의료는 공을 가지고 놀며 응하지 않았으므로 두 집안의 재난은 일어나지 않았습니다. 손숙오는 곧잘 잠만 자거나 무

적(舞翟)을 들고 춤을 추는 등 무위(無爲)했기 때문에 영(郢) 사람은 무기를 내버리고 싸움이 일어나지 않았습니다. (이런 일들은 말로는 충분히 표현할 수가 없습니다.) 제 입이 석 자만 되었다면 좀 더 잘 말할 수 있었을 것입니다.' [仲尼之楚, 楚王觴之, 孫叔敖執爵而立, 市南宜僚受酒而祭曰: "古之人乎! 於此言已." 曰: "丘也聞不言之言矣, 未之嘗言, 於此乎言之. 市南宜僚弄丸而兩家之難解, 孫叔敖甘寢秉羽而郢人投兵. 丘願有喙三尺."]"

【補注】 장자(莊子)가 말하기를, "천지(天地)는 나와 함께 태어나고, 만물은 나와 더불어 하나가 된다."라고 하였으니, 이는 본성이 일체라는 설이다. 신(神)과 사람이 일체임을 알아서 만물을 위해 은혜를 갚는다면, 체(禘) 제사와 일체 제사의 설을 아는 것이라 하겠다. 만약 살생하여 신(神)에게 제사를 지내고 사욕을 행하여 복(福)을 구한다면, 하늘에 죄를 지어서 빌 곳도 없게 된다. 옛사람 중에 금을 묻고서 옆에 팻말을 세워 두었는데, 팻말에는 "이곳에는 은(銀) 30량이 없다."라고 하였다. 우익대사(藕益大師)는 이 이야기를 빌어서 공자가 말하지 않겠다고 하면서 하는 말{불언지언(不言之言)}을 비유한 것이다.

「3-12」祭如在, 祭神如神在. 子曰: "吾不與, 祭如不祭."

「3-12」(공자는) 제사를 지낼 때 마치 (조상이 앞에) 계신 듯이 하였으며, 신(神)에게 제사 지낼 때는 마치 신(神)이 앞에 있는 것처럼 하였다. 공자가 말하였다. "나는 제사를 지내도 제사를 지내지 않은 것 같은 경우를 인정하지 않는다."

【藕師注】 與, 許也. 祭如不祭, 謂無誠心之人, 故夫子不許之.

【藕師注】 '여(與)'는 '인정하다.'라는 뜻이다. 제사를 지냈어도 제사를 지내지 않은 것과 같다고 하는 것은 정성스러운 마음이 없는 사람을 이르는 것이니, 그러므로 부자가 이를 인정하지 않은 것이다. ◎

【解說】 주자는 위의 경문의 '오불여제여부제(吾不與祭如不祭)'를 "오불여제(吾不與祭), 여부제(如不祭)."의 문장 구조로 파악하여, "내가 제사에 참여하지 않으면, 제사를 지내지 않은 것과 같다."라는 뜻으로 이해를 하였다. 이에 반하여 지욱 대사는 '오불여제여부제(吾不與祭如不祭)'를 "오불여(吾不與), 제여부제(祭如不祭)."의 문장 구조로 파악하여 "정성스러운 마음이 없는 사람이 제사를 지냈어도 마치 제사를 지내지 않은 것 같은 경우는 나는 인정하지 않는다."라고 풀이를 하여 주자의 해석과는 조금 차이를 보였다.

「3-13」 王孫賈問曰: "'與其媚於奧, 寧媚於竈.', 何謂也?" 子曰: "不然, 獲罪於天, 無所禱也."

「3-13」 왕손가가 물었다. "'아랫목 신(神)에게 아부하는 것보다는, 차라리 부엌 신(神)에게 아부하는 것이 낫다.'라고 하니, 무엇을 말하는 것입니까?" 공자가 말하였다. "그렇지 않습니다. 하늘에 죄를 지으면 빌 곳이 없는 법입니다."

【藕師注】 卓吾云: "媚便獲罪於天矣."[1]

1)　媚便獲罪於天矣:『논어평(論語評)·팔일(八佾) 제삼(第三)』제13장, "[評] 說一媚
　　字, 便獲罪於天矣." 앞의 책, 101면.

【藕師注】　이탁오는 이렇게 말하였다. "'아부'라는 이 한 글자를 말한 것
부터가 바로 하늘에 죄를 얻은 것이다."

「3-14」子曰: "周監於二代, 鬱鬱乎文哉! 吾從周."

「3-14」공자가 말하였다. "주(周)나라는 하(夏)·상(商) 이대(二代)의 예
(禮)와 악(樂)을 보아서 더하고 빼고 하였으니, 찬란하다. 그 문채여! 나
는 주(周)를 따르겠다."

【藕師注】　花發之茂, 由於培根, 禮樂之文, 本於至德. 至德本於身
而考於古, 卽是千聖心法, 故從周只是以心印心. 又從周卽從夏·商,
卽從太古也.

【藕師注】　꽃이 무성하게 핀 것은 뿌리를 북돋운 데에 연유하며, 예악
(禮樂)의 문채는 지덕(至德)에 뿌리를 둔다. 지덕(至德)은 몸에 뿌리를 두
는데 옛일을 살펴보면 바로 수많은 부처의 심법(心法)이니, 그러므로 주
(周)를 따르겠다고 하는 것은 다만 마음으로 마음을 인가(印可)하는 것이
다. 또한 주(周)를 따르겠다는 것은 곧 하(夏)와 상(商)을 따르는 것이요,
바로 태고(太古)를 따르는 것이다.

「3-15」子入太廟, 每事問. 或曰: "孰謂鄹人之子知禮乎? 入太廟, 每事問." 子聞之, 曰: "是禮也."

「3-15」공자가 태묘에 들어가서 모든 일을 물으시니, 어떤 사람이 말하였다. "누가 추(鄹) 땅 사람의 아들을 예를 안다고 하는가? 태묘에 들어가서 매사를 일일이 물었는데." 공자가 이 말을 듣고 말하였다. "(모르는 것을 묻는 것이) 이것이 바로 예이다."

【藕師注】 卓吾云: "只論禮與非禮, 那爭知與不知?"[1] 方外史曰: "不知便問, 是孔子直心道場處. 若云雖知亦問者, 謬矣."

【注釋】

1) 只論禮與非禮, 那爭知與不知: 『논어평(論語評)·팔일(八佾) 제삼(第三)』 제15장에서 실제로 평한 내용과는 차이가 있다. "'이것이 바로 예이다.'라고 하였으니, 공자의 언동(言動)은 그 자체로 예인 것이다. 어느 곳에 '지(知)'라는 글자를 붙일 곳이 있느냐? [曰是禮, 夫子便是禮矣, 何處著一知字?]" 앞의 책, 102면.

【藕師注】 이탁오는 이렇게 말하였다. "단지 예인가 예가 아닌가만을 논(論)하였을 뿐, 어찌 아는 자와 모르는 자를 다투겠는가?"

방외사는 말한다. "모르면 바로 묻는 것이 공자의 곧은 마음이다." 만약 '비록 알고 있었음에도 또한 물었다.'라고 말한다면, 이것은 잘못된 것이다. ◎

【解說】 지욱 대사의 주석에서 '약운수지역문자(若云雖知亦問者), 류의(謬矣).'는 주자의 『논어집주』에 인용된 윤씨의 풀이를 비판한 것이다. 윤씨는 본장(本章)에 대하여 "예는 경(敬)일 뿐이다. 공자가 비록 알고 있었

음에도 또한 물었던 것은 극진하게 삼갔던 것이다. 그 공경함이 이보다 더 큰 것이 없었거늘, 예를 알지 못한다고 말했던 자가 어찌 공자를 충분히 알 수 있었으리오? [尹氏曰: "禮者, 敬而已矣. 雖知亦問, 謹之至也. 其爲敬莫大於此, 謂之不知禮者, 豈足以知孔子哉?"]"라고 풀이를 하였다.

「3-16」 子曰: "射不主皮, 爲力不同科, 古之道也."

「3-16」 공자가 말하였다. "활쏘기에서 가죽을 꿰뚫는 것을 주로 삼지 않는 것은 힘이 같지 않기 때문이니, 옛날의 활 쏘는 도(道)이다."

【解說】　주자는 『논어집주』에서 '피(皮)'를 '혁(革)'으로 풀이하여, "옛 사람들은 활쏘기로써 덕(德)을 관찰하여 다만 적중하는 것을 위주로 하였고 가죽을 뚫는 것을 위주로 하지 않았으니, 사람의 힘에는 강함과 약함이 있어서 등급이 같지 않기 때문이다. [古者, 射以觀德, 但主於中而不主於貫革, 蓋以人之力有强弱, 不同等也.]"라고 주해하였는데, 여기서는 이 주해를 근거로 하여 번역을 하였다.

「3-17」 子貢欲去告朔之餼羊. 子曰: "賜也, 爾愛其羊, 我愛其禮."

「3-17」 자공이 곡삭(告朔) 할 때 양을 희생으로 쓰는 일을 없애려고 하였다. 공자가 말하였다. "사(賜)야! 너는 그 양을 애석하게 여기지만, 나는 그 예를 애석하게 여긴다."

【藕師注】 子貢見得是羊, 孔子見卽是禮. 推此苦心, 便可與讀『十輪』·『佛藏』二經(二經明剃髮染衣者, 不論具戒破戒, 乃至不曾受戒, 亦是佛弟子相, 決定不可毀辱.). 卓吾云: **"留之則爲禮, 去之則爲羊. 故云其羊其禮."**[1]

【注釋】

1) 留之則爲禮, 去之則爲羊. 故云其羊其禮: 『논어평(論語評)·팔일(八佾) 제삼(第三)』제17장, "[評] 此一羊也, 留之則爲禮, 去之則爲羊. 故曰'其羊'·'其禮'." 앞의 책, 103면.

【藕師注】 자공이 본 것은 양이고, 공자가 본 것은 곧 예이다. 이러한 고심을 미루어 나가면, 곧 『십륜경(十輪經)』과 『불장경(佛藏經)』 두 경(經)을 함께 읽을 수 있다. (이 두 가지 경은 수염과 머리를 깎고 몸에 물들인 옷{승복 僧服}을 입는 자는 계(戒)를 지키든 계(戒)를 깨트리든 내지 일찍이 수계를 한 적이 없던 간에 이를 막론하고 또한 불제자佛弟子의 상相인지라 결정코 비방해서는 안 된다는 것을 밝히고 있다.) 이탁오는 이렇게 말하였다. "양을 희생으로 쓰는 일은 예를 위한 것이고, 양을 희생으로 쓰는 일을 없애버리는 것은 양을 위한 것이다. 그러므로 '그 양{기양(其羊)}', '그 예{기례(其禮)}'라고 말한 것이다." ◎

「3-18」 子曰: "事君盡禮, 人以爲諂也."

「3-18」 공자가 말하였다. "임금을 섬기는 데 (신하가) 예를 다하는 것을 사람들은 아첨한다고 하는구나."

【蕅師注】　於三寶境, 廣修供養,[1] 人亦以爲靡費者多矣. 哀哉!

【注釋】

1) 廣修供養: 당(唐) 계빈국(罽賓國) 삼장(三藏) 반야(般若)가 한역(漢譯)한 전40권본 『대방광불화엄경(大方廣佛華嚴經)』 권제사십(卷第四十)·입부사의해탈경계보현행원품(入不思議解脫境界普賢行願品)』에 보인다. "또한, 선남자여! 널리 공양을 수행한다는 것은 법계·허공계와 시방 삼세의 일체 불찰(佛刹)의 매우 작은 티끌 가운데에 있는바 하나하나 각각 일체 세계의 매우 작은 티끌 수의 부처님이 계시며, 낱낱 부처님의 처소에 한량한 보살들이 바다처럼 모여서 주위를 빙 두르고 계시니, 내가 보현행(普賢行)으로써 원력(願力)으로 삼았으므로, 깊은 신해(信解)를 일으키고 지견(知見)을 현전하여 실로 최상의 오묘한 모든 공양구(供養具)로써 공양한다. [復次, 善男子! 言廣修供養者: 所有盡法界·虛空界十方三世一切佛刹極微塵中·一一各有一切世界極微塵數佛, 一一佛所種種菩薩海會圍遶, 我以普賢行願力故. 起深信解, 現前知見, 悉以上妙諸供養具而爲供養.]" / 명(明)나라 운서(雲棲) 주굉(袾宏)의 저서 『운서법휘(雲棲法彙)』 제2권 「제경일송집요(諸經日誦集要) 권하(卷下)·별집(別集)·화엄행원품장(華嚴行願品章)」에도 보인다. "첫째는 모든 부처님께 공경히 예배하는 것입니다. 둘째는 여래(如來)를 칭찬하는 것입니다. 셋째는 널리 공양을 수행하는 것입니다. 넷째는 업장(業障)을 참회하는 것입니다. 다섯째는 공덕을 기쁘게 따르는 것입니다. 여섯째는 법륜(法輪)을 굴리기를 청하는 것입니다. 일곱째는 부처님께서 세상에 머무시기를 청하는 것입니다. 여덟째는 항상 부처님을 따라 배우는 것입니다. 아홉째는 항상 중생에 순응(順應)하는 것입니다. 열째는 널리 모두가 회향하는 것입니다. [一者禮敬諸佛. 二者稱讚如來. 三者廣修供養. 四者懺悔業障. 五者隨喜功德. 六者請轉法輪. 七者請佛住世. 八者常隨佛學. 九者恆順衆生. 十者普皆廻向.]"

【蕅師注】　불(佛)·법(法)·승(僧) 삼보(三寶)의 경지에서 널리 공양을 올리는 것을, 사람 중에도 또한 쓸데없이 (재물財物을) 낭비하는 것으로 생각하는 자들이 많으니 슬프다!

【解說】　지욱 대사의 풀이를 보면, 지욱 대사 자신의 상황이라기보다 당시 명말청초(明末淸初)의 모든 수행자{승려와 재가불자 포함}가 처했던 일반적 상황에서 이야기한 것임을 알 수 있다. 이를 근거로 하여 공안국

(孔安國)·황간(皇侃)·형병(邢昺) 등의 구설(舊說)과 궤를 같이하여 정문(正文)을 번역하였다.

「3-19」定公問: "君使臣, 臣事君, 如之何?" 孔子對曰: "君使臣以禮, 臣事君以忠."

「3-19」정공이 물었다. "임금이 신하를 부리고, 신하가 임금을 섬기는 것을 어떻게 해야 합니까?" 공자가 대답하였다. "임금은 신하를 예로써 부리고, 신하는 임금을 충성으로써 섬겨야 합니다."

「3-20」子曰: "「關雎」[1]樂而不淫, 哀而不傷."

【注釋】

1) 關雎: 『시경(詩經)·주남(周南)』에 속해 있는 장(章)으로서, 후비(后妃)의 덕을 노래하였다.

「3-20」공자가 말하였다. "「관저(關雎)」장은 즐거워하되 음탕하지 않고, 슬퍼하되 해치지 않는다."

【藕師注】 后妃不嫉妒, 多求淑女以事西伯, 使廣繼嗣之道, 故樂不淫, 哀不傷. 若以求后妃·得后妃爲解, 可笑甚矣. 『詩傳』[1]『詩序』[2]皆云后妃求淑女, 不知紫陽何故別爲新說.

【注釋】

1) 詩傳: 한(漢)나라 모형(毛亨)이 『시경(詩經)』에 전(傳)을 부친 『모시고훈전(毛詩古訓傳)』을 가리킨다. 「관저(關雎)」장(章)의 "관관저구(關關雎鳩), 재하지주(在河之洲). 요조숙녀(窈窕淑女), 군자호구(君子好逑)." 구절에 대해서 모형(毛亨)은 다음과 같이 풀이하였다. "흥(興)이다. 관관(關關)은 어울리는 소리이다. 저구(雎鳩)는 왕 물수리{왕저王雎}인데 새가 도타우면서도 분별이 있다. 물 가운데 머물 수 있는 곳을 주(洲)라 말한다. 후비(后妃)가 군자의 덕을 기뻐하고 즐거워하여 화목하게 어울리지 않는 것이 없고, 또 그 여색에 빠지지 않게 하여 삼가서 지키는 것이 그윽하게 깊음이 마치 관저(關雎)에게 분별이 있음과 같다. 그런 뒤에라야 천하의 풍습을 잘 교화시킬 수 있다. 부부에게 분별이 있으면 부자(父子)가 (서로) 친하고, 부자가 (서로) 친하면 군신이 (서로) 공경하며, 군신이 (서로) 공경하면 조정이 바르게 되고, 조정이 바르게 되면 왕의 교화가 이루어진다. 요조(窈窕)는 그윽하고 한가함이다. 숙(淑)은 착함이고, 구(逑)는 배필이다. 후비(后妃)에게는 관저(關雎)의 덕이 있으니, 곧 그윽이 한가하고 오롯이 정숙한 착한 여인이 마땅히 군자의 좋은 배필이 되어야 함을 말한 것이다. [興也. 關關, 和聲也. 雎鳩, 王雎也. 鳥摯而有別. 水中可居者曰洲. 后妃說樂君子之德, 無不和諧. 又不淫其色, 愼固幽深, 若關雎之有別焉. 然後可以風化天下. 窈窕, 幽閒也. 淑, 善. 逑, 匹也. 言后妃有關雎之德, 是幽閒貞專之善女, 宜爲君子之好匹.]"

2) 詩序:「모시서(毛詩序)」에서는 다음과 같이 말하였다. "「관저(關雎)」는 숙녀(淑女)를 얻어서 군자에게 짝을 만들어 주는 것을 즐거워한 것이니, 근심하는 것이 뛰어난 여인을 나아오게 하는 데 있지 그 색(色)에 빠지는 것이 아니며, 요조숙녀(窈窕淑女)를 얻지 못함을 안타깝게 여기면서 현재(賢才)를 생각하여 선(善)을 상하게 하려는 마음이 없으니, 이것이 「관저(關雎)」의 의의(意義)이다. [「關雎」樂得淑女, 以配君子, 憂在進賢, 不淫其色, 哀窈窕, 思賢才, 而無傷善之心焉. 是「關雎」之義也.]"

【藕師注】

후비(后妃)가 질투하지 않고 숙녀(淑女)를 많이 구하여 서백(西伯)을 섬기게 해서 계사승조(繼嗣承祧)의 도(道)를 넓히도록 하였다. 그러므로 즐거워하면서도 음란하지 않았고, 슬퍼하면서도 화(和)를 해치지 않았다. 만약 후비를 구하여서 후비를 얻었다고 풀이를 한다면, 매우 가소로운 것이다. 『시전(詩傳)』·『시서(詩序)』에서는 모두 후비가 숙녀를 구하였다고 하였는데, 자양(紫陽)은 무슨 까닭으로 별도로 신설(新說)을 내었는지 모르겠다. ◎

【解說】　　　본장(本章)은 지욱 대사가 주자의 『논어집주』 풀이를 비판한 것이다. 「모시서(毛詩序)」에서 "「관저(關雎)」는 (후비后妃가) 기꺼이 요조숙녀를 찾아 군자에게 짝지어주고자 하였다."라고 하여, 「관저(關雎)」가 후비(后妃)의 덕(德)을 노래한 '시를 통한 가르침{시교詩敎}'이라고 하였다. 그에 반해 주자는 "후비(后妃)의 덕(德)이 마땅히 군자의 배필이 되어야 하니, 후비를 구하다가 얻지 못하면 자나 깨나 엎치락뒤치락하는 근심이 없을 수 없고 후비를 찾다가 얻게 되면 그 금슬(琴瑟)과 종고(鐘鼓)의 즐거움이 있는 것이 마땅함을 말한 것이다."라고 하여 군자가 자기의 배필이 될 후비를 구한다는 것으로 새롭게 풀이하였다. 지욱 대사는 바로 이 점을 지적한 것이다. 참고로 본장(本章)에 대한 주자의 주석 전문(全文)은 다음과 같다. "「관저(關雎)」는 「주남(周南)」의 '국풍(國風)'으로서 『시경(詩經)』의 머리 편이다. 음(淫)은 즐거움이 지나쳐서 그 바름을 잃은 것이요, 상(傷)은 슬픔이 지나쳐서 화(和)를 해치는 것이다. 「관저(關雎)」의 시(詩)는 후비(后妃)의 덕(德)이 마땅히 군자의 짝이 되어야 하므로, 구하고자 하나 얻지 못하면 잠 못 들어 뒤척이는 근심이 없을 수 없고, 구하여 얻으면 반드시 금슬(琴瑟)과 종고(鐘鼓)의 즐거움이 있음이 마땅함을 말한 것이다. 그런데 그 근심이 비록 깊을지라도 조화를 해치지 않았고, 비록 그 즐거움이 성대해도 그 바름을 잃지 않았다. 그러므로 공자가 이처럼 칭찬하였으니, 이는 학자들이 그 말을 음미하고 그 음(音)을 살펴서 그 성정(性情)의 바름을 알도록 한 것이다. [「關雎」, 周南國風, 詩之首篇也. 淫者, 樂之過而失其正者也. 傷者, 哀之過而害於和者也. 「關雎」之詩, 言后妃之德, 宜配君子, 求之未得, 則不能無寤寐反側之憂, 求而得之, 則宜其有琴瑟鐘鼓之樂. 蓋其憂雖深, 而不害於和. 其樂雖盛, 而不失其正, 故夫子稱之如此, 欲學者玩其辭, 審其音, 而有以識其性情之正也.]"

「3-21」哀公問社於宰我. 宰我對曰: "夏后氏以松, 殷人以栢, 周人以栗. 曰: 使民戰栗." 子聞之, 曰: "成事不說, 遂事不諫, 旣往不咎."

「3-21」애공이 재아에게 사(社)에 관하여 물었다. 재아가 대답하였다. "하(夏)나라는 소나무를 심어 사주(社主)로 사용하였고, 은(殷)나라는 측백나무를 사용하였고, 주(周)나라는 밤나무를 사용하였습니다. 백성들에게 두려워 벌벌 떨게 한 것이라고 합니다." 공자가 이 말을 듣고 말하였다. "이미 이뤄진 일이라 내가 말하지 않겠다. 완수된 일이라 간하지 않겠다. 이미 지나간 일이라 허물하지 않겠다."

【藕師注】 哀公患三家之强暴, 問於有若. 有若對曰: "惟禮可御暴亂." 此端本澄源[1]之論也. 今云'戰慄以敬神明', 似則似矣, 然未能事人, 焉能事鬼? 未知敬止[2]工夫, 安能大畏民志哉! 卓吾云: "實是說他·諫他·咎他, 亦是說哀公·諫哀公·咎哀公."[3]

【注釋】

1) 端本澄源: '근원을 바로잡고 깨끗이 정리하다.'의 뜻이다. '정본청원(正本清源)'으로 쓰기도 한다.『구당서(舊唐書) 권삼칠(卷三七)·오행지(五行志)』, "진실로 원하건대 탄연(坦然)히 고쳐서 몸소 솔선수범(率先垂範)하여 근원을 바로잡고 흠결과 잘못을 없애십시오. [誠願坦然更化, 以身先之, 端本澄源, 滌瑕蕩穢.]"
2) 敬止:『시경(詩經)·대아(大雅)·문왕지십(文王之什)·문왕(文王)』에 보인다. 「문왕(文王)」장(章)은 여러 신하가 성왕(成王)을 경계하여 선왕의 대업을 이을 것을 말하고, 성왕이 여러 신하에게 대답하여 내 비록 총명치 못하나 부지런히 배우고 익힐 것을 말한 것이다. "목목하신 문왕이여, 아! 실로 계속해서 공경하는 덕을 밝히셨도다. [穆穆文王, 於緝熙敬止.]"
3) 實是說他-咎哀公:『논어평(論語評)·팔일(八佾) 제삼(第三)』제21장, "[評] 實是說他·諫他·咎他, 亦是說哀公·諫哀公·咎哀公." 앞의 책, 104면.

【藕師注】 애공이 삼가(三家)가 강포한 것을 근심하여 유약에게 물었다. 유약이 대답하기를, "오직 예만이 포란(暴亂)을 다스릴 수 있습니다."라고 하였으니, 이것이 근원을 바로 잡고 깨끗이 정리한다는 의론이다. 그런데 지금 '백성을 전율케 해서 신명(神明)을 공경하게 한다.'라고 하니, 그럴듯하다. 그러나 능히 사람도 잘 섬기지 못하면서 어떻게 귀신을 섬길 수 있겠는가? 경지공부(敬止工夫)를 알지 못하면서, 어찌 능히 백성들의 뜻을 또 두렵게 할 수 있겠는가! 이탁오는 이렇게 말하였다. "실로 그에게 말한 것이고, 그에게 충고한 것이며, 그를 탓한 것이다. 바로 이것은 애공을 설득한 것이며, 애공에게 간한 것이며, 애공을 허물한 것이다."

「3-22」子曰: "管仲之器小哉!" 或曰: "管仲儉乎?" 曰: "管氏有三歸, 官事不攝, 焉得儉?" "然則管仲知禮乎?" 曰: "邦君樹塞門, 管氏亦樹塞門, 邦君爲兩君之好, 有反坫, 管氏亦有反坫. 管氏而知禮, 孰不知禮?"

「3-22」 공자가 말하였다. "관중의 그릇이 작구나!" 어떤 사람이 물었다. "관중은 검소했습니까?" 공자가 말하였다. "관씨(管氏)는 삼귀대(三歸臺)를 지었으며 가신의 일을 겸직시키지 않았으니, 어찌 검소하다고 할 수 있겠는가?" "그러면 관중은 예를 알았습니까?" 공자가 말하였다. "나라의 임금이어야 문에다가 병풍을 세워 막는데 관씨도 병풍을 문에다가 세워 막았으며, 나라의 임금이어야 두 임금이 우호를 닦을 때 반점(反坫)을 두는데 관씨도 반점(反坫)을 두었다. 관씨가 예를 안다고 한다면 누가 예를 모른다고 하겠는가?"

【藕師注】 一匡天下[1]處, 是其仁. 不儉, 不知禮處, 是其器小. 孔子論人, 何等公平, 亦何等明白. 蓋大器已不至此, 況不器之君子乎?

【注釋】

1) 一匡天下: 『논어(論語)·헌문(憲問) 제십사(第十四)』 제18장, "자공이 말하였다. '관중은 인자(仁者)가 아닐 것입니다. 환공이 공자(公子) 규(糾)를 살해하였는데, 따라 죽지 않고 또 환공을 도왔습니다.' 공자가 말하였다. '관중이 환공을 도와 제후의 패자가 되게 하여 한 번 천하를 바로잡아서 백성들이 지금까지 그 혜택을 받고 있다. 관중이 아니었다면, 우리들은 야만인들처럼 머리를 풀어헤치고 옷깃을 왼쪽으로 여몄을 것이다! 어찌 필부·필부(匹婦)들이 작은 신의를 지키기 위해 스스로 개천과 도랑에 목매어 죽어서 그 시신이 뒹굴어도 아무도 알아주는 이가 없는 경우와 같겠는가!' [子貢曰: "管仲非仁者與? 桓公殺公子糾, 不能死, 又相之." 子曰: "管仲相桓公, 霸諸侯, 一匡天下, 民到於今受其賜. 微管仲, 吾其被髮左衽矣! 豈若匹夫匹婦之爲諒也, 自經於溝瀆而莫之知也!"]"

【藕師注】 어지러운 천하를 한 번 바로잡은 것이 바로 관중의 인(仁)이다. 검소하지 못했던 것·예의 처소를 알지 못했던 것이 바로 관중의 그릇이 작은 것이다. 공자가 사람을 논할 때 얼마나 공평하며, 또한 얼마나 명백한가? 큰 그릇이 되는 인물도 이미 여기에까지 이르지 않는데, 하물며 그릇으로 한정할 수 없는 군자에게 있어서랴?

「3-23」子語魯太師樂, 曰: "樂其可知也: 始作, 翕如也, 從之, 純如也, 皦如也, 繹如也, 以成."

「3-23」 공자가 노(魯)나라 태사에게 음악에 대해 말하였다. "음악은 알 수 있습니다. 시작은 한데 모은 듯하고, 그 뒤를 따라서는 순일한 듯하고 밝은 듯하며, 서로 이어져서 끊어지지 않는 듯하다 마칩니다."

【藕師注】 樂是心之聲, 聞其樂而知其德. 故翕如·純如等, 須從明德處悟將來, 非安排於音韻之末也.

【藕師注】 음악은 마음의 소리이니, 그 음악을 들으면 그 덕을 알 수 있다. 그러므로 흡여(翕如)·순여(純如) 등은 모름지기 명덕(明德)의 자리에서 깨달아야 하지, 음운의 말단 따위에 안배하는 것이 아니다.

【補注】 孔子論樂卽是論心. 樂由心生, 亦卽正心之具也. 孔子知正心, 故知樂也. 始作翕如者, **因該果海,**[1] 故當愼之於初也. 從之者, 謂聞善言, 見善行, 沛然莫御, 若決江河. 純如者, 用志不紛, 乃凝於神也. 皦如者, 光明遍照, 無所障礙. 繹如者, 念念相續, 無有間斷, 盡於未來也. 一切事如是而成, 樂亦如是而成也. 古者司樂之官卽司教之官, 故稱之曰太師.『尙書·舜典』, "**命夔典樂, 教胄子, 直而溫, 寬而慄, 剛而無虐, 簡而無傲, 詩言志, 歌永言, 聲依永, 律和聲, 八音克諧, 無相奪倫, 神人以和.",**[2] 此皆以樂正心之義也. 心正而身修·家齊·國治·天下平矣, 故曰'神人以和.'. 孔子於樂屢言之矣, 曰 "**興於『詩』, 立於禮, 成於樂",**[3] 曰"**吾自衛反魯, 然後樂正,『雅』·『頌』各得其所",**[4] 曰"**樂則「韶舞」"**[5]"**在齊聞「韶」,** 三月不知肉味, 曰"**不圖爲樂之至於斯也",**[6] 曰"**人而不仁, 如樂何"**[7]"**樂云樂云, 鐘鼓云乎哉",**[8] 曰"**惡鄭聲之亂雅樂也",**[9] 曰"**鄭衛之音, 亡國之音也",**[10] 樂之關系成敗興亡者如此. 故子貢曰: "**見其禮而知其政, 聞其樂而知其德. 由百世之下, 等百世之王, 莫之能違也."**[11] 治國者其知此義乎?

【注釋】

1) 因該果海: 당(唐)나라 청량산(淸涼山) 대화엄사(大華嚴寺) 사문(沙門) 징관(澄觀)

이 술(述)한 『대방광불화엄경수소연의초(大方廣佛華嚴經隨疏演義鈔)』 제1권에 보인다. "'과(果)를 통철하고 인(因)을 포함한다.'라는 것은 심(深)과 광(廣)을 겸한 것이다. 오주(五周)의 과(果){소신인과(所信因果)·차별인과(差別因果)·평등인과(平等因果)·성행인과(成行因果)·증입인과(證入因果)}를 철저히 궁구하며, 육위(六位)의 인(因){불과(佛果)에 이르는 수행(修行)의 인(因)}을 해라(該羅)함은 곧 광(廣)이다. 그러므로 지위·인과를 자세히 설명하는 것은 이 『화엄경』을 넘지 못한다. 만약 인(因)이 과해(果海)를 포함하며 과(果)가 인원(因源)에 통철(通徹)하여 둘이 서로 교철(交徹)한다고 말한 것은 곧 심(深)을 나타낸 것이다. [言徹果該因者: 兼於深廣. 徹究五周之果, 該羅六位之因, 則廣也. 故廣說地位因果, 莫踰此經. 若云因該果海·果徹因源, 二互交徹, 則顯深也.]" 『大正新脩大藏經』 第36册·No.1736·大方廣佛華嚴經隨疏演義鈔 第1卷(T36n1736_001).

2) 命夔典樂−無相奪倫, 神人以和: 『서경(書經)·순전(舜典)』의 원문은 다음과 같다. "帝曰: '夔! 命汝典樂, 敎胄子, 直而溫, 寬而栗, 剛而無虐, 簡而無傲. 詩言志, 歌永言, 聲依永, 律和聲. 八音克諧, 無相奪倫, 神人以和.'"

3) 興於『詩』, 立於禮, 成於樂: 『논어(論語)·태백(泰伯) 제팔(第八)』 제8장, "공자가 말하였다. '시(詩)에서 (착한 것을 좋아하고 나쁜 것을 싫어하는 마음을) 흥기하고, 예에서 서며, 악(樂)에서 (인격의 완성을) 이룬다.' [子曰: "興於『詩』, 立於禮, 成於樂."]"

4) 吾自衛反魯, 然後樂正, 『雅』·『頌』各得其所: 『논어(論語)·자한(子罕) 제구(第九)』 제14장, "공자가 말하였다. '내가 위(衛)나라에서 노(魯)나라로 돌아온 뒤에 음악이 바르게 되어 아(雅)와 송(頌)이 각기 제자리를 찾게 되었다.' [子曰: "吾自衛反魯, 然後樂正, 『雅』·『頌』各得其所."]"

5) 樂則『韶舞』: 『논어(論語)·위령공(衛靈公) 제십오(第十五)』 제10장, "안연이 나라를 다스리는 법에 관해서 물었다. 공자가 말하였다. '하(夏)나라의 책력을 행하며, 은(殷)나라의 수레를 타며, 주(周)나라의 면류관을 쓰며, 음악은 순(舜)임금의 「소무(韶舞)」를 취하고 정(鄭)나라의 음악을 추방하며 말재주 있는 사람을 멀리해야 한다. 정(鄭)나라 음악은 음탕하고 말재주 있는 사람은 위태롭다.' [顏淵問爲邦. 子曰: "行夏之時, 乘殷之輅, 服周之冕, 樂則『韶舞』. 放鄭聲, 遠佞人. 鄭聲淫, 佞人殆."]"

6) 在齊聞「韶」, 三月不知肉味, 曰不圖爲樂之至於斯也: 『논어(論語)·술이(述而) 제칠(第七)』 제13장, "공자가 제(齊)나라에 있을 때 순(舜)임금의 음악인 소악(韶樂)을 듣고, 이것을 배우는 석 달 동안 고기 맛을 모를 정도로 심취하더니, 말하였다. '음악을 이러한 경지에 이르도록 만들 줄은 생각하지 못하였다.' [子在齊聞「韶」, 三月不知肉味, 曰: "不圖爲樂之至於斯也."]"

7) 人而不仁, 如樂何: 『논어(論語)·팔일(八佾) 제삼(第三)』 제3장, "공자가 말하였다. '사람으로서 인(仁)하지 못하다면 예를 어떻게 행할 수 있겠는가? 사람으로서 인(仁)하지 못하다면 악(樂)을 어떻게 할 수 있겠는가?' [子曰: "人而不仁, 如禮何? 人而不仁, 如樂何?"]"

8) 樂云樂云, 鍾鼓云乎哉: 『논어(論語)·양화(陽貨) 제십칠(第十七)』 제11장, "공자가

말하였다. '「예이다」·「예이다」라고 하지만, 옥과 비단을 이르는 것이겠는가! 「음악이다」·「음악이다」라고 하지만, 종(鐘)과 북을 이르는 것이겠는가!' [子曰: "禮云禮云, 玉帛云乎哉! 樂云樂云, 鐘鼓云乎哉!"]"

9) 惡鄭聲之亂雅樂也: 『논어(論語)·양화(陽貨) 제십칠(第十七)』 제18장, "공자가 말하였다. '나는 자주색이 붉은 주색(朱色)을 빼앗는 것을 미워하며, 정(鄭)나라 음악이 아악(雅樂)을 어지럽히는 것을 미워하며, 교묘하게 말을 잘하는 입이 나라를 전복시키는 것을 미워한다.' [子曰: "惡紫之奪朱也, 惡鄭聲之亂雅樂也, 惡利口之覆邦家者."]"

10) 鄭衛之音, 亡國之音也: 공자가 한 말은 아니다. 『예기(禮記)·악기(樂記)』에 그 구절이 보인다. "정(鄭)나라와 위(衛)나라의 음악은 세상을 어지럽게 하는 음악이니, 방종함에 가깝다. 상간(桑間)과 복상(濮上)의 음악은 나라를 망하게 하는 음악이니, 그 나라의 정치가 흩어지게 되고 그 나라의 백성들이 유랑하게 되며, 신하가 윗사람을 무고하고 사사로운 이익만을 추구하여 멈추지 못하게 된다. [鄭衛之音, 亂世之音也, 比於慢矣. 桑間濮上之音, 亡國之音也, 其政散, 其民流, 誣上行私而不可止也.]"

11) 見其禮而知其政-等百世之王, 莫之能違也: 『맹자(孟子)·공손추(公孫丑) 상(上)』 제2장, "자공은 말하기를 '예를 보면 그 나라의 정치를 알 수 있고 음악을 들으면 그 왕의 덕(德)을 알 수 있으니, 백세 뒤에서 백세의 왕들을 등급 매겨보아도 군주 가운데 이 기준을 어길 수 있는 사람은 없다. 그런데 사람이 있었던 이래로 공자 같은 분은 계시지 않았다.'라고 하였네. [子貢曰: "見其禮而知其政, 聞其樂而知其德. 由百世之後, 等百世之王, 莫之能違也. 自生民以來, 未有夫子也."]"

【補注】 공자가 음악을 논한 것은 곧 마음을 논한 것이다. 음악은 마음에서 생겨나니, 또한 마음을 바로 하는 도구이다. 공자는 마음을 바르게 할 줄 알았으니, 그러므로 음악을 안 것이다. '시작흡여(始作翕如)'는 원인의 씨앗이 결과의 바다를 갖추고 있으니, 그러므로 마땅히 처음에 삼가야만 한다. '종지(從之)'는 착한 말을 듣고 착한 행실을 보면, 패연(沛然)히 막을 수가 없는 것이 마치 큰 강물을 터트리는 것과 같은 것을 이른다. '순여(純如)'는 나의 뜻을 쓰는 것이 분산되지 않아서 정신이 집중된 것이다. '교여(皦如)'는 빛이 두루 비춰서 막히는 곳이 없는 것이다. '역여(繹如)'는 생각들이 서로 이어져서 중간에 끊어짐이 없이 아직 오지 않은 때에까지 다하는 것이다. 모든 일이 이처럼 이루어지니, 음악 또

한 이처럼 이루어진다. 옛날에 음악을 맡던 관리는 교육을 맡던 관리였다. 그러므로 "태사(太師)"라고 불렀다. 『서경(書經)·순전(舜典)』에 이르기를, "기(夔)에게 음악을 담당하는 직책을 맡기노니, 주자(胄子)들을 가르칠 때 '정직하면서도 온화하고, 너그러우면서도 엄정하고, 강직하면서도 지나침이 없고, 간략하면서도 오만함이 없게 하여야 한다. 시(詩)는 뜻을 말한 것이고, 노래는 말을 길게 한 것이며, 소리는 길게 하는 데 따르고, 율(律)은 소리를 조화롭게 한 것이니, 팔음(八音)이 조화를 잘 이루어서 서로 차례를 뺏음이 없어야 신(神)과 사람이 이로써 조화를 이룰 것이다.'라고 하였으니, 이것들은 모두 음악으로써 마음을 바르게 한다는 뜻이다. 마음이 바르게 되어야 몸이 닦이고 집안이 다스려지고 나라가 다스려지고 천하가 화평해진다. 그러므로 "신(神)과 사람이 조화롭다."라고 말하였다. 공자가 음악에 대해서 여러 번 이야기하였다. "시(詩)에서 (착한 것을 좋아하고 나쁜 것을 싫어하는 마음이) 일어나고, 예에서 서며, 음악에서 (인격의 완성을) 이룬다."라고 하였고, "내가 위(衛)나라에서 노(魯)나라로 돌아온 다음에 음악이 바르게 되었다. 그래서 아(雅)와 송(頌)이 각기 제자리를 찾게 되었다."라고 하였으며, "음악은 순(舜)임금의 「소무(韶舞)」를 취한다."·"공자가 제(齊)나라에 있었을 때 순(舜)임금의 음악인 소악(韶樂)을 듣고, 이것을 배우는 석 달 동안 고기 맛을 몰랐다."라고 하였으며, '음악을 이러한 경지에 이르도록 만들 줄은 생각하지 못하였다.'"라고 하였으며, "사람으로서 인(仁)하지 않다면 음악을 어찌할꼬?"·"'음악, 음악이다.'하지만, 어찌 종(鐘)과 북을 이르는 것이겠는가?"라고 하였으며, "정(鄭)나라 소리가 아악(雅樂)을 어지럽히는 것을 미워한다."라고 하였으며, "정(鄭)나라·위(衛)나라 소리는 나라를 망하게 하는 소리이다."라고 하였으니, 음악이 나라의 흥망과 성패에 관계된 것이 이와 같다. 그러므로 자공이 말하기를 "예를 보면 그 나라의 정사를 알 수 있고 음악을 들으면 그 왕의 덕을 알 수 있다. 백세가 지난 후대에 백세의 왕들을 평가 매겨 본다면, 군주 중에 이 기준을 어길 수 있는 사람은 없다."라고 하였다. 나라를 다스리는 자들이 어찌 이러한 의리(義理)를 알겠는가?

「3-24」儀封人請見, 曰: "君子之至於斯也, 吾未嘗不得見也." 從者見之. 出曰: "二三子何患於喪乎? 天下之無道也久矣, 天將以夫子爲木鐸."

「3-24」의(儀) 땅의 봉인(封人)이 (공자를) 뵙기를 청하면서 말하였다. "군자가 이곳에 이르면 내가 일찍이 뵙지 못했던 적이 없었다." 종자(從者)들이 그를 알현시켰다. 뵙고 나와서 말하였다. "그대들은 어찌 공자께서 벼슬 잃으신 것을 걱정하느냐? 천하에 도(道)가 없어진 지 오래되었으니, 하늘이 장차 선생님을 목탁으로 삼으실 것이다."

【藕師注】 終身定評, 千古知己, 夫子眞萬古木鐸也!

【藕師注】 일생을 총괄한 정평(定評)이니, 바로 천고(千古)의 지기(知己)라고 하겠다. 부자는 참으로 만고(萬古)의 목탁이로다!

「3-25」子謂「韶」, 盡美矣, 又盡善也, 謂「武」, 盡美矣, 未盡善也.

「3-25」공자가 순(舜)임금의 음악인 『소(韶)』를 평하되 "순(舜)임금의 미

(美)를 능히 다하였고, 순(舜)임금의 선(善)도 능히 다하였다."라고 하였
고, 무왕의 음악인 『무(武)』를 평하되 "무왕의 미(美)는 능히 다하였지만,
무왕의 선(善)은 능히 다하지 못하였다."라고 하였다.

【藕師注】　覺浪禪師[1]曰: "此評樂, 非評人也. 蓋「韶」樂能盡舜帝之
美, 又能盡舜帝之善. 「武」樂能盡武王之美, 未能盡武王之善. 舜·
武都是聖人, 豈有未盡善者?" 方外史曰: "王陽明謂金之分兩不必
同而精純同, 以喻聖之才力不必同, 而純乎天理同,[2] 此是千古至論.
故孟子曰'行一不義·殺一不辜而得天下, 皆不爲也. 是則同.',[3] 亦是
此旨."

【注釋】

1) 覺浪禪師: 각랑(覺浪) 도성(道盛, 1592-1659)이다. 각랑(覺浪) 도성(道盛)은 호(號)
   는 천계선사(天界禪師)이고, 복건인(福建人)이다. 조동종(曹洞宗) 문하에 속했던
   명(明)나라 말기의 저명한 선승(禪僧)이다. 각랑(覺浪) 도성(道盛)의 제자 중에 방
   이지(方以智)·예가경(倪嘉慶) 등이 있다.
2) 金之分兩不必同而精純同, 以喻聖之才力不必同, 而純乎天理同: 『전습록(傳習
   錄) 권삼(卷三)·문인설간록(門人薛侃錄)』, "희연(希淵)이 물었다. '성인은 배우면 누
   구나 될 수 있다고 합니다. 그런데 백이와 이윤을 공자와 견주어보면, 재질이나
   역량이 모두 같지 않습니다. 그분들을 성인이라 부르는 이유는 어디에 있는 것입
   니까?' 선생님께서 말씀하였다. '성인을 성인이라고 부르는 까닭은 오직 그분들
   의 마음이 천리에 순수하고, 사람의 욕심이 섞여 있지 않기 때문이다. 마치 순금
   을 순수하다고 하는 까닭은 다만 그것이 지닌 색깔이 완전하여 구리나 납이 섞
   여 있지 않기 때문인 것과 같다. 사람은 하늘의 뜻에 순수하게 되어야만 비로소
   성인이 되는 것이고, 금은 색깔이 완전하게 되어야만 비로소 순금이 된다. 그러
   나 성인의 재질과 역량에는 또한 크고 작은 차이가 있는 것이다. 그것은 마치 금
   의 무게가 가볍고 무거운 것이 있는 것과 같다.' [希淵問: "聖人可學而至. 然伯夷·伊
   尹於孔子, 才力終不同, 其同謂之聖者安在?" 先生曰: "聖人之所以爲聖, 只是其心純乎天
   理, 而無人欲之雜. 猶精金之所以爲精, 但以其成色足而無銅鉛之雜也. 人到純乎天理方是
   聖, 金到足色方是精. 然聖人之才力, 亦有大小不同, 猶金之分兩有輕重."]"
3) 行一不義, 殺一不辜, 而得天下, 皆不爲也, 是則同: 『맹자(孟子)·공손추(公孫丑)

상(上)」제2장, "'백이와 이윤이 그처럼 공자와 동등합니까?' '아닐세. 사람이 있어 온 이래로 공자 같은 분은 계시지 않았네.' '그렇다면 세 분이 같은 점이 있습니까?' '있지. 백 리 되는 땅을 얻어서 임금 노릇을 한다면 모두 제후들에게 조회받고 천하를 소유할 수 있을 것일세. 그러나 한 가지의 의롭지 않은 일을 하거나 한 사람의 죄 없는 자를 죽여서 천하를 얻을 수 있다 하더라도 모두 하시지 않을 것이니, 이것이 같은 점이네.' ["伯夷伊尹, 於孔子若是班乎?" 曰: "否. 自有生民以來, 未有孔子也." 曰: "然則有同與?" 曰: "有, 得百里之地而君之, 皆能以朝諸侯有天下. 行一不義, 殺一不辜而得天下, 皆不爲也, 是則同."]"

【藕師注】 각랑선사(覺浪禪師)가 말하였다. "이것은 음악을 평한 것이지, 사람을 평한 것이 아니다. 대개 「소(韶)」악(樂)은 능히 순(舜)임금의 미(美)를 다하였고, 순(舜)임금의 선(善)도 다하였다. 「무(武)」악(樂)은 능히 무왕(武王)의 미(美)를 다할 수 있었지만, 무왕(武王)의 선(善)을 다하지는 못하였다. 순(舜)임금과 무왕(武王)은 모두 성인이니, 어찌 선(善)을 다하지 못한 것이 있을 수 있겠는가?"

　방외사는 말한다. "왕양명은 '금(金)의 분량은 똑같지는 않아도 정순(精純)하기가 같다는 것으로써, 성인의 재력(才力)이 반드시 같지는 않으나 천리(天理)에 순전(純全)함에 있어서는 동일하다는 것을 비유하였다.'라고 하였으니, 이것은 바로 천고(千古)의 지론이다. 그러므로 맹자가 '한 가지의 의롭지 않은 일을 하거나 한 사람의 죄 없는 자를 죽여서 천하를 얻을 수 있다 하더라도 모두 하시지 않을 것이니, 이것이 같은 점이네.'라고 하였으니, 또한 이러한 뜻이다." ◎

【解說】 지욱 대사는 순임금과 무왕의 덕을 평한 것이라는 주자의 『논어집주』풀이를 각랑선사의 말을 인용하여 비판하였다. 주자는 『논어집주』에서 다음과 같이 풀이하였다. "순(舜)임금은 요(堯)임금을 이어 훌륭한 정치를 이룩하였고, 무왕(武王)은 주왕(紂王)을 정벌하여 백성을 구제

하였으니, 그 공(功)은 똑같다. 그러므로 그 음악이 모두 지극히 아름답다. 그러나 순(舜)임금의 덕은 천성대로 한 것이요 또 읍(揖)하고 사양함으로써 천하를 얻었고, 무왕(武王)의 덕은 되찾은 것이요 또 정벌하고 주살함으로써 천하를 얻었으므로, 그 실제에 같지 않음이 있는 것이다. 정자가 말하였다. '성탕(成湯)이 걸왕(桀王)을 내치고 부끄러워하는 마음이 있었는데, 무왕(武王) 또한 그러했기 때문에 지극히 좋지는 못한 것이다.'
[舜紹堯致治, 武王伐紂救民, 其功一也. 故其樂皆盡美. 然舜之德, 性之也, 又以揖遜而有天下. 武王之德, 反之也, 又以征誅而得天下. 故其實有不同者. 程子曰: 成湯放桀, 惟有慚德, 武王亦然. 故未盡善.]"

「3-26」子曰: "居上不寬, 爲禮不敬, 臨喪不哀, 吾何以觀之哉!"

「3-26」 공자가 말하였다. "윗자리에 있으면서 너그럽지 못하고, 예를 행하는 것이 공경스럽지 못하며, 상사(喪事)에 슬퍼하지 않는다면, 내가 왜 그를 보겠는가!"

【藕師注】 卽是吾不欲觀之意, 非是觀其得失.

【藕師注】 곧 '내가 보고 싶지 않다.'라는 뜻이지, 그의 득실을 살핀다는 뜻이 아니다. ◎

【補注】   哭泣盡情, 哀之淺者也. 念佛送終, 求佛接引, 出輪廻, 生淨土, 哀之深者也. 孔子『易傳』言: "**精氣爲物, 遊魂爲變.**"[1] 可知死者精氣, 不死者靈魂, 變則善惡殊途, 升沉遠隔. 若墮畜生·餓鬼·地獄, 苦不可言. 故臨命終時, 家人親屬當朗誦佛號, 助生淨土. 不宜哭泣擾其心神, 陷親苦趣, 罪莫大焉. 待體溫已冷, 神識已離, 然後收斂, 盡情哭泣無妨矣. 願仁人孝子廣播斯言.

【注釋】

1) 精氣爲物, 遊魂爲變: 『주역(周易)·계사(繫辭) 상(上)』 제4장, "정기(精氣)는 물(物)이 되고, 유혼(遊魂)은 변이 된다. 이 때문에 귀신(鬼神)의 정상(情狀)을 안다. [精氣爲物, 遊魂爲變, 是故知鬼神之情狀.]"

【補注】　　통곡하고 울면서 심정을 다 드러내는 것은 슬픔이 얕은 것이다. 염불하며 죽은 이를 보내고 부처님이 접인(接引)을 하여 윤회를 벗어나고 정토에 태어나기를 구하는 것이 슬픔이 깊은 것이다. 공자의 『역전(易傳)』에 "정기(精氣)는 물(物)이 되고, 유혼(遊魂)은 변화가 된다."라고 하였으니, 죽는 것은 정기(精氣)요 죽지 않는 것은 영혼이며 변화하면 선인(善人)과 악인(惡人)이 길을 달리하여 선인(善人)은 올라가고 악인(惡人)은 내려가서 그사이의 간격이 먼 것을 알 수 있다. 만약 축생과 아귀와 지옥에 떨어진다면, 그 고통은 말을 할 수 없다는 것이다. 그러므로 임종 때에 집안사람들과 친족은 마땅히 부처님의 불호(佛號)를 낭송하여 사자(死者)가 정토에 태어나도록 도와야 할 것이요, 통곡하며 울어서 죽은 사람이 정토에 태어나도록 도와야 할 것이요, 통곡하며 울어서 죽은 사람의 심신(心神)을 어지럽혀서 고취(苦趣)에 빠뜨리게 해서는 안 되니, 죄 가운데 이보다 더 큰 죄는 없는 것이다. 체온이 이미 식고 정신과 의식이 다 떠남을 기다려서 염(斂)을 하고, 온 마음을 다하여 통곡하며 우는 것은 괜찮다. 인(仁)한 사람과 효자는 이 말을 널리 전파하기 바란다.

【解說】　　지욱 대사의 주석은 정문(正文)의 '오하이관지재(吾何以觀之

哉)'에서 '관지(觀之)'를 '득실을 관찰하다.'라고 풀이한 주자의 『논어집주』
를 비판한 것이다. 주자는 본 장(章)에 대해서 "윗자리에 있을 적에는 사
람을 사랑함을 주장하기 때문에 너그러움을 근본으로 삼는다. 예(禮)를
행함에는 경(敬)을 근본으로 삼고 초상에 임해서는 슬픔을 근본으로 삼
으니, 이미 그 근본이 없다면 무엇으로써 그 행하는 바의 득실을 관찰하
겠는가? [居上, 主於愛人, 故以寬爲本. 爲禮, 以敬爲本, 臨喪, 以哀爲本. 旣
無其本, 則以何者而觀其所行之得失哉?]"라고 풀이하였다.

【里仁 第四】

「4-1」 子曰: "里仁爲美. 擇不處仁, 焉得知?"

「4-1」 공자가 말하였다. "마을이 인(仁)한 것을 아름답게 여기면서, 가리 되 인(仁)에 머무르지 않으니, 어찌 지혜롭다 하겠는가?"

【藕師注】 里以宅身, 尙知以仁爲美, 道以宅心, 反不擇仁而處, 何其 重軀殼而輕性靈也?

【藕師注】 마을은 몸이 사는 곳인데도 오히려 인후(仁厚)한 마을을 아 름답다고 여길 줄은 알지만, 도(道)는 마음이 거처하는 곳인데 도리어 인 (仁)을 택하여 거처하지 않으니, 어찌 그리도 껍데기{몸뚱이}는 중히 여기 고 성령(性靈)은 가벼이 여기는가?

【補注】 西方極樂邦, 衆聖之仁里. 得託蓮花生, 萬倍閻浮美. 樓 閣七寶成, 黃金爲大地. 思衣而得衣, 思食而得食. 光明照十方, 壽 命無量劫. 不歷阿僧祇, 一生補佛位. 不聞惡道名, 何況有其實. 一 句阿彌陀, 得此不思議. 如此妙法不肯修行, 如此淨土不求往生, 見 佛聞法, 精進不退, 直至成佛, 而甘居五濁惡世, 甘受生死輪廻, 可 謂智乎?

【補注】 서방에 있는 극락의 나라는 뭇 성인들이 사는 인후(仁厚)한

마을이다. 연꽃에 의탁하여 태어나니, 염부제(閻浮提)보다 만 배 아름답네. 누각은 칠보(七寶)로 이루어져 있고 대지(大地)는 황금으로 되어 있다. 옷을 생각하면 옷을 얻고 음식을 생각하면 음식을 얻는다네. 광명이 시방(十方)세계를 비추고 수명은 영원히 산다. 아승기(阿僧祇) 수만큼 윤회를 겪지 않고 일생토록 부처의 자리를 보좌(輔佐)한다네. 악도(惡道)의 이름을 듣지 못하는데, 하물며 그 실질(實質)이 있겠는가? 한 구절 아미타(阿彌陀)는 이 부사의(不思議)한 부처의 경지를 얻었다. 이와 같은 묘법(妙法)을 즐겨 수행하지 아니하고, 이와 같은 정토에 왕생하기를 구하지 아니하며, 부처님을 보고 불법(佛法)을 들어서 정진하여 물러나지 않으면 곧장 성불(成佛)에 이르는데도, 오탁악세(五濁惡世)에 있는 것을 즐기고 생사윤회를 달게 받아드린다면, 지혜롭다고 할 수 있겠는가?

「4-2」 子曰: "不仁者不可以久處約, 不可以長處樂. 仁者安仁, 知者利仁."

「4-2」 공자가 말하였다. "인(仁)하지 못한 자는 오래도록 곤궁을 견디지 못하고, 오래도록 풍요의 즐거움에 처하지 못한다. 인자(仁者)는 인(仁)을 편안히 여기고, 지자(智者)는 인(仁)을 이롭게 여긴다."

【藕師注】 見有心外之約·樂, 便不可久處·長處, 可見不仁之人無地可容其身矣. 安仁則約·樂皆安, 利仁則約·樂皆利, 何等快活受用.

【藕師注】 마음 밖에 있는 곤궁과 즐거움을 보면, 곧 거기에 오래도록

머물러 있지 못하니, 인(仁)하지 못한 사람은 그 몸을 둘 수 있는 곳이 없음을 알 수 있다. 인(仁)을 편안히 여기면 곤궁과 즐거움이 모두 편안하고, 인(仁)을 이롭게 여기면 곤궁과 즐거움이 모두 이로우니, 무엇이라도 쾌활하게 수용한다.

「4-3」子曰: "惟仁者能好人, 能惡人."

「4-3」공자가 말하였다. "오직 인자(仁者)만이 남을 좋아할 수 있고, 남을 미워할 수 있다."

【蕅師注】 無好無惡故能好能惡. 無好無惡, 性量也. 能好能惡, 性具也. 仁, 性體也.[1]

【注釋】

1) 無好無惡故能好能惡-性體也: 수(隋) 외국사문(外國沙門) 보리등(菩提登)이 한역(漢譯)하고 지욱(智旭) 대사가 소(疏)한 『점찰선악업보경의소(占察善惡業報經義疏)』 제2권에 성량(性量)·성구(性具)·성체(性體)에 관한 풀이가 있다.
(1) 『점찰선악업보경(占察善惡業報經)』: "말한바 하나의 진실한 경계라는 것. [所言一實境界者.] 【蕅師疏】 체(體)는 곧 체대(體大)이고, 양(量)은 곧 상대(相大)이고, 구(具)는 곧 용대(用大)이다. 또 공(空)은 성량(性量)이 아님이 없고, 가(假)는 성구(性具)가 아님이 없고, 중(中)은 성체(性體)가 아님이 없다. [體卽體大, 量卽相大, 具卽用大. 又, 空則無非性量, 假則無非性具, 中則無非性體.]"
(2) 『점찰선악업보경(占察善惡業報經)』: "말한바 하나의 진실한 경계라는 것은 중생 마음의 본바탕은 본래부터 여태까지 나지도 않고 죽지도 않는 것이어서 그 자신의 성품은 청정한 것이며 장애가 없는 것이니, 비유하면 마치 허공과 같습니다. 분별을 떠났기 때문에{성체(性體), 체대(體大)} 평등하고 두루 하여 이르지 않는 곳이 없으며, 시방에 원만하여 구경(究竟)에는 하나의 형상으로서 둘이 없고 다름이 없으며, 변하지도 않고 바뀌지도 않는 것이어서 늘어나는 것도 없고 줄어드는 것도 없습니다.{성량(性量), 상대(相大)} 일체중생의 마음과 일체 성문(聲

聞)·벽지불(辟支佛)의 마음과 일체 보살의 마음과 일체 모든 부처님의 마음은 똑같이 나지도 않고 죽지도 않으며, 더러움도 없고 깨끗함도 없는 적정(寂靜)한 진여(眞如)의 형상이기 때문입니다.{성구(性具), 용대(用大)} [所言一實境界者, 謂衆生心體, 從本以來, 不生不滅, 自性淸淨, 無障無礙, 猶如虛空. 離分別故(性體, 體大), 平等普遍, 無所不至, 圓滿十方, 究竟一相, 無二無別, 不變不異, 無增無減(性量, 相大). 以一切衆生心, 一切聲聞·辟支佛心, 一切菩薩心, 一切諸佛心, 皆同不生不滅, 無染無淨, 眞如相故(性具, 用大).]"

(3)『점찰선악업보경(占察善惡業報經)』: "말한바 진실이라는 것은 마음 바탕의 본래 형상은 여여(如如)하여 다르지 않고, 청정하고 원만하여 장애가 없으며, 미묘하고 은밀하여 보기 어려우니, 일체의 처소에 두루 하여 항상 무너지지 않고 일체의 법을 건립하고 나서 자라게 하기 때문입니다. [所言眞者, 謂心體本相, 如如不異, 淸淨圓滿, 無障無礙, 微密難見, 以遍一切處常恆不壞, 建立生長一切法故.]"【藕師疏】"'여여하여 다르지 않은 것'은 성체(性體)요, '원만하여 보기 어려운 것'은 성량(性量)이요, '건립하여 태어나 자라게 하는 것'은 성구(性具)이다. [如如不異, 卽性體. 圓滿難見, 卽性量. 建立生長, 卽性具.]"『卍新纂大日本續藏經』第21冊·No.0371·占察善惡業報經義疏 第2卷(X21n0371_002).

【藕師注】 좋아함도 없고 미워함도 없으니, 그러므로 좋아할 수 있고 미워할 수 있다. 좋아함도 없고 미워함도 없는 것은 성(性)이 가진 용량{성량(性量)}이다. 능히 좋아할 수 있고 미워할 수 있음은 성(性)의 효과{성구(性具)}이다. 인(仁)은 성(性)의 본체{성체(性體)}이다.

「4-4」子曰: "苟志於仁矣, 無惡也."

「4-4」공자가 말하였다. "진실로 인(仁)에 뜻을 둔다면, 악념(惡念)이 없어질 것이다."

【藕師注】 千年暗室, 一燈能破.[1]

【注釋】

1) 千年暗室, 一燈能破: 당(唐) 계빈국(罽賓國) 삼장(三藏) 반야(般若)가 한역(漢譯)한 전40권본 『대방광불화엄경(大方廣佛華嚴經) 권제삼십육(卷第三十六)·입부사의해탈경계보현행원품(入不思議解脫境界普賢行願品)』에 보인다. "선남자(善男子)여! 비유하면 하나의 등불이 어두운 방에 들어가 백천 년 동안 지속하였던 어둠을 능히 다 깨뜨려서, 그 광명이 일체를 두루 비춤을 일으킬 수 있는 것과 같다. 보살마하살(菩薩摩訶薩)의 보리심(菩提心)의 등불도 또한 이와 같아서, 밝음이 없는 어두컴컴한 중생의 마음에 들어가 능히 한량없는 백천만 억의 가히 말할 수 없는 오랜 겁 동안 쌓았던 일체의 모든 업과 번뇌 그리고 갖가지의 장애를 소멸시켜서, 일체의 대지광명(大智光明)을 일으킬 수 있다. [善男子! 譬如一燈入於闇室, 百千年闇悉能破盡, 發起光明普照一切; 菩薩摩訶薩菩提心燈亦復如是, 入衆生心無明闇室, 能滅無量百千萬億不可說劫積集一切諸業煩惱, 種種障礙, 發生一切大智光明.]" 『大正新脩大藏經』第10冊·No.0293·大方廣佛華嚴經 第36卷(T10n0293_036).

【藕師注】
천 년 동안 어두웠던 방이라도 등불 하나가 능히 어둠을 깨트릴 수 있다. ◎

【解說】
주자는 『논어집주』에서 '무악(無惡)'의 '악(惡)'을 '악행(惡行)'이라고 보았으나, 지욱 대사는 '무악(無惡)'의 '악(惡)'을 '악념(惡念)'으로 보았다. 주자는 『논어집주』에서 "'구(苟)'는 '진실로'라는 뜻이다. '지(志)'는 마음이 가는 바이다. 그 마음이 진실로 인(仁)에 있으면 곧 틀림없이 악(惡)을 행하는 일이 없을 것이다. 양씨가 말하였다. '진실로 인(仁)에 뜻을 두었다 하더라도 반드시 지나친 행동이 없지 아니하다. 그러나 악(惡)을 하는 일은 없는 것이다.' [苟, 誠也. 志者, 心之所之也. 其心誠在於仁, 則必無爲惡之事矣. 楊氏曰: "苟志於仁, 未必無過擧也. 然而爲惡則無矣."]"라고 풀이하였다. 주자와 지욱 대사가 '악(惡)' 자(字)를 해석하는 데 있어서 차이를 보이는 장이다.

「4-5」子曰: "富與貴, 是人之所欲也, 不以其道, 得之不處也. 貧與賤, 是人之所惡也, 不以其道, 得之不去也. 君子去仁, 惡乎成名? 君子無終食之間違仁, 造次必於是, 顚沛必於是."

「4-5」공자가 말하였다. "부(富)와 귀(貴)는 이것은 사람들이 바라는 바이지만 그 마땅한 방법으로써 한 것이 아니라면 얻어도 처하지 않으며, 가난과 천함은 사람들이 싫어하는 것이지만 그 마땅한 방법이 아니라면 (그 가난을) 벗어날 수 있더라도 떠나지 말아야 한다. 군자가 인(仁)에서 떠나간다면, 어디에서 군자라는 이름을 이룰 것인가? 군자는 밥 한 끼를 먹을 만한 짧은 시간에도 인(仁)에서 떠나지 않으니, 경황 중에도 반드시 인(仁)에 있고, 곤궁한 상황이라도 이 인(仁)에 있어야 한다."

【藕師注】 此章皆誡訓之辭. 若處非道之富貴, 去非道之貧賤, 便是去仁, 便不名爲君子. 若要眞正成個君子, 名實相稱, 須是終食之間不違, 造次·顚沛不違.

【藕師注】 이 장(章)은 모두 훈계의 말이다. 만약 마땅한 방법으로 얻지 않은 부귀에 처하고 마땅하지 않은 방법으로 빈천을 떠나는 것은 곧 인(仁)에서 떠나가는 것이니, 곧 군자라고 이름할 수 없다. 만약 진정으로 군자가 되고자 한다면 이름과 실상(實相)이 서로 부합하여 모름지기 밥 한 끼를 먹을 만한 짧은 시간에도 인(仁)에서 떠나지 말아야 하고, 매우 급한 순간이나 어려운 순간에도 인(仁)을 떠나지 말아야 한다. ◎

【補注】 讀'不以其道'爲句. 不以其道而處富貴, 是不處仁也, 不以其道而去貧賤, 是去仁也. 去仁何以爲君子? 欲無終食之間違仁, 方

便法門無如念佛. 念佛者, 常念南無阿彌陀佛. 南無譯云歸依, 阿彌
陀佛譯云無量光·無量壽正覺也. 本性光明·壽命無量, 故念佛卽是
念仁. 閒忙無廢, 鈍慧均能. 白居易詩云: **"行也阿彌陀, 坐也阿彌陀.
縱饒忙似箭, 不廢阿彌陀."**[1] 念仁全憑自力, 念佛兼仗佛力, 故消業
障, 長善根, 出輪廻, 生淨土, 利益尤不可思議也. 淨土念佛法門若
在孔子時早入中國, 必當普敎修持矣.

【注釋】

1) 行也阿彌陀, 坐也阿彌陀. 縱饒忙似箭, 不廢阿彌陀: 백거이가 찬(撰)한 염불게
   (念佛偈)에 보인다.

【補注】

'불이기도(不以其道)'에서 하나의 구(句)로 끊어서 보아야 한
다. 그 도(道)로써 하지 않고 부귀에 처하는 것은 곧 인(仁)에 머무름이
아니요, 그 마땅한 방법으로 하지 않았는데 빈천을 떠나는 것은 곧 인
(仁)에서 떠나는 것이다. 인(仁)에서 떠나간다면 무엇으로써 군자라 하겠
는가? 밥 한 끼 먹기를 마치는 순간에도 인(仁)에서 떠나려고 하지 않는
것은 방편법문(方便法門) 중에 염불만 한 것이 없다는 것이다. 염불은 늘
'나무아미타불(南無阿彌陀佛)'을 외우는 것이다. '나무(南無)'는 '귀의(歸
依)'의 뜻이고, '아미타불(阿彌陀佛)'은 '무량광(無量光)'·'무량수정각(無
量壽正覺)'이라는 뜻이다. 본성은 광명하고 수명은 한량이 없으니, 그러
므로 염불하는 것은 곧 인(仁)을 외우는 것이다. 한가롭거나 바쁜 중에도
그만두어서도 안 되고, 노둔한 자와 지혜로운 자가 고루 능히 할 수 있
다. 백거이 시(詩)에서는 다음과 같이 말하였다. "길을 걸으면서도 아미
타불(阿彌陀佛)이요, 앉아 있을 때도 아미타불(阿彌陀佛)이다. 너무나 바
쁜 것이 화살처럼 빠를지라도 나무아미타불(南無阿彌陀佛)을 그만두지

않네." 인(仁)을 외우는 것은 온전히 자력(自力)에 기대는 것이요, 염불하는 것은 아울러 부처의 힘에 기대는 것이니, 그러므로 업장(業障)을 소멸하여 선근(善根)을 잘 자라게 하며, 윤회의 고리를 벗어나서 정토에 나게 되니, 그 이익은 더욱 불가사의한 것이다. 정토염불법문(淨土念佛法門)이 만약 공자가 살아 있었을 때 일찍 중국에 들어왔더라면, 마땅히 널리 수지(修持)하도록 가르쳤을 것이다.

【解說】 위 정문(正文)에서 주자는 '불이기도득지(不以其道得之)'를 일구(一句)로 보아 해석하였으나, 지욱 대사는 '불이기도(不以其道)'와 '득지(得之)'를 끊어서 풀이하였다. 주자는 『논어집주』에서 "'불이기도득지(不以其道得之)'는 마땅히 얻지 못하는 데 얻는 것을 말한다. 그러나 부귀에서는 머물지 않고 빈천에서는 떠나가지 않으니, 군자가 부귀를 살피고 빈천에 편안한 마음으로 견딜 수 있는 것이 이와 같다. ['不以其道得之', 謂不當得而得之. 然於富貴則不處, 於貧賤則不去, 君子之審富貴而安貧賤也如此.]"라고 풀이하였다. 정문(正文)을 해석하는 데 있어서 주자와 지욱 대사가 차이를 보이는 장이다.

「4-6」子曰: "我未見好仁者·惡不仁者. 好仁者, 無以尙之. 惡不仁者, 其爲仁矣, 不使不仁者加乎其身. 有能一日用其力於仁矣乎? 我未見力不足者. 蓋有之矣, 我未之見也."

「4-6」공자가 말하였다. "나는 아직 인(仁)을 좋아하는 자와 불인(不仁)을 미워하는 자를 보지 못하였다. 인(仁)을 좋아하는 자는 애초에 거기에 더할 것이 없고, 불인(不仁)을 싫어하는 자는 그가 인(仁)을 행함에 있어서 불인(不仁)한 것이 몸에 더해지게 하지 않는다. 능히 하루라도 인(仁)에 그 힘을 쓴 사람이 있는가? 나는 힘이 부족한 자를 아직 보지 못하였다. 아마도 하루라도 인(仁)에 힘쓰는 자가 있을 것이니, 나는 (힘이 부족한 자를) 아직 보지 못하였다."

【藕師注】 惡不仁者, 用個'其爲仁'四字, 便是一串[1]的工夫. 卓吾云: "無以尙之, 不使不仁者加乎其身, 正是用力力足處."[2] 蓋有之矣, 謂世界爾許大, 豈無一日用力者? 奈我未之見耳, 望之之辭. 好仁者就是慚, 惡不仁者就是愧.[3]

【注釋】

1) 一串: '일이관지(一以貫之)'를 뜻한다. 하나로써 관철하는 것이라는 뜻이다.『논어(論語)·리인(里仁) 제사(第四)』제15장의 정문(正文)과【藕師注】를 참조할 것.
2) 無以尙之-正是用力力足處:『논어평·이인 제사』제6장, "[評] 無以尙之, 不使不仁者加乎其身, 正是用力力足處." 앞의 책, 110면.
3) 蓋有之矣-惡不仁者就是愧: 여산(廬山) 동림사(東林寺) 인본(印本)『사서우익해(四書藕益解)』{2019}와 숭문서국(崇文書局)에서 간행한『선해유도총서(禪解儒道叢書) 사서우익해(四書藕益解)』{2015}에서는 '무이상지(無以尙之)'부터 '오불인자취시괴(惡不仁者就是愧)' 부분까지 모두 이탁오의 평으로 보았으나,『속수사고전서(續修四庫全書)·논어평(論語評)』의 원문을 근거로 하여 '개유지의(蓋有之矣)-오불인자취시괴(惡不仁者就是愧)'는 지욱 대사의 말로 보아 번역을 하였다.

【藕師注】 '오불인자(惡不仁者)'에 대해서 '기위인의(其爲仁矣)' 네 자(字)를 쓴 것은 바로 '일이관지(一以貫之)'의 공부이다. 이탁오는 이렇게 말하였다. "'무이상지(無以尙之)'와 '불사불인자가호기신(不使不仁者加乎其身)'은 바로 힘을 써야 할 곳이며 힘이 넉넉한 자리이다." '개유지의(蓋有之矣)'는 '세계가 이렇게 큰데, 어찌 하루라도 인(仁)에 힘쓰는 자가 없겠는가? 내가 아직 보지 못했을 뿐이다.'라고 하는 것이니, 그러하기를 바란

다는 말이다. '인(仁)을 좋아함{호인(好仁)}'은 바로 '자신의 잘못을 부끄러워함{참(慚)}'이요, '불인(不仁)을 미워함{오불인(惡不仁)}'은 바로 '남의 잘못을 부끄러워함{괴(愧)}'이다. ◎

【解說】 　주자는 정문(正文)의 '개유지의(蓋有之矣)'를 앞의 구절 '역부족자(力不足者)'와 이어서 보아 '아마도 힘이 부족한 자가 있을 것이지만'의 뜻으로 풀이를 하였다.[11] 반면에 지욱 대사는 이탁오의 '기무일일용력자(豈無一日用力者)'라는 말을 인용하여 '개유지의(蓋有之矣)'를 '세계가 이처럼 크니, 어찌 하루라도 인(仁)에 힘을 쓰는 자가 없겠는가?'라고 보았다. 다시 말하면, '아마도 하루라도 인(仁)에 힘을 쓰는 자가 있을 것이다.'라는 뜻으로 이해하여 풀이하였다. 공자가 분명히 정문(正文)에서 '아미견력부족자(我未見力不足者)'라 했음을 상기할 필요가 있다.

「4-7」 子曰: "人之過也, 各於其黨. 觀過, 斯知仁矣."

「4-7」 공자가 말하였다. "사람의 허물은 무리에 따라 제각각이다. 그 사람의 허물을 보면 그의 인(仁)을 알게 된다."

【藕師注】 　此法眼[1]也, 亦慈心也. 世人但於仁中求過耳, 孰肯於過中求仁哉! 然惟過可以觀仁, 小人有過則必文之·仁人有過必不自掩故也.

---

11 김언종, 「정다산의 〈논어집주 (論語集註)〉 비판 (3)」, 『국제중국학연구』 제40권, 1999, 228-229면 참조.

1) *法眼*: 방편수연지를 통해 열리는 눈으로, 현상의 다양한 모습들의 차이를 분명
   히 봄으로써 중생을 병으로부터 구제할 수 있도록 한다. 김정희는 그의 논문에
   서 다음과 같이 말하였다. "방편수연지는 진제에 명일하면서 현상인 가(假)로 나
   와 마음을 속제에 편안히 둔다. 이 지를 통해 다라니를 얻고, 다라니가 약과 병
   을 분별함으로써 법안이 밝게 열려 신통을 방해하는 무지를 부순다. 항상 삼매
   에 머물면서 생사와 열반을 구분하는 [관점에서] 제불의 국토를 보지 않는다. 여
   기서 속제의 삼매가 성립한다. 지가 안을 열고, 안은 체를 증득하므로 속제의 진
   리를 얻는다." – 김정희, 「지의 『마하지관』」, 앞의 논문, 66면.

【藕師注】 이것은 법안(法眼)이며, 또한 자비심이다. 세상 사람들은 단지
인(仁) 가운데에서 허물을 구할 뿐이니, 누가 기꺼이 허물 가운데에서 인
(仁)을 구하려 하겠는가! 그러나 오직 허물 가운데에서만 인(仁)을 볼 수
있으니, 소인은 허물이 있으면 반드시 꾸미고 어진 사람은 허물이 있으면
반드시 스스로 가리지 않기 때문이다.

「4-8」子曰: "朝聞道, 夕死可矣."

「4-8」 공자가 말하였다. "아침에 도(道)를 들으면, 저녁에 죽어도 괜찮
다."

【藕師注】 不聞道者, 如何死得? 若知死不可免, 如何不急求聞道?
若知朝聞可以夕死, 便知道是豎窮橫遍, 不是死了便斷滅的.

【藕師注】 도(道)를 듣지 못한 자가 어떻게 죽을 수 있겠는가? 만약 죽
음이 피할 수 없는 것임을 안다면, 어째서 도(道) 듣기를 구하는 것을 급

히 하지 않는가? 만약 아침에 도(道)를 들으면 저녁에 죽어도 좋다는 것을 안다면, 곧 도(道)가 곧 시간상으로 다하고 공간적으로 두루 한 것이요 죽는다고 해서 곧 단멸 하는 것이 아님을 알 것이다.

【補注】 愚夫斷見, 謂一死百了, 不知死者軀殼, 不死者性靈也. 有死而得苦十百千萬於生者, 有死而得樂十百千萬於生者. 不知六道輪廻之苦·淨土無生之樂, 不知孔子此言之痛切而弘深也. 朝聞道而夕死可者, 聞出輪廻而生淨土之大道也. 六道輪廻者, 天·人·神爲三善道, 畜·鬼·地獄爲三惡道. 讀『地藏菩薩本願經』, 便知輪廻六道之無常, 地獄種種慘苦之難受. 讀『阿彌陀經』·『無量壽經』·『觀無量壽經』, 便知阿彌陀佛接引衆生之大願, 極樂世界不可思議之莊嚴. 佛法難聞, 人身難得, 生死事大, 瞬息無常, 當以如恐不及之心求之. 若遲疑不決, 以待來年, 一失人身, 萬劫難復, 可不哀哉!

【補注】 어리석은 사내의 단견(斷見)은 한 번 죽으면 모든 것이 끝난다고 하지만, 죽는 것은 껍데기{몸뚱이}뿐이고 죽지 않는 것은 성령(性靈)이라는 것을 모르는 것이다. 죽어서 살아있을 때보다 십백천만배(十百千萬倍)의 고통을 받는 자도 있고, 죽고 나서 살아있을 때보다 십백천만배(十百千萬倍)의 즐거움을 얻는 자도 있다. 육도(六道)에서 윤회하는 고통과 정토에서 무생(無生)하는 즐거움을 알지 못한다면, 공자의 이 말이 가지는 통절하고도 넓고 깊은 뜻을 알지 못한다. '조문도이석사가(朝聞道而夕死可)'라는 것은 윤회에서 벗어나 정토에 태어나는 큰 도(道)를 듣는 것이다. 육도(六道)의 윤회는 천도(天道)·인도(人道)·신도(神道)가 세 가지 선도(善道)이고, 축생도(畜生道)·아귀도(餓鬼道)·지옥도(地獄道)가 세 가지 악도(惡道)이다. 『지장보살본원경(地藏菩薩本願經)』을 읽으면, 곧 육도

(六道)에서 윤회하는 무상(無常)함과 지옥에서의 견디기 어려운 갖가지 고통을 알게 된다. 『아미타경(阿彌陀經)』·『무량수경(無量壽經)』·『관무량수경(觀無量壽經)』을 읽으면, 아미타불(阿彌陀佛)이 중생을 접인(接引) 하는 대원(大願)과 극락세계(極樂世界)의 불가사의(不可思議)한 장엄을 알게 된다. 불법(佛法)은 (만나서) 듣기가 어렵고 사람 몸은 한 번 얻기가 어려우며, 삶과 죽음의 일은 큰데 순식간에 변하니, 마땅히 미치지 못할까 두려워하는 마음으로써 간절히 찾아야만 한다. 만약 지체하여 결정을 내리지 못해서 내년을 기대하다가, 한 번 사람 몸을 잃게 되면 만겁(萬劫)으로 다시 회복하기가 어려우니, 가히 슬프지 않겠는가!

「4-9」子曰: "士志於道, 而恥惡衣惡食者, 未足與議也."

「4-9」 공자가 말하였다. "선비가 도(道)에 뜻을 두고서 좋지 못한 옷과 맛없는 음식을 부끄러워하는 자는, 이런 사람과는 도(道)에 관하여 의논할 수가 없다."

【蕅師注】　當與"食無求飽, 居無求安."[1]參看, 便見聖賢學脈.[2]

【注釋】

1) 食無求飽, 居無求安: 『논어(論語)·학이(學而) 제일(第一)』 제14장, "공자가 말하였다. '군자가 먹음에 배부름을 구하지 않으며, 거처함에 편안함을 구하지 않으며, 일에 민첩하고 말을 함에 삼가며, 도(道)가 있는 자에게 나아가 질정을 받는다면, 학문을 좋아한다고 이를 만하다.' [子曰: "君子食無求飽, 居無求安, 敏於事而慎於言, 就有道而正焉, 可謂好學也已."]"
2) 學脈: '학문의 본질'·'학파(學派)의 정수'·'학파의 진전(眞傳)'이라는 뜻이다. 이탁오(李卓吾)가 창작한 한 편의 고문(古文)「복경중우붕(復京中友朋)」에 보인다. "'대

학의 도(道)는 명덕(明德)을 밝히는 데에 있으며, 백성을 친(親)하게 하는 데에 있다.' 단지 여기의 '친(親)'이라는 한{일(一)} 글자가 바로 공문(孔門)의 학맥(學脈)이다. ['大學之道, 在明明德, 在親民.' 只此一親字, 便是孔門學脈.]"

【藕師注】 마땅히 "음식을 먹음에 배부름을 구함이 없으며, 거처함에 편안함을 구함이 없다."라는 장(章)과 참조해서 보아야만, 곧 성현의 학문의 본질을 볼 수 있다.

「4-10」子曰: "君子之於天下也, 無適也, 無莫也, 義之與比."

「4-10」 공자가 말하였다. "군자는 천하에 대해서 오로지 주로 하는 것도 없으며 그렇게 하지 말아야 하는 것도 없으니, 의(義)가 군자를 따른다."

【藕師注】 義之與比, 正所謂時措之宜,[1] 却須從格物·慎獨來. 若欲比義, 便成適莫. 義來比我, 方見無適莫處. 比義, 則爲義所用, 義比, 則能用義. 比義, 則同告子之義外,[2] 便成襲取, 義比, 則同孟子之集義,[3] 便是性善.[4] 當與趙州'使得十二時'[5]·『壇經』'悟時轉法華'[6] 竝參.

【注釋】

1) 時措之宜: 『중용(中庸)』 제25장, "성(誠)은 자신을 이룰 뿐만 아니라 남을 이루어 주니, 자신을 이룸은 인(仁)이고, 남을 이루어 줌은 지(智)이다. 이는 성(性)의 덕(德)으로 안과 밖을 합일하는 도(道)이다. 그러므로 이것을 자신에게서 얻으면 때에 맞게 조처하여 마땅함을 얻게 될 것이다. [誠者, 非自成己而已也, 所以成物也. 成己, 仁也, 成物, 知也, 性之德也. 合內外之道也, 故時措之宜也.]"

2) 義外: 『맹자(孟子)·고자(告子) 상(上)』 제4장, "고자가 말하였다. '식(食)과 색(色)은 성(性)입니다. 인(仁)은 내재적인 것이지, 외재적인 것이 아닙니다. 의(義)는 외적

인 것이지 내적인 것이 아닙니다. [告子曰: "食色, 性也. 仁, 內也, 非外也. 義, 外也, 非內也."]"

3) 集義: 『맹자(孟子)·공손추(公孫丑) 상(上)』 제2장, "이것은 의(義)를 모아서 생겨나는 것이지 의(義)가 엄습하여 가져오게 하는 것이 아니다. 행함에 마음에 만족하지 못하는 것이 있으면, 곧 궁핍하게 된다. 내가 그런 연유로 '고자는 일찍이 의(義)를 알지 못하였으니, 그는 의(義)를 밖에 있는 것으로 여겼기 때문이다.'라고 말하였다. [是集義所生者, 非義襲而取之也. 行有不慊於心, 則餒矣. 我故曰'告子未嘗知義, 以其外之也.'.]"

4) 性善: 『맹자(孟子)·등문공(滕文公) 상(上)』 제1장, "맹자는 (등문공滕文公에게) 사람의 본성은 선(善)하다는 것을 말하면서, 말을 할 때마다 반드시 요임금과 순임금을 예로 들었다. [孟子道性善, 言必稱堯舜.]"

5) 使得十二時: 『조주화상어록(趙州和尙語錄)』 제1권에 보인다. 조주 스님 자신은 시간의 굴레에 메어있지 않고, 시간을 초월하여 있다는 뜻으로 말하였다. "한 스님이 물었다. '십이시(十二時) 가운데에서 어떻게 마음을 쓰십니까?' 조주가 말하였다. '자네는 십이시(十二時)에 부림을 받지만, 노승(老僧)은 십이시(十二時)를 부린다. 자네는 어떤 시진(時辰)을 묻는 것이냐?' [問: "十二時中, 如何用心?" 師云: "你被十二時使, 老僧使得十二時. 你問那箇時?"]"『嘉興大藏經』第24冊·No.B137·趙州和尙語錄 第1卷(J24nB137_001).

6) 悟時轉法華: 원문은 '심오전법화(心悟轉法華)'이다. 『육조대사법보단경(六祖大師法寶壇經)』 제1권, "마음이 미혹하면 '법화(法華)'에 굴림을 당하고, 마음이 깨어있으면 (내가) '법화(法華)'를 굴린다. 경을 외운 지 오래되었어도 (뜻에) 밝지 못하면, 그 경의(經義)와 원수를 이룬다. 생각이 없으면 그 생각이 바르게 되고, 생각이 있으면 그 생각이 삿되게 된다. 생각이 있고 없음을 모두 헤아리지 않으면, 흰소가 끄는 수레를 오랫동안 타게 되리라. [心迷法華轉, 心悟轉法華, 誦經久不明, 與義作讎家. 無念念卽正, 有念念成邪, 有無俱不計, 長御白牛車.]"『大正新脩大藏經』第48冊·No.2008·六祖大師法寶壇經 第1卷(T48n2008_001).

【藕師注】 '의가 함께 따른다. [義之與比]'는 것이 바로 이른바 "때에 맞게 조처함이 마땅한 것이다. [時措之宜]"라는 것이니, 모름지기 격물(格物)과 신독(愼獨)으로부터 와야 한다. 만약 (내가) 의(義)를 따르고자 한다면, 곧 적(適)하고 막(莫)하게 된다. 의(義)가 와서 나를 따라야 바야흐로 적(適)하고 막(莫)한 자리가 없게 됨을 보게 된다. 의(義)를 따르면 (내가) 의(義)에 쓰임을 당하고, 의(義)가 (나를) 따르면 능히 의(義)를 쓸 수 있다. 의(義)를 따르는 것은 고자(告子)의 '의(義)

가 밖에 있다.'라는 주장과 같은 것이니 곧 습취(襲取; 엄습掩襲하여 취取하는 것)를 이루고, 의(義)가 (나를) 따르는 것은 맹자의 의(義)를 모으는다는 것이니 곧 '성선(性善; 성性이 선善한 것)'이다. 마땅히 조주(趙州) 스님의 '노승은 십이시(十二時)를 부린다. [使得十二時]'라는 것과 『단경(壇經)』에서 '마음이 깨어 있을 때 (내가)「법화(法華)」를 굴린다. [悟時轉法華]'라는 것을 아울러 참조해서 보아야만 한다.

「4-11」 子曰: "君子懷德, 小人懷土, 君子懷刑, 小人懷惠."

「4-11」 공자가 말하였다. "군자는 덕(德)을 생각하고 소인은 전토(田土)를 생각하며, 군자는 법(法)을 생각하고 소인은 혜택(惠澤)을 생각한다."

【藕師注】　見德者不見有土, 見土者不見有德. 見法者不見有惠, 見惠者不見有法. 此皆獨喩於懷, 不可以告人者, **譬如飮水, 冷暖自知**[1]而已.

【注釋】

1) 譬如飮水, 冷暖自知: 원문은 "여인음수(如人飮水), 냉난자지(冷暖自知)."이다. 『달마대사혈맥론(達磨大師血脈論)』 제1권에 보인다. 『달마대사혈맥론(達磨大師血脈論)』은 중국 선종의 초조인 달마 대사의 법문을 기록한 선어록이다. "도는 본디 원만하게 성취되어 있으니, 닦고 증득할 것이 없다. 도는 소리와 형상이 아니니 미묘하여 보기가 어렵다. 마치 어떤 사람이 물을 마심에 차가운지 뜨거운지를 자신은 알아도 남에게는 말해줄 수 없는 것과 같다. [道本圓成, 不用脩證. 道非聲色, 微妙難見. 如人飮水, 冷暖自知, 不可向人說也.]" 『卍新纂大日本續藏經』 第63冊·No.1218·達磨大師血脈論 第1卷(X63n1218_001).

【藕師注】　덕(德)을 보는 자는 전토(田土)가 있는 것을 보지 못하고, 전토

(田土)를 보는 자는 덕(德)이 있는 것을 보지 못한다. 법(法)을 보는 자는 혜택(惠澤)이 있다는 것을 보지 못하고, 혜택(惠澤)을 보는 자는 법(法)이 있다는 것을 보지 못한다. 이는 모두 다만 마음속으로만 아는 것이요 남에게 알려줄 수 없는 것이니, 비유하자면 물을 마실 때 차가운지 따뜻한지를 자신만이 아는 것과 같은 것이다.

「4-12」子曰: "放於利而行, 多怨."

「4-12」공자가 말하였다. "이(利)에 따라서 행하면 원망이 많다."

【藕師注】　卓吾云: "何利之有?"[1]

【注釋】

1) 何利之有: 『논어평·이인』 제12장, "[評] 何利之有?" 앞의 책, 111면.

【藕師注】　이탁오는 이렇게 말하였다. "무슨 이익이 있겠는가?"

「4-13」子曰: "能以禮讓爲國乎? 何有? 不能以禮讓爲國, 如禮何?"

「4-13」공자가 말하였다. "예와 겸양으로써 나라를 다스릴 수 있는가? 그러면 무슨 어려움이 있겠는가? 예와 겸양으로써 나라를 다스리지 못한다면 예를 어찌하겠는가?"

【藕師注】 能以禮讓, 不但用得禮, 亦爲得國, 不能以禮讓爲國, 不但治不得國, 亦用不得禮.

【藕師注】 예와 겸양으로써 나라를 다스릴 수 있다면, 비단 예를 얻을 뿐만 아니라 또한 나라를 얻을 수 있다. 예와 겸양으로써 나라를 다스리지 못한다면, 비단 나라를 다스리지 못할 뿐만 아니라 또한 예를 써보지도 못한다.

「4-14」子曰: "不患無位, 患所以立, 不患莫己知, 求爲可知也."

「4-14」 공자가 말하였다. "지위가 없는 것을 근심하지 말고 어떻게 하면 그 지위에 설 수 있을까를 근심하며, 자기를 알아주지 않는 것을 근심하지 말고 (자기 스스로) 남에게 알려질 만한 사람이 되기를 구해야 한다."

【藕師注】 此對治悉檀,[1] 亦阿伽[2]良藥也.

【注釋】

1) 對治悉檀: 부처의 설법 방식인 '사실단(四悉檀)' 가운데 하나이다. 김정희는 그의 논문에서 '사실단(四悉檀)'을 다음과 같이 설명하였다. "부처가 네 가지 방식을 통해 중생에게 가르침을 베풀었기 때문에 '실단(悉檀)'이라고 했다. 사실단은 1) 세계실단(世界悉檀)이다. 부처가 범부의 희망에 따라 세계의 법을 설해, 듣는 사람을 기쁘게 하는 방법이다. 2) 위인실단(爲人悉檀)이다. 사람의 근기에 따라 각자에게 상응하는 법을 설하여 선을 행하게 하는 방법이다. 3) 대치실단(對治悉檀)이다. 중생의 병을 치료하기 위한 설명 방식이다. 4) 제일의실단(第一義悉檀)이다. 중생의 능력이 성숙한 때 제법의 실상을 설하여 참된 깨달음으로 인도하는 설명 방법이다. 지의(智顗)에 따르면, 위의 세 가지 설명 방식은 각각이 사실단을 모두 갖추고 있다." – 김정희, 「지의『마하지관』」, 앞의 논문, 72면.

2) 阿伽: '아가타약(阿伽陀藥)'을 가리킨다. 당(唐)나라 혜림(慧琳)이 찬(撰)한 『일체경음의(一切經音義)』제26권에서 '아가타약(阿伽陀藥)'을 다음과 같이 풀이하였다. "아가타약(阿伽陀藥): '병이 없음'이라고 이르거나 혹은 '불사(不死)의 약(藥)'이라고 이른다. '널리 제거한다.'라고 번역하니, '중생의 병이 모두 제거된다.'라고 말한 것이다. [阿伽陀藥: 此云無病, 或云不死藥. 有翻爲普除去, 謂衆病悉除去也.]" 『大正新脩大藏經』第54冊·No.2128·一切經音義 第26卷(T54n2128_026).

【藕師注】 이것은 대치실단(對治悉檀)이요, 또한 아가(阿伽) 같은 양약이다.

「4-15」子曰: "參乎! 吾道一以貫之." 曾子曰: "唯." 子出. 門人問曰: "何謂也?" 曾子曰: "夫子之道, 忠恕而已矣."

「4-15」공자가 말하였다. "삼(參)아! 나의 도(道)는 하나로써 관철하는 것이다." 증자가 말하였다. "예." 공자가 나가자 문인들이 물었다. "무엇을 말씀하신 것입니까?" 증자가 말하였다. "선생님의 도(道)는 충(忠)과 서(恕)일 뿐이니라."

【藕師注】 此切示下手工夫, 不是印證, 正是指點初心須向一門深入耳. 忠恕眞實貫得去, 亦是有個省處, 乃能如此答話. 然不可便作傳道看. 顏子旣沒, 孔子之道的無正傳, 否則兩歎**今也則亡**,[1] 豈是誑語?

【注釋】

1) 今也則亡: 공자는 『논어(論語)·옹야(雍也) 제육(第六)』제3장과 『논어(論語)·선진(先進) 제십일(第十一)』제6장에서 "지금은 없다. [今也則亡.]"라고 두 번 말하였다. "「6-3」애공이 '제자 중에 누가 배우기를 좋아합니까?'하고 묻자, 공자가 대답하

였다. '안회라는 제자가 배우기를 좋아하여 노여움을 남에게 옮기지 않고 같은 잘못을 다시 되풀이하지 않았는데, 불행히 명이 짧아 죽었습니다. 지금은 없으니, 배우기를 좋아하는 자가 있다는 말을 아직 듣지 못하였습니다.' [哀公問: "弟子孰爲好學?" 孔子對曰: "有顔回者好學, 不遷怒, 不貳過, 不幸短命死矣. 今也則亡, 未聞好學者也."] / 「11-6」계강자가 '제자 중에 누가 배우기를 좋아합니까?'하고 묻자, 공자가 대답하였다. '안회라는 자가 배우기를 좋아했었는데 불행히도 수명이 짧아 죽었습니다. 지금은 없습니다.' [季康子問: "弟子孰爲好學?" 孔子對曰: "有顔回者好學, 不幸短命死矣, 今也則亡."]"

【藕師注】　이것은 시작하는 공부임을 절실히 보인 것이지 인증한 것이 아니니, 바로 초심으로 모름지기 일문(一門)을 향하여 깊이 들어가야만 한다는 것을 가리킨 것이다. 충서(忠恕)를 진실하게 꿰뚫어 나아가면 또한 깨닫는 자리가 있어서 이에 이처럼 대답할 수가 있다. 그러나 곧장 도(道)를 전한 것으로 보아서는 안 된다. 안자가 죽고 나자 공자의 도(道)는 전혀 정전(正傳)이 없게 되었으니, 그렇지 않다면 공자가 "지금은 없습니다."라고 두 번 탄식하였던 것이 어찌 남을 속이는 말이 아니겠는가?

【補注】　一者不變之體, 自二而十而百而千而萬, 乃至無量數, 皆隨緣之用, 其體皆一也. 全性起修, 全修顯性,[1] 故曰'一以貫之.'.

【注釋】

1) 全性起修, 全修顯性: 지욱 대사가 찬술하고 도방(道昉) 법사가 참정(參訂)한 『대불정여래밀인수증요의제보살만행수능엄경문구(大佛頂如來密因修證了義諸菩薩萬行首楞嚴經文句)』 제4권에 유사한 구절이 보인다. "'묘삼마제(妙三摩提)'는 곧 '대불정수능엄삼매(大佛頂首楞嚴王三昧)'이다. 본성을 온전히 하여 수행을 일으키고, 수행을 온전히 하는 것은 본성에 달려 있다. 그러므로 '묘수(妙修)'라고 이름한다. 덕(德)에 공(功)이 있으니, 성덕(性德)이 바야흐로 드러난다. 그러므로 모름지기 피로하여 싫증 나는 것을 만들지 말아야 한다. 본각(本覺)으로부터 시각(始覺)을 일으킨다. 그러므로 초심이 드러난다. [妙三摩提者, 卽大佛頂首楞嚴王三昧. 全性起修, 全修在性故, 名爲妙修. 德有功, 性德方顯故, 須不生疲倦. 從本覺而發始覺故, 名發覺初心.]" 『卍新纂大日本續藏經』 第13冊·No.285·楞嚴經文句 第4卷

(X13n0285_004).

【補注】　일(一)은 불변의 본체이다. 이(二)·십(十)·백(百)·천(千)·만(萬)에서 무량수(無量數)에 이르기까지는 모두 수연(隨緣)의 용(用)이나, 그 체(體)는 모두 하나이다. 본성을 온전히 해서 수행을 일으키고, 수행을 온전히 해서 본성을 드러내므로,[12] '일이관지(一以貫之)'라고 한 것이다.

【解說】　위 정문(正文)에 대해 주자는 『논어집주』에서 충서(忠恕)를 논하면서 "자기를 다하는 것을 충(忠)이라고 하고, 남의 마음을 자기 마음처럼 헤아리는 것을 서(恕)라 한다. [盡己之謂忠, 推己之謂恕.]"라고 풀이하였다. 더 나아가 "부자의 일리(一理)가 혼연하여 널리 응하고 곡진히 마땅함은, 천지(天地)가 지성무식(至誠無息)하여 만물이 각각 제자리를 얻음에 비유할 수 있다. [夫子之一理, 渾然而泛應曲當, 譬則天地之至誠無息, 而萬物各得其所也.]", "지성무식(至誠無息)'이란 도(道)의 만수(萬殊)가 일본(一本)인 까닭이요, '만물각득기소(萬物各得其所)'는 도(道)의 용(用)이니 일본(一本)이 만수(萬殊)가 되는 까닭이다. [蓋至誠無息者, 道之體也, 萬殊之所以一本也. 萬物各得其所者, 道之用也, 一本之所以萬殊也.]"라고 하였다. 여기서 주자는 체용론을 응용(應用)하여 '충(忠)'을 '도지체

---

12 '전성기수(全性起修), 전수현성(全修顯性≒全修在性).' 구절은 지욱 대사의 또 다른 저서 『주역선해(周易禪解)』 제1권에도 보인다. 최일범은 그의 논문에서 지욱 대사가 『주역(周易)·건(乾)·문언전(文言傳)』에 단 주석 '전성기수(全性起修), 전수현성(全修顯性).'에 관해 다음과 같이 설명하였다. "진여불성(眞如佛性)이 건괘(乾卦)의 지혜와 곤괘(坤卦)의 선정의 상대적 기틀을 온전하게 드러냄으로써 필연적으로 수증(修證)을 일으키는 것을 '전성기수(全性起修)', 혹은 '성필구수(性必具修)'라 하고, 이에 따라서 수증(修證)하는 사람도 역시 지혜와 선정을 중도에 따라 온전히 닦아 본성을 회복하는 것을 '전수현성(全修顯性)' 혹은 '이수합성(以修合性)'이라고 한다." - 최일범, 「『주역선해(周易禪解)』 연구 -성수불이론(性修不二論)을 중심으로-」, 『유교사상문화연구』 제29호, 2007, 212-213면 참조.

(道之體)'로, '서(恕)'를 '도지용(道之用)'으로 보고 나아가 리일만수설(理一萬殊說)까지 동원하여 설명하였다.[13] 한편, 양복자 강겸은 증자의 '충서(忠恕)'가 아닌 공자의 '일이관지(一以貫之)'의 '일(一)'을 '불변의 체(體)'로 보고 그다음으로 생성되는 숫자를 '수연(隨緣)의 용(用)'으로 보아, '수연(隨緣)의 용(用)'이 그 내면에 '불변의 체(體)'를 갖추고 있어서 '수연(隨緣)의 용(用)'이 곧 '불변의 체(體)'이고 '불변의 체(體)'가 곧 '수연(隨緣)의 용(用)'이라는 체용론으로 설명하였다. 주자와 강겸의 풀이는 서로 차이를 보인다.

「4-16」子曰: "君子喩於義, 小人喩於利."

「4-16」공자가 말하였다. "군자는 의(義)에 밝고, 소인은 리(利)에 밝다."

【藕師注】 '喩'字, 形容君子·小人心事, 曲盡其致. 喩義, 故利亦是義, 喩利, 故義亦是利. **釋門中發菩提心者, 世法亦成佛法, 名利未忘者, 佛法亦成世法,**[1) 可爲同喩.

【注釋】

1) 釋門中發菩提心者, 世法亦成佛法, 名利未忘者, 佛法亦成世法: 북송(北宋) 때 법안종(法眼宗)에 속하는 영명(永明) 연수(延壽, 904-975)가 지은 『종경록(宗鏡錄)』에 비슷한 구절이 보인다. "만약 지혜로써 관조(觀照)한다면 세법(世法)에 나아가서도 불법(佛法)을 이루지만, 정(情)으로써 집착한다면 불법(佛法)에 나아가서도 속세(俗世)의 법을 이룬다는 것을 알겠다. [是知若智照之, 卽世法而成佛法, 若以

---

13 김언종, 「정다산의 〈논어집주 (論語集註)〉 비판 (3)」, 『국제중국학연구』 제40권, 1999, 231면.

情執之, 卽佛法而成世法.]"『大正新脩大藏經』第48冊·No.2016·宗鏡錄 第23卷 (T48n2016_023).

【藕師注】 '유(喩)'자(字)가 군자와 소인의 심사(心事)를 아주 곡진하게 형용하고 있다. 의(義)에 밝아서 그러므로 리(利)가 또한 의(義)가 되고, 리(利)가 밝아서 그러므로 의(義)가 또한 리(利)가 된다. 불문(佛門) 중에서 보리심(菩提心)을 발한 자는 세법(世法)도 불법(佛法)이 되고, 명리(名利)를 잊지 못한 자는 불법(佛法)도 또한 세법(世法)이 된다고 하니, 같은 비유라고 할 수 있다.

「4-17」子曰: "見賢思齊焉, 見不賢而內自省也."

「4-17」 공자가 말하였다. "어진 이를 보면 그와 나란해지기를 생각하고, 어질지 못한 이를 보면 안으로 자신을 반성해야 한다."

【藕師注】 方是慚愧二字實義, 方是三人行必有我師,[1] 方可云盡大地無不是藥,[2] 此聖賢·佛祖總訣也.

【注釋】
1) 三人行必有我師: 『논어(論語)·술이(述而) 제칠(第七)』 제21장, "공자가 말하였다. '세 사람이 길을 가면 그 가운데 반드시 나의 스승이 있으니, 착한 사람을 가려서 따르고, 착하지 못한 사람은 거울로 삼아 고쳐야 한다.' [子曰: "三人行, 必有我師焉. 擇其善者而從之, 其不善者而改之."]"
2) 盡大地無不是藥: 명(明)나라 여미(黎眉) 등이 편찬(編纂)한 『교외별전(敎外別傳)』 제16권에 다음과 같은 내용이 있다. "문수보살(文殊菩薩)이 하루는 선재동자(善財童子)에게 약초(藥草)를 캐어 오라고 하면서 말하였다. '약초를 캐어 가지고 오렴.' 선재동자가 대지(大地)를 두루 관찰하니 약초가 아닌 것이 없었다. 곧 와

서 아뢰었다. '약초가 아닌 것이 없었습니다.' 문수보살이 말하였다. '약초를 캐어 가지고 오렴.' 선재동자가 마침내 지상(地上)에서 한 줄기 풀을 집어서 문수보살에게 드리니, 문수보살이 풀을 들고 대중에게 보이며 말하였다. '이 약초가 또한 능히 사람을 죽일 수 있고, 또한 능히 사람을 살릴 수 있다.' [文殊菩薩一日令善財採藥曰: "是藥者採將來." 善財遍觀大地無不是藥. 却來白云: "無有不是藥者." 殊曰: "是藥者採將來." 善財遂於地上, 拈一莖草, 度與文殊. 殊接得示衆曰: "此藥, 亦能殺人, 亦能活人."]『卍新纂大日本續藏經』第84冊·No.1580·敎外別傳 第16卷 (X84n1580_016).

【蕅師注】 바로 '참(慚; 자신의 잘못을 부끄러워함)'·'괴(愧; 남의 잘못을 부끄러워함)' 두 글자의 진짜 뜻이요, 바로 '세 사람이 길을 가면 그 가운데 반드시 나의 스승이 있다.'라고 하는 것이요, "대지(大地) 가득 약(藥)이 아닌 것이 없다."라고 하는 것이니, 이것이 성현(聖賢)과 불조(佛祖)의 종지이다.

「4-18」子曰: "事父母, 幾諫. 見志不從, 又敬不違, 勞而不怨."

「4-18」공자가 말하였다. "부모를 섬길 때는 은미하게 간해야 한다. 부모의 뜻이 따라주지 않은 것을 보더라도, 또 공경하여 어기지 않으며 수고롭더라도 원망하지 않는다."

【蕅師注】 始終只一幾諫. 幾諫只是敬父母, 故期之以聖賢. 不違不怨, 只是到底敬父母.

【蕅師注】 처음부터 끝까지 다만 한결같이 은미하게 간해야 한다. 은미하게 간하는 것은 다만 부모를 공경하는 것이니, 그러므로 (부모가) 성현

이 되기를 기약하는 것이다. '불위(不違)'와 '불원(不怨)'은 다만 끝까지 부모를 공경하는 것이다.

「4-19」子曰: "父母在, 不遠遊, 遊必有方."

「4-19」공자가 말하였다. "부모님이 살아계실 때는 멀리 가서 노닐어서는 안 된다. 놀러 갈 때 반드시 법도가 있어야 한다."

【藕師注】 方, 法也. 爲法故, 遊不爲餘事也. '不遠遊'句, 單約父母在說, 遊必有方, 則通於存沒矣.

【藕師注】 '방(方)'은 '법도'이다. 법도이기 때문에 노니는 것이 여사(餘事)가 되지 않는다. '불원유(不遠遊)' 구(句)는 다만 오직 부모님이 살아계실 때만을 준거하여 말한 것이고, '유필유방(遊必有方)'은 부모님이 살아계실 때나 돌아가셨을 때나 다 통하는 것이다.

【補注】 所事非主, 所學非師, 所交非友, 所行非義, 皆非方也. 遊必有方, 所以慰親心也.

【補注】 섬기는 사람이 바른 주인이 아니요, 배우는 사람이 바른 스승이 아니요, 사귀는 사람이 바른 벗이 아니요, 행하는 바가 바른 의리(義理)가 아니라면, 모두 법도가 아닌 것이다. 놀러 갈 때 반드시 법도가 있어야 한다는 것이 부모님의 마음을 안심시키는 조건이 된다.

「4-20」子曰: "三年無改於父之道, 可謂孝矣."[1]

【注釋】

1) 子曰-可謂孝矣: 『논어(論語)·학이(學而) 제일(第一)』 제11장에서 이미 나왔다.

「4-20」 공자가 말하였다. "3년의 거상(居喪) 동안 부친이 (정해놓았던) 방법을 고침이 없어야 효(孝)라 이를 만하다."

「4-21」子曰: "父母之年, 不可不知也. 一則以喜, 一則以懼."

「4-21」 공자가 말하였다. "부모님의 나이를 알고 있지 않으면 안 되니, 한편으로는 그 때문에 기쁘고 한편으로는 그 때문에 두렵다."

【藕師注】 喜·懼處正是知處. 不喜不懼, 便是不知.

【藕師注】 기뻐하고 두려워하는 자리가 바로 아는 자리이다. 기뻐하지 않고 두려워하지 아니하면, 곧 알지 못하는 것이다.

【補注】 知父母恩深, 生死事大, 親愛別離, 無能免者, 安得不懼? 大慈菩薩偈云: "骨肉恩情相愛, 難期白首團圓. 幾多強壯亡身, 更有嬰孩命盡. 勸念阿彌陀佛, 七寶池中化生. 聚會永無別離, 萬劫長生快樂."[1]

1) 骨肉恩情相愛-萬劫長生快樂: 『용서증광정토문(龍舒增廣淨土文)』 제6권에 보인다. 『大正新脩大藏經』 第47冊·No.1970·龍舒增廣淨土文 第6卷(T47n1970_006).

【補注】　부모의 은혜는 깊고 생사(生死)의 일은 크며 친애하는 사람과 이별하는 것을 능히 면할 수 없다는 것을 아니, 어찌 두렵지 않을 수 있겠는가? 대자보살(大慈菩薩)의 게송에서 말하였다. "골육(骨肉)은 은정(恩情)으로 서로를 아끼지만, 백수(白首)로 단란하게 모여 살기를 기약하기는 어렵구나. 허다한 사람이 한창 건장할 때 죽었고, 또 명(命)이 다한 어린 아기가 있었네. 권하노니 아미타불(阿彌陀佛)을 외워서 칠보(七寶)로 장식된 연못에 화생(化生)하여, 서로 만나 영원히 이별 없이 만겁토록 즐겁게 장생하세나."

「4-22」 子曰: "古者言之不出, 恥躬之不逮也."

「4-22」 공자가 말하였다. "옛날에 말을 함부로 하지 않은 것은 몸소 실천함이 미치지 못하는 것을 부끄러워해서였다."

【藕師注】　爲之難, 言之得無訒乎?[1]

【注釋】

1) 爲之難, 言之得無訒乎: 『논어(論語)·안연(顏淵) 제십이(第十二)』 제3장, "사마우가 인(仁)에 관해 물었다. 공자가 말하였다. '인자(仁者)는 그 말하는 것이 어눌하다.' 사마우가 말하였다. '말하는 것이 어눌하면, 곧 인(仁)이라 이를 수 있습니까?' 공자가 말하였다. '몸소 실천함이 어려운 것이니, 그 말하는 것에 어눌함이 없을 수

있으랴?' [司馬牛問仁, 子曰: "仁者其言也訒." 曰: "其言也訒, 斯謂之仁矣乎?" 子曰: "爲之難, 言之得無訒乎?"]"

【藕師注】 몸소 실천하는 것이 어려운 것이니, 그 말하는 것이 어눌하지 않을 수 있으랴?

「4-23」子曰: "以約失之者鮮矣."

「4-23」공자가 말하였다. "절제함으로써 실수하는 경우는 적다."

【藕師注】 觀心爲要.

【藕師注】 마음을 관조(觀照)하는 것이 요점이 된다.

「4-24」子曰: "君子欲訥於言而敏於行."

「4-24」공자가 말하였다. "군자는 말은 어눌하고, 실행은 민첩하고자 한다."

【藕師注】 訥言·敏行, 只是一事, 觀'欲'字·'而'字便知.

【藕師注】 '눌언(訥言)'과 '민행(敏行)'은 다만 한 가지 일이니, '욕(欲)' 자(字)와 '이(而)' 자(字)를 보면, 곧 알게 된다.

「4-25」子曰: "德不孤, 必有鄰."

「4-25」공자가 말하였다. "덕(德)이 있는 사람은 외롭지 않으니, 틀림없이 이웃이 있을 것이다."

【藕師注】 千里比肩, 百世接踵. 卓吾云: "有一善端, 衆善畢至."[1] 方外史曰: "此約**觀心釋**[2]也."

【注釋】

1) 有一善端, 衆善畢至: 『논어평(論語評)·리인(里仁) 제사(第四)』제25장, 원문의 내용과는 조금 차이가 있으나 뜻은 같다. "[評] 有一善端, 善畢至矣." 앞의 책, 116면.
2) 觀心釋: 지욱 대사가 저술한 불경주석서 중 『금강경관심석(金剛經觀心釋)』이 있다.

【藕師注】 천리(千里)를 늘어선 사람들의 어깨와 맞닿고 백대(百代)의 사람들이 잇달아 좇아온다. 이탁오는 이렇게 말하였다. "하나의 선(善)한 단서가 있으면, 여러 선(善)한 것이 모두 모인다."
　방외사는 말한다. "이것은 『금강경관심석(金剛經觀心釋)』을 요약한 것이다."

「4-26」子遊曰: "事君數, 斯辱矣, 朋友數, 斯疏矣."

「4-26」자유가 말하였다. "임금을 섬기면서 자주 간하면 욕을 당하고, 붕우 사이에 자주 충고하면 소원(疏遠)해진다."

【藕師注】 辱則不能事其君, 疏則不能交其友. 不數正是納忠盡誼之法, 非爲求榮求親而已, 亦非當去當止之謂.

【藕師注】 욕을 당하면 능히 그 임금을 섬길 수 없고, 소원(疏遠)해지면 능히 그 벗을 사귈 수 없다. 자주 간하지 않는 것이 바로 충(忠)을 받아들이고 정의(情誼)를 극진하게 하는 법이다. (이는) 영리를 구하고 친애를 구함을 위하는 것이 아닐뿐더러, 또한 '임금을 섬김에 간언이 실행되지 않으면 마땅히 떠나가고, 벗을 인도함에 착한 말이 받아들여지지 않으면 마땅히 그쳐야 함'을 이른 것도 아니다. ◎

【解說】 상기한 지욱 대사의 풀이는 주자가 『논어집주』에서 인용한 호씨의 말을 비판한 것이다. 호씨는 "임금을 섬김에 간언이 실행되지 않으면 마땅히 떠날 것이요, 벗을 인도함에 착한 말이 받아들여지지 않으면 마땅히 그만둘 것이다. (그렇지 않고 자주 타일러서) 번거롭고 너저분한 데 이르게 되면 말한 자는 경박해지고, 듣는 자는 싫증을 낸다. 이 때문에 영달을 구하려다가 도리어 치욕을 당하고, 친애를 구하려다가 도리어 소원(疏遠)해진다. [事君, 諫不行則當去, 導友, 善不納則當止. 至於煩瀆, 則言者輕, 聽者厭矣. 是以求榮而反辱, 求親而反疏也.]"라고 풀이하였다. 즉, 지욱 대사는 간언과 충고를 자주 하지 않는 까닭은 바로 충(忠)을 받아들이고 정의(情誼)를 극진하게 하는 법이기 때문이지, 영리를 구하고 친애를 구하는 데 있지 않다고 본 것이다.

【公冶長 第五】

「5-1」子謂公冶長: "可妻也, 雖在縲絏之中, 非其罪也." 以其子妻
之. 子謂南容: "邦有道, 不廢, 邦無道, 免於刑戮." 以其兄之子妻
之.

「5-1」공자가 제자 공야장을 평하기를 "사위로 삼을 만하다. 비록 포승
에 묶여 옥중에 있었으나 그의 죄가 아니었다."라고 하고, 자기 딸을 그
에게 시집보냈다. 공자가 제자 남용을 평하기를 "나라에 도(道)가 있을
때는 버려지지 않을 것이요, 나라에 도(道)가 없을 때는 형벌을 면할 것
이다."라고 하고, 형의 딸을 그에게 시집보냈다.

【藕師注】 曰非其罪, 曰免於刑戮, 只論立身, 不論遇境, 今人還知此
意否?

【藕師注】 "그의 죄가 아니었다."라고 말하고 "형벌을 면할 것이다."라
고 말한 것은 단지 '입신(立身)'을 논한 것이요, 경계를 만난 것을 논한 것
이 아니다. 요즘 사람들이 다시 이러한 뜻을 알겠는가?

「5-2」子謂子賤: "君子哉若人! 魯無君子者, 斯焉取斯?"

「5-2」공자가 자천을 평하였다. "군자답다, 이 사람이여! 노(魯)나라에 군

자가 없건마는, 이 사람이 어떻게 이러한 덕(德)을 이루었는가?"

【藕師注】 卓吾云: "把子賤來做一尊賢取友的榜樣, 非特贊子賤已也."[1]

【注釋】

1) 把子賤來做一尊賢取友的榜樣, 非特贊子賤已也: 『논어평(論語評)·공야장(公冶長) 제오(第五)』제2장, 원문의 내용과 조금 차이가 있으나, 뜻은 같다. "[評] 把子賤來做一尊賢取友的樣子, 非徒贊子賤已也." 앞의 책, 118면.

【藕師注】 이탁오는 이렇게 말하였다. "자천을 두고서 현인을 높여 벗을 취한 모양이요, 특별히 자천을 칭찬한 것은 아니다."

【補注】 爲政在得人, 自用則小. 子賤尊賢取友, 故鳴琴而治, 誠君國子民者之榜樣也. 魯無君子者, 謂在上位而不能尊賢取友, 則皆竊位之小人也. 斯焉取斯者, 嘆魯不能用子賤相一國, 而使之沈淪於下邑也. 魯之君臣知孔子聖人而不能用, 豈得謂有君子乎!

【補注】 정치를 하는 것은 사람을 얻는 데 달려 있으니, 자기를 쓰는 것은 작은 것이다. 자천이 현인을 높여서 벗을 취하였기 때문에 금(琴)을 타면서도 고을이 잘 다스려졌으니, 진실로 군국(君國)과 자민(子民)의 본보기였다. '노(魯)나라에 군자가 없다. {노무군자(魯無君子)}'라는 것은, 윗자리에 있으면서도 능히 현인을 높여서 벗을 취하지 못하였으니 모두 벼슬자리를 훔친 소인배임을 이른 것이다. '이 사람이 어떻게 이러한 덕(德)을 이루었는가? {사언취사(斯焉取斯)}'라는 것은, 노(魯)나라가 자천을 등용하여 일국(一國)을 돕게 하지 못하고 하읍(下邑)에서 침륜(沈淪) 하도록

내버려 둔 것을 탄식한 것이다. 노(魯)나라의 군신들이 공자가 성인인 것을 알고서도 능히 등용하지 못하였으니, 어찌 군자가 있었다고 말할 수 있겠는가!

【解說】 　　주자는 『논어집주』에서 이 장을 지욱 대사와 전혀 다르게 풀이하였다. 주자는 "자천은 아마도 어진 이를 존경하고 훌륭한 벗을 취하여 그 덕(德)을 이룬 사람인 듯하다. 그러므로 부자가 이미 그의 어짊을 찬탄하고 다시 '노(魯)나라에 군자가 없었다면 이 사람이 어디에서 취하여 이러한 덕(德)을 이루었겠는가?'라고 말하였으니, 이로 인하여 노(魯)나라에 군자가 많음을 나타낸 것이다. [子賤蓋能尊賢取友, 以成其德者. 故夫子旣歎其賢, 而又言'若魯無君子, 則此人何所取以成此德乎?' 因以見魯之多賢也.]"라고 하여, '노무군자자(魯無君子者)'를 가정형으로 보아 '노(魯)나라에 군자가 없었다면'이라고 풀이하였다.

「5-3」子貢問曰: "賜也何如?" 子曰: "女, 器也." 曰: "何器也?" 曰: "瑚璉也."

「5-3」자공이 물었다. "저는 어떻습니까?" 공자가 말하였다. "너는 그릇이다." 자공이 물었다. "어떤 그릇입니까?" 공자가 말하였다. "호(瑚)와 련(璉)이다."

【藕師注】 　卓吾批問處云: "**也自負.**"[1] 方外史曰: "只因子貢自負, 所以但成一器, 不能到**君子不器**[2]地位."

【注釋】

1) 也自負: 『논어평(論語評)·공야장(公冶長) 제오(第五)』 제3장, "知己. {旁批: 也自負.}" 앞의 책, 118면.
2) 君子不器: 『논어(論語) · 위정(爲政) 제이(第二)』 제12장, "공자가 말하였다. '군자는 용도가 정해진 그릇으로 국한되지 않는다.' [子曰: "君子不器."]"

【藕師注】　이탁오(李卓吾)가 자공이 질문한 당처(當處)를 주석하기를, "이 또한 자부심."이라고 하였다.

　　방외사는 말한다. "단지 자공이 자부하였기 때문에 겨우 하나의 그릇을 이루었을 뿐이다. '군자불기(君子不器)'의 수준에는 도달할 수 없었다."

「5-4」 或曰: "雍也仁而不佞." 子曰: "焉用佞? 禦人以口給, 屢憎於人. 不知其仁, 焉用佞?"

「5-4」 어떤 사람이 말하였다. "옹(雍)은 인(仁)하나 말재주가 없습니다." 공자가 말하였다. "말재주를 어디에다 쓰겠는가? 말재주 있는 사람은 구변(口辯)으로 남의 말을 막아서 자주 남에게 미움을 받는다. (말재주 있는 자는 본래 인리仁理를 갖추고 있으나) 온전히 스스로 알지 못하니, 말재주를 어디에다 쓰겠는가?"

【藕師注】　不知其仁, 謂佞者本具仁理而全不自知, 可見佞之爲害甚也.

【藕師注】　'부지기인(不知其仁)'은 말재주 있는 자가 본래 인리(仁理)를 갖추고 있으나 온전히 스스로 알지 못하는 것을 이르니, 말재주의 해로

움이 심한 것을 알 수 있다.

【補注】　晉中行穆伯攻鼓, 經年而不能下. 饋間倫曰: "鼓之嗇夫, 間倫知之, 請無疲士大夫而鼓可得." 穆伯不應. 左右曰: "不折一戟, 不傷一卒, 而鼓可得, 君奚爲不取?" 穆伯曰: "間倫之爲人也, 佞而不仁. 若間倫下之, 吾不可以不賞. 賞之是賞佞人也. 佞人得志, 是使晉國之士捨仁而爲佞, 雖得鼓, 將何用之? 不仁可以亡國, 何有於鼓?"[1] 故孔子曰: "惡紫之奪朱也, 惡鄭聲之亂雅樂也, 惡利口之覆邦家者."[2] 焉用佞乎?

【注釋】

1) 晉中行穆伯攻鼓-不仁可以亡國, 何有於鼓: 『회남자(淮南子)·인간훈(人間訓)』, "賢主不苟得, 忠臣不苟利. 何以明之? 中行穆伯攻鼓, 弗能下. 餽間倫曰: '鼓之嗇夫, 間倫知之. 請無罷武大夫, 而鼓可得也.' 穆伯弗聽. 左右曰: '不折一戟, 不傷一卒, 而鼓可得也. 君奚爲弗使?' 穆伯曰: '間倫爲人, 佞而不仁. 若使間倫下之, 吾可以勿賞乎?' 穆伯曰: '間倫爲人, 佞而不仁. 若使間倫下之, 吾可以勿賞乎? 若賞之, 是賞佞人. 佞人得志, 是使晉國之武, 舍仁而從佞. 雖得鼓, 將何所用之!' 攻城者, 欲以廣地也, 得地不取者, 見其本而知其末也."
2) 惡紫之奪朱也, 惡鄭聲之亂雅樂也, 惡利口之覆邦家者: 『논어(論語)·양화(陽貨) 제십칠(第十七)』 제18장의 정문(正文)과 【蕅師注】를 참조할 것.

【補注】　"진(晉)나라의 중항목백이 고(鼓)를 공격하였는데, 해가 지나가도 능히 함락시키지 못하였다. 궤간륜(饋間倫)이 말하였다. '고(鼓)의 하급 관리들을 제가 알고 있습니다. 청하건대 사대부들을 피로하게 함이 없이도 고(鼓)를 얻을 수 있습니다.' 목백(穆伯)이 응하지 않았다. 좌우(左右)의 군사들이 말하였다. '한 자루의 창도 부러뜨리지 않고 한 명의 군사도 상하지 않고 고(鼓)를 얻을 수 있는데, 군(君)은 어찌하여 취하지 않습니까?' 중항목백이 말하였다. '간륜(間倫)의 사람됨이 말재주는 있으

나 인(仁)하지 못하다. 만약 간륜(間倫)이 함락시킨다면 나는 상(賞)을 주지 않을 수가 없으니, 상(賞)을 주는 것은 곧 말재주 있는 자에게 상(賞)을 주는 것이다. 말재주 있는 자가 뜻을 얻게 되면, 곧 진(晉)나라의 선비들에게 인(仁)을 버리고 아첨하게 한다. 비록 고(鼓)를 얻더라도 장차 어디에다 쓰겠는가? 인(仁)하지 못함이 나라를 망하게 할 수 있으니, 고(鼓)를 취함에 무슨 이로움이 있겠는가?'" 그러므로 공자가 말하였다. "나는 자주색(紫朱色)이 붉은 주색(朱色)을 빼앗는 것을 미워하며, 정(鄭)나라 음악이 아악(雅樂)을 어지럽히는 것을 미워하며, 말 잘하는 입이 나라를 전복시키는 것을 미워한다."

「5-5」子使漆雕開仕. 對曰: "吾斯之未能信." 子說.

「5-5」 공자가 칠조개에게 벼슬을 하도록 하였다. 그가 대답하였다. "저는 벼슬하는 것에 대해 아직 자신이 없습니다." (이 말을 듣고) 공자가 기뻐하였다.

【藕師注】 唯其信有斯事, 所以愈覺未能信也. 今之硬作主宰·錯下承當者, 皆未具信根故耳. 寡過未能, 聖仁豈敢? 旣不生退屈, 亦不增上慢, 其深知六卽¹⁾者乎!

【注釋】
1) 六卽: 천태(天台) 지의(智顗)가 저술한 『마하지관(摩訶止觀)』에서 설정한 깨달음의 단계이다. 아직 깨달음을 얻지 못했음에도 불구하고 깨달음을 얻었다고 하는 증상만(增上慢)을 일으키는 것을 막기 위해 여섯 단계의 계위{육즉(六卽)}를 설정하여 경고하였다. 증상만(增上慢)의 경계를 선정의 과정 중 거의 마지막 단계에 나

타나는 장애로 설명하는 이유는 증상만(增上慢)이 선정을 수행하는 과정에 빈번하게 일어날 뿐만 아니라 깨닫는 시기가 길어질수록 이러한 경향이 더욱 강해지기 때문이다. 육즉(六卽)은 이즉(理卽)·명자즉(名字卽)·관행즉(觀行卽)·상사즉(相似卽)·분진즉(分眞卽)·구경즉(究竟卽)이다. - 김정희, 「지의 『마하지관』」, 앞의 논문, 218면.

【藕師注】　오직 믿음만이 이 일에 있을 뿐이니, 이 때문에 그 스스로 아직 자신(自信)이 없다는 사실을 더욱더 깨달았다. 지금 무리하게 주재(主宰)를 하다가 잘못 착수하여 감당(堪當)하고 있는 것은 모두 신근(信根)을 갖추지 못하였기 때문이다. 허물을 줄이고자 해도 능히 하지 못하거늘, 성(聖)과 인(仁)을 어찌 감히 바라보겠는가? 퇴굴심(退屈心)을 내지 않았고 또한 상만심(上慢心)을 더하지 않았으니, 아마도 육즉(六卽)을 깊이 이해한 자였을 것이다!

「5-6」子曰: "道不行, 乘桴浮於海, 從我者, 其由與?" 子路聞之喜. 子曰: "由也好勇過我, 無所取材."

「5-6」공자가 말하였다. "도(道)가 행해지지 않으므로 뗏목을 타고 바다를 항해하려 하니, 나를 따라올 사람은 아마도 유(由; 자로子路)겠지?" 자로가 이 말을 듣고 기뻐하였다. 공자가 말하였다. "유(由)가 용맹을 좋아하는 것이 나보다 뛰어나지만, 취할 만한 재목(材木)은 없구나."

【藕師注】　正爲點醒子路而發, 非是歎道不行.

【藕師注】　바로 자로를 지적하여 깨닫게 해주기 위해서 발설(發說)한 것

이요, 도(道)가 행해지지 않음을 탄식한 것은 아니다.

「5-7」 孟武伯問: "子路仁乎?" 子曰: "不知也." 又問. 子曰: "由也, 千乘之國, 可使治其賦也, 不知其仁也." "求也何如?" 子曰: "求也, 千室之邑·百乘之家, 可使爲之宰也, 不知其仁也." "赤也何如?" 子曰: "赤也, 束帶立於朝, 可使與賓客言也, 不知其仁也."

「5-7」 맹무백이 물었다. "자로는 인(仁)합니까?" 공자가 말하였다. "모르겠다." 다시 묻자, 공자가 말하였다. "유(由)는 제후국의 군정(軍政)을 다스리게 할 수는 있지만, 그가 인(仁)한지는 모르겠다." "구(求; 염유冉有)는 어떻습니까?" 하고 묻자, 공자가 말하였다. "구(求)는 큰 읍(邑)의 읍장(邑長)이나 경대부(卿大夫) 집안의 가신이 되게 할 수는 있지만, 그가 인(仁)한지는 모르겠다." "공서적은 어떻습니까?" 하고 묻자, 공자가 말하였다. "공서적은 예복을 입고 조정에 서서 빈객을 맞이하게 할 수는 있지만, 그가 인(仁)한지는 모르겠다."

【藕師注】 此與下論'言志'[1]章參看, 便見夫子深知三人處.

【注釋】

1) 言志: 『논어(論語)·선진(先進) 제십일(第十一)』 제24장, "자로·증석·염유·공서화가 공자를 모시고 앉아 있었다. 공자가 말하였다. '내 나이가 너희들보다 다소 많다 하여, 나 때문에 말하기를 어려워하지 말아라. 너희들이 평소에 말하기를 「나를 알아주지 않는다!」라고 하였는데, 만일 혹시라도 너희들을 알아준다면 어떻게 하겠느냐?' 자로가 경솔하게 대답하였다. '천승(千乘)의 나라가 대국 사이에 끼어 있어서 군대의 침략을 받고 따라서 기근이 든다 하더라도, 제가 다스려서 3년 정도에 미치면 백성들을 용맹하게 하고 또 방소(方所)를 알게 할 수 있습니다.' 공

자가 손뼉을 치며 크게 웃었다. '구(求)야! 너는 어떠하냐?' 구(求)가 대답하였다. '사방 6-7십 리 혹은 5-6십 리쯤 되는 나라를 제가 다스린다면 3년 정도면 백성들을 풍족하게 할 수 있습니다. 예악(禮樂)에서는 군자를 기다리겠습니다.' '적(赤)아! 너는 어떠하냐?' 적(赤)이 대답하였다. '제가 능하다는 것이 아니라 좀 더 배우기를 원하는 것입니다. 종묘의 일과 또는 제후들이 회동할 때에 현단복(玄端服)과 장포관(章甫冠) 차림으로 작은 집례(執禮)가 되기를 원합니다.' '점(點)아! 너는 어떠하냐?' 증점이 슬(瑟)을 점점 드문드문 타다가 현외(絃外)의 여음(餘音)이 사라진 뒤에 슬(瑟)을 제자리에 놓고 일어나 대답하였다. '저는 세 사람의 뜻과는 다릅니다.' 공자가 말하였다. '무엇 때문에 근심하는가? 또한, 각자 자기 뜻을 말한 것이다.' 그러자 증점이 말하였다. '늦봄에 봄옷이 완성되고 나면, 관(冠)을 쓴 어른 5-6인과 동자 6-7인과 함께 기수(沂水)에서 목욕하고 무우(舞雩)에서 바람을 쐰 뒤에 시(詩)를 읊으며 돌아오겠습니다.' 부자가 '아!' 하고 감탄하며 말하였다. '나는 점(點)과 함께하겠다!' 세 사람이 나가고 증석이 뒤에 남아 있었다. 증석이 말하였다. '저 세 사람의 말이 어떻습니까?' 공자가 말하였다. '또한, 각자 제 뜻을 말했을 뿐이다.' 증석이 말하였다. '선생님께서는 무엇 때문에 유(由)를 보고 박장대소(拍掌大笑)하셨던 것입니까?' 공자가 말하였다. '나라를 다스림은 예(禮)로써 해야 하는데, 그의 말이 양보하지 않았다. 이 때문에 크게 웃었다. 구(求)가 말한 것은 나라를 다스리는 일이 아니겠냐? 사방 6-7십 리 또는 5-6십 리이면서 나라가 아닌 것을 어디에서 보겠느냐? 적(赤)이 말한 것은 나라를 다스리는 일이 아니겠냐? 종묘의 일과 회동하는 일이 제후의 일이 아니고 무엇이겠냐? 적(赤)이 작은 집례(執禮)가 된다면, 누가 능히 큰 정승이 될 수 있겠느냐?' [子路·曾晳·冉有·公西華侍坐. 子曰: "以吾一日長乎爾, 毋吾以也. 居則曰: '不吾知也!' 如或知爾, 則何以哉?" 子路率爾而對曰: "千乘之國, 攝乎大國之間, 加之以師旅, 因之以饑饉, 由也爲之, 比及三年, 可使有勇, 且知方也." 夫子哂之. "求, 爾何如?" 對曰: "方六七十, 如五六十, 求也爲之, 比及三年, 可使足民. 如其禮樂, 以俟君子." "赤, 爾何如?" 對曰: "非曰能之, 願學焉. 宗廟之事, 如會同, 端章甫, 願爲小相焉." "點, 爾何如?" 鼓瑟希, 鏗爾. 舍瑟而作, 對曰: "異乎三子者之撰." 子曰: "何傷乎? 亦各言其志也." 曰: "莫春者, 春服旣成, 冠者五六人, 童子六七人, 浴乎沂, 風乎舞雩, 詠而歸." 夫子喟然歎曰: "吾與點也!" 三子者出, 曾晳後. 曾晳曰: "夫三子者之言, 何如?" 子曰: "亦各言其志也已矣." 曰: "夫子何哂由也?" 曰: "爲國以禮, 其言不讓, 是故哂之. 唯求則非邦也與? 安見方六七十·如五六十而非邦也者! 唯赤則非邦也與? 宗廟會同, 非諸侯而何? 赤也爲之小, 孰能爲之大?"]"

【藕師注】 이 장(章)은 아래의 '언지(言志)'를 논한 장(章)과 참조해서 보아야만 부자가 세 사람의 입처(立處)를 깊이 알고 있었다는 것을 알 수 있다.

【補註】　子貢問曰: "賜也何如?" 子曰: "女, 器也." 曰: "何器也?" 曰: "瑚璉也."[1] 子貢與子路·冉求·公西華三子皆瑚璉也, 非不器之君子. 器者能有所偏, 量有所限. 無偏無限, 斯仁矣.

【註釋】

1) 子貢問曰-瑚璉也: 『논어(論語)·공야장(公冶長) 제오(第五)』 제3장, "자공이 물었다. '저는 어떻습니까?' 공자가 말하였다. '너는 그릇이다.' (자공이) 말하였다. '어떤 그릇입니까?' 공자가 말하였다. '호(瑚)와 련(璉)이다.' [子貢問曰: "賜也何如?" 子曰: "女器也." 曰: "何器也?" 曰: "瑚璉也."]"

【補註】　"자공이 '저는 어떻습니까?' 하고 묻자, 공자(孔子)가 '너는 그릇이다.'라고 하였다. '어떤 그릇입니까?' 하고 다시 묻자, '호(瑚)와 련(璉)이다.'라고 대답하였다." 자공은 자로·염구·공서화 세 사람과 더불어 모두 호련(瑚璉)이었으니, '불기(不器)'의 군자가 아니었다. 그릇은 용도에 치우친 바가 있고 분량에 한정되는 바가 있다. 치우침이 없고 한정됨이 없는 것이 바로 인(仁)이다.

「5-8」子謂子貢曰: "女與回也孰愈?" 對曰: "賜也何敢望回? 回也聞一以知十, 賜也聞一以知二." 子曰: "弗如也! 吾與女弗如也!"

「5-8」 공자가 자공에게 일러 말하였다. "너와 안회 가운데 누가 더 나으냐?" 자공이 대답하였다. "제가 어찌 감히 안회를 바랍니까? 안회는 하나를 들으면 열을 알지만, 저는 하나를 들으면 둘을 압니다." 공자가 말하였다. "너는 안회만 같지 못하다. 나는 네가 안회만 같지 못한 것을 인정한다!"

【蕅師注】 子貢之億則屢中是病, 顏子之不違如愚是藥, 故以藥病對拈, 非以勝負相形也. 子貢一向落在聞見知解窠臼, 却謂顏子聞一知十, 雖極贊顏子, 不知反是謗顏子矣. 故夫子直以'弗如'二字貶之, 蓋凡知見愈多, 則其去道愈遠. 幸而子貢只是知二, 若使知三知四, 乃至知十, 則更不可救藥. 故彼自謂弗如之處, 正是可與之處. 如此點示, 大有禪門殺活全機. 惜當機之未悟, 恨後儒之謬解也.

【蕅師注】 자공의 '억측해도 자주 들어맞음'은 병이요, 안자의 '가르침을 어기지 않는 것이 마치 어리석은 사람과 같았음'은 약이다. 그러므로 약과 병으로 상대하여 든 것이요, 승부(勝負)로써 서로 비교한 것은 아니다. 자공이 줄곧 듣고 아는 상투적인 지해(智解)에 빠져 있었기에 "안자는 하나를 들으면 열을 압니다."라고 말하였다. 비록 안자를 지극히 칭찬했으나 도리어 이것이 안자를 비방한 것임을 알지 못하였다. 그러므로 부자가 직접 '불여(弗如)' 두 글자로써 폄하한 것이다. 대개 지견(知見)이 더욱 많아질수록 도(道)와의 거리가 더욱 멀어진다. 다행히도 자공은 단지 둘을 알 뿐이었다. 만약 셋과 넷을 알고 내지 열을 알았다면 다시 약으로도 구제할 수 없었을 것이다. 그러므로 공자가 스스로 '안회만 같지 못하다.'라고 이른 자리는 바로 함께할 수 있는 자리이다. 이처럼 하나하나 지적하여 보였으니, 선문(禪門)의 죽이고 살리는 온전한 기틀이 두루 있었다. 중생이 깨닫지 못하는 것이 애석하고 후유(後儒)의 그릇된 주해가 한스럽구나! ◎

【補注】 二者數之對, **告往而知來,**[1] 見生而知滅, 對待知見也. 十者數之成, 知一即一切·一切即一, 即往來即無往來, 即無往來即一切往來, 即生滅即無生滅, 即無生滅即一切生滅, 不二法門也. 子貢於此蓋已能信解, 但行證不及顏淵耳,[2] 故孔子許其自知.

【注釋】

1) 告往而知來:『논어(論語)·학이(學而) 제일(第一)』제15장, "자공이 말하였다. '가난하면서도 아첨함이 없고, 부유하면서도 교만함이 없다면 어떻겠습니까?' 공자가 말하였다. '괜찮다. 그러나 가난하면서도 도(道)를 즐거워하고 부유하면서도 예(禮)를 좋아하는 자만 못한 것이다.' 자공이 말하였다. 『시경(詩經)』에서 이르기를, 「잘라놓은 듯하고 가는 듯하며 쪼아놓은 듯하고 간 듯하다.」라고 하였는데, 이것을 일러 말한 것인지요?' 공자가 말하였다. '사(賜)야, 비로소 너와 더불어 시(詩)를 말할 만하구나! 지나간 것을 알려주자, 앞으로 올 것을 아는구나.' [子貢曰: "貧而無諂, 富而無驕, 何如?" 子曰: "可也. 未若貧而樂, 富而好禮者也." 子貢曰: "詩云'如切如磋, 如琢如磨.', 其斯之謂與?" 子曰: "賜也, 始可與言『詩』已矣! 告諸往而知來者."]"

2) 子貢於此蓋已能信解, 但行證不及顏淵耳: 불교를 공부하는 방법은 '신(信)'·'해(解)'·'행(行)'·'증(證)'의 네 단계로 구분된다. '신(信)'은 믿음이니, 불(佛)·법(法)·승(僧) 삼보(三寶)를 믿고 귀의하는 것이다. '해(解)'는 부처님 가르침을 배우고 익히고 이해하는 것을 말한다. '행(行)'은 배운 내용을 실천에 옮기는 것을 말한다.

【補注】

둘은 수(數)의 대대(對待)이다. 지나간 것을 알려주자 앞으로 올 것을 알며, 태어남을 보고서 멸(滅)함을 아는 것은 대대(對待)의 지견(知見)이다. 열은 수(數)의 완성이다. 하나가 일체이며, 일체가 하나임을 안다. 왕래(往來)에 즉(卽)하고 왕래(往來) 없음에 즉(卽)하며, 왕래(往來) 없음에 즉(卽)하고 일체의 왕래(往來)함에 즉(卽)하며, 생멸(生滅)에 즉(卽)하고 생멸(生滅) 없음에 즉(卽)하며, 생멸(生滅) 없음에 즉(卽)하고 일체의 생멸(生滅)에 즉(卽)하니, 불이법문(不二法門)이다. 자공이 여기에서는 이미 능히 믿고 이해할 수 있었으나, 다만 행증(行證)은 안연에 미치지 못하였다. 그러므로 공자가 (자공이) 그 스스로 (분수分數를) 알고 있는 것을 허여하였다.

【解說】

본장(本章)은 지욱 대사가 주자의 『논어집주』풀이를 비판한 것이다. 주자는 이 장(章)에서 "자공이 평소에 자신을 안회에 견주어 따라갈 수 없음을 알았으므로, 비유하기를 이처럼 한 것이다. 부자는 자공이 자신을 앎이 분명하고 또 자기를 굽히는데 어렵게 여기지 않았으므로, 그의 말을 옳게 여기시고 또 거듭 허여하신 것이다. 자공은 이 때문에 끝내 성(性)과 천도(天道)에 대한 말씀을 듣게 되었으니, 비단 하나를 들으면 둘을 알뿐만이 아니었다. [子貢平日以己方回, 見其不可企及, 故喩之如此. 夫子以其自知之明而又不難於自屈, 故旣然之, 又重許之. 此其所以終聞性與天道, 不特聞一知二而已也.]"라고 주를 달았다. 지욱 대사는 공자가 자공에게 "너는 안회만 같지 못하다. 나는 네가 안회만 같지 못한 것을 인정한다."라고 말한 까닭에 대해서 자공이 평소 지견(知見)만 많고 실제로 실천하여 증득하는 것이 없었기 때문에 꾸짖었던 것으로 보았다. 즉, 병통이 있는 제자 자공을 구제하기 위해서 스승 공자가 위와 같이 말하였다는 것이다. 그런데 주자는 자공이 그 스스로 안회의 경지에 못 미치는 자기의 분수를 잘 알았으므로 공자가 허여했다는 관점에서 풀이하였기 때문에 지욱 대사가 이를 비판한 것이다.

「5-9」 宰予晝寢. 子曰: "朽木不可雕也, 糞土之牆不可杇也. 於予與何誅? 始吾於人也, 聽其言而信其行, 今吾於人也, 聽其言而觀其行. 於予與改是."

「5-9」 재여가 낮잠을 잤다. 공자가 말하였다. "썩은 나무는 조각할 수 없고, 썩은 흙으로 쌓은 담장은 흙손질할 수가 없다. 재여에 대해서 무엇을 꾸짖겠는가?" 처음에 나는 사람을 볼 때 그의 말을 듣고 그의 행실을 믿었는데, 이제 나는 사람을 볼 때 그의 말을 듣고 그의 행실을 살펴보게 되었다. 나는 재여 덕분에 이러한 잘못을 고치게 되었노라.”

【藕師注】 責宰我處, 可謂雪上加霜. 卓吾云: “乃牽聯春秋之筆.”[1]

【注釋】
1) 乃牽聯春秋之筆: 『논어평(論語評)·공야장(公冶長) 제오(第五)』 제9장에서 실제로
평한 내용과는 차이가 있다. “[評] ‘始吾於人’ 四語, 要知專爲宰予, 勿牽聯春秋
之世爲是.{‘시오어인(始吾於人)’ 네 글자는 오직 재여에게만 해당되는 말이요, 춘추시대에
이렇게 했다고 관련짓지 말아라.} 앞의 책, 121면.

【藕師注】 재아를 꾸짖은 자리이니, ‘설상가상(雪上加霜)’이라고 이를 만
하다. 이탁오는 이렇게 말하였다. “바로 『춘추』의 필법과 관련되어 있다.”

「5-10」子曰: “吾未見剛者.” 或對曰: “申棖.” 子曰: “棖也慾, 焉得
剛?”

「5-10」 공자가 말하였다. “나는 아직 강(剛)한 자를 보지 못하였다.” 어
떤 자가 대답하였다. “신정이 있습니다.” 공자가 말하였다. “신정은 욕심
스러우니, 어찌 강(剛)하다고 할 수 있겠는가?”

【藕師注】 只說棖是欲不是剛, 不可以剛與欲對辨, 以對欲說剛, 非
眞剛故.

【藕師注】 단지 신정(申棖)은 욕심이 있는 것이요 강(剛)한 것이 아니며
강(剛)과 욕(欲)으로써 상대하여 분변해서는 안 되니, 욕(欲)에 대하여 강

(剛)을 말하는 것은 진실로 강(剛)한 것이 아니기 때문임을 말하였다.

「5-11」子貢曰: "我不欲人之加諸我也, 吾亦欲無加諸人." 子曰: "賜也, 非爾所及也."

「5-11」자공이 말하였다. "저는 남이 저를 욕보이는 걸 원치 않고 저도 남을 욕보이고 싶지 않습니다." 공자가 말하였다. "사(賜)야, 네가 미칠 수 있는 바가 아니다."

【藕師注】　卓吾云: "推他上路."[1]

【注釋】

1) 推他上路: 『논어평(論語評)·공야장(公冶長) 제오(第五)』 제11장, "[評] 推他上路." 앞의 책, 122면.

【藕師注】　이탁오는 이렇게 말하였다. "그를 윗길로 밀어 올렸다."

「5-12」子貢曰: "夫子之文章, 可得而聞也, 夫子之言性與天道, 不可得而聞也."

「5-12」자공이 말하였다. "선생님의 문장은 들을 수 있었지만, 선생님께서 성(性)과 천도(天道)에 대해 말씀하시는 것은 들을 수 없었다."

【藕師注】 言性言天, 便成文章, 因指見月, 便悟性天. 子貢此言只得一半. 若知文字相卽**解脫相**,[1] 則聞卽無聞, 若知不可說法有因緣故亦可得說, 則無聞卽聞.

【注釋】

1) 解脫相: 서정형은 그의 논문에서 '무상관(無相觀)'을 설명하면서 '해탈상(解脫相)'에 대하여 다음과 같이 설명하였다. "육바라밀의 수행은 모두 본각과 같아서 본각의 상이 형상과 자성을 떠난 것과 같이 상이 없으며, 또한 닦음과 수행까지도 떠난 것이므로 수행이 없는 것이다. 해탈법도 그와 같아서 결박도 본래 없고 결박을 떠난 해탈도 없다. 육바라밀 자체가 해탈이고 열반이며, 형상도 수행도 없는 것이 해탈상이라면 움직임도 혼란도 없어서 적정한 것이 열반이다. 이것이 무상관(無相觀)의 궁극이다. 무상관은 밖으로 상이 본래 없음을 관하는 것이고, 밖으로 상이 없음을 알면 안으로 일어나는 마음도 없으므로 따로 무생행(無生行)을 세울 필요도 없는 것이지만 없는 마음이 없지도 않으므로 따로 설한 것이다. 무상관을 총괄하면 상이 있다는 견해에 머물지 말라는 것이나 또한 없음에도 머물지 말라는 것이고, 머물지 않음에도 머물지 않아서 끝내 취착(取著) 하는 것이 없다." – 서정형, 「토픽맵에 기초한, 철학 고전 텍스트들의 체계적 분석 연구와 디지털 철학 지식지도 구축─원효『금강삼매경론』」, 『철학사상』 별책 제7권 제2호, 서울대학교 철학사상연구소, 2006, 50면.

【藕師注】 '성(性)'을 말하고 '천(天)'을 말함은 곧 문장을 이루는 것이요, 손가락으로 인하여 달을 봄은 곧 '성(性)'과 '천(天)'을 깨닫는 것이다. 자공의 이 말은 단지 절반만을 얻었을 뿐이다. 만약 문자상(文字相)이 곧 해탈상(解脫相)이라는 것을 안다면 듣는 것이 곧 듣는 것이 없는 것이요, 만약 말할 수 없는 법이 인연이 있으므로 또한 말할 수 있다는 것을 안다면 들음이 없는 것이 곧 듣는 것이다.

【補注】 除却性道, 安有文章? 文章卽性道之顯者也. 旣云夫子之言性與天道, 卽非不言. 不可得而聞者, 聞而未信·信而未解·解而未行·行而未證之差也.

【補注】 '성(性)'과 '도(道)'를 제외(除外)하고서 어찌 문장이 있겠는가? 문장은 곧 '성(性)'과 '도(道)'가 드러난 것이다. 부자가 성(性)과 천도(天道)를 말하였다는 것을 이미 언급하였으니, 곧 말하지 않은 것이 아니다. '들을 수 없었다는 것{불가득이문(不可得而聞)}'은 들어도 믿지 못하고, 믿되 이해하지 못하고, 이해하되 실행하지 못하고, 실행하되 증득하지 못하는 차이(差異)이다.

「5-13」子路有聞, 未之能行, 唯恐有聞.

「5-13」 자로는 좋은 말을 듣고서 아직 그것을 실행하지 못했으면, 행여 좋은 말을 또 들을까 두려워하였다.

【藕師注】 卓吾云: "畫出子路."[1] 方外史曰: "子路長處在此, 病處亦在此. 若知'不許夜行, 投明須到.'[2]之理, 便如顔子之從容請事[3]矣."

【注釋】

1) 畫出子路: 『논어평(論語評)·공야장(公冶長) 제오(第五)』 제13장, "[評] 畫出子路." 앞의 책, 123면.
2) 不許夜行, 投明須到: 『불과환오선사벽암록(佛果圜悟禪師碧巖錄)』 제41칙, "본칙(本則): 조주(趙州) 스님이 투자(投子) 스님에게 물었다. '완전히 죽은 사람이 다시 살아난다면 어찌하겠소?' 이에 투자(投子) 스님이 이렇게 대답하였다. '밤에 다니지 말고 날이 밝으면 가시게.' 송(頌): 살아있는 가운데 안목을 갖추었다만 도리어 죽은 것과 같고, 약은 가려서 먹는 것이니 어찌 구태여 작가(作家)를 감별(鑑別)하겠는가? 옛 부처도 오히려 이해가 되지 않는다고 말하였거늘, 티끌 모래를 뿌린 것임을 누가 이해하겠는가? [四一] 擧. 趙州問投子: "大死底人却活時, 如何?" 投子云: "不許夜行. 投明須到." 活中有眼還同死, 藥忌何須鑒作家? 古佛尙言會未到, 不知誰解撒塵沙?"『大正新脩大藏經』第48冊·No.2003·佛果圜悟禪師碧巖錄 第5卷(T48n2003_005).

3) 請事: 『논어(論語)·안연(顏淵) 제십이(第十二)』 제1장의 정문(正文)과 【藕師注】를 참조할 것.

【藕師注】 이탁오는 이렇게 말하였다. "자로의 성정(性情)을 잘 그려내었다."

방외사는 말한다. "자로의 장점이 여기에 있으며, 병통도 여기에 있다. 만약 '밤에 다니는 것을 허락하지 않으니, 날이 밝으면 가라.'라는 도리를 알았다면, 곧 안자가 침착하고 조용하게 일을 청하는 것과 같았을 것이다."

「5-14」 子貢問曰: "孔文子何以謂之文也?" 子曰: "敏而好學, 不恥下問, 是以謂之文也."

「5-14」 자공이 물었다. "공문자는 무엇 때문에 '문(文)'이라는 시호로 일컬어지게 된 것입니까?" 공자가 말하였다. "명민하면서도 배우기를 좋아하였으며 아랫사람에게 묻기를 부끄러워하지 않았다. 이 때문에 '문(文)'이라 이른 것이다."

【藕師注】 卓吾云: "於子貢身上亦甚有益, 蓋願息·悅不若己[1]是子貢病痛耳."[2]

【注釋】

1) 願息·悅不若己: 『공자가어(孔子家語)·곤서(困誓)』에 보인다. 「1-15」의 정문(正文)과 【藕師注】를 참조할 것.
2) 於子貢身上亦甚有益, 蓋願息·悅不若己是子貢病痛耳: 『논어평(論語評)·공야장

(公冶長) 제오(第五)』제14장, 지욱 대사가 인용한 문장에는 『논어평』 원문 중 두 구절이 생략되어 있다. "[評] 於子貢身上, 亦甚有益, 聖人之言, 其妙如此. 蓋願息·悅不若己是子貢病痛耳." 앞의 책, 123면.

【藕師注】 이탁오는 이렇게 말하였다. "자공의 신상에 있어서 또한 매우 유익한 가르침이니, 대개 '원식(願息)'·'열불약기(悅不若己)' 등이 바로 자공의 병통이다."

「5-15」子謂子産: "有君子之道四焉: 其行己也恭, 其事上也敬, 其養民也惠, 其使民也義."

「5-15」공자가 자산을 평하였다. "군자의 도(道) 네 가지가 있었으니, 몸가짐이 공손하였고, 윗사람을 섬기는 것이 경건하였으며, 백성을 기르는 것이 은혜로웠고, 그 백성을 부리는 것이 의리에 마땅하였다."

【藕師注】 不遺纖善.

【藕師注】 미세한 선(善)도 빠트리지 않았다.

「5-16」子曰: "晏平仲善與人交, 久而敬之."

「5-16」공자가 말하였다. "안평중은 남과 사귀기를 잘하니, 오래되어도 공경한다."

【藕師注】　卓吾云: "'久而敬之'四字, 的是交法."[1]

【注釋】

1) '久而敬之'四字, 的是交法: 『논어평(論語評)·공야장(公冶長) 제오(第五)』제16장, "[評] '久而敬之'四字, 的是交法." 앞의 책, 124면.

【藕師注】　이탁오는 이렇게 말하였다. '오래되어도 공경한다{구이경지(久而敬之)}'라는 이 네 글자가 확실히 타인과 사귀는 법이다.

「5-17」子曰: "臧文仲居蔡, 山節藻梲, 何如其知也?"

「5-17」공자가 말하였다. "장문중이 큰 거북을 보관해 두는 집을 만들면서, 기둥 끝의 두공(鬥栱)에는 산(山)을 조각하고 들보 위의 동자기둥에는 수초(水草)인 마름을 그렸으니, 어찌 지혜롭다 하겠는가?"

【藕師注】　卓吾云: "夫子論知, 只是務民之義, 敬鬼神而遠之."[1]

【注釋】

1) 夫子論知, 只是務民之義, 敬鬼神而遠之: 『논어평(論語評)·공야장(公冶長) 제오(第五)』제17장, "[評] 夫子論知, 只是務民之義, 敬鬼神而遠之." 앞의 책, 124면.

【藕師注】　이탁오는 이렇게 말하였다. "부자가 지(知)를 논한 것은 단지 사람이 지켜야 할 도리를 힘쓰고 귀신을 공경하되 멀리하는 것이다.

【補注】　藏龜爲卜, 智者不惑, 焉用卜爲? 卜靈在誠, 豈在龜乎?

【補注】　　거북을 보관하는 것은 점(占)을 치기 위함인데 지혜로운 자는 의혹하지 않으니, 어찌 점(占)을 치겠는가? 점치는 것의 영험함은 정성에 달린 것이지, 어찌 거북에게 있을쏘냐?

「5-18」子張問曰: “令尹子文三仕爲令尹, 無喜色, 三已之, 無慍色. 舊令尹之政, 必以告新令尹. 何如?” 子曰: “忠矣.” 曰: “仁矣乎?” 曰: “未知, 焉得仁?” “崔子弑齊君, 陳文子有馬十乘, 棄而違之. 至於他邦, 則曰: ‘猶吾大夫崔子也.’ 違之. 之一邦, 則又曰: ‘猶吾大夫崔子也.’ 違之. 何如?” 子曰: “淸矣.” 曰: “仁矣乎?” 曰: “未知, 焉得仁?”

「5-18」자장이 물었다. “초(楚)나라 영윤(令尹) 자문(子文)이 세 번 벼슬하여 영윤(令尹)이 되었으나 기뻐하는 기색이 없었고, 세 번 벼슬을 그만두었으나 서운해하는 기색이 없었습니다. 그리고 옛날 자신이 맡아보던 영윤(令尹)의 정사를 반드시 새로 부임해온 영윤(令尹)에게 일러주었습니다. 어떻습니까?” 공자가 말하였다. “충성스럽다.” 자장이 말하였다. “인(仁)하다고 할 만합니까?” 공자가 말하였다. “모르겠다만, 어찌 인(仁)이 될 수 있겠는가?” (자장이 말하였다.) “제(齊)나라 대부 최자(崔子)가 제나라 임금을 시해하자, 진문자(陳文子)가 말 10승(乘)을 소유하고 있었는데 이를 버리고 떠났습니다. 다른 나라에 이르러서 말하기를 ‘이곳에도 우리나라 대부 최자(崔子)와 같은 자가 있다.’하고 그곳을 떠났으며, 다른 나라에 가서 또 말하기를 ‘이곳에도 우리나라 대부 최자(崔子)와 같은 자가 있다.’ 하고 떠났으니, 어떻습니까?” 공자가 말하였다. “청백하다.” 자장이 말하였다. “인(仁)하다고 할 만합니까?” 공자가 말하였다. “모르겠다만, 어찌 인(仁)이 될 수 있겠는가?”

【藕師注】 仁者必忠, 忠者未必仁, 仁者必淸, 淸者未必仁. 卓吾云: "仲尼認得'仁'字眞."1)

【注釋】

1) 仲尼認得'仁'字眞: 『논어평(論語評)·공야장(公冶長) 제오(第五)』 제18장, "[評] 仲尼認得'仁'字眞." 앞의 책, 125면.

【藕師注】 인(仁)한 자는 반드시 충성스러우나, 충성스러운 자가 반드시 인(仁)한 것은 아니다. 인(仁)한 자는 반드시 청백하나, 청백한 자가 반드시 인(仁)한 것은 아니다. 이탁오는 이렇게 말하였다. "중니는 '인(仁)' 자(字)의 참뜻을 알았다."

【補注】 '知'讀如'智'. 知及之, 然後仁能守之,1) 故曰'未知, 焉得仁?'. 必開圓解乃有圓因, 有圓因乃有圓果. 但忠一主·潔一身, 謂之忠·謂之淸可矣, 未得爲仁.

【注釋】

1) 知及之, 然後仁能守之: 『논어(論語)·위령공(衛靈公) 제십오(第十五)』 제32장, "공자가 말하였다. '지혜가 거기에 미치더라도 인(仁)이 그것을 능히 지킬 수 없으면 비록 얻더라도 반드시 잃게 될 것이다. 지혜가 거기에 미치며 인(仁)이 그것을 지킬 수 있더라도 장엄함으로써 임하지 못한다면 백성들이 공경하지 않을 것이다. 지혜가 거기에 미치며 인(仁)이 그것을 지킬 수 있으며 장엄함으로써 백성들에게 임하더라도 움직이기를 예로써 하지 않으면 훌륭하지 않은 것이다.' [子曰: "知及之, 仁不能守之, 雖得之, 必失之. 知及之, 仁能守之, 不莊以涖之, 則民不敬. 知及之, 仁能守之, 莊以涖之, 動之不以禮, 未善也."]"

【補注】 '지(知)'는 '지(智)'처럼 읽는다. 지혜로움이 미친 연후에 인(仁)이 능히 지킬 수 있다. 그러므로 "알지 못하겠으나, 어찌 인(仁)이 될 수

있겠는가?"라고 말하였다. 반드시 원융(圓融)한 이해(理解)를 개발(開發)해야만 비로소 원만한 인(因)이 있게 되고, 원만한 인(因)이 있어야만 비로소 원만한 과(果)가 있게 된다. 오직 한 사람의 주인에게 충성하고 자기의 한 몸을 깨끗이 하는 것을 '충성스럽다.'·'깨끗하다.'라고 말할 수는 있겠지만, 아직 인(仁)이 됨을 얻은 것은 아니다.

「5-19」季文子三思而後行. 子聞之, 曰: "再, 斯可矣."

「5-19」 계문자가 모든 일을 세 번 생각한 뒤에 행하였다. 공자가 이를 듣고 말하였다. "두 번이면 괜찮을 것이다."

【藕師注】 卓吾云: "三, 疑也, 再, 決也. 要知三不是三遭, 再不是兩次."[1]

【注釋】

1) 三, 疑也, 再, 決也. 要知三不是三遭, 再不是兩次: 『논어평(論語評)·공야장(公冶長) 제오(第五)』 제19장, "[評] 三, 疑也, 再, 決也. 要知三不是三遭, 再不是兩次." 앞의 책, 126면.

【藕師注】 이탁오는 이렇게 말하였다. "삼(三)은 의심하는 것이요, 재(再)는 결심하는 것이다. 삼(三)은 세 번이 아니고 재(再)는 두 번이 아니라는 것을 알아야 한다."

【補注】 此孔子教人觀心之法也. 思不得其道, 雖百思無益, 得其道, 則再思可矣. 再思者, **眞俗雙融,**[1] **空假雙照,**[2] **惟精惟一, 而允執**

厥中也.³⁾

【注釋】

1) 眞俗雙融:『종경록(宗鏡錄)』제27권, "생멸문(生滅門)을 무너뜨리지 않고 진여문
(眞如門)을 말하며, 진여문(眞如門)을 무너뜨리지 않고 생멸문(生滅門)을 말하니,
진실로 그 두 문이 오직 일심(一心)이기 때문이다. 이로써 진(眞)과 속(俗) 양쪽이
서로 어울려 융합하여 장애가 되는 것이 없다. [不壞生滅門, 說眞如門, 不壞眞如
門, 說生滅門, 良以二門唯一心故. 是以眞俗雙融, 無障礙也.]"『大正新脩大藏經』第48
冊・No.2016・宗鏡錄 第27卷(T48n2016_027).
2) 空假雙照:『종경록(宗鏡錄)』제35권에 보인다. 정문(正文) 2-1의 강겸(江謙)의【補
注】를 참조할 것.
3) 惟精惟一, 而允執厥中也:『서경(書經)・우서(虞書)・대우모(大禹謨)』에 보인다. 정
문(正文) 2-1의 강겸(江謙)의【補注】를 참조할 것.

【補注】   이것은 공자가 사람에게 가르친 마음을 관조(觀照)하는 법이
다. 생각하는 것이 그 도(道)를 얻지 못하면 비록 백 번을 생각한다고 하
더라도 무익하나, 그 도(道)를 얻으면 두 번만 생각해도 된다. 두 번 생각
하는 것은 진(眞)과 속(俗)이 한 쌍으로 어울리어 융합하고 공(空)과 가
(假)가 서로 양변을 두루 비추며 정신을 하나로 집중하여 진실로 그 중
(中)을 잡은 것이다.

「5-20」子曰: "寧武子邦有道則知, 邦無道則愚, 其知可及也, 其愚
不可及也."

「5-20」 공자가 말하였다. "영무자는 나라에 도(道)가 있을 때는 지혜롭
게 행동하였고 나라에 도(道)가 없을 때는 어리석게 행동하였는데, 그의
지혜는 따라갈 수 있어도 그의 어리석음은 따라갈 수 없다."

「5-21」子在陳, 曰: "歸與! 歸與! 吾黨之小子狂簡, 斐然成章, 不知所以裁之."

「5-21」공자가 진(陳)나라에 있을 때 말하였다. "돌아가야겠다! 돌아가야겠다! 우리 고을의 소자(小子)들이 뜻은 크나 일에는 소략하니, 찬란하게 문장은 이루었으나 그것을 마름질할 줄을 알지 못하는구나."

【藕師注】 木鐸[1]之任, 菩薩之心.

【注釋】

1) 木鐸: 『논어(論語)·팔일(八佾) 제삼(第三)』 제24장, "의(儀) 땅의 봉인(封人)이 (공자를) 뵙기를 청하면서 말하였다. '군자가 이곳에 이르면 내가 일찍이 뵙지 못했던 적이 없었다.' 종자(從者)들이 그를 알현시켰다. 뵙고 나와서 말하였다. '그대들은 어찌 공자께서 벼슬 잃으실 것을 걱정하느냐? 천하에 도(道)가 없어진 지 오래되었으니, 하늘이 장차 선생님을 목탁으로 삼으실 것이다. [儀封人請見, 曰: "君子之至於斯也, 吾未嘗不得見也." 從者見之. 出曰: "二三子何患於喪乎? 天下之無道也久矣, 天將以夫子爲木鐸."]"

【藕師注】 목탁의 임무요, 보살의 마음이다.

「5-22」子曰: "伯夷·叔齊不念舊惡, 怨是用希."

「5-22」공자가 말하였다. "백이와 숙제는 사람들의 지나간 악행을 생각하지 않았으니, 원망하는 사람이 이 때문에 드물었다."

【藕師注】 周季侯曰: "'舊'字如飛影馳輪倏焉過去之謂." 方外史曰:

"如明鏡照物, 妍媸皆現而不留陳影.[1] 此與不遷怒[2]同一工夫."

【注釋】

1) 如明鏡照物, 妍媸皆現而不留陳影: 『종경록(宗鏡錄)』제92권, "이 마음이 여래(如來)의 근본 뜻이 될 수 있다. 한 법도 거두지 않는 것이 없고 하나의 이치도 갖추지 않는 것이 없어서 마치 밝은 거울이 사물을 비추는 것과 같으니, 어찌 여기에 빠뜨릴 것이 있겠는가? 만약 부처님께서 인계(印契)하여 글이 이루어진 것이라면, 다시 앞뒤를 살필 필요가 없다. [此心得爲如來根本之義. 無一法不收, 無有一理不具, 如明鏡照物, 曷有遺餘? 若寶印文成, 更無前後.]" 『大正新脩大藏經』第48冊 · No.2016 · 宗鏡錄 第92卷(T48n2016_092).

2) 不遷怒: 『논어(論語) · 옹야(雍也) 제육(第六)』제3장, "애공이 '제자 중에 누가 배우기를 좋아합니까?' 하고 묻자, 공자가 대답하였다. '안회라는 제자가 배우기를 좋아하여 노여움을 남에게 옮기지 않고 같은 잘못을 다시 되풀이하지 않았는데, 불행히 명이 짧아 죽었습니다. 지금은 없으니, 배우기를 좋아하는 자가 있다는 말을 아직 듣지 못하였습니다.' [哀公問: "弟子孰爲好學?" 孔子對曰: "有顏回者好學, 不遷怒, 不貳過, 不幸短命死矣. 今也則亡, 未聞好學者也."]"

【蕅師注】 주계후(周季侯)가 말하였다. "'구(舊)' 자(字)는 마치 날개의 그림자와 질주하는 수레가 쏜살같이 지나가는 것과 같음을 이른다."

방외사는 말한다. "마치 밝은 거울이 사물을 비추면 아름다움과 추함이 모두 드러나는데 묵은 그림자를 남기지 않는 것과 같다. 이것은 '노여움을 남에게 옮기지 않음'과 똑같은 공부이다."

「5-23」子曰: "孰謂微生高直? 或乞醯焉, 乞諸其鄰而與之."

「5-23」 공자가 말하였다. "어째서 미생고를 정직하다고 말하는가? 어떤 사람이 식초를 빌리려 하자, 자기 이웃집에서 빌어다가 주었을 뿐이다."

【藕師注】　卓吾云: "維直道也, 非譏議微生高也."[1]

【注釋】

1) 維直道也, 非譏議微生高也:『논어평(論語評)·공야장(公冶長) 제오(第五)』제23
장, 지욱 대사가 인용한 문장에는『논어평』원문 중 한 문장이 생략되어 있다.
"[評] 維直道也, 非譏議微生高也. 不然乞鄰與?" 앞의 책, 127면.

【藕師注】　이탁오는 이렇게 말하였다. "오직 정도(正道)일 뿐이다. 미생
고를 헐뜯어 평(評)한 것이 아니다." ◎

【解說】　　지욱 대사가 이탁오의 말을 인용하여 주자의『논어집주』풀이
를 비판한 것이다. 주자는『논어집주』에서 "부자가 이를 말한 것은 뜻을
굽혀 남의 비위를 맞추고 아름다움을 빼앗아 생색을 냈으니, 정직함이
될 수 없다고 기롱한 것이다. [夫子言此, 譏其曲意徇物, 掠美市恩, 不得爲直
也.]"라고 주를 달았다. 주자는 미생고가 남의 비위를 맞추는 한편 자기
의 생색을 내고자 이웃집에서 식초를 빌려서 주었다고 본 것이다. 이에
반해 지욱 대사는 미생고가 자기 집에 식초가 없어서 그의 이웃집에서
빌어다가 준 것은 인지상정(人之常情)의 당연한 도리(道理)일 뿐, '정직하
다.'·'정직하지 못하다.'라는 평을 갖다 붙일 계제(階梯)가 아니라고 보았
다.

「5-24」子曰: "巧言·令色·足恭, 左丘明恥之, 丘亦恥之. 匿怨而友
其人, 左丘明恥之, 丘亦恥之."

「5-24」공자가 말하였다. "듣기 좋은 말과 보기 좋은 얼굴빛과 지나친

공손을 좌구명이 부끄럽게 여겼는데, 나 또한 이를 부끄럽게 여긴다. 원망하는 마음을 숨기고서 그 사람과 사귀는 것을 좌구명이 부끄럽게 여겼는데, 나 또한 이를 부끄럽게 여긴다.”

【藕師注】 讀此便知『春秋』宗旨.『春秋』只是扶三代之直道耳.

【藕師注】 이 문장을 읽으면 곧 『춘추』의 종지를 알게 된다. 『춘추』는 단지 삼대(三代)를 떠받치는 곧은 길일 뿐이다. ◎

【解說】 주자는 『논어혹문(論語或問)』에서 이 구절에 보이는 좌구명이 『춘추(春秋)』의 전을 쓴 좌구명이냐는 제자의 질문을 받고 알 수 없다고 말한 바 있다.{或問: “左丘明非傳春秋者耶?” 朱子曰: “未可知也.”} 그리고 친구인 등명세(鄧名世)의 “이 구절에 보이는 사람은 좌구씨(左丘氏)이고 『춘추』의 전을 지은 사람은 좌씨(左氏)로 서로 다른 사람이다. [先友鄧著作名世, 考之氏姓書, 曰: “此人蓋左丘姓而名明, 傳春秋者乃左氏耳.”]”라고 했던 주장을 그대로 받아들이는 태도를 보였다. 더 나아가 『주자어류(朱子語類)』 권제팔십삼(卷第八十三)에서는 “『좌전』은 반드시 그{좌구명}가 지은 것이 아니다.”라고 단정한 바도 있다. 그러니까 주자는 『좌전』의 작자를 좌구명이 아니라 좌씨(左氏)로 본 것이다.[14] 이에 반해 지욱 대사는 “이 문장을 읽으면 곧 『춘추』의 종지를 알게 된다. 『춘추』는 단지 삼대(三代)를 떠받치는 곧은 길일 뿐이다.”라고 풀이하여, 이 구절에 보이는 좌구명이 바로 『춘추』의 전(傳)을 쓴 그 사람으로 보았다. 주자가 부정한 '좌구명작좌전설(左丘明作左傳說)'을 긍정한 것이다.

---

14 김언종, 「丁茶山의 朱子 『論語集註』 批判 (4)」, 『어문논집』 제47권, 민족어문학회, 2003, 20-21면 참조.

「5-25」顏淵・季路侍, 子曰: "盍各言爾志?" 子路曰: "願車馬, 衣輕裘, 與朋友共, 敝之而無憾." 顏淵曰: "願無伐善, 無施勞." 子路曰: "願聞子之志." 子曰: "老者安之, 朋友信之, 少者懷之."

「5-25」 안연과 자로가 공자를 모시고 있었는데, 공자가 말하였다. "어찌 각기 너희들의 포부를 말하지 않는가?" 자로가 말하였다. "수레와 말과 값비싼 갖옷을 친구들과 함께 사용하다가 닳아서 해지더라도 유감이 없고자 합니다." 안연이 말하였다. "제가 잘한 일을 자랑하지 않으며 공로를 과시하지 않고자 합니다." 자로가 말하였다. "선생님의 뜻을 듣고 싶습니다." 공자가 말하였다. "늙은이를 편안하게 해주고, 벗에게는 미덥게 하고, 젊은이를 품어주고 싶다."

【藕師注】 子路忘物, 顏子忘善, 聖人忘己. 忘己, 故以安還老者, 信還朋友, 懷還少者.

【藕師注】 자로는 물(物)을 잊었고, 안자는 선(善)을 잊었으며, 성인은 자기를 잊었다. 자기를 잊었기 때문에 편안함을 늙은이에게 돌려주었고, 믿음을 벗에게 돌려주었으며, 품어줌을 젊은이에게 돌려주었다.

「5-26」子曰: "已矣乎! 吾未見能見其過而內自訟者也."

「5-26」 공자가 말하였다. "어쩔 수 없구나! 나는 그 자신의 허물을 보고서 내면에서 스스로 자책하는 자를 아직 보지 못하였다."

【藕師注】 千古同慨! 蓋自訟正是聖賢心學眞血脈.

【藕師注】 천고(千古)의 성현들이 함께 개탄하는구나! '자송(自訟)'이 바로 성현의 심학(心學)의 참된 종지(宗旨)이다.

「5-27」子曰: "十室之邑, 必有忠信如丘者焉, 不如丘之好學也."

「5-27」 공자가 말하였다. "열 집쯤 사는 작은 읍(邑)에도 반드시 나처럼 충성스럽고 신실한 자가 있겠으나, 나만큼 배우기를 좋아하지는 못할 것이다."

【藕師注】 孔子之忠信與人同, 只是好學與人異. '好學'二字是孔子眞面目, 故顏淵死, 遂哭云: "天喪予!"[1]

【注釋】

1) 天喪予: 『논어(論語)・선진(先進) 제십일(第十一)』 제8장, "안연이 죽자, 공자가 말하였다. '아! 하늘이 나를 버리셨도다! 하늘이 나를 버리셨도다!' [顏淵死, 子曰: "噫! 天喪予! 天喪予!"]"

【藕師注】 공자의 충성스러움과 신실함은 남들과 같았으나 다만 배우기를 좋아함은 남들과 달랐다. '호학(好學)' 두 글자가 곧 공자의 진면목이니, 그러므로 안연이 죽었을 때 끝내 통곡하면서 "하늘이 나를 버리셨도다!"라고 말하였던 것이다.

【雍也 第六】

「6-1」子曰: "雍也可使南面."

「6-1」공자가 말하였다. "옹(雍)은 백성들을 잘 다스릴 수 있다."

【藕師注】 只是可臨民耳, 豈可說他做得王帝?

【藕師注】 단지 백성들을 대할 수 있을 뿐이니, 어찌 그가 왕제(王帝)가 될 수 있다고 말할 수 있으랴? ◎

【解說】 지욱 대사가 주자의 『논어집주』 풀이를 비판한 것이다. 주자 는 『논어집주』에서 "'남면(南面)'은 인군(人君)이 정치를 담당하는 자리이 다. 중궁은 마음이 너그럽고 도량이 크며 간략하고 엄중하여 인군의 도 량(度量)이 있음을 말한 것이다. [南面者, 人君聽治之位. 言仲弓寬洪簡重, 有人君之度也.]"라고 하여, 이 장에서 공자가 중궁이 왕제(王帝)가 될 수 있는 도량(度量)을 갖추고 있는 것을 허여한 것으로 보았다. 지욱 대사는 바로 이 점을 지적한 것이다.

「6-2」仲弓問子桑伯子. 子曰: "可也簡." 仲弓曰: "居敬而行簡, 以臨 其民, 不亦可乎? 居簡而行簡, 無乃大簡乎?" 子曰: "雍之言然."

「6-2」 중궁이 자상백자에 관하여 물었다. 공자가 말하였다. "그의 간략함도 괜찮다." 중궁이 말하였다. "경(敬)에 머물며 간략함을 하여 백성들을 대한다면 또한 괜찮지 않을까요? 간략함에 거(居)하면서 또 간략하게 행하면 너무 간략한 것이 아닌가요?" 공자가 말하였다. "옹(雍)의 말이 그럴듯하구나."

【藕師注】　只是論臨民之道, 不是去批點子桑伯子.

【藕師注】　다만 백성들을 대하는 도(道)를 논한 것이요, 자상백자를 비판한 것이 아니다.

【補注】　居敬是空觀, 是惟一, 行簡是假觀, 是惟精. **空假雙照,**[1] **精一雙持, 是允執厥中,**[2] 諸佛之心印, 亦堯舜之心傳也. 臨如日月之照臨, 使觀感而自化, 故孔子然之, 故曰'雍也, 可使南面.'.

【注釋】

1) 空假雙照: 『종경록(宗鏡錄)』 제35권에 보인다. 「2-1」의 정문(正文)의 강겸(江謙)의 【補注】를 참조할 것.
2) 精一雙持, 是允執厥中: "유정유일(惟精惟一), 윤집궐중(允執厥中)."을 풀이한 것이다. 『서경(書經)·우서(虞書)·대우모(大禹謨)』에 보인다. 「2-1」의 정문(正文)의 강겸(江謙)의 【補注】를 참조할 것.

【補注】　'거경(居敬)'은 '공관(空觀)'이고 '유일(惟一)'이다. '행간(行簡)'은 '가관(假觀)'이고 '유정(惟精)'이다. 공(空)과 가(假)가 서로 양변으로 비추며 정(精)과 일(一)이 서로 양쪽에서 견지(堅持)하고 있는 것이 곧 '윤집궐중(允執厥中)'이니, 제불(諸佛)의 심인(心印)이며 또한 요순의 심전(心

傳)이다. 백성을 대하는 것이 마치 일월(日月)이 내리비치는 것과 같아서 사람들에게 보고 느끼어 스스로 교화하게 한다. 그러므로 공자가 그렇게 여겼다. 그러므로 "옹(雍)은 백성들을 다스릴 만하다."라고 말하였다.

「6-3」哀公問: "弟子孰爲好學?" 孔子對曰: "有顔回者好學, 不遷怒, 不貳過, 不幸短命死矣. 今也則亡, 未聞好學者也."

「6-3」애공이 물었다. "제자 중에 누가 배우기를 좋아합니까?" 공자가 대답하였다. "안회라는 제자가 배우기를 좋아하여 노여움을 남에게 옮기지 않고 잘못을 되풀이하지 않았는데, 불행하게도 명이 짧아 죽었습니다. 지금은 없으니, 배우기를 좋아하는 자가 있다는 말을 아직 듣지 못하였습니다."

【藕師注】 無怒無過, 本覺之體, 不遷不貳, 始覺之功, 此方是眞正好學. 曾子以下, 的確不能通此血脈, 孔子之道, 的確不曾傳與他人. 有所斷故名爲不遷不貳. 若到無所斷時, 則全合無怒無過之本體矣. 孔子·顔淵皆居學地,[1] 人那得知?

【注釋】

1) 學地: '유학지(有學地)'와 동의어이다. 불도(佛道)를 닦고 배우는 때에 아직 배워야 할 여지가 남아 있는 수행(修行)의 경지를 가리킨다. 최기표는 그의 논문에서 다음과 같이 말하였다. "'무학지(無學地)'란 아라한(阿羅漢)을 말하고 '유학지(有學地)'란 도를 깨쳐서 견도위(見道位)나 수도위(修道位)에 머물고 있는 사람을 말하므로 이들은 모두 견도(見道)한 성인(聖人)으로서 '성문(聲聞; śrāvaka)'이라 불리는 수행자들이다." - 최기표, 「〈法華經〉에 있어서 授記의 修行論的 意義」, 『불교학리뷰』 제13호, 금강대학교 불교문화연구소, 2013, 125면 참조.

【蕅師注】 노여움이 없고 허물이 없는 것은 본각(本覺)의 체(體)이고, 성냄을 남에게 옮기지 않고 잘못을 되풀이하지 않는 것은 시각(始覺)의 공(功)이니, 이것이 바로 진정으로 배우기를 좋아하는 것이다. 증자 아래로는 확실히 이 종지를 관통할 수 없었으며, 공자의 도(道)는 분명히 타인에게 전달되지 못하였다. 끊는 바가 있으므로 '성냄을 남에게 옮기지 않았고, 잘못을 되풀이하지 않았다.'라고 이름하였다. 만약 끊는 바가 없는 때에 도달한다면, 곧 노여움이 없고 허물이 없는 본체와 완전히 합치될 것이다. 공자와 안연은 모두 학지(學地)에 머물렀으니, 사람들이 어찌 이것을 알겠는가?

【補注】 孔子稱顏淵好學, 卽在不遷怒, 不貳過. 顏淵死而歎曰: "今也則亡." 可知博極群書, 身兼衆藝, 而不免於遷怒屢過者, 不得謂之好學也. 孔門正學止是從心性入門, 從修身致力, 從**過勿憚改**[1]起行. 顏淵短命, 是天下衆生之不幸, 不專謂顏子也.

【注釋】

1) 過勿憚改: 『논어(論語)·학이(學而) 제일(第一)』 제8장, "공자가 말하였다. '군자가 스스로 존중하지 않으면 위엄이 있지 아니하여서, 배움이 견고하지 못하게 된다. 충(忠)과 신(信)을 주(主)로 하여, 스스로 성찰하지 않는 자를 벗하지 말아서, 허물이 있다면 고치기를 꺼리지 말아야 한다.' [子曰: "君子不重則不威, 學則不固. 主忠信, 無友不如己者, 過則勿憚改."]"

【補注】 공자가 안연이 배우기를 좋아한다고 말한 것은, 바로 '노여움을 남에게 옮기지 않았고 같은 잘못을 되풀이하지 않았다.'라는 것에 있다. 안연이 죽은 뒤에 공자가 탄식하면서 "지금은 배우기를 좋아하는 자가 없습니다."라고 하였으니, 많은 책을 두루 열람하고 몸소 여러 기예를

겸비하여도 성냄을 남에게 옮기고 잘못을 다시 되풀이하는 행동을 면하지 못한다면 배우기를 좋아한다고 말할 수 없다는 것을 알 수 있다. 공문(孔門)의 바른 학문은 오직 심성(心性)으로부터 문에 들어가며, 수신(修身)으로부터 힘을 다하며, 허물이 있으면 고치기를 꺼리지 않는 것으로부터 행을 일으킨다. 안연의 단명(短命)은 곧 천하 중생의 불행이니, 오로지 안자만을 이른 것은 아니다.

「6-4」子華使於齊, 冉子爲其母請粟. 子曰: "與之釜." 請益. 曰: "與之庾." 冉子與之粟五秉. 子曰: "赤之適齊也, 乘肥馬, 衣輕裘. 吾聞之也, 君子周急不**繼**富." 原思爲之宰, 與之粟九百, 辭. 子曰: "毋! 以與爾鄰里鄕黨乎!"

【校勘】   **繼**: 동림사(東林寺) 인본(印本) 『논어점정보주(論語點睛補注)』의 교감된 내용을 따라 '계(繼)'로 고쳤다.

「6-4」자화가 제(齊)나라에 사자(使者)로 가자, 염자가 자화의 어머니를 위해 곡식을 줄 것을 요청하였다. 공자가 말하였다. "여섯 말 넉 되{부(釜)}를 주어라." 더 줄 것을 청하였다. 공자가 말하였다. "열여섯 말{유(庾)}을 주어라." 염자가 열여섯 섬{병(秉)}을 주었다. 공자가 말하였다. "적(赤)이 제(齊)나라에 갈 때 살찐 말을 타고 가벼운 갖옷을 입었다. 내가 들으니, '군자는 곤궁한 자를 돌보아주고 부유한 자를 돌봐주지 않는다.' 하였다." 원사(原思)가 공자의 가신이 되었는데, 공자가 곡식 구백(九百)을 주자 이를 사양하였다. 공자가 말하였다. "사양하지 말아라! 너의 이웃집과 고을 사람들에게 나누어 주려무나!"

「6-5」子謂仲弓曰: "犁牛之子騂且角, 雖欲勿用, 山川其舍諸?"

「6-5」공자가 중궁에게 말하였다. "얼룩소의 새끼가 색깔이 붉고 또 뿔이 바르게 났다면, 사람들이 비록 제사에 희생으로 쓰지 않으려고 한들 산천의 신(神)이 내버려 두겠느냐?"

【藕師注】 卓吾云: "夫子論仲弓如此耳."[1]

【注釋】

1) 夫子論仲弓如此耳: 『논어평(論語評)·옹야(雍也) 제육(第六)』 제5장, 『논어평』 원문에는 좀 더 상세한 내용이 담겨 있다. "[評] 此夫子與仲弓論此耳. 緣何便謂說仲弓? 因其子而及其父, 聖人亦不忠, 厚極矣. 斷無此理! 斷無此理! {이것은 부자가 중궁과 더불어 이렇게 논할 것일 뿐이다. 왜 중궁에 대해 평설(評說)한 것이라고 이르는가? 그 아들을 칭찬하고자 하여 그 아버지를 비방하는 데에 미친다면, 성인도 충실하지 못한 것이 매우 큰 것이다. 결단코 이러한 이치는 없다! 결단코 이러한 이치는 없다!}" 앞의 책, 132면.

【藕師注】 이탁오는 이렇게 말하였다. "부자가 중궁과 더불어 논한 것이 이와 같았을 뿐이다."

【補注】 古人祭祀用牲, 備物而已, 非必殺之也, 故子貢欲去告朔之餼羊.[1] 鄭康成解曰: "餼, 生牲也." 孟子言齊桓公葵丘之會, 束牲載書而不歃血,[2] 亦生牲也. 若必殺而去其毛, 則犂牛與騂且角者何擇焉? 後人假祭神之名, 充口腹之欲, 其能免殺業之苦報乎? 血食之神, 當墮地獄, 況殺之者乎? 故祭用蔬素芳潔之物, 最爲合禮.

【注釋】

1) 子貢欲去告朔之餼羊: 『논어(論語)·팔일(八佾) 제삼(第三)』 제17장, "자공이 곡삭

(告朔)할 때에 양을 희생으로 쓰는 일을 없애려고 하였다. 공자가 말하였다. '사(賜)야! 너는 그 양을 애석하게 여기지만, 나는 그 예를 애석하게 여긴다.' [子貢欲去告朔之餼羊. 子曰: "賜也! 爾愛其羊, 我愛其禮."]"

2) 齊桓公葵丘之會, 束牲載書而不歃血: 『맹자(孟子)·고자(告子) 하(下)』 제7장, "오패(五霸) 중에 제(齊)나라 환공이 가장 강성하였는데, 규구(葵丘)의 회맹에서 제후들을 모아놓고, 희생을 묶어 그 위에 맹약하는 글을 올려놓고는 희생의 피를 마시는 의식을 하지 않았다. [五霸, 桓公爲盛. 葵丘之會, 諸侯束牲載書而不歃血.]"

【補注】 고인들이 제사에 희생을 쓴 것은 제물을 준비하는 것일 뿐이요, 반드시 희생을 죽였던 것은 아니다. 그러므로 자공이 매월 초하룻날 태묘에 고유(告由)하면서 희생으로 양을 바치는 의식을 없애려고 하였다. 정강성(鄭康成)의 주해에서 말하였다. "'희(餼)'는 '생생(生牲; 살아있는 희생양)'이다." 맹자가 '제(齊)나라 환공이 규구(葵丘)의 회맹에서 제후들을 모아놓고 희생을 묶어 그 위에 맹약하는 글을 올려놓고는 희생의 피를 마시는 의식을 하지 않았다.'라고 말한 것도 '생생(生牲)'이다. 만약 반드시 죽여서 그 털을 제거하였다면, 얼룩소 가운데 색깔이 붉고 또 뿔이 바르게 된 것을 왜 (일부러) 골랐겠는가? 후인들이 제신(祭神)의 이름을 빌려서 구복(口腹)의 욕심을 채웠던 것이니, 능히 살업(殺業)의 고통스러운 과보를 면할 수 있었겠는가? 혈식(血食)의 신(神)은 마땅히 지옥에 떨어져야만 하니, 하물며 희생을 죽인 자에 있어서랴? 그러므로 제사에 (고기가 없는) 채소 반찬의 깨끗한 음식을 사용하는 것이 예에 가장 합당한 것이 된다.

【解說】 지욱 대사가 이탁오의 말을 인용하여 주자의『논어집주』풀이를 비판한 것이다. 주자는『논어집주』에서 "중궁의 아버지는 천(賤)하여 악(惡)을 행하였다. 그러므로 부자가 이것으로써 비유하여 아버지의 악행(惡行)이 그 자식의 선덕(善德)을 폐(廢)할 수 없으니, 중궁의 현명함이

스스로 마땅히 세상에서 쓰여야 한다고 말한 것이다. 그러나 이것은 중 궁을 논한 것일 뿐이요, 중궁과 더불어 말한 것이 아니다. [仲弓父賤而行 惡, 故夫子以此譬之. 言父之惡不能廢其子之善, 如仲弓之賢自當見用於世也. 然此論仲弓云爾, 非與仲弓言也.]"라고 하여, 본장(本章)은 공자가 중궁의 인물됨을 평한 것이고 또 중궁의 아버지의 악행(惡行)이 중궁의 선덕(善 德)을 가릴 수 없음을 공자가 비유를 한 장(章)이라고 풀이하였다. 지욱 대사는 바로 이 점을 지적한 것이다. 지욱 대사는 공자가 중궁을 평설(評 說)한 것이 아니라 오히려 그와 더불어 일상적인 이야기를 한 것에 불과 하다고 보았다. 지욱 대사는 이탁오의 경설(經說)을 끌어내어 만약 공자 가 중궁의 인물됨을 평설(評說)할 목적으로 색깔이 붉고 뿔이 바르게 난 얼룩소로써 비유를 든 것이라면, 이것은 중궁의 선덕(善德)을 칭찬하고 자 중궁의 아버지의 악행(惡行)을 폭로하는 데까지 미치게 된 것이므로 성인(聖人)의 충실하지 못함이 매우 큰 것이 된다고 꼬집었다. 지욱 대사 는 성인(聖人)에게는 당연히 그러한 이치가 없다고 일갈(一喝)을 한 것이 다.

「6-6」 子曰: "回也其心三月不違仁, 其餘則日月至焉而已矣."

「6-6」 공자가 말하였다. "회(回)는 그 마음이 삼 개월이 지나도 인(仁)을 어기지 않았다. 그 나머지 지엽적인 것들은 날마다 새로워지고 다달이 왕성해져서 덕업(德業)이 아울러 나아가 이를 뿐이었다."

【藕師注】 顔淵心不違仁, 孔子向何處知之? 豈非法眼[1]·他心智耶? 三月者, 如佛家九旬辦道之期. 其心·其餘, 皆指顔子而說. 只因心

不違仁, 得法源本, 則其餘枝葉, 日新月盛, 德業竝進矣. 此方是溫
故知新.[2]

【注釋】

1) 法眼: 방편수연지를 통해 열리는 눈으로, 현상의 다양한 모습들의 차이를 분명
히 봄으로써 중생을 병으로부터 구제할 수 있도록 하는 지혜이다. 「4-7」의 정문
(正文)의【藕師注】를 참조할 것.
2) 溫故知新: 『논어(論語)·위정(爲政) 제이(第二)』 제11장, "공자가 말하였다. '내 마
음을 잘 관찰함으로써 원해(圓解)가 열려서 다라니(陀羅尼)를 얻어 새것을 알게
되면, 스승이 될 수 있다.' [子曰: "溫故而知新, 可以爲師矣."]"

【藕師注】 안연의 마음이 인(仁)을 어기지 않은 것을 공자는 어느 곳에
서 알았는가? 어찌 법안(法眼)·타심(他心)의 지혜가 아니겠는가? '삼월(三
月)'은 불가(佛家)에서 90일 동안 도(道)를 깨치기 위하여 힘쓰는 기간과
같다. '기심(其心)'과 '기여(其餘)'는 모두 안자를 가리켜 말한 것이다. 단
지 마음이 인(仁)을 어기지 않은 것을 인(因)하여 법원(法源)의 근본을 터
득하였던 것이니, 그 나머지 지엽적인 것들은 날마다 새로워지고 다달이
왕성해져서 덕업(德業)이 아울러 향상되었다. 이것이 바로 '온고지신(溫故
知新)'이다. ◎

「6-7」季康子問: "仲由可使從政也與?" 子曰: "由也果, 於從政乎何
有?" 曰: "賜也可使從政也與?" 曰: "賜也達, 於從政乎何有?" 曰:
"求也可使從政也與?" 曰: "求也藝, 於從政乎何有?"

「6-7」계강자가 물었다. "중유는 정사를 맡길 만합니까?" 공자가 말하였
다. "그는 과단성이 있으니 정사를 보는 데 무슨 어려움이 있겠는가?" "사

(賜)는 정사를 맡길 만합니까?" "사(賜)는 사리에 통달했으니 정사를 보는데 무슨 어려움이 있겠는가?" "염구는 정사를 맡길 만합니까?" "구(求)는 다재다능하니 정사를 보는 데 무슨 어려움이 있겠는가?"

「6-8」 季氏使閔子騫爲費宰. 閔子騫曰: "善爲我辭焉! 如有復我者, 則吾必在汶上矣."

「6-8」 계씨가 민자건을 비읍(費邑)의 읍재로 삼으려 하였다. 민자건이 말하였다. "나를 위하여 잘 말해주시오! 만약 다시 나에게 청하러 오는 자가 있다면, 나는 틀림없이 (노魯나라를 떠나) 문수(汶水) 가에 있을 것이오."

【藕師注】 有志氣, 有節操, 羞殺仲由·冉求.

【藕師注】 지기(志氣)가 있고 절조(節操)가 있으니, 중유와 염구를 몹시 부끄럽게 한다.

「6-9」 伯牛有疾. 子問之, 自牖執其手, 曰: "亡之, 命矣乎! 斯人也而有斯疾也! 斯人也而有斯疾也!"

「6-9」 백우(伯牛)가 병을 앓았다. 공자가 문병을 와서 남쪽 창문으로부터 그의 손을 잡고 말하였다. "이런 병이 없어야 하는데, 천명인가 보다! 이런 사람이 이런 병에 걸리다니! 이런 사람이 이런 병에 걸리다니!"

【蕅師注】 說一‘命’字, 便顯得是宿業, 便知爲善無惡果.

【蕅師注】 ‘명(命)’한 글자를 말한 것이 바로 이 숙업(宿業)을 드러낸 것이니, 선(善)을 행한 것에는 악(惡)한 과보가 없다는 것을 곧 안다.

「6-10」 子曰: “賢哉回也! 一簞食, 一瓢飮, 在陋巷, 人不堪其憂, 回也不改其樂. 賢哉回也!”

「6-10」 공자가 말하였다. “어질구나, 안회여! 밥 한 그릇과 물 한 바가지를 먹고 마시면서 누추한 시골에 살고 있으니, 남들은 그 근심을 견뎌내지 못하는데 안회는 그 즐거움을 고치지 않는구나. 어질구나, 안회여!”

【蕅師注】 樂不在簞瓢陋巷, 亦不離簞瓢陋巷. 簞瓢陋巷, 就是他眞樂處. 惟仁者可**久處約**,[1] 約處就是安處·利處. 若云簞瓢陋巷非可樂, 則離境談心, 何啻萬里!

【注釋】

1) 久處約:『논어(論語)·리인(里仁) 제사(第四)』 제2장, “공자가 말하였다. ‘인(仁)하지 못한 자는 오래도록 곤궁을 견디지 못하고 오래도록 풍요의 즐거움에 처하지 못한다. 인자(仁者)는 인(仁)을 편안히 여기고, 지자(智者)는 인(仁)을 이롭게 여긴다.’ [子曰: “不仁者不可以久處約, 不可以長處樂. 仁者安仁, 知者利仁.”]”

【蕅師注】 즐거움은 ‘단표누항(簞瓢陋巷)’에 있지 않으며, 또한 ‘단표누항(簞瓢陋巷)’을 떠나지도 않는다. ‘단표누항(簞瓢陋巷)’이 바로 그의 진락처(眞樂處)였으니, 오직 인자(仁者)만이 곤궁한 환경에서 오랫동안 처할 수

있다. 곤궁한 곳이 바로 편안한 곳이요 이로운 곳이다. 만약 '단표누항(簞瓢陋巷)이 즐거워할 만한 것이 아니다.'라고 말한다면, 경계를 떠나 마음을 담론하는 것이 어찌 만리(萬里)뿐이겠는가! ◎

【補注】 列子『沖虛經』言: "仲尼閒居, 子貢入侍, 而有憂色. 子貢不敢問, 出告顏回. 顏回援琴而歌, 孔子聞之, 果召回入. 問曰: '若奚獨樂?' 回曰: '夫子奚獨憂?' 孔子曰: '先言爾志.' 曰: '吾昔聞之夫子曰: 「樂天知命故不憂.」 回所以樂也.' 孔子愀然有間, 曰: '有是言哉! 汝之意失矣. 此吾昔日之言爾, 請以今言爲正也. 汝徒知樂天知命之無憂, 未知樂天知命有憂之大也. 夫樂而知者, 非古人之所謂樂知也. 無樂無知是眞樂眞知, 故無所不樂, 無所不知, 無所不憂, 無所不爲.' 顏回北面拜手曰: '回亦得之矣!'"[1] 學者知無樂無憂之本性, 方知孔顏之憂樂.

【注釋】

1) 仲尼閒居-回亦得之矣: 『충허경(沖虛經)·중니(仲尼)』에 보인다. 『충허경(沖虛經)』은 '열자(列子)'라고도 불린다. 『충허경(沖虛經)』은 도가(道家)의 서적으로서 주(周)의 열어구(列禦寇)가 지었다고 전해지나 정확하지는 않다. 천서(天瑞)·황제(黃帝)·주목왕(周穆王)·중니(仲尼)·탕문(湯問)·역명(力命)·양주(楊朱)·설부(說符)의 8편으로 이루어져 있다. 전한(前漢) 유향(劉向)의 『서록(敍錄)』에 의하면 20편으로 중복된 내용이었던 것을 줄여 8편으로 정착시켰다고 한다.

【補注】 열자(列子)의 『충허경(沖虛經)』에서 말하였다. "중니가 한거(閒居)할 때에 자공이 입시(入侍)하였는데, 공자가 근심스러운 낯빛을 하고 있었다. 자공이 감히 그 이유를 묻지 않고, 밖으로 나와서 안회에게 알렸다. 안회가 곧 금(琴)을 끌어당겨 노래하였다. 공자가 노랫소리를 듣고서 부르니, 안회가 들어왔다. 공자가 물었다. '너는 어찌하여 홀로 즐기

고 있느냐?' 안회가 말하였다. '부자께서는 어찌하여 홀로 근심하고 계십니까?' 공자가 말하였다. '먼저 너의 뜻을 말해보아라!' 안회가 말하였다. '저는 지난날 부자께서 「하늘의 뜻을 즐거워하고 주어진 명(命)을 알기 때문에 근심하지 않는다.」라고 하신 말씀을 들은 적이 있습니다. 저는 이 때문에 즐거워하고 있었습니다.' 공자가 낯빛을 바꾸고 잠시 후에 말하였다. '내가 그런 말을 했었구나! 하지만 너의 뜻은 잘못되었다. 그것은 내가 지난날 너에게 했던 말이니, 지금 하는 말로써 바로잡도록 하여라. 너는 한갓 하늘의 뜻을 즐거워하고 주어진 명(命)을 알아 근심 없음만을 알 뿐이요, 하늘의 뜻을 즐거워하고 주어진 명(命)을 아는 것에 큰 근심이 있다는 사실을 알지 못한다. 대저 하늘의 뜻을 즐거워하면서 주어진 명(命)을 아는 것은 고인들의 이른바 「낙지(樂知)」라는 것이 아니다. 즐거움이 없고 앎이 없음이 바로 진락(眞樂)이요 진지(眞知)이다. 그러므로 즐겁지 않은 바가 없으며, 알지 못하는 바가 없으며, 근심하지 않는 바가 없으며, 행하지 않는 바가 없다.' 안회가 북면(北面)하여 배수(拜手)한 뒤에 말하였다. '저도 지금 그 뜻을 배웠습니다.'" 배우는 자들이 즐거움이 없고 근심이 없는 본성을 안다면, 바야흐로 공자와 안회의 근심과 즐거움을 알게 될 것이다.

【解說】　　지욱 대사의 주석 말미에 있는 '약운단표누항비가락(若云簞瓢陋巷非可樂).'이라는 문장은 주자가 『논어집주』에서 인용한 정자의 주(注)를 지욱 대사가 비판한 것이다. 정자의 주(注)는 다음과 같다. "정자가 말하였다. '안자의 즐거움은 한 그릇의 밥과 한 표주박의 음료 및 누추한 시골을 즐거워한 것이 아니라, 가난으로 그 마음을 얽매어 그 즐거움을 변치 않은 것이다. 그러므로 부자가 그의 어짊을 칭찬한 것이다.' 또 말하였다. '한 그릇의 밥과 한 표주박의 음료 및 누추한 시골이 즐거워할

만한 것이 아니요, 별도로 그 즐거움이 있는 것이니, 「기(其)」자(字)를 완미(玩味)하여야 한다. 그러면 절로 깊은 뜻이 있을 것이다.' [程子曰: "顏子之樂, 非樂簞瓢陋巷也, 不以貧窶累其心而改其所樂也. 故夫子稱其賢." 又曰: "簞瓢陋巷非可樂, 蓋自有其樂爾. '其'字當玩味, 自有深意."]"

「6-11」冉求曰: "非不說子之道, 力不足也." 子曰: "力不足者, 中道而廢, 今女畫."

「6-11」염구가 말하였다. "선생님의 도(道)를 기뻐하지 않는 것은 아니지만 힘이 부족합니다." 공자가 말하였다. "힘이 부족한 사람은 중도에서 그만두겠지만, 지금 너는 스스로 한계를 긋고 있구나."

「6-12」子謂子夏曰: "女爲君子儒, 無爲小人儒."

「6-12」공자가 자하에게 일러 말하였다. "너는 군자다운 학자가 되고, 소인 같은 학자가 되지 말아라."

【藕師注】 從性天生文章, 便是君子儒, 從文章著脚, 便是小人儒. 卽下學而上達,[1] 便是君子儒, 滯於下學, 便是小人儒. 若離下學而空談上達, 不是君子儒, 亦不是小人儒, 便是今時狂學者.

【注釋】
1) 下學而上達: 『논어(論語)·헌문(憲問) 제십사(第十四)』 제37장, "공자가 말하였다.

'나를 아는 이가 없구나!' 자공이 말하였다. '어찌하여 선생님을 아는 이가 없다고 하십니까?' 공자가 말하였다. '하늘을 원망하지 않고 사람을 탓하지 않으며, 아래로 인간의 일을 배워서 위로 천명을 통달하였다. 나를 알아주는 것은 아마도 하늘일 것이다!' [子曰: "莫我知也夫!" 子貢曰: "何爲其莫知子也?" 子曰: "不怨天, 不尤人, 下學而上達. 知我者, 其天乎!"]"

【藕師注】 천성(天性)을 좇아 문장을 내는 것이 바로 '군자유(君子儒)'요, 문장을 좇아 몸 둘 곳에 집착하는 것이 바로 '소인유(小人儒)'이다. 즉 아래로 인사(人事)를 배워 위로 천명을 아는 것이 바로 '군자유(君子儒)'요, 하학(下學)에 지체되어 있는 것이 '소인유(小人儒)'이다. 만약 하학(下學)을 떠나서 헛되이 상달(上達)만을 이야기한다면, 이는 '군자유(君子儒)'가 아니고 또한 '소인유(小人儒)'도 아니며 바로 요즘의 부질없이 뜻만 큰 학자들이다.

「6-13」 子遊爲武城宰. 子曰: "女得人焉爾乎?"曰: "有澹臺滅明者, 行不由徑, 非公事, 未嘗至於偃之室也."

「6-13」 자유가 무성(武城)의 읍재가 되었다. 공자가 말하였다. "너는 거기에서 인물을 얻었느냐?" 자유가 말하였다. "담대멸명이라는 자가 있는데, 길 다닐 때 지름길로 다니지 않았으며 공적인 일이 아니면 일찍이 저의 집에 온 적이 없었습니다."

【藕師注】 卓吾云: "眞能得人."[1]

【注釋】

1) 眞能得人: 『논어평(論語評)·옹야(雍也) 제육(第六)』 제13장, "[評] 眞能得人." 앞의

책, 136면.

【藕師注】 이탁오는 이렇게 말하였다. "참으로 적합한 사람을 얻었다."

「6-14」子曰: "孟之反不伐, 奔而殿. 將入門, 策其馬, 曰: '非敢後也, 馬不進也.'"

「6-14」공자가 말하였다. "맹지반은 자랑하지 않는 사람이니, 싸움에 패해서 달아날 때 군대의 제일 후미에 있었다. 장차 도성 문으로 들어올 즈음에 말을 채찍질하면서 말하기를, '감히 제일 뒤에서 후퇴하려고 한 것이 아니라, 말이 앞으로 나아가지 않았다.'라고 하였다."

「6-15」子曰: "不有祝鮀之佞, 而有宋朝之美, 難乎免於今之世矣."

「6-15」공자가 말하였다. "축관(祝官)인 타(鮀)의 말재주와 송(宋)나라 공자(公子) 조(朝)와 같은 아름다운 외모를 갖추지 않으면, 요즘 같은 세상에서 화(禍)를 면하기가 어렵다."

「6-16」子曰: "誰能出不由戶? 何莫由斯道也?"

「6-16」공자가 말하였다. "누구인들 밖으로 나갈 적에 문을 경유하지 않을 수 있겠는가? 그런데 왜 이 도(道)를 따르지 않는가?"

【藕師注】 道不可須臾離,¹⁾ 信然! 信然! 何故世人習而不察, 日用不知?

【注釋】

1) 道不可須臾離: 『중용(中庸)』 제1장, "도라는 것은 잠시도 떠날 수 없으니, 떠날 수 있으면 도가 아니다. 이 때문에 군자는 보이지 않는 바에도 경계하고 삼가며 들리지 않는 바에도 두려워하는 것이다. 어두운 곳보다 더 드러나는 곳이 없으며 작은 일보다 더 나타나는 일이 없으니, 그러므로 군자는 그 혼자 있을 때를 삼가는 것이다. [道也者, 不可須臾離也, 可離非道也. 是故君子戒愼乎其所不睹, 恐懼乎其所不聞. 莫見乎隱, 莫顯乎微, 故君子愼其獨也.]"

【藕師注】 도(道)는 잠시도 떨어져 있을 수 없으니, 정말로 그렇다! 정말로 그렇다! 그런데 무슨 까닭으로 세인(世人)들은 익히기만 하고 살피지 않으며, 날마다 사용하면서도 알지 못하는가?

「6-17」 子曰: "質勝文則野, 文勝質則史. 文質彬彬, 然後君子."

「6-17」 공자가 말하였다. "내면적인 질박함이 외면적인 문채를 이기면 촌스럽고, 외면적인 문채가 내면적인 질박함을 이기면 겉만 화려한 것이니, 문채와 질박함이 적절히 조화를 이룬 뒤에야 군자이다."

【藕師注】 質如樹莖, 文如花葉, 還有一個樹根. 由有樹根, 故使莖·枝·花·葉皆是一團生機. 彬彬者, 生機煥彩也.

【藕師注】 '질(質)'은 나무의 줄기와 같고, '문(文)'은 꽃의 잎과 같은데, 또 일개의 나무뿌리가 있다. 나무뿌리가 있음을 말미암기 때문에 나무

의 줄기와 가지와 꽃과 잎을 부리니, 모두 한 덩이의 생기(生機; 생명력生命力)이다. '빈빈(彬彬)'은 생기(生機)가 빛나고 윤기 흐르는 것이다.

【補注】　尊德性而不道問學, 謂之野, 道問學而不尊德性, 謂之史. 君子尊德性而道問學, 故文質彬彬[1]也.

【注釋】

1) 文質彬彬:『논어(論語)·옹야(雍也) 제육(第六)』제17장, "子曰: '質勝文則野, 文勝質則史. 文質彬彬, 然後君子.'"

【補注】　덕성(德性)을 높이되 묻고 배움을 말미암지 않는 것을 '야(野)'라고 하고, 묻고 배움을 말미암되 덕성(德性)을 높이지 않는 것을 '사(史)'라고 한다. 군자는 덕성(德性)을 높이고 묻고 배움을 말미암는다. 그러므로 '문(文)'과 '질(質)'이 적절히 조화를 이룬다.

「6-18」子曰: "人之生也直, 罔之生也幸而免."

「6-18」 공자가 말하였다. "사람이 사는 이치는 정직함이니, 정직하지 않은 데도 살아있는 것은 요행히 죽음을 면한 것이다."

【藕師注】　卓吾云: "不直的都是死人."[1]

【注釋】

1) 不直的都是死人:『논어평(論語評)·옹야(雍也) 제육(第六)』제18장, "[評] 不直的都是死人." 앞의 책, 137면.

【藕師注】 이탁오는 이렇게 말하였다. "정직하지 않은 것은 모두 죽은 사람이다."

「6-19」子曰: "知之者不如好之者, 好之者不如樂之者."

「6-19」 공자가 말하였다. "도(道)를 아는 것은 도(道)를 좋아하는 것만 못하고, 도(道)를 좋아하는 것은 도(道)를 즐거워하는 것만 못하다."

【藕師注】 知個甚麼? 好個甚麼? 樂個甚麼? 參! 卓吾云: "不到樂的地步, 那得知此?"[1]

【注釋】

1) 不到樂的地步, 那得知此: 『논어평(論語評)·옹야(雍也) 제육(第六)』제19장, "[評] 不到樂的地步, 那得知此." 앞의 책, 137면.

【藕師注】 '안다.'라는 것은 무엇인가? '좋아하다.'라는 것은 무엇인가? '즐거워하다.'라는 것은 무엇인가? 참구하라! 이탁오는 이렇게 말하였다. "즐거워하는 지위에 이르지 못한다면, 어떻게 이 뜻을 알겠는가?"

「6-20」子曰: "中人以上可以語上也, 中人以下不可以語上也."

「6-20」 공자가 말하였다. "중간 수준 이상의 사람에게는 높은 것을 말해 줄 수 있으나, 중간 수준 이하의 사람에게는 높은 것을 말해 줄 수 없다.”

【藕師注】 不可語上, 須以上作下說, 爲實施權也. 可以語上, 方知語語皆上, 開權顯實也.[1]

【注釋】

1) 不可語上–開權顯實也: 송(宋)나라 승려 백정(柏庭) 선월(善月, 1149-1241)이 찬(撰)한 『문구격언(文句格言)·권상(卷上)』에 ‘위실시권(爲實施權)’과 ‘개권현실(開權顯實)’을 풀이한 내용이 있다. “방편이 진실을 드러낼 수 없는 것이 아니고 진실이 방편을 쓸 수 없는 것이 아니다. 그러므로 ‘위실시권(爲實施權)’은 진실에 나아간 방편이요, ‘개권현실(開權顯實)’은 방편에 나아간 진실이니, 방편과 진실이 서로 쓰임이 된다. 방편과 진실에 이미 나아가면 방편과 진실 두 가지가 마땅하게 된다. 마땅하게 되므로 하나가 되며, 하나가 되므로 묘하며, 묘하므로 본적(本跡)의 교화가 여래의 가르침을 이룬다. 적(跡)으로써 본(本)을 따르며 비유로써 법을 헤아림을 세우는 것이 모두 이와 같다. 이것을 『묘법연화경(妙法蓮華經)』의 위 없는 제호(醍醐)의 지극한 가르침이라고 말한다. [非權無以顯實, 非實無以用權. 故爲實施權者, 卽實之權也, 開權顯實者, 卽權之實也, 是權與實相與爲用. 權實旣卽, 則權實兩宜. 宜故一, 一故妙, 妙故本跡之化成如來之敎. 立以跡例本·以譬擬法, 皆如是也. 是謂妙法蓮華無上醍醐之至敎也.]”

【藕師注】 높은 것을 말해 줄 수 없는 자는 모름지기 높은 것을 낮은 것으로 만들어서 말해주어야 하니, ‘진실을 위해 방편(方便)을 베푼 것{위실시권(爲實施權)}’이다. 높은 것을 말해줄 수 있는 자는 심원(深遠)한 가르침 한마디 한마디를 바로 깨달으니, ‘방편(方便)을 열어서 진실을 나타낸 것{개권현실(開權顯實)}’이다.

「6-21」 樊遲問知. 子曰: “務民之義, 敬鬼神而遠之, 可謂知矣.” 問仁. 曰: “仁者先難而後獲, 可謂仁矣.”

「6-21」 번지가 지혜로움에 관하여 물었다. 공자가 말하였다. "사람이 지켜야 할 도리를 힘쓰고 귀신을 공경하되 멀리하면 지혜롭다고 말할 수 있다." 번지가 인(仁)에 관하여 물었다. 공자가 말하였다. "인자(仁者)는 어려운 일을 먼저 하고 얻는 것을 뒤에 하니, 이렇게 한다면 인(仁)하다고 말할 수 있다."

【藕師注】 曉得民義便曉得鬼神道理. 惟其曉得, 所以能敬能遠, 非以不可知而敬之遠之也. 不能先難, 便欲商及獲與不獲. 知難非難, 則請事斯語,[1] 欲罷不能,[2] 豈獲與不獲可動其心?

【注釋】

1) 請事斯語: 『논어(論語)·안연(顏淵) 제십이(第十二)』 제1장과 제2장에 각각 보인다. (1) "「12-1」 안연이 인(仁)에 관해 물었다. 공자가 말하였다. '능히 자기가 예로 돌아가는 것이 인(仁)이니, 하루라도 능히 자기가 예로 돌아가면 천하 사람들이 모두 그 인(仁)으로 의탁한다. 인(仁)을 하는 것은 자신에게 달린 것이지, 남에게 달린 것이겠는가?' 안연이 말하였다. '청컨대 그 실천 조목을 묻습니다.' 공자가 말하였다. '예가 아니면 보지 말며[非禮勿視], 예가 아니면 듣지 말며[非禮勿聽], 예가 아니면 말하지 말며[非禮勿言], 예가 아니면 움직이지 말아야 한다[非禮勿動].' 안연이 말하였다. '제가 비록 불민하나 청컨대 이 말씀을 잘 섬기겠습니다.' [顏淵問仁. 子曰: "克己復禮爲仁. 一日克己復禮, 天下歸仁焉. 爲仁由己, 而由人乎哉!" 顏淵曰: "請問其目." 子曰: "非禮勿視, 非禮勿聽, 非禮勿言, 非禮勿動." 顏淵曰: "回雖不敏, 請事斯語矣."]" /
(2) "「12-2」 중궁이 인(仁)에 관해 물었다. 공자가 말하였다. '문을 나갔을 때는 큰 손님을 뵙듯이 삼가고 백성들을 부릴 때는 큰 제사를 받들 듯이 조심하는 것이다. 자신이 하고자 하지 않는 것을 남에게 베풀지 말아야 하며, 나라에 있을 때도 원망하는 것이 없으며, 집 안에 있을 때도 원망하는 것이 없다.' 중궁이 말하였다. '제가 비록 불민하나 청컨대 이 말씀을 잘 섬기겠습니다.' [仲弓問仁. 子曰: "出門如見大賓, 使民如承大祭. 己所不欲, 勿施於人. 在邦無怨, 在家無怨." 仲弓曰: "雍雖不敏, 請事斯語矣."]"
2) 欲罷不能: 『논어(論語)·자한(子罕) 제구(第九)』 제10장, "안연이 크게 탄식하며 말하였다. '선생님의 도(道)는 우러러볼수록 더욱 높고, 파고들수록 더욱 견고하며, 바라보면 앞에 있는가 싶더니 홀연히 뒤에도 있다. 선생님께서는 차근차근히 사

람을 잘 이끌어 주시어 문(文)으로써 나의 지식을 넓혀 주셨고, 예로써 나의 행동을 단속하게 해 주셨으니, 공부를 그만두고자 해도 그만둘 수가 없었다. 이미 나의 재주를 다하였으나, 선생님의 도(道)가 마치 내 앞에 우뚝 서 있는 것 같아서, 비록 좇아가려 해도 말미암을 데가 없다.' [顏淵喟然歎曰: "仰之彌高, 鑽之彌堅. 瞻之在前, 忽焉在後. 夫子循循然善誘人, 博我以文, 約我以禮, 欲罷不能. 旣竭吾才, 如有所立卓爾, 雖欲從之, 末由也已."]"

【藕師注】 민의(民義)를 깨달아 아는 것이 곧 귀신의 도리를 깨달아 아는 것이다. 오직 그 깨달아 알기에 능히 귀신을 공경하고 능히 귀신을 멀리할 수 있는 것이요, 알 수 없어서 귀신을 공경하고 멀리하는 것이 아니다. 어려운 일을 능히 먼저 하지 못하는 것은 곧 얻음과 얻지 못함을 상량(商量)하여 견주어보고자 해서이다. 어려운 것이 어려운 것이 아님을 안다면{'어려움과 어렵지 않음' 그 두 생각을 내려놓는다면}, 곧 '청사사어(請事斯語)'요, '욕파불능(欲罷不能)'이다. 어찌 얻음과 얻지 못함이 그 마음을 동요케 할 수 있겠는가?

【補注】　世俗混稱佛菩薩爲鬼神, 此大誤也. 佛菩薩是出世大聖, 鬼神是生死凡夫, 相距天淵, 然皆是過去六親·未來諸佛, 故當敬. 修福而瞋恚墮神趣, 慳貪而不施墮鬼趣, 故當憐憫而遠之也. 仁者須發大心, 遍十方·盡未來度脫衆生, 而後成佛, 故曰'先其難而後其獲.'

【補注】　세속에서는 불보살(佛菩薩)이 귀신이라고 혼동하여 일컬으나, 이는 대단히 잘못된 것이다. 불보살(佛菩薩)은 세간을 벗어난 큰 성인이요 귀신은 생사(生死)를 윤회하는 범부이니, 그 거리가 하늘과 깊은 못만큼의 차이가 있다. 그러나 그들은 모두 과거의 육친(六親)이자 미래의 제불(諸佛)이므로 마땅히 공경해야만 한다. 복(福)을 닦다가 분노하여 신취

(神趣)에 떨어지고, 인색하고 탐욕스러워 베풀지 않다가 귀취(鬼趣)에 떨어진다. 그러므로 마땅히 불쌍히 여기되 멀리하는 것이다. 인(仁)한 사람은 모름지기 큰마음을 일으켜서 시방(十方)에 두루 하고 미래제(未來際)를 다하여 중생을 제도하여 해탈하게 한 뒤에 부처를 이루어야만 한다. 그러므로 "그 어려운 일을 먼저하고, 그 얻는 것을 나중에 한다."라고 말하였다.

「6-22」子曰: "知者樂水, 仁者樂山. 知者動, 仁者靜. 知者樂, 仁者壽."

「6-22」 공자가 말하였다. "지혜로움은 물을 본받고 인(仁)함은 산을 본받는다. 그래서 지혜로움은 동적(動的)이고 인(仁)함은 정적(靜的)이다. 지혜로움은 동적(動的)이기에 즐겁고, 인(仁)함은 정적(靜的)이기에 오래 산다."

【蕅師注】 形容得妙. 智者·仁者不是指兩人說. 樂者, 效法也. 智法水, 仁法山. 法水故動, 法山故靜. 動故樂, 靜故壽. 山水同依於地, 動靜同一心機, 樂壽同一身受,[1] 智仁同一性眞. 若未達不二而二·二而不二, 則仁者見之謂之仁, 智者見之謂智矣.

【注釋】

1) 身受: 이수(二受)의 하나로서, 안(眼)·이(耳)·비(鼻)·설(舌)·신(身)으로 느끼는 감수 작용을 뜻한다. 양정연의 그의 논문에서 다음과 같이 이수(二受)를 설명하였다. "촉을 조건으로 발생하는 감수 작용은 육근(六根)의 작용에 따라 여섯 가지의 受가 생기게 된다. 眼·耳·鼻·舌·身의 경우는 色을 의지처로 하기 때문에 身

受이고, 意는 마음(citta)을 의지처로 하기 때문에 心受로 구분한다." - 양정연, 「苦樂의 感受 작용에 대한 불교적 이해 -『雜阿含經』을 중심으로-」, 『철학논집』 제46집, 서강대학교 철학연구소, 2016, 164면.

【蕅師注】 형용한 것이 묘함을 얻었다. '지자(智者)'와 '인자(仁者)'는 두 사람을 가리켜 말한 것이 아니다. '요(樂)'는 법을 본받는 것이다. '지(智)'는 물을 본받고, '인(仁)'은 산(山)을 본받는다. 물을 본받기 때문에 동적(動的)이고, 산(山)을 본받기 때문에 정적(靜的)이다. 동적(動的)이기 때문에 즐겁고, 정적(靜的)이기 때문에 오래 산다. '산(山)'과 '수(水)'는 같이 땅에 의지하고, '동(動)'과 '정(靜)'은 같이 '심기(心機)'를 하나로 하며, '낙(樂)'과 '수(壽)'는 같이 '신수(身受)'를 하나로 하고, '지(智)'와 '인(仁)'은 같이 '성진(性眞)'을 하나로 한다. 만약 '둘이 아니면서 둘이고 둘이면서 둘이 아닌 이치'를 아직 통달하지 못한다면, 인자(仁者)는 이를 보고 '인(仁)'이라고 이르고, 지자(智者)는 이를 보고 '지(智)'라고 이른다.

「6-23」子曰: "齊一變, 至於魯, 魯一變, 至於道."

「6-23」 공자가 말하였다. "제(齊)나라가 한 번 변하면 노(魯)나라에 이르고 노(魯)나라가 한 번 변하면 도(道)를 갖춘 나라에 이를 것이다."

【蕅師注】 總是要他至於道耳. 吳因之[1]曰: "齊固要脫皮換骨, 魯也要滌胃洗腸."

【注釋】
1) 吳因之: 오묵(吳默, 1554-1640)을 가리킨다. "오묵(吳默)은 자(字)는 언잠(言箴)이

고, 다른 자(字)는 인지(因之)이며, 오강인(吳江人)이다. 1592년 회시(會試)에서 일등(一等)을 하였고, 벼슬은 태복시경(太僕寺卿)에까지 이르렀다. 오묵(吳默)의 생평(生平)이 『우암소집(愚庵小集) 권십오(卷十五)·태복경오공전(太僕卿吳公傳)』에 보인다. 「태복경오공전(太僕卿吳公傳)」의 권수(卷首)에 오묵(吳默)이 1600년에 찬(撰)한 자서(自序)가 실려 있다. [吳默, 字言箴, 一字因之, 吳江人. 萬曆二十年{1592}會試第一, 官至太仆寺卿. 生平見「太仆卿吳公傳」{『愚庵小集』卷一五}. 本書卷首有吳默萬曆庚子{1600}自序.]"

【藕師注】 모두 그 나라들이 도(道)를 갖춘 나라에 이르기를 원한 것이다. 오인지(吾因之)는 말하였다. "제(齊)나라는 진실로 가죽을 벗겨내고 뼈를 바꾸어 놓는{환골탈태(換骨奪胎)} 노력이 요구되고, 노(魯)나라는 위(胃)와 장(腸)을 깨끗이 씻어 내는 노력이 요구된다."

「6-24」 子曰: "觚不觚, 觚哉! 觚哉!"

「6-24」 공자가 말하였다. "모난 술그릇{고(觚)}은 모나지 않았다. 모난 술그릇이여! 모난 술그릇이여!"

【補注】 因緣和合,[1] 假名爲觚. 色卽是空, 故曰'不觚.'. 空假雙照,[2] 不卽世諦, 不離世諦, 是爲中觀,[3] 故曰'觚哉! 觚哉!'. 空·假·中一心三觀,[4] 三世諸佛之心印, 又堯舜"惟精惟一, 允執厥中."[5]之心傳也. 『心經』·『金剛經』·一切大乘經, 乃至禪家千七百則公案, 皆可以此求之. 『金剛經』云: "如來說第一波羅密, 卽非第一波羅密, 是名第一波羅密. 忍辱波羅密, 如來說非忍辱波羅密, 是名忍辱波羅密."[6] 卽假·卽空·卽中也. 程子謂觚不觚, 謂如'君不君, 臣不臣.', 範氏謂如'人不仁, 國不國.',[7] 此但就世變感慨言之也, 亦通.

【注釋】

1) 因緣和合: 『대불정여래밀인수증요의제보살만행수능엄경(大佛頂如來密因修證了義諸菩薩萬行首楞嚴經)』 권제이(卷第二), "인연이 화합(和合)하여 허망하게 생(生)하는 것이 있으며, 인연이 이별하여 허망한 것을 멸(滅)이라 이름한다. [因緣和合, 虛妄有生, 因緣別離, 虛妄名滅.]" 『大正新脩大藏經』 第19冊·No.0945·大佛頂如來密因修證了義諸菩薩萬行首楞嚴經 第2卷(T19n0945_002).

2) 空假雙照: 『종경록(宗鏡錄)』 제35권에 보인다. 정문(正文) 2-1의 강겸(江謙)의 【補注】를 참조할 것.

3) 中觀: "용수(龍樹, 344-413) 보살의 『중론(中論)』{중관론(中觀論)이라고도 함.}에서는 '지중(至中)'으로써 석가모니(釋迦牟尼)가 설한 '중도(中道)'를 형용하였고, 생(生)과 멸(滅)·단(斷)과 상(常)·일(一)과 이(異)·래(來)와 출(出) 등의 양변(兩邊)을 멀리 떠났으므로 또 '팔불중도(八不中道)'라고 부른다. '중도(中道)'를 관찰함으로써 선정(禪定)과 지혜(智慧)를 일으켜 수지(修持)하는 방법으로 만든 것이 바로 '중관(中觀)'이다. [龍樹在『中觀論』中, 以至中{Madhyamaka}來形容釋迦牟尼所說的中道, 遠離生滅·斷常·一異·來出等二邊, 又稱八不中道. 以觀察中道, 作爲修持禪定與智慧的方法, 卽是中觀.]"

4) 空·假·中一心三觀: 「2-1」의 정문(正文)의 【藕師注】의 주석1)을 참조할 것.

5) 惟精惟一, 允執厥中: 『서경(書經)·우서(虞書)·대우모(大禹謨)』에 보인다. 2-1의 정문(正文)의 강겸(江謙)의 【補注】를 참조할 것.

6) 如來說第一波羅密-是名忍辱波羅密: 『금강반야바라밀경(金剛般若波羅蜜經)』 제14분 「이상적멸분(離相寂滅分)」, "須菩提! 如來說第一波羅蜜, 非第一波羅蜜, 是名第一波羅蜜. 須菩提! 忍辱波羅蜜, 如來說非忍辱波羅蜜." 『大正新脩大藏經』 第8冊·No.0235·金剛般若波羅蜜經 第1卷(T08n0235_001).

7) 程子謂觚不觚-國不國: 『논어집주(論語集注)·옹야(雍也) 제육(第六)』 제23장, "정자가 말하였다. '모난 그릇이 그 형태와 구조를 잃으면 모난 그릇이 아니다. 하나의 그릇을 (예로) 들었는데 천하의 사물이 모두 그렇지 않은 것이 없다. 그러므로 임금으로서 그 임금의 도리를 잃으면 임금 노릇을 못함이 되는 것이요, 신하로서 그 신하의 직분을 잃으면 헛되이 자리만 차지하고 있음이 되는 것이다.' 범씨가 말하였다. '사람으로서 인(仁)하지 못하면 사람이 아니요, 나라가 잘 다스려지지 않으면 나라의 기능을 못 하는 것이다.' [程子曰: "觚而失其形制, 則非觚也. 舉一器而天下之物莫不皆然. 故君而失其君之道, 則爲不君, 臣而失其臣之職, 則爲虛位." 范氏曰: "人而不仁, 則非人, 國而不治, 則不國矣."]"

【補注】　　인연이 화합(和合)함을 임시로 '고(觚)'라고 이름한다. 색(色)이 곧 공(空)이다. 그러므로 '모나지 않았다.'라고 하였다. '공(空)'과 '가(假)'

가 서로 양변을 비추면서 세제(世諦)에 나아가지 아니하며, 세제(世諦)를 떠나지 않으니 이것이 '중관(中觀)'이 된다. 그러므로 '모난 그릇이여! 모난 그릇이여!'라고 하였다. '공(空)'과 '가(假)'와 '중(中)'의 일심삼관(一心三觀)이 삼세제불(三世諸佛)의 심인(心印)이다. 또 요(堯)·순(舜)임금의 '정밀하게 하고 전일(專一)하게 하여야만 진실로 그 중정(中正)의 도리를 가질 수 있다.'라는 심전(心傳)이다. 『반야심경』·『금강경』·일체의 대승경(大乘經) 내지 선가(禪家)의 1700칙(則) 공안(公案)의 참된 도리는 모두 이것으로써 구할 수 있다. 『금강경』에서 말하였다. "여래(如來)께서 설하신 제일바라밀(第一波羅密)은 즉 제일바라밀(第一波羅密)이 아니니 임시로 제일바라밀(第一波羅密)이라고 이름한다. 인욕바라밀(忍辱波羅密)은 여래(如來)께서 인욕바라밀(忍辱波羅密)이 아니라고 말씀하셨으니 임시로 인욕바라밀(忍辱波羅密)이라고 이름한다." 가(假)에 나아가고 공(空)에 나아가고 중(中)에 나아간다. 정자는 「고불고(觚不觚)」는 마치 임금이 임금답지 못하고 신하가 신하답지 못함과 같은 것을 이른다.'라고 하였고, 범씨는 '마치 사람이 어질지 못하고, 나라가 나라답지 못함과 같은 것을 이른다.'라고 하였다. 이것은 다만 세변(世變)에 감개(感慨)하여 말했던 것이지만, 뜻이 또한 통한다.

「6-25」 宰我問曰: "仁者雖告之曰'井有仁焉.', 其從之也?" 子曰: "何爲其然也? 君子可逝也, 不可陷也, 可欺也, 不可罔也."

「6-25」 재아가 물었다. "인자(仁者)는 어떤 사람이 그에게 말하기를, '우물 속에 인(仁)이 있다.'라고 한다면, 우물 속으로 들어갈까요?" 공자가 말하였다. "어찌 그렇게 할 수 있겠느냐? 군자를 우물까지 가게 할 수는 있으나 빠지게 할 수는 없으며, 이치에 맞는 말로 속일 수는 있으나 터무니없는 말로 속일 수는 없느니라.”

【藕師注】 此問大似禪機. 蓋謂君子旣依於仁, 設使仁在井中, 亦從而依之乎? 夫子直以正理答之, 不是口頭三昧[1]可比. 陳旻昭曰: “宰我此問深得夫子之心, 蓋在夫子設使見人墜井, 決能跳下井中救出. 但此非聖人不能, 不可傳繼, 故夫子直以可繼可傳之道答之. 如大舜方可濬井, 以聽父母之揜, 彼有出路故也. 若尋常孝子, **小杖則受, 大杖則走矣.**[2]”

【注釋】

1) 口頭三昧: 입으로만 떠들고 실행하지 않는 것이다. ‘구두선(口頭禪)’·‘구두변(口頭辨)’·‘구피선(口皮禪)’이라고도 한다. 선의 이치를 체득하지 않고 선가의 상용어를 겨우 익혀서 말로만 분별하는 것이다. 『청원우자지선사어록(青原愚者智禪師語錄)』제2권에 보인다. “옛사람이 말하였다. ‘다만 부처를 이루지 못함을 근심할 뿐이요, 부처를 근심하지는 않는다. 말을 이해하지 못하면, 염라대왕(閻羅大王)이 어찌 너의 구두삼매(口頭三昧)를 두려워하겠느냐?’ [古人云: “只愁不成佛, 不愁佛. 不解語, 閻羅大王, 豈怕汝口頭三昧耶?”]『嘉興大藏經』第34冊·No.B313·『青原愚者智禪師語錄』第2卷(J34nB313_002).
2) 小杖則受, 大杖則走矣: 『공자가어(孔子家語)·육본(六本)』, “작은 회초리를 들면 화가 풀릴 때까지 다 맞고, 큰 몽둥이를 들면 얼른 피해 달아나야 한다. [小箠則待過, 大杖則逃走.]”

【藕師注】 이 질문은 선기(禪機)와 매우 비슷하다. ‘군자가 이미 인(仁)에 의지하고 있는데, 설령 인(仁)이 우물 가운데에 있다고 하더라도 또한 좋아서 의지하겠는가?’라고 말한 것이다. 부자가 곧장 바른 도리(道理)로 대답하였으니, 구두삼매(口頭三昧) 하는 자가 견주어 볼 수 있는 것이 아니다. 진민소가 말하였다. “재아의 이 질문은 부자의 마음을 깊이 얻었

다. 부자에게 있어서는 설사 사람이 우물에 빠지는 모습을 보게 되더라도 과감하게 우물 가운데로 뛰어들어 사람을 구출해냈을 것이다. 다만 이는 성인이 아니면 능히 하지 못하는 것이니 전(傳)하여 이어나가게 해서는 안 되는 것이다. 그러므로 부자가 곧장 이어나갈 수 있고 전(傳)할 수 있는 도(道)로써 답변하였다. 예컨대 대순(大舜)은 당시 우물을 파낼 수 있어서 부모가 우물을 덮어 자신을 죽이고자 하는 계획을 알았으면서도 지시를 따랐으니, 저 우물 속에 출로(出路)가 있었기 때문이다. 평범한 효자의 경우에는 부모가 작은 회초리로 때리면 순순히 맞으나, 크게 화가 나서 큰 몽둥이로 자신을 쳐 죽이려 할 때는 달아나야 한다." ◎

【解說】 위 정문(正文)에 대해 주자는 『논어집주』에서 '정유인언(井有仁焉)'의 '인(仁)' 자(字)를 '인(人)' 자(字)로 읽고{劉聘君曰: '有仁之仁, 當作人.', 今從之.} 우물에 사람이 빠진 것으로 풀이를 하였다.[15] 이에 반해 지욱 대사는 "군자가 이미 인(仁)에 의지하고 있는데, 설령 인(仁)이 우물 가운데에 있다고 하더라도 또한 좇아서 의지하겠는가?"라고 풀이하여 '정유인언(井有仁焉)'의 '인(仁)' 자(字)를 '인(仁)' 자(字)의 의미 그대로 보았다. 또 진민소의 설을 인용하여 "부자에게 있어서는 설사 사람이 우물에 빠지는 모습을 보게 되더라도 과감하게 우물 가운데로 뛰어들어 사람을 구출해냈을 것이다."라고 풀이를 하여, '정유인언(井有仁焉)'의 '인(仁)' 자(字)에는 살신성인(殺身成仁)의 의리(義理)가 있는 것으로 보았다. 지욱 대사의 해석은 주자와는 차이가 있다.

---

15 김언종, 「丁茶山의 朱子『論語集註』批判 (4)」, 『어문논집』 제47권, 민족어문학회, 2003, 27-28면 참조.

「6-26」 子曰: “君子博學於文, 約之以禮, 亦可以弗畔矣夫!”

「6-26」 공자가 말하였다. “군자가 글을 널리 배우고 예로써 요약한다면 또한 치우치지 않을 것이다!”

【蕅師注】 學於文, 乃就聞以開覺路,[1] 不同貧數他寶,[2] 約以禮, 乃依解而起思修, 所謂克己復禮,[3] 不同無聞時證.[4] 所以弗畔, 畔者, 邊畔, 以文字阿師偏於敎相之一邊, 暗證禪和偏於內觀之一邊, 不免罔·殆之失[5]也.

【注釋】

1) 覺路: ‘각로(覺路)’는 ‘성불(成佛)하는 길’을 뜻하는 말이다. 『선종영가집(禪宗永嘉集)』 서문에 보인다. “지혜의 문이 널리 열리니, 진리가 색상(色相)의 실마리를 끊고, 성불(成佛)의 길이 멀리서 올라오니 자취가 명언(名言)의 표시를 감춘다. [慧門廣闢, 理絶色相之端, 覺路遙登, 跡晦名言之表.]” 『大正新脩大藏經』 第48冊·No.2013·禪宗永嘉集 第1卷(T48n2013_001).

2) 貧數他寶: 가난한 사람이 밤낮으로 남의 보물을 세지만, 자기에게는 반 푼의 이익도 없음을 뜻하는 불교 교어(敎語)이다. 동진(東晉) 천축삼장(天竺三藏) 불타발타라(佛馱跋陀羅) 한역(漢譯) 60권본 『대방광불화엄경(大方廣佛華嚴經)』 권제오(卷第五)·대방광불화엄경보살명난품(大方廣佛華嚴經菩薩明難品) 제육(第六)에 보인다. “이때 문수보살(文殊菩薩)이 법수보살(法首菩薩)에게 물었다. 「중생이 정법(正法)을 듣고서도 수음(隨婬)·노(怒)·치(癡)·수만(隨慢)·수애(隨愛)·수분(隨忿)·수간질(隨慳嫉)·수한(隨恨)·수첨곡(隨諂曲)을 끊지 못한다면, 이는 제구법(諸垢法)이 실로 마음을 떠나지 못했으매 마음이 실천하는 바가 없음이니, 능히 결사(結使)를 끊을 수 있겠느냐?」라는 말이 무슨 뜻입니까?’ 이때 법수보살(法首菩薩)이 다음과 같은 게송으로써 대답하였다. ‘비유하면 마치 빈궁(貧窮)한 사람이 날마다 남의 보배를 세어도 자기에게는 반전분(半錢分)도 없는 것과 같으니, 많이 듣는다는 것도 이와 같다.’ [爾時, 文殊師利問法首菩薩言: “佛子! 如佛所說, 聞受法者能斷煩惱, 云何 ‘衆生等聞正法而不能斷婬·怒·癡·隨慢·隨愛·隨忿·隨慳嫉·隨恨·隨諂曲, 是諸垢法, 悉不離心, 心無所行, 能斷結使?’” 爾時, 法首菩薩以偈答曰: “譬如貧窮人, 日夜數他寶, 自無半錢分, 多聞亦如是.”] 『大正新脩大藏經』 第9冊·No.0278·大方廣佛華嚴經 第5卷(T09n0278_005).

3) 克己復禮:『논어(論語)·안연(顏淵) 제십이(第十二)』제1장의 정문(正文)과【蕅師注】
를 참조할 것.
4) 無聞時證:『대불정여래밀인수증요의제보살만행수능엄경(大佛頂如來密因修證了
義諸菩薩萬行首楞嚴經)』제9권, 여래(如來)께서 대중과 아난(阿難)에게 수행 중 나
타나는 마구니를 경계하라고 당부하시면서 제사선천(第四禪天)에 있던 무문비
구(無聞比丘)가 과(果)를 증득했다고 거짓말을 하였다가 아비지옥(阿鼻地獄)에 떨
어졌음을 언급한 일을 인용한 것이다. "너희들 배우는 단계의 연각(緣覺)과 성문
(聲聞)이 지금 마음을 돌이켜 대보리의 더없이 미묘한 깨달음으로 나가려 하므로
나는 지금까지 진실한 수행법을 설하여 왔느니라. 그러나 너희들은 아직 사마타
(奢摩他)와 비파사나(毘婆舍那)를 수행할 때 생기는 미세한 마군의 일을 알지 못
하고 있느니라. 마의 경계가 앞에 나타나더라도 잘 알지 못하고 마음을 씻는 법
이 바르지 못하여 삿된 견해에 떨어지기 마련이니라. 너희들 자신의 음마(陰魔)
가 일어나거나, 혹은 천마(天魔)가 나타나거나, 혹은 귀신이 붙거나, 혹은 도깨비
를 만났을 때, 마음속이 밝지 못하여 이들이 도적인 줄을 모르고 오히려 자식으
로 아느니라. 또는 그 가운데서 작은 것을 얻고 만족하여, 더 나아가기를 구하지
않는 무문비구(無聞比丘)가 되어 단지 무상정만 닦고 더 들으려 하지 않으며 제
사선천(第四禪天) 과위에 도달한 후 이미 아라한과를 증득했다고 망언하는가 하
면, 하늘의 과보가 이미 끝나서 쇠약한 모양이 앞에 나타난 것을 보고 아라한도
다음 세상에서 다시 몸을 받는다고 허망한 소리를 하다가 아비지옥에 떨어진 경
우와 같게 되리라. 너희들은 잘 들어라. 내가 이제 너희들을 위하여 자세히 분별
하리라. [汝等有學緣覺·聲聞, 今日廻心趣大菩提無上妙覺, 吾今已說眞修行法, 汝猶未
識修奢摩他·毘婆舍那微細魔事, 魔境現前汝不能識, 洗心非正落於邪見, 或汝陰魔或復
天魔, 或著鬼神或遭魑魅, 心中不明認賊爲子, 又復於中得少爲足, 如第四禪無聞比丘妄言
證聖, 天報已畢衰相現前, 謗阿羅漢身遭後有, 墮阿鼻獄. 汝應諦聽, 吾今爲汝仔細分別.]"
『大正新脩大藏經』第19冊·No.0945·大佛頂如來密因修證了義諸菩薩萬行首
楞嚴經 第9卷(T19n0945_009).
5) 罔·殆之失:『논어(論語)·위정(爲政) 제이(第二)』제15장, "공자가 말하였다. '듣고
서 생각하지 않으면 얻는 것이 없고, 생각하되 배우지 않으면 위태하다.' [子曰:
"學而不思則罔, 思而不學則殆."]"

【蕅師注】 '학어문(學於文)'은 곧 들어서 각로(覺路)를 여는 것이니 가난
한 사람이 타인의 보배를 세는 것과 같지 않은 것이요, '약이례(約以禮)'
는 곧 지해(知解)에 의지하여 사수(思修)를 일으키는 것이니 이른바 '극기
복례(克己復禮)'라는 것인데 무문비구(無聞比丘)의 시증(時證)과는 같지
않다. 치우치지 말아야 하는 까닭은, '반(畔)'은 '변반(邊畔)'인데 문자아사

(文字阿師)는 교상(敎相)의 일변에 치우치고 암증선화(暗證禪和)는 내관(內觀)의 일변에 치우쳐서 '망(罔){배우기만 하고 생각하지 않아서 터득한 것이 없음}'과 '태(殆){생각하기만 하고 배우지 않아서 위태로움}'의 잘못을 면하지 못하기 때문이다.

「6-27」子見南子, 子路不說. 夫子矢之曰: "予所否者, 天厭之! 天厭之!"

「6-27」공자가 남자(南子)를 만나자 자로가 기뻐하지 않았다. 이에 부자가 맹세하여 말하였다. "내가 옳지 않다면 하늘이 나를 미워할 것이다! 하늘이 나를 미워할 것이다!"

【藕師注】 卓吾云: "子路不說, 全從夫子拒彌子來, 意謂旣曰有命[1]矣, 緣何又見南子?"[2]

【注釋】

1) 有命: 『논어(論語)·안연(顏淵) 제십이(第十二)』제5장, "사마우가 근심하면서 말하였다. '남들은 모두 형제가 있는데 나만 (있어도) 없는 것 같구나!' 자하가 말하였다. '나는 들으니, 「죽고 사는 것은 천명이 있고, 부유함과 귀함은 하늘에 달려 있다」하였다. 군자가 공경하고 잃음이 없으며 남을 대함에 공손하고 예가 있으면 천하{사해(四海)}가 다 형제이니, 군자가 어찌 형제가 없음을 근심하겠는가?'[司馬牛憂曰: "人皆有兄弟, 我獨亡." 子夏曰: "商聞之矣: '死生有命, 富貴在天.' 君子敬而無失, 與人恭而有禮. 四海之內, 皆兄弟也. 君子何患乎無兄弟也?"]"
2) 子路不說-緣何又見南子: 『논어평(論語評)·옹야(雍也) 제육(第六)』제27장, "[評] 要知子路不說, 全從夫子拒彌子來, 意謂旣曰有命矣, 緣何又見南子?" 앞의 책, 141면.

【藕師注】 이탁오는 이렇게 말하였다. "자로가 기뻐하지 않았던 것은 부자가 온전히 미자(彌子)를 거절하였기 때문이다. 생각건대 '죽고 사는 것에는 천명이 있다.'라고 이미 말하였으면서, 어떤 연유로 또 남자(南子)를 만났던 것인가?"

【補注】 此可與'互鄕難與言'[1]章合看. 佛言一切衆生皆有佛性,[2] 故佛菩薩不捨罪惡衆生, 孔子不拒南子與互鄕童子也.

【注釋】

1) 互鄕難與言: 『논어(論語)·술이(述而) 제칠(第七)』제28장, "호향(互鄕) 사람과는 함께 말하기가 어려웠는데, 호향(互鄕)의 동자가 공자를 찾아와 뵈니, 문인들이 이상하게 생각하였다. 공자가 말하였다. '사람이 자신의 잘못을 깨끗이 하고서 찾아오면 현재의 깨끗한 것을 허여할 뿐이요 지난날의 잘못까지 보장하지는 못하며, 그의 정진을 허여할 뿐이요 물러남을 허여한 것은 아니니, 어찌 심하게 대할 것이 있겠는가?' [互鄕難與言, 童子見, 門人惑. 子曰: "人潔己以進, 與其潔也, 不保其往也. 與其進也, 不與其退也, 唯何甚?"]"

2) 一切衆生皆有佛性: 『대반열반경(大般涅槃經)』제7권, "또 한 비구가 있어서 말하였다. '부처님께서는 매우 심오한 경전을 비장(祕藏)하고 계신다. 모든 중생에게는 불성(佛性)이 있으며 이 성품이 있으므로 한량없는 억겁의 모든 번뇌를 끊고서 곧 아뇩다라삼먁삼보리(阿耨多羅三藐三菩提)를 이룰 수 있다. 다만 일천제(一闡提)는 제외한다. [復有比丘說: "佛祕藏甚深經典, 一切衆生皆有佛性, 以是性故, 斷無量億諸煩惱結, 卽得成於阿耨多羅三藐三菩提, 除一闡提."]"『大正新脩大藏經』第12冊·No.0374·大般涅槃經 第7卷(T12n0374_007).

【補注】 이는 '호향난여언(互鄕難與言)'장(章)과 합하여 볼 수 있다. 부처님께서는 "일체중생(一切衆生)에게는 모두 불성(佛性)이 있다."라고 말씀하였다. 그러므로 불보살(佛菩薩)이 죄악에 빠진 중생을 버리지 않은 것이며, 공자가 남자(南子)와 호향동자(互鄕童子)를 거절하지 않은 것이다.

「6-28」子曰: "中庸之爲德也, 其至矣乎! 民鮮久矣."

「6-28」공자가 말하였다. "중용의 덕(德)이 지극하구나! 그런데 사람 중에 이 중용의 덕(德)을 실천한 이가 드물게 된 지는 오래되었도다."

「6-29」子貢曰: "如有博施於民而能濟衆, 何如? 可謂仁乎?" 子曰: "何事於仁, 必也聖乎! 堯舜其猶病諸! 夫仁者, 己欲立而立人, 己欲達而達人, 能近取譬, 可謂仁之方也已."

「6-29」자공이 말하였다. "만일 백성에게 은혜를 널리 베풀어 많은 사람을 구제한다면 어떻습니까? 인(仁)하다고 할 만합니까?" 공자가 말하였다. "어찌 인(仁)에 그치겠는가? 그런 사람은 틀림없이 성인일 것이다! 요순께서도 오히려 그렇게 하지 못하는 것을 병통으로 여기셨다. 대저 인자(仁者)는 자기가 서고자 하면 남을 먼저 서게 하며, 자기가 통달하고자 하면 남을 먼저 통달하게 한다. 능히 가까이서 자타가 둘이 아닌 도리를 취한다면 인(仁)을 실천하는 방법이라고 할 수 있다."

【補注】　列子『沖虛經』言: "商太宰見孔子曰: '丘聖者歟?' 孔子曰: '聖則丘何敢? 然則丘博學多識者也.' 商太宰曰: '三王聖者歟?' 孔子曰: '三王善任智勇者, 聖則丘弗知.' 曰: '五帝聖者歟?' 孔子曰: '五帝善任仁義者, 聖則丘弗知.' 曰: '三皇聖者歟?' 孔子曰: '三皇善任因時者, 聖則丘弗知.' 商太宰大駭曰: '然則孰者爲聖?' 孔子動容有間, 曰: '西方之人有聖者焉, 不治而不亂, 不言而自信, 不化而自行, 蕩蕩乎民無能名焉.'"[1] 孔子所謂西方聖人者, 卽周昭王甲寅歲降生天竺之釋迦牟尼佛也. 博施濟衆, **果地**[2]化他之德, 欲立欲達, 因中二利之始. 子貢求之於果, 不知明其眞因. 己欲立而立人, 己欲達而達人, 不是以己及人, 正是自他不二, 只向一念觀心處下手也. 立卽不思議止, 達卽不思議觀. 佛法太高, 衆生法太廣, 觀心則易, 故云能近取譬, 是仁之方. 方, 法也. 立人達人, 正是博施濟衆處. 堯舜猶病, 正是欲立欲達處. 仁通因果, 聖惟極果. 堯舜尙在因位, 惟佛方名果位耳.

【注釋】

1) 商太宰見孔子曰-蕩蕩乎民無能名焉:『충허경(沖虛經)·중니(仲尼)』, "商太宰見孔子曰: '丘聖者歟?' 孔子曰: '聖則丘何敢? 然則丘博學多識者也.' 商太宰曰: '三王聖者歟?' 孔子曰: '三王善任智勇者, 聖則丘不知.' 曰: '五帝聖者歟?' 孔子曰: '五帝善任仁義者, 聖則丘弗知.' 曰: '三皇聖者歟?' 孔子曰: '三皇善任因時者, 聖則丘弗知.' 商太宰大駭, 曰: '然則孰者爲聖?' 孔子動容有間, 曰: '西方之人, 有聖者焉, 不治而不亂, 不言而自信, 不化而自行, 蕩蕩乎民無能名焉. 丘疑其爲聖. 弗知眞爲聖歟? 眞不聖歟?' 商太宰嘿然心計曰: '孔丘欺我哉!'"

2) 果地: 인위(因位)의 수행에 의지하여 모종(某種)의 깨달음을 얻은 결과의 지위이다. 삼승(三乘)은 과지(果地)를 각각 달리하는데, 성문승(聲聞乘)의 경우 또 사과(四果)의 구분이 있다. 임병정은 그의 논문에서 '과지(果地)'에 대해 다음과 같이 설명하였다. "『능엄경』 권4에서 수행의 초발심을 낼 때 반드시 지켜야 할 두 가지 결정적인 뜻을 밝히고 있다. 그중 첫 번째가 인지(因地)의 발심(發心)과 과지(果地)의 각(覺)의 일치이다. '인지(因地)'란 처음에 닦을 때의 마음을 말한다. '과지각(果地覺)'이라고 하는 것은 성불(成佛)할 때의 마음이다. 즉 첫 출발할 때의 발심(發心)한 원인이 차후에 성불(成佛)할 때의 깨달음과 같은지를 살펴보아야 한다는 것이다. 이는 곧 처음 발심(發心)한 원인이 목표한 불지견(佛知見)의 마음과 일치해야 그 올바른 결과를 얻을 수 있음을 강조한 것이다. 그런데 중생(衆生)의 마음은 망상(妄想)에 사로잡혀 있기 때문에 인지(因地)와 과지(果地)가 일치하지 않는다." - 임병정, 『능엄경』의 이근원통과 염불원통의 특성에 대한 비교 고찰」, 『불교문예연구』 제14호, 불교의례문화연구소, 2019, 392면.

【補注】

열자(列子)의 『충허경(沖虛經)』에서 말하였다. "상태재가 공자를 뵙고서 말하였다. '선생님은 성인입니까?' 공자가 말하였다. '성인을 제가 어찌 감히 바랍니까? 그러한즉 저는 박학다식한 사람일 뿐입니다.' 상태재가 말하였다. '삼왕(三王)은 성인이셨습니까?' 공자가 말하였다. '삼왕(三王)은 지혜 있는 사람과 용기 있는 사람을 잘 임용하셨던 분들이었지만, 성인이셨는지는 잘 모르겠습니다.' 상태재가 말하였다. '오제(五帝)는 성인이셨습니까?' 공자가 말하였다. '오제(五帝)는 어진 사람과 의(義)로운 사람을 잘 임용하셨던 분들이었지만, 성인이셨는지는 잘 모르겠습니다.' 상태재가 말하였다. '삼황(三皇)은 성인이셨습니까?' 공자가 말하였다. '삼황(三皇)은 시세(時勢)의 변화에 맞춰 적절하게 조처를 하는 사람을 잘 임용하셨던 분들이었지만, 성인이셨는지는 잘 모르겠습니다.' 상태재가 매우 놀라며 말하였다. '그렇다면 누가 성인이셨습니까?' 공자가 감동의 낯빛을 띠며 잠시 후에 말하였다. '서방의 사람들 가운데 성인이 있었으니, 다스리지 않아도 나라가 혼란하지 않았으며, 말하지 않아도 백성들이 스스로 믿었으며, 교화하지 않아도 백성들이 스스로 인의(仁義)를 실천하였습니다. 광대하여서 백성들이 능히 이름할 수 없었습니다.'" 공자의 이른바 '서방의 성인'이라는 분은 바로 주소왕(周昭王) 갑인세(甲寅歲)에 천축국(天竺國)에 강생(降生)하셨던 석가모니(釋迦牟尼) 부처님이시다. 널리 은혜를 베풀고 중생을 구제하는 것은 과지(果地)에서의 남을 교화하는 덕(德)이요, 내가 서고자 하며 내가 통달하고자 하는 것은 인(因) 중에서의 두 가지 이익의 시작이다. 자공은 과(果)에서 구하였으나 그 참된 인(因)을 밝히는 것을 알지 못하였다. 자기가 서고자 하면 남을 먼저 세워주고 자기가 통달하고자 하면 남을 먼저 통달하게 하는 것은 나로부터 미루어 남에게까지 미치게 하는 것이 아니라 바로 자(自)와 타(他)가 둘이 아닌 것이니, 단지 일념으로 마음을 관조(觀照)하는 자리를 향하여 착수할 뿐이다. '립(立)'은 부사의(不思議)한 '지(止)'요, '달(達)'은 '부사의(不思議)'한 '관(觀)'이다. 불법(佛法)은 매우 높고 중생의 법은 매우 넓은데, 마음을 관조(觀照)하는 것은 쉽다. 그러므로 "능히 가까이서 자(自)와 타(他)가 둘이 아닌 도리를 취한다."라고 말씀하셨으니, 이것이 인(仁)의 법이다. '방(方)'은 '법(法)'이다. 남을 먼저 세워주고 남을 먼저 통달하게 하는 것은 바로 널리 은혜를 베풀고 중생을 구제하는 곳이다. 요(堯)·순(舜)임금도 오히려 병통으로 여겼던 것은 바로 자기가 서고 자기가 통달하고자 한 곳이다. '인(仁)'은 인과(因果)에 통하지만 '성(聖)'은 오직 극과(極果)이다. 요(堯)·순(舜)임금은 여전히 인(因)의 지위에 있었고, 오직 부처님만이 바야흐로 '과위(果位)'라고 불리셨을 뿐이다.

【補注】　欲立立人·欲達達人之最優方便, 無過於淨土念佛法門. 了脫輪廻是眞能立, 一生補佛是眞能達, 是以諸佛讚歎, 衆聖求生, 諸天信受, 列祖奉行. 閑忙無礙, 愚智皆能, 博施濟衆, 捨此末由已.

【補注】　'내가 서고자 하면 남을 먼저 세워주고, 내가 통달하고자 하면 남을 먼저 통달하게 하는 것'의 가장 훌륭한 방편은 정토염불법문(淨土念佛法門)보다 더 나은 것이 없다. 윤회를 깨달아 해탈하는 것이 바로 참으로 능히 서는 것이요, 일생토록 부처님을 보필하는 것이 바로 참으로 능히 통달하는 것이다. 이 때문에 제불(諸佛)이 찬탄하고 뭇 성인들이 정토에 태어나기를 구하며, 제천(諸天)이 믿고 받아들이고 큰 공훈이 있는 선조(先祖)가 봉행한다. 한가로움과 바쁨에 구애되는 것이 없고 어리석은 사람과 지혜로운 사람이 모두 할 수 있어서 널리 은혜를 베풀고 중생을 구제하는 것이 이것을 버리고는 도저히 방법이 없다.

【述而 第七】

「7-1」子曰: "述而不作, 信而好古, 竊比於我老彭."

「7-1」 공자가 말하였다. "옛것을 전술하기만 하고 창작하지 않으며 옛것을 믿고 좋아하는 것을, 나는 가만히 우리 노팽에 견주노라."

【藕師注】 述而不作, 只因信得理無可作. 旣信得及, 自然好古. 此夫子眞道脈·眞學問也. 卓吾云: "**都是實話, 何云謙詞?**"[1]

【注釋】

1) 都是實話, 何云謙詞: 『논어평(論語評)·술이(述而) 제칠(第七)』 제1장, "[評] 都是實話, 何曰謙詞?" 앞의 책, 143면.

【藕師注】 '술이부작(述而不作)'은 단지 '신(信)'을 인(因)하여 리(理)를 득(得)하여서 창작할 만한 것이 없다. 이미 '신(信)'이 미쳤기 때문에 자연히 옛것을 좋아한다. 이것이 부자의 진정한 도맥(道脈)이요, 진정한 학문이다. 이탁오는 이렇게 말하였다. "모두 실제 그러했던 상황을 술회(述懷)한 말이니, 어찌 겸사(謙詞)라고 이르는가?" ◎

【補注】   十方三世佛, 所說無異法, 諸佛與聖人, 皆述而不作, 何況於凡夫? 愚人不知此, 紛紛而妄作, 厭故而喜新, 不知**妄語**[1]罪, 死墮拔舌獄. 可不戒哉!

【注釋】

1) 妄語: 불교 술어이다. 신업(身業)·구업(口業)·의업(意業) 등 삼업(三業)으로 지은 '열 가지 악(惡)'{십악(十惡)} 가운데 구업(口業)에 속한 죄로서, 허황(虛誑)하고 진실하지 못한 말을 뜻한다.

【補注】　시방(十方)의 삼세불(三世佛)께서 말씀하신 바에 다른 법이 없다. 제불(諸佛)과 성인들은 모두 전술하기만 하고 창작하지 않았으니, 하물며 범부에게 있어서랴? 어리석은 사람들은 이것을 알지 못하고 어지럽게 함부로 행동하여 옛것을 싫어하고 새것을 좋아하며, 망어(妄語)의 죄를 알지 못하고 죽어서 발설지옥(拔舌地獄)에 떨어진다. 가히 경계하지 않을 수 있겠는가!

【解說】　본장(本章)은 지욱 대사가 이탁오의 말을 인용하여 주자의 『논어집주』 풀이를 비판한 것이다. 주자는 『논어집주』에서 "공자는 『시경(詩經)』과 『서경(書經)』을 산삭(刪削)하고 예악(禮樂)을 정하였으며 『주역』을 찬술(撰述; 부연敷衍)하고 『춘추』를 편수(編修)하여 모두 선왕의 옛 가르침을 전술하였고 일찍이 창작한 바가 있지 않았다. 그러므로 그 스스로 이처럼 말하였다. 대개 창작을 하는 성인을 감당하지 못하였을 뿐만 아니라 감히 드러내어 옛 현인에게 스스로 붙이지 못한 것이니, 그 덕(德)이 더욱 높아질수록 마음이 더욱 겸손해져서 자신도 그 말이 겸손한 것임을 알지 못한 것이다. [孔子刪詩書, 定禮樂, 贊周易, 修春秋, 皆傳先王之舊而未嘗有所作也. 故其自言如此, 蓋不惟不敢當作者之聖, 而亦不敢顯然自附於古之賢人, 蓋其德愈盛而心愈下, 不自知其辭之謙也.]"라고 하여, 이 장에서의 공자의 술회(述懷)를 겸사(謙詞)라고 풀이하였다. 이에 반해 지욱 대사는 이탁오의 말을 인용하여 실제 그러했던 상황을 술회(述懷)한 것일 뿐 겸사(謙詞)는 아니라고 보았다.

「7-2」子曰: "默而識之, 學而不厭, 誨人不倦, 何有於我哉!"

「7-2」공자가 말하였다. "묵묵히 마음속에 기억하며, 배우기를 싫어하지 않으며, 남을 가르치기를 게을리하지 않으니, 이것 외에 나에게 또 무엇이 있으랴!"

【藕師注】 學不厭, 誨不倦, 孔子亦曾承當之矣.[1] 只一默而識之之眞實難到, 宜其直心直口說出.

【注釋】

1) 學不厭, 誨不倦, 孔子亦曾承當之矣:『논어(論語)·술이(述而) 제칠(第七)』제33장, "공자가 말하였다. '성(聖)과 인(仁)으로 말하면 내 어찌 감히 자처하겠는가? 그러나 인(仁)과 성(聖)의 도(道)를 행하기를 싫어하지 않으며 남을 가르치기를 게을리하지 않는 것은 그렇다고 말할 수 있다.' 공서화가 말하였다. '바로 그것이 저희 제자들이 배울 수 없는 점입니다.' [子曰: "若聖與仁, 則吾豈敢? 抑爲之不厭, 誨人不倦, 則可謂云爾已矣." 公西華曰: "正唯弟子不能學也."]"

【藕師注】 배우기를 싫어하지 않고, 남을 가르치기를 게을리하지 않는 것은 공자도 일찍이 받아들여 감당하였다. 다만 첫 번째의 묵묵히 마음속에 기억하는 것은 진실로 도달하기 어려운 경지이니, 과연 공자의 곧은 마음과 곧은 입에서 말한 것이다.

【補注】 此卽孔子之無我. 有我相則有人相·衆生相·壽者相,[1] 則必不能默而識之·學而不厭·誨人不倦矣.

【注釋】

1) 有我相則有人相·衆生相·壽者相:「1-4」의 정문(正文)의 【藕師注】의 주석1)을

참조할 것.

【補注】　이것은 곧 공자의 무아(無我)이다. 아상(我相)이 있으면 곧 인상(人相)·중생상(衆生相)·수자상(壽者相)이 있으니, '묵묵히 마음속에 기억하며, 배우기를 싫어하지 않으며, 남을 가르치기를 게을리하지 않는 것'을 반드시 능히 할 수가 없다.

「7-3」子曰: "德之不修, 學之不講, 聞義不能徙, 不善不能改, 是吾憂也."

「7-3」 공자가 말하였다. "덕(德)을 닦지 못하는 것과 학문을 강마(講磨)하지 못하는 것과 의(義)를 듣고도 능히 실천에 옮기지 못하는 것과 불선(不善)을 능히 고치지 못하는 것이 바로 나의 걱정거리이다."

【蕅師注】　眞實可憂, 世人都不知憂, 所以毫無眞樂, 惟聖人念念憂, 方得時時樂.

【蕅師注】　진실로 근심스러운 일인데 세인(世人)들은 모두 근심거리임을 알지 못하니, 이 때문에 추호(秋毫)도 진락(眞樂)이 없는 것이다. 오직 성인만이 한 찰나 한 찰나 근심하기에, 바야흐로 시시각각(時時刻刻)의 즐거움을 얻는다.

【補注】　唐白居易問鳥窠[1]禪師: "如何是佛法?" 曰: "諸惡莫作, 衆善奉行." 曰: "如此, 三歲兒童也道得." 曰: "三歲兒童道得, 八十老翁行不得."²⁾ 孔子且曰是吾憂也, 況吾儕乎?

【注釋】

1) 鳥窠: 741-824. 당나라 우두종(牛頭宗)의 승려이다. 항주(杭州) 부양(富陽) 사람으로서, 속성(俗姓)은 반씨(潘氏)다. '조과도림(鳥窠道林)' 또는 '작소화상(鵲巢和尙)'으로도 쓴다. 시호는 '원수선사(圓修禪師)'다.

2) 唐白居易問鳥窠禪師-八十老翁行不得: 송(宋)나라 사문(沙門) 지반(志磐)이 찬(撰)한『불조통기(佛祖統紀)』제42권에 보인다. "中書舍人白居易知杭州. 往問道於鳥窠禪師. 師曰: "諸惡莫作, 衆善奉行." 居易曰: "三歲孩兒也恁麼道." 師曰: "三歲孩兒雖道得, 八十老翁行不得." 居易服其言, 作禮而退."『大正新脩大藏經』第49冊 · No.2035 · 佛祖統紀 第42卷(T49n2035_042).

【補注】　　당(唐)나라 백거이가 조과 선사에게 물었다. "무엇이 불법(佛法)입니까?" 조과 선사가 말하였다. "모든 악행을 짓지 말고, 모든 착한 일을 받들어 행하라!" 백거이가 말하였다. "이와 같은 이야기는 세 살 먹은 어린이도 말할 수 있습니다." 조과 선사가 말하였다. "세 살 먹은 어린이도 말할 수 있지만, 팔십 세 먹은 늙은이도 실행하기 어렵다." 공자가 또 "이것이 나의 근심이다."라고 말하였으니, 하물며 우리에게 있어서랴?

「7-4」子之燕居, 申申如也, 夭夭如也.

「7-4」공자는 한가로이 있을 때는 느긋하고 얼굴빛이 온화하였다.

「7-5」子曰: "甚矣吾衰也! 久矣吾不復夢見周公!"

「7-5」공자가 말하였다. "심하구나, 나의 쇠약함이여! 오래되었도다, 내가 다시 꿈속에서 주공을 뵙지 못하였던 것이!"

【藕師注】 卓吾云: "壯哉!"[1] 方外史曰: "人老心不老."

【注釋】

1) 壯哉:『논어평(論語評)·술이(述而) 제칠(第七)』제5장, "[評] 壯哉!" 앞의 책, 144면.

【藕師注】 이탁오는 이렇게 말하였다. "굉장하구나!"
　　방외사는 말한다. "사람은 늙지만, 마음은 늙지 않는다."

「7-6」子曰: "志於道, 據於德, 依於仁, 遊於藝."

「7-6」 공자가 말하였다. "도(道)에 뜻을 두며, 덕(德)을 굳게 지키며, 인(仁)에 의지하며, 예(藝)에서 노닌다."

【藕師注】 卓吾云: "學問階級."[1] 方外史曰: "雖有階級, 不是漸次, 可謂六而常卽.[2]"

【注釋】

1) 學問階級:『논어평(論語評)·술이(述而) 제칠(第七)』제6장, "[評] 學問階級." 앞의 책, 144면.
2) 六而常卽: 지욱 대사의『주역선해(周易禪解)·건괘(乾卦)』에 보인다. "이른바 '실상(實相)'이라는 것은 시작함도 아니고 마침도 아니지만, 단지 궁극적인 진리를 철저하게 증득함을 예로 들어서 '마침'이라고 하고, 중생의 이치의 근본을 '시작'이라고 부르는 것이다. 그 시작도 불성이고 마침도 불성인 줄 알아야만 한다. 미혹되고 깨닫는 시절에 따른 인연을 바탕으로 하여 임시로 여섯 자리라고 하는 구별을 세운 것에 불과할 뿐이다. 자리를 비록 여섯으로 나누었지만, 자리마다 모

두가 용(龍)이다. 이른바 '이즉불(理卽佛)'이고, 나아가 '구경즉불(究竟卽佛)'인 것이다. 이렇듯 상즉(相卽)하여 항상한 육위(六位)의 수덕(修德)을 이용함으로써, 육위이면서 항상 상즉하고 있는 성덕(性德)을 나타낸다. 그러므로 이름하여 '여섯 용을 타서 이로써 하늘을 거느린다.'라고 한 것이다. [所謂實相非始終, 但約究竟徹證名之爲終. 衆生理本名之爲始, 知其始亦佛性, 終亦佛性, 不過因於迷悟時節因緣, 假立六位之殊. 位雖分六, 位位皆龍, 所謂理卽佛, 乃至究竟卽佛, 乘此卽而常六之修德, 以顯六而常卽之性德, 故名乘六龍以御天也.]"

【藕師注】 이탁오는 이렇게 말하였다. "학문의 등급이다."

방외사는 말한다. "비록 등급이 있을지라도 차례를 따라 진행되는 것이 아니니, 가히 '(『주역선해(周易禪解)·건괘(乾卦)』의) 육위(六位)이면서 항상 상즉(常卽)한다.'라고 이를 만하다."

【補注】 六而常卽者, 謂衆生卽佛, 而漸次分之, 則有六種階級: 一·理卽, 二·名字卽, 三·觀行卽, 四·相似卽, 五·分證卽, 六·究竟卽.[1] 道·德·仁·藝只是仁耳, 行之謂之道, 得之謂之德, 守之謂之仁, 取之左右逢源[2]·著於事物謂之藝.

【注釋】

1) 一·理卽-六·究竟卽: 천태종에서 진리와 일체가 되어 가는 깨달음에 이르는 단계를 여섯으로 구분한 것으로서, '육즉(六卽)'이라고 한다. '육즉(六卽)'은 '이즉(理卽)'·'명자즉(名字卽)'·'관행즉(觀行卽)'·'상사즉(相似卽)'·'분진즉(分眞卽≒分證卽)'·'구경즉(究竟卽)'이다. 이병욱은 그의 논문에서 '육즉(六卽)'에 대해 다음과 같이 설명하였다. "'이즉(理卽)'은 수행자가 보리심(菩提心)을 간직하고 있는 상태를 말한다. '명자즉(名字卽)'은 천태의 핵심 가르침인 일심삼관을 배우는 것이다. '관행즉(觀行卽)'은 지식의 단계에 머물러 있는 것이 아니고 마음을 관조하는 것이다. '상사즉(相似卽)'은 지관을 부지런히 닦아서 상사(相似)의 관을 얻는 것이다. '분진즉(分眞卽)'은 무명을 깨뜨려서 불성을 점차적으로 보는 것이다. '구경즉(究竟卽)'은 지혜의 광명이 가장 원만해진 단계이다. 여기서 '상사즉' 또는 '분진즉'이 '해오(解悟)'에 해당하고, '구경즉'은 '증오(證悟)'에 해당한다. 그런데 '육즉(六卽)'은 단순히 '해오(解悟)'와 '증오(證悟)'만을 거론하는 것이 아니고 '해오(解悟)' 이전의 수행단계도 거론하고 있다." – 이병욱, 「천태에서 바라본 깨달음 논쟁」, 『불

교학연구』제56권, 불교학연구회, 2018, 1-2면 참조.

2) 左右逢源: '가까이 있는 사물이 학문 수양의 원천이 됨'을 뜻하는 성어이다. 『맹자(孟子)·이루(離婁) 하(下)』 제14장, "맹자가 말하였다. '군자가 학문에 깊이 나아가기를 힘쓰되 반드시 도(道)로써 하는 것은 스스로 터득하고자 해서이니, 스스로 터득하면 사물을 대하는 것이 편안하고, 사물을 대하는 것이 편안하면 활용하는 바가 깊고, 활용하는 바가 깊으면 날마다 쓰는 사이에 좌우의 가까운 곳에서 취해도 활용하는 바의 근본을 만나게 된다. 그러므로 군자는 스스로 터득하고자 하는 것이다.' [孟子曰: "君子深造之以道, 欲其自得之也. 自得之, 則居之安, 居之安, 則資之深, 資之深, 則取之左右逢其原, 故君子欲其自得之也."]"

【補注】 '육이상즉(六而常卽)'은 중생이 곧 부처님임을 이른다. 차례를 따라 구분하면 곧 여섯 가지 등급이 있다. 첫째는 '이즉(理卽)'이요, 둘째는 '명자즉(名字卽)'이요, 셋째는 '관행즉(觀行卽)'이요, 넷째는 '상사즉(相似卽)'이요, 다섯째는 분증즉(分證卽)'이요, 여섯째는 '구경즉(究竟卽)'이다. '도(道)·덕(德)·인(仁)·예(藝)'는 단지 '인(仁)'일 뿐이다. 행함을 '도(道)'라고 이르고, 얻음을 '덕(德)'이라고 이르고, 지킴을 '인(仁)'이라고 이르고, 가까이에 있는 학문의 원천을 취하여 사물에 드러냄을 '예(藝)'라고 이른다.

「7-7」子曰: "自行束修以上, 吾未嘗無誨焉."

「7-7」 공자가 말하였다. "학문을 배우고자 스스로 찾아와서 몸을 단속하여 예를 닦는 모습을 보여준 이상, 내가 일찍이 가르쳐주지 않은 적이 없었다."

【補注】 "禮聞來學, 不聞往敎.",[1]『易』曰: "童蒙求我, 匪我求童蒙.",[2] 故必其能自行束身修禮, 而後可施敎誨也.

【注釋】

1) 禮聞來學, 不聞往敎: 『예기(禮記)·곡례(曲禮) 상(上)』, "예는 망령되이 남을 즐겁게 하지 않으며, 말을 허비하지 않는다. 예는 법도를 넘지 않고, 남을 침범하여 모욕하지 않으며, 버릇없이 친하게 굴지 않는다. 몸을 닦아서 말한 것을 실천함을 선행이라고 이른다. 행동이 닦여지고 말이 도리에 맞는 것이 예의 근본이다. 예는 내가 남에게 가서 가르침을 듣는 것이요, 남을 불러와 가르침을 받는 것이 아니다. 예에서 '스승의 집에 와서 배운다.'라는 말은 들었지만, '스승이 제자의 집을 방문하여 가르친다.'라는 말은 듣지 못하였다. [禮, 不妄說人, 不辭費. 禮, 不踰節, 不侵侮, 不好狎. 修身踐言, 謂之善行. 行修言道, 禮之質也. 禮聞取於人, 不聞取人. 禮聞來學, 不聞往敎.]"

2) 童蒙求我, 匪我求童蒙: 『주역(周易)·몽(蒙)』, "몽(蒙)은 형통(亨通)하니 내가 동몽(童蒙)을 구함이 아니라 동몽(童蒙)이 나를 구함이니, 처음 점치거든 알려주고 두 번 세 번 하면 더럽히는 것이니라. 더럽히면 알려주지 않으니 바르게 함이 이로우니라. 단(彖)에 가로되 산 아래 험한 것이 있고, 험해서 그치는 것이 몽(蒙)이라 하였다. '몽형(蒙亨)'은 형통(亨通)함으로써 행함이니 시중(時中)이요, '내가 동몽(童蒙)을 구함이 아니라 동몽(童蒙)이 나를 구함'은 뜻이 응함이요, '처음 점치거든 알려줌'은 강(剛)하고 가운데 함으로써 함이요, '두 번 세 번 하면 더럽히는 것이니, 더럽히면 알려주지 않음'은 몽(蒙)을 더럽히게 됨이니, 몽(蒙)으로써 바른 것을 기름이 성인이 되는 공(功)이니라. 상(象)에 가로되 산 아래 샘이 솟아나는 것이 몽(蒙)이니, 군자가 이로써 과감히 행하며 덕(德)을 기르느니라. [蒙: 亨. 匪我求童蒙, 童蒙求我. 初筮告, 再三瀆, 瀆則不告. 利貞. 象傳: 蒙, 山下有險, 險而止, 蒙. 蒙亨, 以亨行時中也. 匪我求童蒙童蒙求我, 志應也. 初噬告, 以剛中也. 再三瀆瀆則不告, 瀆蒙也. 蒙以養正, 聖功也. 象傳: 山下出泉, 蒙, 君子以果行育德.]"

【補注】

"예에서 '스승의 집에 와서 배운다.'라는 말은 들었지만, '스승이 제자의 집을 방문하여 가르친다.'라는 말은 듣지 못하였다." 『주역(周易)·몽(蒙)』에서는 말하였다. "동몽(童蒙)이 나를 구하는 것이요, 내가 동몽(童蒙)을 구하는 것이 아니다." 그러므로 반드시 그 능히 스스로 찾아와서 몸을 단속하여 예를 닦은 뒤에라야 가히 교회(敎誨; 잘 가르치고 타일러서 지난날의 잘못을 깨우치게 함)를 베풀 수가 있다.

「7-8」子曰: "不憤不啓, 不悱不發, 舉一隅不以三隅反, 則不復也."

「7-8」공자가 말하였다. "알려고 애쓰지 않으면 일깨워 주지 않고, 표현하지 못해 애태우지 않으면 말해주지 않으며, 한 귀퉁이를 들어 보였을 때 이것으로 남은 세 귀퉁이를 유추하여 반증하지 못하면 다시 더 일러주지 않는다."

【藕師注】 卓吾云: "讀此二章, 乃見誨人不倦."[1]

【注釋】

1) 讀此二章, 乃見悔人不倦: 『논어평(論語評)·술이(述而) 제칠(第七)』 제8장, "[評] 讀夫子此二篇, 乃見誨人不倦." 앞의 책, 145면.

【藕師注】 이탁오는 이렇게 말하였다. "이 두 장(章)을 읽어보면, '사람을 가르치기를 게을리하지 않았다.'라는 뜻을 비로소 볼 수 있다."

【補注】 啓之·發之·復之是教誨, 不啓·不發·不復亦是教誨. 故『孟子』曰: "教亦多術矣, 予不屑之教誨也者, 是亦教誨之而已矣."[1]

【注釋】

1) 教亦多術矣－是亦教誨之而已矣: 『맹자(孟子)·고자(告子) 하(下)』 제16장, "孟子曰: '教亦多術矣, 予不屑之教誨也者, 是亦教誨之而已矣.'"

【補注】 '일깨워 주고', '말해주고', '더 일러줌'은 '교회(敎誨)함'이요, '가르쳐 주지 않고', '말해주지 않고', '더 일러주지 않음'도 '교회(敎誨)함'이다. 그러므로 『맹자(孟子)』에서 말하였다. "가르치는 데는 방법이 여러

가지이니, 내가 달갑게 여기지 않아서 가르치기를 거절하는 것 또한 가르치는 것일 따름이다.”

「7-9」子食於有喪者之側, 未嘗飽也. 子於是日哭, 則不歌.

「7-9」 공자는 상(喪) 중에 있는 사람 곁에서 음식을 먹을 적에는 배불리 먹은 적이 없었다. 공자는 곡(哭)을 한 날에는 노래를 부르지 않았다.

「7-10」子謂顏淵曰: “用之則行, 舍之則藏, 惟我與爾有是夫!” 子路曰: “子行三軍, 則誰與?” 子曰: “暴虎馮河,[1] 死而無悔者, 吾不與也. 必也臨事而懼·好謀而成者也.”

【注釋】

1) 暴虎馮河: 『시경(詩經)·소아(小雅)·소민지십(小旻之什)·소민(小旻)』, “감히 맨손으로 호랑이를 잡지 말며, 감히 맨몸으로 황하를 건너지 말라. 사람들은 그 하나만을 알뿐이요, 그 다른 것을 알지 못한다. 두려워하고 조심하기를 마치 깊은 연못에 임한 듯이 하고 마치 살얼음을 밟는 듯이 해야만 한다. [不敢暴虎, 不敢馮河. 人知其一, 莫知其他. 戰戰兢兢, 如臨深淵, 如履薄冰.]”

「7-10」 공자가 안연에게 일러 말하였다. “써 주면 나가서 도(道)를 행하고 버려지면 물러나서 은둔하는 것을, 오직 나는 네게 이런 점이 있다는 것을 인정한다!” 자로가 말하였다. “선생님께서 삼군(三軍)을 통솔하신다면 누구를 인정하시겠습니까?” 공자가 말하였다. “맨손으로 범을 잡고 맨몸으로 황하(黃河)를 건너려다가 죽어도 후회하는 것이 없는 자를 나는 인정하지 않을 것이다. 반드시 일에 임하여 두려워하고, 계획하기를 좋아하여 일을 성공시키는 자만을 인정할 것이다."

【藕師注】 臨事而懼, 從戒愼恐懼[1]心法中來, 好謀而成, 從好問好察·用中於民[2]而來. 不但可與行軍, 卽便可與用行舍藏. 否則白刃可蹈, 中庸不可能矣. 卓吾云: "三'與'字當一般看, 若作仲尼牽連自家說, 恐聖人無此等氣象."[3]

【注釋】

1) 戒愼恐懼: 『중용(中庸)』제1장, "도(道)란 잠시도 떠날 수 없으니, 떠날 수 있으면 도가 아니다. 그러므로 군자는 보이지 않는 바에도 경계하고, 들리지 않는 바에도 두려워한다. [道也者, 不可須臾離也, 可離, 非道也. 是故君子戒愼乎其所不睹, 恐懼乎其所不聞.]"

2) 好問好察·用中於民: 『중용(中庸)』제6장, "공자가 말하였다. '순(舜)임금은 아마도 크게 지혜로우셨던 분일 것이다! 순(舜)임금은 묻기를 좋아하고 평범한 말을 살피기를 좋아하셨으되 악(惡)을 숨겨주고 선(善)을 드러내셨으며, 그 두 끝을 붙잡고서 백성에게 그 중(中)을 쓰셨으니, 아마도 이 때문에 순(舜)임금이 되신 것이다!' [子曰: "舜其大知也與! 舜好問而好察邇言, 隱惡而揚善, 執其兩端, 用其中於民, 其斯以爲舜乎!"]"

3) 三'與'字當一般看-恐聖人無此等氣象: 『논어평(論語評)·술이(述而) 제칠(第七)』제10장, "[評] 三'與'字一般看, 最有理. 若作仲尼牽聯自家說, 恐聖人無此氣象." 앞의 책, 146면.

【藕師注】 '일에 임하여 신중함'은 '계신공구(戒愼恐懼)'하는 심법(心法) 가운데로부터 오는 것이요, '계획하기를 좋아하여 일을 성공시킴'은 묻기를 좋아하고 살피기를 좋아하여 백성들에게 중용(中庸)을 사용하는 것에서 온다. 비단 함께 삼군(三軍)을 통솔할 수 있을 뿐만 아니라 곧 더불어 써 주면 나가서 도(道)를 행하고 버려지면 물러나서 은둔할 수 있다. 그렇지 않다면 곧 시퍼런 칼날을 밟을 수 있다고 하더라도 중용(中庸)은

능히 잘 할 수 없다. 이탁오는 이렇게 말하였다. "위의 문장에서 세 번 나온 '여(與)' 자(字)는 마땅히 같은 뜻으로 보아야만 한다. 만약 중니가 자기와 관련된 이야기를 한 것으로 해석한다면, 아마도 성인에게는 이와 같은 기상이 없을 것이다."

「7-11」 子曰: "富而可求也, 雖執鞭之士, 吾亦爲之. 如不可求, 從吾所好."

「7-11」 공자가 말하였다. "부(富)가 만일 구할 수 있는 것이라면, 비록 말채찍을 잡고 수레를 모는 천한 일이라도 내가 또한 하겠다. 만일 구할 수 있는 것이 아니라면, 내가 좋아하는 바를 따르겠다."

【藕師注】 說得求富者敗興. 卓吾云: "今之求富貴者, 俱是執鞭之士."[1] 方外史曰: "執鞭求富還是好的, 今之求富貴者, 決非執鞭之士所屑."

【注釋】

1) 今之求富貴者, 俱是執鞭之士: 『논어평(論語評)·술이(述而) 제칠(第七)』 제11장, "[評] 字字活眼. 今之求富貴者, 俱是執鞭之士." 앞의 책, 146면.

【藕師注】 부귀를 구하는 것이 불운(不運)한 것임을 이야기하였다. 이탁오는 이렇게 말하였다. "오늘날 부귀를 구하는 사람들은 모두 말채찍을 잡고 수레를 모는 천한 일을 하는 자이다."
   방외사는 말한다. "말채찍을 잡고서 부귀를 구하는 것은 오히려 낫다.

지금 부귀를 구하는 사람들은 '말채찍을 잡고 수레를 모는 천한일을 하는 자'도 결단코 달갑게 여기는 바가 아니다."

「7-12」子之所愼: 齊, 戰, 疾.

「7-12」 공자가 조심하였던 것은 재계와 전쟁과 질병이었다.

【補注】　齋是禍福關, 戰是存亡關, 疾是生死關. 聖人所爲愼者, 願衆生修福而免禍, 弭戰而損疾也. 三愼齋爲首者, 齋必斷肉, 斷肉則斷戰·疾之因. 佛言世上欲免刀兵劫, 除非衆生不食肉. 欲得長壽, 當勤戒殺. 食肉衆生, 死墮惡道. 若生人中, 多病短命. 殺生食肉, 戰殺·疾病之所由來也. 可不愼與! **願雲禪師**[1]**偈云: "千百年來碗里羹, 冤深如海恨難平. 欲知世上刀兵劫, 但聽屠門夜半聲."**[2] 陽復齋『勸提倡素食詩』云: "好生當得壽而康, 殺命難期自命長. 我已多年飽芳潔, 病魔不入穀蔬腸. (予自持六齋·十齋·觀音齋而病漸少, 今長素五年, 乃全無病.)" 又云: "拳罵相侵報不忘, 況於食肉剖心腸. 何如與物同安樂, 白飯靑蔬大吉祥. (名醫喩嘉言[3]云: '白飯靑蔬, 養生妙法.')"

【注釋】
1) 願雲禪師: ?-?. 송(宋)나라의 승려이다.
2) 千百年來碗里羹-但聽屠門夜半聲: 원운선사(願雲禪師)가 지은 「계살(戒殺)」 시(詩)이다. 청(淸)나라 해릉인(海陵人) 정도란(程兆鸞)이 찬(撰)한 『연수기신록(蓮修起信錄)』 제6권에 보인다. 『卍新纂大日本續藏經』第62冊·No.1204·蓮修起信錄第6卷(X62n1204_006).
3) 喩嘉言: 유가언(喩嘉言, 1585-1664)의 본명(本名)은 유창(喩昌)이고, 자(字)는 가언(嘉言)이며, 호(號)는 서창노인(西昌老人)이다. 강서성(江西省) 신건(新建; 현재 강서성

江西省 남창南昌) 사람이다. 유창(喩昌)은 소년(少年) 시절부터 과거시험을 목표로 삼아 열심히 독서하였다. 숭정연간(崇禎年間)에 성(省)에서 치루는 제1차 시험에 합격한 공생(貢生) 자격으로 진경(進京)하여 전시(殿試)를 치렀으나 애석하게도 불합격하였다. 그 후 유가언(喩嘉言)은 군대에 입대하여 근무하다가 출가하여 절로 들어가 승려가 되었으며 불학과 의학에 심취하여 연구한 후 의사(醫師)가 되어 남창(南昌) 일대와 정안(靖安) 등지에서 행의(行醫)하였다. 유가언(喩嘉言)은 명말청초(明末清初)의 삼대명의(三大名醫)였다. 저서(著書)에 『우의초(寓意草)』·『상론편(尚論篇)』·『상론후편(尚論後篇)』·『의문법률(醫門法律)』 등이 있다.

【補注】　'재(齋)'는 화복관(禍福關)이요, '전(戰)'은 존망관(存亡關)이요, '질(疾)'은 생사관(生死關)이다. 성인이 삼갔던 바는 원하건대 중생이 복(福)을 닦아 화(禍)를 면하여 전쟁을 그치고 질병을 줄이는 것이었다. 삼신(三愼)에서 '재(齋)'가 으뜸이 되는데, '재(齋)'는 반드시 육식을 끊어야 하니, 육식을 끊으면 전쟁과 질병의 원인이 끊어진다. 부처님께서 말씀하셨다. "세상이 전쟁의 위협을 면하고자 할진댄, 오직 중생이 고기를 먹지 말아야만 비로소 가능하다." 장수(長壽)를 얻고자 한다면, 마땅히 부지런히 살생을 경계해야만 한다. 고기를 먹는 중생은 죽어서 악도(惡道)에 떨어지고, 만약 사람 가운데에서 태어난다면 많은 병으로 단명을 한다. 살생하여 고기를 먹는 것은 전쟁과 질병의 소유래(所由來; 원인)이니, 가히 삼가지 않을 수 있겠는가? 원운선사게(願雲禪師偈)에서 말하였다. "천백 년 동안 먹어온 그릇 속 고깃국, 깊은 원통(冤痛)함이 바다와 같아 그 한(恨)을 누그러뜨리기 어렵네. 세상 전쟁의 위협을 알고자 한다면, 다만 푸줏간에서 야반(夜半)에 비명을 지르며 죽어가는 짐승의 소리를 들어보라." 양복재(陽復齋) 선생의 『권제창소식시(勸提倡素食詩)』에서 말하였다. "장수(長壽)와 건강을 충분히 얻고자 하지만, 짐승의 목숨을 죽이고서 자신의 명이 길어지기를 기약하기 어렵네. 내가 이미 다년간 꽃답고 깨끗한 음식으로 배불리 먹어왔는데, 병마가 곡식과 나물로 가득 차 있는 위장을 침입하지 못하였네." {내가 스스로 육재(六齋)·십재(十齋)·관음재(觀音

齋)를 지켰더니, 병이 점점 감소하였다. 지금 소식(素食)을 한 지 5년이 되자 비로소 병이 전혀 없게 되었다.} 또 말하였다. "때리고 욕하며 서로를 침범해도 앙갚음하기를 잊지 못하거늘, 하물며 고기를 먹고자 심장을 가른 것에 있어서랴! 어떻게 하여야만 남과 같이 안락할 수 있을까? 흰 밥과 푸른 채소가 대길상(大吉祥)이라네." {명의(名醫) 유가언이 말하였다. "흰 쌀밥과 푸른 채소가 양생(養生)하는 묘법이라네."}

「7-13」 子在齊聞「韶」, 三月不知肉味, 曰: "不圖爲樂之至於斯也."

「7-13」 공자가 제(齊)나라에 있을 때 순(舜)임금의 음악인 『소(韶)』악(樂)을 듣고, 석 달 동안 고기 맛을 모를 정도로 심취하더니, 말하였다. "음악을 이러한 경지에 이르도록 만들 줄은 생각하지 못하였다."

【蕅師注】 讚得「韶」樂津津有味.

【蕅師注】 『소(韶)』악(樂)이 흥미진진하다고 칭찬한 것이다.

「7-14」 冉有曰: "夫子爲衛君乎?" 子貢曰: "諾, 吾將問之." 入曰: "伯夷·叔齊, 何人也?" 曰: "古之賢人也." 曰: "怨乎?" 曰: "求仁而得仁, 又何怨?" 出曰: "夫子不爲也."

「7-14」 염유가 말하였다. "선생님께서 위(衛)나라 임금을 도우실까?" 자공이 말하였다. "그래, 내 장차 여쭈어보지." 자공이 공자가 있는 곳에 들어가서 말하였다. "백이와 숙제는 어떠한 사람입니까?" 공자가 말하였다. "옛날의 현인이시다." 자공이 말하였다. "원망하였습니까?" 공자가 말하였다. "인(仁)을 구하여 인(仁)을 얻었으니, 또 어찌 원망하였겠는가?" 자공이 나와서 말하였다. "선생님께서는 위(衛)나라 임금을 돕지 않으실 것일세."

【蕅師注】 非說二人以失國爲悔也, 只是二人旣去, 設無中子可立, 則廢宗絕嗣, 能**不動心**¹⁾否乎? 旣曰求仁得仁, 則世間宗嗣又其最小者矣, 何足介意?

【注釋】

1) 不動心:『맹자(孟子)·공손추(公孫丑) 상(上)』제2장, "공손추가 물었다. '부자께 제(齊)나라 경상(卿相)의 지위가 더해져서 도(道)를 행하실 수 있게 된다면, 비록 이로 말미암아 패업(霸業)이나 왕업(王業)을 이루신다고 해서 이상하지 않을 것입니다. 이와 같으시면 마음이 동요되시겠습니까?' 맹자가 말하였다. '아니다. 나는 40세에 마음이 동요되지 않았다.' 공손추가 말하였다. '이와 같으시면 부자께서는 맹분(孟賁)의 용맹함보다 뛰어나신 것이 훨씬 큽니다.' 맹자가 말하였다. '이것은 어렵지 않으니, 고자(告子)는 나보다 먼저 마음이 동요되지 않았다.' [公孫丑問曰: "夫子加齊之卿相, 得行道焉, 雖由此霸王不異矣. 如此, 則動心否乎?" 孟子曰: "否. 我四十不動心." 曰: "若是, 則夫子過孟賁遠矣." 曰: "是不難, 告子先我不動心."]"

【蕅師注】 백이와 숙제 두 사람이 나라를 잃은 것으로써 후회한 것을 말한 것이 아니다. 다만 백이와 숙제 두 사람이 이미 떠난 후 가령 옹립(擁立)할 만한 중자(中子)가 없었다고 한다면, 종묘가 폐해지고 후사가 끊어져도 능히 부동심(不動心)할 수 있었겠느냐고 말한 것이다. 이미 '인(仁)을 구하여 인(仁)을 얻었다.'라고 말하였으니, 세간의 종사(宗嗣)는 또 그 가장 작은 것이다. 어찌 마음에 두고 생각하였겠는가?

【補注】　得仁謂得其本然之性德. 性德豎窮橫遍, 一切具足, 而亦一切非有, 何有於得? 何有於失? 何有於生? 死而又何怨乎? 子貢聞之, 而知夫子不爲衛君計較於得失生死之間也. 求仁卽是敦行孝弟, 論夷齊而自知衛君應盡之分. 善哉! 子貢之妙問, 而夫子之妙答也!

【補注】　'득인(得仁)'은 그 본연(本然)의 '성덕(性德)'을 얻었음을 이른 것이다. '성덕(性德)'은 시방(十方)에 두루 하고 허공에 횡(橫)으로 널리 미쳐서 일체에 구족하고 또한 일체에 있지 않으니, '득(得)'에 무슨 소용이 있겠는가? '실(失)'에 무슨 소용이 있겠는가? '생(生)'에 무슨 소용이 있겠는가? '사(死)'에 또 무슨 원망함이 있겠는가? 자공이 공자의 답변을 듣고서 부자가 득실과 생사(生死)의 사이에서 위(衛)나라 임금을 위해 계교(計較)를 꾸미지 않을 것을 알았다. '구인(求仁)'은 곧 효(孝)·제(弟)를 돈독하게 실행하는 것인데, (자공은) 백이와 숙제를 논하여 스스로 위군(衛君)이 응당 다해야만 하는 본분을 알았다. 훌륭하도다! 자공의 절묘한 질문과 부자의 오묘한 답변이여!

「7-15」子曰: "飯疏食, 飮水, 曲肱而枕之, 樂亦在其中矣. 不義而富且貴, 於我如浮雲."

「7-15」공자가 말하였다. "변변치 못한 음식을 먹고 물을 마시며 팔베개를 베고 누워도 즐거움이 또한 그 가운데에 있다. 의(義)롭지 못하면서 부귀한 것은 나에게는 마치 뜬구름과 같다."

【藕師注】　樂在其中, 則心境一如, 當與贊顔子處[1]參看. 不義富貴,但如浮雲, 則似太虛不染, 非巢許之所能達.

【注釋】

1) 贊顔子處: 『논어(論語)·옹야(雍也) 제육(第六)』 제10장, "공자가 말하였다. '어질구
나, 안회여! 밥 한 그릇과 물 한 바가지를 먹고 마시면서 누추한 시골에 살고 있
으니, 남들은 그 근심을 견뎌내지 못하는데 안회는 그 즐거움을 고치지 않는구
나. 어질구나, 안회여!' [子曰: "賢哉回也! 一簞食, 一瓢飮, 在陋巷, 人不堪其憂, 回也不
改其樂. 賢哉回也!"]"

【藕師注】 '낙재기중(樂在其中)'은 마음과 경계가 일여(一如)한 것이니,
마땅히 안자를 칭찬했던 곳과 참조해서 보아야만 한다. '의(義)롭지 않은
부귀는 다만 뜬구름과 같다. [不義富貴, 但如浮雲.]'라는 것은 즉 태허(太
虛)가 더럽혀지지 않는 것과 같으니, 소보(巢父)와 허유(許由)가 능히 도
달할 수 있는 바가 아니다.

「7-16」子曰: "加我數年, 五十以學『易』, 可以無大過矣."

「7-16」 공자가 말하였다. "하늘이 나에게 몇 년의 수명을 더해주어서 음
(陰; 오五)과 양(陽; 십十)으로써 역(易)을 배울 수 있게 한다면, 큰 허물이
없을 것이다."

【藕師注】 學『易』方無大過, 『易』其可不學乎? 今有窮年讀『易』, 而過
終不寡者, 其可稱學『易』乎?

【藕師注】 역(易)을 배우면 바야흐로 큰 허물이 없으니, 역(易)을 가히
배우지 않을 수 있겠는가? 지금 일생 역(易)을 숙독하면서도 허물이 끝

내 적어지지 못한 자들이 있으니, 가히 역(易)을 배운다고 이를 수 있겠는가? ◎

【補注】　『說文』引『祕書』說曰: "**日月爲易, 象陰陽也.**"[1] 日月光明遍照, 喩性量之豎窮橫遍. 陰陽卽性體之寂而常照·照而常寂,[2] 故『易』學之圓滿究竟, 無過於佛. 儒有學『易』而不免於謗佛之大過者, 非眞知『易』者也. 學『易』可以無大過, 學佛可以成無上道. 五十者, 『河圖』·『洛書』之中數. 而五爲陽, 十爲陰, **一陰一陽之謂道,**[3]『易』所以教中道也. **空假雙照,**[4] **精一**[5]**併觀, 故無大過.**『史記』引孔子之言: "**假我數年, 若是, 我於『易』則彬彬矣.**"[6] 彬彬者, 文質無偏. **質卽惟一, 卽空觀, 文卽惟精, 卽假觀也.**[7] 孔子老而嗜『易』, 韋編三絶, 故知五十非年也.

【注釋】

1) 日月爲易, 象陰陽也: 허신(許愼)의『설문해자(說文解字)』에 보인다. "역(易)은 석역(蜥易), 언정(蝘蜓), 수궁(守宮) 등으로 불리는 도마뱀이며 상형글자이다.『비서(祕書)』에서는 '일(日)과 월(月)을 더해 역(易)을 만들었으니, 음양(陰陽)을 본뜬 것이다.'라고 하였다. 일설에는 '물(勿)'로 구성되었다고 한다. 모든 역(易)의 등속은 모두 역(易)을 따른다. [易: 蜥易, 蝘蜓, 守宮也. 象形.『祕書』說: "日月爲易, 象陰陽也." 一曰從勿. 凡易之屬皆從易.]"

2) 寂而常照·照而常寂: 좌조청랑(左朝請郎) 상서예부원외랑호군(尚書禮部員外郎護軍) 양걸(楊傑)이 찬(撰)한『종경록(宗鏡錄)』제1권 서문에 보인다. "거울의 본체는 고요하되 항상 비추고, 거울의 빛은 비추되 항상 고요하다. 마음과 부처와 중생, 이 세 가지에는 차별이 없다. [鑒體寂而常照, 鑒光照而常寂. 心佛衆生, 三無差別.]"『大正新脩大藏經』第48冊·No.2016·宗鏡錄 第1卷(T48n2016_001).

3) 一陰一陽之謂道:『주역(周易)·계사(繫辭) 상(上)』, "한 번 음(陰)이 되고 한 번 양(陽)이 되는 것이 도(道)이니, 도(道)를 잘 잇는 것이 선(善)이고, 도(道)를 잘 이루는 것이 성(性)이다. 인자(仁者)는 그것을 보고 인(仁)이라고 이르고, 지자(知者)는 그것을 보고 지(知)라고 이른다. 백성들은 날마다 쓰면서도 알지 못하니, 그러므로 군자의 도(道)가 드문 것이다. [一陰一陽之謂道, 繼之者善也, 成之者性也. 仁者見之謂之仁, 知者見之謂之知. 百姓日用而不知, 故君子之道鮮矣.]"

4) 空假雙照: 『종경록(宗鏡錄)』제35권에 보인다. 정문(正文) 2-1의 강겸(江謙)의 【補注】를 참조할 것.
5) 精一: '유정유일(惟精惟一)'이다. 『서경(書經)·우서(虞書)·대우모(大禹謨)』, "인심(人心)은 위태로운 것이고 도심(道心)은 아주 작은 것이니, 정밀하게 하고 전일하게 하여야만 진실로 그 중정(中正)의 도리를 가질 수 있을 것이다. [人心惟危, 道心惟微, 惟精惟一, 允執厥中.]"
6) 假我數年, 若是, 我於『易』則彬彬矣: 『사기(史記)·세가(世家)·공자세가(孔子世家)』, "공자가 만년(晚年)에 『주역(周易)』을 즐겨 읽어서 「단전(彖傳)」·「계사전(繫辭傳)」·「상전(象傳)」·「설괘전(說卦傳)」·「문언전(文言傳)」를 서술하였다. 『주역』을 읽는데, 책을 엮은 가죽끈이 여러 번 끊어졌다. 공자가 말하였다. '나에게 몇 년의 수명을 빌려주어 이처럼 공부를 해나간다면, 내가 주역의 뜻을 잘 밝힐 수 있을 것이다.' [孔子晚而喜易, 序彖·繫·象·說卦·文言. 讀易, 韋編三絶. 曰: "假我數年, 若是, 我於易則彬彬矣."]"
7) 質卽惟一, 卽空觀, 文卽惟精, 卽假觀也: '공관(空觀)'과 '가관(假觀)'은 '천태삼관(天台三觀)'의 하나이다. '천태삼관(天台三觀)'은 '공(空)'·'가(假)'·'중(中)'의 세 가지 진리인 '삼제(三諦)'를 비춰보는 관법(觀法)이다. 모든 존재는 실체가 아니라는 '공(空)'과, 한 물건도 실재하지 않지만 모든 현상은 뚜렷하게 있으므로 '가(假)'와 모든 법은 공(空)도 아니고 유(有)도 아니며 또 공(空)이면서 유(有), 유(有)이면서 공(空)인 '중(中)'으로서, 이러한 공(空)·'가(假)'·'중(中)'의 삼제(三諦)를 관하는 삼관 가운데 하나가 '공관(空觀)'이다. '가관(假觀)'은 사실 그대로가 아니라, 가설(假設)로 존재하는 것을 보고 명상하는 일이다. 사물의 참모습을 공(空)한 것으로 보므로 이 가관을 '종공입가관(從空入假觀)', 즉 '공(空)'한 것으로부터 '가(假)'에 들어가는 관(觀)이라고도 한다.

【補注】　『설문(說文)』에서는 『비서(祕書)』의 설을 인용하여 말하였다. "일(日)과 월(月)이 역(易)이 되니, 음(陰)과 양(陽)을 형상(形象)하였다." 일월(日月)의 광명이 두루 비추는 것은 성량(性量)이 시방(十方)에 두루 하고 허공에 횡(橫)으로 두루 미치는 것을 말한다. 음양(陰陽)은 즉 성체(性體)가 고요하면서 항상 비추고, 비추면서 항상 고요하다. 그러므로 역학(易學)의 원만한 구경(究竟)은 부처님보다 나은 것이 없다. 유자(儒者) 가운데 역(易)을 배우면서도 부처님을 비방하는 큰 잘못을 면하지 못하는 자는 진정으로 역(易)을 아는 자가 아니다. 역(易)을 배우면 큰 허물이 없을 수 있고, 부처님의 가르침을 배우면 무상(無上)의 도(道)를 성취

할 수 있다. '오십(五十)'은 '하도(河圖)'와 '낙서(洛書)'의 '중수(中數)'이다. '오(五)'는 '양(陽)'이 되고 '십(十)'은 '음(陰)'이 되니, '일양일음(一陽一陰)'을 '도(道)'라고 이른다. 역(易)이 중도(中道)를 가르치는 까닭이다. '공(空)'과 '가(假)'가 서로 양변을 비추고 '유정(惟精)'과 유일(惟一)'이 나란히 하여 본다. 그러므로 큰 허물이 없다. 사마천의 『사기』에서는 "하늘이 나에게 몇 년의 수명을 빌려주어서 이처럼 내가 역(易)을 공부한다면, 빈빈(彬彬)하게 될 것이다."라는 공자의 말을 인용하였다. '빈빈(彬彬)'은 '문질(文質)'에 치우침이 없는 것이니, '질(質)'은 곧 '유일(惟一)'이니 곧 '공관(空觀)'이요, '문(文)'은 곧 '유정(惟精)'이니 곧 '가관(假觀)'이다. 공자는 나이 들어서 역(易)을 즐겨 읽었는데, 가죽끈이 세 번이나 끊어졌다. 그러므로 '오(五)'와 '십(十)'이 해{년(年)}가 아님을 알 수 있다.

【解說】 위 정문(正文)의 '오십이학역(五十以學『易』)'에서 '오십(五十)'을 주자는 『논어집주』에서 '졸(卒)'의 오류라고 보았다.[16] 이에 반해 지욱 대사는 『주역선해(周易禪解)』 권제팔(卷第八)「계사(繫辭) 상(上)」에서 '대연지수(大衍之數), 오십(五十).'을 풀이하면서 "'연(衍)'은 곱한다{승(乘)}는 뜻이다. 대연(大衍)은 이러한 천수 5와 지수 5를 곱하여 11,520으로 늘려 펼쳐놓은 것{부연(敷衍)}을 말한다. 하도 중에서 천지의 수는 모두 합해서 55이다. 이제 천5, 지5로 곱한다고 말하는 것은 원래 두 5{천오(天五), 지오(地五)}는 정해진 수로서 10을 상대한다는 의미의 뜻이 아니다. 또한 중수(中數; 하도 중앙에 있는 5)를 1이 얻어서 6이 되고, 2가 얻어 7이 되고, 3이 얻어서 8이 되며, 4가 얻어 9가 되고, 다시 다시 1·2·3·4를 합해서 10이 되는 것이다. 그러므로 중궁(中宮; 하도의 중앙) 수 5를 제외함으로

---

16 김언종, 「丁茶山의 朱子『論語集註』批判 (5)」, 『한문교육연구』 제20권, 한국한문교육학회, 2003, 301-303면 참조.

써 수이지만 수가 아님을 나타내고{수즉비수(數卽非數)}, 오직 나머지 50
의 수만을 취해서 대연수(大衍數) 50으로 삼아 본체{천지(天地)}를 좇아
서 작용이 일어나게 됨을 표시하고 있다. 아울러 설시(揲蓍)를 할 때 있
어 또 한편으로 50 중에서 하나를 남겨놓고 쓰지 않는 것은 쓰임 중에
본체{태극(太極)}가 있음을 표시하고 있는 것이며, 또 쓰임 없는 쓰임{무
용지용(無用之用)}이 본체인 태극과 더불어서 진실로 둘이 아님을 나타내
고 있다. [衍, 乘也. 大衍, 謂乘此天五地五之數, 而演至於萬有一千五百二十
也. 河圖中天地之數, 共計五十有五. 今以天五地五, 原非兩五, 是其定數, 以對
於十, 亦是中數. 一得之以爲六, 二得之以爲七, 三得之以爲八, 四得之爲九, 復
合一二三四以成於十. 故除中宮五數, 以表數卽非數, 而惟取餘五十以爲大衍之
數, 以表從體起用. 及揲蓍時, 又於五十數中, 存其一而不用, 以表用中之體, 亦
表無用之用, 與本體太極實非有二.]"라고 하였다. 아울러 "만약에 오직 깊
은 마음으로 살펴{유심식관(惟心識觀)} 그것을 융통시키지 못한다면 우리
의 복희·주공·문왕·공자 등 네 분의 훌륭한 성인을 다분히 굴욕스럽게
하는 것이라 할 수 있다. [若不以惟心識觀融之, 屈我羲文周孔四大聖人多
矣.]"라고 하였다. 다시 말하면 주자는 '오십이학역(五十以學『易』)'에서 '오
십(五十)'을 '졸(卒)'의 오류라고 보았으나, 지욱 대사는 '오십(五十)'을 『주
역』의 대연지수(大衍之數) '50'을 가리킨다고 보았다. 강겸 거사는 더 나
아가 '오십(五十)'은 하도낙서(河圖洛書)의 중수(中數)로서 '오(五)'는 '양
(陽)'이 되고 십(十)은 '음(陰)'이 되니 한 번 '음(陰)'이 되고 한 번 '양(陽)'
이 되는 것을 '도(道)'라고 이른다고 말하였다. 『사기·공자세가』의 기록을
따라 '오십이학역(五十以學『易』)'의 '오십(五十)'을 '졸(卒)'의 오류라고 본 주
자와는 달리, 지욱 대사와 강겸 거사는 '오십이학역(五十以學『易』)'의 '오십
(五十)'을 『주역』의 원리로 설명하였다는 차이가 있다.

「7-17」子所雅言,『詩』·『書』·執禮, 皆雅言也.

「7-17」 공자가 평소에 말하였던 것은 『시(詩)』와 『서(書)』와 예를 실천하는 것이었으니, 이것이 모두 평소에 하던 말이었다.

【藕師注】 果然不俗. 今人不知『詩』·『書』·禮, 所以開口便俗.

【藕師注】 과연 속(俗)되지 않도다. 지금 사람들은 『시(詩)』와 『서(書)』와 예를 알지 못하니, 이 때문에 입만 열면 곧 상스러운 것이다.

「7-18」葉公問孔子於子路, 子路不對. 子曰: "女奚不曰'其爲人也, 發憤忘食, 樂以忘憂, 不知老之將至云爾.'?"

「7-18」 섭공이 자로에게 공자의 인물됨을 물었는데, 자로가 대답하지 못하였다. 공자가 말하였다. "너는 어찌 이렇게 말하지 않았느냐? '그 사람됨이 분발하여 먹는 것도 잊고, 즐거워하여 근심을 잊어버리며, 늙음이 장차 닥쳐오는 줄도 모른다.'라고 말이다."

【藕師注】 者才是爲人的. 今只偸得一人生耳, 何嘗肯爲人哉! 旣是不肯爲人, 所以一失人身萬劫難也. 王陽明曰: "'發憤忘食', 是聖人之志如此, 眞無有已時. '樂以忘憂', 是聖人之道如此, 眞無有戚時. 恐不必云得不得也."[1]

【校勘】 者: 『선해유도총서(禪解儒道叢書) 사서우익해(四書藕益解)』(2015)에는 '저

(這)’로 되어있지만, 동림사(東林寺) 인본(印本)『사서우익해(四書藕益解)』에는 ‘저(者)’로 되어있다. 동림사(東林寺) 인본(印本)『사서우익해(四書藕益解)』를 따랐다.

【注釋】

1) 發憤忘食–恐不必云得不得也: 王陽明 撰·鄧艾民 注,『傳習錄注疏』, 앞의 책, 197면.

【藕師注】 이제야 겨우 사람이 되었다. 지금은 단지 한 사람의 생(生)을 훔친 것일 뿐이거늘, 사람이 된 것을 언제 기꺼워한 적이 있었느냐? 이미 사람이 된 것을 기꺼워하지 않으니, 이 때문에 한 번 사람 몸을 잃으매 만겁(萬劫)으로 어려움을 겪게 되는 까닭이다. 왕양명이 말하였다. “‘발분망식(發憤忘食)’은 성인의 뜻이 이와 같아서 참으로 그만두는 때가 없음이요, ‘낙이망우(樂以忘憂)’는 성인의 도(道)가 이와 같아서 참으로 슬퍼하는 때가 없음이다. 행여나 주자처럼 ‘뜻을 얻어서 그러하다.’든가 ‘뜻을 얻지 못해서 그러하다.’라고 해석할 필요는 없을 것이다.” ◎

【解釋】 지욱 대사가 왕양명의 말을 인용하여 주자의『논어집주』풀이를 비판한 것이다. 주자는『논어집주』에서 “진리를 터득하지 못하면 분발하여 먹는 것도 잊고, 이미 터득하면 즐거워 근심을 잊으니, 이 두 가지를 가지고 힘썼다. 날마다 부지런히 노력하여 연수(年數)가 부족한 것을 알지 못하니, 다만 학문을 좋아하는 것이 독실하다는 것을 스스로 말했을 뿐이다. [未得則發憤而忘食, 已得則樂之而忘憂, 以是二者, 俛焉. 日有孳孳而不知年數之不足, 但自言其好學之篤爾.]”라고 풀이하여 ‘발분망식(發憤忘食)’은 공자가 아직 진리를 터득하지 못한 시기로 보았고 ‘낙이망우(樂以忘憂)’는 공자가 이미 진리를 터득한 때로 보았다. 주자는 두 가지로 구분하여 설명하였는데, 지욱 대사는 바로 이 점을 지적한 것이다. 지욱 대사

는 '발분망식(發憤忘食)'을 공자의 수도(修道)하는 정진력으로 보았고, '낙이망우(樂以忘憂)'를 공자가 수도(修道)를 통해 얻은 공효(功效)로 보았다.

「7-19」子曰: "我非生而知之者, 好古, 敏以求之者也."

「7-19」공자가 말하였다. "나는 나면서부터 도(道)를 아는 사람이 아니다. 옛것을 좋아하여 애써서 그것을 구한 사람이다."

【蕅師注】　卓吾云: "都是實話."[1]　方外史曰: "不但釋迦尚示六年苦行, 雖彌勒卽日出家, 卽日成道,[2] 亦是三大阿僧祇劫修來的."

【注釋】

1) 都是實話: 『논어평(論語評)·술이(述而) 제칠(第七)』 제19장, "[評] 實話." 앞의 책, 149면.
2) 卽日出家, 卽日成道: 『사분율(四分律)』 제31권, "승원왕(勝怨王)이 사자(使者)를 파견하여 제염바제왕(提閻婆提王)에게 말을 전하게 하였다. '내가 들어 알고 있습니다. 경(卿)이 태자(太子)를 낳았는데, 복덕(福德)과 위신(威神)의 여러 상(相)을 구족하여 바로 그날 출가하여 바로 그날 도(道)를 이루었고 내지 범행(梵行)을 닦는 것을 구족하여 큰 명성이 시방(十方)에 유포되어 칭송되고 있습니다. 지금 (태자를) 보내오게 하여 제가 한 번 보고자 합니다. 만약 경(卿)이 태자를 보내오지 않으면, 제가 몸소 직접 갈 것입니다.' [勝怨王卽遣使往, 與提閻婆提王: "相聞知卿生太子, 福德威神衆相具足, 卽日出家卽日成道, 乃至具足修梵行, 有大名稱流布十方, 今可遣來吾欲看之. 若卿不遣來者, 吾當身自往."]" 『大正新脩大藏經』 第22冊·No.1428·四分律 第31卷(T22n1428_031).

【蕅師注】　이탁오는 이렇게 말하였다. "모두 실화(實話)이다."
　방외사는 말한다. "비단 석가모니(釋迦牟尼) 부처님께서 또한 육년고행(六年苦行)을 보이셨던 것뿐만 아니라 비록 미륵(彌勒) 부처님께서 당일에 출가하여 당일에 성도(成道) 하셨었을지라도, 역시 삼대아승기겁(三大阿僧祇劫) 동안 수행해 오셨던 과(果)인 것이다."

「7-20」子不語怪·力·亂·神.

「7-20」 공자는 괴이한 일과 힘을 쓰는 일과 어지러운 일과 귀신에 대해서는 말을 하지 않았다.

【藕師注】 今人撥無怪無神, 亦可撥無力無亂否?

【藕師注】 지금 사람들은 괴이함이 없는 것과 귀신이 없는 것을 파내어 버리는데, 또한 힘이 없는 것과 어지러움이 없는 것을 가히 파내어 버리지 않겠는가?

「7-21」子曰: "三人行, 必有我師焉. 擇其善者而從之, 其不善者而改之."

「7-21」 공자가 말하였다. "세 사람이 길을 가면 (그 가운데) 반드시 나의 스승이 있다. 착한 사람을 가려서 따르고, 착하지 못한 사람은 거울로 삼아 고쳐야 한다."

【藕師注】 師心之人, 那知此益?[1]

【注釋】

1) 師心之人, 那知此益: 『맹자(孟子)·이루(離婁) 상(上)』제23장에 다음과 같은 말이 있다. "맹자가 말하였다. '사람의 병통은 남의 스승이 되는 것을 좋아하는 데에 있다.' [孟子曰: "人之患在好爲人師."]"

【藕師注】 스승의 마음을 가지고 있는 자가 어찌 이러한 이로움을 알겠는가?

「7-22」子曰: "天生德於予, 桓魋其如予何!"

「7-22」공자가 말하였다. "하늘이 나에게 덕(德)을 주셨으니, 환퇴(桓魋)가 나를 어쩌겠느냐!"

【藕師注】 卓吾云: "却又微服而過宋,[1] 妙! 妙!"[2] 方外史曰: "王莽學之, 便是東施.[3]"

【注釋】

1) 微服而過宋: 『맹자(孟子)·만장(萬章) 상(上)』제8장, "공자께서 노(魯)나라와 위나라에 머물기를 좋아하지 않으시어 그곳을 떠나 송(宋)나라로 가셨는데, 그때 송나라 사마(司馬)인 환퇴(桓魋)가 길목에서 기다리고 있다가 공자를 죽이려 하자, 공자께서 미복(微服) 차림으로 송나라를 지나가셨네. 이때 공자께서 위급한 상황에 당면하셔서 사성정자(司城貞子)의 집에서 머무셨는데, 그는 나중에 진후(陳侯) 주(周)의 신하가 된 사람이었네. [孔子不悅於魯衛, 遭宋桓司馬將要而殺之, 微服而過宋. 是時孔子當阨, 主司城貞子, 爲陳侯周臣.]"
2) 却又微服而過宋, 妙! 妙: 『논어평(論語評)·술이(述而) 제칠(第七)』제22장, "[評] 却又微服而過宋, 妙! 妙!" 앞의 책, 150면.
3) 東施: '동시(東施)'는 『장자(莊子)·외편(外篇)·천운(天運)』에 등장하는 여인의 이름이다. 자신의 분수를 헤아리지 않고 훌륭한 사람을 흉내 내다가 도리어 비웃음을 사는 못난 사람을 가리킨다. '동시효빈(東施效矉; 동시東施, 곧 못생긴 여자女子가

서시西施의 눈썹 찌푸림을 본받음.)'이라는 고사성어가 있다. "옛날 서시(西施)는 가슴 병이 있어 마을에 살 때 자주 눈을 찡그렸다. 마을에 추인이 그것을 보고 아름답다고 생각하여 마을에 돌아오자마자 자기도 가슴을 부여안고 눈을 찡그리고 다녔다. 마을의 부자들은 그것을 보자 문을 걸어 잠그고 문밖출입을 하지 않았으며, 마을의 가난한 사람들은 그것을 보자 처자식의 손을 끌고 마을을 떠나 달아나 버렸다. 그녀는 찡그린 모습이 아름다운 것만 알았지 그 까닭은 알지 못하였던 것이다. [故西施病心而矉其里, 其里之醜人見而美之, 歸亦捧心而矉其里. 其里之富人見之, 堅閉門而不出, 貧人見之, 挈妻子而去之走. 彼知矉美而不知矉之所以美.]"

【藕師注】 이탁오는 이렇게 말하였다. "그런데 또 미복(微服) 차림으로 송(宋)나라를 지나갔으니, 묘하구나! 묘하구나!"

방외사는 말한다. "왕망(王莽)이 배운 것은 다른 것이 아니라 곧 동시(東施)였다."

「7-23」子曰: "二三子, 以我爲隱乎? 吾無隱乎爾. 吾無行而不與二三子者, 是丘也."

「7-23」 공자가 말하였다. "너희들은 내가 숨기는 게 있다고 여기느냐? 나는 너희들에게 숨기는 것이 없다. 나는 행하되 너희들과 함께하지 않은 것이 없었으니, 이것이 바로 나이다."

【藕師注】 卓吾云: "和盤托出."[1] 方外史曰: "正惟和盤托出, 二三子益不能知. 如目連欲窮佛聲, 應持欲見佛頂.[2] 何處用耳? 何處著眼?"

【注釋】

1) 和盤托出: 『논어평(論語評)·술이(述而) 제칠(第七)』 제23장, "[評] 和盤托出." 앞의

책, 151면.

2) 如目連欲窮佛聲, 應持欲見佛頂: 원(元)나라 청원거사(清源居士) 왕고(王古)가 찬(撰)한 『대장성교법보표목(大藏聖教法寶標目)』제1권에 보인다. "목건련(目犍連) 존자가 부처님의 음성이 끝 간 데까지 가보고자 서방구십구항하사(西方九十九恆河沙)의 불토(佛土)를 지나갔으나, 항상 가까이 있고 멀리 있지 않은 그 음성을 끝내 얻을 수 없었다. 응지보살(應持菩薩)이 상방백억항하사(上方百億恆河沙)의 불토(佛土)를 지나서 부처님의 정수리를 보고자 하였으나, 또한 볼 수가 없었다. [目連欲窮佛聲邊際, 過西方九十九恆河沙佛土, 終不能得其音常近不遠. 應持菩薩過上方百億恆河沙佛土, 欲見佛頂相, 亦不能見.]" 『乾隆大藏經』第143冊 · No.1608 · 大藏聖教法寶標目 第1卷(L143n1608_001).

【蕅師注】　이탁오는 이렇게 말하였다. "쟁반째로 다 내놓았다."

　　방외사는 말한다. "(공자가) 바로 쟁반째로 다 내놓아 보였는데, 이삼자(二三子)는 더욱 능히 알지 못하였다. 예컨대 목련존자(目連尊者)는 부처님의 음성을 모두 듣고자 하였고, 응지(應持) 보살은 부처님의 정수리를 보고자 하였던 것과 같다. (그러나) 어느 곳에 귀를 쓰겠는가? 어느 곳에 눈을 붙이겠는가?"

【補注】　　讀『華嚴經 · 文殊菩薩淨行品』,[1] 便知此義. 菩薩於在家出家 · 行住坐臥 · 作止語默, 乃至著衣飯食 · 盥洗便利, 一切時間, 念念不離衆生, 願其消除障礙, 成就菩提, 故孔子曰吾無行而不與二三子者. 今有大師與我同行同住, 同坐同臥, 同視同聽, 同言同動, 無行不與, 乃至永劫相隨, 而視之不見, 聽之不聞, 覓之不可得, 是何也? 心耶? 佛耶? 一耶? 二耶? 不可謂一, 不可謂二也.

【注釋】

1) 『華嚴經 · 文殊菩薩淨行品』: 동진(東晉) 천축삼장(天竺三藏) 불타발타라(佛馱跋陀羅) 한역(漢譯) 60권본 『대방광불화엄경(大方廣佛華嚴經)』제6권의 「정행품(淨行品) 제칠(第七)」을 가리킨다. 「정행품(淨行品) 제칠(第七)」에서는 『화엄경』의 십신

(十信)·십주(十住)·십행(十行)·십회향(十廻向) 및 십지(十地) 가운데 십신위(十信位)의 수행단계(修行段階)에서 실천하는 청정한 수행을 강조한다. 이 품의 요지(要旨)는 일상생활 속에서 매 순간 생기는 일에 따라 마음이 산란해지지 않도록 단속하고 수행자를 성장시키는 원력을 세우는 내용이다.

【補注】　『화엄경(華嚴經)·문수보살정행품(文殊菩薩淨行品)』을 읽으면, 곧 이 의의(意義)를 알게 된다. 보살은 재가(在家)하고 출가(出家)하거나, 걷고 정지하고 앉고 눕거나, 움직이고 머무르고 말하고 침묵하거나, 내지 옷을 입고 밥을 먹거나, 손과 얼굴을 씻고 편하고 이롭거나 일체의 시간 동안 중생을 항상 마음속으로 생각하며 떠나지 않아서 (그들이) 장애를 소멸하고 없애어 보리(菩提)를 성취하기를 발원(發願)한다. 그러므로 공자가 "(나는) 무엇을 하든 너희들에게 보여주지 않음이 없는 사람이다."라고 말하였다. 지금 대사가 있어서 나와 함께 움직이고 함께 머물며, 함께 앉고 함께 누우며, 함께 보고 함께 들으며, 함께 말하고 함께 움직이며, 행함에 더불어 하지 않음이 없으며, 내지 영겁(永劫)으로 뒤따르고 있건마는, 보아도 보이지 않고, 들어도 들리지 않고, 찾아도 구할 수 없으니, 대체 이것은 무슨 물건인가? 마음인가? 부처인가? 하나인가? 둘인가? 하나라고 말할 수도 없으며, 둘이라고 말할 수도 없다.

「7-24」 子以四敎: 文, 行, 忠, 信.

「7-24」 공자는 네 가지로써 가르쳤으니, 문(文)·행(行)·충(忠)·신(信)이었다.

「7-25」子曰: "聖人吾不得而見之矣, 得見君子者, 斯可矣. 善人吾不得而見之矣, 得見有恆者, 斯可矣. 亡而爲有, 虛而爲盈, 約而爲泰, 難乎有恆矣."

「7-25」 공자가 말하였다. "성인을 내가 만나볼 수 없다면 군자라도 만나볼 수 있으면 괜찮겠다. 선인(善人)을 내가 만나볼 수 없다면 떳떳한 마음{항심(恆心)}이 있는 자라도 만나볼 수 있으면 괜찮겠다. 없으면서도 있는 체하고, 비었으면서도 가득한 체하며, 가난하면서도 많은 체하면, 항심(恆心)을 가지기 어렵다."

【藕師注】 聖人只是證得本亡·本虛·本約之理. 有恆須是信得本亡·本虛·本約之理, 就從此處下手, 便可造到聖人地位, **所謂以不生不滅爲本修因, 然後圓成果地修證也.**[1] **亡是眞諦, 虛是俗諦, 約是中諦.**[2] 依此而修, 爲三止三觀,[3] 證此妙理, 成三德三身.[4]

【注釋】

1) 所謂以不生不滅爲本修因, 然後圓成果地修證也: '본수인(本修因)'에서 '본수(本修)'는 '수행'을 뜻하고, '과지(果地)'는 '수행으로 이른 부처의 경지'를 의미하며, '수증(修證)'은 '수행을 하여 진리를 증명하는 것'을 가리킨다. 『대불정여래밀인수증요의제보살만행수능엄경문구(大佛頂如來密因修證了義諸菩薩萬行首楞嚴經文句)』 제7권, "'도지(塗地)'는 생(生)과 멸(滅)로써 본수인(本修因)으로 삼으면, 능히 과지(果地)의 수증(修證)을 원만히 이루지 못할 것을 나타낸 것이다. [塗地者, 表生滅爲本修因, 不能圓成果地修證也.]"『卍新纂大日本續藏經』第13冊·No.0285·大佛頂如來密因修證了義諸菩薩萬行首楞嚴經文句 第7卷(X13n0285_007).

2) 亡是眞諦, 虛是俗諦, 約是中諦: '진제(眞諦)', '속제(俗諦)', '중제(中諦)'를 '삼제(三諦)'라 한다. '삼제(三諦)'는 진제(眞諦)로서의 공(空), 속제(俗諦)인 가(假), 비유비공(非有非空)의 진리인 중(中)의 셋으로 구성되어 있다. 이 삼제설(三諦說)은 중국의 지의(智顗)가 처음으로 주장한 뒤 천태종의 근본 교설이 되었다. 원래 이 삼제설이 주장된 까닭은 제법의 실상이 중도(中道)에 있음을 밝히는 데 있으며, 공

(空)·가(假)·중(中)이 서로 원융(圓融)한 것임을 천명하기 위한 것이다. 삼제(三諦) 가운데 '공제(空諦)'는 진리의 측면에서 이 세상을 본 것으로, 진리의 측면에서 보면 이 세상은 인연 따라 생겨난 것이기 때문에 공(空)일 수밖에 없다는 것이다. '가제(假諦; 俗諦)'는 세속의 측면에서 이 세상을 본 것으로, 이 세상의 고정불변한 듯한 모든 것이 실제에서는 거짓과 헛된 것에 불과하다는 것을 밝히는 것이다. '중제(中諦)'는 중도제일의(中道第一義)의 입장에서 실상을 본 것으로, 제법의 실상을 공(空)이나 가(假)의 일면으로 관찰하는 것이 아니라 중도의 절대적인 입장에 서서 진리를 관찰하는 것을 말한다. 일반적으로 대부분 사람은 세속의 입장에 속하는 가(假)의 상태에서 살아가고 있다. 이 가(假)의 세계는 무상(無常)하고 괴롭고 부자유스럽고 번뇌가 많은 세계이다. 그러나 이와 같은 상태를 긍정하고 그 거짓된 모습을 파헤쳐 공(空)임을 깨달을 때, 중도(中道)가 그곳에서 온전하게 모습을 드러낸다는 것이다. 즉, 가(假)의 상태에서 진제(眞諦)의 세계인 공(空)으로 몰입한 뒤 다시 이 세속으로 나올 때 중도(中道)의 삶을 살 수 있음을 뜻한다. 공(空)과 가(假)는 서로 진(眞)과 속(俗)이라는 상대적인 상황에 있고, 중(中)은 진(眞)과 속(俗)을 가장 분명하게 이어주는 것이므로 삼제(三諦)는 어느 하나가 빠진 상태에서는 이루어질 수 있는 것이 아니다. 따라서 이 셋의 관계를 '삼제원융(三諦圓融)'이라고 하는 것이다. 이 '삼제원융(三諦圓融)'을 관하는 것을 '삼제원융관(三諦圓融觀)'이라고 하며, 중생의 일심이 곧 삼제(三諦)를 모두 포함하고 있음을 관하는 것을 '일심삼관(一心三觀)'이라고 한다.

3) 三止三觀: '삼지(三止)'는 체진지(體眞止)·방편수연지(方便隨緣止)·식이변분별지(息二邊分別止)를 가리킨다. 김정희는 그의 논문에서 '삼지삼관(三止三觀)'을 다음과 같이 설명하였다. "'삼지(三止)'라는 용어는 경론에 나오지 않고, 지의(智顗)가 삼관(三觀)에 대한 설명을 참조해서 구성한 것이다. 지의는 『대지도론』의 법시(法施)에 근거해서 경론의 가르침을 참조해서 새로운 용어를 만드는 일이 사람들을 위해 가르침을 펼친 것에 해당하기 때문에 죄가 되지 않는다고 정당화했다. 삼관은 공(空), 가(假), 중(中) 삼제(三諦)를 이해하는 태도이다. 이는 지의의 삼지 또한 공, 가, 중 삼제와 관련해서 성립했다는 것을 말해준다. … 앞의 삼지삼관은 제법 실상이라는 하나의 진리를 공, 가, 중의 세 가지 진리로 설명하고, 나아가 이들을 각각 독립된 하나의 진리로 보고 지와 관을 실천하는 모습을 설명한 것이다." - 김정희, 「지의 『마하지관』」, 앞의 논문, 57–62면 참조.

4) 三德三身: 지의(智顗)의 『마하지관』에서 부처의 모든 가르침이란 수행자 자신은 물론이고 다른 모든 중생에게 세 가지 덕인 법신(法身), 반야(般若), 해탈(解脫)로 들어가는 것을 지향한다고 했다. 그리고 부처의 몸은 세 가지가 있는데, 첫째는 색신(色身)이고, 둘째는 법문신(法門身)이며, 셋째는 실상신(實相身)이라고 하였다. 만약 교화의 조건을 다 마친 후 돌아가는 것[귀]을 논하면 색신은 해탈로 나아가고 법문신은 반야로 나아가고 실상신은 법신으로 나아간다고 하였다. - 김정희, 「지의 『마하지관』」, 앞의 논문, 251–253면 참조.

【蕅師注】 성인은 다만 본래 없고 본래 비었고 본래 가난한 도리를 증득한 분이다. 항심(恆心)이 있는 자는 모름지기 본래 없고 본래 비었고 본래 가난한 도리를 믿어서 이곳으로부터 나아가 공부를 시작해야만 곧 성인의 지위에 도달할 수 있으니, 이른바 "'불생불멸(不生不滅)'로 '본수인(本修因)'을 삼은 연후에 '과지(果地)'의 '수증(修證)'을 원만히 성취할 수 있다."라는 것이다. '망(亡)'은 '진제(眞諦)'요, '허(虛)'는 '속제(俗諦)'요, '약(約)'은 '중제(中諦)'이다. 이것에 의지하여 닦으면 '삼지(三止)'와 삼관(三觀)'이 되며, 이 오묘한 도리를 증득하면 '삼덕(三德)'과 '삼신(三身)'을 이룬다.

「7-26」 子釣而不綱, 弋不射宿.

「7-26」 공자는 낚시질하되 그물질은 하지 않았으며, 주살 질을 하되 잠자는 새는 쏘아 맞히지 않았다.

【蕅師注】 現同惡業, 曲示善機, 可與六祖吃肉邊菜[1]同參.

【注釋】

1) 六祖吃肉邊菜: '끽육변채(喫肉邊菜)'와 동의어이다. 『육조대사법보단경(六祖大師法寶壇經)』, "혜능(慧能)이 뒤에 조계(曹溪)에 이르렀는데, 또 악인(惡人)에게 쫓김을 당하였다. 이에 사회현(四會縣)에서 사냥꾼들 무리 속에서 난(難)을 피하여 무려 15년을 보냈는데, 때때로 사냥꾼들에게 수의설법(隨宜說法)을 하였다. 사냥꾼들은 항상 그물을 지키라고 명령하였었는데, 매번 살아있는 목숨을 보면 다 놓아주었다. 매일 밥 먹을 때에 이르러서는 야채(野菜)로써 고기 굽는 솥 위에다가 부쳐 먹었다. 간혹 누군가가 무엇이냐고 물으면, 곧 '고기를 씹을 때 곁들여 먹는 야채(野菜)'라고 대답하였다." [慧能後至曹溪, 又被惡人尋逐. 乃於四會, 避難獵人隊中, 凡經一十五載, 時與獵人隨宜說法. 獵人常令守網, 每見生命, 盡放之. 每至飯時, 以

菜寄煮肉鍋. 或問, 則對曰: “但喫肉邊菜.”]『大正新脩大藏經』第48冊·No.2008·
六曹大師法寶壇經 第1卷(T48n2008_001).

【蕅師注】 악업(惡業)을 함께 드러내었고, 선업(善業)의 기틀을 곡진하게
보였다. 가히 ‘육조대사(六祖大師)가 고기 곁의 나물을 먹었다.’라는 경전
의 구절과 함께 참조하여 살펴볼 수 있다.

【補注】 釣弋惡行, 殺命傷仁, 豈聖人所以敎後世者? 不憤不啓,
不悱不發, 弋不射宿也, 擧一隅不以三隅反, 則不復也, 釣而不綱
也.[1] 列子『沖虛經』云: “齊田氏祖於庭, 食客千人. 中坐有獻魚雁者,
田氏視之, 乃歎曰: ‘天之於民厚矣, 殖五穀, 生魚鳥, 以爲之用.’衆
客和之如響. 鮑氏之子年十二, 預於次, 進曰: ‘不如君言. 天地萬物
與我竝生, 類也. 類無貴賤, 徒以小大智力而相制, 迭相食, 非相爲
而生之. 人取可食者而食之, 豈天本爲人生之? 且蚊蚋噆膚, 虎狼食
肉, 非天本爲蚊蚋生人·虎狼生肉者哉!’[2] 孔子聖人, 曾謂不如鮑氏
之子乎? 故知釣而不綱·弋不射宿者, 喩言也.

【注釋】

1) 不憤不啓-釣而不綱也:『논어(論語)·술이(述而) 제칠(第七)』제8장, “공자가 말하
   였다. ‘알려고 애쓰지 않으면 일깨워 주지 않고, 표현하지 못해 애태우지 않으면
   말해주지 않으며, 한 귀퉁이를 들어 보였을 때 이것으로 남은 세 귀퉁이를 유추
   하여 반증하지 못하면 다시 더 일러주지 않는다.’ [子曰: “不憤不啓, 不悱不發, 擧一
   隅不以三隅反, 則不復也.”]”
2) 齊田氏祖於庭-虎狼生肉者哉:『충허경(沖虛經)·설부(說符)』, “齊田氏祖於庭, 食
   客千人. 中坐有獻魚鴈者. 田氏視之, 乃歎曰: ‘天之於民厚矣! 殖五穀, 生魚鳥,
   以爲之用.’衆客和之如響. 鮑氏之子年十二, 預於次, 進曰: ‘不如君言. 天地萬
   物, 與我竝生類也. 類無貴賤, 徒以小大智力而相制, 迭相食, 非相爲而生之. 人
   取可食者而食之, 豈天本爲人生之? 且蚊蚋嗜膚, 虎狼食肉, 非天本爲蚊蚋生
   人·虎狼生肉者哉!’”

【補注】　낚시질과 주살 질은 악행이니, 생명을 죽여서 인(仁)을 훼상한다. 어찌 성인이 후세에 가르치고자 하였던 바이겠는가? '알려고 애쓰지 않으면 가르쳐주지 않고, 표현하지 못해 애태우지 않으면 말해주지 않는 것'은 '주살 질을 하되 잠자는 새는 쏘아 맞히지 않은 것'이요, '한 귀퉁이를 들어 보였을 때 이것으로 남은 세 귀퉁이를 유추하여 반증하지 못하면 다시 더 일러주지 않는 것'은 '낚시질을 하되 그물질은 하지 않은 것'이다. 열자(列子)의 『충허경(沖虛經)』에서 말하였다. "제(齊)나라 전씨(田氏)가 길을 떠나기 전에 정원에서 연회를 베풀었는데, 식객이 천 명이나 되었다. 앉아 있던 사람 중 물고기와 기러기를 바치는 사람이 있었다. 전씨(田氏)가 이를 보고 감탄하며 말하였다. '하늘이 백성에게 후하도다! 오곡을 번식하게 하고 물고기와 새를 생육하여 사람들이 식용할 수 있게 하였다.' 여러 식객이 화답하는 것이 마치 메아리치는 것과 같았다. 포씨(鮑氏)의 아들은 열두 살이었는데, 그 자리에 있다가 나서며 말하였다. '어르신의 말씀과는 같지 않습니다. 천지만물(天地萬物)은 나와 더불어 태어났으니, 동류(同類)입니다. 류(類)에게는 귀함과 천함이 없거늘, 한갓 작고 큰 지력(智力)으로써 서로 견제하며 번갈아 서로 잡아먹으니, (이는) 상대를 위하여 사는 것이 아닙니다. 사람들은 식용이 가능한 것들은 무엇이든 잡아다가 먹고 있는데, 어찌 하늘이 본래 사람을 위하여 만물을 살아가게 한 것이겠습니까? 게다가 모기가 사람 피부에 앉아 피를 빨아먹고 호랑이와 이리가 사람의 고기를 먹는 것은, 하늘이 본래 모기를 위하여 사람을 생육하고 호랑이와 이리를 위하여 인육(人肉)을 내게 한 것은 아닐 것입니다!'" 공자와 같은 성인이 더욱이 포씨(鮑氏)의 아들만 같지 못하다는 말인가? 그러므로 '낚시질하되 그물질은 하지 않았으며, 주살 질을 하되 잠자는 새는 쏘아 맞히지 않았다.'라는 구절은 비유한 말임을 알 수 있다.

「7-27」子曰: "蓋有不知而作之者, 我無是也. 多聞, 擇其善者而從之, 多見而識之, 知之次也."

「7-27」 공자가 말하였다. "대개 알지도 못하면서 함부로 행동하는 자가 있는데, 나는 이런 것이 없다. 많이 듣고서 그중에 좋은 것을 가려서 따르며, 많이 보고서 그것을 기억해 두는 것이 아는 것의 다음 차례가 된다."

【藕師注】　知便不作, 作便不知. 卓吾云: "甘心爲次, 所以爲上."[1] 方外史曰: "今之高談向上·恥居學地[2]者, 愧死! 愧死!"

【注釋】

1) 甘心爲次, 所以爲上: 『논어평(論語評)·술이(述而) 제칠(第七)』 제27장, 지욱 대사가 인용한 문장은 『논어평』 원문의 내용과 조금 다르나, 뜻은 같다. "[評] 甘心爲次, 所以無上.{괴로움과 책망을 달게 여김이 차위(次位)가 되니, 이 때문에 더할 나위 없이 좋은 것이다.}" 앞의 책, 152면.

2) 學地: '유학지(有學地)'와 동의어이다. 불도(佛道)를 닦고 배우는 때에 아직 배워야 할 여지가 남아 있는 수행(修行)의 경지를 가리킨다. 최기표는 그의 논문에서 다음과 같이 말하였다. "'무학지(無學地)'란 아라한(阿羅漢)을 말하고 '유학지(有學地)'란 도를 깨쳐서 견도위(見道位)나 수도위(修道位)에 머물고 있는 사람을 말하므로 이들은 모두 견도(見道)한 성인(聖人)으로서 '성문(聲聞; śrāvaka)'이라 불리는 수행자들이다." – 최기표, 「〈法華經〉에 있어서 授記의 修行論的 意義」, 『불교학리뷰』 제13호, 금강대학교 불교문화연구소, 2013, 125면 참조.

【藕師注】　알면 곧 함부로 행동하지 않으며, 함부로 행동하면 곧 알지 못하는 것이다. 이탁오는 이렇게 말하였다. "괴로움과 책망을 달게 여기는 것이 차위(次位)가 되니, 이 때문에 상위(上位)가 되는 까닭이다."

　방외사는 말한다. "지금 상위(上位)를 향해 고담(高談)만 하고 학지(學

地)에 머문 것을 창피하게 여기는 사람들은 (내가) 부끄러워 죽을 지경이다! 부끄러워 죽을 지경이다!"

「7-28」 互鄉難與言, 童子見, 門人惑. 子曰: "人潔己以進, 與其潔也, 不保其往也. 與其進也, 不與其退也, 唯何甚?"

「7-28」 호향(互鄉) 사람과는 함께 말하기가 어려웠는데, 호향(互鄉)의 동자가 공자를 찾아와 뵈니, 문인들이 의혹하였다. 공자가 말하였다. "사람이 자기를 깨끗이 하고서 찾아오면 그 깨끗한 것을 허여할 뿐이요 지나간 것을 보장하지는 않는다. 그의 정진을 허여할 뿐이요 그의 물러남을 허여한 것은 아니니, 어찌 심하게 대할 것이 있겠는가?"

【藕師注】 卓吾云: "天地父母之心."[1]

【注釋】

1) 天地父母之心: 『논어평(論語評)·술이(述而) 제칠(第七)』 제28장, "[評] 天地父母之心. 後十四字不倒轉, 文字更古." 앞의 책, 153면.

【藕師注】 이탁오는 이렇게 말하였다. "천지부모(天地父母)의 마음이다."

【解說】   주자는 『논어집주』에서 이 장(章)에 착간(錯簡)이 있다고 보았다. '인결기이진(人潔己以進), 여기결야(與其潔也), 불보기왕야(不保其往也).' 14자가 마땅히 '여기진야(與其進也)' 앞에 있어야 한다고 본 것이

다.[17] 원문 대로라 하여 이해되지 않는 것은 아니므로 대부분 학자는 원문에 충실하였는데, 지욱 대사는 오히려 주자의 견해에 따라 '인결기이진(人潔己以進), 여기결야(與其潔也), 불보기왕야(不保其往也).' 14자를 '여기진야(與其進也)' 앞에 둔 뒤에 이탁오의 말을 인용하여 풀이하였다. 참고로, 이탁오의 『논어평』에는 "뒤의 14자는 도치된 것이 아니다. 문법이 더욱 고졸(古拙)할 뿐이다."라는 주석이 부기(附記)되어 있는데, 이탁오는 이 장(章)에 착간이 없다고 보아 그와 같이 말한 것이다.

「7-29」 子曰: "仁遠乎哉? 我欲仁, 斯仁至矣."

「7-29」 공자가 말하였다. "인(仁)이 멀리 있는가? 내가 인(仁)을 하고자 하면, 곧 인(仁)이 이르는 것이다."

【藕師注】 欲仁卽仁, 仁體卽是本來至極之體, 猶所云念佛心卽是佛也.

【校勘】 仁: 동림사(東林寺) 인본(印本) 『사서우익해(四書藕益解)』본과 선해유도총서(禪解儒道叢書) 『사서우익해(四書藕益解)』본의 교감된 내용을 따라 '인(仁)'으로 고쳤다.

【藕師注】 인(仁)을 하고자 하는 이것이 바로 인(仁)이니, 인(仁)의 체(體)는 바로 본래의 지극한 체(體)이다. '염불심(念佛心)이 곧 부처님이다.'라고 이르는 바와 같다.

---

17 김언종, 「丁茶山의 朱子『論語集註』批判 (5)」, 『한문교육연구』 제20권, 한국한문교육학회, 2003, 304-305면 참조.

【補注】　仁之量豎窮橫遍, 可謂遠矣. 然不出我現前介爾一念之心, 則遠近一如也. **幽溪大師**[1]『**淨土生無生論偈**』[2]曰: "法界圓融體, 作我一念心, 故我念佛心, 全體是法界." 自私自利者, 皆自暴自棄者也. 是故**如來於明星出時, 初成正覺,**[3] 歎曰: "奇哉! 一切衆生皆有如來智慧德性, 但以顚倒妄想不自證得. 若離妄想, 則**無師智**[4]·**道種智**[5]自得現前." 明星, 日也, 衆生佛性蔽於妄想, 如日在雲, 雲開而日光遍照矣.

【注釋】

1) 幽溪大師: 유계(幽溪) 전등(傳燈, 1554-1628) 스님이다. 천태종(天台宗)의 삼십조(三十祖)로서, 명(明)나라 말기에 천태종을 중흥한 스님이다. 세칭(世稱) '유계화상(幽溪和尙)'·'유계대사(幽溪大師)' 또는 '전등대사(傳燈大師)'로 불린다. 유계대사는 1554년 음력 8월 20일에 태어났으니, 속가(俗家)의 성(姓)은 섭(葉)이고, 자(字)는 무진(無盡)이며, 별호(別戶)는 유문(有門)이다. 절강(浙江) 구주부(衢州府) 서안현(西安縣) 사람이다. 유계대사는 유년시절 유학(儒學)을 익혔는데, 『용서정토문(龍舒淨土文)』을 읽고 나서 불교를 배우기로 뜻을 맹서(盟誓)하였다. 1579년에 한바탕 큰 병을 앓고 난 뒤 모친(母親)의 동의를 얻어서 출가하여 영암선사(映庵禪師; 영암축발映庵祝髮)의 문하로 들어가 『영가집(永嘉集)』을 공부하였다. 1582년에 백송법사(百松法師; 백송진각百松眞覺)에게 의발(衣鉢)을 전수받았다. 1586년에 천태산(天台山)에 입주(入駐)하여 고명사(高明寺) 유계도량(幽溪道場)을 중흥하고, 천태조정(天台祖庭)을 세워서 정토종(淨土宗)과 선종(禪宗)을 함께 연구하였는데, 강경(講經)을 40여 년이나 하였다. 1628년 음력 5월 21일에 대사는 신창(新昌) 석산사(石山寺)에서 강학(講學)하였는데, 적멸(寂滅)이 장차 이를 것임을 예감하여 손수 붓을 들어 '묘법연화경' 다섯 글자를 써서 승려의 무리에게 주고 아울러 고성(高聲)을 갈제(喝題)하고 적멸(寂滅)에 들었으니, 향년 세수(世壽)는 75세요, 승랍(僧臘)은 50세이며, 유계(幽溪)에 머문 지는 30년이 되던 해였다.

2) 『淨土生無生論偈』: 지욱 대사가 선정(選定)한 『정토십요(淨土十要)』에 아홉 번째로 실려 있는 유계대사의 저서이다. 유계대사가 신창(新昌) 석산사(石山寺)에서 이 법문을 강설(講說)하려고 매번 법좌(法座)에 오를 때마다, 공중에서는 천상음악{천악(天樂)}이 가득히 울려 퍼져서 법회(法會)에 동참한 대중이 모두 함께 들었다고 한다.

3) 如來於明星出時, 初成正覺: 수(隋)나라 천축삼장(天竺三藏) 사나굴다(闍那崛多)가 한역(漢譯)한 『불본행집경(佛本行集經)』 제31권에 보인다. "이때 여래(如來)께

서 저 후야(後夜)에 명성(明星)이 출현하는 순간에 아뇩다라삼먁삼보리(阿耨多羅三藐三菩提)를 성취할 수 있으셨으니, 그때 세간에서는 자연히 가장 큰 광명이 있었으며 땅에서는 여섯 가지의 진동(振動)이 있었다. [爾時, 如來於彼後夜明星出時, 得成阿耨多羅三藐三菩提已, 於時世間自然而有最大光明, 地六種動.]』『大正新脩大藏經』第3冊·No.0190·佛本行集經 第31卷(T03n0190_031).

4) 無師智: 스승 없이 홀로 진리를 깨친 불지(佛智)를 이른다. 『묘법연화경(妙法蓮華經)·비유품(譬喩品) 제삼(第三)』, "사리불(舍利弗)아! 만약 어떤 중생이 안으로는 지성(智性)이 있으며, 부처님 세존의 뜻을 따라 법을 듣고 믿으며, 은근하게 그 뜻을 스스로 실천하며, 앞으로 나아가 삼계에서 빨리 나오려고 열반을 구하는 이러한 사람을 '성문승(聲聞乘)'이라 이름하나니, 예컨대 저 아들 가운데서 양의 수레를 구하려고 불타는 집에서 나온 이와 같으니라. 만약 어떤 중생이 부처님 세존의 뜻을 따라 법을 듣고 믿으며, 은근하게 그 뜻을 스스로 실천하며, 앞으로 나아가 저절로 존재하는 지혜를 구하며, 홀로 선적(善寂)을 즐기며, 존재하는 모든 것의 인연을 깊이 이해하는 이러한 사람을 '벽지불승(辟支佛乘)'이라 이름하나니, 예컨대 저 아들 가운데 사슴의 수레를 구하려고 불타는 집에서 나온 이와 같으니라. 만약 어떤 중생이 부처님 세존의 뜻을 따라 법을 듣고 믿으며, 은근하게 그 뜻을 스스로 실천하며, 앞으로 나아가 일체지(一切智)와 불지(佛智)와 자연지(自然智)와 무사지(無師智)와 여래(如來)의 지견(知見)과 힘과 두려워하는 바가 없음을 구하여 셀 수 없는 사람들을 가엾게 생각하고 그들의 마음을 편안하게 하며, 천상·인간을 이익되게 하고 일체의 중생을 제도하여 해탈시키려는 이러한 사람을 '대승(大乘)'이라 이름하고, 보살이 이 대승(大乘)을 구하기 때문에 '마하살(摩訶薩)'이라 이름하나니, 예컨대 저 아들 가운데서 소의 수레를 구하려고 불타는 집에서 나온 이와 같으니라. [舍利弗! 若有衆生, 內有智性, 從佛世尊聞法信受, 慇懃精進, 欲速出三界, 自求涅槃, 是名聲聞乘, 如彼諸子爲求羊車出於火宅, 若有衆生, 從佛世尊聞法信受, 慇懃精進, 求自然慧, 樂獨善寂, 深知諸法因緣, 是名辟支佛乘, 如彼諸子爲求鹿車出於火宅, 若有衆生, 從佛世尊聞法信受, 勤修精進, 求一切智·佛智·自然智·無師智, 如來知見·力·無所畏, 湣念·安樂無量衆生, 利益天人, 度脫一切, 是名大乘, 菩薩求此乘故, 名爲摩訶薩, 如彼諸子爲求牛車·出於火宅.]』『大正新脩大藏經』第9冊·No.0262·『妙法蓮華經』第2卷(T09n0262_002).

5) 道種智: 『제법무쟁삼매법문(諸法無諍三昧法門)』의 선바라밀에서는 3종류의 지혜, 즉 도지(道智)·도종지(道種智)·일체종지(一切種智)를 말하고 있다. 이병욱은 그의 논문에서 그 3종류의 지혜를 다음과 같이 설명하였다. "도지(道智)는 공(空)을 깨닫는 것이고, 도종지(道種智)는 중생의 소질을 아는 지혜이고, 일체종지(一切種智)는 신통을 일으켜 중생을 구제하는 지혜이다. 이것이 바로 혜사 사상의 기본토대로 이어지는 것이다. 혜사는 선정에 들어가는 것[공을 깨닫는 道智], 도종지(道種智)로 중생의 근기를 관찰하는 것, 일체종지(一切種智)로 온갖 세계에 모두 나타나는 신통을 보여서 중생을 구제하는 것을 말하고 있는데, 이는 혜사 사상의 기본토대라고 평가할 수 있는 대목이다." - 이병욱, 「남악혜사의『법화경

안락행의』와『제법무쟁삼매법문』의 저술시기 연구 –사상적 맥락의 차이를 중심으로–」,『불교학연구』제19호, 불교학연구회, 2008, 240면.

【補注】　인(仁)의 양(量)은 시방(十方)에 두루 하고 허공에 횡(橫)으로 두루 미치니, 가히 심원하다고 이를 만하다. 그러나 나의 현전하는 매우 작은 일념의 마음을 벗어나지 않으니, 원근(遠近)이 일여(一如)하다. 유계 대사(幽溪大師)의『정토생무생론게(淨土生無生論偈)』에서 말하였다. "법 계의 원융체(圓融體)가 나의 일념심(一念心)을 만든다. 그러므로 내가 불심(佛心)을 생각하면, 전체가 법계(法界)이다." 자기만의 사리(私利)를 위하는 자들은 모두 자포자기한 사람들이다. 이 때문에 여래(如來)께서 샛별이 나왔을 때 처음으로 정각(正覺)을 이루시고 감탄하시면서, "기이하도다! 일체중생(一切衆生)에게는 모두 여래(如來)의 지혜(智慧)와 덕성(德性)이 있다. 다만 전도(轉倒)된 망상으로써 스스로 증득하지 못한 것이니, 만약 망상을 떠난다면 곧 무사지(無師智)와 도종지(道種智)를 현전에서 자득할 것이다."라고 말씀하셨다. 명성(明星)은 태양{일(日)}이다. 중생의 불성(佛性)이 망상에 가려진 것이니, 예컨대 태양이 구름 속에 있는데 구름이 걷히면 햇빛이 (세상을) 두루 비추는 것과 같다.

「7-30」陳司敗問: "昭公知禮乎?" 孔子曰: "知禮." 孔子退, 揖巫馬期而進之, 曰: "吾聞君子不黨, 君子亦黨乎? 君取於吳, 爲同姓, 謂之吳孟子. 君而知禮, 孰不知禮?" 巫馬期以告. 子曰: "丘也幸, 苟有過, 人必知之."

「7-30」진(陳)나라 사패가 물었다. "노(魯)나라 소공은 예를 알았습니까?" 공자가 말하였다. "예를 아셨다." 공자가 물러가자, 사패가 무마기에게 읍(揖)하여 앞으로 나오게 하고 말하였다. "내가 들으니 군자는 편당하지 않는다 하였는데, 군자도 편당하는가? 소공이 오(吳)나라로 장가들었는데, 동성(同姓)이 되는지라 그 부인을 '오맹자(吳孟子)'라고 불렀다. 소공이 예를 안다고 한다면 누가 예를 알지 못하겠는가?" 무마기가 이 말을 아뢰었다. 공자가 말하였다. "나는 다행이다. 만약 나에게 잘못이 있으면 남들이 반드시 아는구나."

【藕師注】　不似今人强辯飾非.

【藕師注】　요즘 사람들이 강변하면서 교묘한 말과 수단으로 잘못을 얼버무리는 행태와는 같지 않다.

【補注】　**善則稱君, 過則稱己,**[1] 聖人從容中道之妙, 於此可見一斑. 司敗既問昭公知禮乎, 故答曰知禮. 及聞巫馬期之告, 則曰: "丘也幸, 苟有過, 人必知之." 使昭公聞之, 亦應懺悔.

【注釋】

1)　善則稱君, 過則稱己: 『예기(禮記)·방기(坊記) 제삼십(第三十)』, "공자가 말하기를, '선(善)은 임금을 일컫고 허물은 자기를 일컫는다면, 백성들이 충성된 마음을 일으킬 것이다.'라고 하였다. 『군진(君陳)』에서 말하기를, '그대에게 좋은 계획·좋은 생각이 있으면 곧 들어가 안으로 그대 임금에게 전하고, 그대는 곧 밖에서 그것을 따르도록 하시오. 그리고 「이 계획과 이 생각은 오직 우리 임금님의 덕이십니다.」라고 말씀하시오. 오호라! 모두 이와 같다면 그 어짊이 밝게 드러날 것이오.'라고 하였다. [子云: "善則稱君, 過則稱己, 則民作忠." 『君陳』曰: "爾有嘉謀嘉猷, 入告爾君於內, 女乃順之於外, 曰: '此謀此猷, 惟我君之德.' 於乎! 是惟良顯哉."]"

【補注】　선(善)한 일이 있을 때는 임금을 드러내고, 과실이 있을 때는 자기를 드러내니, 성인이 조용히 중도(中道)를 걷는 묘함을 이 일부분의

문장을 통해 그 전체를 짐작할 수 있다. 사패가 "소공은 예를 알았습니까?"라고 물었기에 "예를 아셨다."라고 대답하였고, 무마기가 아뢴 말을 듣고는 곧 "나는 다행이다. 진실로 나에게 잘못이 있으면 남들이 반드시 아는구나."라고 말하였다. 가사 소공이 들었다면, 또한 응당 참회하였을 것이다.

「7-31」 子與人歌而善, 必使反之, 而後和之.

「7-31」 공자는 남과 함께 노래를 부르다가 상대방이 잘하면 반드시 다시 부르게 하고 그런 뒤에 화답하였다.

「7-32」 子曰: "文, 莫吾猶人也. 躬行君子, 則吾未之有得."

「7-32」 공자가 말하였다. "문(文)은 내가 남과 같지는 않다. 그러나 군자의 도(道)를 몸소 행하는 것은 나도 아직 터득하지 못하였다."

【藕師注】 也是千眞萬眞之語.

【藕師注】 참으로 천 번 만 번 진실한 말이다.

「7-33」 子曰: "若聖與仁, 則吾豈敢? 抑爲之不厭, 誨人不倦, 則可謂云爾已矣." 公西華曰: "正唯弟子不能學也."

「7-33」 공자가 말하였다. "성(聖)과 인(仁)으로 말하면 내 어찌 감히 자처하겠는가? 그러나 (인仁과 성聖의 도道를) 행하기를 싫어하지 않으며 남을 가르치기를 게을리하지 않는 것은 그렇다고 말할 수 있다." 공서화가 말하였다. "바로 그것이 유일하게 저희 제자들이 능히 배울 수 없는 것입니다."

【藕師注】 更眞. 卓吾云: "公西華亦慧."[1]

【注釋】

1) 公西華亦慧: 『논어평(論語評)·술이(述而) 제칠(第七)』 제33장, "[評] 公西華亦慧." 앞의 책, 155면.

【藕師注】 더욱 진실하도다. 이탁오는 이렇게 말하였다. "공서화도 지혜롭다."

「7-34」 子疾病, 子路請禱. 子曰: "有諸?" 子路對曰: "有之. 『誄』曰: '禱爾於上下神祇.'" 子曰: "丘之禱久矣."

「7-34」 공자가 심한 병을 앓자, 자로가 천지신명께 기도하기를 청하였다. 공자가 말하였다. "(천지신명께 비는 경우가) 있는가?" 자로가 대답하였다. "있습니다. 제문에 '너를 위해 천지신명께 기도하였다.'라고 하였습니다." 공자가 말하였다. "내가 기도를 올린 것이 (이미) 오래되었다."

【藕師注】 可與談三種懺法.[1]

【注釋】

1) 三種懺法: 허물을 뉘우쳐 고치는 세 가지 방법으로서, '작법참(作法懺)'·'취상참(取相懺)'·'무생참(無生懺)'을 가리킨다. 「15-29」의 정문(正文)의 강겸(江謙)의【補注】를 참조할 것.

【藕師注】 가히 더불어 삼종(三種)의 참법(懺法)을 담론할 만하다.

「7-35」子曰: "奢則不孫, 儉則固. 與其不孫也, 寧固."

「7-35」공자가 말하였다. "사치스러우면 불손하고 검소하면 고루하다. 불손하기보다는 차라리 고루한 것이 낫다."

【藕師注】 此與對林放[1]同意. 卓吾云: "救世苦心."[2]

【注釋】

1) 對林放:『논어(論語)·팔일(八佾) 제삼(第三)』제4장, "임방이 예의 근본에 관해 물었다. 공자가 말하였다. '참 훌륭하다, 질문이여! 예는 사치하기보다는 차라리 검소한 것이 낫다. 상(喪)은 잘 치르기보다는 차라리 슬퍼하는 것이 낫다.' [林放問禮之本. 子曰: "大哉問! 禮, 與其奢也, 寧儉, 喪, 與其易也, 寧戚."]"
2) 救世苦心:『논어평(論語評)·술이(述而) 제칠(第七)』제35장, "[評] 救世苦心." 앞의 책, 155면.

【藕師注】 이 문장은 (예禮의 근본에 대해 질문한) 임방에게 대답한 것과 같은 뜻이다. 이탁오는 이렇게 말하였다. "중생을 세상의 고난에서 구원하고자 애쓰는 마음이다."

「7-36」子曰: "君子坦蕩蕩, 小人長戚戚."

「7-36」공자가 말하였다. "군자는 평탄하게 거처하면서 천명을 기다리나, 소인은 늘 거리낌이 없이 함부로 행동한다."

【藕師注】 蕩蕩卽'坦'字之注脚, 所謂居易以易俟命[1]也, 却是戒愼恐懼[2]之體. 戚戚正是無忌憚[3]處. 思之! 思之!

【注釋】
1) 居易以易俟命: 『중용(中庸)』 제14장에 보이는데, 원문은 '거이이사명(居易以俟命)'이다. "그러므로 군자는 평이한 데 처하여 천명을 기다리고, 소인은 위험한 일을 행하면서 요행을 바란다. [故君子居易以俟命, 小人行險以徼幸.]"
2) 戒愼恐懼: 『중용(中庸)』 제1장, "도(道)란 잠시도 떠날 수 없으니, 떠날 수 있으면 도가 아니다. 그러므로 군자는 보이지 않는 바에도 경계하고 삼가며, 들리지 않는 바에도 두려워하고 조심한다. [道也者, 不可須臾離也, 可離, 非道也. 是故君子戒愼乎其所不睹, 恐懼乎其所不聞.]"
3) 無忌憚: 『중용(中庸)』 제2장, "군자가 중용을 행하는 것은 군자다우면서 때에 맞게 하는 것이요, 소인이 중용과 반대로 하는 것은 소인으로서 꺼리는 것이 없는 것이다. [君子之中庸也, 君子而時中, 小人之中庸也, 小人而無忌憚也.]"

【藕師注】 '탕탕(蕩蕩)'은 즉 '탄(坦)'의 주석이니, 이른바 "평이한 곳에 거처하면서 편안하게 천명을 기다린다."라는 것이니, 바로 '계신공구(戒愼恐懼)'의 체(體)이다. '척척(戚戚)'은 바로 꺼리는 것이 없는 자리이다. 깊이 생각할지어다! 깊이 생각할지어다!

「7-37」子溫而厲, 威而不猛, 恭而安.

「7-37」 공자는 온화하면서도 엄숙하고, 위엄이 있으면서도 사납지 않고, 공손하면서도 편안하였다.

【藕師注】 像讚.

【藕師注】 공자를 칭찬한 글이다.

【泰伯 第八】

「8-1」 子曰: "泰伯其可謂至德也已矣! 三以天下讓, 民無得而稱焉."

「8-1」 공자가 말하였다. "태백은 지극한 덕(德)이 있다고 이를 만하다!
세 번 천하를 양보하였으나 백성들이 그 덕(德)을 칭송할 수 없었다."

【藕師注】 三讓, 究竟讓也. 以天下讓, 以天下之故而行讓也. 此時
文王已生, 紂亦初生. 泰伯預知文王之德, 必能善服事殷, 救紂之失,
故讓國與之, 令扶商之天下. 是故文王之至德, 人皆知之, 泰伯之至
德, 又在文王之先, 而人罔克知也. 至於文王既沒, 紂終不悛, 至使
武王伐紂, 則非泰伯之所料矣.

【藕師注】 '삼양(三讓)'은 끝끝내 양보한 것이다. '이천하양(以天下讓)'은
천하의 연고(緣故)로써 양보하는 것이다. 이 당시에 문왕은 이미 생존해
있었고, 주(紂)도 막 태어났다. 태백은 문왕의 덕(德)이 틀림없이 능히 잘
겸양하여 은(殷)나라를 섬기고 주(紂)의 잘못을 구원해 줄 수 있을 것을
미리 알았다. 그러므로 나라를 양보하여 문왕에게 준 뒤 그에게 상(商)의
천하를 돕게 하였다. 이 때문에 문왕의 지극한 덕(德)은 백성들이 모두 알
았으나, 태백의 지극한 덕(德)은 또 문왕의 지덕(至德)보다 앞에 있었음에
도 사람들이 능히 알지 못하였다. 문왕이 돌아가심에 이르러서는 주(紂)
가 끝내 자신의 잘못을 개오(改悟)하지 못하여 무왕에게 주(紂) 자신을 벌
(伐)하게 하였으니, 태백이 헤아렸던 바가 아니었다. ◎

【解說】　위 정문(正文)에 보이는 '삼양(三讓)'에 대해서 주자는 『논어혹문』에서 "옛사람들이 사양할 때 세 번을 한 단위로 하였다. 처음 사양하는 것을 '예사(禮辭)'라 하고 거듭 사양하는 것을 '고사(固辭)'라 하며 세 번째 사양하는 것을 '종사(終辭)'라 하였다. 그러므로 고주(古注)에서는 이 부분에서 다만 '삼양(三讓)'이라 하고 그 조목을 해설하지 않았다. 지금 반드시 그 사실을 확인해 보려 해도 근거할 바가 없다. [古人辭讓, 以三爲節. 一辭爲禮辭, 再辭爲固辭, 三辭爲終辭. 故古注至是但言三讓而不解其目也. 今以求其事以實之, 則亦無所據矣.]"라고 풀이하였다.¹⁸ 한편 지욱 대사는 '삼양(三讓)'을 삼사(三辭)의 형식처럼 세 번 사양하는 것으로 보지 않고, '끝끝내 사양하여 받지 않는 것{구경양(究竟讓)}'으로 풀이하였다. '삼양(三讓)'에 관한 주자와 지욱 대사의 해석에는 조금 차이가 있다.

「8-2」子曰: "恭而無禮則勞, 愼而無禮則葸, 勇而無禮則亂, 直而無禮則絞. 君子篤於親, 則民興於仁, 故舊不遺, 則民不偸."

「8-2」공자가 말하였다. "공손하되 예가 없으면 수고롭고, 삼가되 예가 없으면 두렵고, 용맹스럽되 예가 없으면 난(亂)을 일으키고, 강직하되 예가 없으면 너무 숨이 막힌다. 군자가 친척들을 돈독하게 대하면 백성들이 인(仁)에 일어나고, 옛 친구를 버리지 않으면 백성들이 야박해지지 않는다."

---

18 김언종, 「丁茶山의 朱子『論語集註』批判 (5)」, 『한문교육연구』 제20권, 한국한문교육학회, 2003, 307-308면 참조.

【蕅師注】 此二節正是'敦厚以崇禮'[1]的注脚.

【注釋】

1) 敦厚以崇禮:『중용(中庸)』제27장, "그러므로 군자는 덕성(德性)을 높이고 학문을 말미암으니, 광대함을 이루고 정미함을 다하며, 고명(高明)을 극진히 하고 중용을 따르며, 옛것을 익히고 새로운 것을 알며, 후함을 돈독히 하여 예를 높인다. [故君子尊德性而道問學, 致廣大而盡精微, 極高明而道中庸, 溫故而知新, 敦厚以崇禮.]"

【蕅師注】 이 두 구절은 바로 '돈후이숭례(敦厚以崇禮){후(厚)함을 돈독(敦篤)하게 하여 예(禮)를 높인다.}'의 주석이다.

「8-3」曾子有疾, 召門弟子曰: "啓予足, 啓予手!『詩』云: '戰戰兢兢, 如臨深淵, 如履薄冰.'[1] 而今而後, 吾知免夫! 小子!"

【注釋】

1) 戰戰兢兢, 如臨深淵, 如履薄冰:『시경(詩經)·소아(小雅)·소민지십(小旻之什)·소민(小旻)』, "맨손으로 호랑이와 싸우지 말고, 걸어서 황하를 건너지 말라. 사람들은 하나만 알고, 그 밖의 것은 알지 못하는구나. 두려워하고 조심하기를 깊은 못에 임하는 듯하고, 엷은 얼음 밟는 듯이 조심하여라. [不敢暴虎, 不敢馮河. 人知其一, 莫知其他. 戰戰兢兢, 如臨深淵, 如履薄冰.]"

「8-3」증자가 병이 들자, 문하의 제자들을 불러 놓고 말하였다. "나의 발을 열어보고, 나의 손을 열어보아라!『시경(詩經)』에 이르기를, '두려워하고 조심하기를 깊은 못에 임하는 듯하고, 살얼음을 밟는 듯이 한다.'라고 하였는데, 지금에서야 나는 이러한 근심을 면하게 되었다는 사실을 알았다! 제자들아!"

【藕師注】 旣明且哲, 以保其身,[1] 推而極之, 則佛臨涅槃時, 披衣示金身, 令大衆諦觀,[2] 亦是此意, 但未可與著相愚人言也.

【注釋】

1) 旣明且哲, 以保其身: 윤길보(尹吉甫)가 주(周)나라 선왕(宣王)을 잘 보필한 명재상(名宰相) 중산보(仲山甫)의 덕(德)을 찬양(讚揚)한 노래의 일부 구절이다. 『시경(詩經)·대아(大雅)·탕지십(蕩之什)·증민(烝民)』, "지엄하신 임금의 명을 중산보가 받들어 행하네. 나라의 잘한 일·못한 일, 중산보가 소상히 밝혔네. 밝고 현명하게 처신하여 그 몸을 보전하였네. 밤낮으로 게으름이 없이 오로지 한 임금만을 섬겼네. [肅肅王命, 仲山甫將之. 邦國若否, 仲山甫明之. 旣明且哲, 以保其身. 夙夜匪解, 以事一人.]"

2) 佛臨涅槃時, 披衣示金身, 令大衆諦觀: 『대반열반경후분(大般涅槃經後分)·대반열반경(大般涅槃經) 유교품(遺敎品) 제일(第一)』, "이때 세존께서 황금으로 된 몸을 대중에게 보여주시고는 곧 무량무변한 백천만억(百千萬億)의 대열반(大涅槃)의 빛을 발하셔서 널리 시방의 모든 세계를 비추시자 해와 달이 비추던 곳의 광명이 거듭 없어졌다. 이 빛을 발하시고 나서 다시 대중에게 고하셨다. '마땅히 알아두어야 한다. 여래는 너희들을 위했기 때문에 누겁(累劫)에 걸쳐 애쓰고 고생하면서 몸과 손과 발이 끊어지면서도 일체의 난행(難行)과 고행(苦行)을 모두 닦았다. 그리고 대비(大悲)의 본원(本原)으로 이 오탁(五濁)에서 아뇩다라삼먁삼보리(阿耨多羅三藐三菩提)를 이루어 이러한 금강불괴(金剛不壞)의 자마색신(紫磨色身)을 얻었고, 32상(相)과 80종호(種好)를 구족하게 되었다. 그래서 한량없는 광명으로 일체의 세계를 널리 비추니, 그 모습을 보고 빛을 만나게 되면 해탈하지 못하는 자가 없다.' 부처님께서 다시 여러 대중에게 고하셨다. '부처가 세상에 나오기 어려움은 마치 우담발라꽃처럼 놀라운 일이며 친견(親見)하기 어려운 일이다. 너희 대중들이 최후로 나를 만난 것은 너희들 몸에서 헛되이 세월을 보내지 않았기 때문이다. 나는 본래 서원력(誓願力)으로써 이 예토(穢土)에 태어났는데, 중생을 교화하는 인연을 두루 마쳤기 때문에 지금 열반에 들고자 한다. 너희들이 지성심(至誠心)으로써 나의 자마황금색신(紫磨黃金色身)을 보았으니, 너희들은 마땅히 이처럼 청정한 업(業)을 수습(修習)하여 미래세(未來世)에는 이러한 과보를 얻어야만 한다.' [爾時, 世尊以黃金身示大衆已, 卽放無量無邊百千萬億大涅槃光, 普照十方一切世界, 日月所照無復光明. 放是光已, 復告大衆: "當知如來爲汝等故, 累劫勤苦, 截身手足, 盡修一切難行·苦行, 大悲本願於此五濁成阿耨多羅三藐三菩提, 得此金剛不壞紫磨色身, 具足三十二相·八十種好, 無量光明, 普照一切, 見形遇光, 無不解脫." 佛復告諸大衆: "佛出世難如優曇花, 希有難見. 汝等大衆, 最後遇我, 爲於此身不生空過. 我以本誓願力, 生此穢土, 化緣周畢, 今欲涅槃. 汝等以至誠心看我紫磨黃金色身, 汝當修習如是淸淨之業, 於未來世得此果報."]" 『大正新脩大藏經』 第12冊·No.0377·大般涅槃經後分 第1卷(T12n0377_001).

【藕師注】 이미 밝고 또 지혜로워 그 몸을 보존하니 이를 미루어 지극히 하면, 곧 부처님께서 열반에 임하셨을 때 옷을 걸치시고 금신(金身)을 보이시어 대중들에게 샅샅이 살펴보게 하셨던 것도 역시 이러한 뜻이다. 다만 상(相)에 집착하는 어리석은 사람들과는 더불어 말할 수 없다.

「8-4」 曾子有疾, 孟敬子問之. 曾子言曰: "鳥之將死, 其鳴也哀, 人之將死, 其言也善. 君子所貴乎道者三: 動容貌, 斯遠暴慢矣, 正顏色, 斯近信矣, 出辭氣, 斯遠鄙倍矣. 籩豆之事, 則有司存."

「8-4」 증자가 위중한 병에 걸리자, 맹경자가 문병을 왔다. 증자가 말하였다. "새가 장차 죽을 때는 그 울음소리가 슬프고, 사람이 장차 죽을 때는 그 말이 착하다. 군자가 도(道)에서 귀중하게 여기는 바가 세 가지이니, 용모를 움직일 때는 사나움과 태만함을 멀리하며, 얼굴빛을 바로잡을 때는 신의에 가깝게 하며, 말을 할 때는 비루하고 도리에 어긋나는 것을 멀리하는 것이다. 제기(祭器) 등의 자질구레한 일은 담당자가 있다."

【藕師注】 三個'斯'字, 皆是誠於中‧形於外,[1] 不假勉强.

【注釋】

1) 誠於中‧形於外: 『대학(大學)』, "소인은 한가하게 있을 때 불선(不善)한 일을 하되 하지 못하는 짓이 없다가, 군자를 본 뒤에 슬그머니 (자신의) 불선(不善)함을 감추고 선함을 드러낸다. 그러나 남들이 자기를 보기를 자신의 폐와 간을 들여다보듯이 할 것이니, 무슨 유익함이 있겠는가! 이를 일러 '마음에 성실하면 겉으로 드러난다.'라고 하는 것이다. 그러므로 군자는 반드시 그 홀로 있을 때를 삼간다. [小人閑居爲不善, 無所不至, 見君子而後厭然, 掩其不善, 而著其善. 人之視己, 如見其肺肝然, 則何益矣! 此謂誠於中, 形於外, 故君子必愼其獨也.]"

【藕師注】 세 개의 '사(斯)' 자(字)가 모두 마음에 성실하면 겉으로 드러나는 것이니, 억지로 힘써서 하는 것을 빌리지 않는다.

「8-5」 曾子曰: "以能問於不能, 以多問於寡, 有若無, 實若虛, 犯而不校, 昔者吾友嘗從事於斯矣."

「8-5」 증자가 말하였다. "능하면서 능하지 못한 이에게 물으며, 많이 알면서 조금 아는 이에게 물으며, 있어도 없는 것처럼 하고, 가득해도 빈 것처럼 하며, 남이 잘못을 범해도 따지지 않는 것을, 옛날에 나의 벗 안연이 일찍이 이런 일을 실천했었다."

【藕師注】 在顏子分中, 直是無能·無多·本無·本虛, 本不見有犯者·犯事及受犯者. 但就曾子說他, 便云以能問於不能等耳. 若見有能, 便更無問於不能之事, 乃至若見有犯, 縱使不報, 亦非不校矣. 卓吾云: "不但想他人前日而已, 自家今日亦要下手矣."[1]

【注釋】

1) 不但想他人前日而已, 自家今日亦要下手矣: 『논어평(論語評)·태백(泰伯) 제팔(第八)』 제5장, "[評] 不但想他人前日而已, 自家今日亦要下手矣." 앞의 책, 159면.

【藕師注】 안자의 분수 가운데 있어서 (그는) 곧 능한 것이 없었으며, 많이 아는 것이 없었으며, 본래 없었으며, 본래 비었으며, 본래 죄가 있는 자와 죄를 지은 자와 죄를 지어 형벌을 받은 자를 보지 않았다. 다만 증자가 안자에 대해 이야기한 내용을 따르면, 곧 '능하면서 능하지 못한 이에게 물었다.'라는 식으로 말할 수 있을 뿐이다. (증자가) 만약 (정말로 안

자에게서) 능한 것이 있음을 보았다면 다시 능하지 못한 이에게 묻는 일은 없었을 것이며, 내지 (증자가) 만약 (정말로) 잘못을 범한 어떤 자를 보았다면 (안자가) 설령 보답을 받지 못한다고 하더라도 또한 따지지 않는 것이 없었을 것이다. 이탁오는 이렇게 말하였다. "비단 타인의 전일(前日)을 생각할 뿐만 아니라, 자기 자신도 금일부터 또한 착수해야만 한다."

「8-6」 曾子曰: "可以託六尺之孤, 可以寄百里之命, 臨大節而不可奪也, 君子人與? 君子人也!"

「8-6」 증자가 말하였다. "육척(六尺)의 홀로 남은 어린 임금을 맡길 만하고, 사방 백리(百里)가 되는 제후국을 다스리라는 명을 부탁할 만하며, 중대한 일에 임하였을 때 절개를 빼앗을 수 없으니, 이런 사람은 군자다운 사람이겠지? 그래 군자다운 사람이로다!"

【藕師注】 有才有德, 故是君子. 末二句是贊體, 非設爲問答.

【藕師注】 재예가 있고 덕(德)이 있다. 그러므로 군자이다. 끝의 두 구절은 칭찬하는 문체이지 문답의 형식을 가설(假設)한 것이 아니다. ◎

【解說】 지욱 대사가 주자의 『논어집주』 풀이를 비판한 것이다. 주자는 『논어집주』에서 이 장에 관하여 "그 재주가 어린 임금을 보필하고 국정(國政)을 섭정할 만하며, 그 절개가 죽고 사는 즈음에 이르러서도 빼앗을 수 없다면, 군자라고 이를 수 있다. '여(與)'는 의심하는 말이고, '야(也)'는 결단하는 말이니, 문답의 형식을 가설(假設)한 것은 그 반드시 그

러할 것임을 깊이 나타내려는 까닭이다. [其才可以輔幼君·攝國政, 其節至
於死生之際而不可奪, 可謂君子矣. 與, 疑辭, 也, 決辭. 設爲問答, 所以深著其
必然也.]"라고 풀이하여, '군자인여(君子人與)? 군자인야(君子人也)!'가 문
답의 형식을 갖춘 것으로 보았다. 지욱 대사는 바로 이 점을 지적한 것이
다. 지욱 대사는 '군자인여(君子人與)? 군자인야(君子人也)!'가 문답의 형식
을 가설(假設)한 것이 아니라 칭찬하는 문체라고 보았다.

「8-7」曾子曰: "士不可以不弘毅. 任重而道遠, 仁以爲己任, 不亦重
乎? 死而後已, 不亦遠乎?"

「8-7」 증자가 말하였다. "선비는 시방(十方)에 횡(橫)으로 두루 하고 삼제
(三際)에 종(縱)으로 다하지 않으면 안 된다. 책임이 무겁고 갈 길이 멀어
서이니, 인(仁)으로써 자기의 임무로 삼으니 또한 무겁지 않은가? 죽은 뒤
에야 끝이 나니 또한 멀지 않은가?"

【蕅師注】 '弘毅'二字甚妙, 橫廣豎深, 橫豎皆不思議. 但'死而後已'
四字甚陋. 孔子云: "朝聞道, 夕死可矣."[1] 便是死而不已. 又云: "未
知生, 焉知死?"[2] 便是死生一致. 故知曾子只是世間學問, 不曾傳得
孔子出世心法. 孔子獨歎顔回好學, 良不誣也.

【注釋】
1) 朝聞道, 夕死可矣: 『논어(論語)·리인(里仁) 제사(第四)』 제8장, "공자가 말하였다.
   '아침에 도(道)를 들으면, 저녁에 죽어도 괜찮다.' [子曰: "朝聞道, 夕死可矣."]"
2) 未知生, 焉知死: 『논어(論語)·선진(先進) 제십일(第十一)』 제11장, "계로가 귀신 섬
   기는 일을 물었다. 공자가 말하였다. '살아있는 사람을 잘 섬기지 못한다면, 어떻

게 귀신을 잘 섬길 수 있겠는가?' 계로가 물었다. '감히 죽음에 관해서 묻습니다.' 공자가 말하였다. '삶을 알지 못한다면, 어떻게 죽음에 대해서 알겠는가?' [季路 問事鬼神. 子曰: "未能事人, 焉能事鬼?" "敢問死." 子曰: "未知生, 焉知死?"]"

【藕師注】 '홍의(弘毅)' 두 글자가 매우 오묘하니, 공간적으로 넓고 시간 상으로 두루 하여 시공간이 모두 부사의(不思議)하다. 다만 '사이후이(死 而後已)' 넉 자는 매우 고루하다. 공자가 "아침에 도(道)를 들으면 저녁에 죽어도 좋다."라고 하였으니, 바로 죽어도 끝나지 않는 것이다. 또 "삶을 알지 못한다면, 어떻게 죽음에 대해서 알겠는가?"라고 하였으니, 바로 죽음과 삶이 일치하는 것이다. 그러므로 증자는 단지 세간의 학문일 뿐 이요, 공자의 세상을 벗어난 심법(心法)을 일찍이 전하지 못하였다는 것 을 알 수 있다. 공자가 오직 안회만이 학문을 좋아했다고 탄식한 것은 진 실로 (우리를) 속이지 않았다.

【補注】 橫遍十方謂之弘, 豎窮三際謂之毅. **上求佛道·下化衆生**[1] 謂之重, 死而不已謂之遠.

【注釋】

1) 上求佛道·下化衆生: 천태산(天台山) 수선사(修禪寺) 지의(智顗) 선사가 찬(撰)한 『사교의(四敎義)』 제7권에 보인다. "다만 삼승(三乘)의 보리(菩提)를 통칭하여 도 (道)라고 이름하는데 보살이 홀로 큰 이름을 받는 것은 그 사제(四諦)를 인연하여 자비의 사홍서원(四弘誓願)을 일으켜서 위로는 불과(佛果)를 구하고 아래로는 중 생(衆生)을 교화하기 때문이다. [但三乘菩提通名爲道而菩薩獨受大名者, 以其緣四諦 起慈悲四弘誓願, 上求佛果下化衆生.]"『大正新脩大藏經』第46冊·No.1929·四敎 義 第7卷(T46n1929_007).

【補注】 시방(十方)에 횡(橫)으로 두루 미치는 것을 '홍(弘)'이라 이르 고, 삼제(三際)에 종(縱)으로 다하는 것을 '의(毅)'라고 이른다. 위로는 불

도(佛道)를 구하고 아래로는 중생을 교화하는 것을 '중(重)'이라고 이르고, 죽어도 끝나지 않는 것을 '원(遠)'이라고 이른다.

「8-8」子曰: "興於『詩』, 立於禮, 成於樂."

「8-8」공자가 말하였다. "시(詩)에서 (착한 것을 좋아하고 나쁜 것을 싫어하는 마음을) 흥기하고, 예에서 서며, 악(樂)에서 (인격의 완성을) 이룬다."

【藕師注】 讀『詩』而不能興, 讀禮而不能立, 習樂而不能成, 何用『詩』·禮·樂耶?

【藕師注】 『시(詩)』를 읽고서도 능히 흥기하지 못하며, 예(禮)를 읽고서도 능히 서지 못하며, 악(樂)을 익히고서도 능히 이루지 못한다면, 『시(詩)』와 예(禮)와 악(樂)을 어디에 쓰겠는가?

「8-9」子曰: "民可使由之, 不可使知之."

「8-9」공자가 말하였다. "백성들은 도리를 따르게 할 수는 있어도 그것을 알게 할 수는 없다."

【藕師注】 若但讚一乘, 衆生沒在苦, 故不可使知之. 機緣若熟, 方可開權顯實.[1] '不可'二字, 正是觀機之妙.

【注釋】

1) 開權顯實:「6-20」의 정문(正文)의 【藕師注】를 참조할 것.

【藕師注】 만약 단지 일승(一乘)만을 칭찬한다면, 중생은 고통 속에 빠져있을 것이다. 그러므로 백성들에게 (일승一乘을) 알게 할 수는 없다. 기연(機緣)이 무르익으면, 바야흐로 방편으로서의 가르침을 열고 진실한 교리를 나타내 보일 수 있다. '불가(不可)' 두 글자가 바로 기연(機緣)을 살핀 묘함이다.

「8-10」子曰: "好勇疾貧, 亂也. 人而不仁, 疾之已甚, 亂也."

「8-10」 공자가 말하였다. "용맹을 좋아하고 가난을 싫어하면 난(亂)을 일으킨다. 사람으로서 인(仁)하지 못한 것을 너무 심하게 미워하면 난(亂)을 일으킨다."

【補注】 周安士[1]先生曰: "孔子成『春秋』, 而亂臣賊子懼. 何懼乎? 懼身後之惡名也. 然此猶盛世之事也. 若後世之亂賊, 竝不畏此虛名矣. 豈惟亂賊, 卽號爲識字者, 亦毫不知有『春秋』矣. 惟示以人命無常, 死後受報, 不忠不孝之人化作畜生·餓鬼, 乃知用盡奸心詭計, 付之一空, 他生萬苦千愁皆我自造. 回思虎鬪龍爭·圖王創霸之謀, 不覺冰消瓦解. 嗟乎! 自有佛法以來, 不知令多少亂臣賊子寒心, 多少巨慝豪强喪膽. 使民日遷善而不知誰之爲者, 餘於如來之大敎見之矣."

【注釋】

1) 周安士: 청대(淸代) 곤산(崑山) 사람 주몽안(周夢顏, 1656-1739)을 가리킨다. "(그는) 청(淸)나라 초기의 유명한 거사(居士)로서, 원래의 이름은 몽안(夢顏)이다. 다른 이름은 사인(思仁)이고, (자字는 안사安士이며,) 자호(自號)는 회서거사(懷西居士)이다. 경서와 대장경에 박통하였고, 정토법문(淨土法門)을 깊이 신행(信行)하였다. 일찍이 중생(衆生)이 지은 무량한 죄는 음욕과 살생의 두 가지 업(業)이 실로 그 절반을 차지한다고 생각하였다. 그로 인(因)하여 경의(經義)를 깊이 사유하여 살생을 경계하고 음욕을 경계함을 권면(勸勉)하는 두 종류의 서적을 저술하였으니, 앞의 책은 『만선선자집(萬善先資集)』{전4권}이라 이름하여 살생금지{계살(戒殺)}를 역설하였고 뒤의 책은 『욕해회광(慾海回狂)』{전3권}이라 이름하여 음욕절제{계음(戒淫)}를 강조하였다. 또 도가의 『문창제군음질문(文昌帝君陰騭文)』을 해설한 『광의절록(廣義節錄)』 전3권을 저술하여 적선(積善) 공덕의 중요성을 강조하였으며, 『서귀직지(西歸直指)』 전4권을 지어 서방 극락정토 왕생의 첩경을 일깨웠다. 건륭 4{1739}년 정월(正月)에 집안 사람들과 결별(訣別)을 하고 장차 서쪽으로 돌아갈 것이라고 일렀다. 집안 사람들이 향을 달인 물로써 목욕하기를 청하자 이를 물리치면서 '내가 향을 달인 물로써 목욕을 해온 지 (이미) 오래되었소.'라고 말하고는 담소를 하며 세상을 떠나니, 향년(享年) 84세였다. 그의 저술은 후세에 『안사전서(安士全書)』로서 합편(合編)되어 세상에 널리 유통되었다. [清初之名居士, 原名夢顏, 又名思仁, 自號懷西居士. 博通經藏, 深信淨土法門. 嘗以衆生造無量罪, 而淫殺二業實居其半, 因深惟經義, 著勸勉戒殺·戒淫之二書. 前書名『萬善先資』, 後書名『欲海回狂』. 此外, 又著有『陰騭文廣義』三卷·『西歸直指』四卷. 乾隆四年正月, 與家人訣別, 謂將西歸, 家人請以香湯沐浴, 卻之曰'我香湯沐浴, 久矣.', 談笑而逝, 享年八十四. 其著述被合編爲『安士全書』行世.

【補注】

주안사 선생이 말하였다. "공자가 『춘추』를 완성하자 난신적자들이 두려워하였다. 무엇을 두려워했던 것인가? 육신(肉身)이 죽은 뒤에 악명(惡名)이 있을까 두려워했던 것이다. 그러나 이는 오히려 성세(盛世) 때의 일이었다. 예컨대 후세의 난적(亂賊)들의 경우에는 아울러 이러한 허명조차 두려워하지 않았다. 어찌 오직 난적(亂賊)뿐이랴? 즉 글자를 안다고 불리는 사람들 역시 조금도 『춘추』가 있는 것을 알지 못하였다. 오직 인명(人命)은 무상(無常)하여 죽은 뒤에 과보를 받아 불충불효(不忠不孝)한 사람이 축생과 아귀로 변화하여 태어나는 것을 보이자, 비로소 간악한 마음으로 간교한 음모를 꾸미면 하늘에 (그대로) 따라붙어서 다른 생(生)에 온갖 괴로움과 근심을 받게 되는 현실이 모두 내가 스스로 만든 것임을 알았다. 용과 호랑이가 서로 싸우듯 왕업을 도모하고 패업을 창시하려던 술책을 돌이켜 생각해보니, 자기도 모르게 얼음이 녹고 기와가 깨지는 것과 같이 산산이 흩어져 없어졌다. 아! 불법(佛法)이 있게 된 이래로부터 잘 알지는 못하겠으나 다소의 난신적자들의 마음이 써늘해지게 하였으며, 매우 사특하고 권세에 의지하여 횡포를 부리던 일말의 사람들의 간담이 몹시 놀라서 섬뜩해지게 하였으며, 백성들에게 날로 선(善)한 길로 나아가게 하면서도 누가 그렇게 하게 하는지 알아채지 못하게 하였으니, 나는 여래(如來)의 큰 가르침에서 이것을 보았도다.”

「8-11」 子曰: “如有周公之才之美, 使驕且吝, 其餘不足觀也已.”

「8-11」 공자가 말하였다. “만일 주공과 같은 아름다운 재주를 갖고 있더라도 교만하고 또 인색하다면 그 나머지는 족히 볼 것이 없다.”

【藕師注】 卓吾云: “無周公之才美而驕吝者, 豈不愧死!”[1]

【注釋】

1) 無周公之才美而驕吝者, 豈不愧死: 『논어평(論語評)·태백(泰伯) 제팔(第八)』제11장, “[評] 無周公之才美而驕吝者, 豈不愧死!” 앞의 책, 161면.

【藕師注】 이탁오는 이렇게 말하였다. “주공과 같은 아름다운 재주도 없으면서 교만하고 또 인색한 자는 어찌 부끄러워서 죽을 지경이 아니겠는가!”

【補注】 　　佛弟子周利槃陀伽於過去世爲大法師, 祕吝佛法, 感愚鈍報, 闕於記持. 佛以'苕帚'二字使之記持, 於一百日中, 得苕忘帚, 得帚忘苕. 佛湣其愚, 敎持一偈, 成阿羅漢,[1] 辨才無盡. 以驕吝故, 得愚鈍報, 故學者當發大心, 學不厭而敎不倦也.

【注釋】

1) 佛弟子周利槃陀伽於過去世爲大法師-成阿羅漢: 지욱 대사가 찬(撰)한 『법화경(法華經)』 주석서 『법화경회의(法華經會義)』 제4권에 같은 내용이 보인다. "가타(伽陀)가 백일(百日) 동안 능히 암송(暗誦)을 이루지 못하자, 그의 형이 승방(僧房)에서 쫓아내었다. 부처님께서 친히 '아불진(我拂塵)·아제구(我除垢)' 여섯 글자를 주셨는데, 여전히 거듭하여 앞의 구절을 외우면 뒤의 구절을 빠뜨리고 뒤의 구절을 외우면 앞의 구절을 빠뜨렸다. 부처님께서 조식법(調息法)을 가르쳐 주시자, 가타(伽陀)가 비로소 성과(聖果)를 증득하여 대신력(大神力)을 구족하여 독한 화룡(火龍)을 항복시켰다. [伽陀一百日中不能成誦, 兄逐出房. 佛親授以我拂塵·我除垢六字, 猶復得前遺後, 得後遺前. 敎以調息, 方證聖果, 具大神力, 降毒火龍.]" 『卍新纂大日本續藏經』 第32冊·No.0616·法華經會義 第4卷(X32n0616_004).

【補注】 　　부처님의 제자 주리반타가(周利槃陀伽)가 과거세(過去世)에 대법사(大法師)가 되어 불법(佛法)을 숨겨서 가르침을 베푸는 데 인색하였으매, 우둔보(愚鈍報)를 감득하여 기억하는 데에 빠뜨리는 것이 있었다. 부처님께서 '苕[완두 초/풀 이름 소]'와 '帚[빗자루 추]' 두 글자로써 그에게 기억하게 하였는데, 백일(百日) 가운데 '초(苕)'자(字)를 기억하면 '추(帚)'자(字)를 잊어버리고 '추(帚)'자(字)를 기억하면 '초(苕)'자(字)를 잊어버렸다. 부처님께서 그의 어리석음을 가엾게 여겨 하나의 게송을 가르쳐 수지(受持)하게 하시자 아라한(阿羅漢)을 이루었다. (주리반타가周利槃陀伽는) 변재(辨才)가 무진(無盡)하였다. 그러나 교만하고 또 인색하였기 때문에 우둔보(愚鈍報)를 얻었다. 그러므로 배우는 자들은 마땅히 큰마음을 일으켜서 배우는 데 싫증을 내지 아니하고 가르치는 데 게으르지 않아야만 한다.

「8-12」子曰: "三年學不至於穀, 不易得也."

「8-12」공자가 말하였다. "삼 년을 배우고도 녹봉에 뜻을 두지 않는 자를 쉽게 얻지 못하겠다."

「8-13」子曰: "篤信好學, 守死善道. 危邦不入, 亂邦不居, 天下有道則見, 無道則隱. 邦有道, 貧且賤焉, 恥也, 邦無道, 富且貴焉, 恥也."

「8-13」공자가 말하였다. "도(道)를 믿기를 돈독히 하면서 배우기를 좋아하고, 죽음으로써 지켜서 도(道)를 잘 행한다. 위태로운 나라에는 들어가지 않고 어지러운 나라에는 머물지 않으며, 천하에 도(道)가 있으면 드러내고 도(道)가 없으면 숨는다. 나라에 도(道)가 있을 때는 가난하고 천한 것이 부끄러운 일이며, 나라에 도(道)가 없을 때는 부유하고 귀한 것이 부끄러운 일이다."

【藕師注】 信得人人可爲聖賢, 名篤信, 立地要成聖賢, 名好學. **假使鐵輪頂上旋, 定慧圓明終不失,**[1] 名守死善道. '危邦不入'四句, 正是 '守死善道'注脚, 正從篤信好學得來. '邦有道'節, 正是反顯其失.

【注釋】

1) 假使鐵輪頂上旋, 定慧圓明終不失: 영가(永嘉) 현각(玄覺) 스님의 『증도가(證道歌)』에 보인다. "법 가운데 왕으로서 가장 높고 뛰어남이여! 강모래같이 많은 여래가 함께 증득하였도다. 내 이제 이 여의주를 해설하오니 믿고 받는 이 모두 상응할 것이다. 밝고 밝게 보면 한 물건도 없음이여! 사람도 없고 부처도 없도다. 대

천세계는 바다 가운데 거품이요, 모든 성현은 번갯불 스쳐감과 같도다. 무쇠 바퀴를 머리 위에서 돌릴지라도 선정과 지혜가 두렷이 밝아 끝내 잃지 않도다. [法中王最高勝! 河沙如來同共證. 我今解此如意珠, 信受之者皆相應. 了了見無一物! 亦無人兮亦無佛. 大千世界海中, 一切聖賢如電拂. 假使鐵輪頂上旋, 定慧圓明終不失.]"

【藕師注】 사람 사람마다 가히 성현이 될 수 있음을 믿는 것을 '믿기를 돈독히 한다.'라고 이름하는 것이요, 즉시 성현을 이루고자 하는 것을 '배우기를 좋아한다.'라고 이름한다. 가사 무쇠 바퀴를 머리 위에서 돌릴지라도 선정(禪定)과 지혜가 두렷이 밝아 끝내 잃지 않는 것을 '죽음으로써 지키면서도 도(道)를 잘 행한다.'라고 이름한다. '위방불입(危邦不入)'의 사구(四句)는 바로 '수사선도(守死善道)'의 주석이니, 곧 '독신호학(篤信好學)'으로부터 온 것이다. '방유도(邦有道)' 절(節)은 바로 수사선도(守死善道)를 잘하지 못한 허물을 반복하여 드러낸 것이다.

「8-14」 子曰: "不在其位, 不謀其政."

「8-14」 공자가 말하였다. "그 지위에 있지 않으면 그 정사(政事)를 도모하지 않는다."

【藕師注】 約事卽是素位而行, 不願乎外.[1] 約觀卽是隨境鍊心, 不發不觀.

【注釋】

1) 素位而行, 不願乎外: 『중용(中庸)』 제14장, "군자는 현재 자신의 지위에 따라 마땅히 해야 할 것을 행하고, 그 밖의 것을 원하지 않는다. [君子素其位而行, 不願乎其外.]"

【藕師注】 '약사(約事)'는 즉 자신의 지위에 따라 마땅히 해야 할 것을 행하고 그 밖의 것을 원하지 않는 것이다. '약관(約觀)'은 즉 경계를 따라 마음을 단련하여 마음을 (함부로) 드러내지 않고 나타내지 않는 것이다.

「8-15」子曰: "師摯之始, 『關雎』之亂, 洋洋乎盈耳哉!"

「8-15」 공자가 말하였다. "악사(樂師)인 지(摯)가 처음 벼슬할 때 연주하던 『시경(詩經)·국풍(國風)·관저(關雎)』 장(章)의 마지막 악장(樂章)이 아직도 양양(洋洋)하게 귀에 가득하구나!"

「8-16」子曰: "狂而不直, 侗而不願, 悾悾而不信, 吾不知之矣."

「8-16」 공자가 말하였다. "고지식하면서 정직하지 않으며 무지(無知)하면서 삼가지 않으며, 무능하면서 성실하지 않은 사람은 나도 어쩔 수가 없다."

【藕師注】 大家要自己簡點, 勿墮此等坑塹.

【藕師注】 대가(大家)들은 자기 스스로 점검하여 이와 같은 구덩이에 떨어지지 않으려고 한다.

「8-17」子曰: "學如不及, 猶恐失之."

「8-17」 공자가 말하였다. "배우는 것은 미치지 못할 듯이 부지런히 하고, 또한 배운 것을 잃을까 두려워해야만 한다."

「8-18」 子曰: "巍巍乎! 舜·禹之有天下也, 而不與焉!"

「8-18」 공자가 말하였다. "위대하구나! 순(舜)임금과 우(禹)임금은 천하를 소유하고도 관여하지 않았도다!"

【藕師注】 無天下者, 亦非巍巍, 巢許是也, 有天下者, 亦非巍巍, 尋常賢君是也. 有天下而不與, 方爲不可思議.

【藕師注】 천하가 (마음속에) 없는 자는 또한 위대한 것이 아니니, 소보(巢父)와 허유(許由)가 바로 이들이다. 천하를 소유한 자가 역시 위대한 것이 아니니, 예사로운 현군(賢君)이 바로 이들이다. 천하를 소유하고도 관여치 않아야만 비로소 불가사의(不可思議)한 것이 된다.

「8-19」 子曰: "大哉, 堯之爲君也! 巍巍乎, 唯天爲大, 唯堯則之! 蕩蕩乎民無能名焉! 巍巍乎其有成功也! 煥乎其有文章!"

「8-19」 공자가 말하였다. "위대하도다, 요(堯)의 임금 노릇 함이여! 높고 크구나, 오직 하늘만이 크거늘 오직 요(堯)임금만이 그것을 본받았도다! 그 공덕이 넓고 넓어 백성들이 이름 붙일 수 없도다! 높고 높도다, 그 공을 이룸이여! 찬란하도다, 그 문채가 있음이여!

【藕師注】　卓吾云: "末節正是則天實際處."[1]

【注釋】

1) 末節正是則天實際處: 『논어평(論語評)·태백(泰伯) 제팔(第八)』 제19장, "[評] 末節正是則天實際處." 앞의 책, 164면.

【藕師注】　이탁오는 이렇게 말하였다. "끝의 구절이 바로 하늘을 본받은 실제 내용이다."

【補注】　此二章便是堯·舜·禹'惟精惟一, 允執厥中'[1]之證據, 亦卽佛法空·假·中一心三觀[2]之實現也. 有而不與, 民無能名, 空觀也, 有成功, 有文章, 假觀也. 菩薩發大悲願, 普度衆王, 皆從假觀出. 若偏於空觀, 則羅漢而已.

【注釋】

1) 惟精惟一, 允執厥中: 『서경(書經)·우서(虞書)·대우모(大禹謨)』에 보인다. 정문(正文) 2-1의 강겸(江謙)의 【補注】를 참조할 것.
2) 空·假·中一心三觀: 「2-1」의 정문(正文)의 【藕師注】의 주석1)을 참조할 것.

【補注】　이 두 장(章)은 다른 것이 아니라 곧 요(堯)·순(舜)·우(禹) 임금이 (서로 전한) '유정유일(惟精惟一), 윤집궐중(允執厥中).'의 증거요, 곧 불법(佛法)의 공(空)·가(假)·중(中) 일심삼관(一心三觀)의 실현(實現)이다. 천하를 소유하고도 관여(關與)하지 않아서 백성들이 능히 이름을 붙일 수 없는 것은 공관(空觀)이요, 공(功)을 이룸이 있고 문채가 있는 것은 가관(假觀)이다. 보살이 중생의 고통을 건져 주려는 큰 자비를 발하여 여러 왕을 널리 제도하는 것은 모두 가관(假觀)을 좇아서 나온다. 만약 공관(空觀)에만 치우친다면 곧 나한(羅漢)일 뿐이다.

「8-20」舜有臣五人而天下治. 武王曰: "予有亂臣十人." 孔子曰: "才難, 不其然乎? 唐虞之際, 於斯爲盛. 有婦人焉, 九人而已. 三分天下有其二, 以服事殷, 周之德, 其可謂至德也已矣!"

「8-20」순(舜)임금은 신하 다섯 사람이 있었는데 천하가 다스려졌다. 무왕은 말하였다. "나에게는 (이처럼) 어지러운 시기에 천하를 잘 다스려 나갈 능력이 있는 신하 열 사람이 있다." 공자가 말하였다. "인재(人材)를 얻기 어렵다고들 하니, 그렇지 아니한가? 요(堯)임금·순(舜)임금 때는 이 주(周)나라보다 성(盛)하였다. (주周나라에는) 열 사람 신하 중에 부인이 있었으니, 아홉 사람일 뿐이었다. 문왕은 천하를 셋으로 나누어 그 둘을 소유하고도 은(殷)나라를 복종하여 섬겼으니, 주(周)나라의 덕(德)이 지극한 덕(德)이라고 이를 만하다!"

【蕅師注】 歎才難而贊至德, 正因德難故才難耳. 倘紂有聖德, 則武王竝九人方將同爲紂之良臣, 又何至以亂臣稱哉! 亢龍有悔,[1] 武王之不幸也甚矣!

【注釋】
1) 亢龍有悔: 『주역(周易)·건(乾)』 상구(上九) 효사(爻辭), "상구(上九): 높은 용이니, 뉘우침이 있으리라. 상전(象傳): '항룡유회(亢龍有悔)'는 가득해서 가히 오래 하지 못하는 것이다. [上九: 亢龍有悔. 象傳: 亢龍有悔, 盈不可久也.]"

【蕅師注】 재주 있는 신하를 얻기가 어려움을 탄식하면서 주(周)나라의 지극한 덕(德)을 칭찬하였다. 정인(正因)의 덕(德)이 간난(艱難)하였기 때문에 재주 있는 신하를 얻기가 어려웠을 뿐이다. 그러했을 리는 없겠지만 만일 주(紂)에게 임금의 덕(德)이 있었다면, 무왕이 아홉 사람을 아울

러서 바야흐로 함께 주(紂)의 훌륭한 신하가 되었을 것이다. 또 어찌 난신(亂臣)으로 일컬어지는 데에까지 이르렀겠는가! 하늘 끝까지 올라간 용(龍)은 후회하는 것이 있으니, 무왕의 불행이 심하구나!

「8-21」子曰: "禹, 吾無間然矣! 菲飮食而致孝乎鬼神, 惡衣服而致美乎黻冕, 卑宮室而盡力乎溝洫. 禹, 吾無間然矣!"

「8-21」공자가 말하였다. "우(禹)임금은 나로서는 흠잡을 데가 없도다! 음식을 간소히 하여 귀신에 효성을 다하였으며, 의복을 허름하게 하여 불면(黻冕)을 아름답게 만들었으며, 궁실을 낮게 지어서 구혁(溝洫)에 힘을 다하였으니, 우(禹)임금은 나로서는 흠잡을 데가 없도다!"

【藕師注】 如此方無間然, 爲君者可弗思乎?

【藕師注】 이와 같아야만 비로소 흠잡을 데가 없을 것이니, 임금이 된 자가 가히 깊이 생각하지 않을 수 있으랴?

【子罕 第九】

「9-1」 子罕言利與命與仁.

「9-1」 공자는 리(利)와 명(命)과 인(仁)에 대해서 드물게 말하였다.

【藕師注】　卓吾云: “罕言利, 可及也, 罕言利與命與仁, 不可及也.”[1]
方外史曰: “言命言仁, 其害與言利同, 所以罕言. 今人將命與仁掛在
齒頰, 有損無益.”

【注釋】

1) 罕言利, 可及也, 罕言利與命與仁, 不可及也: 『논어평(論語評)·자한(子罕) 제구(第
九)』제1장, “[評] 罕言利, 可及也, 罕言利與命與仁, 不可及也.” 앞의 책, 167면.

【藕師注】　이탁오는 이렇게 말하였다. “‘리(利)’를 드물게 말한 것은 미칠
수 있으나, ‘리(利)’와 ‘명(命)’과 ‘인(仁)’을 드물게 말한 것은 가히 미칠 수
없다.”

방외사는 말한다. “‘명(命)’을 말하고 ‘인(仁)’을 말함은 그 해로운 것이
‘리(利)’를 말하는 것과 같다. 이 때문에 (공자가) 드물게 말하였다. 지금
사람들은 ‘명(命)’과 ‘인(仁)’을 가지고 입안에 걸어두고 있으니, 손해만 있
고 이익은 없다.”

【補注】　孔子所言, 皆利也, 命也, 仁也. 仁卽心性, 利·命卽因果.

除却心性·因果, 復何言乎? 以學者機感之殊, 則見有常言·有罕言. 子貢所謂夫子之言性與天道, **不可得而聞也,**[1] 是不聞也, 非不言也.

【注釋】

1) 夫子之言性與天道, 不可得而聞也:『논어(論語)·공야장(公冶長) 제오(第五)』제12 장, "자공이 말하였다. '선생님의 문장은 들을 수 있었지만, 선생님께서 성(性)과 천도(天道)에 대해 말씀하시는 것은 들을 수 없었다.' [子貢曰: "夫子之文章, 可得而聞也, 夫子之言性與天道, 不可得而聞也."]"

【補注】　공자가 말한 바는 모두 '리(利)'와 '명(命)'과 '인(仁)'이었다. '인(仁)'은 즉 심성(心性)이요, '리(利)'와 '명(命)'은 즉 인과이다. 심성(心性)과 인과를 제외하고 다시 무슨 말을 하겠는가? 배우는 자들의 기감(機感)이 달랐기 때문에 곧 (공자가) 일상적으로 말하는 것과 드물게 말하는 것이 있음을 보았다. 자공의 이른바 "선생님께서 성(性)과 천도(天道)에 대해 말씀하시는 것을 들을 수 없었다."라는 것은 이는 듣지 못한 것이지 말을 하지 않았던 것은 아니다.

「9-2」達巷黨人曰: "大哉孔子, 博學而無所成名." 子聞之, 謂門弟子曰: "吾何執? 執御乎? 執射乎? 吾執御矣."

「9-2」달항당의 사람이 말하였다. "위대하구나, 공자여, 널리 배웠으나 한 가지도 이름을 이룬 바가 없구나." 공자가 이 말을 듣고 문하의 제자들에게 말하였다. "내가 무엇을 잡을까? 말고삐를 잡을까? 활을 잡을까? 나는 말고삐를 잡겠다."

【藕師注】　卓吾云: "謂門弟子之言, 不敢自安之語也. 然黨人則孔子知己矣."[1]

【注釋】

1) 謂門弟子之言, 不敢自安之語也. 然黨人則孔子知己矣: 『논어평(論語評)·자한(子罕) 제구(第九)』제2장, "[評] 孔子只以大哉稱乾, 又只以稱堯, 則孔子聞大哉之稱, 眞有不敢自安者, 其謂門弟子之言, 不敢自安之語也. 然黨人則孔子知己矣. {공자는 다만 '위대하도다.'라는 말로써 하늘을 칭찬하였고, 또 단지 요임금을 칭찬하였을 뿐인데, 공자가 '위대하도다.'라는 칭찬을 듣고서는 진정 감히 스스로 편안하지 못한 것이 있었다. 그 문하의 제자들에게 이른 말은 감히 스스로 편안하지 못했던 말이다.}" 앞의 책, 168면.

【藕師注】　이탁오는 이렇게 말하였다. "문하의 제자들에게 이른 말은 감히 스스로 편안하지 못한 것을 표현한 언사이다. 그러나 달항당 사람은 곧 공자의 지기(知己)였다."

【補注】　射者目注一的, 御則有'六轡如組, 兩驂如舞.'[1]之妙用焉, 則是執無所執也. 無所執故能大, 故博學而無所成名也. 『易傳』"時乘六龍以御天.",[2] 龍者, 變化不測之象也. 卽此'執御'之注脚.

【注釋】

1) 六轡如組, 兩驂如舞: 『시경(詩經)·국풍(國風)·정풍(鄭風)·대숙우전(大叔於田)』, "셋째 아들이 사냥하러 나갔는데, 네 필의 말이 끄는 수레를 탔네. 고삐 잡는 것이 실 끈을 잡는 듯하였고, 양편의 참마는 춤추듯이 내달렸네. [叔於田, 乘乘馬. 執轡如組, 兩驂如舞.]"
2) 時乘六龍以御天: 『역전(易傳)·건(乾)』의 단사(彖辭)에 보인다. "시작과 끝을 크게 밝히면 육위(六位)가 때에 맞게 이루어지나니, 때로 여섯 용(龍)을 타고서 하늘을 날아다닌다. [大明始終, 六位時成, 時乘六龍以御天.]"

【補注】　활쏘기는 눈이 하나의 과녁을 주시하는 것이고, 말몰이는 여

섯 줄의 고삐가 베를 짜는 듯하고 두 필의 참마가 춤을 추는 듯한 묘용이 있으니, 이 움켜쥠은 움켜쥐는 바가 없다. 움켜쥐는 바가 없으므로 능히 위대하다. 그러므로 (공자가) 널리 배웠으되 이름을 이룬 바가 없었다. 『역전(易傳)』에서 "시(時)에 따라 여섯 용(龍)을 타서 하늘을 어거(馭車)한다."라고 하였는데, '용(龍)'은 변화가 불측(不測)한 상(象)이다. 곧 이 '집어(執御)'의 주석이다.

「9-3」子曰: "麻冕, 禮也. 今也純, 儉, 吾從衆. 拜下, 禮也. 今拜乎上, 泰也. 雖違衆, 吾從下."

「9-3」공자가 말하였다. "베로 면류관을 만드는 것이 본래의 예이다. 지금은 생사(生絲)로 만드니 검소하므로, 나는 시속을 따르겠다. 당 아래에서 절하는 것이 본래의 예이다. 지금은 당 위에서 절하니 교만하다. 비록 시속과 어긋나더라도 나는 당 아래에서 절하는 예를 따르겠다."

【藕師注】　卓吾云: "眞是時中之聖."[1]

【注釋】

1) 眞是時中之聖: 『논어평(論語評)·자한(子罕) 제구(第九)』제3장, "[評] 眞是時中之聖." 앞의 책, 168면.

【藕師注】　이탁오는 이렇게 말하였다. "참으로 시중(時中)을 실천했던 성인이다."

「9-4」子絶四: 毋意, 毋必, 毋固, 毋我.

「9-4」 공자는 네 가지 마음을 완전히 끊었다. 사사로운 뜻이 없었으며, 기필하는 것이 없었으며, 고집하는 것이 없었으며, 아만심(我慢心)이 없었다.

【藕師注】 由誠意故毋意, 毋意故毋必, 毋必故毋固, 毋固故毋我, 細滅故粗必隨滅也. 由達無我方能誠意, 不於妄境生妄惑. 意是惑, 必·固是業, 我是苦.

【藕師注】 뜻을 성실하게 하는 것을 말미암았기 때문에 사사로운 뜻이 없으며, 사사로운 뜻이 없으므로 기필하는 것이 없으며, 기필하는 것이 없으므로 고집하는 것이 없으며, 고집하는 것이 없으므로 아만심(我慢心)이 없으며, 미세한 것{자의식}이 소멸하였기 때문에 거친 것{자의식}이 틀림없이 따라서 소멸한다. 무아(無我)를 통달하는 것을 말미암아야 비로소 능히 뜻을 성실하게 할 수 있으니, 망령된 경계에서 허망한 의혹을 내지 않는다. '의(意)'는 곧 '혹(惑)'이요, '필(必)'과 '고(固)'는 곧 '업(業)'이요, '아(我)'는 곧 '고(苦)'이다.

「9-5」子畏於匡, 曰: "文王旣沒, 文不在茲乎? 天之將喪斯文也, 後死者不得與於斯文也. 天之未喪斯文也, 匡人其如予何!"

「9-5」 공자가 광(匡) 땅에서 두려운 일을 당하였을 때 말하였다. "문왕께서 이미 돌아가셨으나, 문(文)이 여기에 있지 않은가? 하늘이 장차 이 문

(文)을 없애려 하였다면 뒤에 죽는 내가 이 문(文)에 참여하지 못하였을 것이다. 하늘이 아직 이 문(文)을 없애려 하지 않는다면, 광(匡) 땅의 사람들이 나를 어떻게 하겠는가!"

【藕師注】 道脈流通卽是文, 非謙詞也. 如此自信, 何嘗有畏?

【藕師注】 도맥(道脈)의 유통이 바로 '문(文)'이니, 겸사가 아니다. 이처럼 자신하였으니, 언제 두려워한 적이 있었느냐? ◎

【解說】 위 정문(正文)에 보이는 '사문(斯文)'에 대해서 주자는 『논어집주』에서 "'도(道)'가 드러난 것을 '문(文)'이라 한다. 아마 예악제도(禮樂制度)를 이른 것으로 보인다. '도(道)'라고 하지 않고 '문(文)'이라 한 것은 겸사이다. [道之顯者謂之文, 蓋禮樂制度之謂. 不曰道而曰文, 亦謙辭也.]"라고 하여, 공자가 '도(道)'를 겸사로 '사문(斯文)'이라 불렀다고 풀이하였다.[19] 이에 반해 지욱 대사는 "도맥(道脈)의 유통이 바로 '문(文)'이니, 겸사가 아니다."라고 풀이하여, '사문(斯文)'을 '도(道)'의 겸사로 해석한 주자를 비판하였다. 만약 주자의 주장처럼 공자가 '도(道)'를 겸사로 '사문(斯文)'이라 불렀다면 『논어』에 나오는 수많은 '도(道)' 자(字) 가운데서 바꾸어 불러야 할 부분이 적지 않을 것이다. 지욱 대사의 풀이가 정당함을 알 수 있는 장(章)이다.

---

19 김언종, 「丁茶山의 朱子『論語集註』批判 (5)」, 『한문교육연구』 제20권, 한국한문교육학회, 2003, 314-315면 참조.

「9-6」大宰問於子貢曰: "夫子聖者與? 何其多能也?" 子貢曰: "固天縱之, 將聖又多能也?" 子聞之, 曰: "大宰知我乎! 吾少也賤, 故多能鄙事. 君子多乎哉? 不多也!" 牢曰: "子云: '吾不試, 故藝.'"

「9-6」태재가 자공에게 물었다. "부자는 성자(聖者)인가? 어쩌면 그리도 능한 것이 많은가?" 자공이 말하였다. "선생님은 진실로 하늘이 내었으니, 어찌 성인이 또 능한 것이 많겠는가?" 공자가 이 말을 듣고 말하였다. "태재가 나를 제대로 아는구나! 내가 젊었을 때 미천했기 때문에 비루한 일에 능한 것이 많았다. 군자는 능한 것이 많은가? 많지 않다!" 금뢰가 말하였다. "옛날에 선생님께서 말씀하시기를 '내가 등용되지 못했기 때문에 재주가 많다.'라고 하셨다."

【藕師注】 '固天縱之'爲一句. 子貢謂夫子直是天縱之耳, 豈可將聖人只是多能者耶? 此必已聞一**以貫之**,[1] 故能如此答話. 然在夫子的確不敢承當'聖人'二字, 故寧受'多能'二字. 而多能甚鄙甚賤, 決非君子之道也. 大宰此問, **與黨人見識天地懸隔.**[2]

【注釋】

1) 一以貫之: 하나로써 관철하는 것이라는 뜻이다. 『논어(論語)·리인(里仁) 제사(第四)』제15장의 정문(正文)과【藕師注】를 참조할 것.
2) 與黨人見識天地懸隔: 『논어(論語)·자한(子罕) 제구(第九)』제2장에 달항당의 사람이 공자를 평한 것을 가지고 비교하여 말한 것이다. 『논어(論語)·자한(子罕) 제구(第九)』제2장의 정문(正文)과【藕師注】를 참조할 것.

【藕師注】 '고천종지(固天縱之)'가 일구(一句)가 된다. 자공은 '부자는 곧 하늘이 낸 분이니, 어찌 장차 성인이 다만 능한 것이 많은 자일 수 있겠

는가?'라고 말한 것이다. 이것은 틀림없이 (자공子貢이) 이미 '일이관지(一以貫之)'를 들었기 때문에 능히 이처럼 대답할 수 있었다. 그러나 부자에게 있어서 확실히 '성인(聖人)' 두 글자를 감히 받아들이어 감당할 수 없었기 때문에, 차라리 '다능(多能)' 두 글자를 받아들였다. 그러나 '다능(多能)'은 매우 비루하고 아주 미천한 것이니, 결코 군자의 도(道)가 아니다. 태재의 이러한 질문은 당인(黨人)의 견식(見識)과는 하늘과 땅의 거리만큼 심한 격차가 있다.

【解說】　　본장(本章)은 지욱 대사가 주자의 『논어집주』 풀이를 비판한 것이다. 주자는 정문(正文)의 "고천종지장성우다능야(固天縱之將聖又多能也)."를 "고천종지장성(固天縱之將聖), 우다능야(又多能也)."로 끊어서 이해하였지만, 지욱 대사는 "고천종지(固天縱之), 장성우다능야(將聖又多能也)."로 구두(句讀)를 달리 끊어서 보았다. 주자는 정문(正文)을 풀이하기를, "'종(縱)'은 '사(肆; 풀어놓음)'이니, 한정된 분량이 되지 않음을 말한 것이다. '장(將)'은 '태(殆; 거의, 아마도)'이니, 겸손하여 감히 알지 못하는 듯이 한 말이다. 성(聖)은 통달하지 못하는 것이 없으니, 다능(多能)은 바로 그 여사(餘事)이다. 그러므로 '또{우(又)}'를 말하여 겸한 것이다. [縱, 猶肆也, 言不爲限量也. 將, 殆也, 謙若不敢知之辭. 聖無不通, 多能乃其餘事. 故言又以兼之.]"라고 하였다. 주자의 풀이대로 정문(正文)을 해석한다면, "선생님은 진실로 하늘이 풀어놓은 성인에 가까운 분이니, 또 능한 것이 많은 것이다."가 된다. 지욱 대사는 바로 이 부분을 지적한 것이다. 지욱 대사는 태재에게 말한 자공의 답변은 자공이 공자로부터 '일이관지(一以貫之).'의 가르침을 이미 듣고 난 뒤에 했던 말로서 보았다. 지욱 대사는 자공이 이미 성인(聖人)에 가까운 사람은 능한 것이 많을 수 없다는 것을 알았으므로, "선생님은 진실로 하늘이 내었으니, 어찌 성인이 또 능한 것

이 많겠는가? [固天縱之, 將聖又多能也.]"라고 대답한 것이라고 하였다.

「9-7」子曰: "吾有知乎哉? 無知也. 有鄙夫問於我, 空空如也, 我叩其兩端而竭焉."

「9-7」 공자가 말하였다. "내가 아는 것이 있는가? 나는 텅 빈 듯이 무지(無知)하다. 다만 비천한 사람이 나에게 물으면, 무지(無知)한 듯이 나는 그의 양쪽 끝을 들어서 전부 말해준다."

【藕師注】 不但無人問時體本無知, 卽正當有人問時仍自空空·仍無知也. 所叩者卽鄙夫之兩端, 所竭者亦卽鄙夫之兩端, 究竟吾何知哉! 旣叩其兩端而竭之, 則鄙夫亦失其妄知而歸於無知矣.

【藕師注】 비단 사람의 질문이 없는 때에 본체가 본래 무지(無知)할 뿐만 아니라, 바로 정당히 사람의 질문이 있는 때에도 이에 스스로 텅 비어 있으며 무지(無知)하다. 들어 올린 곳은 즉 비루한 사내의 양단이요, 전부 말해준 곳도 즉 비루한 사내의 양단이니, 구경(究竟)에는 내가 무엇을 알겠는가! 이미 그 양단을 들어 올려서 전부 말해주었으니, 곧 비루한 사내도 그 망지(妄知)를 잃고서 무지(無知)로 돌아갈 것이다.

【補注】 空空如也卽是鄙夫與佛平等之佛性, 兩端卽鄙夫之虛妄分別知見也. 竭則性相不二·自他不二, 何有兩端? 兩端卽空, 一亦不立.

【補注】　'공공여야(空空如也)'는 곧 비루한 사내가 부처님과 더불어 평등한 불성(佛性)인 것이요, '양단(兩端)'은 즉 비루한 사내가 허망하게 분별하는 지견(知見)이다. '갈(竭)'은 즉 성(性)과 상(相)이 둘이 아니고 자(自)와 타(他)가 둘이 아닌 것이니, 어찌 '양단(兩端)'이 있겠는가? '양단(兩端)'은 즉 '공(空)'이니, 하나 또한 세우지 않는다.

「9-8」子曰: "鳳鳥不至, 河不出圖, 吾已矣夫!"

「9-8」공자가 말하였다. "봉황새가 이르지 않으며 황하(黃河)에서 하도(河圖)가 나오지 않으니, 나는 끝났구나!"

【藕師注】　此老熱腸猶昔.

【藕師注】　이 노사(老師)의 열정은 옛날과 같도다.

「9-9」子見齊衰者·冕衣裳者與瞽者. 見之, 雖少必作, 過之, 必趨.

「9-9」공자가 상복(喪服)을 입은 자와 관복(冠服)을 입은 자와 장님을 보았다. 이들을 만날 적에 비록 나이가 적더라도 반드시 일어났으며, 그 곁을 지날 적에는 반드시 종종걸음을 하였다.

「9-10」顏淵喟然歎曰: "仰之彌高, 鑽之彌堅. 瞻之在前, 忽焉在後.

夫子循循然善誘人, 博我以文, 約我以禮, 欲罷不能. 旣竭吾才, 如有所立卓爾, 雖欲從之, 末由也已."

「9-10」 안연이 크게 탄식하며 말하였다. "선생님의 도(道)는 우러러볼수록 더욱 높고, 파고들수록 더욱 견고하다. 바라보면 앞에 있는가 싶더니, 홀연히 뒤에 있도다. 선생님은 차근차근히 사람을 잘 이끌어서 문(文)으로써 나의 지식을 넓혀 주었고, 예로써 나의 행동을 단속해 주었으니, 그만두고자 해도 그만둘 수가 없다. 이미 나의 재주를 다하였으나, 선생님의 도(道)가 마치 내 앞에 우뚝 서 있는 것 같아서, 비록 좇아가려 해도 말미암을 데가 없다."

【藕師注】　此與'問仁'[1]章參看, 便見顏子眞好學, 又見顏子正在學地,[2] 未登無學.[3] 約我以禮, 正從克己復禮[4]處悟來, 欲罷不能, 正從請事斯語[5]處起手, 欲從末由, 正是知此道非可仰鑽·前後而求得者. 兩個'我'字, 正卽克己·由己之'己'字. 王陽明曰: "謂之有, 則非有也, 謂之無, 則非無也."

【注釋】

1) 問仁: 『논어(論語)·안연(顏淵) 제십이(第十二)』 제1장, "안연이 인(仁)에 관해 물었다. 공자가 말하였다. '능히 자기가 예로 돌아가는 것이 인(仁)이니, 하루라도 능히 자기가 예로 돌아가면 천하 사람들이 모두 그 인(仁)으로 의탁한다. 인(仁)을 하는 것은 자신에게 달린 것이지, 남에게 달린 것이겠는가?' 안연이 말하였다. '청컨대 그 실천 조목을 묻습니다.' 공자가 말하였다. '예가 아니면 보지 말며[非禮勿視], 예가 아니면 듣지 말며[非禮勿聽], 예가 아니면 말하지 말며[非禮勿言], 예가 아니면 움직이지 말아야 한다[非禮勿動].' 안연이 말하였다. '제가 비록 불민하나 청컨대 이 말씀을 잘 섬기겠습니다.'[顏淵問仁. 子曰: "克己復禮爲仁. 一日克己復禮, 天下歸仁焉. 爲仁由己, 而由人乎哉!" 顏淵曰: "請問其目." 子曰: "非禮勿視, 非禮勿聽, 非禮勿言, 非禮勿動." 顏淵曰: "回雖不敏, 請事斯語矣."]

2) 學地: '유학지(有學地)'와 동의어이다. 불도(佛道)를 닦고 배우는 때에 아직 배워야 할 여지가 남아 있는 수행(修行)의 경지를 가리킨다. 최기표는 그의 논문에서 다음과 같이 말하였다. "'무학지(無學地)'란 아라한(阿羅漢)을 말하고 '유학지(有學地)'란 도를 깨쳐서 견도위(見道位)나 수도위(修道位)에 머물고 있는 사람을 말하므로 이들은 모두 견도(見道)한 성인(聖人)으로서 '성문(聲聞; śrāvaka)'이라 불리는 수행자들이다." – 최기표, 「〈法華經〉에 있어서 授記의 修行論的 意義」, 『불교학리뷰』 제13호, 금강대학교 불교문화연구소, 2013, 125면 참조.
3) 無學: "불교 술어로서 '유학(有學)'의 대칭(大稱)이다. 또 '무학위(無學位)'·'무학과(無學果)'·'무학도(無學道)'·'무학지(無學地)'라고 한다. (진제眞諦의 이치를 다 깨달아 얻고) 일체의 번뇌를 모두 끊어서 (도道를 배운 것이 원만하여 다시 닦고 배우지 않는 승과勝果의 단계인) 아라한과(阿羅漢果)를 이미 얻은 것을 가리킨다. [佛學術語, '有學'之對稱. 又稱無學位·無學果·無學道·無學地. 指斷盡一切煩惱, 已得阿羅漢果者.]"
4) 克己復禮: 『논어(論語)·안연(顏淵) 제십이(第十二)』제1장의 정문(正文)과 【藕師注】를 참조할 것.
5) 請事斯語: 『논어(論語)·안연(顏淵) 제십이(第十二)』제1장과 제2장의 정문(正文)과 【藕師注】를 참조할 것.

【藕師注】 이 장(章)은 '문인(問仁)' 장(章)과 참조해서 보면, 곧 안자가 진정으로 호학(好學) 하였다는 것을 볼 수 있고, 또 안자가 바로 학지(學地)에 있으면서 무학(無學)의 경지에는 오르지 못했던 것을 볼 수 있다. '약아이례(約我以禮)'는 바로 '극기복례(克己復禮)'의 자리로부터 깨달아 온 것이요, '욕파불능(欲罷不能)'은 바로 '청사사어(請事斯語)'의 자리로부터 손을 댄 것이요, '욕종말유(欲從末由)'는 바로 곧 이 도(道)가 가히 우러러보거나 파고들거나 앞에 있거나 뒤에 있어서 구하여 얻을 수 있는 것이 아님을 안 것이다. 두 개의 '아(我)' 자(字)는 바로 곧 '극기(克己)'·'유기(由己)'의 '기(己)' 자(字)이다. 왕양명은 말하였다. "있다고 이르면 곧 있는 것이 아니요, 없다고 이르면 곧 없는 것이 아니다."

【補注】 一切衆生眞如本性, 無量無邊, 不生不滅, 豎窮三際, 橫遍十方, 故仰之彌高, 讚之彌堅, 瞻之在前, 忽然在後. 博我以文, 知眞如之不變而隨緣, 約我以禮, 知眞如之隨緣而不變. 未來無盡, 我願無盡, 故欲罷不能. **全性起修,**[1] 故曰'旣竭吾才.'. 不可謂無, 故如有所立卓爾, 不可謂有, 故雖欲從之, 末由也已. 夫子之道之妙, 卽各各本具之眞心也. 非顏子之善學, 烏能知夫子之善誘乎?

【注釋】

1) 全性起修: 『대불정여래밀인수증요의제보살만행수능엄경문구(大佛頂如來密因修證了義諸菩薩萬行首楞嚴經文句)』제4권, "'묘삼마제(妙三摩提)'는 곧 '대불정수능엄왕삼매(大佛頂首楞嚴王三昧)'이다. 본성을 온전히 하여 수행을 일으키고, 수행을 온전히 하는 것은 본성에 달려 있다. 그러므로 '묘수(妙修)'라고 이름한다. 덕(德)에 공(功)이 있으니, 성덕(性德)이 바야흐로 드러난다. 그러므로 모름지기 피로하여 싫증 나는 것을 만들지 말아야 한다. 본각(本覺)으로부터 시각(始覺)을 일으킨다. 그러므로 초심을 일으켜 깨닫는다고 이름한다. [妙三摩提者, 卽大佛頂首楞嚴王三昧. 全性起修, 全修在性故, 名爲妙修. 德有功, 性德方顯故, 須不生疲倦. 從本覺而發始覺故, 名發覺初心.]" 『卍新纂大日本續藏經』第13冊·No.285·楞嚴經文句 第4卷 (X13n0285_004).

【補注】

일체중생의 진여본성(眞如本性)은 무량무변하고 불생불멸하여, 시간상으로 과거·미래·현재의 삼제(三際)에 종(縱)으로 다하고 공간적으로 시방(十方)에 횡(橫)으로 두루 미친다. 그러므로 우러러볼수록 더욱 높고, 파고들수록 더욱 견고하며, 바라보면 앞에 있는가 싶더니, 홀연히 뒤에 있다. '박아이문(博我以文)'은 진여(眞如)가 불변하면서도 수연(隨緣) 하는 것을 아는 것이요, '약아이례(約我以禮)'는 진여(眞如)가 수연(隨緣) 하면서도 불변하는 것을 아는 것이다. 미래(未來)가 다하는 것이 없고 나의 원(願)이 다하는 것이 없으므로 그만두고자 해도 그만둘 수가 없다. 전체의 성품에서 수행을 일으키기 때문에 '이미 나의 재주를 다하였다.'라고 말하였다. 없다고 이를 수 없으므로 마치 내 앞에 우뚝 서 있는 것 같음이요, 있다고 이를 수 없으므로 비록 좇아가려 해도 말미암을 데가 없다. 부자의 도(道)의 오묘함은 즉 각인(各人)에게 본래 구족한 진심(眞心)이다. 안자의 선학(善學)이 아니라면, 부자가 잘 이끌어 준 사실을 어찌 능히 알 수 있겠는가?

「9-11」 子疾病, 子路使門人爲臣. 病間, 曰: "久矣哉, 由之行詐也! 無臣而爲有臣! 吾誰欺? 欺天乎? 且予與其死於臣之手也, 無寧死於二三子之手乎? 且予縱不得大葬, 予死於道路乎?"

「9-11」 공자가 병에 걸리자, 자로가 문인에게 가신이 되게 하였다. 병이 좀 나아지자 말하였다. "오래되었구나, 자로가 거짓을 행함이여! 나는 가신이 없어야 하는 데 가신을 두었다! 내가 누구를 속였는가? 하늘을 속였는가? 또 내가 가신의 손에서 죽는 것보다는 차라리 자네들 손에서 죽는 것이 낫지 않겠는가? 또 내가 설령 성대한 장례를 치르지는 못한다 하더라도, 내가 길거리에서 죽겠는가?"

【藕師注】 子路一種流俗知見, 被夫子罵得如此刻毒. 今有禪門釋子開喪戴孝, 不知何面目見孔子? 不知何面目見六祖? 不知何面目見釋迦?

【藕師注】 자로는 일종의 세속의 지견(知見)이니, 부자의 이와 같은 신랄하고 혹독한 꾸짖음을 받았다. 지금 선문(禪門)의 승려들이 조문을 받고 상복(喪服)을 입고 있는데, 알지 못하겠으나 무슨 면목으로 공자를 뵐 것인가? 알지 못하겠으나 무슨 면목으로 육조(六祖) 혜능(惠能) 어른을 뵐 것인가? 알지 못하겠으나 무슨 면목으로 석가모니(釋迦牟尼)를 뵐 것인가?

「9-12」子貢曰: "有美玉於斯, 韞匵而藏諸, 求善賈而沽諸?" 子曰: "沽之哉! 沽之哉! 我待賈者也!"

「9-12」자공이 말하였다. "여기에 아름다운 옥이 있으면, 궤 속에 감추어서 보관하시겠습니까? 좋은 값을 요구하여 파시겠습니까?" 공자가 말하였다. "팔아야지! 팔아야지! 그런데 나는 좋은 값을 받을 때까지 기다리는 사람이다!"

【藕師注】　沽同, 而待與求不同. 世人不說沽便說藏耳, 那知此意?

【藕師注】　파는 것은 같지만 기다리는 것은 요구하는 것과는 같지 않다. 세인(世人)들은 파는 것을 말하지 않고 곧 감추어 두는 것을 말할 뿐이니, 이러한 뜻을 어찌 알겠는가?

「9-13」子欲居九夷. 或曰: "陋, 如之何?" 子曰: "君子居之, 何陋之有?"

「9-13」공자가 구이(九夷)에 살고자 하였다. 어떤 사람이 말하였다. "누추한 곳이니, 어떻게 살 수 있겠습니까?" 공자가 말하였다. "군자가 머문다면, 어찌 누추한 것이 있겠는가?"

【藕師注】　卓吾云: "先輩謂當問其居不居, 不當問其陋不陋, 最爲得之."[1]

1) 先輩謂當問其居不居, 不當問其陋不陋, 最爲得之:『논어평(論語評)·자한(子罕) 제
구(第九)』제13장, "[評] '君子居之' 四字, 極活意. 若謂如君子居之, 亦不顧其陋不
陋也, 先輩謂當問其居不居, 不當問其陋不陋, 最爲得之. 若說素夷狄行乎夷狄,
獨不能素中國行乎中國乎? 若說用夏變夷, 獨不能變齊魯至道乎? 都有礙. {'군자
거지(君子居之)' 네 글자가 매우 활발발(活潑潑)한 뜻이다. 이 구절은 '군자가 가서 거처한다
면 또한 누추하고 누추하지 않음을 돌아보지 않는다.'라고 읽을 수도 있다. 그런데 선배들은
'그 거처할 것인지 거처하지 않을 것인지를 묻는 것은 마땅하지만, 그 누추한지 누추하지 않
은지를 묻는 것은 마땅하지 않다'라고 말하였는데, 참으로 이 경문의 핵심을 잘 표현했다고
할 만하다. 만약 평상시 오랑캐 땅에 가서는 오랑캐의 법도대로 살아가는 것이라 해석한다면,
어찌 평소 중국에 살면서는 중국의 법도를 실행하지 못하였는가? 또 만약 중국의 법도를 써
서 오랑캐 땅을 변화시키는 것이라 해석한다면, 어찌 제나라와 노나라는 도에 이르게 하지를
못하였는가? 그러므로 이러한 해석들은 모두 통하지 않는 것이 있다.}" 앞의 책, 167면.

【蕅師注】 이탁오는 이렇게 말하였다. "선배들은 '그곳이 살 수 있는지 살
수 없는지를 묻는 것은 마땅하지만, 그곳이 누추한지 누추하지 않은지를
묻는 것은 마땅하지 않다.'라고 일렀으니, 가장 그 깊은 뜻을 얻었다."

【補注】　　讀肇公[1]『般若無知論』, 可知無知是本然性體, 不是孔子
謙詞. 譬如明鏡中空, 故能隨緣現影. 空空如也卽是鄙夫與佛平等
之佛性, 兩端卽鄙夫之虛妄分別知見也. 竭則性相不二, 自他不二,
何有兩端? 兩端卽空, 一亦不立.

【校勘】　　讀肇公－一亦不立: 동림사(東林寺) 인본(印本)『사서우익해(四書蕅益解)』와
『선해유도총서(禪解儒道叢書) 사서우익해(四書蕅益解)』에서는 모두 이 절(節)의 보주
(補注)는 응당 「9-7」의 '오유지호재(吾有知乎哉)' 일장(一章)의 아래에 있어야 한다고
각주를 달았다.

1) 肇公: 중국 진나라 때의 승려로서, 구마라습 문하 사철(四哲)의 한 사람이었던
'승조(僧肇, 383-414)'를 가리킨다. 빈궁하였기 때문에 소년 시절부터 서적의 서사

(書寫)에 고용되었는데, 그로써 유교와 역사의 고전에 통달할 수가 있었고, 특히 노장(老莊)사상을 즐겼다. 뒤에 지겸(支謙)이 번역한 『유마경(維摩經)』을 읽고 나서 불교에 귀의하였다. 구마라습을 스승으로 섬기어 역경 사업에 종사하였는데, 교리를 잘 알았기에 구마라습 문하에서 으뜸이었다. 승략(僧䂮)·도항(道恆)·승예(僧叡)와 함께 구마라습 문하의 '사철(四哲)'이라 불린다.

【補注】　조공(肇公)의 『반야무지론(般若無知論)』을 읽어보면 '무지(無知)'가 곧 본연(本然)의 성체(性體)이니, 공자의 겸사가 아닌 것을 알 수 있다. 비유하면 밝은 거울의 가운데가 비어 있으므로 능히 수연(隨緣)하여 형상을 드러내는 것과 같다. '공공여야(空空如也)'는 즉 비루한 사내가 부처님과 더불어 평등한 불성(佛性)인 것이요, '양단(兩端)'은 즉 비루한 사내가 허망하게 분별하는 지견(知見)이다. '갈(竭)'은 성(性)과 상(相)이 둘이 아니고 자(自)와 타(他)가 둘이 아닌 것이니, 어찌 '양단(兩端)'이 있겠는가? '양단(兩端)'은 즉 '공(空)'이니, 하나 또한 세우지 않는다.

【解說】　이 장의 '보주(補注)'는 『논어점정』의 「9-7」의 정문(正文)의 '우사주(藕師注)' 아래에 있어야만 하는 주석이다. 공자는 「9-7」의 정문(正文)에서 "내가 아는 것이 있는가? 나는 아는 것이 없다. 다만 비천한 사람이 나에게 물으면, 무지(無知)한 듯이 나는 그의 양쪽 끝을 들어서 전부 말해준다. [子曰: "吾有知乎哉? 無知也. 有鄙夫問於我, 空空如也, 我叩其兩端而竭焉."]"라고 말하였다. 주자는 이에 대해 "공자가 자신은 지식이 없지만 다만 남에게 알려줄 때는 비록 지극히 어리석더라도 감히 다 말해주지 않을 수 없다고 겸사로 말한 것이다. [孔子謙言 己無知識, 但其告人, 雖於至愚, 不敢不盡耳.]"라고 풀이하였다. 강겸 거사의 보주(補注)는 바로 이 부분을 지적한 것이다. 강겸은 조공(肇公)의 『반야무지론(般若無知論)』을 근거로 하여 '무지(無知)'는 곧 본연(本然)의 성체(性體)이므로, 공자가 "무지(無知)한 듯이 비천한 사람의 양쪽 끝을 들어서 전부 말해

준다."라고 했던 것은 겸사가 아니라고 말하였다.

「9-14」子曰: "吾自衛反魯, 然後樂正,『雅』·『頌』各得其所."

「9-14」 공자가 말하였다. "내가 위(衛)나라에서 노(魯)나라로 돌아온 뒤에 음악이 바르게 되었으니,『아(雅)』와『송(頌)』이 각기 제자리를 얻었다."

【藕師注】 亦是木鐸[1]之職應爾.

【注釋】

1) 木鐸:『논어(論語)·팔일(八佾) 제삼(第三)』제24장의 정문(正文)과【藕師注】를 참조할 것.

【藕師注】 또한 이것은 목탁(木鐸)의 임무에 응한 것이다.

「9-15」子曰: "出則事公卿, 入則事父兄, 喪事不敢不勉, 不爲酒困, 何有於我哉!"

「9-15」 공자가 말하였다. "나가서는 공경(公卿)을 섬기고, 들어와서는 부형을 섬기며, 상사(喪事)에 감히 힘쓰지 않음이 없으며, 술에 곤죽이 되지 않으니, 무엇이 나에게 더 있겠는가!"

【藕師注】 不要看得此四事容易, 若看得容易, 便非孔子.

【藕師注】 이 네 가지 일을 아주 쉬운 것으로 보려 하지 않았으니, 만약 아주 쉬운 일로 간주하였다면 곧 공자가 아닌 것이다.

【補注】 此四者皆是孔子之無我. 有**我相**[1]則驕慢, 不能出事公卿, 入事父兄, 有我相則有斷見, 謂人死卽消滅, 故喪事不能勉, 有我相則累於形骸, 不知觀心之妙, 而以飲酒爲樂, 故爲酒困. 我見爲萬惡之原, 其爲毒於天下不可勝數, 故孔子一再言之何有於我哉.

【注釋】

1) 我相:「1-4」의 정문(正文)의 【藕師注】의 주석1)을 참조할 것.

【補注】 이 네 가지는 모두 공자의 '무아(無我)'이다. 아상(我相)이 있으면 즉 교만하므로 능히 나와서는 공경(公卿)을 섬길 수 없으며, 들어와서는 부형을 섬길 수 없다. 아상(我相)이 있으면 즉 단견(斷見)이 있게 되니, 사람은 죽으면 곧 소멸한다고 이르기 때문에 상사(喪事)에 능히 힘쓰지 못한다. 아상(我相)이 있으면 즉 몸뚱이에 묶이니, 마음을 관조(觀照)하는 묘함을 알지 못하고 술을 마시는 것으로 즐거움을 삼는다. 그러므로 술 때문에 곤란을 당한다. 아견(我見)은 만 가지 악(惡)의 원천이 되니, 그 천하에 해를 끼친 것을 (손으로) 이루 다 셀 수 없다. 그러므로 공자가 여러 차례 '무엇이 나에게 더 있겠는가?'라고 말하였던 것이다.

「9-16」子在川上曰: "逝者如斯夫, 不舍晝夜!"

「9-16」 공자가 시냇가에서 말하였다. "흘러가는 것이 이와 같으니, 밤낮으로 그치지 않는구나!"

【蕅師注】　此歎境也, 卽歎觀也. 蓋天地萬物何一而非逝者? 但愚人 於此, 計斷計常. 今旣謂之逝者, 則便非常, 又復如斯不舍晝夜, 則 便非斷. 非斷非常, 卽緣生[1]正觀. 引而申之, 有逝逝, 有逝不逝, 有 不逝逝, 有不逝不逝, 非天下之至聖, 孰能知之?

【注釋】

1)　緣生: 김종욱(金鍾旭)은 그의 논문에서 다음과 같이 말하였다. "불교적 의미에 서 생명은 중생(衆生)을 뜻한다. 불교에서 생명은 '그물'을 상징적 이미지로 하며, '상호의존성'을 그 본질로 하는 '순환성'과 '항상성'을 그 특징으로 한다고 정리해 볼 수 있다. 특히 불교적 의미에서 생명인 중생(衆生)은 상호의존의 존재자라는 점에서는 연생(緣生)이고, 상호존중의 존재자라는 점에서는 비생(悲生)이다." – 金鍾旭, 「불교생태학적 생명관의 정초 모색」, 『한국불교학』 제38호, 한국불교학 회, 2004, 31면.

【蕅師注】　이것은 경계를 감탄한 것이니, 곧 감탄하여 본 것이다. 대저 천지만물 가운데 어떤 하나라도 흘러가지 않겠는가? 다만 어리석은 사 람들은 여기에서 '단(斷; 단견斷見)'을 헤아리고 '상(常; 상견常見)'을 헤아 린다. 지금 이미 흘러간다고 이른다면 곧 '상(常)'이 아니요, 또다시 이처 럼 밤낮으로 그치지 않는다고 한다면 곧 '단(斷)'이 아니다. '단(斷)'도 아 니고 상(常)'도 아닌 것이 즉 연생(緣生)의 정관(正觀)이다. 인신(引伸)하 면, 가고 가는 것이 있으며, 가되 가지 않는 것이 있으며, 가지 않되 가는 것이 있으며, 가지 않고 가지 않는 것이 있으니, 천하의 지극한 성인이 아 니면 누가 능히 이 도리를 알겠는가?

「9-17」子曰: "吾未見好德如好色者也."

「9-17」공자가 말하였다. "나는 덕(德)을 좋아하는 것을 여색을 좋아하는 것처럼 하는 자를 아직 보지 못하였다."

【藕師注】 惟顔子好學, 亦惟顔子好德耳.

【藕師注】 오직 안자만이 학문을 좋아하였으며, 또한 오직 안자만이 덕(德)을 좋아하였을 뿐이다.

【補注】 德與色對, 猶性與相對. 凡夫著相而不悟性, 故好戀色身, 好喫美食, 好著美衣, 好居美室, 皆是好色, 不知義理悅心·禪悅爲食·法喜充滿·功德莊嚴之可貴也. **顔子在陋巷, 一簞食, 一瓢飮, 不改其樂,**[1)] 方是好德. 禹之菲飮食而致孝乎鬼神, 惡衣服而致美乎黻冕, 卑宮室而盡力乎溝洫, 方是好德.

【注釋】
1) 顔子在陋巷, 一簞食, 一瓢飮, 不改其樂:『논어(論語)·옹야(雍也) 제육(第六)』제10장, "공자가 말하였다. '어질구나, 안회여! 밥 한 그릇과 물 한 바가지를 먹고 마시면서 누추한 시골에 살고 있으니, 남들은 그 근심을 견뎌내지 못하는데 안회는 그 즐거움을 고치지 않는구나. 어질구나, 안회여!' [子曰: "賢哉回也! 一簞食, 一瓢飮, 在陋巷, 人不堪其憂, 回也不改其樂. 賢哉回也!"]"

【補注】 '덕(德)'이 '색(色)'과 대(對)가 되는 것은 '성(性)'이 '상(相)'과 대(對)가 되는 것과 같다. 범부들은 상(相)에 집착하여 본성을 깨닫지 못한다. 그러므로 색신(色身)을 사모하기를 좋아하고, 맛난 음식을 먹기를 좋아하고, 아름다운 옷을 입기를 좋아하고, 아름답게 꾸며진 집에 살기를

좋아하는 것이 모두 '색(色)'을 좋아하는 것이니, 의리(義理)가 마음을 기쁘게 하는 것과 선열(禪悅)을 양식으로 삼는 것과 법희(法喜)가 충만해지는 것과 공덕(功德)이 장엄하게 되는 것의 소중함을 알지 못한다. 안자는 누추한 고을에 있으면서 밥 한 그릇과 물 한 바가지를 먹고 마시면서도 그 즐거움을 고치지 않았으니, 모두 '덕(德)'을 좋아한 것이다. 우(禹)임금은 음식을 간소히 하여 귀신(鬼神; 제사祭祀)에게 효성을 다하였으며, (입는) 의복을 허름하게 하여 불면(黻冕; 제복祭服)을 더할 수 없이 아름답게 만들었으며, 궁실을 낮게 짓고 구혁(溝洫; 농지農地의 수로水路)에 힘을 다하였으니, 모두 '덕(德)'을 좋아한 것이다.

「9-18」子曰: "譬如爲山, 未成一簣, 止, 吾止也. 譬如平地, 雖覆一簣, 進, 吾往也."

「9-18」 공자가 말하였다. "(학문學問하는 것은) 비유하자면 산(山)을 쌓는 것과 같으니, 흙 한 삼태기를 쏟아붓지 않아 완성하지 못하여 그만두는 것은 내가 그만두는 것이다. 비유하자면 땅을 평평하게 하는 것과 같으니, 비록 흙 한 삼태기를 쏟아서 부을지라도 나아가는 것은 내가 나아가는 것이다."

「9-19」子曰: "語之而不惰者, 其回也與!"

「9-19」 공자가 말하였다. "도(道)를 말해주면 게을리하지 않는 자는 아마도 안회일 것이다!"

【藕師注】 後一念而方領解即是惰, 先一念而預相迎亦是惰. 如空谷受聲, 乾土受潤, 大海受雨, 明鏡受像, 隨語隨納, 不將不迎, 方是不惰.

【藕師注】 한 생각 뒤에 바야흐로 깨닫고자 하는 것이 곧 게으름이요, 한 생각 앞에 미리 서로 맞이하는 것도 게으름이다. 마치 빈 골짜기가 소리를 받아들이고, 마른 흙이 물기를 받아들이고, 큰 바다가 비를 받아들이고, 밝은 거울이 형상을 받아들이는 것처럼, 말한 대로 곧장 받아들여서 장차 (뒤에) 깨닫고자 하지 않으며 미리 서로 맞이하지 않아야만 비로소 게을리하지 않는 것이다.

「9-20」 子謂顏淵曰: "惜乎! 吾見其進也, 未見其止也!"

「9-20」 공자가 안연을 평하여 말하였다. "애석하구나! 나는 그가 전진(前進)하는 것만 보았지, 중지(中止)하는 것은 보지 못하였다!"

【藕師注】 進是下手, 止是歸宿. 正在學地,[1] 未登無學.[2] 奈何便死? 眞實可惜!

【注釋】

1) 學地: '유학지(有學地)'와 동의어이다. 불도(佛道)를 닦고 배우는 때에 아직 배워야 할 여지가 남아 있는 수행(修行)의 경지를 가리킨다. 최기표는 그의 논문에서 다음과 같이 말하였다. "'무학지(無學地)'란 아라한(阿羅漢)을 말하고 '유학지(有學地)'란 도를 깨쳐서 견도위(見道位)나 수도위(修道位)에 머물고 있는 사람을 말하므로 이들은 모두 견도(見道)한 성인(聖人)으로서 '성문(聲聞; śrāvaka)'이라 불리는 수행자들이다." – 최기표, 「〈法華經〉에 있어서 授記의 修行論的 意義」, 『불

교학리뷰』제13호, 금강대학교 불교문화연구소, 2013, 125면 참조.
2) 無學: "불교 술어로서 '유학(有學)'의 대칭(大稱)이다. 또 '무학위(無學位)'·'무학과
   (無學果)'·'무학도(無學道)'·'무학지(無學地)'라고 한다. (진제眞諦의 이치를 다 깨달아
   얻고) 일체의 번뇌를 모두 끊어서 (도道를 배운 것이 원만하여 다시 닦고 배우지 않는 승
   과勝果의 단계인) 아라한과(阿羅漢果)를 이미 얻은 것을 가리킨다. [佛學術語, '有學'
   之對稱. 又稱無學位·無學果·無學道·無學地. 指斷盡一切煩惱, 已得阿羅漢果者.]"

【藕師注】 '전진(前進)'은 손을 대는 것이요, '중지(中止)'는 돌아오는 것이
다. 참으로 학지(學地)에는 있었으나 무학(無學)의 경지에는 오르지 못하
였다. 어찌하여 갑자기 죽었는가? 진실로 애석하도다!

「9-21」子曰: "苗而不秀者有矣夫! 秀而不實者有矣夫!"

「9-21」 공자가 말하였다. "싹은 났으나 꽃이 피지 못한 것이 있구나! 꽃
은 피었으되 열매를 맺지 못한 것이 있구나!"

【藕師注】 令人惕然深省.

【藕師注】 사람으로 하여금 척연하게 깊이 반성하게 한다.

【補注】 苗是生信, 秀是開解起行, 實是證眞.

【補注】 '묘(苗; 싹)'는 믿음을 내는 것이요, '수(秀; 꽃)'는 분명하게 이
해하여 실천하는 것이요, '실(實; 열매)'은 진여(眞如)를 증득하는 것이다.

「9-22」子曰: "後生可畏, 焉知來者之不如今也? 四十五十而無聞焉, 斯亦不足畏也已."

「9-22」공자가 말하였다. "뒤에 태어난 사람을 두려워할 만하니, 그들의 장래가 지금만 못할 것이라고 어찌 알겠는가? (그러나) 40·50세가 되도록 도(道)를 들은 것이 없다면, 이 또한 족히 두려울 것이 없다."

【藕師注】 今日立志, 後來滿其所期, 所以可畏. 四十五十而不聞道, 不能酬今所立之志, 則越老越不如後生矣. 大凡學道之人, 只是不負初心所期, 便爲大妙. 故不必勝今, 只須如今, 便可畏耳.

【藕師注】 금일 뜻을 세우고 그 뒤에 기약한 바를 채우는 것이 두려워할 만한 까닭이다. 40·50세가 되어서도 도(道)를 듣지 못하여 능히 지금 세운 바의 뜻을 갚지 못한다면, 늙어갈수록 뒤에 태어난 사람만 못하게 된다. 대범 도(道)를 배우는 사람은 단지 초심으로 기약한 바를 저버리지 않아야 곧 '대묘(大妙)'가 된다. 그러므로 지금보다 나을 필요는 없고 다만 마땅히 지금과 같아야만 하는 것이 곧 두려워할 만할 것일 뿐이다.

「9-23」子曰: "法語之言, 能無從乎? 改之爲貴. 巽與之言, 能無說乎? 繹之爲貴. 說而不繹, 從而不改, 吾末如之何也已矣."

「9-23」공자가 말하였다. "법어(法語)의 말을 따르지 않을 수 있겠는가? 하지만 잘못을 고치는 것이 중요하다. 완곡하게 해 주는 말을 기뻐하지 않을 수 있겠는가? 하지만 실마리를 찾는 것이 중요하다. 기뻐하되 실마리를 찾지 못하고, 따르되 잘못을 고치지 못하면, 나는 그런 사람을 어찌할 수가 없다."

【藕師注】 卓吾云: "‘與’字最妙, 卽以法語之言·巽與之言耳. 捨法便無以正人, 後三語深望其改與繹也."[1]

【注釋】
1) ‘與’字最妙-後三語深望其改與繹也: 『논어평(論語評)·자한(子罕) 제구(第九)』 제23장, "[評] 巽與之言, ‘與’字最妙, 卽以法語之言·巽與之言耳. 不然捨法便無以正人, 後三語深望人改與繹也. 單剩藥方." 앞의 책, 180면.

【藕師注】 이탁오는 이렇게 말하였다. "‘여(與)’ 자(字)가 가장 절묘하니, 바로 법어(法語)의 말로써 완곡하게 해주는 말로 삼았을 뿐이다. 법을 버리면, 곧 사람을 바르게 할 수가 없으니, 뒤의 세 가지 말은 그 자신의 잘못을 고치고 실마리를 찾기를 깊이 바란 것이다."

「9-24」 子曰: "主忠信, 毋友不如己者, 過則勿憚改."

「9-24」 공자가 말하였다. "충(忠)과 신(信)을 주(主)로 삼으며 자기보다 못한 자를 벗하지 말고, 허물이 있으면 고치기를 꺼리지 말아야 한다."

「9-25」 子曰: "三軍可奪帥也, 匹夫不可奪志也."

「9-25」 공자가 말하였다. "삼군(三軍)을 통솔하는 장수는 사로잡을 수 있어도, 필부의 뜻은 빼앗을 수 없다."

【藕師注】 卓吾云: "三軍奪帥, 亦非易事, 借此以極其形容耳."[1]

【注釋】

1) 三軍奪帥, 亦非易事, 借此以極其形容耳: 『논어평(論語評)·자한(子罕) 제구(第九)』제25장, "[評] 三軍奪帥也, 非易事, 借此以極其人形容耳. 如方言上山擒虎易·開口告人難之意, 擒虎, 其是易事? {삼군을 통솔하는 장수를 빼앗는 것이 쉬운 일이 아니니, 이것을 빌어서 그 사람의 (뜻을 빼앗기가 어려운) 형용을 지극히 한 것이다. 이 경문은 '산에 올라가 호랑이를 잡는 일은 쉽고 입을 열어서 남에게 뜻을 고해주는 일은 어렵다.'라는 방언(方言)의 뜻과 같다. 그러나 호랑이를 잡는 것이 그 어찌 쉬운 일이겠는가?}" 앞의 책, 181면.

【藕師注】 이탁오는 이렇게 말하였다. "삼군(三軍)의 장수를 사로잡는 것도 쉬운 일은 아닌데, (공자는) 이를 빌어서 그 사람의 뜻을 빼앗기가 어려운 형용을 지극하게 표현하였다."

「9-26」子曰: "衣敝縕袍, 與衣狐貉者立而不恥者, 其由也與?"'不忮不求, 何用不臧?' 子路終身誦之. 子曰: "是道也, 何足以臧?"

「9-26」 공자가 말하였다. "해진 솜옷을 입고 여우와 담비 가죽으로 만든 갖옷을 입은 자와 서 있으면서도 부끄러워하지 않을 자는 아마도 자로이겠지?" '남을 해치지 않고 남의 것을 탐하지 않으니, 어찌 선(善)하지 않겠는가?' 자로가 종신토록 이 시구를 외우려 하였다. 공자가 말하였다. "이 도(道)가 어찌 충분히 선(善)한 것이랴?"

【藕師注】 『詩』之妙在一'用'字, 夫子說路之病在一'足'字. 用則日進, 足則誤謂到家, 不知正是道途邊事耳.

【藕師注】 『시(詩)』의 묘함은 '용(用)' 한 글자에 있고, 부자가 자로에게 말해준 병통은 '족(足)' 한 글자에 있다. 사용하면 곧 날마다 전진하지만 만족하면 곧 집에 이르렀다고 잘못 말하게 되나니, 바로 도로(道路) 주변의 일이라는 것을 알지 못한 것이다.

「9-27」子曰: "歲寒, 然後知松柏之後凋也."

「9-27」 공자가 말하였다. "날씨가 추워진 뒤에야 소나무와 잣나무가 시들지 않는다는 것을 알 수 있다."

【藕師注】 王安石詩云: "周公吐握勤勞日, 王莽謙恭下士時. 假使當年身便死, 一生眞僞有誰知?"¹⁾ 可與此節書作注脚.

【注釋】

1) 周公吐握勤勞日–一生眞僞有誰知: 왕안석의 시가 아니라 당(唐)나라 백거이의 시이다. 백거이의 『방언오수(放言五首)』 가운데 제3수에 실려 있는 시구이다. 원문은 다음과 같다. "주공은 날마다 항간에 떠도는 말을 두려워하였고, 왕망은 때마다 겸손하고 공손히 하여 빼앗지 않았네. 가사 당초(當初)에 몸이 곧 죽었다면, 일생의 참과 거짓을 다시 누가 알았으리오? [周公恐懼流言日, 王莽謙恭未篡時. 向使當初身便死, 一生眞僞復誰知?]"

【藕師注】 왕안석의 시(詩)에서 "주공은 날마다 토악(吐握)하며 부지런히 일하였고, 왕망은 때마다 겸손하게 선비들을 존경했었네. 가령 당년

(當年)에 그 몸이 곧 죽었다면, 일생의 참과 거짓을 누가 아는 사람이 있었겠는가?"라고 하였는데, 이 구절로써 (본문의) 주석으로 써낼 수 있을 것이다.

「9-28」子曰: "知者不惑, 仁者不憂, 勇者不懼."

「9-28」 공자가 말하였다. "지혜로운 자는 의혹하지 않고, 인(仁)한 자는 근심하지 않으며, 용맹한 자는 두려워하지 않는다."

【藕師注】 卓吾曰: "**使人自考.**"[1] 方外史曰: "三個'者'字, 只是一人, 不是三個人也."

【注釋】

1) 使人自考: 『논어평(論語評)·자한(子罕) 제구(第九)』제28장, "[評] 使人自考." 앞의 책, 182면.

【藕師注】 이탁오는 이렇게 말하였다. "사람에게 스스로 깊이 생각하여 보게 한다."
　　방외사는 말한다. "세 개의 '자(者)' 자(字){知者不惑, 仁者不憂, 勇者不懼.}는 다만 한 사람일 뿐이요, 세 사람이 아니다."

「9-29」子曰: "可與共學, 未可與適道, 可與適道, 未可與立, 可與立, 未可與權."

「9-29」 공자가 말하였다. "함께 배울 수는 있어도 함께 도(道)에 나아갈 수는 없으며, 함께 도(道)에 나아갈 수는 있어도 함께 설 수는 없으며, 함께 설 수는 있어도 함께 권도(權道)를 행할 수는 없다."

【蕅師注】　連說三個'未可', 正要他勉到可處.

【蕅師注】　세 개의 '미가(未可)'를 연속해서 말하였으니, 바로 그들이 '가(可)'의 자리에 이르는 데 힘쓰도록 한 것이다.

「9-30」 "唐棣之華, 偏其反而. 豈不爾思? 室是遠而." 子曰: "未之思也, 夫何遠之有?"

「9-30」 (『시경(詩經)』의 누락漏落된 일시逸詩에) "당체(唐棣) 꽃이여! 바람에 흔들리는구나. 어찌 그대를 생각하지 않으리오? 집이 멀기 때문이네."라고 하였다. 공자가 말하였다. "생각하지 않은 것이지, 어찌 멀리 있겠는가?"

【蕅師注】　此與'思無邪'[1]一語參看, 便見興於『詩』的眞正學問, 亦可與佛門中念佛三昧作注脚. 卓吾云: "人之所以異於禽獸全在思, 人之所以可爲聖賢全在思, 故力爲辯之, 不但爲一『詩』翻案而已."[2]

【注釋】
1) 思無邪: 「2-2」의 정문(正文)과 【蕅師注】를 참조할 것.
2) 人之所以異於禽獸全在思–不但爲一『詩』翻案而已: 『논어평(論語評)·자한(子罕)

제구(第九)』 제30장, "[評] 思是人極緊要東西, 故力爲辯之. 不然孔夫子決不爲
一『詩』翻案而已. 人之所以異於禽獸全在思, 人之所以可爲聖賢全在思, 人亦思
之, 否乎? {생각함은 사람들에게 매우 꼭 필요하고 중요한 물건이므로 힘써 분변하였다. 그
렇지 않다면 공부자(孔夫子)는 결단코 한 편의 시를 풀이하지 않았을 것이다. 사람이 금수
(禽獸)와 다른 까닭은 전적으로 생각함에 달려 있고, 사람이 성현이 될 수 있는 이유는 전
적으로 생각함에 달려 있으니, 사람에게 생각이 없어서야 되겠는가?}" 앞의 책, 183-184
면.

【藕師注】 이 구절은 '사무사(思無邪)'라는 한마디 말과 참조해서 보면
곧 『시(詩)』에서 발흥(發興)한 진정의 학문인 것을 볼 수 있으니, 또한 불
문(佛門) 가운데 '염불삼매(念佛三昧)'와 더불어 (본문의) 주석으로 삼을
수 있다. 이탁오는 이렇게 말하였다. "사람이 금수(禽獸)와 다른 까닭은
전적으로 생각함에 달려 있고, 사람이 성현이 될 수 있는 이유는 전적으
로 생각함에 달려 있다. 그러므로 (공자가) 힘써 분변하였던 것이니, 비단
한 편의 시(詩)의 풀이가 될 뿐만이 아닌 것이다."

【鄕黨 第十】

「10-1」孔子於鄕黨, 恂恂如也, 似不能言者. 其在宗廟朝廷, 便便言, 唯謹爾. 朝, 與下大夫言, 侃侃如也, 與上大夫言, 誾誾如也. 君在, 踧踖如也, 與與如也. 君召使擯, 色勃如也, 足躩如也. 揖所與立, 左右手, 衣前後, 襜如也. 趨進, 翼如也. 賓退, 必復命曰: "賓不顧矣." 入公門, 鞠躬如也, 如不容. 立不中門, 行不履閾. 過位, 色勃如也, 足躩如也, 其言似不足者. 攝齊升堂, 鞠躬如也, 屏氣似不息者. 出, 降一等, 逞顔色, 怡怡如也. 沒階, 趨翼如也. 復其位, 踧踖如也. 執圭, 鞠躬如也, 如不勝. 上如揖, 下如授, 勃如戰色, 足縮縮如有循. 享禮, 有容色. 私覿, 愉愉如也.

「10-1」공자는 지방에 있을 때는 신실하게 하여 말을 잘하지 못하는 사람처럼 하였다. 종묘와 조정에 있을 때는 말을 잘하되 삼갔다. 조정에서 하대부들과 말할 때는 화락하게 하고, 상대부들과 말할 때는 강직하게 하였다. 임금이 계실 때는 공손하며 근엄하였다. 공자는 임금이 불러 국빈을 접대하게 하면 낯빛을 변하고 발걸음을 조심하였다. 함께 서 있는 동료에게 읍(揖)을 할 때 왼쪽 사람에게 읍(揖)할 때는 손을 왼쪽으로 하고, 오른쪽 사람에게 읍(揖)할 때는 손을 오른쪽으로 하였는데, 옷의 앞·뒷자락을 가지런히 하였다. 빨리 걸어 나아갈 때는 새가 날개를 편 듯이 하였으며, 국빈이 물러가면 반드시 보고하기를 "손님이 뒤돌아보지 않고 잘 갔습니다."라고 하였다. 공자는 궁궐의 문에 들어갈 적에 몸을 굽히어 문이 작아 들어가기에 넉넉하지 못한 것처럼 하였다. 서 있을 때는 문 가운데에 서지 않고, 다닐 때는 문지방을 밟지 않았다. 임금께서 계시던 자리를 지날 적에는 낯빛을 변하고 발을 조심하며, 말을 잘하지 못하는 사람처럼 하였다. 옷자락을 잡고 당에 오를 적에는 몸을 굽히고 기운을 감추어 숨을 쉬지 않는 것처럼 하였고, 나와서 한 층계를 내려와서는 낯빛을 펴서 화평하게 하였다. 층계를 다 내려와서는 빨리 걷되 새가 날개를 편 듯이 하였다. 자기 자리로 돌아와서는 공손하였다. 명규(命圭)를 잡되 몸을 굽히어 그 무게를 이기지 못하는 듯이 하였다. 계단을 오를 때는 읍(揖)할 때처럼 하였고 계단을 내려올 때는 물건을 줄 때처럼 하여, 낯빛을 변하여 두려워하는 빛을 띠고 발걸음을 좁게 떼어 발꿈치를 끌듯이 하였다. 향연을 하는 자리에서는 온화한 낯빛을 하였다. 사사로이 만나볼 때는 화평하게 하였다.

【藕師注】　上階如揖, 身微俯也, 下階如授, 身稍直也.

【藕師注】　계단을 오를 때 마치 읍(揖)할 때와 같이하는 것은 몸을 조금 숙인 것이요, 계단을 내려올 때 마치 물건을 줄 때와 같이하는 것은 몸을 조금 세운 것이다.

「10-2」君子不以紺緅飾, 紅紫不以爲褻服. 當暑袗絺綌, 必表而出之. 緇衣羔裘, 素衣麑裘, 黃衣狐裘. 褻裘長, 短右袂. 必有寢衣, 長一身有半.

「10-2」 군자(君子; 孔子)는 감색과 붉은빛으로 옷깃에 선을 두르지 않고 다홍색과 자주색으로 평상복을 만들지 않았다. 더울 때는 속옷을 입고,

가는 갈포와 굵은 갈포로 만든 홑옷을 반드시 겉에다 입고 외출하였다. 옷을 갖옷 위에 덧입되 색깔을 맞추어, 검은 옷에는 염소 가죽 갖옷을 입고, 흰옷에는 고라니 가죽 갖옷을 입고, 누런 옷에는 여우 가죽 갖옷을 입었다. 평상시에 입는 갖옷은 길게 하되, 오른쪽 소매를 짧게 하였다. 반드시 옷을 입었으니, 그 길이가 한 몸의 절반이었다.

【藕師注】　吳建先曰: “寢衣, 卽被也. 被長一身有半則可. 若別作衣, 著之而寢, 如此之長, 如何起止? 甚爲可笑. 或曰: 寢衣, 只有半身長, 如今人所作短衫也, 亦通.”

【藕師注】　오건선(吳建先)이 말하였다. “‘침의(寢衣)’는 즉 입는 것이다. 길이가 한 몸의 절반이 되는 옷을 입었다는 해석이 옳다. 만약 따로 옷을 만들어 이를 입고 잠을 잤다고 한다면, 이와 같은 길이에 그 시작과 끝을 어떻게 하겠는가? 매우 가소롭다. 혹자는 ‘침의(寢衣)’는 단지 몸의 절반 길이이다. 예컨대 지금 사람들이 만든 단삼(短衫)과 같은 따위이다.’라고 말하였는데, 역시 통한다.” ◎

【解說】　주자가 『논어집주』에서 풀이한 내용을 지욱 대사가 비판한 것이다. 주자는 “재계는 공경을 위주로 하니, 옷을 벗고 잘 수 없었으며 또 명의(明衣)를 입고 잘 수도 없었다. 그러므로 별도로 잠옷이 있었다. 그 절반은 아마도 발을 덮기 위해서일 것이다. [齊主於敬, 不可解衣而寢, 又不可著明衣而寢. 故別有寢衣. 其半, 蓋以覆足.]”라고 하여 ‘침의(寢衣)’를 잠옷으로 이해하였다. 만약 주자의 풀이대로 본다면, ‘침의(寢衣)’는 잠옷을 가리키는데 그 길이가 한 길하고 또 반이 있게 되는 것이다. 이에 반해 지욱 대사는 ‘침의(寢衣)’는 단지 옷을 입는 것이라고 하였다.

「10-3」狐貉之厚以居. 去喪, 無所不佩. 非帷裳, 必殺之. 羔裘玄冠
不以弔. 吉月必朝服而朝. 齊必有明衣, 布. 齊必變食, 居必遷坐.

「10-3」공자는 담비 가죽옷을 입고 거처하였다. 탈상(脫喪)하고는 차지
않는 패물이 없었다. 유상(帷裳)이 아니면 반드시 치마의 허리통에 주름
을 잡지 않고 줄여서 꿰매었다. 염소 가죽 갖옷과 검은 관(冠) 차림으로
조문하지 않았다. (매월) 초하루에는 반드시 조복(朝服)을 입고 조회하였
다. 재계할 때에는 반드시 명의(明衣)를 입었는데, 베로 만들었다. 재계할
때는 반드시 음식을 바꾸었고, 거처도 반드시 자리를 옮겼다.

【補注】　此卽孔子齋戒之相, 與佛所說齋戒相同. 明衣謂新淨布
衣, 變食謂不飮酒, 不食葷肉, 遷坐謂不坐高廣床座.

【補注】　이 구절은 즉 공자가 재계할 때의 상(相)이니, 부처님께서 설
하신바 재계의 상(相)과 같다. '명의(明衣)'는 새로 만든 깨끗한 베옷을 이
른 것이고, '변식(變食)'은 술을 마시지 않고 냄새나는 채소와 날고기를
먹지 않음을 이른 것이고, '천좌(遷坐)'는 높고 넓은 자리에 앉지 않음을
이른 것이다.

「10-4」食不厭精, 膾不厭細.

「10-4」공자는 밥은 정(精)한 것을 싫어하지 않았고, 회(膾)는 가늘게 썬
것을 싫어하지 않았다.

【藕師注】　但云不厭耳, 非刻意求精細也.

【藕師注】　다만 '싫어하지 않았다.'라고 일렀을 뿐이요, 애를 써서 정(精)한 밥과 가늘게 썬 회(膾)를 구하였던 것은 아니다.

【補注】　厭, 足也, 與'饜'同. 不厭謂不多食, 可知疏食菜羹是孔子平日家風. 「鄕黨」所載食肉諸文, 或是君賜, 或是享禮, 或朋友之饋祭肉, 然且色惡不食, 臭惡不食, 失飪不食, 不時不食, 割不正不食, 沽酒市脯不食, 則孔子固以疏食飮水爲樂者也. 殺生食肉, 違佛禁戒, 亦未得爲孔子徒也.

【補注】　'염(厭)'은 충분하게 채움이니, '염(饜)'과 같다. '불염(不厭)'은 많이 먹지 않음을 이르니, 거친 음식과 나물국이 공자의 평소의 가풍임을 알 수 있다. 「향당(鄕黨)」편에 실려 있는바 식육(食肉)과 관련된 제문(諸文)은 혹 임금께서 음식을 하사(下賜)하신 경우나 혹 빙문(聘問)이 끝나고 향연 하는 자리이거나 혹 붕우가 제육(祭肉)을 선물로 주었을 때이다. 그러나 또 (공자는) 빛깔이 나쁜 것은 먹지 않았으며, 냄새가 고약한 것은 들지 않았으며, 요리를 잘못한 것은 먹지 않았으며, 제철에 나지 않은 것을 들지 않았으며, 자른 것이 바르지 않으면 먹지 않았으며, 주점(酒店)과 반점(飯店)에서 파는 술과 포(脯)의 음식을 들지 않았으니, 즉 공자는 진실로 거친 음식과 물을 마시는 것을 즐거움으로 삼았던 분이다. 살아있는 생물을 죽여서 그 죽은 고기를 먹는 것은 부처님께서 금하신 계율을 어기는 것이요, 또한 공자의 무리도 될 수 없다.

「10-5」食饐而餲, 魚餒而肉敗, 不食. 色惡, 不食. 臭惡, 不食. 失飪, 不食. 不時, 不食. 割不正, 不食. 不得其醬, 不食.

「10-5」상하여 쉰밥과 상한 생선·썩은 고기를 먹지 않았다. 빛깔이 나쁜 것을 먹지 않았다. 냄새가 나쁜 것을 먹지 않았다. 요리를 잘못한 것을 먹지 않았다. 때가 아니면 먹지 않았다. 자른 것이 바르지 않으면 먹지 않았다. 제격에 맞는 장(醬)을 얻지 못하면 먹지 않았다.

【藕師注】 色惡, 卽今所謂落色, 如黑魚·犬·蘆之類, 臭惡, 卽蔥·韭·蒜等, 割不正, 謂不當殺而殺, 或非分, 或非時也, 不得其醬, 恐致傷人, 故皆不食.

【藕師注】 '색악(色惡)'은 즉 지금의 이른바 '낙색(落色)'이라는 것이니, 예컨대 흑어(黑魚)·흑견(黑犬)·흑별(黑蘆; 검은 고사리)과 같은 따위이다. '취악(臭惡)'은 즉 파·부추·마늘 등이요, '할부정(割不正)'은 마땅히 죽여서는 안 되는데 죽인 경우이거나 혹 제대로 배분(配分)된 것이 아니거나 혹 제때가 아닌 것을 이른 것이다. '부득기장(不得其醬)'은 행여나 사람의 몸을 상하게 하는 데 이르게 될까 봐 두려워한 것이다. 그러므로 (공자는) 모두 먹지 않았다.

「10-6」肉雖多, 不使勝食氣. 惟酒無量, 不及亂.

「10-6」고기가 비록 많더라도 밥 기운을 이기게 하지 않았다. 오직 술은 정해진 주량이 없었으나 어지러운 지경까지는 미치지 않았다.

【藕師注】 生得如此好酒量, 尙以不爲酒困爲愧, 可見禹惡旨酒・佛門戒酒方是正理. 濟顚[1]・林酒仙[2]之屬, 一時權變, 不可爲典要也.

【注釋】
1) 濟顚: 1129-1202. 중국 송대(宋代)의 고승(高僧)인 제공(濟公)을 가리킨다. 제공(濟公)의 이름은 이수연(李修緣)이고, 법명은 도제(道濟)이며, 남송 시대 소흥(紹興) 원년{1131} 3월 6일 절강성(浙江省) 천태현(天台縣) 영녕촌(永寧村)에서 태어났다. 일부러 미친 척하며 세상 사람을 제도하였고, 술과 고기를 금하는 계율을 어겨 '제전(濟顚; 중생衆生을 제도濟度하는 미치광이)'이라 불렸다.
2) 林酒仙: 남송(南宋) 때의 사람이다. 홍매(洪邁)의 『이견을지(夷堅乙志)』 권17에 의하면, '임주선(林酒仙)'은 북송(北宋) 숭정 간에 평강(平江; 지금의 강소江蘇 소주蘇州)에서 살던 광승(狂僧)이라고 한다. 술을 좋아하고 한시(漢詩) 짓기를 좋아하여 무심결에 말하여도 곧 시(詩)를 완성하였는데, 당시 군인(郡人)들이 '임주선(林酒仙)'이라 불렀다고 한다.

【藕師注】 (공자는) 이처럼 훌륭한 주량을 타고 났지만, 오히려 술에 곤죽이 되어 (그로 인한) 부끄러움을 당하지 않았으니, 우(禹)임금이 맛이 좋은 술을 혐오하였고 불문(佛門)에서 술을 경계해왔던 일이 바야흐로 바른 도리임을 볼 수 있다. 제전(濟顚)과 임주선(林酒仙)의 무리는 한때의 권변(權變)이니, 가히 준칙이 될 수 없다.

「10-7」 沽酒市脯, 不食.

「10-7」 주점(酒店)과 반점(飯店)에서 파는 술과 포(脯)의 음식이 차려진 자리에 앉아 음식을 들지 않았으며,

【藕師注】 只是不坐在酒店・飯店中飮食耳, 難道他人請孔子, 定要自做酒·自殺牲?

【藕師注】 단지 주점(酒店)과 반점(飯店)에서 파는 음식이 차려진 자리에 앉지 않았을 뿐이다. 설마 타인이 공자에게 청(請)하여 (부자夫子에게) 기필코 스스로 술을 빚게 하고 스스로 살생하도록 하였겠는가?

「10-8」 不撤薑食, 不多食. 祭於公, 不宿肉. 祭肉不出三日, 出三日, 不食之矣. 食不語, 寢不言. 雖疏食·菜羹, 瓜祭, 必齊如也.

「10-8」 생강(生薑) 먹는 것을 거두지 않았으며, 많이 먹지 않았다. 나라의 제사를 도울 적에 받은 고기는 그날 밤을 넘기지 않았다. 집에서 제사를 지낸 고기는 3일을 넘기지 않았고, 3일이 지난 것은 먹지 않았다. 음식을 먹을 때는 말하지 않았고, 잠자리에 누웠을 때도 말하지 않았다. 비록 거친 밥과 채솟국일지라도 고수레를 하였는데, 꼭 재계하듯이 하였다.

【補注】 言雖疏食·菜羹·瓜果之類, 必先祭而後食, 祭必齋如也. 所謂一粥一飯, 當思來處不易.[1] 故修行人於早中二時, 當先供三寶·祖先而後自食.

【注釋】
1) 一粥一飯, 當思來處不易: 명말청초(明末淸初)의 학자 주용순(朱用純, 1627-1698)의 『치가격언(治家格言)』에 보인다. "한 그릇의 죽과 한 그릇의 밥조차도 여기까지 오는 데 쉽지 않았음을 마땅히 생각할 것이며, 반 가닥의 실오라기와 반 가닥의 천 조각도 이렇게 이 물건을 만드는 데 무척 어려웠음을 항상 생각해야 한다. [一

粥一飯, 當思來處不易; 半絲半縷, 恆念物力維艱.]"

【補注】　비록 거친 밥과 나물국·과일류일지라도 반드시 먼저 제(祭)를 지낸 뒤에 먹었으니, 제(祭)를 지낼 때는 반드시 마음을 가다듬어 재계하는 것처럼 하였음을 말한 것이다. 이른바 "한 그릇의 죽과 한 공기의 밥도 마땅히 오는 곳이 쉽지 않음을 생각해야 한다."라는 것이다. 그러므로 수행을 하는 사람은 이른 새벽과 점심 두 때에 마땅히 먼저 불(佛)·법(法)·승(僧) 삼보(三寶)와 조상께 공양을 올린 뒤에 자기가 먹는다.

「10-9」席不正不坐.

「10-9」공자는 자리가 바르지 않으면 앉지 않았다.

【藕師注】　不正, 謂不依長幼尊卑之敍.

【藕師注】　'부정(不正)'은 장유(長幼)와 존비(尊卑)의 차례에 의(依)하지 않는 것을 이른 것이다.

「10-10」鄉人飲酒, 杖者出, 斯出矣. 鄉人儺, 朝服而立於阼階.

「10-10」공자는 시골 사람들과 술을 마실 때 지팡이를 짚은 분이 나가면 곧 따라 나갔다. 시골 사람들이 굿을 할 때는 조복(朝服)을 입고 동쪽 섬돌에 서 있었다.

【藕師注】　亦是愛禮極思.

【藕師注】　또한 예를 아끼어 사려를 극진하게 한 것이다.

「10-11」問人於他邦, 再拜而送之. 康子饋藥, 拜而受之, 曰:“丘未達, 不敢嘗.”廐焚, 子退朝, 曰:“傷人乎?”不問馬. 君賜食, 必正席先嘗之. 君賜腥, 必熟而薦之. 君賜生, 必畜之.

「10-11」공자는 다른 나라에 사람을 보낼 때는 사자(使者)에게 두 번 절하고 보냈다. 계강자가 약을 보내오자, 절하고 받으면서 말하였다. “제가 이 약의 성분을 잘 알지 못하기 때문에 감히 맛보지 못합니다.” 마구간이 불탔는데, 공자가 조정에서 물러 나와 “사람이 다쳤느냐?”라고 하고, 말{마馬}에 관해서는 묻지 않았다. 공자는 임금께서 음식을 주시면 반드시 자리를 바르게 하고서 먼저 맛보았다. 임금께서 날고기를 주시면 반드시 익혀서 조상께 올렸다. 임금께서 살아있는 것을 주시면 반드시 길렀다.

【補注】　君賜生, 必畜之, 此卽孔子之護生戒殺.

【補注】　‘임금이 살아있는 것을 주시면 반드시 길렀다.’라는 이 구절이 즉 공자가 생명을 보호하고 살생을 경계한 것이다.

「10-12」侍食於君, 君祭, 先飯. 疾, 君視之, 東首, 加朝服, 拖紳. 君命召, 不俟駕行矣. 入太廟, 每事問. 朋友死, 無所歸, 曰: "於我殯."
朋友之饋, 雖車馬, 非祭肉, 不拜.

「10-12」임금을 모시고 밥을 먹을 때에 임금이 고수레하면 먼저 밥을 먹
었다. 병을 앓을 때 임금이 문병을 오시면, 머리를 동쪽으로 향하고 조
복(朝服)을 몸에 올려놓은 후에 띠를 그 위에 걸쳐놓았다. 임금이 부르면
수레에 멍에 하기를 기다리지 않고, 걸어갔다. 태묘에 들어가서는 모든
일을 물었다. 붕우가 죽었는데 돌아갈 곳이 없자, "우리 집에 빈소를 차
리라."라고 하였다. 붕우의 선물은 비록 수레와 말 같은 것이라도 제사를
지낸 고기가 아니면 절하지 않았다.

「10-13」寢不屍, 居不容.

「10-13」공자는 잠을 잘 때는 죽은 사람처럼 하지 않았고, 거처할 때는
꾸미지 않았다.

【藕師注】　吉祥而臥, 故不屍.

【藕師注】　길상(吉祥)의 자세로 누웠다. 그러므로 죽은 사람처럼 하지
않았다.

【補注】　右脅著席而臥, 謂之吉祥. 臨終吉祥而逝, 生淨土之瑞相
也. 平時習慣如此, 亦令氣脈流通.

【補注】　오른쪽 옆구리를 자리에 붙여서 눕는 것을 '길상(吉祥)'이라고 이른다. 임종할 때에 길상(吉祥)의 자세로써 떠나면 정토에 태어난다는 상서로운 징조이다. (공자의) 평상시의 습관이 이와 같았으니, 또한 기맥(氣脈)이 유통하게끔 하였다.

「10-14」見齊衰者, 雖狎必變. 見冕者與瞽者, 雖褻, 必以貌. 凶服者式之, 式負版者. 有盛饌, 必變色而作. 迅雷風烈必變. 升車, 必正立執綏. 車中不內顧, 不疾言, 不親指. 色斯舉矣, 翔而後集. 曰: "山梁雌雉, 時哉! 時哉!" 子路共之, 三嗅而作.

「10-14」상복(喪服) 입은 자를 보면 비록 절친한 사이라도 반드시 낯빛을 바꾸었다. 면류관을 쓴 자와 눈이 먼 자를 보면, 비록 사석(私席)이라도 반드시 예모(禮貌)를 갖추었다. 흉복(凶服≒喪服)을 입은 자에게 경의를 표하였고, 지도(地圖)와 호적(戶籍)을 짊어진 자에게 경의를 표하였다. 성찬(盛饌)이 있으면, 반드시 낯빛을 바꾸어 일어났다. 사납고 세찬 우레가 치고 맹렬한 바람이 불면 반드시 낯빛을 바꾸었다. 수레에 오를 때에 반드시 바르게 서서 수레 손잡이 줄을 잡았다. 수레 안에서는 안을 돌아보지 않았고, 말을 빨리하지 않았으며, 손가락으로 가리키지 않았다. 새가 사람의 기색을 보고 날아올라 빙빙 돌며 살펴본 뒤에 내려앉았다. 공자가 말하기를 "산의 다리에 있는 암꿩이여, 좋은 시절이로구나! 좋은 시절이로구나!"라고 하였다. 자로가 그 꿩을 잡아 올리니, 세 번 냄새를 맡고는 일어났다.

【藕師注】　也是實事, 也是表法. 只一'時哉時哉'四字, 便將「鄕黨」一篇血脈收盡, 而實從時習[1]中來, 故得時措之宜, 名爲時中之聖也. "三嗅而作, 正色斯擧矣."之證, 正擧集皆時之驗. 雉者, 文明之物, 雌者, 述而不作之象. 山梁者, 旣非廟堂, 亦非窮谷, 乃不行於天下, 而行於後世之象. **按『家語』: 孔子嘗自筮, 而得賁卦, 愀然有不平之狀, 謂丹漆不文, 白玉不琱, 質有餘則不受飾. 今賁, 非吾兆, 以其飾也."[2]** 蓋孔子是時『易』學未精耳. 後於『雜卦傳』云: "賁, 無色也."則得之矣. 離爲雉, 艮爲山, 故云山梁雌雉, 時哉時哉.

【校勘】　嗅: 동림사(東林寺) 인본(印本)『사서우익해(四書蕅益解)』와『선해유도총서 (禪解儒道叢書) 사서우익해(四書蕅益解)』에는 모두 '鳴{울 명}'으로 되어있으나, 하안(何 晏)의『논어집해(論語集解)』원문에 따라 '嗅{맡을 후}'로 고쳤다.

【注釋】

1) 時習: 『논어(論語)·학이(學而) 제일(第一)』제1장, "공자가 말하였다. '배우고 매 순 간 익히면 또한 기쁘지 아니한가? 벗이 먼 곳에서부터 찾아온다면 또한 즐겁지 아니한가? 남들이 알아주지 않아도 성내지 않는다면 이 또한 군자가 아니겠는 가?' [子曰: "學而時習之, 不亦說乎? 有朋自遠方來, 不亦樂乎? 人不知而不慍, 不亦君子 乎?"]"

2) 按『家語』–今賁, 非吾兆, 以其飾也: 『공자가어(孔子家語)·호생(好生)』, "공자가 일 찍이 스스로 점을 치고 그 괘(卦)가『비(賁)』를 얻었는데, 근심스러운 표정으로 평 온하지 못한 상태에 있었다. 자장이 나아가 말하였다. '제가 듣기로 점(占)을 쳐 서『비(賁)』괘(卦)를 얻으면 길(吉)하다고 하였는데, 선생님의 안색이 평온치 못하 시니 어째서입니까?' 공자가 대답하였다. '너는 이『비(賁)』괘(卦)에「리(離)」가 있 다고 해서 그러느냐?『주역』에서 산(山) 아래에 화(火)가 있는 괘(卦)를「비(賁)」라 고 하였으니, 정색(正色)의 괘(卦)가 아니다. 대저 바탕은 흑(黑)과 백(白)이 마땅 히 바른 것인데 지금「비(賁)」괘(卦)를 얻었으니, 나에게 좋은 조짐이 아니다. 내 가 듣기로 붉은 칠은 무늬를 새기지 못하며 흰 구슬은 아로새기지 못한다고 하 였으니, 어째서인가? 바탕에 여유가 있어서 꾸밈을 받을 필요가 없기 때문이다.' [孔子嘗自筮, 其卦得『賁』焉, 愀然有不平之狀. 子張進曰: "師聞卜者得『賁』卦, 吉也, 而夫子 之色有不平, 何也?" 孔子對曰: "以其離邪? 在『周易』, 山下有火謂之『賁』, 非正色之卦也. 夫 質也, 黑白宜正焉, 今得『賁』, 非吾兆也. 吾聞丹漆不文, 白玉不琱, 何也? 質有餘, 不受飾故 也."]"

【蕅師注】 실사(實事)이면서 표법(表法)이다. 단지 '시재시재(時哉時哉)'이 네 글자가 곧 무릇 「향당(鄕黨)」일편(一篇)의 혈맥을 거두어 다하였으니, 실로 '시습(時習)'으로부터 왔다. 그러므로 때에 맞게 조처한 마땅함을 얻어서, 이름하여 '시중(時中)'에 있는 성인이라고 하였다. 세 번 냄새를 맡고 일어난 것은 바로 '새가 사람의 기색을 보고 날아오름'의 증명이요, 바로 '새가 날아오르고 내려앉는 모든 때'의 증험이다. '꿩'은 문채가 밝은 생물이요, '암컷'은 '옛것을 전술하기만 하고 창작하지 않음'의 상(象)이다. '산량(山梁)'은 이미 묘당(廟堂)이 아니며 또한 깊은 산골짜기도 아니니, 곧 (지금 당장) 천하에 유행되지는 못하나 후세에는 유행될 상(象)이다. 『가어』를 보면, 공자가 일찍이 스스로 점을 치고 비괘(賁卦)를 얻자, 근심스러운 낯빛으로 평온하지 못한 형상을 하였다. 공자가 말하기를, "단칠(丹漆)은 문식(文飾)을 더하지 않으며, 흰 옥은 더는 조각을 하지 않으니, 바탕에 여유가 있으면 문식(文飾)을 받지 않는다. 지금 나온 비괘(賁卦)는 나의 조짐이 아니니, 왜냐하면 그 문식(文飾) 하는 것 때문이다."라고 하였다. 대개 공자는 이때 『역(易)』의 학문에 정밀하지 못하였다. 후에 『잡괘전』에서는 "비(賁)는 색(色)이 없다."라고 말하였으니, 그 대의를 얻었다. '리(離)'는 '치(雉)'가 되고 '간(艮)'은 '산(山)'이 되기 때문에, "산의 다리에 있는 암꿩이여, 좋은 시절이로구나! 좋은 시절이로구나!"라고 일렀다.

【補注】 色斯擧矣, 翔而後集, 而其本性不動也. 不動而隨緣, 故曰'時哉! 時哉!'. 賁之有色, 相也; 其無色, 性也. 賁, 無色也. 猶『心經』言'色卽是空.', 不待色滅方爲空也. 以色是因緣和合, 虛妄幻現, 故謂之空.

【補注】 '새가 사람의 기색을 보고 날아올라 빙빙 돌며 살펴본 뒤에 내려앉은 것'은 그 본성이 움직이지 않은 것이다. 움직이지 않지만 수연(隨緣)하기 때문에, "좋은 시절이로구나! 좋은 시절이로구나!"라고 말하였다. '비(賁)'에 '색(色)'이 있는 것은 '상(相)'이요, 그 '색(色)'이 없는 것은 '성(性)'이다. '비(賁)'는 '색(色)'이 없다. 『반야심경』에서 '색즉시공(色卽是空).'이라고 말한 뜻과 같으니, '색(色)'이 멸해야 비로소 '공(空)'이 되는 것을 기다리지 않는다. 색(色)이 곧 인연의 화합(和合)이고 허망한 환현(幻現)이기 때문에, '공(空)'이라고 이른 것이다.

【先進 第十一】

「11-1」子曰: "先進於禮樂, 野人也, 後進於禮樂, 君子也. 如用之, 則吾從先進."

「11-1」공자가 말하였다. "선진은 예악(禮樂)을 함에 있어서 야인(野人)이었고, 후진은 예악(禮樂)을 함에 있어서 군자였다. 내가 만일 예악(禮樂)을 쓴다면, 나는 선진을 따르겠다."

【蕅師注】 先進的確有野人氣象, 後進的確是君子氣象. 但君子的確不如野人, 故評論須如此, 用之須如彼.

【蕅師注】 선진은 참으로 야인(野人)의 기상이 있었고, 후진은 확실히 군자의 기상이 있다. 다만 군자는 분명히 야인(野人)만 같지 못하다. 그러므로 평론을 드디어 이처럼 하여야 했었던 것이며, 예악(禮樂)을 쓰기를 결국 저와 같이하여야 했었던 것이다.

【補注】 禮, 與其奢也, 寧儉, 樂, 與其蕩也, 激也, 寧和而平.[1] 禮樂唯心所生, 亦卽正心之具也. 心正而身修·家齊·國治·天下平矣. 今禮儉樂和, 無如佛制. 昔宋程子觀於叢林僧制, 曰: "三代威儀在是矣."[2] 誠篤論也. 如能用之天下, 則世界文明有日矣. (儉樸和平之禮樂, 野人與能焉. 孔子從先進, 欲禮樂之普及於野人也.)

1) 禮, 與其奢也, 寧儉, 樂, 與其蕩也, 激也, 寧和而平: 『논어(論語)·팔일(八佾) 제
삼(第三)』제4장, "임방이 예의 근본에 관해 물었다. 공자가 말하였다. '참 훌륭하
다, 질문이여! 예는 사치하기보다는 차라리 검소한 것이 낫다. 상(喪)은 잘 치르
기보다는 차라리 슬퍼하는 것이 낫다.' [林放問禮之本. 子曰: "大哉問! 禮, 與其奢也,
寧儉, 喪, 與其易也, 寧戚."]"
2) 三代威儀在是矣: 『이정외서(二程外書)』, "명도(明道) 선생이 선사(禪寺)에 이르렀
는데, 스님이 급히 달려와 공손하게 읍(揖)하는 성의(盛意)를 보고는 찬탄하여
말하였다. '삼대(三代)의 위의(威儀)가 모두 여기에 있구나!' 이 일조(一條)를 『주자
어록(朱子語錄)』에서는 일찍이 그 기록이 정밀하지 못하고 어의(語意)가 원만하지
못하다고 하였다. 그러나 끝내 그 말이 충분히 학자들을 절실하게 경책할 만하
였다. 그러므로 「전문잡기(傳聞雜記)」속에 아울러 수습(收拾)하여서 삭제한 바
가 없었다. 그 편록(編錄)의 뜻을 또한 대략 볼 수 있다. [明道至禪寺, 見趨進揖遜之
盛, 嘆曰: '三代威儀盡在是.'一條, 『朱子語錄』嘗謂其記錄未精, 語意不圓. 而終以其言足以
警切學者, 故竝收入傳聞雜記中, 無所刊削. 其編錄之意, 亦大略可見矣.]"

【補注】　'예(禮)'는 사치하기보다는 차라리 검소한 것이 낫고, '악(樂)'
은 그 방탕하고 격정적이기보다는 차라리 조화롭고 평온한 것이 낫다.
'예악(禮樂)'은 오직 마음이 만들어낸 바이니, 또한 즉 '정심(正心)'의 기구
이다. 마음이 바르면 몸이 닦여지고 집안이 가지런해지며 나라가 다스려
지고 천하가 화평해진다. 지금 '예(禮)'의 '검소'함과 '악(樂)'의 '화평'함은
불교의 법도만 한 것이 없다. 옛날에 송(宋)나라 정자(程子)가 총림(叢林)
의 승가(僧伽) 법도를 보고 "삼대(三代)의 위의(威儀)가 여기에 있다."라
고 말하였으니, 진실로 적절했던 평론이다. 만약 능히 천하에 적용한다
면, 세계의 문명에 (언젠가는) 복된 날이 있을 것이다. {검소하고 화평한 예
악(禮樂)은 야인(野人)들이 더불어 능히 할 수 있다. 공자가 선진을 좇았던 것은
야인(野人)들에게 예(禮)와 악(樂)을 보급하고자 해서였다.}

「11-2」子曰: "從我於陳蔡者, 皆不及門也." 德行: 顔淵·閔子騫·冉

伯牛·仲弓. 言語: 宰我·子貢. 政事: 冉有·季路. 文學: 子遊·子夏.

「11-2」공자가 말하였다. "진(陳)나라와 채(蔡)나라에서 나를 따르던 자들이 모두 문하에 있지 않구나." 덕행(德行)에는 안연·민자건·염백우·중궁이었다. 언어에는 재아·자공이었다. 정사(政事)에는 염유·계로였다. 문학(文學)에는 자유·자하였다.

【藕師注】 陳旻昭曰: "夫子尋常不喜言語, 故或云'文, 莫吾猶人也.',[1] 或云'焉用佞?',[2] 或云'予欲無言.',[3] 乃敎人何以仍立言語一科耶? 蓋空言則非聖人所取, 而有益之言, 可裨於世道·可發明至理者, 則又不可廢也. 聖門第一能言莫若宰我, 於'井有仁'[4]章及'三年喪'[5]章見之, 第二能言莫若子貢, 於'足食足兵'[6]章見之, 皆有關於世道人心之甚者也."

【注釋】

1) 文, 莫吾猶人也: 『논어(論語)·술이(述而) 제칠(第七)』 제32장, "공자가 말하였다. '문(文)은 내 남과 같지 않겠는가? 그러나 군자의 도(道)를 몸소 행함은 나도 아직 얻지 못하였다.' [子曰: "文, 莫吾猶人也. 躬行君子, 則吾未之有得."]"
2) 焉用佞: 『논어(論語)·공야장(公冶長) 제오(第五)』 제4장, "어떤 사람이 말하였다. '옹(雍)은 인(仁)하나 말재주가 없습니다.' 공자가 말하였다. '말재주를 어디에다 쓰겠는가? 말재주 있는 사람은 구변(口辯)으로 남의 말을 막아서 자주 남에게 미움만 받을 뿐이니, 그가 인(仁)한지 모르겠으나 말재주를 어디에다 쓰겠는가?' [或曰: "雍也仁而不佞." 子曰: "焉用佞? 禦人以口給, 屢憎於人. 不知其仁, 焉用佞?"]"
3) 予欲無言: 『논어(論語)·양화(陽貨) 제십칠(第十七)』 제19장, "공자가 말하였다. '나는 말이 없고자 한다!' 자공이 말하였다. '선생님께서 만일 말씀을 하지 않으시면 저희가 어떻게 도(道)를 전술하겠습니까?' 공자가 말하였다. '하늘이 무슨 말을 하더냐? 그런데도 사시(四時)가 운행되고 만물이 태어난다. 하늘이 무슨 말을 하더냐?' [子曰: "予欲無言!" 子貢曰: "子如不言, 則小子何述焉?" 子曰: "天何言哉? 四時行焉, 百物生焉. 天何言哉?"]"
4) 井有仁: 『논어(論語)·옹야(雍也) 제육(第六)』 제25장, "재아가 물었다. '인자(仁者)

는 어떤 사람이 그에게 말하기를, 「우물 속에 인(仁)이 있다.」라고 한다면, 우물 속으로 들어갈까요?' 공자가 말하였다. '어찌 그렇게 할 수 있겠는가? 군자를 우물까지 가게 할 수는 있으나 빠지게 할 수는 없으며, 이치에 맞는 말로 속일 수는 있으나 터무니없는 말로 속일 수는 없다.' [宰我問曰: "仁者雖告之曰 '井有仁焉.', 其從之也?" 子曰: "何爲其然也? 君子可逝也, 不可陷也, 可欺也, 不可罔也."]"

5) 三年喪: 『논어(論語)·양화(陽貨) 제십칠(第十七)』제21장, "재아가 물었다. '삼년상(三年喪)은 기간이 너무 오랩니다. 군자가 3년 동안 예를 행하지 않으면 예가 반드시 무너지고, 3년 동안 음악을 익히지 않으면 음악이 반드시 무너질 것입니다. 묵은 곡식이 이미 없어지고 새 곡식이 이미 올라오며 불씨를 일으키는 나무도 계절에 따라 바뀌니, 1년이면 그칠 만합니다.' 공자가 말하였다. '상중(喪中)에 쌀밥을 먹고 비단옷을 입는 것이 네 마음에 편안하냐?' 재아가 말하였다. '편안합니다.' 공자가 말하였다. '네 마음이 편안하거든 그리하라. 대저 군자는 거상(居喪)할 때는 맛있는 음식을 먹어도 달가워하지 않으며, 음악을 들어도 즐거워하지 않으며, 거처하는 것도 편안하지 않으니, 이 때문에 하지 않는 것이다. 지금 네가 편안하거든 그렇게 하라.' 재아가 밖으로 나가자, 공자가 말하였다. '재여는 인(仁)하지 못하구나. 자식은 태어나서 3년이 된 뒤에야 부모의 품을 벗어난다. 대저 3년의 상(喪)은 천하의 공통된 상례이다. 재여도 그 부모에게서 3년 동안의 사랑을 받았을 것이다!' [宰我問: "三年之喪, 期已久矣. 君子三年不爲禮, 禮必壞, 三年不爲樂, 樂必崩. 舊穀旣沒, 新穀旣升, 鑽燧改火, 期可已矣." 子曰: "食夫稻, 衣夫錦, 於女安乎?" 曰: "安." "女安則爲之. 夫君子之居喪, 食旨不甘, 聞樂不樂, 居處不安, 故不爲也. 今女安, 則爲之." 宰我出. 子曰: "予之不仁也! 子生三年, 然後免於父母之懷. 夫三年之喪, 天下之通喪也. 予也有三年之愛於其父母乎!"]"

6) 足食足兵: 『논어(論語)·안연(顏淵) 제십이(第十二)』제7장, "자공이 정치에 관해서 물었다. 공자가 말하였다. '민식(民食)을 풍족하게 하고 민병(民兵)을 충분하게 하면, 백성들이 윗사람을 믿을 것이다.' 자공이 말하였다. '반드시 부득이해서 버려야 한다면, 이 세 가지 중에 무엇을 먼저 버려야 합니까?' 공자가 말하였다. '관병(官兵)을 버려야 한다.' 자공이 말하였다. '반드시 부득이해서 버려야 한다면, 이 두 가지 중에 무엇을 먼저 버려야 합니까?' 공자가 말하였다. '관식(官食)을 버려야 한다. 예로부터 사람은 누구나 다 죽기 마련이지만, 백성들이 신의가 없으면 존립할 수가 없다.' [子貢問政. 子曰: "足食, 足兵, 民信之矣." 子貢曰: "必不得已而去, 於斯三者何先?" 曰: "去兵." 子貢曰: "必不得已而去, 於斯二者何先?" 曰: "去食. 自古皆有死, 民無信不立."]"

【藕師注】 진민소는 말하였다. "부자는 평상시에 언어를 즐거워하지 않았다. 그러므로 혹 '문(文)은 내가 남과 같지 않겠는가?'라고 말하였으며, 혹 '말재주를 어디에다 쓰겠는가?'라고 말하였으며, 혹 '나는 말을 하지

않으려고 한다.'라고 말하였다. 곧 사람을 가르침에 어찌 언어 일과(一科)를 세우겠는가? 대개 빈말은 성인이 취하는 바가 아니요, 유익한 말은 세도(世道)에 보탬이 될 수 있고 지극한 도리를 발명할 수 있으니, 또 폐할 수 없다. 성문(聖門)에서 첫 번째로 말을 잘하였던 제자는 재아(宰我)만 한 자가 없었으니, '정유인(井有仁)' 장(章)과 '삼년상(三年喪)' 장(章)에서 볼 수 있다. 두 번째로 말을 잘하였던 제자는 자공(子貢)만 한 자가 없었으니, '족식족병(足食足兵)' 장(章)에서 볼 수 있다. (그들) 모두는 세도(世道)의 인심(人心)에 깊이 관심을 기울였던 자들이다."

【補注】　德行以修己, 政事以安人, 言語以爲法於天下, 文學以流傳於後世, 聖門具此四科, 而木鐸[1]之全體大用[2]全矣. 四者兼之, 則孔子也. 四科皆德行所攝, 故顏淵稱具體而微.

【注釋】

1) 木鐸:『논어(論語)·팔일(八佾) 제삼(第三)』제24장의 정문(正文)과【藕師注】를 참조할 것.
2) 全體大用:『대학장구(大學章句)』수장(首章)의 주자 주에 보인다. "힘쓰기를 오래 하게 되어 하루아침에 환하게 관통하게 되면, 모든 사물의 겉과 속·정밀한 것과 거친 것이 이르지 않음이 없고 내 마음의 전체와 대용이 밝지 않음이 없다. [至於用力之久而一旦豁然貫通焉, 則衆物之表裏精粗, 無不到, 而吾心之全體大用, 無不明矣.]"

【補注】　덕행(德行)으로써 자기 몸을 닦고, 정사(政事)로써 백성을 편안하게 해주며, 언어로써 천하의 법이 되게 하고, 문학(文學)으로써 후세에 흘러 전하게 한다. 성문(聖門)에는 이 네 가지 과(科)가 갖추어져 있어서, 목탁(木鐸)의 전체대용(全體大用)이 완전해졌다. 네 가지 과(科)를 겸비하면 즉 공자이다. 네 가지 과(科)는 모두 덕행(德行)이 거느리는 바이다. 그러므로 안연이 그 체(體)를 갖추었으되 미약하였다고 불린 것이다.

「11-3」子曰: "回也非助我者也, 於吾言無所不說."

「11-3」공자가 말하였다. "안회는 나를 돕는 자가 아니니, 나의 말에 대해 기뻐하지 않는 것이 없도다."

【藕師注】 人問王陽明曰: "聖人果以相助望門弟子否?" 陽明曰: "亦是實話. 此道本無窮盡, 問難愈多, 則精微愈顯. 聖人之言本是周遍, 但有問難的人胸中窒礙, 聖人被他一難, 發揮得愈加精神. 若顏子胸中瞭然, 如何得問難? 故聖人亦寂然不動, 無所發揮."[1]

【注釋】

1) 人問王陽明曰-故聖人亦寂然不動, 無所發揮: 『전습록(傳習錄)』권상 341조「전덕홍서(錢德洪序)」, "내가 여쭈었다. '공자가 말하기를「안회는 내게 도움이 되는 사람이 아니다.」라고 하였는데, 성인도 과연 상조(相助)하는 것을 문하의 제자들에게 바랐던 것입니까?' 선생님께서 말씀하셨다. '이것도 실화(實話)이다. 이 도(道)는 본래 다함이 없는 것이어서, 따져 묻기를 많이 할수록 정미한 이치가 더욱 드러난다. 성인의 말은 본래 모든 것을 두루 포괄하고 있다. 다만 토론하는 사람의 가슴 속에 막혀 있는 것이 있으면, 성인은 그의 한 가지 풀기 어려운 문제를 떠맡고, 더욱 정신을 쏟을 수 있게 발휘한다. 안자와 같은 경우는 하나를 들으면 열을 알아서 가슴에서 완전하게 요해(了解)가 되었으니, 어찌 따져서 물을 것이 있었겠는가? 그러므로 성인도 고요히 움직이지 않고 발휘할 바가 없게 되었으므로,「나를 도와주는 사람이 아니다.」라고 말하였다.' [問: "孔子曰: '回也非助我者也.' 是聖人果以相助望門弟子否?" 先生曰: "亦是實話. 此道本無窮盡, 問難愈多, 則精微愈顯. 聖人之言本自周遍, 但有問難的人胸中窒礙, 聖人被他一難, 發揮得愈加精神. 若顏子聞一知十, 胸中了然, 如何得問難? 故聖人亦寂然不動, 無所發揮, 故曰'非助.'"]"

【藕師注】 한 제자가 왕양명에게 물었다. "성인은 과연 서로 돕는 것으로써 제자들에게 바랐습니까?" 왕양명이 말하였다. "역시 실화(實話)이다. 이 도(道)는 본래 다함이 없으니, 따져 묻는 것이 많아질수록 정미한 뜻이 더욱 드러난다. 성인의 말은 본디 보편적이다. 다만 난제를 논의하

는 사람의 가슴 속에 장애가 있으면, 성인은 그의 한 가지 어려운 부분을 떠맡고 더욱 정신을 쏟을 수 있게 발휘한다. (그러나) 안자의 마음이 이처럼 명료했던 경우에는 어떻게 질문을 할 수 있었겠는가? 그러므로 성인도 고요히 움직이지 않고 발휘하는 바가 없었다."

「11-4」 子曰: "孝哉閔子騫! 人不間於其父母昆弟之言."

「11-4」 공자가 말하였다. "효성스럽다, 민자건이여! 사람들이 그 부모와 형제의 칭찬하는 말에 트집을 잡지 못하는구나."

【藕師注】　從他格親苦心處表出.

【藕師注】　그가 부모에게 나아가 고심하였던 곳으로부터 (말을) 표출한 것이다.

「11-5」 南容三復白圭,[1] 孔子以其兄之子妻之.

【注釋】

1)　白圭: 『시경(詩經)·대아(大雅)·탕지십(蕩之什)·억(抑)』, "옥의 점결(玷缺)은 오히려 가히 마결(磨鑞)하여 평평하게 할 수 있거니와 말을 잘못한 흠은 어찌할 수가 없다. [白圭之玷, 尙可磨也, 斯言之玷, 不可爲也.]"

「11-5」 남용이 '백규(白圭)의 흠은 갈아서 없앨 수 있지만, 말의 흠은 없앨 수 없다.'라는 백규(白圭) 시(詩)를 하루에 세 번 반복해서 외우자, 공자가 형의 딸을 남용에게 시집보냈다.

「11-6」季康子問: "弟子孰爲好學?" 孔子對曰: "有顏回者好學, 不幸短命死矣, 今也則亡."

「11-6」계강자가 물었다. "제자 중에 누가 배우기를 좋아합니까?" 공자가 대답하였다. "안회라는 자가 배우기를 좋아했었는데, 불행히도 명이 짧아 죽었습니다. 지금은 없습니다."

【藕師注】 說了又說,[1] 深顯曾子·子思不能傳得出世道脈.

【注釋】

1) 說了又說: 공자는 『논어(論語)·옹야(雍也) 제육(第六)』 제3장과 『논어(論語)·선진(先進) 제십일(第十一)』 제6장에서 두 번씩이나 안회만이 배우기를 좋아하였다고 말하였다. "「6-3」애공이 '제자 중에 누가 배우기를 좋아합니까?' 하고 묻자, 공자가 대답하였다. '안회라는 제자가 배우기를 좋아하여 노여움을 남에게 옮기지 않고 같은 잘못을 다시 되풀이하지 않았는데, 불행히 명이 짧아 죽었습니다. 지금은 없으니, 배우기를 좋아하는 자가 있다는 말을 아직 듣지 못하였습니다.' [哀公問: "弟子孰爲好學?" 孔子對曰: "有顏回者好學, 不遷怒, 不貳過, 不幸短命死矣. 今也則亡, 未聞好學者也."]"

【藕師注】 말했던 것을 또 말했으니, 증자와 자사가 능히 출세간(出世間)의 도맥(道脈)을 전할 수 없었다는 것을 깊이 드러내었다.

「11-7」顏淵死, 顏路請子之車以爲之椁. 子曰: "才不才, 亦各言其子也. 鯉也死, 有棺而無椁. 吾不徒行以爲之椁, 以吾從大夫之後, 不可徒行也."

「11-7」 안연이 죽자 그 아버지 안로가 공자의 수레를 팔아 곽(椁)을 만들 것을 청하였다. 공자가 말하였다. "재주가 있거나 재주가 없거나, (아버지의 처지에서 본다면) 또한 각각 (죽은) 자기 자식에 대해 말할 것이다. 내 아들 리(鯉)가 죽었을 때도 관(棺)만 있고 곽(椁)은 없었다. 내가 걸어 다니면서 곽(椁)을 만들어 주지 못하는 것은 내가 대부의 반열을 따르고 있기 때문이니, (그냥) 걸어 다닐 수가 없다."

【蕅師注】 顔路只是一個流俗知見, 如何做得回的父親?

【蕅師注】 안로는 단지 일개 세속의 지견(知見)을 가졌던 자였는데, 어떻게 안회의 부친이 될 수 있었던 것인가?

「11-8」 顔淵死, 子曰: "噫! 天喪予! 天喪予!"

「11-8」 안연이 죽자, 공자가 말하였다. "아! 하늘이 나를 버리셨도다! 하늘이 나를 버리셨도다!"

【補注】 此當與'子畏於匡, 顔淵後.'[1]章合看, 可見聖賢相與之心, 如空合空,[2] 融洽無間.

【注釋】
1) 子畏於匡, 顔淵後: 『논어(論語)·선진(先進) 제십일(第十一)』 제22장, "공자가 광

(匡) 땅에서 두려운 일을 당했을 때 안연이 뒤처져 있다가 뒤따라왔다. 공자가 말하였다. '나는 네가 죽은 줄 알았다!' 어떤 사람이 말하였다. '공자가 살아있는데, 안회가 어찌 감히 죽겠는가!' [子畏於匡, 顏淵後. 子曰: "吾以女爲死矣!" 曰: "子在, 回何敢死!"]"

2) 如空合空: 『감산노인몽유집(憨山老人夢遊集)』 제33권, "중생의 미혹함이 본래부터 있어서 수많은 생멸(生滅)을 쫓아 유전(流轉)하였네. 육취(六趣)에서 윤회하는 것은 마치 죽은 아들이 어머니를 등진 것 같네. 자애로운 어머니는 그 아들을 기억하여 한시도 떠난 적이 없네. 아들이 만약 잠시 회광반조(廻光返照)를 한다면, 보지 못할 것이 없을 것이네. 나는 육도(六道)의 고통에서 벗어나겠다는 원력(願力)으로써 부처님께서 섭수(攝受) 하시는 마음으로 들어갔네. 마치 공(空)에 공(空)을 합한 것과 같고, 물을 가지고 물에다 던지는 것과 같네. [衆生迷本有, 逐諸生滅轉. 輪廻六趣中, 如亡子背母. 慈母憶其子, 未嘗一念捨. 子若暫廻光, 無有不見者. 以我出苦願, 入佛攝受心. 猶如空合空, 似以水投水.]" 『卍新纂大日本續藏經』第73冊·No.1456·憨山老人夢遊集 第33卷(X73n1456_033).

【補注】　이 구절은 마땅히 '공자가 광(匡) 땅에서 두려운 일을 당하였을 때 안연이 뒤처져 있다가 뒤따라왔다.'라는 장(章)과 합하여 보아야만, 성현의 서로 함께하는 마음이 마치 공(空)이 공(空)에 합한 것처럼 융화하여 틈이 없다는 것을 볼 수 있다.

「11-9」顏淵死, 子哭之慟. 從者曰: "子慟矣!" 曰: "有慟乎? 非夫人之爲慟, 而誰爲?"

「11-9」안연이 죽자, 공자가 애통하게 곡(哭)을 하였다. 종자(從者)가 말하였다. "선생님께서 통곡하셨습니다!" 공자가 말하였다. "내가 통곡을 하였느냐? 저 사람을 위해 통곡을 하지 아니한다면, 누구를 위해 통곡을 하겠느냐?"

【藕師注】　朝聞夕死, 夫復何憾? 只是借此以顯道脈失傳, 杜後儒之冒認源流耳. 若作孔子眞如此哭, 則獃矣.

【蕅師注】 아침에 도(道)를 듣고 저녁에 죽었으니, 대저 다시 무슨 유감이 있겠는가? 단지 이를 빌어서 도맥(道脈)의 실전됨을 드러내었고, 후유(後儒)들이 원류(源流)인 것처럼 사칭(詐稱)하는 것을 막았을 뿐이다. 만약 공자가 참으로 이처럼 곡(哭)을 하였다고 풀이한다면, 어리석은 것이다. ◎

【解說】 지욱 대사가 주자의 『논어집주』의 풀이를 비판한 것이다. 주자는 『논어집주』에서 "슬퍼하고 상심한 것이 지극하여 스스로 알지 못한 것이다. … 그의 죽음이 애석할 만하여 곡을 함에 마땅히 애통해야 하니, 다른 사람에 견줄 것이 아니라는 것을 말한 것이다. 호씨가 말하였다. '애통하고 애석한 것이 지극하면서도 베푸는 것이 그 옳음에 마땅하였으니, 대개 성정(性情)의 올바름이다.' [哀傷之至, 不自知也. … 言其死可惜, 哭之宜慟, 非他人之比也. 胡氏曰: '痛惜之至, 施當其可, 皆情性之正也.']"라고 하여, 이 장에서 공자가 안연의 죽음을 매우 슬퍼하여 통곡한 것이라고 풀이하였다. 지욱 대사는 바로 이 부분을 지적한 것이다.

「11-10」 顏淵死, 門人欲厚葬之. 子曰: "不可." 門人厚葬之. 子曰: "回也視予猶父也, 予不得視猶子也. 非我也, 夫二三子也."

「11-10」 안연이 죽자 문인(門人)들이 후하게 장사지내려 하였다. 공자가 말하였다. "안 된다." 문인들이 후하게 장사를 지냈다. 공자가 말하였다. "안회는 나를 아버지처럼 여겼는데 나는 그를 자식처럼 보지 못하였다.

나의 탓이 아니라 저 몇몇 제자들 탓이다."

【藕師注】 卓吾云: "不是推干系."[1] 方外史曰: "孔子待回厚到底, 後之欲厚其子弟者思之."

【注釋】

1) 不是推干系: 『논어평(論語評)·선진(先進) 제십일(第十一)』 제10장, "[評] 可當大哭. 夫子慟之如此, 却又不肯厚葬, 這是何意? 極好參! {크게 통곡하는 것이 마땅하다. 부자가 통곡한 것이 이와 같았는데 또 후하게 장사지내려 하지 않았으니, 이는 어떠한 뜻인 가? 깊이 참구해라!} 旁批: 不是推干系." 앞의 책, 200면.

【藕師注】 이탁오는 이렇게 말하였다. "책임을 미룬 것이 아니다."
   방외사는 말한다. "공자가 안회를 대우(待遇)한 것이 끝까지 두터웠으 니, 훗날 그 자제들에게까지 후하게 하려고 하였던 것임을 생각해라!"

「11-11」季路問事鬼神. 子曰: "未能事人, 焉能事鬼?" "敢問死." 子曰: "未知生, 焉知死?"

「11-11」 계로가 귀신 섬기는 일을 물었다. 공자가 말하였다. "살아있는 사람을 잘 섬기지 못한다면, 어떻게 귀신을 잘 섬길 수 있겠는가?" 계로 가 물었다. "감히 죽음에 관해서 묻습니다." 공자가 말하였다. "삶을 알 지 못한다면, 어떻게 죽음에 대해서 알겠는가?"

【藕師注】 季路看得死生是兩橛, 所以認定人鬼亦是兩事. 孔子了知 十法界不出一心, 生死那有二致? 正是深答子路處. 程子之言頗得之.

【蕅師注】　계로는 죽음과 삶이 두 개의 양귈(兩橛; 양단兩端)인 것으로 보았다. 이 때문에 사람과 귀신도 두 가지 일인 것으로 굳게 믿었다. 공자는 십법계(十法界)가 일심(一心)을 벗어나지 않는다는 것을 뚜렷하게 알았으니, 삶과 죽음에 어찌 일치하지 않는 것이 있었겠는가? 바로 자로에게 심오하게 대답하였던 자리이다. 정자의 말이 자못 그 오의(奧義)를 얻었다. ◎

【補注】　知本性無生無死, 然後知生知死, 知本性非人非鬼, 然後能事人事鬼. 一切衆生皆有佛性, 一切人鬼皆當願其成佛, 此事人事鬼之大道也.

【補注】　본성은 삶이 없고 죽음이 없다는 것을 뚜렷하게 이해한 연후에, 삶을 알고 죽음을 알며, 본성은 사람이 아니고 귀신이 아닌 것을 분명하게 깨달아 안 연후에 능히 사람을 섬길 수 있고 귀신을 섬길 수 있다. 일체의 중생에게는 모두 불성(佛性)이 있고, 일체의 사람들과 귀신들은 모두 마땅히 성불(成佛)하기를 원하니, 이것이 (바로) 사람을 섬기고 귀신을 섬기는 큰 도(道)이다.

【解說】　지욱 대사의 주석 말미에 있는 '정자지언파득지(程子之言頗得之)'는 주자가 『논어집주』에서 인용한 정자의 말을 지욱 대사가 허여한 것이다. 정자는 "낮과 밤은 삶과 죽음의 도(道)이다. 삶의 도(道)를 안다면 죽음의 도(道)를 알 것이요, 사람 섬기는 도리를 다하면 귀신 섬기는 도리를 다할 것이다. 삶과 죽음, 사람과 귀신은 하나이면서 둘이고 둘이면서 하나이다. 혹자는 말하기를 '부자가 자로에게 말씀해 주지 않았다.'라고 하는데, 이것은 바로 깊이 일러 준 것임을 알지 못한 것이다. [程子曰:

"晝夜者, 死生之道也. 知生之道, 則知死之道, 盡事人之道, 則盡事鬼之道, 死生人鬼, 一而二, 二而一者也. 或言'夫子不告子路', 不知此乃所以深告之也."]"라고 하였다.

「11-12」閔子侍側, 誾誾如也, 子路, 行行如也, 冉有·子貢, 侃侃如也. 子樂. "若由也, 不得其死然."

「11-12」민자건은 옆에서 모실 때 온화하였고, 자로는 굳세었고, 염유와 자공은 강직하였다. 공자가 (이를) 즐거워하였다. (공자가 말하였다.) "유(由; 자로子路)의 경우에는 제대로 죽지 못할 것 같다."

「11-13」魯人爲長府, 閔子騫曰: "仍舊貫, 如之何? 何必改作?" 子曰: "夫人不言, 言必有中."

「11-13」노(魯)나라 사람이 장부(長府)라는 창고를 짓자, 민자건이 말하였다. "옛일을 그대로 따르는 것이 어떻겠는가? 하필 꼭 고쳐 지어야 하는가?" 공자가 말하였다. "저 사람은 말을 하지 않을지언정, 말을 하면 반드시 도리에 맞는다."

【蕅師注】 卓吾云: "勸魯人也, 非讚閔子也."[1]

【注釋】
1) 勸魯人也, 非讚閔子也: 『논어평(論語評)·선진(先進) 제십일(第十一)』 제13장, "[評]

'夫人不言, 言必有中.', 勸魯人也, 非讚閔子也." 앞의 책, 202면.

【藕師注】 이탁오는 이렇게 말하였다. "노(魯)나라 사람에게 권려하였던 것이지, 민자건을 칭찬하였던 것은 아니다." ◎

【解說】 지욱 대사가 주자의 『논어집주』 풀이를 비판한 것이다. 주자는 『논어집주』에서 "말을 망령되이 발설하지 않고, 말을 내면 반드시 이치에 맞는 것은 오직 덕(德)이 있는 자만이 능히 할 수 있다. [言不妄發, 發必當理, 惟有德者能之.]"라고 풀이를 하였다. 지욱 대사는 바로 이 점을 지적하여, "노(魯)나라 사람에게 권려하였던 것이지, 민자건을 칭찬하였던 것은 아니다."라는 이탁오의 말을 인용하여 주석을 내었다.

「11-14」子曰: "由之瑟奚爲於丘之門?" 門人不敬子路, 子曰: "由也升堂矣, 未入於室也."

「11-14」(자로子路가 슬瑟을 탈 적에 그 소리가 조화롭지 못하였으매,) 공자가 말하였다. "중유의 슬(瑟)을 어찌 나의 문 안에서 연주하는가?" 문인(門人)들이 자로를 공경하지 않자, 공자가 말하였다. "자로는 그 학문이 마루에는 올랐고, 아직 방에는 들어오지 못하였다."

【藕師注】 收之則升堂, 揀之則門外, 可參.

【藕師注】 거두어들이면 마루에는 올랐고, 가려서 빼면 (안방의) 문밖에 있었으니, 참구할 만하다.

「11-15」子貢問: "師與商也孰賢?" 子曰: "師也過, 商也不及." 曰: "然則師愈與?" 子曰: "過猶不及."

「11-15」자공이 물었다. "자장과 자하 중 누가 더 낫습니까?" 공자가 말하였다. "자장은 지나치고, 자하는 미치지 못한다." 자공이 물었다. "그러면 자장이 더 낫습니까?" 공자가 말하였다. "지나침은 미치지 못함과 같다."

【藕師注】 卓吾云: "然則師愈, 子貢却呈自己供狀, 過猶不及, 夫子亦下子貢鉗錘.[1]"[2]

【注釋】

1) 鉗錘: '겸추(鉗鎚)'와 같다. '대장장이가 쇠붙이를 단련하는 집게와 망치'라는 뜻인데, 선승(禪僧)의 엄격한 지도력을 비유한다. 『지월록(指月錄) 권28·융흥부황룡령원유청선사(隆興府黃龍靈源惟淸禪師)』조(條)에 보인다. "옛날의 학자가 말끝에서 생사를 벗어날 수 있었던 것은 그 효력이 어느 곳에 있었는가 하면, 훔치려는 마음이 이미 죽어버린 데에 있었다. 그러나 이는 학자가 스스로 능했던 것이 아니요, 실로 사가(師家)의 겸추(鉗鎚)가 오묘하게 세밀했었던 것이다. [古之學者, 言下脫生死, 効在甚麽處, 在偸心已死, 然非學者自能爾, 實師家者鉗錘妙密也.]" 정원스님 편저, 『국역태화선학대사전(國譯泰華禪學大辭典)』1책(ㄱ), 평심사 태화당, 2019, 349면.
2) 然則師愈-夫子亦下子貢鉗錘: 『논어평(論語評)·선진(先進) 제십일(第十一)』 제15장, "[評] 然則師愈, 子貢却呈自己供狀, 過猶不及, 夫子亦下子貢鉗錘." 앞의 책, 202면.

【藕師注】 이탁오는 이렇게 말하였다. "'연즉사유(然則師愈)'는 자공이 자기의 진술을 드러내 보인 것이요, '과유불급(過猶不及)'은 부자가 또한 자공에게 겸추(鉗鎚)를 내린 것이다.

「11-16」 季氏富於周公, 而求也爲之聚斂而附益之. 子曰: "非吾徒也, 小子鳴鼓而攻之可也."

「11-16」 계씨가 주공보다 부유하였는데도 염구가 그를 위해 세금을 많이 거두어 재산을 더 늘려주었다. 공자가 말하였다. "염구는 우리 무리가 아니니, 너희 제자들이 북을 울려 그의 죄를 성토하여도 괜찮다."

【藕師注】　卓吾云: "攻求正所以攻季氏."[1]

【注釋】

1)　攻求正所以攻季氏: 『논어평(論語評)·선진(先進) 제십일(第十一)』 제16장, "[評] 攻冉求正所以攻季氏." 앞의 책, 203면.

【藕師注】　이탁오는 이렇게 말하였다. "염구를 공박(攻駁)한 것은 바로 계씨를 공박(攻駁)한 것이다." ◎

「11-17」 柴也愚, 參也魯, 師也辟, 由也喭.

「11-17」 "고시(高柴)는 어리석고, 증삼(曾參)은 노둔하고, 전손사(顓孫師)는 치우치고, 중유(仲由)는 거칠다."

【藕師注】　卓吾云: "識得病, 便是藥."[1]

【注釋】

1)　識得病, 便是藥: 『논어평(論語評)·선진(先進) 제십일(第十一)』 제17장, "[評] 識得

病, 便是藥." 앞의 책, 203면.

【藕師注】 이탁오는 이렇게 말하였다. "병통을 인식하면 바로 약이 된다."

「11-18」子曰: "回也其庶乎? 屢空. 賜不受命, 而貨殖焉, 億則屢中."

「11-18」 공자가 말하였다. "안회는 아마 도(道)에 가까웠겠지? 하지만 자주 끼니를 걸렀다. 단목사(端木賜)는 천명을 받지 않았으나 재화를 불렸으니, 억측해도 자주 적중하였다."

【藕師注】 凡夫受命所縛, 賢人能不受命, 惟聖人眞學問則知命, 而不必轉命. 是故有志爲聖人者, 只須俟命. 今直以'屢空'二字傳顔子之神, 作子貢之藥. 子貢一生吃了億則屢中之虧, 便不受命, 而貨不覺其自殖矣.

【藕師注】 범부들은 명(命)을 받아들이는 것에 결박되나, 현인들은 능히 명(命)을 받아들이지 않을 수 있다. 오직 성인의 참된 학문만이 곧 명(命)을 알기에 명(命)을 굴릴 필요가 없다. 이 때문에 성인이 되는 일에 뜻을 둔 자들은 다만 모름지기 명(命)을 기다리기만 하면 된다. 지금 곧바로 '누공(屢空)' 두 글자로써 안자의 정신을 전하였고, 자공에게 필요한 약을 만들어 주었다. 자공의 일생은 억측해도 자주 적중하는 이지러진 운(運)을 당하였기에, 곧 명(命)을 받아들이지 않았음에도 재화가 자신도 모르는 새에 저절로 불어났다.

「11-19」 子張問善人之道. 子曰: "不踐跡, 亦不入於室."

「11-19」 자장이 선인(善人)의 도(道)를 물었다. 공자가 말하였다. "자취를 밟지 않아서 또한 방 안에는 들어가지 못한 것이다."

【藕師注】 此須四句料揀. 一·踐跡而入室, 君子也, 二·不踐跡而入室, 聖人也, 三·不踐跡而不入室, 善人也, 四·踐跡不入室, 有恆也.

【藕師注】 이 구절에서는 모름지기 사구(四句)를 잘 헤아려 판정해야 한다. 첫째, 자취를 밟아서 입실한 자는 군자요, 둘째, 자취를 밟지 않고서도 입실한 자는 성인이요, 셋째 자취를 밟지 않아서 입실하지 못한 자는 선인(善人)이요, 넷째 자취를 밟았으되 입실하지 못한 자는 항심(恆心)이 있는 사람이다. ◎

【解說】 이 장(章)에 보이는 '선인(善人)'에 대해서 주자는 『논어집주』에서 "선인이란 바탕은 아름다우나 배우지 못한 사람이다. [善人, 質美而未學者也.]"라고 주를 달았다. 즉, '선인(善人)'이란 '도덕성을 갖춘 선량한 사람'이라는 것이다. 형병(邢昺)도 소(疏)에서 "선인(善人)은 곧 군자이다. [善人, 卽君子也.]"라고 풀이하였다.[20] 한편, 지욱 대사는 '선인(善人)'이란 자취를 밟지 않아서 입실하지 못한 사람으로 풀이하면서, 자취를 밟아서 입실한 자인 '군자(君子)'와는 분명하게 구별을 하였다.

---

20 김언종, 「丁茶山의 朱子 『論語集註』 批判(6)」, 『한문교육연구』 제33권, 한국한문교육학회, 2009, 451면.

「11-20」子曰: "論篤是與, 君子者乎? 色莊者乎?"

「11-20」공자가 말하였다. "논변이 독실하다고 하여 그를 허여한다면 군자다운 사람인가? 얼굴만 장엄한 사람인가?"

【藕師注】　不但教人勘他, 亦是要人自勘.

【藕師注】　비단 사람들에게 그것에 대해 따져 묻게 하였던 것일 뿐만 아니라, 또한 사람들에게 스스로 생각해 보게 하고자 하였다.

「11-21」子路問: "聞斯行諸?" 子曰: "有父兄在, 如之何其聞斯行之?" 冉有問: "聞斯行諸?" 子曰: "聞斯行之." 公西華曰: "由也問聞斯行諸, 子曰'有父兄在', 求也問聞斯行諸, 子曰'聞斯行之'. 赤也惑, 敢問." 子曰: "求也退, 故進之, 由也兼人, 故退之."

「11-21」자로가 물었다. "(옳은 일을) 들으면 곧바로 행해야 합니까?" 공자가 말하였다. "부형이 계시니, 어찌 듣고 곧바로 행할 수 있겠느냐?" 염유가 물었다. "(옳은 일을) 들으면 곧바로 행해야 합니까?" 공자가 말하였다. "들으면 곧바로 행해야 한다." 공서화가 말하였다. "유(由)가 '(옳은 일을) 들으면 곧바로 행해야 합니까?'하고 묻자, 선생님께서는 '부형이 계시다.'라고 하셨고, 염구(冉求)가 '들으면 곧바로 행해야 합니까?'하고 묻자, 선생님께서는 '들으면 곧바로 행해야 한다.'라고 대답하셨습니다. 저는 의심이 들었으니, 감히 묻겠습니다." 공자가 말하였다. "염구(冉求)는 뒤로 물러나므로 나아가게 하였고, 유(由)는 남보다 앞서가므로 한발 물러나게 하였다."

【藕師注】　卓吾云: "赤原不問由·求, 還問赤耳."[1] 方外史曰: "答由·求卽是答赤."

【注釋】

1)　赤原不問由·求, 還問赤耳: 『논어평(論語評)·선진(先進) 제십일(第十一)』 제21장, "[評] 赤原不問由·求, 還問赤耳. 要知! 要知!" 앞의 책, 205면.

【藕師注】　이탁오는 이렇게 말하였다. "적(赤)은 원래 유(由)와 구(求)에 대해 질문하지 않았고, 도리어 적(赤) 자신에 대해 질문하였을 뿐이다."
　방외사는 말한다. "유(由)와 구(求)에게 대답한 것이 즉 적(赤)에게 대답한 것이다."

「11-22」子畏於匡, 顏淵後. 子曰: "吾以女爲死矣!" 曰: "子在, 回何敢死!"

「11-22」공자가 광(匡) 땅에서 두려운 일을 당했을 때 안연이 뒤처져 있다가 뒤따라왔다. 공자가 말하였다. "나는 네가 죽은 줄 알았다!" 어떤 사람이 말하였다. "선생님께서 살아계시는데, 안회가 어찌 감히 죽겠습니까!"

【藕師注】　卓吾云: "'吾以汝爲死', 驚喜之辭. '子在, 回何敢死', 誰人說得出?"[1] 方外史曰: "悟此方知聖人不必慟哭, 又知聖人必須慟哭."

【注釋】

1) '吾以汝爲死', 驚喜之辭. '子在, 回何敢死', 誰人說得出:『논어평(論語評) · 선진(先進) 제십일(第十一)』 제22장, "[評] '子在, 回何敢死?', 誰人說得出? 畢竟子在, 回又死了, 何故? 何故? {'나는 네가 죽은 줄 알았다.'라는 말은 몹시 놀라며 기뻐하였던 언사이다. '선생님께서 살아 계시는데, 안회가 어찌 감히 죽겠습니까?'라고 하였는데, 어느 누가 이렇게 말할 수 있겠는가? 그러나 필경에는 공자가 살아있었는데도 안회는 또한 죽었으니, 무슨 까닭인가? 무슨 까닭인가?}" 앞의 책, 205면.

【藕師注】 이탁오는 이렇게 말하였다. "'나는 네가 죽은 줄 알았다. [吾以汝爲死.]'라는 말은 몹시 놀라며 기뻐하였던 언사이다. '선생님께서 살아 계시는데, 안회가 어찌 감히 죽겠습니까! [子在, 回何敢死!]'라고 하였는데, 어느 누가 이렇게 말할 수 있겠는가?"

　방외사는 말한다. "이 구절을 깨닫게 된다면, 바야흐로 성인이 통곡할 필요가 없었던 이유를 알게 될 것이며, 또 성인이 반드시 통곡해야만 했었던 까닭을 알게 될 것이다."

「11-23」 季子然問: "仲由 · 冉求, 可謂大臣與?" 子曰: "吾以子爲異之問, 曾由與求之問. 所謂大臣者, 以道事君, 不可則止. 今由與求也, 可謂具臣矣." 曰: "然則從之者與?" 子曰: "弑父與君, 亦不從也."

「11-23」 계자연이 물었다. "중유와 염구는 대신(大臣)이라고 이를 만합니까?" 공자가 말하였다. "나는 그대가 좀 특별한 질문을 하리라고 생각했었는데, 기껏 중유와 염구에 관해서 묻는구나. 이른바 '대신(大臣)'이라는 자는 도(道)로써 군주를 섬기다가 안 되면 그만두는 것이다. 지금 중유와 염구는 숫자만 채우는 신하라고 말할 수 있다." 계자연이 말하였다. "그렇다면 이들은 따르기만 하는 자들입니까?" 공자가 말하였다.

"아버지와 군주를 시해하는 일은 또한 따르지 않을 것이다."

【藕師注】 字字鈇鉞, 足使子然喪魄.

【藕師注】 한 글자 한 글자가 부월(鈇鉞)이니, 자연(子然)이 넋을 잃게 하기에 충분하다.

「11-24」子路使子羔爲費宰. 子曰: "賊夫人之子!" 子路曰: "有民人焉, 有社稷焉, 何必讀書, 然後爲學?" 子曰: "是故惡夫佞者!"

「11-24」자로(子路)가 자고(子羔)를 비읍(費邑)의 읍재로 삼았다. 공자가 말하였다. "남의 자식을 해치는구나!" 자로가 말하였다. "백성들이 있고 사직(社稷)이 있으니, 어찌 반드시 글을 읽은 뒤에야 학문한다고 하겠습니까?" 공자가 말하였다. "이 때문에 내가 말재주 있는 자들을 미워하는 것이다!"

【藕師注】 夫子元不責子羔不讀書, 子路那得知之?

【藕師注】 부자는 원래 자고가 글을 읽지 않은 것을 책망한 것이 아니었으니, 자로가 어찌 이 뜻을 알 수 있었으랴?

【補注】 惡夫佞者, 謂惡夫讀書而不能敎民人·安社稷者也. 能言而不能行, 故謂之佞. 此章當與『左傳』'鄭子皮欲使尹何爲邑.'[1]章合讀.

【注釋】

1) "자피(子皮)가 윤하(尹何)를 자기 봉읍(封邑)의 읍재(邑宰)로 삼으려 하자, 자산(子産)이 '그는 연소(年少)하니 고을을 다스릴 수 있을는지 모르겠습니다.'라고 하였다. 자피(子皮)가 말하기를 '그는 사람됨이 신중하고 선량하여 내 그를 사랑하니, 나를 배반하지 않을 것입니다. 그를 읍재로 보내어 정사(政事)를 배우게 하면 그 또한 다스리는 방법을 더욱 잘 알게 될 것입니다.'라고 하니, 자산(子産)이 말하기를 '옳지 않습니다. 사람이 남을 사랑하는 것은 이익을 구하기 위해서인데, 지금 당신께서는 사랑하는 사람이면 그에게 정사(政事)를 맡기려 하시니, 이는 마치 칼을 잡을 줄도 모르는 자에게 희생(犧牲)을 잡게 하는 것과 같아서 그가 다치는 일이 실로 많을 것입니다. 당신께서 사람을 사랑하는 것은 단지 그를 다치게 할 뿐이니, 그 누가 감히 당신께 사랑받기를 구하겠습니까? 당신은 정(鄭)나라의 동량(棟梁)이십니다. 동량(棟梁)이 꺾여 서까래가 무너지면 나도 장차 압사(壓死)할 것이니, 어찌 감히 할 말을 다 하지 않을 수 있겠습니까? 당신께 아름다운 비단이 있다면 재단(裁斷)할 줄도 모르는 사람에게 그 비단을 주어 재단하는 법을 배우게 하지는 않을 것입니다. 대관(大官; 邑宰)과 대읍(大邑; 封邑)은 당신을 두둔하는 울타리인데 도리어 배우는 자에게 맡겨 다스리게 하려 하시니, 당신께선 아름다운 비단을 대관(大官)과 대읍(大邑)보다 더 중대하게 여기는 것이 아닙니까? 나는 배운 뒤에 정사(政事)에 입문(入門)했다는 말은 들었지만, 정사(政事)를 학습의 대상으로 삼았다는 말은 듣지 못하였습니다. 만약 끝내 이 사람을 읍재로 삼는다면 반드시 해로운 일이 있을 것입니다. 비교하자면 사냥하는데 활을 쏘면서 수레를 모는 일에 익숙한 사람이라면 짐승을 잡을 수 있지만, 수레에 올라 활을 쏘면서 수레를 몰아본 적이 없는 사람이라면 수레가 엎어져 치여 죽을까만을 두려워할 것이니, 어느 겨를에 짐승 잡기를 생각하겠습니까?'라고 하였다. 자피(子皮)가 말하기를 '훌륭한 말씀입니다. 내가 사리(事理)에 어두웠습니다. 내 듣건대 「군자(君子)는 큰일과 먼 앞일 알기를 힘쓰고, 소인(小人)은 작은 일과 가까운 일{목전目前의 일} 알기를 힘쓴다.」라고 하였으니 나는 소인(小人)입니다. 의복(衣服)은 내 몸에 입는 것이어서 나는 이를 잘 알므로 신중히 처리하였고, 대관(大官)과 대읍(大邑)은 나 자신을 두둔하는 울타리인데도 나는 멀리 있는 일로 여겨 가벼이 생각하였습니다. 그대의 말이 아니었다면 나는 알지 못했을 것입니다. 전일(前日)에 나는 「그대가 정(鄭)나라를 다스리시오. 나는 우리 가정(家庭)을 다스려 내 몸을 보호하는 것이 좋겠소.」라고 하였습니다만 지금에서야 나의 부족함을 알았으니 오늘부터는 비록 우리 가정의 일이라 하더라도 그대의 명을 들어 처리하겠습니다.'라고 하니, 자산(子産)이 말하기를 '사람의 마음이 같지 않은 것이 마치 얼굴이 서로 같지 않은 것과 같으니, 어찌 감히 당신의 얼굴{마음을 뜻함}이 내 얼굴과 같다고 하겠습니까? 그러나 마음에 위험하다고 여겨지는 일이 있으면 말씀드리겠습니다.'라고 하였다. 자피(子皮)는 자산(子産)을 충성스러운 사람으로 여겼다. 그러므로 자산(子産)에게 정사(政事)를 맡기니, 자산(子産)이 이로 인해 정(鄭)나라를

잘 다스리게 되었다. [子皮欲使尹何爲邑. 子産曰: ‘少, 未知可否?’ 子皮曰: ‘愿, 吾愛之, 不吾叛也. 使夫往而學焉, 夫亦愈知治矣.’ 子産曰: ‘不可, 人之愛人, 求利也. 今吾子愛人則以政, 猶未能操刀而使割也. 其傷實多. 子之愛人, 傷之而已. 其誰敢求愛於子? 子於鄭國, 棟也. 棟折榱崩, 僑將厭焉, 敢不盡言. 子有美錦, 不使人學製焉. 大官大邑, 身之所庇也, 而使學者製焉. 其爲美錦, 不亦多乎? 僑聞學而後入政, 未聞以政學者也. 若果行此, 必有所害. 譬如獵田, 射御貫則能獲禽. 若未嘗登車, 射御, 則敗績厭覆是懼, 何暇思獲?’ 子皮曰: ‘善哉! 虎不敏. 吾聞君子務知大者遠者, 小人務知小者近者. 我, 小人也. 衣服附在吾身, 我知而愼之. 大官大邑, 所以庇身也, 我遠而慢之, 微子之言, 吾不知也. 他日我曰「子爲鄭國, 我爲吾家, 以庇焉, 其可也.」今而後知不足. 自今請, 雖吾家, 聽子而行.’ 子産曰: ‘人心之不同, 如其面焉. 吾豈敢謂子面如吾面乎? 抑心所謂危, 亦以告也.’ 子皮以爲忠, 故委政焉. 子産是以能爲鄭國.]”

【補注】 ‘말재주 있는 자를 미워하는 것{오부녕자惡夫佞者}’이란, 대저 글을 읽었어도 능히 민인(民人)들을 가르치지 못하고 사직(社稷)을 안정시키지 못하는 자를 미워하는 것을 이른다. 능히 말을 할 수는 있으나 능히 실행하지 못하기 때문에, ‘말재주’라고 이른다. 이 장(章)은 마땅히 『좌전(左傳)』의 ‘정(鄭)나라 자피(子皮)가 윤하(尹何)에게 읍(邑)을 다스리게 하고자 하였다. [鄭子皮欲使尹何爲邑.]’라는 장(章)과 합하여 읽어야만 한다.

「11-25-1」子路·曾晳·冉有·公西華侍坐. 子曰: “以吾一日長乎爾, 毋吾以也. 居則曰: ‘不吾知也!’ 如或知爾, 則何以哉?”

「11-25-1」자로·증석·염유·공서화가 공자를 모시고 앉아 있었다. 공자가 말하였다. “내 나이가 너희들보다 다소 많다 하여, 나 때문에 말하기를 어려워하지 말아라. 너희들이 평소에 말하기를 ‘나를 알아주지 않는다!’라고 하였는데, 만일 혹시라도 너희들을 알아준다면 어떻게 하겠느냐?”

【藕師注】 聖賢心事, 雖隱居求志, 而未嘗置天下於度外, 雖遑遑汲汲, 而未嘗橫經濟於胸中. 識得此意, 方知禹·稷·顔子, 易地皆然. 奈四子各見一邊, 終不能知孔子行處, 故因此侍坐, 巧用鉗錘, 以曾點之病, 爲三子之藥, 又以三子之病, 爲曾點之藥也.

【藕師注】 성현의 심사(心事)는 비록 은거하여 뜻을 구할지라도 일찍이 법도의 밖에 천하를 내버려 둔 적이 없었으며, 비록 황급하고 다급한 상황일지라도 일찍이 흉중에 천하를 경영하고 세상을 구제하는 일을 저버린 적이 없었다. 이러한 뜻을 안다면, 바야흐로 우(禹)임금·후직(后稷)·안자가 (설령) 자리를 바꾼다고 할지라도 모두 그렇게 할 것을 알 것이다. 유감스럽게도 네 사람은 각자 한 쪽만을 보고, 끝내 공자의 행처(行處)를 능히 알지 못하였다. 그러므로 곁에서 (공자를) 모시고 앉아 있는 이때를 인하여 교묘하게 겸추(鉗錘)를 써서 증점(曾點)의 병통으로써 세 사람의 약으로 삼았던 것이며, 또 세 사람의 병통으로써 증점(曾點)의 약으로 삼았던 것이다.

「11-25-2」子路率爾而對曰: "千乘之國, 攝乎大國之間, 加之以師旅, 因之以饑饉, 由也爲之, 比及三年, 可使有勇, 且知方也." 夫子哂之.

「11-25-2」 자로가 경솔하게 대답하였다. "천승(千乘)의 나라가 대국 사이에 끼어 있어서 군대의 침략을 받고 따라서 기근이 든다 하더라도, 제가 다스려서 3년 정도에 미치면 백성들을 용맹하게 하고 또 방소(方所)를 알게 할 수 있습니다." 공자가 손뼉을 치며 크게 웃었다.

【藕師注】 子路說的句句不虛, 又且高興熱鬧, 所以夫子爲之撫掌大笑. 袁了凡[1]曰: "『禮』云: '笑不至矧.'[2] '矧'與'哂'同, 露齦大笑也. 居喪則笑不至矧. 今言志時, 聞此暢談, 何妨大笑. 若注云微笑, 則成尖酸氣象矣."

【注釋】

1) 袁了凡: 1533-1606. 명대(明代)의 사상가이다. 초명(初名)은 표(表)이고, 뒤에 황(黃)으로 개명(改名)하였다. 자(字)는 경원(慶遠)이고, 또 다른 자(字)는 곤의(坤儀)·의보(儀甫)이다. 초호(初號)는 학해(學海)이고, 뒤에 료범(了凡)으로 고쳤다. 후세 사람들은 보통 그의 호인 '료범(了凡)'으로써 일컬었다. 절강(浙江) 가흥부(嘉興府) 가선현(嘉善縣) 위당진(魏塘鎮) 사람이다. 만년(晚年)에는 벼슬을 사양하고서 오강(吳江) 로허(蘆墟) 조전촌(趙田村)에 은거하였다. 이 때문에 오강인(吳江人)이라고도 한다. 자식을 훈계하기 위해 『요범사훈(了凡四訓)』이라는 명저(名著)를 저술하였다.

2) 笑不至矧:『예기(禮記)·곡례(曲禮) 상(上)』, "부모가 병이 있으면 갓을 쓴 사람은 머리를 빗지 않으며, 다닐 때는 나는 듯이 걷지 않으며, 말할 때는 실없는 말을 하지 않으며, 금(琴)과 슬(瑟)을 연주하지 않으며, 고기를 먹되 물리는 데까지 먹지 않으며, 웃되 잇몸이 드러나도록 웃지 않으며, 성내어도 꾸짖는 데까지 이르지 않게 해야 한다. 부모가 병이 나으면 다시 예전처럼 해야 한다. [父母有疾, 冠者不櫛, 行不翔, 言不惰, 琴瑟不御, 食肉不至變味, 飲酒不至變貌, 笑不至矧, 怒不至詈. 疾止復故.]"

【藕師注】 자로의 당찬은 이야기는 구절구절마다 허황되지 않으며, 또 게다가 사람들을 기쁘고 즐겁게 한다. 이 때문에 부자는 박장대소(拍掌大笑)를 하였다. 원료범은 말하였다. "『예기(禮記)』에서 이르기를, '웃음은 잇몸이 드러나는 데에까지 이르지 않는다{잇몸이 드러나도록 크게 웃지 않는다.}.'라고 하였다. '신(矧)'은 '신(哂)'과 같으니, 잇몸을 노출하여 크게 웃는 것이다." 상중(喪中)에 있으면 잇몸이 드러나도록 크게 웃지 않는데, 지금처럼 각자의 뜻을 말하는 때에 이러한 흉금을 털어놓은 이야기를 듣고서 크게 웃은들 무슨 상관이 있겠는가? 예컨대 주자주(朱子注)에서

'미소(微笑)지었다.'라고 이른 것 같은 경우에는 말에 가시가 돋친 신랄한 기상을 이룬 것이다. ◎

【解說】　　지욱 대사 주석 가운데 말미의 '약주운미소(若注云微笑), 즉 성첨산기상의(則成尖酸氣象矣).'는 주자의 『논어집주』 풀이를 비판한 것이다. 주자는 위의 정문(正文)의 주(注)에서 "'솔이(率爾)'는 경솔하고 급한 모양이다. '섭(攝)'은 관속(管束)이다. 2,500명을 '사(師)'라 하고, 500명을 '려(旅)'라 한다. '인(因)'은 '따라서'이다. 곡식이 성숙되지 않음을 '기(饑)'라 하고, 채소가 성숙되지 않음을 '근(饉)'이라 한다. '방(方)'은 향함이니, 의리(義理)에 향함을 말한다. 백성이 의리(義理)에 향하면 윗사람을 친애하고, 어른을 위해 죽을 수 있다. '신(哂)'은 미소(微笑)이다. [率爾, 輕遽之貌. 攝, 管束也. 二千五百人爲師, 五百人爲旅. 因, 仍也. 穀不熟曰饑, 菜不熟曰饉. 方, 向也, 謂向義也. 民向義, 則能親其上, 死其長矣. 哂, 微笑也.]"라고 풀이하였는데, '신(哂)'을 '미소(微笑)'·'비웃음'으로 본 주자를 지적한 것이다. 공자가 그 자신이 가장 아꼈던 제자 가운데 한 사람인 자로를 비웃었다고 풀이한, 그처럼 말에 가시가 돋친 신랄한 기상을 이룬 주자의 허물을 지욱 대사는 폭로한 것이다.

「11-25-3」 "求, 爾何如?" 對曰: "方六七十, 如五六十, 求也爲之, 比及三年, 可使足民. 如其禮樂, 以俟君子." "赤, 爾何如?" 對曰: "非曰能之, 願學焉. 宗廟之事, 如會同, 端章甫, 願爲小相焉." "點, 爾何如?" 鼓瑟希, 鏗爾. 舍瑟而作, 對曰: "異乎三子者之撰." 子曰: "何傷乎? 亦各言其志也." 曰: "莫春者, 春服旣成, 冠者五六人, 童子六七人, 浴乎沂, 風乎舞雩, 詠而歸." 夫子喟然歎曰: "吾與點也!"

「11-25-3」 "염구(冉求)야! 너는 어떠하냐?" 염구(冉求)가 대답하였다. "사방 6-7십 리 혹은 5-6십 리쯤 되는 나라를 제가 다스린다면 3년 정도면 백성들을 풍족하게 할 수 있습니다. 예악(禮樂)에서는 군자를 기다리겠습니다." "적(赤)아! 너는 어떠하냐?" 적(赤)이 대답하였다. "제가 능하다는 것이 아니라 좀 더 배우기를 원하는 것입니다. 종묘의 일과 또는 제후들이 회동할 때에 현단복(玄端服)과 장포관(章甫冠) 차림으로 작은 집례(執禮)가 되기를 원합니다." "점(點)아! 너는 어떠하냐?" 증점이 슬(瑟)을 점점 드문드문 타다가 현외(絃外)의 여음(餘音)이 사라진 뒤에 슬(瑟)을 제자리에 놓고 일어나 대답하였다. "저는 세 사람의 뜻과는 다릅니다." 공자가 말하였다. "무엇 때문에 근심하는가? 또한, 각자 자기 뜻을 말한 것이다." 그러자 증점이 말하였다. "늦봄에 봄옷이 완성되고 나면, 관(冠)을 쓴 어른 5-6인과 동자 6-7인과 함께 기수(沂水)에서 목욕하고 무우(舞雩)에서 바람을 쐰 뒤에 시(詩)를 읊으며 돌아오겠습니다." 부자가 '아!' 하고 감탄하며 말하였다. "나는 점(點)과 함께하겠다!"

【藕師注】 鏗爾者, 舍瑟之聲. 此非與點, 乃借點以化三子之執情耳.

【藕師注】 '갱이(鏗爾)'는 슬(瑟)을 내려놓는 소리이다. 이 구절은 증점을 허여한 것이 아니라, 바로 증점의 말을 빌려서 세 사람의 집착하는 마음을 교화한 것이다. ◎

【補注】 先言鼓瑟, 次言希, 次言鏗爾, 次言舍瑟, 而後言作, 寫出曾點從容不迫氣象. 希是瑟聲漸淡, 鏗爾是絃外餘音, 舍瑟是安置得所, 作是答問之禮. 春是生機盎然, 冠者·童子是作聖之基, 浴乎沂, 風乎舞雩, 詠而歸, 內外清淨, 是養正之道. 政化及於一時, 敎澤

流於萬世. 政敎不可偏廢, 故孔子嘆曰吾與點, 而亦兼贊由·求·赤之
能爲邦也.

【補注】　먼저 '고슬(鼓瑟)'을 말하였고, 그다음에 '희(希)'를 말하였고,
그다음에 '갱이(鏗爾)'를 말하였고, 그다음에 '사슬(舍瑟)'을 말하였고, 그
뒤에 '작(作)'을 말하였으니, 증점의 조용하고 급박하지 않은 기상을 묘사
하였다. '희(希)'는 슬(瑟)의 소리가 점점 잦아듦이요, '갱이(鏗爾)'는 현외
(絃外)의 여음(餘音)이요, '사슬(舍瑟)'은 (슬瑟을) 제자리에 안치(安置)함
이요, '작(作)'은 질문에 답하는 예요, '춘(春)'은 생명력이 넘쳐흐르는 때
요, '관자(冠者)'와 '동자(童子)'는 성인이 되는 기틀이요, '욕호기(浴乎沂),
풍호무우(風乎舞雩), 영이귀(詠而歸)'는 내외가 청정함이니, 바른길을 닦
아 기르는 도(道)이다. 정치의 교화는 한때에 미치고 가르침의 은택은 만
세(萬世)에 흘러 전한다. 정치와 가르침은 그 어느 한쪽을 버려서는 안 된
다. 그러므로 공자가 감탄하면서 "나는 점(點)과 함께하겠다."라고 말하
였던 것이요, 또한 겸하여 유(由)와 구(求)와 적(赤)이 능히 나라를 다스
릴 수 있음을 칭찬하였던 것이다.

【解說】　이 장에서 보이는 '오여점야(吾與點也)!'를 주자는 『논어집주』
에서 "공자가 증석의 생각에 공감한 것은 아마도 증석의 생각이 성인의
생각과 같았기 때문이니 이야말로 요순(堯舜)의 기상이다. [孔子與點, 蓋
與聖人之志同, 便是堯舜氣象也.]"라고 극찬을 한 정자의 말을 인용하면
서, 공자가 증점을 마음으로 허락한 것이라고 풀이하였다.[21] 하지만 지욱
대사는 공자가 결코 증점을 허여한 것이 아니라고 단언하였다. 단지 증

---

21 김언종, 「丁茶山의 朱子 『論語集註』 批判(6)」, 『한문교육연구』 제33권, 한국한문
　　교육학회, 2009, 458면.

점의 말을 빌려서 자로·염구·공서적 세 사람의 집착하는 마음을 교화한 것일 뿐이라고 하였다.

「11-25-4」三子者出, 曾晳後. 曾晳曰: "夫三子者之言, 何如?" 子曰: "亦各言其志也已矣." 曰: "夫子何哂由也?" 曰: "爲國以禮, 其言不讓, 是故哂之. 唯求則非邦也與? 安見方六七十·如五六十而非邦也者! 唯赤則非邦也與? 宗廟會同, 非諸侯而何? 赤也爲之小, 孰能爲之大?"

「11-25-4」세 사람이 나가고 증석이 뒤에 남아 있었다. 증석이 말하였다. "저 세 사람의 말이 어떻습니까?" 공자가 말하였다. "또한, 각자 제 뜻을 말했을 뿐이다." 증석이 말하였다. "선생님께서는 무엇 때문에 중유(仲由)를 보고 박장대소(拍掌大笑)하셨던 것입니까?" 공자가 말하였다. "나라를 다스림은 예로써 해야 하는데, 그의 말이 양보하지 않았다. 이 때문에 크게 웃었다. 염구가 말한 것은 나라를 다스리는 일이 아니겠냐? 사방 6-7십 리 또는 5-6십 리이면서 나라가 아닌 것을 어디에서 보겠느냐? 적(赤)이 말한 것은 나라를 다스리는 일이 아니겠냐? 종묘의 일과 회동하는 일이 제후의 일이 아니고 무엇이겠냐? 적(赤)이 작은 집례(執禮)가 된다면, 누가 능히 큰 정승이 될 수 있겠냐?"

【藕師注】 不哂其爲國之事, 特哂其不讓之言耳. 既說爲國, 又說非邦也與, 正是與三子以補點之虛證. 一直皆夫子之言, 不是一問一答也.

【藕師注】　그의 나라를 다스리는 일을 가지고 크게 웃었던 것이 아니요, 다만 사양하지 않았던 말 때문에 크게 웃었을 뿐이다. 이미 나라를 다스리는 것을 말하였고 또 '나라를 다스리는 일이 아니겠냐?'라고 말하였으니, 바로 세 사람과 더불어 증점의 허증(虛證)을 보완한 것이다. 줄곧 모두 부자의 말이요, 일문일답(一問一答)이 아니다.

【解說】　이 장(章)에 보이는 '유구즉비방야여(唯求則非邦也與)?'와 '유적즉비방야여(唯赤則非邦也與)?'를 주자는 『논어집주』에서 증석의 물음으로 보아 공자와 증석이 서로 주고받은 사제(師弟)간의 문답이라고 하였다.22 이에 반해 지욱 대사는 황간(皇侃)·형병(邢昺)의 풀이와 같이 공자가 줄곧 혼자서 말하여 해명(解明)한 것으로 보았다.

---

22 김언종, 「丁茶山의 朱子 『論語集註』 批判(6)」, 『한문교육연구』 제33권, 한국한문교육학회, 2009, 454-458면 참조.

【顔淵 第十二】

「12-1」顔淵問仁. (僧問和尚: 如何是佛?) 子曰: "克己復禮爲仁. 一日克己復禮, 天下歸仁焉. 爲仁由己, 而由人乎哉! (和尚答曰: 只你便是.)" 顔淵曰: "請問其目. (僧又問: "如何保任?")" 子曰: "非禮勿視, 非禮勿聽, 非禮勿言, 非禮勿動. (和尚答曰: 一翳在目, 空華亂墜.)" 顔淵曰: "回雖不敏, 請事斯語矣. (僧禮拜.)"

「12-1」 안연이 인(仁)에 관해 물었다. (한 스님이 화상和尚에게 물었다. "무엇이 곧 부처입니까?") 공자가 말하였다. "능히 자기가 예로 돌아가는 것이 인(仁)이니, 하루라도 능히 자기가 예로 돌아가면 천하 사람들이 모두 그 인(仁)으로 의탁한다. 인(仁)을 하는 것은 자신에게 달린 것이지, 남에게 달린 것이겠는가?" (화상和尚이 대답하였다. "단지 자네가 곧 부처네.") 안연이 말하였다. "청컨대 그 실천 조목을 묻습니다." (스님이 또 물었다. "어떻게 보임保任을 해야 합니까?") 공자가 말하였다. "예가 아니면 보지 말며[非禮勿視], 예가 아니면 듣지 말며[非禮勿聽], 예가 아니면 말하지 말며[非禮勿言], 예가 아니면 움직이지 말아야 한다[非禮勿動]." (화상和尚이 대답하였다. "하나의 가림{눈병}이 눈에 있으면, 허공에 핀 꽃이 어지러이 흩어지느니라.") 안연이 말하였다. "제가 비록 불민하나 청컨대 이 말씀을 잘 섬기겠습니다." (스님이 예배하였다.)

【藕師注】 克, 能也. 能自己復禮, 卽名爲仁. 一見仁體, 則天下當下消歸仁體, 別無仁外之天下可得, 猶云'十方虛空悉皆消殞.', 盡大地是個自己也. 故曰‘由己.’. ‘由己’正卽‘克己’, ‘己’字不作兩解. 夫子此語, 分明將仁體**和盤托出**,[1] 單被上根. 所以顏子頓開妙悟, 只求一個入華屋之方便, 故云‘請問其目.’. 目者眼目, 譬如畫龍鬚點睛耳. 所以夫子直示下手工夫, 正所謂“流轉生死, 安樂涅槃, 惟汝六根, 更非他物.”. 視·聽·言·動卽六根之用, 卽是自己之事, 非敎汝不視·不聽·不言·不動. 只要揀去非禮, 便卽是禮, 禮復則仁體全矣. 古云‘但有去翳法, 別無與明法.’. 『經』云‘知見立知, 卽無明本; 知見無見, 斯卽涅槃.’[2] 立知卽是非禮, 今勿視·勿聽·勿言·勿動卽是知見無見也. 此事人人本具, 的確不由別人, 只貴直下承當, 有何利鈍可論? 故曰‘回雖不敏, 請事斯語.’. 從此三月不違,[3] 進而未止, 方名好學, 豈曾子·子思所能及哉!

【注釋】

1) 和盤托出: ‘음식물을 소반에 차려서 들고나온다.’라는 뜻이다. 일호(一毫)도 남겨두지 않고 음식을 가져와 내오는 것 또는 가르침을 드러냄을 이른다. 『경세통언(警世通言)·권이(卷二)』 장자휴고분성대도(莊子休鼓盆成大道), “식사를 마친 뒤에, 전씨(田氏)는 장자(莊子)가 저술한 『남화진경(南華眞經)』과 노자(老子)의 『도덕경(道德經)』 5,000자의 말을 가지고 일호(一毫)도 남겨두지 않고 심오한 뜻을 드러내어 왕손(王孫)에게 주었다. [飯罷, 田氏將莊子所著南華眞經及老子道德五千言, 和盤托出, 獻與王孫.]”

2) 『經』云 知見立知-斯卽涅槃: 『대불정여래밀인수증요의제보살만행수능엄경(大佛頂如來密因修證了義諸菩薩萬行首楞嚴經)』 제5권, “부처님께서 아난(阿難)에게 말씀하셨다. ‘육근(六根)과 육진(六塵)의 근원은 같으니라. 묶음과 푸는 것이 다르지 않으니라. 「인식의 바탕{識性}」은 허망하여 마치 공중에 피는 꽃과 같으니라. 아난(阿難)아! 육진(六塵)으로 인해 앎{지(知)}이 생겨나며 육근(六根)으로 인해 상(相)이 있느니라. 상(相)과 견(見)은 바탕이 없으며{무성(無性)}, 갈대의 꼬임과 같으니라. 이 때문에 네가 지금 알고 보는 데서 앎{지(知)}을 세운다면, 그것은 곧 무명(無明)의 뿌리가 되느니라. 알고 보는 데서 보는 것이 없다면, 이것이 곧 열반이요 무루(無漏)의 참다운 청정함이라 할 수 있느니라. 어떻게 이 가운데에서 다시 다른 물건을 용납하겠는가?’[佛告阿難: “根塵同源, 縛脫無二, 識性虛妄猶如空花. 阿難! 由塵發知, 因根有相, 相見無性, 同於交蘆. 是故汝今, 知見立知, 卽無明本, 知見無見,

斯卽涅槃·無漏眞淨. 云何是中, 更容他物?"]"『大正新脩大藏經』第19冊·No.0945·
大佛頂如來密因修證了義諸菩薩萬行首楞嚴經 第5卷(T19n0945_005).

2) 三月不違:『논어(論語)·옹야(雍也) 제육(第六)』제6장, "공자가 말하였다. '회(回)
는 그 마음이 삼 개월이 지나도 인(仁)을 어기지 않았다. 나머지 지엽적인 것들은
일신월성(日新月盛)하여 이르게 할 뿐이었다.' [子曰: "回也, 其心三月不違仁, 其餘則
日月至焉而已矣."]"

【藕師注】 '극(克)'은 '능(能)'이다. 능히 자기가 예로 돌아감을 즉 '인(仁)'
이라고 이름한다. 한 번 인(仁)의 체(體)를 보면 천하가 바로 그때 인(仁)
의 체(體)로 소귀(消歸)하니, 인(仁)의 밖에서 얻을 수 있는 천하는 따로
없다. '시방(十方)의 허공이 모두 다 소멸한다.'라고 말하는 것과 같으니,
온 세상이 자기이다. 그러므로 '유기(由己)'라고 말하였다. '유기(由己)'는
바로 '극기(克己)'이다. '기(己)' 자(字)에 두 가지 해석을 하지 않는다. 부자
의 이 말은 분명히 인(仁)의 체(體)를 가지고 깡그리 다 털어놓았던 것인
데, 오직 상근기(上根機)만이 그 가르침의 은택을 입었다. 이 때문에 안
자는 신묘한 깨달음을 단박에 알았고, 단지 화옥(華屋)에 들어가는 일개
의 방편만을 구하였을 뿐이다. 그러므로 '청컨대 그 실천 조목을 묻습니
다.'라고 말하였다. '목(目)'은 '안목(眼目)'이니, 비유하면 용(龍)의 수염을
그리고 눈동자를 점(點) 찍는 것과 같다. 그래서 부자는 (즉각) 시작할 수
있는 공부를 곧장 보였으니, 바로 이른바 "생사(生死)에 유전(流轉)하며
열반에 안락하는 것이 오직 너의 육근(六根)일 뿐이요 다시 다른 물건이
아니다."라는 것이다. 보고 듣고 말하고 움직임은 즉 육근(六根)의 묘용
이요 곧 자기의 일이다. 너에게 보지 못하게 하며 듣지 못하게 하며 말하
지 못하게 하며 움직이지 못하게 하려는 것이 아니라 단지 예가 아닌 것
을 가려서 버리기를 바랄 뿐이니, (이렇게 하면) 바로 예이다. 예가 회복되
면 인(仁)의 체(體)가 완전해진다. 옛말에 이르기를 '다만 가림{티끌}을 제
거하는 법만이 있을 뿐이요, 밝아지도록 도와주는 법은 따로 없다.'라고

하였으며, 『경(經)』에서 이르기를 '지견(知見)으로 입지(立知)함이 즉 무명(無明)의 근본이요, 지견(知見)에 주관적 식견이 없음이 곧 열반이다.'라고 하였다. '입지(立知)'는 즉 예가 아니다. 지금 보지 말며 듣지 말며 말하지 말며 움직이지 말라는 것이 곧 지견(知見)에 주관적 식견이 없는 것이다. 이 일은 사람 사람마다 본디 갖추고 있어서 확실히 다른 사람을 말미암지 않는다. 단지 즉시 당장 받아들여 감당하는 것을 귀하게 여길 뿐이니, 무슨 가히 논할 만한 뛰어난 근기(根機)와 둔한 근기(根機)라는 것이 있겠는가? 그러므로 말하기를, '제가 비록 불민(不敏)하나, 청컨대 이 말씀을 잘 섬기겠습니다.'라고 하였다. 이로부터 삼개월(三個月)이 지나도 인(仁)을 실천하는 일을 저버리지 않고 정진하여 그치지 않았기에, 비로소 '호학(好學)'이라고 이름하였다. 어찌 증자와 자사가 능히 미칠 수 있는 바였겠는가! ◎

【解說】　지욱 대사의 주석 가운데 "'기(己)' 자(字), 부작양해(不作兩解)."라는 문장은 주자의 『논어집주』를 비판한 것이다. 주자는 '극기(克己)'의 '기(己)'와 '유기(由己)'의 '기(己)'를 두 가지로 구분하여 해석하였다. '극기(克己)'의 '기(己)'는 '일신(一身)의 사욕'이며, '유기(由己)'의 '기(己)'는 '인(仁)을 행하는 기틀이 갖춰진 나'로 보았다. "기(己)는 일신(一身)의 사욕을 이른다. 복(復)은 돌아감이다. 예(禮)는 천리(天理)의 절문(節文)이다. 위인(爲仁)이란 그 마음의 덕(德)을 온전히 하는 것이다. 마음의 온전한 덕(德)은 천리(天理) 아님이 없으나 또한 인욕(人慾)에 파괴되지 않을 수 없다. 그러므로 인(仁)을 하는 자는 반드시 사욕을 이김이 있어서 예에 돌아가면 일마다 모두 천리(天理)여서 본심(本心)의 덕(德)이 다시 내 몸에 온전하게 된다. … 또 인(仁)을 하는 것은 자신에게 달려 있으니, 타인이 간여할 바가 아님을 말하였으니, 이것은 또 그 기틀이 나에게 있어서 어려움

이 없음을 나타낸 것이다. [己, 謂身之私欲也. 復, 反也. 禮者, 天理之節文也. 爲仁者, 所以全其心之德也. 蓋心之全德莫非天理, 而亦不能不壞於人欲. 故爲仁者, 必有以勝私欲而復於禮, 則事皆天理, 而本心之德, 復全於我矣. … 又言爲仁由己而非他人所能預, 又見其機之在我而無難也.]"

그리고 이 장에서 보이는 '일일극기복례(一日克己復禮), 천하귀인언(天下歸仁焉).'의 '귀(歸)'에 대해 주자는 『논어집주』에서 '귀(歸), 유여야(猶與也).'라고 하였다. 주자에 의하면 여기에서의 '귀(歸)'는 '허여하다'·'칭찬하다'·'칭탄(稱歎)하다' 등의 의미가 된다. 주자는 『논어집주』에서 "또 말씀하기를 하루아침에 극기복례(克己復禮) 하면 온 세상 사람들이 모두 그 인(仁)함을 칭찬한다고 한 것은, 그 효과가 매우 신속하고 지극히 큼을 힘써 말한 것이다. [又言一日克己復禮, 則天下之人, 皆與其仁, 極言其效之甚速而至大也.]"라고 하였다. 이 경우 그 구절의 의미는 "하루라도 극기복례(克己復禮)를 하면 천하의 사람들이 모두 그의 인(仁)을 칭찬할 것이다." 또는 "하루라도 극기복례(克己復禮)를 하면 온 세상 사람들이 모두 그를 인자(仁者)라고 칭찬할 것이다."가 된다.[23] 이에 반하여 지욱 대사는 "한 번 인(仁)의 체(體)를 보면 천하가 바로 그때 인(仁)의 체(體)로 소귀(消歸) 한다."라고 하여, '일일극기복례(一日克己復禮), 천하귀인언(天下歸仁焉).'의 '귀(歸)'를 '소귀(消歸)'로 풀이하였다. '소귀(消歸)'는 '무르녹아서 귀의하다.' 정도로 번역할 수 있다. '극기복례(克己復禮)'의 최종 공효가 온 세상 사람들에게 칭탄(稱歎)의 대상이 되는 데 있는 것이라면 '극기복례(克己復禮)'의 진정한 의미가 대폭 퇴색하지 않을 수 없을 것이다. 공자가 한 말의 심층적 의미를 지욱 대사가 잘 찾아낸 것이라 하지 않을 수 없을 것이다.

---

23 김언종, 「丁茶山의 朱子 『論語集注』 批判(7)」, 『한자한문교육』 제33권, 한국한자한문교육학회, 2014, 10-12면 참조.

「12-2」仲弓問仁. 子曰: "出門如見大賓, 使民如承大祭. 己所不欲, 勿施於人. 在邦無怨, 在家無怨." 仲弓曰: "雍雖不敏, 請事斯語矣."

「12-2」중궁이 인(仁)에 관해 물었다. 공자가 말하였다. "문을 나갔을 때는 큰 손님을 뵙듯이 삼가고 백성들을 부릴 때는 큰 제사를 받들 듯이 하는 것이다. 자신이 하고자 하지 않는 것을 남에게 베풀지 말아야 한다. 나라에 있을 때도 원망하는 것이 없으며, 집 안에 있을 때도 원망하는 것이 없다." 중궁이 말하였다. "제가 비록 불민하나 청컨대 이 말씀을 잘 섬기겠습니다."

【藕師注】 '出門'四句, 卽是非禮勿視·聽·言·動之意. 邦家無怨, 卽是天下歸仁之意. 但爲中根人說, 便說得淺近些, 使其可以承當. 卓吾云: "'出門'二句, 卽居敬也, '己所'二句, 卽行簡也, '在邦'二句, 卽**以臨其民, 不亦可乎**[1]**也.**"[2] 王陽明曰: "**亦只是自家無怨, 如不怨天·不尤人之意.**"[3]

【注釋】

1) 以臨其民, 不亦可乎: 『논어(論語)·옹야(雍也) 제육(第六)』 제2장, "중궁이 자상백자에 관하여 물었다. 공자가 말하였다. '그의 간략함도 괜찮다.' 중궁이 말하였다. '경(敬)에 머물며 간략함을 하여 백성들을 대한다면 또한 괜찮지 않을까요? 간략함에 거(居)하면서 또 간략하게 행하면 너무 간략한 것이 아닌가요?' 공자가 말하였다. '옹(雍)의 말이 그럴듯하구나.' [仲弓問子桑伯子. 子曰: "可也簡." 仲弓曰: "居敬而行簡, 以臨其民, 不亦可乎? 居簡而行簡, 無乃大簡乎?" 子曰: "雍之言然."]"

2) '出門'二句, 卽居敬也—不亦可乎: 『논어평(論語評)·안연(顏淵) 제십이(第十二)』 제2장, "[評] '出門如見大賓, 使民如承大祭.', 是居敬也. '己所不欲, 勿施於人.', 是行簡也. '在邦無怨, 在家無怨.', 是以臨其民, 不亦可乎也. 此條與上條都先說功, 然後說効下. 面司馬牛, 便先與他說効, 然後說功. 此夫子接上根之法·與接中下根之法, 有辨也. 如今之談文者, 對能文之士, 先言如何如何然後可中. 對初學之士, 必先對他說做官然後勸他讀書也." 앞의 책, 212-213면.

3) 亦只是自家無怨, 如不怨天·不尤人之意: 『전습록(傳習錄) 권하(卷下)·전덕홍록(錢德洪錄)』에 보인다.

【藕師注】 '출문여견대빈(出門如見大賓), 사민여승대제(使民如承大祭). 기소불욕(己所不欲), 물시어인(勿施於人).'의 사구(四句)는 곧 예(禮)가 아니면 보지 말며 (예禮가 아니면) 듣지 말며 (예禮가 아니면) 말하지 말며 (예禮가 아니면) 움직이지 말라는 뜻이다. '방가무원(邦家無怨){재방무원(在邦無怨), 재가무원(在家無怨).}'은 곧 천하의 사람들이 인(仁)으로 소귀(消歸)한다는 뜻이다. 단지 중근기(中根機)의 사람들을 위해서 말하였으니, 조금 평이한 가르침을 설하여 그들에게 가히 받아들여 감당할 수 있게 하였다.

이탁오는 이렇게 말하였다. "'출문여견대빈(出門如見大賓), 사민여승대제(使民如承大祭).'의 이구(二句)는 즉 '거경(居敬)'이요, '기소불욕(己所不欲), 물시어인(勿施於人).'의 이구(二句)는 즉 '행간(行簡)'이요, '재방무원(在邦無怨), 재가무원(在家無怨).'의 이구(二句)는 즉 '그 도(道)로써 백성들에게 임한다면, 또한 괜찮지 않겠는가?'라는 것이다."

왕양명이 말하였다. "또한, 단지 자기에게 원망함이 없는 것이니, 예컨대 하늘을 원망하지 않으며 다른 사람을 탓하지 않는다는 뜻과 같다."

「12-3」司馬牛問仁. 子曰: "仁者, 其言也訒." 曰: "其言也訒, 斯謂之仁矣乎?" 子曰: "爲之難, 言之得無訒乎?"

「12-3」 사마우가 인(仁)에 관해 물었다. 공자가 말하였다. "인자(仁者)는 그 말하는 것이 어눌하다." 사마우가 말하였다. "말하는 것이 어눌하면, 곧 인(仁)이라 이를 수 있습니까?" 공자가 말하였다. "몸소 실천함이 어려운 것이니, 그 말하는 것에 어눌함이 없을 수 있으랴?"

【藕師注】 其言也訒, 不是訒言, 全從'仁者'二字來, 直是畫出一個仁者行樂圖. 牛乃除却'仁者'二字, 只說其言也訒, 便看得容易了, 故卽以'爲之難'三字藥之.

【藕師注】 '기어야인(其言也訒)'은 말을 더듬거리는 것이 아니요, 온전히 '인자(仁者)' 두 글자로부터 온 것이니, 곧장 하나의 인자(仁者) '행락도(行樂圖)'를 그려내었다. 사마우는 오히려 '인자(仁者)' 두 글자를 빼고 단지 '기언야인(其言也訒)'만을 설하였으니, 곧 용이하다고 보았던 것이다. 그러므로 즉시 '위지난(爲之難)' 세 글자를 가지고 약으로 썼다.

「12-4」司馬牛問君子. 子曰: "君子不憂不懼." 曰: "不憂不懼, 斯謂之君子矣乎?" 子曰: "內省不疚, 夫何憂何懼?"

「12-4」 사마우가 군자에 관해 물었다. 공자가 말하였다. "군자는 근심하지 않고 두려워하지 않는다." 사마우가 말하였다. "근심하지 않고 두려워하지 않으면, 군자라 이를 수 있습니까?" 공자가 말하였다. "안으로 살펴보아 부끄럽지 않으니, 무엇을 근심하고 무엇을 두려워하겠는가?"

【藕師注】 不從'君子'二字上悟出不憂不懼根源, 便是不內省處.

【藕師注】 '군자(君子)' 두 글자 상에서 '근심하지 않고 두려워하지 않는{불우불구不憂不懼}' 근원을 깨닫지 못한 것이 바로 안으로 살피지 못한

자리이다.

「12-5」司馬牛憂曰: "人皆有兄弟, 我獨亡!" 子夏曰: "商聞之矣: 死
生有命, 富貴在天. 君子敬而無失, 與人恭而有禮, 四海之內皆兄弟
也. 君子何患乎無兄弟也?"

「12-5」 사마우가 근심하면서 말하였다. "남들은 모두 형제가 있는데 나
만 (있어도) 없는 것 같구나!" 자하가 말하였다. "나는 들으니, '죽고 사는
것은 천명이 있고, 부유함과 귀함은 하늘에 달려 있다.' 하였다. 군자가
공경하고 잃음이 없으며 남을 대함에 공손하고 예가 있으면 천하{사해
(四海)}가 다 형제이다. 군자가 어찌 형제가 없는 것을 근심하겠는가?"

　卓吾云: "牛多言而躁, 兄又凶頑不道, 料必不相容者, 故憂其將害
己也. 子夏以死生有命慰之, 又敎以處之之法, 謂只待以恭敬, 疏者
可親, 況親者乃反疏乎? 蓋勸其兄弟和睦也."[1]

【注釋】

1) 牛多言而躁-蓋勸其兄弟和睦也:『논어평(論語評)·안연(顏淵) 제십이(第十二)』제
5장, "[評] 司馬牛多言而躁, 其兄弟又凶頑不道之人, 料必兄弟不相能者, '人皆
有兄弟, 我獨亡!', 其將害己也. 故子夏以'死生有命·富貴在天'慰之, 又敎以處
之之法, 謂只待以恭敬, 疏者可親, 況親者乃反疏乎? 蓋勸其兄弟和睦也. 宋儒
竟謂'認他人爲兄弟, 何必自家兄弟?' 這叫做離間骨肉. {사마우는 말이 많고 조급하
였으며, 그 형제들은 완악하고 무도한 사람들이었다. 짐작건대 틀림없이 형제들이 서로 불
목(不睦)하였을 것이다. '사람들은 모두 좋은 형제가 있는데, 나만 있어도 없는 것 같구나!'
라는 말은 형제들이 장차 자신을 해칠까 하는 근심에서 한 말이다. 그러므로 자하가 '살고
죽는 것은 천명이 있고 부유하고 귀하게 됨은 하늘에 달려 있다.'라는 말로써 위로한 것이다.
또한, 이를 대처하는 방법을 가르쳐 주면서, 다만 공경함으로써 대하면 소원했던 관계가 친

밀해지고 친밀했던 관계는 도리어 소원해지지는 않을 것이라고 일러주었다. 그러므로 이 경문의 내용은 형제의 화목을 권유한 것이다. 송대 유학자들은 마침내 '타인을 형제처럼 생각할 수 있으니, 반드시 집안의 혈육만이 형제이겠는가?'라고 해석하였는데, 이는 골육간을 이간질하는 소리이다.}" 앞의 책, 215-216면.

【藕師注】 이탁오는 이렇게 말하였다. "사마우는 말이 많고 조급하였으며, 형도 흉악하고 완미(頑迷)하여 도리에 어긋났으니, 짐작건대 틀림없이 서로 용납하지 못하였을 것이다. 그러므로 (형제들이) 장차 자기를 해칠까 근심하였다. 자하가 '죽고 사는 것은 천명에 달려 있다.'라는 말로써 위로하였고 또 그 상황에 대처하는 방법을 가르쳐주었다. 이르기를 '단지 공경으로써 대하면 소원(疏遠)한 자도 친한 형제 사이처럼 될 수 있는데, 하물며 친혈육(親血肉)이 더군다나 도리어 소원(疏遠)하게 지내겠는가?'라고 하였으니, 대개 그 형제가 화목하게 지내기를 권려하였던 것이다."

「12-6」 子張問明. 子曰: "浸潤之譖·膚受之愬不行焉, 可謂明也已矣. 浸潤之譖, 膚受之愬不行焉, 可謂遠也已矣."

「12-6」 자장이 현명함에 관해서 물었다. 공자가 말하였다. "물이 서서히 젖어 드는 듯한 은근한 참소와 피부에 병이 들어 점점 골수로 스며드는 것 같은 절박한 하소연이 행해지지 않는다면, 현명하다고 이를 수 있다. 물이 서서히 젖어 드는 듯한 은근한 참소와 피부에 병이 들어 점점 골수로 스며드는 것 같은 절박한 하소연이 행해지지 않는다면 멀리 내다보는 지혜라고 이를 만하다."

【藕師注】　一指能蔽泰山, 不受一指之蔽, 則曠視六合¹⁾矣.

【注釋】

1) 六合: '상하(上下)'와 '사방(四方)'을 '육합(六合)'이라고 하는데, 일반적으로는 '천지 (天地)'와 '우주(宇宙)'를 가리킨다. 『장자(莊子)·내편(內篇)·제물론(齊物論)』, "천지 (天地)의 밖에서 성인은 그냥 둘 뿐 논설(論說)을 하지 않으며, 천지(天地)의 안에 서 성인은 논설(論說)할 뿐 의론하지 않으며, 『춘추(春秋)』는 세상을 경륜하는 선 왕의 기록인데 성인은 의론할 뿐 분변(分辯)하지 않는다. [六合之外, 聖人存而不論, 六合之內, 聖人論而不議, 春秋經世先王之志, 聖人議而不辯.]"

【藕師注】　하나의 손가락이 능히 태산을 덮어 가릴 수 있으니, 손가락 하나의 가림을 받지 않는다면 천하를 널리 볼 수 있다.

「12-7」子貢問政. 子曰: "足食, 足兵, 民信之矣." 子貢曰: "必不得已 而去, 於斯三者何先?" 曰: "去兵." 子貢曰: "必不得已而去, 於斯二 者何先?" 曰: "去食. 自古皆有死, 民無信不立."

「12-7」 자공이 정치에 관해서 물었다. 공자가 말하였다. "민식(民食)을 풍족하게 하며, 민병(民兵)을 충분하게 한다. 그러므로 백성들이 윗사람 을 믿는다." 자공이 말하였다. "반드시 부득이해서 버려야 한다면, 이 세 가지 중에 무엇을 먼저 버려야 합니까?" 공자가 말하였다. "관병(官兵)을 버려야 한다." 자공이 말하였다. "반드시 부득이해서 버려야 한다면, 이 두 가지 중에 무엇을 먼저 버려야 합니까?" 공자가 말하였다. "관식(官食) 을 버려야 한다. 예로부터 사람은 모두 다 죽기 마련이지만, 백성들이 신 의가 없으면 존립할 수가 없다."

【藕師注】 陳旻昭曰: "假饒積粟巨萬, 豈名足食? 使菽粟如水火, 方名足食耳. 假饒擁衆百萬, 豈名足兵? 如周武王觀兵於孟津, 諸侯不期而會者八百, 方名足兵耳. 足食足兵, 民乃信之, 則去食去兵, 民亦信之矣. 今時要務正在去兵去食, 不在調兵徵糧也." 方外史曰: "蠲賦稅以足民食, 練土著以足民兵, 故民信之. 必不得已而去兵, 去官兵, 正所以足民兵也. 又不得已而去食, 去官食, 正所以足民食也. 所以效死而民弗去. 今時不得已則屯兵, 兵屯而益不足矣. 又不得已則加稅, 稅加而益不足矣. 求無亂亡, 得乎? 聖賢問答, 眞萬古不易之良政也." 又曰: "旣已死矣, 且道有信, 立個甚麼? 若知雖死而立, 方知朝聞夕死可矣, 不是**死而後已**[1]矣的."

【注釋】

1) 死而後已: 『논어(論語)·태백(泰伯) 제팔(第八)』 제7장, "증자가 말하였다. '선비는 시방(十方)에 횡(橫)으로 두루 하고 삼제(三際)에 종(縱)으로 다하지 않으면 안 된다. 책임이 무겁고 갈 길이 멀어서이니, 인(仁)으로써 자기의 임무로 삼으니 또한 무겁지 않은가? 죽은 뒤에야 끝이 나니 또한 멀지 않은가?' [曾子曰: "士不可以不弘毅. 任重而道遠, 仁以爲己任, 不亦重乎? 死而後已, 不亦遠乎?"]"

【藕師注】 진민소는 말하였다. "설사 쌓아놓은 미곡(米穀)이 엄청나다고 하더라도 어찌 '족식(足食)'이라고 이름하겠는가? 가사 콩과 곡식이 물과 불처럼 풍족해야만 비로소 '족식(足食)'이라고 이름할 수 있다. 설사 끼고 있는 무리가 백만(百萬)이라고 하더라도 어찌 '족병(足兵)'이라고 이름하겠는가? 예컨대 주무왕(周武王)이 맹진(孟津)에서 군사들을 열병(閱兵)하였을 때에 제후들이 기약하지 않았는데도 모인 자가 팔백명(八百名)이었던 것과 같아야만 비로소 '족병(足兵)'이라고 이름할 수 있다. 콩과 곡식이 물과 불처럼 풍족하고 신의가 있는 군사가 충분하여 백성들이 이에 윗사람을 믿는다면, 식량과 군사를 버린다고 하더라도 백성들이 또한 윗

사람을 믿을 것이다. 지금 중요한 임무는 바로 군사를 버리고 식량을 버리는 일에 있지, 군병(軍兵)을 뽑고 식량을 징발하는 일에 있지 않다."

방외사는 말한다. "부세(賦稅)를 덜어서 '민식(民食)'을 풍족하게 하며, 토착민을 훈련시켜서 '민병(民兵)'을 충분하게 한다. 그러므로 백성들이 윗사람을 믿는다. 반드시 부득이하여 군사를 버려야 한다면, 관병(官兵)을 버리는 것이 바로 민병(民兵)을 충분하게 하는 까닭이다. 또 반드시 부득이하여 식량을 버려야 한다면, 관식(官食)을 버리는 것이 바로 민식(民食)을 풍족하게 하는 이유이다. 이 때문에 죽음으로써 목숨을 바친다고 하더라도 백성들이 떠나가지 않는다. 요즘 부득이하여 군병(軍兵)을 주둔케 하나, 군병(軍兵)이 주둔하여도 더욱더 충분하지 않다. 또 부득이하여 세금을 가중하나, 세금이 가중되더라도 갈수록 풍족해지지 않는다. 요구하는 것에 난망(亂亡)한 것이 없을 수 있겠는가? 성현의 문답이 진실로 만고(萬古)의 바뀌지 않는 선정(善政)이다." 또 말하였다. "이미 죽었는데 또 믿음이 있다고 말하였던 것은 무엇을 세운 것인가? 만약 비록 죽는다고 할지라도 백성들이 신의가 있어서 (나라가) 존립할 수 있음을 안다면, 바야흐로 '아침에 도(道)를 들으면 저녁에 죽어도 좋다.'라는 뜻이 '죽어야 그친다.'라는 의미가 아니라는 것을 알게 될 것이다."

「12-8-1」 棘子成曰: "君子質而已矣, 何以文爲?"

「12-8-1」 극자성이 말하였다. "군자는 질(質)일 뿐이니, 어찌 문(文)으로써 따지겠는가?"

【藕師注】 有激之言, 快心之論, 不可無一, 不可有二.[1]

1) 不可無一, 不可有二: 하나도 없어서는 안 되며 둘이 있어서도 안 되는 '독일무이
   (獨一無二)'한 것을 뜻한다. 『남제서(南齊書)·장융전(張融傳)』, "태조(太祖)는 장융
   (張融)을 볼 때마다 항상 웃으며 말하였다. '이 사람은 하나도 없어서는 안 되며,
   둘이 있어서도 안 되는 유일무이(唯一無二)한 자이다.' [(太祖) 見 (張) 融常笑曰:
   "此人不可無一, 不可有二.")"

【藕師注】 분발시킴이 있는 말이요 마음을 상쾌하게 하는 의론이니, 하
나{일(一)}도 없어서는 안 되며 둘{이(二)}을 두어서도 안 되는 유독무이
(惟獨無二)한 언사이다.

「12-8-2」子貢曰: "惜乎夫子之說! 君子也, 駟不及舌. 文猶質也, 質
猶文也. 虎豹之鞟, 猶犬羊之鞟."

「12-8-2」자공이 말하였다. "애석하다! 부자(夫子; 극자성棘子成)의 말이
여! 군자는 네 필의 말이 끄는 빠른 수레가 혀를 따라잡지 못한 것처럼
말조심해야 한다. 문(文)은 질(質)과 같으며 질(質)은 문(文)과 같다. 호랑
이나 표범의 털 없는 가죽은 개나 양의 털 없는 가죽과 같다."

【藕師注】 文也是皮膚上事, 質也是皮膚上事, 須要知文質從何處發
生出來. 譬如活虎豹, 活犬羊, 總是活的. 若虎豹之鞟, 犬羊之鞟, 總
是死貨耳. 子貢一生說話, 只有此二句大似悟的, 可與'文質彬彬'[1]章
參看.

1) 文質彬彬:『논어(論語)·옹야(雍也) 제육(第六)』제17장의 정문(正文)과 【藕師注】

를 참조할 것.

【藕師注】 '문(文)'도 피부상(皮膚上)의 일이요, '질(質)'도 피부상(皮膚上)의 일이다. 모름지기 '문(文)'과 '질(質)'이 어느 곳으로부터 발생하여 나오는지를 알아야만 한다. 비유하자면 예컨대 생기(生氣)있고 팔팔한 호랑이와 표범, 기운이 왕성한 개와 양은 모두 살아있는 것들이다. 호랑이나 표범의 털 없는 가죽과 개나 양의 털 없는 가죽 따위는 모두 죽어서 남긴 쓸모없는 재화일 뿐이다. 자공이 평생 말하였던 이야기가 다만 크게 깨친 것 같은 이 두 구절에 있었으니, '문질빈빈(文質彬彬)' 장(章)과 더불어 참조해서 볼 수 있다. ◎

【解說】 이 장에서 보이는 '문유질야(文猶質也), 질유문야(質猶文也). 호표지곽(虎豹之鞹), 유견양지곽(猶犬羊之鞹).'의 구절에 대해 주자는 『논어집주』에서 "자공이 극자성의 폐단을 바로잡았지만, 또한 본말과 경중의 차이가 없으므로 모두 잘못된 것이다. [子貢矯子成之弊, 又無本末輕重之差, 胥失之矣.]"라고 하였다. 주자는 문질(文質)을 본말 관계로 보기 때문에 자공의 이러한 논점이 공자의 문질관(文質觀)과 어긋나는 것이라 본 것이다.[24] 그러나 지욱 대사는 "'문(文)'도 피부상(皮膚上)의 일이요, '질(質)'도 피부상(皮膚上)의 일이다. 모름지기 '문(文)'과 '질(質)'이 어느 곳으로부터 발생하여 나오는지를 알아야만 한다."라고 하여 '문(文)'과 '질(質)'이 모두 중요하지만, 그것이 어느 곳으로부터 발생하여 나오는지를 먼저 깨닫는 것이 더 중요한 급선무라고 풀이하였다.

---

24 김언종, 「丁茶山의 朱子 『論語集注』 批判(7)」, 『한자한문교육』 제33권, 한국한자한문교육학회, 2014, 21면.

「12-9」哀公問於有若曰: "年饑, 用不足, 如之何?" 有若對曰: "盍徹乎?" 曰: "二, 吾猶不足, 如之何其徹也?" 對曰: "百姓足, 君孰與不足? 百姓不足, 君孰與足?"

「12-9」 애공이 유약에게 물었다. "농사가 흉년이 들어서 재정이 부족하니, 어찌해야 하는가?" 유약이 대답하였다. "어찌하여 (소출所出의 10분의 1을 세금으로 거두는) 철법(徹法)을 쓰지 않습니까?" 애공이 말하였다. "10분의 2도 나는 오히려 부족하다고 여기는데, 어떻게 철법(徹法)을 쓰겠는가?" 유약이 대답하였다. "백성들이 풍족하면 임금께서 누구와 더불어 부족하겠으며, 백성들이 풍족하지 못하다면 임금께서 누구와 더불어 풍족하겠습니까?"

【藕師注】 格言良策, 萬古不刊, 當與'去食去兵'[1]章刻於宮殿.

【注釋】
1) 去食去兵: 「12-7」의 정문(正文)과【藕師注】를 참조할 것.

【藕師注】 격언과 좋은 계책은 만고(萬古)에 글자를 고치지 않는다. 마땅히 '거식거병(去食去兵)' 장(章)과 더불어 궁전(宮殿)에 새겨놓아야 한다.

「12-10-1」子張問崇德·辨惑. 子曰: "主忠信, 徙義, 崇德也."

「12-10-1」 자장이 덕(德)을 높이고 의혹을 분별하는 방법을 물었다. 공자가 말하였다. "충(忠)과 신(信)을 주(主)로 하며 의(義)로 옮겨가는 것이 덕(德)을 높이는 것이다."

【藕師注】 能主方能徙, 不能徙便是無主.

【藕師注】 능히 충(忠)과 신(信)을 주(主)로 할 수 있다면 바야흐로 능히 의(義)로 옮겨갈 수 있거니와 능히 의(義)로 옮겨갈 수 없다면 바로 주(主)로 하는 것이 없는 것이다.

「12-10-2」愛之欲其生, 惡之欲其死. 旣欲其生, 又欲其死, 是惑也.

「12-10-2」사랑할 때는 그가 살기를 바라고, 미워할 때는 그가 죽기를 바란다. 이미 살기를 바랐으면서 또 죽기를 바라는 것이 바로 미혹된 것이다.

【藕師注】 四個'其'字, 正顯所愛所惡之境皆自心所變現耳. 同是自心所現之境, 而愛欲其生, 惡欲其死, 所謂**自心取自心, 非幻成幻法**[1]也, 非惑而何?

【注釋】

1) 自心取自心, 非幻成幻法:『대불정여래밀인수증료의제보살만행수능엄경(大佛頂如來密因修證了義諸菩薩萬行首楞嚴經)』제5권, "자기 마음에서 자기 마음을 취하면 환(幻) 아닌 것이 환법(幻法)을 이루거니와, 취하지 않으면 비환(非幻)도 없다. 비환(非幻)도 아예 생기지 않는데 환법(幻)이 어떻게 성립되겠느냐? [自心取自心, 非幻成幻法, 不取無非幻, 非幻尚不生, 幻法云何立?]"『大正新脩大藏

經』第19冊 · No.0945 · 大佛頂如來密因修證了義諸菩薩萬行首楞嚴經 第5卷 (T19n0945_005).

【蕅師注】　네 개의 '기(其)' 자(字)는 바로 상대를 사랑하는 바와 미워하는 바의 경계가 모두 자기의 마음이 변하여 나타난 것임을 현시한 것일 뿐이다. 똑같이 자기의 마음이 드러낸 바의 경계가 상대를 사랑할 때는 그가 살기를 바라고 상대를 미워할 때는 그가 죽기를 바라는 것과 같은 것이다. 이른바 "자기의 본래 마음에서 자기의 마음을 취한다면, 환상(幻相) 아닌 바른 법이 (도리어) 환상(幻相)의 법을 이룬다."라는 것이니, 미혹이 아니라면 무엇이겠는가?

「12-10-3」 "'誠不以富, 亦祇以異.'" (宜在'有馬千駟'[1]章'其斯之謂與'上.)

【注釋】

1) 有馬千駟: 『논어(論語) · 계씨(季氏) 제십육(第十六)』 제12장, "공자가 말하였다. '제 (齊)나라 경공이 말 4천 필을 소유하였으나 죽는 날에 사람들이 덕(德)을 칭송함이 없었고, 백이와 숙제는 수양산 아래에서 굶어 죽었으나 사람들이 지금에 이르도록 칭송하고 있다.「진실로 부유하게 하지도 못하고 다만 남들에게 괴이함만을 취할 뿐이다.」라고 하였으니, 아마도 이것을 말함일 것이다!' [齊景公有馬千駟, 死之日民無德而稱焉. 伯夷 · 叔齊餓於首陽之下, 民到於今稱之. '誠不以富, 亦只以異.', 其斯之謂與!]"

「12-10-3」 "진실로 부유하게 하지도 못하고 또한 다만 남들에게 괴이함만을 취할 뿐이다."(마땅히 '유마천사有馬千駟' 章의 '기사지위여其斯之謂與' 위에 있어야만 한다.)

【解說】　'성불이부(誠不以富), 역지이이(亦祇以異).' 구절을 연문(衍文)

이라고 최초로 주장한 학자는 정자이다. 지욱 대사는 정자의 설을 수용하여 '성불이부(誠不以富), 역지이이(亦祗以異).' 구절이 착간된 것으로 보았는데, 호인(胡寅)의 설과 같이 마땅히 '유마천사(有馬千駟)' 장(章)의 '기사지위여(其斯之謂與)' 위에 있어야만 한다고 풀이하였다.

「12-11」 齊景公問政於孔子. 孔子對曰: "君君, 臣臣, 父父, 子子." 公曰: "善哉! 信如君不君, 臣不臣, 父不父, 子不子, 雖有粟, 吾得而食諸?"

「12-11」 제(齊)나라 경공이 공자에게 정치에 관하여 물었다. 공자가 대답하였다. "임금은 임금답고[君君] 신하는 신하다우며[臣臣] 아버지는 아버지답고[父父] 자식은 자식답게[子子] 되는 것입니다." 경공이 말하였다. "좋은 말씀입니다! 진실로 만약 임금이 임금답지 못하고 신하가 신하답지 못하며, 아버지가 아버지답지 못하고 자식이 자식답지 못하다면, 비록 곡식이 있다고 하더라도 내가 그것을 먹을 수 있겠습니까?"

「12-12」 子曰: "片言可以折獄者, 其由也與?" 子路無宿諾.

「12-12」 공자가 말하였다. "반 마디 말로 옥사(獄事)를 결단할 수 있는 자는 아마도 중유(仲由)일 것이다." 자로는 승낙한 것을 묵히는 일이 없었다.

「12-13」 子曰: "聽訟, 吾猶人也. 必也使無訟乎!"

「12-13」 공자가 말하였다. "송사(訟事)를 다스리는 일은 나도 남들처럼 한다. (하지만) 나는 반드시 송사(訟事)가 없게 할 것이다!"

「12-14」 子張問政. 子曰: "居之無倦, 行之以忠."

「12-14」 자장이 정치에 관해서 물었다. 공자가 말하였다. "평소 거처할 때의 마음가짐을 게을리하지 말고, 행하기를 충성스럽게 해야 한다."

【藕師注】 不曰'行無倦·居以忠.', 便見合外內之道.

【藕師注】 "행하기를 게을리하지 말며, 평소 거처할 때의 마음가짐을 충성스럽게 해야만 한다."라고 말하지 않았으니, 곧 내외를 합한 도(道)임을 볼 수 있다.

「12-15」 子曰: "博學於文, 約之以禮, 亦可以弗畔矣夫!"[1]

【注釋】
1) 博學於文, 約之以禮, 亦可以弗畔矣夫: 『논어(論語)·옹야(雍也) 제육(第六)』제26장에서 이미 언급되었다.

「12-15」 공자가 말하였다. "글을 널리 배우고 예로써 요약한다면, 또한 도(道)에서 어긋나지 않을 것이다!"

「12-16」子曰: "君子成人之美, 不成人之惡. 小人反是."

「12-16」공자가 말하였다. "군자는 남의 아름다움을 이루도록 도와주고 남의 악함은 이루도록 도와주지 않는다. 소인은 이것과는 반대로 한다."

【藕師注】 請各各自思之.

【藕師注】 바라건대 각자 스스로 생각해 볼지어다.

「12-17」季康子問政於孔子. 孔子對曰: "政者, 正也. 子帥以正, 孰敢不正?"

「12-17」계강자가 공자에게 정치에 관하여 물었다. 공자가 대답하였다. "정치는 바르게 하는 것입니다. 당신이 바르게 통솔한다면, 누가 감히 바르지 않겠습니까?"

「12-18」季康子患盜, 問於孔子. 孔子對曰: "苟子之不欲, 雖賞之不竊."

「12-18」계강자가 도둑을 근심하여 공자에게 물었다. 공자가 대답하였다. "진실로 그대가 탐욕을 부리지 않는다면, 비록 백성들에게 상(賞)을 주면서 도둑질하게 하더라도 훔치지 않을 것입니다."

「12-19」季康子問政於孔子, 曰: “如殺無道, 以就有道, 何如?” 孔子
對曰: “子爲政, 焉用殺? 子欲善, 而民善矣. 君子之德, 風, 小人之德,
草. 草上之風必偃.”

「12-19」계강자가 공자에게 정치에 관해서 물으며 말하였다. “만일 무도
(無道)한 자를 죽여서 백성들을 도(道)가 있는 곳으로 나아가게 한다면,
어떻습니까?” 공자가 대답하였다. “그대는 정치하면서 어찌 사람을 죽이
는 일로써 합니까? 그대가 선(善)하고자 하면 백성들이 선(善)해집니다.
군자의 덕(德)은 바람이고 소인의 덕(德)은 풀입니다. 풀 위에 바람이 불
면 풀은 반드시 쓰러집니다.”

【藕師注】 三節都提出一個‘子’字, 正是君子求諸己, 乃端本澄源之
論.

【藕師注】 세 구절이 모두 한 개의 ‘자(子; 계강자季康子를 가리킴.)’ 자(字)
를 들어내었으니, 바로 군자가 반성하여 자기에게서 찾는다는 것이 곧
근본을 바르게 하고 근원을 맑게 하는 의론인 것이다.

【補注】 自正其身而人正矣, 自殺其惡而民善矣. 以殺人爲政者,
殺其軀殼, 而惡心不死也. 若以無道殺, 則怨怨相報, 無有窮期, 而
天災人禍頻來矣. 若得善人爲政, 遍天下獄囚, 而曉以三歸五戒之
善·生死輪廻之苦·喫素念佛中求生淨土之樂, 俟其痛悔修善, 然後
減輕其罰, 則死刑可廢也. 故佛法殺人, 不斷一命, 不損一毛, 而惡心
自滅,『易』所謂神武而不殺[1]者也. 蓋一切衆生皆有佛性, 但隨惡緣而
習於爲惡, 雖沈淪畜生·餓鬼·地獄之三惡道, 而佛性不變, 況人道

乎? 願爲政者認識佛法, 爲救國救世無上正道, 以至誠之心躬自倡導, 先正其身而齊其家, 然後施之國政, 則風行草偃之效無難也.

【注釋】

1) 神武而不殺: 『주역(周易)·계사(繫辭) 상(上)』 제10장, "공자가 말하였다. '역(易)은 어찌하여 만든 것인가? 역(易)은 사물을 열어주고 일을 이루어 천하의 도(道)를 포괄하니, 이와 같을 뿐이다. 이 때문에 성인이 이로써 천하의 뜻을 통하며 천하의 업(業)을 정하며 천하의 의심을 결단한 것이다.' 이 때문에 시초(蓍草)의 덕은 둥글어 신묘하고 괘(卦)의 덕은 네모져서 지혜로우며 육효(六爻)의 뜻은 변역(變易)하여 길흉(吉凶)을 알려준다. 성인이 이로써 마음을 깨끗이 씻어 은밀함에 물러가 감추며, 길흉간(吉凶間)에 백성과 더불어 근심을 함께 하여 신(神)으로써 미래를 알고 지혜로써 지나간 일을 보관하니, 그 누가 이에 참여하겠는가? 옛날의 총명하고 예지(叡智)가 있으며 신무(神武)하고 죽이지 않는 자일 것이다! 子曰: "夫易, 何爲者也? 夫易開物成務, 冒天下之道, 如斯而已者也. 是故, 聖人以通天下之志, 以定天下之業, 以斷天下之疑." 是故, 蓍之德, 圓而神, 卦之德, 方以知, 六爻之義, 易以貢. 聖人以此洗心, 退藏於密, 吉凶與民同患. 神以知來, 知以藏往, 其孰能與此哉? 古之聰明叡知神武而不殺者夫!]"

【補注】

스스로 그 몸을 바르게 하면 남이 바르게 되고, 스스로 그 악(惡)한 마음을 죽이면 백성들이 선(善)해진다. 남을 죽이는 것으로써 정치를 행하는 것은 그 (죄인의) 몸뚱이를 죽인다고 해도 악한 마음은 죽지 않는 것이다. 만약 무도(無道)한 자라고 하여 죽인다면, 원한과 원망이 서로 앙갚음을 하여 다하는 때가 없어서 천재(天災)와 인화(人禍)가 빈번하게 찾아올 것이다. 만약 선인(善人)이 정치를 한 교화가 온 천하의 옥에 갇힌 죄인들에게까지 두루 미쳐서, 삼귀의(三歸依)·오계(五戒)의 선(善)함과 생사윤회의 고통과 채소를 먹으며 염불하는 가운데 정토에 태어나는 즐거움으로 효유(曉喩)하여, (그들이 잘못을) 뼈저리게 뉘우쳐서 선(善)을 (자기 몸으로) 닦는 것을 기다린 연후에 그 형벌을 경감(輕減)할 수 있다면, 사형(死刑)이 폐지될 수 있을 것이다. 그러므로 부처님의 법이 사람을 죽이는 것은 귀중한 한목숨을 끊지 않고 한 터럭도 손상하지 않으면서 미워하는 마음이 절로 소멸하게 하니, 『역(易)』에서 이른바 "영명(靈明)한 무용(武勇)을 발휘하여 사람들을 죽이지 않는다."라는 것이다. 대저 일체중생에게는 모두 불성(佛性)이 있는데 다만 악연(惡緣)을 따라 악행을 익힌다. (그러나) 비록 축생·아귀·지옥의 삼악도(三惡道)에 빠진다고 하더라도 불성(佛性)은 변하지 않으니, 하물며 인도(人道)에 있어서이겠는가? 원하건대 정치하는 자들은 불법(佛法)을 인식하여 나라를 구원하고 세상을 구제하는 위 없는 정도(正道)를 행하여 지성(至誠)의 마음으로써 몸소 스스로 제창하여 우선 그 몸을 바르게 하고 그 집안을 가지런하게 한 연후에 국정(國政)에 시행한다면, 바람이 불매 풀이 쓰러지는 듯한 효과를 어렵지 않게 기대할 수 있을 것이다.

「12-20」子張問: "士何如斯可謂之達矣?" 子曰: "何哉, 爾所謂達者?" 子張對曰: "在邦必聞, 在家必聞." 子曰: "是聞也, 非達也. 夫達也者, 質直而好義, 察言而觀色, 慮以下人, 在邦必達, 在家必達. 夫聞也者, 色取仁而行違, 居之不疑, 在邦必聞, 在家必聞."

「12-20」 자장이 물었다. "선비는 어떠하여야 달(達)이라고 할 수 있습니까?" 공자가 말하였다. "무엇이냐? 네가 말하는 달(達)이란 것은?" 자장이 대답하였다. "나라에 있어도 반드시 소문이 나며 집 안에 있어도 반드시 소문이 나는 것입니다." 공자가 말하였다. "이는 문(聞)이지 달(達)이 아니다. 대저 달(達)이란 질박하고 정직하면서 의(義)를 좋아하며, 남의 말을 살피고 얼굴빛을 관찰하며, 잘 헤아려 남에게 몸을 낮추는 것이니, 이렇게 하면 나라에 있어도 반드시 달(達)하며 집 안에 있어도 반드시 달(達)한다. 대저 문(聞)이란 것은 얼굴빛은 인(仁)을 취하나 행실은 어긋나며, 머무는 것에 의심하지 않는 것이니, 이렇게 하면 나라에 있어도 반드시 소문이 나며 집 안에 있어도 반드시 소문이 난다."

【藕師注】 眞正好先生, 金沙不濫, 藥病灼然.[1]

【注釋】

1) 金沙不濫, 藥病灼然: 『오등회원(五燈會元)』 권제십칠(卷第十七)에 다음과 같은 문장이 있다. "스승께서 당에 오르셨다. '훌륭한 장인(匠人)이 나오지 않으매 옥과 돌이 구분되지 못하고, 솜씨가 좋은 대장장이가 없으매 금과 모래가 섞여 있도다. 그런데도 스승 없이 스스로 깨칠 수 있다더냐? 나와서 변별해 보아라.' [上堂: "良工未出, 玉石不分, 巧冶無人, 金沙混雜. 還有無師自悟底麼? 出來辨別看."]』『卍新纂大日本續藏經』第80冊·No.1565·五燈會元 第17卷(X80n1565_017).

【藕師注】 진정으로 좋은 스승이니, 금(金)과 모래가 (마구) 섞여 있지 않으며 약(藥)과 병(病)이 뚜렷하다.

「12-21」樊遲從遊於舞雩之下, 曰: "敢問崇德·脩慝·辨惑." 子曰: "善哉問! 先事後得, 非崇德與? 攻其惡, 無攻人之惡, 非脩慝與? 一朝之忿, 忘其身以及其親, 非惑與?"

「12-21」 번지가 공자를 따라 무우(舞雩)의 아래에 놀면서 말하였다. "덕(德)을 높이고, 사특한 것을 다스려 바로잡고, 미혹된 것을 분별하는 것에 대해서 감히 묻습니다." 공자가 말하였다. "참 훌륭한 질문이구나! 해야 할 일을 먼저 하고 이득을 뒤로 두는 것이 덕(德)을 높이는 것이 아니겠냐? 자신의 악(惡)을 다스리고 남의 악(惡)을 다스리지 않는 것이 사특한 것을 다스려 바로잡는 것이 아니겠냐? 한때의 분노로 인해 자신을 잊고서 그 화(禍)가 부모에게까지 미치게 하는 것이 미혹된 것이 아니겠냐?"

「12-22」 樊遲問仁. 子曰: "愛人." 問知. 子曰: "知人." 樊遲未達. 子曰: "舉直錯諸枉, 能使枉者直." 樊遲退, 見子夏曰: "鄉也吾見於夫子而問知, 子'舉直錯諸枉, 能使枉者直.', 何謂也?" 子夏曰: "富哉言乎! 舜有天下, 選於衆, 舉皋陶, 不仁者遠矣. 湯有天下, 選於衆, 舉伊尹, 不仁者遠矣."

「12-22」 번지가 인(仁)에 관해서 물었다. 공자가 말하였다. "사람을 사랑하는 것이다." 지(知)에 관해서 물었다. 공자가 말하였다. "사람을 아는 것이다." 번지가 그 뜻을 이해하지 못하였다. 공자가 말하였다. "정직한 사람을 들어서 부정한 사람 위에 놓으면 능히 부정한 자를 곧아지게 할 수 있다." 번지가 물러가서 자하를 보고 말하였다. "지난번에 내가 선생님을 뵙고 지(知)에 관해 물었더니, 부자께서 '정직한 사람을 들어서 부정한 사람 위에 놓으면 부정한 자를 곧아지게 할 수 있다.'라고 하셨으니, 무슨 말씀인가?" 자하가 말하였다. "훌륭하구나, 말씀이여! 순(舜)임금이 천하를 소유하였을 때에 여러 사람 중에서 선별하여 고요(皋陶)를 등용하니, 불인(不仁)한 자들이 멀리 사라졌다. 탕(湯) 임금이 천하를 소유하였을 때에 여러 사람 중에서 선별하여 이윤을 등용하니, 불인(不仁)한 자들이 멀리 사라졌다."

「12-23」子貢問友. 子曰: "忠告而善道之, 不可則止, 毋自辱焉."

「12-23」 자공이 벗에 관하여 물었다. 공자가 말하였다. "충심(忠心)으로 알려주어서 잘 인도하되, 벗이 따라주지 않으면 그만두어야 하니, 자신을 욕되게 하는 일은 없어야 한다."

【藕師注】 自辱則反帶累朋友, 所以不可. 若知四悉¹⁾隨機, 方可自利利他.

【注釋】

1) 四悉: 부처가 중생을 교화하는 네 가지 방법인 '사실단(四悉檀)'을 뜻한다. '사실단(四悉檀)'은 세계실단(世界悉檀)·위인실단(爲人悉檀)·대치실단(對治悉檀)·제일의실단(第一義悉檀)이다. 「4-14」의 정문(正文)의 【藕師注】의 주석(注釋)을 참조할 것.

【藕師注】 '자신을 욕되게 하면, 도리어 붕우의 일에 말려들게 되니, 그러니까 안되는 것이다. 만약 사실단(四悉檀)이 (각 중생衆生의) 근기(根機)에 따라 베풀어지는 것을 안다면, 바야흐로 자기 자신을 이롭게 하면서도 남도 이롭게 할 수 있다.

「12-24」曾子曰: "君子以文會友, 以友輔仁."

「12-24」 증자가 말하였다. "군자는 문(文)으로써 벗을 모으고, 벗으로써 자신의 인덕(仁德)을 돕는다."

【藕師注】 爲蓮故華, 以文會友也, 華開蓮現, 以友輔仁也.

【藕師注】 연밥 때문에 연꽃이 있으니 문(文)으로써 벗을 모은 것이요, 연꽃이 열려서 연밥이 드러나니 벗으로써 자신의 인덕(仁德)을 도운 것이다.

【子路 第十三】

「13-1」 子路問政. 子曰: "先之, 勞之." 請益. 曰: "無倦."

「13-1」 자로가 정치에 관하여 물었다. 공자가 말하였다. "그 처음을 만들며 그 마지막을 고려하는 것이다." 더 말해주기를 청하였다. "게을리함이 없는 것이다."

【藕師注】 先·勞, 竝去聲呼之. 先之, 創其始也, 勞之, 考其終也, 無倦, 精神貫徹於終始也. 卓吾云: "請益處便是倦根, 故卽以無倦益之."[1)]

【注釋】

1) 請益處便是倦根, 故卽以無倦益之: 『논어평(論語評)·자로(子路) 제십삼(第十三)』 제1장, "[評] 請益處便是倦根, 故卽以無倦益之." 앞의 책, 227면.

【藕師注】 '선(先)'과 '로(勞)'는 모두 거성(去聲)으로써 소리를 낸다. '선지(先之)'는 그 처음을 시작하는 것이요, '로지(勞之)'는 그 마지막을 고려하는 것이요, '무권(無倦)'은 정신이 마지막과 시작을 관철하는 것이다. 이탁오는 이렇게 말하였다. "더 말해주기를 청한 곳이 바로 게으름의 뿌리이다. 그러므로 곧 게을리함이 없어야 한다는 가르침으로써 더 보태어 주었다."

「13-2」仲弓爲季氏宰, 問政. 子曰: "先有司, 赦小過, 擧賢才." 曰: "焉知賢才而擧之?" 曰: "擧爾所知, 爾所不知, 人其舍諸?"

「13-2」 중궁이 계씨의 가신이 되어 정치에 관해서 물었다. 공자가 말하였다. "유사(有司)에게 먼저 시키고, 작은 허물을 용서하며, 덕(德)과 재능이 있는 어진 인재를 등용하는 것이다." 중궁이 말하였다. "어진 인재인지를 어떻게 알아서 등용합니까?" 공자가 말하였다. "네가 아는 어진 인재를 등용하면 네가 미처 모르는 자를 다른 사람들이 그냥 내버려 두겠느냐?"

【藕師注】 仲弓獨問擧賢才, 可謂知急先務.

【藕師注】 중궁만이 유일하게 어진 인재를 등용하는 법을 물었으니, 가히 급선무를 알았다고 이를 만하다.

「13-3」子路曰: "衛君待子而爲政, 子將奚先?" 子曰: "必也正名乎!" 子路曰: "有是哉? 子之迂也! 奚其正?" 子曰: "野哉由也! 君子於其所不知, 蓋闕如也. 名不正則言不順, 言不順則事不成, 事不成則禮樂不興, 禮樂不興則刑罰不中, 刑罰不中則民無所錯手足. 故君子名之必可言也, 言之必可行也. 君子於其言無所苟而已矣."

「13-3」 자로가 말하였다. "위(衛)나라 임금이 선생님을 기다려 정치를 한다면 선생님께서는 장차 무엇을 먼저 하시겠습니까?" 공자가 말하였다. "반드시 명칭을 바로잡겠다!" 자로가 말하였다. "이러실 겁니까? 세상의

실정을 모르시는 우리 선생님! 어떻게 바로잡을 수 있겠습니까?" 공자
가 말하였다. "무례하구나, 중유(仲由)여! 군자는 자신이 알지 못하는 것
은 대개 빼놓고 말하지 않는다. 명칭이 바르지 않으면 말이 순조롭지 못
하고, 말이 순조롭지 못하면 일이 이루어지지 않으며, 일이 이루어지지
않으면 예악(禮樂)이 일어나지 못하고, 예악(禮樂)이 일어나지 못하면 형
벌이 알맞지 못하고, 형벌이 알맞지 못하면 백성들이 손과 발을 둘 곳이
없게 된다. 그러므로 군자가 명칭을 붙이면 기필코 말할 수 있으며, 말할
수 있으면 틀림없이 행할 수 있다. 군자는 자신이 한 말에 대해서 구차스
러운 바가 없게 할 뿐이다."

【藕師注】　人問王陽明曰: "孔子正名, 先儒說上告天子, 下告方伯,
廢輒立郢, 此意如何?" 陽明答曰: "恐難如此. 豈有此人致敬盡禮,
待我爲政, 我就先去廢他, 豈人情天理耶? 孔子旣肯與輒爲政, 必輒
已能傾心委國而聽. 聖人盛德至誠, 必已感化衛輒, 使知無父之不
可以爲人, 必將痛哭奔走, 往迎其父. 父子之愛本於天性, 輒能痛悔,
眞切如此, 蒯聵豈不感動底豫? 蒯聵旣還, 輒乃致國請戮. 聵已見化
於子, 又有孔子至誠調和其間, 當亦決不肯受, 仍以命輒. 群臣·百姓
又必欲得輒爲君, 輒乃自暴其罪惡, 請於天子, 告於方伯諸侯, 而必
欲致國於父. 聵與群臣·百姓亦皆表輒悔悟仁孝之美, 請於天子, 告
於方伯諸侯, 必欲得輒爲君. 於是集命於輒, 使之復君衛國. 輒不得
已, 乃如後世上皇故事, 尊聵爲太公, 備物致養, 而始自復其位. 則
君君·臣臣·父父·子子名正言順, 一擧而可爲政於天下矣. 孔子正名,
或是如此."[1]

【注釋】

1) 孔子正名-或是如此:『전습록(傳習錄) 권상(卷上)·육징본문(陸澄本文)』에 보인다.

【藕師注】 어떤 사람이 왕양명에게 물었다. "공자의 정명(正名)에 대해서 선유(先儒)들은 '위로는 천자(天子)에게 고하고 아래로는 방백(方伯)에게 고하여 첩(輒)을 폐하고 영(郢)을 세웠다.'라고 말하였는데, 이 뜻이 어떠합니까?" 왕양명이 대답하였다. "그와 같았다고 보기는 어려울 것 같다. 이 사람이 공경을 표(表)하고 예를 다하여 나를 기다려서 정치하고자 하는데, 내가 먼저 가서 그를 폐하는 것이 어찌 있을 수 있겠는가? 어찌 인정(人情)과 천리(天理)이겠는가? 공자가 이미 흔쾌히 첩(輒)과 더불어 정치를 하려 하였다면, 틀림없이 첩(輒)은 이미 능히 마음을 기울여서 국정(國政)을 맡기고 가르침을 들을 수 있었을 것이다. 성인의 크고 훌륭한 덕(德)과 지극한 정성이 분명히 위군(衛君) 첩(輒)을 감화시켜서 그에게 아버지가 없는 자가 가히 사람다운 사람이 될 수 없다는 것을 알게 하여, 반드시 통곡하며 급히 달려가서 그 아버지를 맞이하게 하였을 것이다. 아버지와 아들 간의 사랑은 천성(天性)에 근본하는데, 첩(輒)이 능히 뼈저리게 뉘우칠 수 있어서 진실하고 절실(切實)함이 이와 같았다면 괴외(蒯聵)가 어찌 감동하여 기뻐하지 않았겠는가? 괴외(蒯聵)가 돌아오고 나서, 첩(輒)은 나라를 아버지에게 바치고 처벌을 청하였을 것이다. 괴외(蒯聵)가 이미 아들에게 감화를 받았고 또 공자의 지극한 정성이 그 사이를 조화하는 것이 있었기에, 마땅히 또한 결단코 기꺼이 받고자 하지 않고 인(因)하여 첩(輒)에게 명하였을 것이다. 군신과 백성들은 또 기필코 첩(輒)을 얻어 군(君)으로 삼고자 바랐을 것이니, 그러면 첩(輒)은 이에 그 자신의 죄악을 스스로 폭로하여 천자(天子)에게 청하고 방백(方伯)과 제후(諸侯)에게 고하여 반드시 아버지에게 나라를 돌려 드리고자 하

였을 것이다. 괴외(蒯聵)는 군신(群臣)·백성(百姓)들과 더불어 또한 첩(輒)이 인자(仁慈)와 효행(孝行)의 아름다움을 깨달아 뉘우친 것을 표창(表彰)하여, 천자(天子)에게 청하고 방백(方伯)·제후(諸侯)에게 고하여 오로지 첩(輒)을 군(君)으로 삼고자 하였을 것이다. 이에 첩(輒)에게 명을 모아서 그에게 위국(衛國)의 군(君)으로 다시 세웠을 것이다. 첩(輒)은 부득이하여 결국 후세의 상황(上皇)의 고사와 같이 괴외(蒯聵)를 추존하여 태공(太公)으로 삼고 물건을 갖추어 봉양을 다 한 다음에야 비로소 스스로 그 자리에 복위(復位)하였을 것이다. 그러면 임금은 임금답고 신하는 신하답고 아버지는 아버지답고 자식은 자식답고 명칭은 바르게 되고 말은 순해져서, 한 번 일을 거행하자 천하에 정사(政事)를 행할 수 있었을 것이다. 공자의 정명(正名)은 아마도 이와 같은 뜻이었을 것이다."

「13-4」樊遲請學稼. 子曰: "吾不如老農." 請學爲圃. 曰: "吾不如老圃." 樊遲出. 子曰: "小人哉, 樊須也! 上好禮, 則民莫敢不敬, 上好義, 則民莫敢不服, 上好信, 則民莫敢不用情. 夫如是, 則四方之民繈負其子而至矣, 焉用稼?"

「13-4」번지가 농사일을 배우기를 청하였다. 공자가 말하였다. "나는 늙은 농부만 못하다." 번지가 채소 가꾸는 일을 배우기를 청하였다. 공자가 말하였다. "나는 늙은 원예사만 못하다." 번지가 밖으로 나갔다. 공자가 말하였다. "소인이구나, 번수여! 윗사람이 예를 좋아하면 백성들이 감히 공경하지 않는 것이 없고, 윗사람이 의(義)를 좋아하면 백성들이 감히 복종하지 않는 것이 없고, 윗사람이 믿음{신(信)}을 좋아하면 백성들이 감히 사실대로 하지 않는 것이 없다. 이렇게 되면 사방의 백성들이 그들

자식을 강보(襁褓)에 업고 올 것이니, 어디에다가 농사일을 쓰겠는가?"

【藕師注】　寧爲提婆達多, 不爲聲聞緣覺. 非大人何以如此?

【藕師注】　차라리 제바달다(提婆達多)가 될지언정, 성문(聲聞)·연각(緣覺)은 되지 않는다. 대인(大人)이 아니라면, 어찌 이처럼 하겠는가?

【補注】　提婆達多示現逆行, 而授記成佛, 聲聞緣覺安於小乘, 而不求作佛. 讀『法華經』「提婆達多品」及「信解品」¹⁾可知.

【注釋】

1) 『法華經』「提婆達多品」及『信解品』: 「제바달다품(提婆達多品)」은 『법화경(法華經)』 전28품 가운데 제12품으로서, 석가모니가 옛날에 제바달다(提婆達多)의 전신(前身)인 아사선인(阿私仙人)을 받들었던 일, 제바달다(提婆達多)가 삼역죄(三逆罪)를 짓고 무간지옥(無間地獄)에 떨어졌으나 뒤에 성불(成佛)한 일 그리고 8세의 용녀(龍女)가 문수보살(文殊菩薩)의 교화로 현신(現身) 성불(成佛)한 일 등이 기록되어 있다. 「신해품(信解品)」은 『법화경(法華經)』 전28품 가운데 제4품으로서 올바른 믿음을 내도록 이해를 시키는 품이다.

【補注】　제바달다(提婆達多)는 역행(逆行)을 나타내 보였으나 수기(授記)를 받아 부처를 이루었고, 성문(聲聞)과 연각(緣覺)은 소승(小乘)에 안주하면서 부처 되기를 구하지 않았다. 『법화경(法華經)』의 「제바달다품(提婆達多品)」과 「신해품(信解品)」을 읽어보면, 그 이야기를 알 수 있다.

「13-5」子曰: "誦『詩』三百, 授之以政, 不達, 使於四方, 不能專對, 雖多, 亦奚以爲?"

「13-5」 공자가 말하였다. "『시경(詩經)』 삼백 편을 외우더라도 정사(政事)를 맡김에 제대로 해내지 못하고, 사방의 나라에 사신(使臣)으로 가서 혼자서 처리하지 못한다면, 비록 시를 많이 외운다 한들 또한 어디에 쓰겠는가?"

【藕師注】 誦『詩』者思之.

【藕師注】 『시경(詩經)』을 외우는 자들은 생각할지어다.

【補注】 誦『詩』三百, 孔子以爲多矣, 可知但專一經, 已是足用. 若不能致用, 雖多奚爲?

【補注】 『시경(詩經)』 삼백편(三百篇)을 외우는 것을 공자는 많다고 여겼으니, 다만 오직 한 부(部)의 경서만으로도 이미 쓰기에 충분하다는 것을 알 수 있다. 만약 능히 활용을 이루지 못한다면, 비록 많이 외고 있다고 한들 어디에 쓰겠는가?

「13-6」 子曰: "其身正, 不令而行, 其身不正, 雖令不從."

「13-6」 공자가 말하였다. "그 자신이 바르면 명령하지 않아도 행해지고, 그 자신이 바르지 못하면 비록 명령하더라도 (백성들이) 따르지 않는다."

「13-7」 子曰: "魯衛之政, 兄弟也."

「13-7」 공자가 말하였다. "노(魯)나라와 위(衛)나라의 정치는 형제간이다."

「13-8」 子謂衛公子荊: "善居室, 始有, 曰: '苟合矣.' 少有, 曰: '苟完矣.' 富有, 曰: '苟美矣.'"

「13-8」 공자가 위(衛)나라의 공자(公子) 형(荊)을 평하였다. "그는 안 살림을 잘하였으니, 처음 살림을 조금 소유했을 때는 '그런대로 살림이 좀 모였다.'라고 하였고, 다소 나아졌을 때는 '그런대로 살림이 좀 갖추어졌다.'라고 하였고, 많이 소유하게 되었을 때는 '그런대로 훌륭하다.'라고 하였다."

「13-9」 子適衛, 冉有僕. 子曰: "庶矣哉!" 冉有曰: "旣庶矣, 又何加焉?" 曰: "富之." 曰: "旣富矣, 又何加焉?" 曰: "敎之."

「13-9」 공자가 위(衛)나라에 갈 때 염유가 수레를 몰았다. 공자가 말하였다. "백성들이 많구나!" 염유가 말하였다. "이미 백성들이 많으면 또 무엇을 더하여야 합니까?" 공자가 말하였다. "부유하게 해 주어야 한다." 염유가 말하였다. "이미 부유해지면 또 무엇을 더하여야 합니까?" 공자가 말하였다. "가르쳐야 한다."

【藕師注】 卓吾曰: "一車問答, 萬古經綸."[1]

【注釋】

1) 一車問答, 萬古經綸: 『논어평(論語評)·자로(子路) 제십삼(第十三)』 제9장, "[評] 一
   車問答, 萬古經綸." 앞의 책, 231면.

【藕師注】　이탁오는 이렇게 말하였다. "한 채의 수레 안에서 나눈 문답
이 만고(萬古)의 경륜(經綸)이로다."

【補注】　　若問何自而庶·何自而富, 則必曰敎, 可知敎是澈始澈終之
事. 旣庶旣富之後需敎, 未庶未富之先尤需敎也. 今機器橫奪人工,
外貨傾銷中國. 國人喜用外貨, 若不廣行自製本貨·自用本貨之敎令,
則貧困日甚, 庶富無期, 願國人恐懼而急圖之也.

【補注】　　만약 무엇으로부터 백성들이 많아지고 무엇으로부터 부유하
게 되는지를 물었다면 반드시 '가르침(≒교육)'이라고 말하였을 것이니,
'가르침(≒교육)'이 시작을 관통하고 마침을 꿰뚫는 일이라는 것을 알 수
있다. 이미 백성들이 많아지고 부유해진 뒤에라도 '가르침(≒교육)'을 필
요로 하며 아직 백성들이 많아지지 않았고 부유해지지 못한 이전이라
도 더욱 '가르침(≒교육)'을 필요로 한다. 지금은 기구(器具)와 기계(機械)
가 사람들의 솜씨를 가로채고 외화(外貨)가 중국을 투매(投賣)하고 있다.
그런데도 나라 사람들은 외화(外貨) 쓰기를 기뻐하니, 만약 스스로 본화
(本貨)를 만드는 것과 스스로 본화(本貨)를 사용하는 것의 국가 법령을
널리 실행하지 못한다면, 빈곤이 날로 심해져서 백성들이 많아지는 것과
재정이 부유해지는 것을 기약할 수가 없다. 원하건대 나라 사람들은 이
러한 (실정實情에) 몹시 두려움을 느껴서 급히 (해결책解決策을) 도모해야
할 것이다.

「13-10」子曰: “苟有用我者, 期月而已可也, 三年有成.”

「13-10」공자가 말하였다. “만일 나를 써주는 사람이 있다면 1년 만이라도 괜찮을 것이니, 3년이면 완성되는 것이 있을 것이다.”

【藕師注】 者才不是說眞方賣假藥的.

【校勘】 者:『선해유도총서(禪解儒道叢書) 사서우익해(四書藕益解)』(2015)에는 ‘저(這)’로 되어있지만, 동림사(東林寺) 인본(印本)『사서우익해(四書藕益解)』에는 ‘저(者)’로 되어있다. 여기서는 동림사(東林寺) 인본(印本)『사서우익해(四書藕益解)』를 따랐다.

【藕師注】 이 재주는 참다운 방법을 말한 것이 아니요, 가짜 약을 판 것이다.

「13-11」子曰: “‘善人爲邦百年, 亦可以勝殘去殺矣.’, 誠哉是言也!”

「13-11」공자가 말하였다. “‘선인(善人)이 나라를 백 년 동안 다스리면, 또한 사람을 잔인하게 죽이는 업(業)을 없앨 수 있다.’라고 하였으니, 진실하도다, 이 말이여!”

【藕師注】 深痛殺業, 深思善人.

【藕師注】 살생의 죄업(罪業)을 깊이 마음 아파하였던 것이니, 선인(善人)을 매우 사모하였다.

【補注】　　此當與『孟子』“公孫丑問曰‘夫子當路於齊, 管仲·晏子之功可復許乎?’”[1]章合觀. 孔子曰“善人爲邦百年, 可以勝殘去殺.”,[2] 而孟子言“以齊王猶反手也.”,[3] 蓋“飢者易爲食, 渴者易爲飮.”.[4] 人民痛苦愈深, 則望治之心愈切. 唐魏徵嘗擧此義以對太宗之問, 其後貞觀之治, 甫四年, 而夜戶不閉, 道不拾遺. 蓋唐初於經戰之地, 皆令建佛寺, 其時高僧林立, 宣揚佛法, 贊助王化, 故收效尤速也. 今世亂益急, 人民歸佛者亦日多, 若得政府躬行倡導·明令弘揚之力, 則解倒懸而出水火, 去殘殺而修仁慈, 非難事矣.

【注釋】

1) 公孫丑問曰夫子當路於齊, 管仲·晏子之功可復許乎: 『맹자(孟子)·공손추(公孫丑) 상(上)』 제1장, “공손추가 물었다. ‘선생님께서 만일 제(齊)나라에서 요직을 맡으신다면 관중(管仲)과 안자(晏子; 안영晏嬰)의 공적을 다시 기대할 수 있겠습니까?’ 맹자가 말하였다. ‘그대는 참으로 제나라 사람이로다. 관중과 안자만 알 뿐이로구나! 어떤 사람이 증자(曾子)의 손자인 증서(曾西)에게 묻기를 「그대와 자로 중에 누가 더 낫소?」 하니, 증서가 불안해하면서 말하기를 「그분은 우리 선친(先親)께서도 존경하신 분이오.」 하였네. 「그렇다면 그대와 관중 중에 누가 더 낫소?」 하니, 증서가 얼굴을 붉히고 불쾌해하며 말하기를 「그대는 어찌 나를 관중에게 비교하오? 관중은 저처럼 군주(君主)의 신임을 전적으로 받았으며, 저처럼 국정(國政)을 오래 맡았는데도 공적(功績)이 저처럼 보잘것없으니, 당신은 어찌 나를 그런 사람에게 비교한단 말이오?」 하였네. 관중처럼 되는 것은 증서도 하지 않으려 했던 것인데, 자네는 내가 그런 사람이 되기를 바라는가?’ [公孫丑問曰: “夫子當路於齊, 管仲·晏子之功, 可復許乎?” 孟子曰: “子誠齊人也. 知管仲·晏子而已矣! 或問乎曾西曰: ‘吾子與子路孰賢?’ 曾西蹴然曰: ‘吾先子之所畏也.’ 曰: ‘然則吾子與管仲孰賢?’ 曾西艴然不悅曰: ‘爾何曾比予於管仲? 管仲得君, 如彼其專也, 行乎國政, 如彼其久也, 功烈, 如彼其卑也. 爾何曾比予於是?’” 曰: “管仲, 曾西之所不爲也, 而子爲我願乎?”]”
2) 善人爲邦百年, 可以勝殘去殺: 『논어(論語)·자로(子路) 제십삼(第十三)』 제11장, “공자가 말하였다. ‘선인(善人)이 나라를 백 년 동안 다스리면, 또한 사람을 잔인하게 죽이는 업(業)을 없앨 수 있다.’라고 하였으니, 진실하도다, 이 말이여!’ [子曰: “善人爲邦百年, 亦可以勝殘去殺矣.’, 誠哉是言也!”]
3) 以齊王猶反手也: 『맹자(孟子)·공손추(公孫丑) 상(上)』 제1장, “‘관중은 자기 임금을 패자로 만들었고, 안자는 자기 임금을 세상에 이름나게 했습니다. 그런데 관중과 안자도 오히려 따라서 할 만하지 못하단 말입니까?’ ‘제나라같이 큰 나라를

가지고 왕 노릇을 하는 것은 손바닥을 뒤집는 것처럼 쉬운 일일세.' [曰: "管仲以
其君霸, 晏子以其君顯, 管仲·晏子猶不足爲與?" 曰: "以齊王, 由反手也."]"
4) 飢者易爲食, 渴者易爲飲: 『맹자(孟子)·공손추(公孫丑) 상(上)』제1장, "또 왕자(王
者)가 나오지 않음이 지금보다 더 드물었던 적이 없으며, 백성들이 학정에 시달
려 초췌해진 것이 지금보다 더 심한 적이 없으니, 굶주린 자에게는 어떤 음식이
든 먹을거리가 되기 쉽고, 목마른 자에게는 어떤 음료라도 마실 거리가 되기 쉽
네. [且王者之不作, 未有疏於此時者也, 民之憔悴於虐政, 未有甚於此時者也. 飢者易爲食,
渴者易爲飲.]"

【補注】　　이 구절은 마땅히 『맹자(孟子)』에서 "공손추가 여쭈었다. '선
생님께서 만일 제(齊)나라에서 요직을 맡으신다면, 관중과 안자(晏子; 晏
嬰)의 공적(功績)을 다시 기대할 수 있겠습니까?'"라는 장(章)과 더불어
합쳐서 보아야만 한다. 공자가 말하기를, "선인(善人)이 나라를 백 년 동
안 다스리면, 잔인한 사람을 교화시키고 사형(死刑)을 없앨 수 있다."라
고 하였고, 맹자가 말하기를, "제(濟)나라와 같이 큰 나라를 가지고 왕 노
릇을 함은 손바닥을 뒤집는 것처럼 쉬운 일일세."라고 하였으니, "굶주린
자에게는 어떤 음식이든 먹을거리가 되기 쉽고, 목마른 자에게는 어떤
음료라도 마실 거리가 되기 쉽다."라는 것이다. 인민(人民)의 고통이 더욱
깊어지면 선정(善政)을 바라는 마음은 더욱 간절해진다. 당(唐)나라 위징
(魏徵)은 일찍이 이러한 뜻을 들어 태종(太宗)의 질문에 대답하였다. 그
후 정관(貞觀)의 치세(治世)에 들어선 지 겨우 4년 만에 밤중에도 민가
(民家)에서는 문을 잠그지 않았으며, 길에 떨어진 물건이 있어도 줍지 않
았다. 대개 전쟁이 지나간 당(唐)나라 초기에는 모두 불사(佛寺)를 세우
기를 명령하였으니, 그 당시에 고승(高僧)들이 숲의 임목(林木)처럼 즐비
하게 나타나서 불법(佛法)을 선양(宣揚)하여 왕이 교화하는 것을 찬조(贊
助)하였다. 그러므로 더욱 빠르게 효과를 거두었다. 지금은 세란(世亂)이
더욱 급격해지매 인민(人民)들 가운데 불법(佛法)에 귀의하는 자들이 또
한 날로 많아지고 있다. 만약 정부(政府)에서 몸소 실행하고 제창하며 밝

은 법령이 널리 선양(宣揚)되는 힘을 얻는다면, 극도의 위급함에 처한 (나라의 어려움을) 해결하고 수화(水火)의 고통 가운데에서 (백성百姓들을) 끄집어내며 학살을 제거하여 인자(仁慈)함을 베푸는 것이 어려운 일이 아닐 것이다.

「13-12」 子曰: "如有王者, 必世而後仁."

「13-12」 공자가 말하였다. "만일 왕 노릇을 하는 자가 있다면, 반드시 한 세대가 지난 뒤에라야 (백성들이) 인(仁)해질 것이다."

【蕅師注】 可見五濁甚難化度.

【蕅師注】 오탁악세(五濁惡世)에 (중생衆生들을) 감화하여 제도하기가 매우 어렵다는 것을 볼 수 있다.

【補注】 佛謂此娑婆世界爲五濁惡世. 五濁者, 劫濁·見濁·煩惱濁·衆生濁·命濁也. 劫濁謂濁法聚會之時, 見濁謂邪見增盛, 昏迷汨沒, 煩惱濁謂貪·瞋·癡·慢·疑五者煩動, 惱亂其心, 衆生濁謂所感麤弊身心竝皆陋劣, 命濁謂因果竝劣, 壽命短促, 不滿百歲. 具此五濁, 故昏迷苟且, 不易化度也. 轉濁爲淨, 莫如淨土念佛法門, 行易而功高, 化普而效速, 誠寶中之王也.

【補注】 부처님께서는 이 사바세계(娑婆世界)가 '오탁악세(五濁惡世)'라고 말씀하셨다. '오탁(五濁)'은 '겁탁(劫濁)'·'견탁(見濁)'·'번뇌탁

(煩惱濁)'·'중생탁(衆生濁)'·'명탁(命濁)'이다. '겁탁(劫濁)'은 혼탁(混濁)
한 법이 회합(會合)된 때를 이른 것이요, '견탁(見濁)'은 사견(邪見)이
증성(增盛)하여 혼미(昏迷)에 골몰(汩沒)함을 이른 것이요, '번뇌탁(煩
惱濁)'은 '탐(貪)'·'진(瞋)'·'치(癡)'·'만(慢)'·'의(疑)' 다섯 가지가 그 마음
을 번동(煩動)하고 뇌란(惱亂)하게 함을 이른 것이요, '중생탁(衆生濁)'
은 느끼는 바가 몸과 마음을 추잡하고 남루하게 하며 아울러 하는
짓이 모두 비열함을 이른 것이요, '명탁(命濁)'은 인과가 함께 졸렬하
여 수명이 촉박하여 백세(百歲)를 채우지 못함을 이른 것이다. 이 '오
탁(五濁)'을 갖추었기 때문에 혼미하고 구차하여 중생을 감화시켜 제
도(濟度)하는 것이 쉽지 않다. 더러움을 바꾸어서 청정하게 하는 것
은 정토염불법문(淨土念佛法門)만 한 것이 없다. (정토염불법문淨土念佛
法門은) 실행하기가 쉬워 공덕이 높으며 교화함이 두루 미쳐서 효과
가 빠르니, 진실로 보물들 가운데 왕이로다.

「13-13」子曰: "苟正其身矣, 於從政乎何有? 不能正其身, 如正人
何?"

「13-13」 공자가 말하였다. "만일 자기 자신을 바르게 한다면 정치에 종
사하는 데 있어서 무슨 어려움이 있겠는가? 자기 자신을 바르게 하지 못
한다면, 남을 어떻게 바로잡겠는가?"

【藕師注】 不正身之人, 難道不要正人耶? 故以此提醒之.

【藕師注】 자기 자신을 바르게 하지 못한 사람은 설마 남을 바로잡을 필

요가 없다고 말하겠는가? 그러므로 이 말로써 깨우쳐 주었다.

「13-14」冉子退朝. 子曰: "何晏也?" 對曰: "有政." 子曰: "其事也.
如有政, 雖不吾以, 吾其與聞之."

「13-14」염자가 조정에서 물러 나왔다. 공자가 말하였다. "어찌하여 늦
었는가?" 염자가 대답하였다. "국정(國政)이 있었습니다." 공자가 말하였
다. "그것은 계씨의 집안일이었을 것이다. 만일 노(魯)나라의 국정(國政)
이었다면 비록 내가 현직(現職)에 있지는 않으나 아마도 참여하여 들었
을 것이다."

【藕師注】 卓吾曰: "一字不肯假借如此."[1]

【注釋】

1) 一字不肯假借如此: 『논어평(論語評)·자로(子路) 제십삼(第十三)』 제14장, "[評] 一
字不肯假借如此." 앞의 책, 233면.

【藕師注】 이탁오는 이렇게 말하였다. "한 글자라도 기꺼이 가차(假借)
하지 못하는 것이 이와 같다."

「13-15」定公問: "一言而可以興邦, 有諸?" 孔子對曰: "言不可以若
是其幾也. 人之言曰: '爲君難, 爲臣不易.' 如知爲君之難也, 不幾乎
一言而興邦乎?" 曰: "一言而喪邦, 有諸?" 孔子對曰: "言不可以若是
其幾也. 人之言曰: '予無樂乎爲君, 唯其言而莫予違也.' 如其善而莫

之違也, 不亦善乎? 如不善而莫之違也, 不幾乎一言而喪邦乎?"

「13-15」 정공이 물었다. "한마디 말로써 나라를 일으킬 수 있다고 하니, 그러한 말이 있습니까?" 공자가 대답하였다. "말은 이처럼 기약할 수는 없습니다만 사람들 말에 '임금 노릇을 하기가 어려우며 신하 노릇을 하기가 쉽지 않다.'라고 하였으니, 만일 임금 노릇을 하기가 어려움을 안다면 한마디 말로써 나라를 일으키는 데 가깝지 않겠습니까?" 정공이 말하였다. "한마디 말로써 나라를 잃을 수 있다 하니, 그러한 말이 있습니까?" 공자가 대답하였다. "말이 이처럼 기약할 수는 없습니다만 사람들의 말에 '나는 임금 노릇을 하는 것보다 즐거운 것이 없으니, 오직 내가 말을 하면 어기는 신하가 없다.'라고 하니, 만일 임금의 말이 선(善)한데 그것을 어기지 않는다면 또한 좋지 않겠습니까? (그러나) 만일 임금의 말이 선(善)하지 못한데 그것을 어기는 신하가 없다면 한마디 말로써 나라를 잃는 데 가깝지 않겠습니까?"

【蕅師注】 四個'幾'字一樣看, 皆是容易之意. 『傳』曰: "幾者動之微." · "知幾其神.",[1] 可以參看.

【注釋】

1) 『傳』曰: "幾者動之微." · "知幾其神.": 『주역(周易) · 계사(繫辭) 하(下)』 제5장, "공자가 말하였다. '기미(幾微)를 앎이 그 신묘할 것이다. 군자는 위로 사귀되 아첨하지 않고 아래로 사귀되 모독(冒瀆)하지 않으니, 기미(幾微)를 아는 것이다. 기(幾)는 동(動)함의 은미함으로 길(吉) · 흉(凶)이 먼저 나타난 것이니, 군자는 기미(幾微)를 보고 일어나서 하루가 마치기를 기다리지 않는다. 역(易)에 이르기를, 「돌처럼 절개가 굳은지라 하루를 마치지 않으니, 정(貞)하고 길(吉)하다.」 하였으니, 절개가 돌과 같은데 어찌 하루를 마치겠는가? 결단함을 알 수 있다. 군자는 은미함을 알고 드러남을 알며, 유(柔)를 알고 강(剛)을 아니, 만 명의 사내들이 우러른다.' [子曰: "知幾, 其神乎! 君子上交不諂, 下交不瀆, 其知幾乎! 幾者, 動之微, 吉(凶)之先

見者也. 君子見幾而作, 不俟終日. 易曰: '介於石, 不終日, 貞, 吉.' 介如石焉, 寧用終日? 斷可識矣. 君子知微知彰知柔知剛, 萬夫之望."]"

【藕師注】 네 개의 '기(幾)' 자(字)는 동일하게 보아야 하니, 모두 쉽다는 뜻이다. 『주역(周易)·계사전(繫辭傳)』에서는 "기미(幾微)는 움직임의 미묘함{미묘(微妙)한 움직임}이다.", "기미(幾微)를 앎은 신(神)과 같다."라고 하였으니, 참조해서 볼 수 있다.

「13-16」 葉公問政. 子曰: "近者說, 遠者來."

「13-16」 섭공(葉公; 심제량沈諸梁)이 정치에 관해서 물었다. 공자가 말하였다. "가까이 있는 자들은 기뻐하게 하며, 멀리 있는 자들은 찾아오게 한다."

「13-17」 子夏爲莒父宰, 問政. 子曰: "無欲速, 無見小利. 欲速則不達, 見小利則大事不成."

「13-17」 자하가 노(魯)나라 거보(莒父)의 읍재가 되어 정치에 관해서 물었다. 공자가 말하였다. "빨리하려고 하지 말고 작은 이익을 보지 말아야 한다. 빨리하려고 하면 (목표를) 달성하지 못하고, 작은 이익을 보면 큰일이 이루어지지 못한다."

【藕師注】 觀心者亦當以此爲箴.

【藕師注】 마음을 관조(觀照)하는 자도 마땅히 이 구절로써 잠계(箴戒)로 삼아야 한다.

「13-18」葉公語孔子曰: "吾黨有直躬者, 其父攘羊, 而子證之." 孔子曰: "吾黨之直者異於是, 父爲子隱, 子爲父隱, 直在其中矣."

「13-18」 섭공이 공자에게 말하였다. "우리 고을에 몸을 정직하게 하여 행동하는 자가 있으니, 그의 아버지가 양을 훔치자 아들이 이를 증언하였습니다." 공자가 말하였다. "우리 고을의 정직한 자는 이것과는 다릅니다. 아버지는 자식을 위하여 숨겨주고 자식은 아버지를 위하여 숨겨주니, 정직함은 그 가운데에 있습니다."

【藕師注】 才有第二念起便不直. 此卽菩薩不說四衆過戒也.

【藕師注】 두 번째 생각이 일어나자마자 곧 정직하지 못한 것이다. 이것이 즉 보살(菩薩)이 '사중(四衆)'의 허물을 이야기하지 않는 것이다.

【補注】 『梵網經』菩薩十重戒第六說四衆過戒. 四衆者, 出家比丘·比丘尼, 在家優婆塞·優婆夷, 所謂同法四衆也. 蓮池大師云: "既云同法, 若遇有過, 應當三諫慇懃, 密令悔改, 內全僧體, 外護俗聞. 而乃恣口發揚, 貽羞佛化, 豈大士之心耶?" 同法尙爾, 況父子乎?

【補注】 『범망경(梵網經)』의 「보살십중계(菩薩十重戒) 제육(第六)」에서는 '사중과계(四衆過戒)'를 설하였다. '사중(四衆)'은 출가한 비구(比丘)·

비구니(比丘尼)와 재가(在家)의 우바새(優婆塞)·우바이(優婆夷)이니, 이른바 '불법(佛法)을 함께 수행하는 사중(四衆)'이라는 것이다. 연지대사는 말하였다. "이미 불법(佛法)을 함께 수행한다고 하였으니, 만약 허물 있는 동료를 만나게 되면 응당 세 번 은근하게 간하여 남모르게 회개하도록 해야만 안으로는 승체(僧體){출가자(出家者)}가 온전해지고 밖으로는 속문(俗聞){재가자(在家者)}을 보호할 수가 있다. 그러나 만일 함부로 입을 놀려서 허물 있는 것을 들추어낸다면 부처님의 교화에 부끄러움을 남기는 것이니, (이것이) 어찌 대사(大士){보살(菩薩)}의 마음이겠는가?" 불법(佛法)을 함께 수행하는 동료들 사이도 오히려 그러한데, 하물며 아버지와 아들 사이에 있어서이겠는가?

「13-19」 樊遲問仁. 子曰: "居處恭, 執事敬, 與人忠, 雖之夷狄, 不可棄也."

「13-19」 번지가 인(仁)에 관해서 물었다. 공자가 말하였다. "거처할 때는 공손하게 하고, 일을 집행할 때는 경건하게 하며, 남과 함께할 때는 충성스럽게 하니, 비록 이적(夷狄)의 나라에 가더라도 이것을 버려서는 안 된다."

【蕅師注】 也只是**克己復禮**,[1] 而變文說之.

【注釋】

1) 克己復禮:『논어(論語)·안연(顏淵) 제십이(第十二)』제1장의 정문(正文)과 【蕅師注】를 참조할 것.

【藕師注】 또한 다만 '능히 자기가 예로 돌아가는 것'이니, 글월을 바꾸어서 말한 것이다.

「13-20」子貢問曰: "何如斯可謂之士矣?" 子曰: "行己有恥, 使於四方, 不辱君命, 可謂士矣." 曰: "敢問其次." 曰: "宗族稱孝焉, 鄕黨稱弟焉." 曰: "敢問其次." 曰: "言必信, 行必果, 硜硜然小人哉! 抑亦可以爲次矣." 曰: "今之從政者何如?" 子曰: "噫! 斗筲之人, 何足算也?"

「13-20」 자공이 물었다. "어떠하여야 선비라 할 수 있습니까?" 공자가 말하였다. "자기 몸을 운행하는 데 염치가 있으며, 사방에 사신(使臣)으로 가서 임금의 명을 욕되게 하지 않으면, 선비라 할 수 있다." 자공이 물었다. "감히 그다음을 묻겠습니다." 공자가 말하였다. "종족들이 효성스럽다고 칭찬하고 향당에서는 공손하다고 칭찬하는 사람이다." 자공이 말하였다. "감히 그다음을 묻겠습니다." 공자가 말하였다. "말은 반드시 미덥게 하고 행실은 반드시 과단성 있게 하니, 고집스럽구나, 소인이여! 그래도 또한 그다음이 될 수 있다." 자공이 말하였다. "현재 정치에 종사하는 자들은 어떻습니까?" 공자가 말하였다. "아! 한 말 정도의 그릇밖에 안 되는 사람들을 어찌 논할 수 있겠는가?"

【藕師注】 若人知有自己, 便做不得無恥之行, 此句便是士之根本. 三節只是前必具後, 後不具前耳. 子貢從來不識自己, 所以但好做個瑚璉,[1] 雖與斗筲[2]貴賤不同, 同一器皿而已. 卓吾云: "孝弟都從有恥得來. 必信必果, 也只爲不肯無恥. 今之從政只是一個無恥."[3]

【注釋】

1) 瑚璉: 『논어(論語)·공야장(公冶長) 제오(第五)』 제3장의 정문(正文)과 【藕師注】를 참조할 것.
2) 鬥筲: 『논어(論語)·자로(子路) 제십삼(第十三)』 제20장의 정문(正文)과 【藕師注】를 참조할 것.
3) 孝弟都從有恥得來-今之從政只是一個無恥: 『논어평(論語評)·자로(子路) 제십삼(第十三)』 제20장, "[評] 孝弟都從有恥得來. 言必信行必果, 也只爲不肯無恥. 今之從政只是一個無恥." 앞의 책, 236-237면.

【藕師注】 만약 사람들이 자기가 있는 것을 알면, 곧 염치가 없는 행동을 할 수가 없으니, 이 구(句)는 곧 선비의 근본이다. 세 구절은 다만 앞에 있는 것이 반드시 뒤를 갖춰야만 하는 것이요, 뒤에 있는 것이 앞을 갖추는 것은 아니다. 자공은 종래로 자기를 알지 못하였기 때문에 다만 한 개의 호련(瑚璉)이 되는 편이 쉬웠다. 비록 좀생원과 더불어 귀천(貴賤)이 같지는 않으나, 동종(同種)의 일개 기명(器皿)일 뿐이다. 이탁오는 이렇게 말하였다. "효성스러움과 공손함은 모두 염치가 있음으로부터 오는 것이다. 미덥기를 기필하고 과단성 있기를 기필하는 것은 단지 염치없는 행동을 기꺼이 하려고 하지 않는 것이다. 지금 정사(政事)에 종사하는 자들은 다만 한 가지의 염치도 없다."

【補注】 自念我與諸佛同具佛性, 同爲凡夫, 而今諸佛成道以來, 已經無量塵沙劫數, 度脫無量衆生, 而我猶是耽染六塵, 輪轉生死, 永無出離, 此是天下可慚可愧·可羞可恥之甚者也. 具此恥心, 方能勉行聖道.

【補注】 스스로 생각해 보건대 내가 여러 부처님과 더불어 한가지로 불성(佛性)을 갖추었고 함께 범부(凡夫)가 되었는데, 지금 여러 부처님께

서는 도(道)를 이루신 이래로 이미 한량없는 먼지와 모래의 겁수(劫數)를 지나시면서 한량없는 중생을 제도(制度)하여 해탈케 하셨거늘, 나는 여전히 육진(六塵)을 몹시 즐기고 물들어서 생사(生死)의 고통을 따라 바퀴가 돌듯이 회전하면서도 영영 벗어날 생각이 없으니, 이것은 천하에서 매우 남부끄럽고 제부끄러우며 창피하고 치욕스러운 일이다. 이러한 부끄러워하는 마음을 갖추어야만 바야흐로 능히 성인(聖人)의 도(道)를 부지런히 실행할 수 있다.

「13-21」子曰: "不得中行而與之, 必也狂狷乎! 狂者進取, 狷者有所不爲也."

「13-21」 공자가 말하였다. "중도(中道)를 실천하는 선비를 얻어 함께 할 수 없다면, 반드시 광견자(狂狷者)와 함께할 것이다! '광(狂)'은 진취적인 것이고, '견(狷)'은 하지 않는 바가 있는 것이다."

【藕師注】 狂狷就是狂簡. 狂則必簡, 簡卽有所不爲, 有所不爲只是行己有恥耳. 孟子分作兩人解釋,[1] 孔子不分作兩人也. 若狂而不狷, 狷而不狂, 有何可取?

【注釋】

1) 孟子分作兩人解釋: 『맹자(孟子)·진심(盡心) 하(下)』 제37장에서 맹자는 '광자(狂者)'와 '견자(狷者)'를 구분하여 설명하였다. "'감히 여쭤보니, 어떠하여야 「광(狂)」이라고 할 수 있습니까?' 맹자가 말하였다. '금장·증석·목피같은 자들이 공자가 말한 이른바 광자(狂者)이다.' '어찌하여 「광(狂)」이라고 이른 것입니까?' 맹자가 말하였다. '그 뜻이 높고 커서 말만 했다 하면 「옛사람이여, 옛사람이여!」하나, 평소 그의 행실을 살펴보면 행실이 말한 바를 다 실천하지 못하기 때문이네. 광

자를 또 얻지 못한다면 깨끗하지 못한 것을 달갑게 여기지 않는 선비를 얻어서 그와 함께하고자 하였으니, 이것이 「견(狷)」이니, 또한 그 다음인 것이네.' ["敢問何如, 斯可謂之狂矣?" 曰: "如琴張曾晳牧皮者, 孔子之所謂狂矣." "何以謂之狂也?" 曰: "其志嘐嘐然曰'古之人, 古之人.', 夷考其行而不掩焉者也. 狂者又不可得, 欲得不屑不潔之士而與之, 是獧也, 是又其次也."]"

【藕師注】 '광견(狂狷)'은 바꿔말하면 '광간(狂簡)'이다. '광(狂)' 하면 반드시 '간(簡)' 하니 '간(簡)'은 즉 하지 않는 바가 있음이요, 하지 않는 바가 있음은 다만 자기의 몸가짐에 염치가 있을 뿐이다. 맹자는 두 사람으로 구분하여 해석하였는데, 공자는 두 사람으로 구분하지 않았다. 만약 진취적{'광(狂)'}이되 못하는 바가 없고{'불견(不狷)'} (또는) 하지 않는 바가 있되{'견(狷)'} 진취적이지 못하다면{'불광(不狂)'}, 어찌 가히 취할 것이 있겠는가?

「13-22」 子曰: "南人有言曰: '人而無恆, 不可以作巫醫.' 善夫!" "不恆其德, 或承之羞."[1] 子曰: "不占而已矣."

【注釋】

1) 不恆其德, 或承之羞: 『주역(周易)·항괘(恆卦)』 구삼(九三) 효사(爻辭), "구삼(九三)은 그 덕을 항상하지 않으니, 혹 부끄러움이 이를 것이다. 정(貞)하면 인색하리라. [九三, 不恆其德, 或承之羞, 貞吝.]"

「13-22」 공자가 말하였다. "남쪽 나라 사람들의 말에 '사람으로서 항심(恆心)이 없으면 무당이나 의원도 될 수 없다.'라고 하였으니 좋은 말이다! (『주역周易·항괘恆卦』 구삼九三의 효사爻辭에서는) "그 덕(德)을 항상(恆心)하게 갖지 않으면 혹 수치스러운 일을 당하게 된다."라고 하였다. 공자가 말하였다. "이는 점(占)을 쳐보지 않아도 된다."

【藕師注】 觀象玩佔之人決不無恆, 無恆卽是無恥.

【藕師注】 상(象)을 관찰하고 엿보는 일을 좋아하는 사람들도 결코 항심(恆心)이 없지 않고 그 덕(德)을 항상(恆常)하게 가짐이 없지 않으니, 항심(恆心)이 없고 그 덕(德)을 항상(恆常)하게 가짐이 없는 것은 즉 염치가 없는 것이다.

【補注】 謂不恆其德者不待占卜, 而已知其必承之羞也.

【補注】 그 덕(德)을 항상(恆常)하게 갖지 않는 자는 점(占)치는 것을 기다리지 않아도 기필코 부끄러운 일을 당하는 것을 이미 안다고 말한 것이다.

「13-23」 子曰: "君子和而不同, 小人同而不和."

「13-23」 공자가 말하였다. "군자는 조화를 이루되 뇌동(雷同)하지 않으며, 소인은 뇌동(雷同)하되 조화를 이루지 못한다."

【藕師注】 無諍故和, 知差別法門故不同. 情執是同, 擧一廢百故不和.

【藕師注】 군자는 다툼이 없으므로 조화롭고 차별법문(差別法門)을 알기 때문에 뇌동(雷同)하지 않는다. 망정(妄情)에 고집하는 것이 뇌동(雷同)이니, 소인은 하나를 들어서 백 가지를 버리기 때문에 조화롭지 못한 것이다.

「13-24」子貢問曰: "鄕人皆好之, 何如?" 子曰: "未可也." "鄕人皆惡之, 何如?" 子曰: "未可也. 不如鄕人之善者好之, 其不善者惡之."

「13-24」자공이 물었다. "고을 사람들이 모두 좋아하면 어떻습니까?" 공자가 말하였다. "괜찮지 않다." "고을 사람들이 모두 미워하면 어떻습니까?" 공자가 말하였다. "괜찮지 않다. 고을 사람 중에서 선(善)한 자가 좋아하고 선(善)하지 못한 자가 미워하는 것만 못하다."

【藕師注】 不善者惡, 正是好處, 何必怪他不善者之惡耶?

【藕師注】 선(善)하지 못한 자가 미워하는 것이 바로 좋아하는 자리이니, 구태여 그 선(善)하지 못한 자의 미워함을 괴이하게 여길 필요가 있겠는가?

「13-25」子曰: "君子易事而難說也, 說之不以道, 不說也. 及其使人也, 器之. 小人難事而易說也, 說之雖不以道, 說也. 及其使人也, 求備焉."

「13-25」공자가 말하였다. "군자는 섬기기는 쉬워도 기쁘게 하기는 어려우니, 기쁘게 하기를 바른 도(道)로써 하지 않으면 기뻐하지 않는다. 사람을 부림에서는 그릇에 맞게 한다. 소인은 섬기기는 어려워도 기쁘게 하기는 쉬우니, 기쁘게 하기를 비록 바른 도(道)로써 하지 않더라도 기뻐한다. 사람을 부림에서는 (그에게) 완벽하게 갖추어놓기를 요구한다."

【藕師注】 君子悅道, 悅卽非悅, 小人好悅, 道卽非道.

【藕師注】 군자는 도(道)를 기뻐하니 그 기뻐함은 즉 (소인小人의) 기뻐함이 아니요, 소인은 (그 자신을) 기쁘게 해주기를 좋아하니, 그 도(道)는 즉 (군자君子를 기쁘게 하는) 도(道)가 아니다.

「13-26」 子曰: "君子泰而不驕, 小人驕而不泰."

「13-26」 공자가 말하였다. "군자는 태연하되 교만하지 않고, 소인은 교만하되 태연하지 못하다."

【藕師注】 泰故坦盪盪, 從戒愼恐懼[1]來. 驕故長戚戚, 從無忌憚[2]來.[3]

【注釋】

1) 戒愼恐懼:『중용(中庸)』제1장, "도(道)란 잠시도 떠날 수 없으니, 떠날 수 있으면 도가 아니다. 그러므로 군자는 보이지 않는 바에도 경계하고, 들리지 않는 바에도 두려워한다. [道也者, 不可須臾離也, 可離, 非道也. 是故君子戒愼乎其所不睹, 恐懼乎其所不聞.]"

2) 無忌憚:『중용(中庸)』제2장, "군자가 중용을 행하는 것은 군자다우면서 때에 맞게 하는 것이요, 소인이 중용과 반대로 하는 것은 소인으로서 꺼리는 것이 없는 것이다. [君子之中庸也, 君子而時中, 小人之中庸也, 小人而無忌憚也.]"

3) 泰故坦盪盪-從無忌憚來:『논어(論語)·술이(述而)』제칠(第七)』제36장에서 공자는 다음과 같이 말하였다. "공자가 말하였다. '군자는 평탄하게 거처하면서 천명을 기다리나, 소인은 늘 거리낌이 없이 함부로 행동한다.' [子曰: "君子坦蕩蕩, 小人長戚戚."]"

【藕師注】 태연하므로 마음의 평정을 얻어 광대하고 텅 빈듯하니, '경계

하고 삼가며 조심하고 두려워하는 것{계신공구(戒愼恐懼)}'으로부터 온다. 교만하므로 오래도록 근심하고 우울해하니, '거리낌이 없는 것{무기탄(無忌憚)}'으로부터 온다.

「13-27」 子曰: "剛·毅·木·訥近仁."

「13-27」 공자가 말하였다. "강건하고 굳세고 질박하고 어눌한 것이 인(仁)에 가깝다."

【藕師注】 不是質近乎仁, 只是欲依於仁者, 須如此下手耳. 卓吾云: "剛·毅·木·訥都是仁, 仁則竝無剛·毅·木·訥矣."[1]

【注釋】

1) 剛·毅·木·訥都是仁, 仁則竝無剛·毅·木·訥矣: 『논어평(論語評)·자로(子路) 제십삼(第十三)』 제27장, "[評] 要知剛·毅·木·訥都是仁, 仁則幷無剛·毅·木·訥矣." 앞의 책, 240면.

【藕師注】 바탕이 '인(仁)'에 가까운 것이 아니다. 단지 '인(仁)'에 의지하고자 하는 것이니, 모름지기 이처럼 착수해야만 한다. 이탁오는 이렇게 말하였다. "강하고 굳세고 질박하고 어눌한 것이 전부 '인(仁)'이나, 인(仁)은 강하고 굳세고 질박하고 어눌한 것이 모두 없다."

「13-28」 子路問曰: "何如斯可謂之士矣?" 子曰: "切切偲偲·怡怡如也, 可謂士矣. 朋友切切偲偲, 兄弟怡怡."

「13-28」자로가 물었다. "어떠하여야 선비라 이를 수 있습니까?" 공자가 말하였다. "간절하고 자상하게 독려하며 화락하면, 선비라 이를 수 있다. 붕우 사이에는 간절하고 자상하게 독려하며, 형제 사이에는 화락하여야 한다."

【藕師注】 卓吾云: "兄弟易切切偲偲, 朋友易怡怡, 故分別言之."[1]

【注釋】

1) 兄弟易切切偲偲, 朋友易怡怡, 故分別言之: 『논어평(論語評)·자로(子路) 제십삼(第十三)』제28장, "[評] 何等說得近人! 聖賢是士, 所以每每問士. 今人不是士, 所以竟不問了, 可憐! 人情兄弟易切切偲偲, 朋友易怡怡, 所以分別言之.{얼마나 인정에 가까운 말인가! 성현은 선비이니, 이 때문에 매번 선비에 관해 질문하는 것이다. 지금 사람들은 선비가 아니니, 끝내 질문하여 깨닫지 못하기 때문이다. 가련하도다! 사람의 정(情)은 형제 사이에서는 정성스럽고 간절하게 일러 주고자 하고, 친구 사이에서는 온화하고 기쁘게 지내고자 하는 경향이 있으니, 이렇게 하면 안 되기 때문에 분명하게 구별(區別)을 지어서 말한 것이다.}" 앞의 책, 240-241면.

【藕師注】 이탁오는 이렇게 말하였다. "형제간에는 간절하고 자상하게 독려하기가 쉬우며, 붕우 간에는 화락하기가 쉽다. 그러므로 구별(區別)을 지어서 말하였다."

「13-29」子曰: "善人教民七年, 亦可以卽戎矣."

「13-29」공자가 말하였다. "선인(善人)이 7년 동안 백성들을 가르치면 전쟁에 나가게 할 수 있다."

【藕師注】 卓吾云: "說七年, 便不是空話."

【藕師注】　이탁오는 이렇게 말하였다. "7년을 말한 것은 곧 빈말이 아니다."

「13-30」子曰: "以不敎民戰, 是謂棄之."

「13-30」공자가 말하였다. "덕교(德敎)를 닦지 않은 백성들을 데리고 전쟁을 하는 것을 백성들을 버리는 것이라고 한다."

【藕師注】　仁人之言, 惻然可思.

【藕師注】　인(仁)한 분의 말씀은 측연(惻然)히 숙고할 만하다.

【補注】　不修德敎, 而敎民以戰者, 是棄之也. 今之棄民者多矣, 何以保國?

【補注】　덕교(德敎)를 닦지 않게 하고서 백성들에게 (먼저) 전쟁을 가르치는 것이 (바로) 백성들을 버리는 것이다. 오늘날에는 백성들을 버리는 자가 많으니, 어떻게 나라를 보호하여 지키겠는가?

【憲問 第十四】

「14-1」憲問恥. 子曰: "邦有道, 穀, 邦無道, 穀, 恥也."

「14-1」 원헌(原憲)이 부끄러움에 관해서 물었다. 공자가 말하였다. "나라에 도(道)가 있을 때 녹봉만 먹으며, 나라에 도(道)가 없을 때도 녹봉만 먹는 것이 부끄러운 것이다."

【藕師注】 卓吾曰: "原思辭祿, 欲脫其身於穀之外, 孔子恥穀, 欲效其身於穀之中."[1] 方外史曰: "若知素位而行, 便不肯脫身穀外."

【注釋】

1) 原思辭祿−欲效其身於穀之中: 『논어평(論語評)·헌문(憲問) 제십사(第十四)』제1장, "[評] 原思辭粟, 欲脫其身於穀之外, 孔子恥穀, 欲効其身於穀之中." 앞의 책, 241−242면.

【藕師注】 이탁오는 이렇게 말하였다. "원사(原思)가 록(祿)을 사양했던 것은 그 (자신의) 몸을 곡록(穀祿)의 밖으로 벗어나고자 하였던 것이요, 공자가 록(祿)만 먹는 것을 부끄러워하였던 것은 (사람들로 하여금) 곡록(穀祿)의 가운데에서 그 몸을 다 바쳐서 힘쓰게 하고자 하였던 것이다."
　　방외사는 말한다. "만약 평소(平素)의 자리에서 해야 할 일을 행하는 것을 안다면, 곧 기꺼이 그 몸을 곡록(穀祿)의 밖으로 벗어나고자 하지 않을 것이다."

「14-2」 "克·伐·怨·欲不行焉, 可以爲仁矣?" 子曰: "可以爲難矣, 仁則吾不知也."

「14-2」 원헌이 물었다. "이기려고 하고, 뽐내고, 원망하고, 욕심내는 일을 행하지 않는다면 인(仁)이라고 할 수 있습니까?" 공자가 말하였다. "어렵다고 할 수는 있으나 인(仁)인지는 내가 알지 못하겠다."

【藕師注】 爲仁決不是者樣工夫.

【藕師注】 인(仁)을 행하는 것은 결코 이런 종류의 공부가 아니다.

「14-3」 子曰: "士而懷居, 不足以爲士矣."

「14-3」 공자가 말하였다. "선비로서 거처를 생각한다면, 선비가 되기에 부족하다."

【藕師注】 得少爲足, 便是懷居, 與不知老之將至[1]相反.

【注釋】

1) 不知老之將至: 『논어(論語)·술이(述而) 제칠(第七)』 제18장, "섭공이 자로에게 공자의 인물됨을 물었는데, 자로가 대답하지 못하였다. 공자가 말하였다. '너는 어찌 이렇게 말하지 않았느냐?「그 사람됨이 알지 못하면 분발하여 먹는 것도 잊고, 알고 나면 즐거워하여 근심을 잊어버리며, 늙음이 장차 닥쳐오는 줄도 모른다.」라고 말이다.' [葉公問孔子於子路, 子路不對. 子曰: "女奚不曰'其爲人也, 發憤忘食, 樂以忘憂, 不知老之將至云爾.'"]"

【藕師注】 적은 것을 얻어서 만족하는 것이 바로 편안하게 거처하기를 생각하는 것이니, '늙음이 장차 이르는 줄을 알지 못하는 것{不知老之將至(부지노지장지)}'과 더불어 서로 반대된다.

「14-4」子曰: "邦有道, 危言危行, 邦無道, 危行言孫."

「14-4」공자가 말하였다. "나라에 도(道)가 있을 때는 말과 행실을 엄정하게 하며, 나라에 도(道)가 없을 때는 행실은 엄정하게 하되 말은 공손하게 해야 한다."

【藕師注】 言遜不是避禍, 正是挽回世運之妙用耳.

【藕師注】 말이 공손한 것은 재화(災禍)를 피하는 것이 아니요, 바로 세상의 운수(運數)를 바로잡아 회복하는 신묘한 작용일 뿐이다.

「14-5」子曰: "有德者必有言, 有言者不必有德. 仁者必有勇, 勇者不必有仁."

「14-5」공자가 말하였다. "덕(德)이 있는 사람은 반드시 훌륭한 말이 있지만, 말이 훌륭한 사람이 반드시 덕(德)이 있는 것은 아니다. 인(仁)한 사람은 반드시 용기가 있지만, 용기가 있는 사람이 반드시 인(仁)이 있는 것은 아니다."

【蕅師注】 有見地者必有行履, 有行履者不必有見地, 故古人云'只貴見地, 不問行履也.'.[1] 倘無行履, 決非正見.[2]

【注釋】

1) 只貴見地, 不問行履也:『감산노인몽유집(憨山老人夢遊集)』제6권「시담연종선인(示曇衍宗禪人)」조(條), "옛사람이 말하였다. '그대의 행리(行履)를 귀하게 여기지 않고, 다만 그대의 견지(見地)만을 귀하게 여길 뿐이네.' 말한바 행리(行履)는 서둘러 나아가는 공부요, 견지(見地)는 자심(自心)이 행동의 근본이 되는 것을 분명히 이해하여 깨닫는 것이다. [古人云: "不貴子行履, 只貴子見地." 所言行履者, 趣進工夫也. 見地者, 了達自心爲行本也.]"『卍新纂大日本續藏經』第73冊·No.1456·憨山老人夢遊集 第6卷(X73n1456_006).
2) 正見: 정견(正見)은 팔정도(八正道)의 하나이다. '정견(正見)'은 빠알리어 'sammā-diṭṭhi'를 한역한 것으로서, '있는 그대로 올바로 보는 것'·'바른 견해'라는 의미이다.

【蕅師注】 견지(見地)가 있는 사람은 반드시 행리(行履)가 있지만, 행리(行履)가 있는 사람이 반드시 견지(見地)가 있는 것은 아니다. 그러므로 고인(古人)은 "단지 견지(見地)만을 귀하게 여길 뿐이요, 행리(行履)는 따지지 않는다."라고 하였다. 만일 행리(行履)가 없다고 한다면, (이것도) 절대로 정견(正見)이 아니다.

【補注】 自隋唐倡科舉, 以至今日, 皆是以言敎人, 以言取人, 言愈盛而德愈衰矣. 妄言非見地也, 妄行非行履也, 其根本在求仁. 求仁莫如學佛, 學佛則得大辨才·大無畏矣.

【校勘】 隋: 동림사(東林寺) 인본(印本)『사서우익해(四書蕅益解)』의 교감된 내용을 따라 수(隋)로 고쳤다. 과거(科舉)는 수문제(隋文帝) 양견(楊堅, 541-604. 재위 기간: 581-604.) 때부터 시작되었기 때문이다.

【補注】 수(隋)나라와 당(唐)나라에서 과거(科擧)가 번창한 뒤로부터 오늘에 이르기까지 모두 말{언(言)}로써 사람들을 가르쳤으며, 말{언(言)}로써 사람들을 취하였으니, 말{언(言)}이 더욱 번성할수록 덕(德)은 더욱 쇠퇴하였다. 망언(妄言)은 견지(見地)가 아니요, 망행(妄行)은 행리(行履)가 아니다. 그 근본은 인(仁)을 구하는 데에 있으니, 인(仁)을 구하는 것은 불교를 배우는 것만 같은 것이 없다. 불교를 배우면 큰 변재(辨才)와 조금도 두려워하지 않는 용기(勇氣)를 얻게 된다.

「14-6」 南宮適問於孔子曰: "羿善射, 奡盪舟, 俱不得其死然. 禹·稷躬稼而有天下." 夫子不答. 南宮適出, 子曰: "君子哉若人! 尙德哉若人!"

「14-6」 남궁적(≒남궁괄南宮适)이 공자에게 물었다. "예(羿)는 활을 잘 쏘았고, 오(奡)는 힘이 세어 육지에서 배를 끌고 다녔지만, 모두 제 명에 죽지 못하였습니다. 그러나 우왕(禹王)과 후직(后稷)은 몸소 농사를 지으면서도 천하를 소유하였습니다." 부자(夫子; 공자孔子)가 대답하지 않았다. 남궁적(≒남궁괄南宮适)이 밖으로 나가자, 부자(夫子)가 말하였다. "군자로구나, 이 사람이여! 덕(德)을 숭상하는구나, 이 사람이여!"

【藕師注】 千古至言, 文不加點, 故不答也. 出後而贊正是不答處, 不答又就是贊處.

【藕師注】 천고(千古)의 지언(至言)은 글에 점(點)을 찍어 더하지 않는다. 그러므로 공자는 대답하지 않았다. 남궁괄이 밖으로 나간 뒤에 칭찬한

것이 바로 대답하지 않은 자리요, 대답하지 않은 것이 또 바로 칭찬한 자리이다.

「14-7」子曰: "君子而不仁者有矣夫! 未有小人而仁者也!"

「14-7」공자가 말하였다. "군자로서 인(仁)하지 못한 자는 있을 것이다! 소인으로서 인(仁)한 자는 있지 않다!"

【藕師注】 警策君子, 激發小人. 小人若仁, 便是君子, 那有定名?

【藕師注】 군자를 경책(警策)하고 소인을 격발(激發)시킨다. 소인이 만약 인(仁)하면 바로 곧 군자이니, 어찌 정해진 이름이 있겠는가?

【補注】 『魏徵上唐太宗疏』曰: "君子不能無小惡, 惡不積, 無妨於正道, 小人或時有小善, 善不積, 不足以立忠."[1] 疑君子而信小人者, 讀之可以猛省矣.

【注釋】
1) 君子不能無小惡-不足以立忠: 당(唐)나라 위징(魏徵)이 찬(撰)한 『논시정소(論時政疏)』 제사소(第四疏)에 보인다.

【補注】 『위징상당태종소(魏徵上唐太宗疏)』에서 말하였다. "군자가 능히 작은 악(惡)이 없을 수 없으나 악(惡)이 쌓이지 않으니 정도(正道)에 염려할 필요가 없으며, 소인이 어떤 때는 작은 선(善)이 있으나 선(善)이

쌓이지 않으니 충(忠)을 세우기에는 부족합니다." 군자를 의심하고 소인을 믿는 자들은 이 글을 읽고서 맹렬하게 반성을 해도 좋다.

「14-8」子曰: "愛之, 能勿勞乎? 忠焉, 能勿誨乎?"

「14-8」 공자가 말하였다. "사랑한다면 수고롭게 하지 않을 수 있겠는가? 진심으로 대한다면 깨우쳐 주지 않을 수 있겠는가?"

「14-9」子曰: "爲命, 裨諶草創之, 世叔討論之, 行人子羽修飾之, 東里子産潤色之."

「14-9」 공자가 말하였다. "정(鄭)나라에서 외교문서를 만들 때 비심(裨諶)이 초안(草案)을 작성하고 세숙(世叔)이 검토하여 따지고 행인(行人)인 자우(子羽)가 수식(修飾)하고 동리(東里)의 자산(子産)이 윤색(潤色)하였다."

【藕師注】 作文要訣.

【藕師注】 문서를 작성할 때의 가장 중요한 방법이다.

【補注】 出其言善, 則千里之外應之, 出其言不善, 則千里之外違之. 言不可以不愼也.

【補注】 그 말을 낸 것이 선(善)하면 천리(千里)의 밖에서도 화답하지

만, 그 말을 낸 것이 선(善)하지 못하다면 천리(千里)의 밖에서도 거스른다. 말은 삼가지 않을 수 없다.

「14-10」 或問子産. 子曰: "惠人也." 問子西. 曰: "彼哉! 彼哉!" 問管仲. 曰: "人也. 奪伯氏騈邑三百, 飯疏食, 沒齒無怨言."

「14-10」 어떤 사람이 자산(子産)에 관해서 물었다. 공자가 말하였다. "은혜로운 사람이다." 자서(子西)에 관해서 물었다. 공자가 말하였다. "그 사람이여! 그 사람이여!" 관중에 관해서 물었다. 공자가 말하였다. "인(仁)한 사람이다. 백씨(伯氏)의 병읍(騈邑) 삼백 호(戶)를 빼앗았는데, 백씨가 거친 밥을 먹으면서도 종신토록 원망하는 말이 없었다."

【補注】　人也, 猶言仁也, 可知不仁卽非人. 使怨家無怒言, 非仁者感化之深不能也.

【補注】　'인야(人也)'는 '인(仁)'을 말한 것과 같으니, 인(仁)하지 못하면 즉 사람이 아닌 것을 알 수 있다. 원수에게 노여워하는 말이 없게 하는 것은 인자(仁者)의 깊은 감화(感化)가 아니면 할 수 없다.

「14-11」 子曰: "貧而無怨難, 富而無驕易."

「14-11」 공자가 말하였다. "가난하면서 원망이 없기는 어렵고, 부유하면서 교만하지 않기는 쉽다."

【藕師注】　無怨就是樂.

【藕師注】　원망함이 없는 것이 바로 즐거움이다.

「14-12」子曰: "孟公綽爲趙·魏老則優, 不可以爲滕·薛大夫."

「14-12」공자가 말하였다. "맹공작은 진(晉)나라의 경(卿)인 조씨와 위씨의 가신의 우두머리{가노(家老)}가 되기에는 충분하지만, 등(滕)나라나 설(薛)나라의 대부(大夫)는 될 수 없다."

「14-13-1」子路問成人. (卓吾云: "切問."[1]) 子曰: "若臧武仲之知, 公綽之不欲, 卞莊子之勇, 冉求之藝, 文之以禮樂, 亦可以爲成人矣."

【注釋】

1) 切問: 『논어평(論語評)·헌문(憲問) 제십사(第十四)』 제13장에는 실려 있지 않은 구절이다.

「14-13-1」자로가 완성된 사람{성인(成人)}에 관해서 물었다. (이탁오는 이렇게 말하였다. "간절하게 질문한 것이다.") 공자가 말하였다. "장무중의 지혜와 맹공작의 청렴과 변장자의 용기와 염구의 재예에 (각각) 예악(禮樂)으로써 문채를 낸다면 또한 완성된 사람이라 할 수 있다."

【藕師注】　卓吾云: "知·廉·勇·藝是銅鐵, 禮樂是丹頭."[1] 方外史曰:

"四子若能文之以禮樂, 則四子便各各成人, 非要兼四子之長也. 禮是此心之**節文**,[2] 樂是此心之太和. 誠於中而形於外, 故名爲文, 非致飾於外也."

【注釋】

1) 知·廉·勇·藝是銅鐵, 禮樂是丹頭: 『논어평(論語評)·헌문(憲問) 제십사(第十四)』 제13장에는 실려 있지 않은 구절이다.
2) 節文: 『예기(禮記)·단궁(檀弓) 하(下)』, "부모의 상(喪)을 당하여 매우 슬피 울면서 가슴을 두드리거나 발을 구르는 것은 슬픔이 지극한 것이요, 가슴을 두드리고 발을 구르는 데 숫자를 셈이 있는 것은 그 행위의 예절 규정이다. [辟踊, 哀之至也, 有算, 爲之節文也.]"

【藕師注】

이탁오는 이렇게 말하였다. "지혜·염치·용기·재예는 동철(銅鐵)이요, 예악(禮樂)은 단두(丹頭)이다."

방외사는 말한다. "네 사람이 만약 예악(禮樂)으로써 문채를 낼 수 있다면 네 사람이 곧 각각 완성된 사람이요, 네 사람의 장점을 겸하는 것을 요구하는 것이 아니다. '예(禮)'는 이 마음의 절문(節文)이고 '악(樂)'은 이 마음의 태화(太和; 크게 조화로움)이다. 마음에 성실하면 밖으로 드러난다. 그러므로 '문(文)'이라고 이름하였으니, 외면에서 꾸밈을 이루는 것이 아니다."

「14-13-2」曰: "今之成人者何必然? 見利思義, 見危授命, 久要不忘平生之言, 亦可以爲成人矣."

「14-13-2」공자가 말하였다. "요즘의 완성된 사람이야 어찌 굳이 그러할 것이 있는가? 이익을 보고 의(義)를 생각하며, 위태로움을 보고 목숨을 바치며, 오랫동안 평소의 말을 잊지 않으려 한다면, 또한 완성된 사람이 될 수 있다."

【藕師注】　此與"得見有恆, 抑亦可以爲次"[1]之意同. 卓吾云: "然則今之不成人者極多矣."[2]

【注釋】

1) 得見有恆, 抑亦可以爲次: 『논어(論語)·술이(述而) 제칠(第七)』 제25장, "공자가 말하였다. '성인을 내가 만나볼 수 없다면 군자라도 만나볼 수 있으면 괜찮겠다. 선인(善人)을 내가 만나볼 수 없다면 떳떳한 마음{항심(恆心)}이 있는 자라도 만나볼 수 있으면 괜찮겠다. 없으면서도 있는 체하고 비었으면서도 가득한 체하며 가난하면서도 많은 체하면 항심(恆心)을 가지기 어렵다.' [子曰: "聖人吾不得而見之矣, 得見君子者, 斯可矣. 善人吾不得而見之矣, 得見有恆者, 斯可矣. 亡而爲有, 虛而爲盈, 約而爲泰, 難乎有恆矣."]"
2) 然則今之不成人者極多矣: 『논어평(論語評)·헌문(憲問) 제십사(第十四)』 제13장에 보이는데, 구절이 똑같지는 않다. "[評] 讀此書後, 方知我輩不成人, 不成人! {이 경문을 읽고서야 우리는 완성된 인간이 아님을, 완성된 인간이 아님을 알 수 있노라!}" 앞의 책, 247면.

【藕師注】　이 구절은 "떳떳한 마음{항심(恆心)}이 있는 자를 만나볼 수 있다면, 그래도 또한 그다음이 될 수 있다. [得見有恆, 抑亦可以爲次.]"라는 뜻과 같다. 이탁오는 이렇게 말하였다. "그러한즉 지금에는 성인(成人)을 이루지 못한 자들이 매우 많다."

「14-14」子問公叔文子於公明賈曰: "信乎夫子不言·不笑·不取乎?" 公明賈對曰: "以告者過也. 夫子時然後言, 人不厭其言, 樂然後笑, 人不厭其笑, 義然後取, 人不厭其取." 子曰: "其然? 豈其然乎!"

「14-14」 공자가 공명가(公明賈)에게 공숙문자(公叔文子)에 관해서 물었다. "정말로 그대의 선생님께서는 말하지 않고 웃지 않고 취하지 아니하시는가?" 공명가가 대답하였다. "말한 자가 지나쳤습니다. 선생님께서는 때에 맞은 뒤에야 말씀하시니 사람들이 그 말을 싫어하지 않으며, 즐거운 뒤에야 웃으시니 사람들이 그 웃음을 싫어하지 않으며, 의(義)에 맞은 뒤에야 취하시니 사람들이 그 취함을 싫어하지 않습니다." 공자가 말하였다. "그러하신가? 어찌 그 그러하시지 않겠는가!{≒틀림없이 아마도 그러하실 것이다!}"

【藕師注】　卓吾曰: "是樂取之詞, 非猜疑之語."[1] 方外史曰: "聖人見人之善如己之善, 與後儒自是不同."

【注釋】

1) 是樂取之詞, 非猜疑之語:『논어평(論語評)·헌문(憲問) 제십사(第十四)』제14장, "[評] 夫子是樂取之詞, 非猜疑之語." 앞의 책, 248면.

【藕師注】　이탁오는 이렇게 말하였다. "이것은 즐거워서 취한 언사요, 시기하고 의심한 말이 아니다."

　　방외사는 말한다. "성인은 남의 선(善)함을 마치 자기의 선(善)함과 같은 것으로 보니, 후유(後儒)들이 자기가 옳다고 여기는 것과는 같지 않다." ◎

【補注】　曰'其然'者, 是其時然後言·樂然後笑·義然後取之答也. 豈其然者, 謂所傳不言·不笑·不取之非也.

【補注】   '기연(其然)'이라고 말한 것은 그때가 맞은 뒤에야 말을 하며 즐거운 뒤에야 웃으며 의(義)에 맞은 뒤에야 취한다는 말의 응답이다. '기 기연(豈其然)'이라고 한 것은 (잘못) 전해진바 말하지 않고 웃지 않고 취하지 않음의 그릇된 것을 이른 것이다.

【解說】   지욱 대사가 주자의『논어집주』풀이를 비판한 것이다. 주자는『논어집주』에서 "이 말은 예의(禮義)가 마음속에 충분하여 넘쳐서 때에 알맞게 조처하는 것을 얻은 자가 아니면 능할 수 없는 것이다. 공숙문자가 비록 어질었으나 여기에는 미치지 못한 듯하다. 다만 군자는 남의 선(善)함을 허여해주고 그 잘못된 것을 바로 말하려고 하지 않는다. 그러므로 말하기를, '그러할까? 어찌 그러할 수 있겠는가?'라고 한 것이니, 이는 의심한 것이다. [此言也, 非禮義充溢於中·得時措之宜者, 不能, 文子雖賢, 疑未及此. 但君子與人爲善, 不欲正言其非也. 故曰'其然? 豈其然乎?', 蓋疑之也.]"라고 하여, 위 장에서의 공자의 말은 공숙문자를 의심한 것이라고 풀이하였다. 지욱 대사는 바로 이 점을 지적한 것이다.

「14-15」子曰: "臧武仲以防求爲後於魯, 雖曰'不要君.', 吾不信也."

「14-15」공자가 말하였다. "장무중이 방읍(防邑)을 점거하고서 노(魯)나라에 후계자로 삼아 달라고 요구하였으니, 비록 임금을 협박하지 않았다고 말하나 나는 믿지 않는다."

「14-16」子曰: "晉文公譎而不正, 齊桓公正而不譎."

「14-16」 공자가 말하였다. "진(晉)나라 문공(文公)은 속이고 바르지 않았으나, 제(齊)나라 환공(桓公)은 정직하고 속이지 않았다."

「14-17」 子路曰: "桓公殺公子糾, 召忽死之, 管仲不死." 曰: "未仁乎?" 子曰: "桓公九合諸侯, 不以兵車, 管仲之力也. 如其仁! 如其仁!"

「14-17」 자로가 말하였다. "환공이 공자(公子) 규(糾)를 죽이자 소홀은 그를 위해 따라 죽었고 관중은 죽지 않았습니다." 말하였다. "인(仁)하지 않지요?" 공자가 말하였다. "환공이 제후들을 규합하되 무력을 쓰지 않았던 것은 관중의 힘이었다. 아마도 인(仁)과 같을 것이다! 아마도 인(仁)과 같을 것이다!"

【藕師注】 不以兵車, 故如其仁, 乃救刀兵劫之眞心實話.

【藕師注】 무력을 쓰지 않았기 때문에 아마도 인(仁)과 같았던 것이니, 곧 도병(刀兵)의 겁재(劫災)에서 구원을 해주었던 것에 대한 진심이 담긴 사실의 이야기이다.

「14-18」 子貢曰: "管仲非仁者與? 桓公殺公子糾, 不能死, 又相之." 子曰: "管仲相桓公, 霸諸侯, 一匡天下, 民到於今受其賜. 微管仲, 吾其被髮左衽矣! 豈若匹夫匹婦之爲諒也, 自經於溝瀆而莫之知也!"

「14-18」 자공이 말하였다. "관중은 인자(仁者)가 아니지요? 환공이 공자(公子) 규(糾)를 살해하였는데, 따라 죽지 않고 또 환공을 도왔습니다." 공자가 말하였다. "관중이 환공을 도와 제후의 패자(霸者)가 되게 하여 한 번 천하를 바로잡아서 백성들이 지금까지 그 혜택을 받고 있다. 관중이 아니었다면, 우리는 야만인들처럼 머리를 풀어헤치고 옷깃을 왼쪽으로 여몄을 것이다! 어찌 필부(匹夫)·필부(匹婦)들이 작은 신의를 지키기 위해 스스로 개천과 도랑에 목매어 죽어서 그 시신이 뒹굴어도 아무도 알아주는 이가 없는 경우와 같겠는가!"

【藕師注】　大丈夫生於世間, 惟以救民爲第一義, 小名小節, 何足論也? 天下後世受其賜, 仁莫大焉. 假使死節, 不過忠耳, 安得爲仁? 況又不必死者耶? 當知召忽之死, 特匹夫匹婦之諒而已矣. 王珪·魏徵, 亦與管仲同是個人. 若夫**忠臣不事二君, 烈女不更二夫,**[1] 本非聖賢之談, 正是匹婦之諒. 故『易辭』曰: "**恆其德貞, 婦人吉, 夫子凶.**"[2] 大丈夫幸思之!

【注釋】

1) 忠臣不事二君, 烈女不更二夫:『설원(說苑)·입절(立節)』, "연(燕)나라 소왕(昭王)이 악의(樂毅)에게 제(齊)나라를 치게 하였는데 민왕(閔王)이 죽었다. 연(燕)나라가 제(齊)나라에 처음 입성(入城)할 무렵, 합읍(蓋邑)에 사는 사람 왕촉(王歜)이 현명하다는 말을 듣고서 삼군(三軍)에 영(令)을 내려 말하였다. '합읍(蓋邑)의 30리 주위 안에는 들어가지 말 것이다.' 이는 왕촉 때문이었다. 이윽고 사람을 보내어 왕촉에게 이렇게 이르도록 하였다. '제나라 사람들이 대부분 그대의 도의(道義)를 존경하고 있으니, 내가 그대를 장수로 삼아 그대에게 만호(萬戶)의 고을에 봉해주겠소.' 왕촉이 연나라 사람에게 확고한 뜻을 보이며 거절하자 연나라 사람이 말하였다. '그대가 듣지 않는다면, 내가 삼군(三軍)을 이끌어 합읍(蓋邑)을 도륙할 것이오.' 왕촉이 말하였다. '충신(忠臣)은 두 임금을 섬기지 않고, 정녀(貞女)는 두 남자에게 시집가지 않는 법입니다. 제나라 왕이 나의 간언을 듣지 않았기에 물러나와 들에서 밭을 갈고 있었습니다. 나라는 이미 파괴되어 망하고 나는

나라를 보존하지 못하였는데 지금 또 군대로 위협을 하니, 내가 연나라 임금의 장군이 되면 이것은 걸왕(桀王)을 도와 포악한 짓을 하는 것입니다. 살아서 의리가 없기보다는 진실로 살거 죽는 것이 나을 것입니다.' [燕昭王使樂毅伐齊, 閔王亡, 燕之初入齊也, 聞蓋邑人王歜賢, 令於三軍曰: "環蓋三十里毋入." 以歜之故, 已而使人謂歜曰: "齊人多高子之義, 吾以子爲將, 封之萬家." 歜固謝燕人, 燕人曰: "子不聽, 吾引三軍而屠蓋邑." 王歜曰: "忠臣不事二君, 貞女不更二夫. 齊王不聽吾諫, 故退而耕於野. 國旣破亡, 吾不能存, 今又劫之以兵, 爲君將, 是助桀爲暴也. 與其生而無義, 固不如烹."]]

2) 恆其德貞, 婦人吉, 夫子凶: 『주역(周易)·항괘(恆卦)』 육오(六五) 효사(爻辭)에 보인다.

【藕師注】 대장부는 세간에 태어나서 오직 백성들을 구제하는 것으로써 제일의(第一義)로 삼으니, 작은 명분과 작은 절개의 경우 어찌 논할 가치가 있겠는가? 천하 후세의 사람들이 그 은택을 받았으니, 인(仁)이 이보다 더 큰 것이 없다. 가사 절개(節槪)를 위해 목숨을 버리는 것은 충(忠)에 지나지 않을 뿐이니, 어찌 인(仁)함을 얻겠는가? 더구나 또 죽음을 기필하지 않은 자에 있어서랴? 소홀(召忽)의 죽음은 다만 필부(匹夫)·필부(匹婦)의 작은 신의일 뿐임을 마땅히 알아야만 한다. 왕규(王珪)와 위징(魏徵)은 또한 관중(管仲)과 더불어 같은 무리의 사람이다. "충신(忠臣)은 두 임금을 섬기지 않고, 열녀(烈女)는 두 번 남편을 갖지 않는다."라는 말과 같은 것은 본디 성현의 이야기가 아니요, 바로 필부(匹婦)의 작은 신의이다. 그러므로『주역(周易)·항괘(恆卦)』 육오(六五) 효사(爻辭)에서는, "그 덕(德)을 항구(恆久)하게 하면 바르니, 부인(婦人)은 길(吉)하고 부자(夫子)는 흉(凶)하다."라고 하였다. 대장부는 한 번 생각해 주기를 바란다!

「14-19」公叔文子之臣大夫僎, 與文子同升諸公. 子聞之曰: "可以爲文矣."

「14-19」 위(衛)나라 공숙문자(公叔文子)의 가신인 대부(大夫) 선(僎)이 문자(文子)와 함께 나란히 공조(公朝)에 올랐다. 공자가 이를 듣고 말하였다. "(시호諡號를) 문(文)이라고 할 만하다."

【藕師注】 卓吾云: "因他諡文子, 故曰'可以爲文.'. '文'字不必太泥, 總之極其許可之詞."[1]

【注釋】

1) 因他諡文子-總之極其許可之詞: 『논어평(論語評)·헌문(憲問) 제십사(第十四)』 제19장, "[評] 因他諡文子, 故曰'可以爲文.'. '文'字不必太泥, 總之極其許可之詞." 앞의 책, 251면.

【藕師注】 이탁오는 이렇게 말하였다. "그가 '문자(文子)'라는 시호를 받았던 이유로 '시호를 문(文)이라고 할 만하다.'라고 말하였다. '문(文)'이라는 글자는 크게 고집할 필요가 없으니, 종합하면 흔쾌하게 승낙한 언사이다."

「14-20」 子言衛靈公之無道也. 康子曰: "夫如是, 奚而不喪?" 孔子曰: "仲叔圉治賓客, 祝鮀治宗廟, 王孫賈治軍旅, 夫如是, 奚其喪?"

「14-20」 공자가 위(衛)나라 영공의 무도(無道)함을 말하였다. 계강자가 말하였다. "대저 이와 같은데도 어찌하여 그 지위를 잃지 않습니까?" 공자가 말하였다. "중숙어가 빈객을 다스리고 축타가 종묘를 다스리고 왕손가가 군대를 다스리니, 이와 같은데 어찌 그 지위를 잃겠는가?"

【藕師注】　低低人尚有大用若此, 況肯用聖賢者乎?

【藕師注】　낮고 낮은 사람들도 오히려 크게 활용함이 있는 것이 이와 같은데, 하물며 성현들을 기꺼이 등용하고자 하는 자에 있어서랴?

「14-21」子曰: "其言之不怍, 則爲之也難."

「14-21」공자가 말하였다. "말하는 것을 부끄러워하지 않으면, 그 말을 실천하기가 어렵다."

【藕師注】　正要人怍.

【藕師注】　즉시 (듣는) 사람을 부끄럽게 한다.

「14-22」陳成子弒簡公. 孔子沐浴而朝, 告於哀公曰: "陳恆弒其君, 請討之." 公曰: "告夫三子." 孔子曰: "以吾從大夫之後, 不敢不告也. 君曰告夫三子者." 之三子告, 不可. 孔子曰: "以吾從大夫之後, 不敢不告也."

「14-22」진성자가 간공을 시해하였다. 공자가 목욕재계하고 조정에 나가서 애공에게 아뢰었다. "진항이 그 임금을 시해하였으니, 토벌하소서." 애공이 말하였다. "저 삼가(三家)에게 말하라." 공자가 말하였다. "내가 대부의 뒤를 따르고 있어서 감히 아뢰지 않을 수 없었다. (그런데) 임금께서는 '저 삼가(三家)에게 말하라'라고 하시는구나. 삼가(三家)에게 가서 말하였으나 통하지 않았다. 공자가 말하였다. "내가 대부의 뒤를 따르고 있어서 감히 말하지 않을 수 없었다."

【藕師注】 陳恆·三子, 一齊討矣.

【藕師注】 진항(陳恆)과 삼자(三子)를 일제히 토벌해야만 한다.

「14-23」子路問事君. 子曰: "勿欺也, 而犯之."

「14-23」 자로가 임금을 섬기는 것에 관해서 물었다. 공자가 말하였다. "속이지 말아야 하고, 얼굴을 범(犯)해가며 고치도록 말해야 한다."

【藕師注】 **不能闕疑, 便是自欺, 亦即欺君.**[1] 今之不敢犯君者, 多是欺君者也. 爲君者喜欺, 不喜犯, 奈之何哉!

【注釋】

1) 不能闕疑, 便是自欺, 亦即欺君: 『논어(論語)·위정(爲政) 제이(第二)』제18장에 다음의 내용이 있다. "자장이 봉록을 구하는 방법을 배우려고 하였다. 공자가 말하였다. '듣는 것이 많을 땐 그중에 의심나는 것을 빼놓고 그 나머지를 신중하게 말한다면 허물이 작을 것이요, 보는 것이 많을 땐 그중에 위태로운 것을 빼놓고 그 나머지를 조심스럽게 행한다면 후회하는 일이 적을 것이다. 말에 허물이 작으며 행실에 후회가 적으면, 봉록이 그 안에 있을 것이다.' [子張學干祿. 子曰: "多聞闕疑, 愼言其餘, 則寡尤, 多見闕殆, 愼行其餘, 則寡悔. 言寡尤, 行寡悔, 祿在其中矣."]"

【藕師注】 능히 의심나는 것을 빼놓지 못하는 것이 다른 것이 아니라 곧

자신을 속이는 것이요 또한 임금을 속이는 것이다. 지금 임금의 얼굴을 감히 범(犯)하지 못하는 자들은 대부분 임금을 속이는 자들이다. 임금된 사람이 속이는 자들을 기뻐하고 얼굴을 범(犯)해가며 간쟁(諫諍)을 하는 신하들을 기뻐하지 않으니, 어찌하면 좋겠는가!

「14-24」子曰: "君子上達, 小人下達."

「14-24」공자가 말하였다. "군자는 위로 (도道에) 통달하고, 소인은 아래로 (기물器物에) 통달한다."

【藕師注】 形而上者謂之道, 形而下者謂之器.[1] 上達故不器, 下達故成瑚璉[2]·鬥筲[3]等器. 若不成器者, 竝非小人.

【注釋】

1) 形而上者謂之道, 形而下者謂之器: 『주역(周易)·계사(繫辭) 상(上)』, "형이상(形而上)의 것을 도(道)라 하고, 형이하(形而下)의 것을 기(器)라고 한다. [形而上者謂之道, 形而下者謂之器.]"
2) 瑚璉: 『논어(論語)·공야장(公冶長) 제오(第五)』 제3장의 정문(正文)과 【藕師注】를 참조할 것.
3) 鬥筲: 『논어(論語)·자로(子路) 제십삼(第十三)』 제20장의 정문(正文)과 【藕師注】를 참조할 것.

【藕師注】 '형이상(形而上)'의 것을 '도(道)'라고 이르고, '형이하(形而下)'의 것을 '기(器)'라고 이른다. (군자君子는) 위로 '도(道)'에 통달했기 때문에 (용도가 정해진) 그릇을 이루지 않으며, (소인小人은) 아래로 '기물(器物)'에 통달했기 때문에 호(瑚)와 련(璉)·두소(鬥筲) 등의 그릇을 이룬다.

만약 그릇을 이루지 않은 자라면, 모두 소인(小人)이 아닌 것이다.

「14-25」子曰: "古之學者爲己, 今之學者爲人."

「14-25」공자가 말하였다. "옛날에 배우는 자들은 자기를 위하여 공부하였는데, 지금 배우는 자들은 남들을 위하여 공부한다."

【藕師注】 盡大地是個自己, 所以度盡衆生, 只名爲己. 若見有己外之人可爲, 便非眞正發菩提心者矣.

【藕師注】 온 천지가 자기이다. 이 때문에 중생을 다 제도하는 것을 다만 자기라고 이름하는 것이다. 만약 자기 이외의 할 수 있는 사람이 있다고 본다면, 곧 진정으로 보리심(菩提心)을 발한 자가 아니다.

「14-26」蘧伯玉使人於孔子. 孔子與之坐而問焉, 曰: "夫子何爲?" 對曰: "夫子欲寡其過而未能也." 使者出, 子曰: "使乎! 使乎!"

「14-26」거백옥이 공자에게 사람을 보내었다. 공자가 그와 함께 앉고는 물었다. "선생께서는 무엇을 하시는가?" 심부름꾼이 대답하였다. "선생께서는 허물을 적게 하려고 하시지만, 아직 능하지 못하십니다." 심부름꾼이 나가자, 공자가 말하였다. "훌륭한 심부름꾼이구나! 훌륭한 심부름꾼이구나!"

【藕師注】 千古聖賢眞學問·眞血脈, 不億使者一言點出, 眞奇! 眞奇!

【藕師注】 천고(千古)의 성현(聖賢)의 진실한 학문이자 진실한 혈맥이다. (공자가) 심부름꾼의 일언(一言)이 점(點)을 찍듯이 나오는 것을 헤아리지 못하였으니, 참으로 기이하도다! 참으로 기이하도다!

「14-27」 子曰: "不在其位, 不謀其政."[1]

【注釋】

1) 子曰 "不在其位, 不謀其政: 『논어(論語)·태백(泰伯) 제팔(第八)』 제14장에서 이미 나왔다.

「14-27」 공자가 말하였다. "그 지위(地位)에 있지 않으면, 그 정사(政事)를 도모하지 않는다."

「14-28」 曾子曰: "君子思不出其位."

「14-28」 증자가 말하였다. "군자는 그 자신의 위치에서 벗어나지 않을 것을 생각한다."

【藕師注】 '未之思也, 夫何遠之有?',[1] 正是思不出其位.

【注釋】

1) 未之思也, 夫何遠之有: 『논어(論語)·자한(子罕) 제구(第九)』 제30장, "『시경(詩經)』

에 빠진 일시(逸詩)에 「당체(唐棣) 꽃이여, 바람에 흔들리는구나. 어찌 그대를 생각하지 않으리오? 집이 멀기 때문이다.」라고 하였는데, 공자가 말하였다. '생각하지 않아서일지언정 어찌 멀리 있겠는가?'[‘唐棣之華, 偏其反而. 豈不爾思? 室是遠而.’ 子曰: “未之思也, 夫何遠之有?”]」

【藕師注】 "생각하지 않아서일지언정 어찌 멀리 있겠는가?"라는 시구가 바로 그 자신의 위치에서 벗어나지 않을 것을 생각하는 것이다.

「14-29」子曰: “君子恥其言而過其行.”

「14-29」 공자가 말하였다. "군자는 그 말이 행실보다 지나친 것을 부끄러워한다."

【藕師注】 卓吾云: “‘恥’字何等精神! ‘過’字何等力量!”[1]

【注釋】

1) ‘恥’字何等精神! ‘過’字何等力量: 『논어평(論語評)·헌문(憲問) 제십사(第十四)』 제29장, “[評] ‘恥’字何等精神! ‘過’字何等力量!” 앞의 책, 256면.

【藕師注】 이탁오는 이렇게 말하였다. "‘치(恥)’ 자(字)에는 어떠한 정신이 담겨 있는가! ‘과(過)’ 자(字)에는 어떠한 역량이 실려 있는가!"

【補注】 言過其行卽是妄語. 佛教五戒: 一·不殺生以修仁, 二·不偸盜以修義, 三·不邪淫以修禮, 四·不妄語以修信, 五·不飮酒以修智. 持五戒者方得人身, 破戒則非人也, 故君子恥之.

【補注】　말이 그 행실을 지나치는 것이 곧 망어(妄語)이다. 불교(佛教)의 오계(五戒)는 첫째 살아있는 생명을 죽이지 아니하여 인(仁)을 닦는 것이요, 둘째 도둑질을 하지 아니하여 의(義)를 닦는 것이요, 셋째 음탕한 짓을 하지 아니하여 예를 닦는 것이요, 넷째 거짓말을 하지 아니하여 신뢰를 닦는 것이요, 다섯째 술을 마시지 아니하여 지혜를 닦는 것이다. 오계(五戒)를 수지(受持)한 자가 바야흐로 사람의 몸을 얻고서 파계(破戒)를 한다면, 사람이 아니다. 그러므로 군자는 이것을 부끄러워한다.

「14-30」子曰: "君子道者三, 我無能焉. 仁者不憂, 知者不惑, 勇者不懼." 子貢曰: "夫子自道也."

「14-30」공자가 말하였다. "군자의 도(道)는 세 가지 덕(德)을 갖추고 있는데, 나는 능한 것이 없다. 인(仁)은 근심하지 않는 것이며, 지(智)는 미혹하지 않는 것이며, 용(勇)은 두려워하지 않는 것이다." 자공이 말하였다. "선생님께서는 스스로 도(道)를 이루신 분이다."

【藕師注】　仁者·知者·勇者, 三個'者'字, 正與道者'者'字相應, 所謂一心三德, 不是三件也. 夫子自省, 眞是未能, 子貢看來, 直是自道. 譬如『華嚴』所明, 十地菩薩雖居因位, 而下地視之, 則如佛矣.[1]

【注釋】

1) 譬如『華嚴』所明-則如佛矣: 우전국(於闐國) 삼장(三藏) 실차난타(實叉難陀) 한역(漢譯) 전80권본『대방광불화엄경(大方廣佛華嚴經)』권제삼십육(卷第三十六)·십지품(十地品) 제이십육(第二十六)을 보면, 수행(修行)의 경지(境地)가 낮은 수행승의 선근(善根)은 자신보다 경지가 높은 수행승의 선근(善根)에는 능히 미치지 못하

는 바라고 하였다. "불자여! 보살이 이 염혜지(焰慧地; 제사지第四地)에 머물면, 서원(誓願)하는 힘 때문에 많은 부처님을 보게 된다. …… 이 지위에 머물면서 닦은 선근(善根)은 하지(下地)의 선근(善根)이 능히 미칠 수 있는 바가 아니다. [佛子! 菩薩住此焰慧地, 以願力故, 得見多佛. …… 住於此地所有善根, 下地善根所不能及.]" / "불자여! 보살이 이 난승지(難勝地; 제오지第五地)에 머물면, 서원(誓願)하는 힘 때문에 많은 부처님을 보게 된다. …… 불자여! 보살이 이 난승지(難勝地)에 머물면서 방편지(方便智)로써 성취한 공덕은 하지(下地)의 선근(善根)이 능히 미칠 수 있는 바가 아니다. [佛子! 菩薩住是難勝地, 以願力故, 得見多佛. …… 佛子! 菩薩住此難勝地, 以方便智成就功德, 下地善根所不能及.]" 『大正新脩大藏經』 第10冊·No.0279·大方廣佛華嚴經 第36卷(T10n0279_036).

【藕師注】 '인자(仁者)'·'지자(知者)'·'용자(勇者)'에서 세 개의 '자(者)' 자(字)는 바로 '도자(道者)'의 '자(者)' 자(字)와 더불어 상응하니, 이른바 '일심삼덕(一心三德)'이라는 것이요, 세 가지 물건(物件)이 아니다. 부자(夫子)가 스스로 성찰을 해봄에 참으로 능하지 못하였는데, 자공(子貢)이 보니까 (공자孔子는) 바로 스스로 도를 이룬 분이었다. 비유하건대 『화엄경(華嚴經)』에서 밝힌바 십지보살(十地菩薩)이 비록 인위(因位)에 있다고 하더라도, 하지(下地)에서 본다면 부처님처럼 보이는 것과 같은 것이다. ◎

【解說】 지욱 대사가 주자의 『논어집주』 풀이를 비판한 것이다. 주자는 『논어집주』에서 "자책하여 사람을 면려(勉勵)한 것이다. 도(道)는 말함이니, '자도(自道)'는 겸사(謙辭)라는 말과 같다. 윤씨가 말하였다. '덕(德)을 이루는 것은 인(仁)으로써 우선으로 삼고, 학문(學問)을 진전시키는 것은 지(知)로써 우선으로 삼는다. 그러므로 부자의 말에 그 순서가 같지 않은 것은 이 때문이다. [自責以勉人也. 道, 言也, 自道, 猶云謙辭. 尹氏曰: "成德, 以仁爲先, 進學, 以知爲先. 故夫子之言, 其序有不同者, 以此."]'라고 하여, 본장(本章)의 구절은 공자가 자신을 자책하면서 말한 것이라고 풀이하였다. 지욱 대사는 바로 이 점을 지적한 것이다. 지욱 대사는 공자

가 자책한 것이 아니라 자기 성찰을 통해 스스로 능하지 못한 점을 깨달았던 것이요, '부자자도야. [夫子自道也.]'는 수행의 경지가 낮은 자공의 선근(善根)이 자신보다 높은 수행의 경지에 있는 공자의 선근(善根)을 보고는 성인(成人)으로 착각하여 말한 것이라고 주석을 하였다.

「14-31」子貢方人. 子曰: "賜也賢乎哉? 夫我則不暇."

「14-31」 자공이 남을 비교하여 논평하였다. 공자가 말하였다. "사(賜)는 어진가? 나는 그럴 겨를이 없다."

【藕師注】 '不暇'二字, 頂門針也. 若能思齊內省, 則雖妍媸立辨, 不名爲方人矣.

【藕師注】 '불가(不暇)' 두 글자가 정문(頂門)에 놓은 침(針)이다. 만약 (자공子貢이) 능히 남과 같아지기를 생각하여 안으로 성찰할 수 있었다면, 비록 훌륭함과 추함을 그 자리에서 바로 변별했을지라도 '남을 비교하여 논평하였다.'라고 지칭되지는 않았을 것이다.

【補注】　　可知聖人無時不是修己.

【補注】　　성인은 때마다 자기를 수양하지 않는 것이 없음을 알 수 있다.

「14-32」子曰: "不患人之不己知, 患其不能也."

「14-32」공자가 말하였다. "남이 자기를 알아주지 못함을 근심하지 말고, 내가 능히 군자의 도(道)를 몸소 행하지 못함을 근심해야 한다."

【藕師注】 "何有於我哉?"[1]·"我無能焉."[2]·"是吾憂也."[3]·"則吾未之有得.",[4] 皆患不能之眞榜樣也.

【注釋】

1) 何有於我哉: 『논어(論語)·술이(述而) 제칠(第七)』제2장, "공자가 말하였다. '묵묵히 마음속에 기억하며, 배우기를 싫어하지 않으며, 남을 가르치기를 게을리하지 않는 것 외에 나에게 또 무엇이 있겠는가?' [子曰: "黙而識之, 學而不厭, 誨人不倦, 何有於我哉?"]"

2) 我無能焉: 『논어(論語)·헌문(憲問) 제십사(第十四)』제30장, "공자가 말하였다. '군자의 도(道)는 세 가지 덕(德)을 갖추고 있는데, 나는 능한 것이 없다. 인(仁)은 근심하지 않는 것이며, 지(智)는 미혹하지 않는 것이며, 용(勇)은 두려워하지 않는 것이다.' 자공이 말하였다. '선생님께서는 스스로 도(道)를 이루신 분이다.' [子曰: "君子道者三, 我無能焉. 仁者不憂, 知者不惑, 勇者不懼." 子貢曰: "夫子自道也."]"

3) 是吾憂也: 『논어(論語)·술이(述而) 제칠(第七)』제3장, "공자가 말하였다. '덕(德)을 닦지 못하는 것과 학문을 강마(講磨)하지 못하는 것과 의(義)를 듣고도 옮겨가지 못하는 것과 불선(不善)을 고치지 못하는 것이 바로 나의 걱정거리이다.' [子曰: "德之不修, 學之不講, 聞義不能徙, 不善不能改, 是吾憂也."]"

4) 則吾未之有得: 『논어(論語)·술이(述而) 제칠(第七)』제32장, "공자가 말하였다. '문(文)은 내 남과 같지 않겠는가? 그러나 군자의 도(道)를 몸소 행함은 나도 아직 얻지 못하였다.' [子曰: "文, 莫吾猶人也. 躬行君子, 則吾未之有得."]"

【藕師注】 "어느 것이 나에게 있는가?"·"나는 할 수 있는 것이 없다."·"이것이 나의 걱정거리이다."·"즉 나도 아직 얻지 못하였다."라고 하였던 것이 모두 군자의 도(道)를 몸소 행하지 못함을 근심한 진정한 본보기인 것이다. ◎

「14-33」子曰: "不逆詐, 不億不信, 抑亦先覺者, 是賢乎?"

「14-33」공자가 말하였다. "남이 나를 속일 것이라고 미리 넘겨짚지 않고 남이 나를 믿어주지 않을 것이라고 억측하지 않아야 하나, 그렇기는 해도 먼저 깨닫는 자가 현명하겠지?"

【藕師注】 不惟揀去世間逆·億, 亦復揀去二乘作意神通矣. 世人自多詐, 則恆逆詐, 自多不信, 則恆億不信, 聖人哀之, 故進以'先覺'二字. 若欲先覺, 須從不詐不疑·不逆不億下手. 直到至誠地位, 自然任運先覺. 苟不向心地**克己復禮**,[1] 而作意欲求先覺, 便是逆·億了也. 故曰**'君子可欺.'**.[2] 唯可欺, 方爲君子耳.

【注釋】

1) 克己復禮: 『논어(論語)·안연(顏淵) 제십이(第十二)』제1장의 정문(正文)과 【藕師注】를 참조할 것.
2) 君子可欺: 『논어(論語)·옹야(雍也) 제육(第六)』제25장, "재아가 물었다. '인자(仁者)는 어떤 사람이 그에게 말하기를, 「우물 속에 인(仁)이 있다.」라고 한다면, 우물 속으로 들어갈까요?' 공자가 말하였다. '어찌 그렇게 할 수 있겠는가? 군자를 우물까지 가게 할 수는 있으나 빠지게 할 수는 없으며, 이치에 맞는 말로 속일 수는 있으나 터무니없는 말로 속일 수는 없다.' [宰我問曰: "仁者雖告之曰'井有仁焉.', 其從之也?" 子曰: "何爲其然也? 君子可逝也, 不可陷也, 可欺也, 不可罔也."]"

【藕師注】 세간에서의 미리 넘겨짚음과 억측함을 가려내어야 할 뿐만이 아니라 또한 이승(二乘)의 작의(作意)하는 신통도 가려내어야 한다. 세인(世人)들은 스스로 속이는 것이 많으니 항상 남들이 자신을 속일 것이라고 미리 넘겨짚으며, 스스로 불신하는 것이 많으니 항상 남들이 자신을 믿어주지 않을 것이라고 억측을 한다. 성인이 이를 슬퍼하였기 때문에, '선각(先覺)' 두 글자로써 더하였다. 만약 먼저 깨닫고자 한다면 모름지기

속이지 않고 의심하지 않고 미리 넘겨짚지 않고 억측하지 않는 것으로부터 손을 대야만 곧장 지성(至誠)의 지위에 도달하여 자연히 흘러가는 운(運)에 맡기어 먼저 깨닫게 될 것이다. 만약 심지(心地)를 향하여 '극기복례(克己復禮)'를 하지 못하였는데 작의(作意)하여 먼저 깨닫기를 구하고자 하면, 다른 것이 아니라 곧 미리 넘겨짚고 억측을 한 것이다. 그러므로 '군자는 이치에 맞는 말로써 속일 수는 있다.'라고 하였으니, 오직 (남이) 이치에 맞는 말로써 속일 수 있어야만 바야흐로 군자가 될 수 있을 뿐이다.

「14-34」 微生畝謂孔子曰: "丘何爲是棲棲者與? 無乃爲佞乎?" 孔子曰: "非敢爲佞也, 疾固也."

「14-34」 미생묘가 공자에게 말하였다. "그대는 어찌하여 그리도 조급해 하는가? 말재주를 부리는 것이 아닌가?" 공자가 말하였다. "감히 말재주를 부리는 것이 아니라, 고집불통을 미워하는 것이다."

「14-35」 子曰: "驥不稱其力, 稱其德也."

「14-35」 공자가 말하였다. "천리마(千里馬)를 훌륭하다고 하는 것은 그 (천리千里를 달릴 수 있는) 힘을 칭찬한 것이 아니라 그 덕(德)을 칭찬한 것이다."

【藕師注】　可以人而不如馬乎?

【藕師注】 사람으로서 말{마(馬)}만 못해서야 되겠는가?

「14-36」或曰: "以德報怨, 何如?" 子曰: "何以報德? 以直報怨, 以德報德."

「14-36」어떤 사람이 말하였다. "은덕으로써 원한을 갚는 것이 어떻습니까?" 공자가 말하였다. "그렇다면 무엇으로써 은덕에 보답하겠는가? 정직함으로써 원한을 갚고, 덕(德)으로써 덕(德)을 갚아야 한다."

【藕師注】 達得怨親平等1)方是直. 若見有怨而强欲以德報之, 正是人我是非未化處. 怨宜忘, 故報之以直, 謂不見有怨2)也. 德不可忘, 故報之以德, 謂知恩報恩3)也.

【注釋】

1) 怨親平等: 자기에게 해를 끼치는 자나 자기에게 사랑을 베푸는 자를 평등하게 대한다는 뜻이다. 우전국(於闐國) 삼장(三藏) 실차난타(實叉難陀) 한역(漢譯) 전80 권본『대방광불화엄경(大方廣佛華嚴經) 권제십사(卷第十四)·정행품(淨行品) 제십일(第十一)』에 보인다. "불자여! 어떻게 마음을 써야만 능히 온갖 뛰어나고 묘한 공덕을 얻겠는가? 불자여! '보살이 집에 있을 때는 마땅히 중생이 집의 성품이 공한 줄을 알아서 그 핍박을 면하기를 원할지어다. 효성으로 부모를 섬길 때는 마땅히 중생이 부처님을 잘 섬겨서 온갖 것을 보호하고 공양하기를 원할지어다. 처자가 모일 때는 마땅히 중생이 원수이거나 친하거나 평등하여 길이 탐착을 여의기를 원할지어다.' [佛子! 云何用心能獲一切勝妙功德? 佛子! '菩薩在家, 當願衆生, 知家性空, 免其逼迫. 孝事父母, 當願衆生, 善事於佛, 護養一切. 妻子集會, 當願衆生, 怨親平等, 永離貪著.]『大正新脩大藏經』第10冊·No.0279·大方廣佛華嚴經 第14卷 (T10n0279_014).

2) 不見有怨: 원위(元魏) 천축삼장(天竺三藏) 보리류지(菩提留支) 한역(漢譯) 대살차니건자소설경(大薩遮尼乾子所說經) 제1권, "선남자여! 보살은 이처럼 모든 법을 수행할 뿐인데 다시 큰 이익을 얻는 찬제바라밀(羼提波羅蜜)을 수행하는 13가지

의 관(觀)이 있으니, 보살은 응당 인바라밀(忍波羅蜜)을 행해야만 한다. … 셋째, 인행(忍行)이 중생에게 원수와 친한 이가 있음을 보지 않으므로, 보살은 응당 인바라밀(忍波羅蜜)을 행해야만 한다. [善男子! 菩薩如是修行諸法已, 復有十三種觀修行羼提波羅蜜得大利益, 菩薩應行忍波羅蜜. … 三者, 忍行不見衆生有怨親故, 菩薩應行忍波羅蜜.]" 『大正新脩大藏經』第9冊 · No.0272 · 大薩遮尼乾子所說經 第1卷 (T09n0272_001).

3) 知恩報恩: 3세기경에 한역(漢譯)된 역자 미상의 불교 경전 『대방편불보은경(大方便佛報恩經)』권제칠(卷第七) · 친근품(親近品) 제구(第九)에 보인다. "또, 보살마하살(菩薩摩訶薩)은 은혜를 알아 은혜를 갚으며, 큰 방편을 닦아서 중생을 이익되게 하며, 알맞음과 마땅함을 따라 방소(方所)가 없음을 현시한다. [復次, 菩薩摩訶薩知恩報恩, 修大方便利益衆生, 應適隨宜顯示無方.]" 『大正新脩大藏經』第3冊 · No.0156 · 大方便佛報恩經 第7卷(T03n0156_007).

【藕師注】 원수와 친한 이를 평등하게 대하는 것을 통달해야만 비로소 정직한 것이다. 만약 원한이 있음을 보고서 억지로 은덕으로써 갚으려고 한다면, 바로 남과 나의 시비(是非)가 아직 교화되지 아니한 곳이다. 원한은 마땅히 잊어야만 하므로 정직함으로써 갚는 것이니, (이것을) '원한이 있음을 보지 못한다.'라고 이른다. 덕(德)은 잊을 수 없으므로 덕(德)으로써 갚는 것이니, (이것을) '은혜를 알아서 그 은혜를 갚는다.'라고 이른다.

「14-37」子曰: "莫我知也夫!"子貢曰: "何爲其莫知子也?"子曰: "不怨天, 不尤人, 下學而上達. 知我者其天乎!"

「14-37」공자가 말하였다. "나를 아는 이가 없구나!" 자공이 말하였다. "어찌하여 선생님을 아는 이가 없다고 하십니까?" 공자가 말하였다. "하늘을 원망하지 않고, 사람을 탓하지 않으며, 아래로 인간의 일을 배워서 위로 천명을 통달하였다. 나를 알아주는 것은 아마도 하늘일 것이다!"

【藕師注】 心外無天, 故不怨天, 心外無人, 故不尤人. 向上事須從向下會取, 故下學而上達. 惟其下學上達, 所以不怨不尤. 今人離下學而高談上達, 譬如無翅妄擬騰空.

【藕師注】 마음 바깥에 하늘이 없으므로 하늘을 원망하지 않으며, 마음 바깥에 사람이 없으므로 사람을 탓하지 않는다. 위를 향하는 일은 모름지기 아래를 향하여 깨닫는 것으로부터 해야만 한다. 그러므로 아래로 인간의 일을 배워서 위로 천명을 통달한다. 오직 아래로 인간의 일을 배워서 위로 천명을 통달했기 때문에, 하늘을 원망하지 않으며 사람을 탓하지 않는다. 지금 사람들은 아래로 인간의 일을 배우는 것을 떠나서 위로 천명을 통달하는 일을 거리낌 없이 큰 소리로 말하고 있으니, 비유하자면 날개가 없는데 망령되이 하늘에 오르는 것을 헤아리는 것과 같다.

「14-38」 公伯寮愬子路於季孫. 子服景伯以告, 曰: "夫子固有惑志於公伯寮, 吾力猶能肆諸市朝." 子曰: "道之將行也與? 命也! 道之將廢也與? 命也! 公伯寮其如命何?"

「14-38」 공백료가 계손에게 자로를 참소하였다. 자복경백이 공자에게 고하였다. "부자(夫子; 계손季孫)가 진실로 공백료의 말에 의혹하는 뜻이 있습니다. 내 힘이 그래도 공백료를 죽여 그 시신을 거리에 내걸 수 있습니다." 공자가 말하였다. "도(道)가 장차 행해지겠는가? 천명이다! 도(道)가 장차 폐하여지겠는가? 천명이다! 공백료가 그 천명을 어찌하겠는가?"

【藕師注】 子服眼中有伯寮, 孔子了知伯寮不在子路命外, 伯寮自謂愬得子路, 孔子了知子路之命差遣伯寮, 可見聖賢眼界·胸襟.

【藕師注】 자복의 마음속에는 백료가 있었으나 공자는 백료가 자로의 명(命) 바깥에 있지 않은 것을 분명하게 알았으며, 백료가 스스로 자로를 참소하였다고 일렀으나 공자는 자로의 명(命)이 백료를 파견(派遣)할 수 있는 것을 분명하게 알았으니, 성현의 안계(眼界; 견식見識의 범위)와 속마음을 볼 수 있다.

「14-39」子曰: "賢者辟世, 其次辟地, 其次辟色, 其次辟言."

「14-39」 공자가 말하였다. "현자는 세상을 피하고 그다음은 거처를 피하고, 그다음은 얼굴빛을 보고 피하고, 그다음은 말을 들어보고서 피한다."

【藕師注】 程子曰: "四者非有優劣, 所遇不同耳."[1]

【注釋】

1) 程子曰-所遇不同耳:『논어집주(論語集注)·헌문(憲問) 제십사(第十四)』제39장의 주자주(朱子注)에 보인다. "정자가 말하였다. '이 네 가지는 비록 크고 작은 차례로써 말한 것이다. 그러나 우열(優劣)이 있는 것이 아니요, 조우한 바가 같지 않은 것일 뿐이다.' [程子曰: "四者, 雖以大小次第言之. 然非有優劣也, 所遇不同耳."]"

【藕師注】 정자가 말하였다. "네 가지가 우열이 있는 것이 아니라 조우한 바가 같지 않은 것일 뿐이다."

【補注】　辟世, 謂在世而出世, 辟地, 謂危邦不入·亂邦不居, 辟色, 謂同居一地而不相見, 辟言, 謂常常相見而不與之言. 若聖人則自他不二, 無能辟所辟, 故曰'吾非斯人之徒與而誰與?'.

【補注】　'피세(辟世)'는 세간에 있으면서 세간을 벗어남을 이른 것이요, '피지(辟地)'는 위기에 처해 있는 나라에 들어가지 않고 정세(政勢)가 어지러운 나라에 머물지 않음을 이른 것이요, '피색(辟色)'은 한 지역에 함께 살면서도 서로 만나보지 않음을 이른 것이요, '피언(辟言)'은 항상 서로 대면하면서도 더불어 말을 하지 않음을 이른 것이다. 성인의 경우에는 자(自)와 타(他)가 둘이 아니어서 (자신이) 피(辟)하는 것과 (남에게) 꺼려지게 되는 바가 없다. 그러므로 '내가 이 사람의 무리와 함께 살지 않는다면, 누구와 더불어 살겠는가?'라고 말하였던 것이다.

「14-40」 子曰: "作者七人矣."

「14-40」 공자가 말하였다. "일어나 은둔한 자가 일곱 사람이다."

「14-41」 子路宿於石門. 晨門曰: "奚自?" 子路曰: "自孔氏." 曰: "是知其不可而爲之者與?"

「14-41」 자로가 석문(石門)에서 유숙하였다. 문지기가 물었다. "어디에서 오셨소?" 자로가 말하였다. "공씨 문하에서 왔습니다." 문지기가 말하였다. "바로 그 안 될 줄 알면서도 행하는 그분 말이오?"

【藕師注】 只此一語, 描出孔子之神. 蓋知可而爲者, 伊尹·周公之類是也, 知不可而不爲者, 伯夷·柳下惠等是也. 知可而不爲者, 巢許之類是也, 知不可而爲之者, 孔子是也. 若不知可與不可者, 不足論矣.

【藕師注】 오직 이 한마디 말이 공자(孔子)의 신성(神聖)함을 잘 그려내었다. 대개 가능함을 알아서 하였던 자는 이윤(伊尹)·주공(周公)의 무리가 이들이요, 불가함을 알아서 하지 않았던 자는 백이(伯夷)·유하혜(柳下惠) 등이 이들이다. 가능함을 알았으나 하지 않았던 자는 소보(巢父)와 허유(許由)의 무리가 이들이요, 불가함을 알았으나 행했던 자는 공자(孔子)가 (바로) 이 사람이다. 가능함과 불가함을 알지 못하는 자의 경우는 족히 논할 필요가 없다.

「14-42」子擊磬於衛. 有荷蕢而過孔氏之門者, 曰: "有心哉, 擊磬乎!" 旣而曰: "鄙哉, 硜硜乎! 莫己知也, 斯已而已矣. **深則厲, 淺則揭.**"[1] 子曰: "果哉! 末之難矣."

【注釋】

1) 深則厲, 淺則揭: 『시경(詩經)·국풍(國風)·패풍(邶風)·포유고엽(匏有苦葉)』, "박에 마른 잎이 생기고, 나루터 있어 깊은 물 건너네. 물이 깊으면 옷을 벗고 건너고, 얕으면 옷을 걷고 건너네. [匏有苦葉, 濟有深涉. 深則厲, 淺則揭.]"

「14-42」공자가 위(衛)나라에서 경쇠를 두드렸다. 삼태기를 메고 공씨의 문 앞을 지나가던 자가 듣고서 말하였다. "마음이 (천하天下에) 있구나. 경쇠를 두드림이여!" 조금 있다가 또 말하였다. "비루하구나, 땅땅거리는 경쇠 소리여! 자신을 알아주는 이가 없으면 그만둘 뿐이다. 물이 깊으면 옷을 벗고 건너고, 얕으면 옷을 걷고 건너는 것이다." 공자가 말하였다. "과감하구나! 실행하기 어려운 일을 기어코 해내는구나."

【藕師注】 既知音, 亦知心, 但不知木鐸[1]之意耳. '果哉! 末之難.', 却與'知不可而爲之.'[2] 作一注脚, 可謂難行能行.[3]

【注釋】

1) 木鐸: 『논어(論語)·팔일(八佾) 제삼(第三)』 제24장의 정문(正文)과 【藕師注】를 참조할 것.
2) 知不可而爲之: 본편 제41장에 보인다. 「14-41」의 정문(正文)과 【藕師注】를 참조할 것.
3) 難行能行: 계빈국(罽賓國) 삼장(三藏) 반야(般若) 번역 전40권본 『대방광불화엄경(大方廣佛華嚴經) 권제삼십일(卷第三十一)·입부사의해탈경계보현행원품(入不思議解脫境界普賢行願品)』에 보인다. "너는 응당 불선(不善)을 떠나는 법을 부지런히 수행해야만 하니, 어리석은 범부의 온갖 악법(惡法)은 더불어 상주(常住)하면서 (선법善法을) 깨닫지 못하기 때문인 것을 일컫은 것이다. 너는 응당 보살행을 모으는 것을 부지런히 수행해야만 하니, 용맹하게 정진하여 난행(難行)·능행(能行)·종종행(種種行)을 두루 널리 요달(了達)하여 알 수 있기 때문인 것을 일컫은 것이다. [汝應勤修離不善法, 謂愚癡凡夫種種惡法, 不與共住常覺悟故. 汝應勤修集菩薩行, 謂普遍了知勇猛精進, 難行能行種種行故.]" 『大正新脩大藏經』第10冊·No.0293·大方廣佛華嚴經 第31卷(T10n0293_031). / 명(明)나라 감산(憨山) 덕청(德淸) 찬(撰) 『감산노인몽유전집(憨山老人夢遊全集) 권지사(卷之四)·법어(法語)·시중(示衆)』, "이처럼 마땅히 용맹함을 발하여 일조(一條)의 곤궁한 성명(性命)을 물리쳐 버리고 이 일구(一具)의 냄새 나는 몹쓸 {냄새 나는 골두骨頭; 육체를 가리킴.}를 가지고 시방(十方)에 보시하여 대중을 공양하며, 일체의 행문(行門)을 고심(苦心)하고 관리하여 실행하기 어려운 일을 기어코 해내며 참아내기 어려운 일을 능히 참아내야만 한다. [如此當發勇猛拚捨一條窮性命將這一具臭骨頭布施十方, 供養大衆, 一切行門, 苦心操持, 難行能行, 難忍能忍.]" 『嘉興大藏經』第22冊·No.B116·憨山老人夢遊全集 第4卷(J22nB116_004).

【藕師注】 이미 소리를 알았고 또한 마음을 이해하였으나, 다만 목탁의 뜻을 알지 못하였을 뿐이다. '과재(果哉)! 말지난(末之難).'은 '지불가이위

지(知不可而爲之).’ 장(章)과 더불어 하나의 주석을 만드니, ‘실행하기 어려운 일을 기어코 해낸다.’라고 말할 수 있다. ◎

「14-43」子張曰: “書云: ‘高宗諒陰, 三年不言.’[1) 何謂也?” 子曰: “何必高宗? 古之人皆然. 君薨, 百官總己以聽於冢宰三年.”

【注釋】

1) 高宗諒陰, 三年不言: “왕이 거상하여 삼 년을 움막에서 지냈다. 상(喪)을 이미 면하고도 아무 말도 하지 않았으니, 여러 신하가 다 같이 왕에게 간하여 말하였다. ‘오호라! 아는 것을 밝고 어질다고 하는데, 밝고 어진 것이 실로 법칙을 만든다. 천자는 오직 온 나라를 다스리는 분으로 여러 관리가 받들고 공경하며 왕의 말이 오직 명령이 된다. 말을 하지 않으면 신하들은 명령을 받을 곳이 없다.’ [王宅憂, 亮陰三祀. 旣免喪, 其惟弗言, 群臣鹹諫於王曰: “嗚呼! 知之曰明哲, 明哲實作則. 天子惟君萬邦, 百官承式, 王言惟作命, 不言臣下罔攸稟令.”]

「14-43」 자장이 말하였다. “『서경(書經)·열명(說命)』에서 이르기를 ‘고종(高宗)이 양암(諒陰)에서 거상(居喪)하는 3년 동안 말하지 않았다.’라고 하였으니, 무엇을 말한 것입니까?” 공자가 말하였다. “하필 고종뿐이겠는가? 옛사람들이 모두 그러하였다. 임금이 죽으면 백관들이 자기의 직책을 총괄하여 3년 동안 총재(冢宰)에게서 명령을 들었다.”

【藕師注】 ‘古之人皆然.’一句, 傷今思古, 痛甚! 痛甚!

【藕師注】 ‘옛사람들이 모두 그러하였다. [古之人皆然.]’라는 일구(一句)는 지금을 근심하고 옛날을 그리워한 것이니, 비통함이 심하구나! 비통함이 심하구나!

「14-44」子曰: "上好禮, 則民易使也."

「14-44」공자가 말하였다. "윗사람이 예를 좋아하면, 백성들을 부리기가 쉽다."

「14-45」子路問君子. 子曰: "修己以敬." 曰: "如斯而已乎?" 曰: "修己以安人." 曰: "如斯而已乎?" 曰: "修己以安百姓. 修己以安百姓, 堯舜其猶病諸!"

「14-45」자로가 군자에 관해서 물었다. 공자가 말하였다. "군자는 자기를 닦기를 경(敬)으로써 한다." 자로가 말하였다. "이와 같을 뿐입니까?" 공자가 말하였다. "자기를 닦음으로써 남을 편안하게 한다." 자로가 말하였다. "이와 같을 뿐입니까?" 공자가 말하였다. "자기를 닦음으로써 백성들을 편안하게 한다. 자기를 닦음으로써 백성들을 편안하게 하는 것은 요순께서도 (그렇게 하지 못하는 것을) 오히려 근심으로 여기셨다!"

【藕師注】 盡十方世界是個自己, 豎窮橫遍, 其體·其量·其具皆悉不可思議. 人與百姓, 不過自己心中所現一毛頭許境界耳. 子路只因不達自己, 所以連用兩個'如斯而已乎?'. 孔子見得'己'字透徹, 所以說到堯舜猶病, 非病不能安百姓也, 只病修己未到**極則處**[1]耳.

【注釋】

1) 極則處: 『불과환오선사벽암록(佛果圜悟禪師碧巖錄)』제1권, "양무제(梁武帝)가 이 극칙처{극極에 달한 곳}를 끄집어내 달마 조사에게 묻기를, '어떤 것이 성제(聖諦; 성스

러운 진리, 곧 사제(四諦)를 말함.)의 제일의(第一義)입니까?'라고 하자, 달마 조사가 '확연무성(廓然無聖; 너무나 분명하고 확실하여 성스럽다고 할 것이 없다.)'이라고 답하였으니, 천하의 납승(衲僧)들이 뛰어본들 벗어날 수 없다. [帝便拈此極則處, 問達磨: "如何是聖諦第一義?" 磨云: "廓然無聖." 天下衲僧跳不出.]"『大正新脩大藏經』第48冊·No.2003·佛果圜悟禪師碧巖錄 第1卷(T48n2003_001).

【藕師注】 온 시방세계(十方世界)가 자기이니, 시방(十方)에 종(縱)으로 두루 하고 허공에 횡(橫)으로 두루 하여 그 성체(性體)와 그 성량(性量)과 그 성구(性具)가 모두 다 불가사의(不可思議)하다. 사람과 백성은 자기 심중(心中)에서 드러난바 하나의 털끝 정도의 경계에 지나지 않을 뿐이다. 자로는 단지 자기를 통달하지 못한 것을 인(因)하여 두 번씩이나 '이와 같을 뿐입니까?'라는 질문을 연달아서 썼던 것이요, 공자는 '기(己)' 자(字)를 투철하게 알았기 때문에 '요순께서도 오히려 (그렇게 하지 못함을) 병통으로 여기셨다.'라고 언급하였으니, 능히 백성들을 편안하게 하지 못하는 것을 병통으로 여겼던 것이 아니라, 단지 자기의 몸을 닦은 지위가 아직 극칙처(極則處)에 도달하지 못한 것을 병통으로 여겼을 뿐이다.

「14-46」原壤夷俟. 子曰: "幼而不孫弟, 長而無述焉, 老而不死, 是爲賊." 以杖叩其脛.

「14-46」 원양이 걸터앉아서 공자를 기다렸다. 공자가 말하였다. "어려서는 공손하지 않았고 장성해서는 칭찬할 만한 일이 없었고 늙어서는 (아직까지) 죽지 않은 것이 바로 도적(盜賊)이 된다." 그러고는 지팡이로써 그의 정강이를 두드렸다.

【藕師注】 以打罵作佛事.

【藕師注】 때리고 꾸짖는 것으로써 부처님의 일을 행하였다.

「14-47」闕黨童子將命. 或問之曰: "益者與?" 子曰: "吾見其居於位也, 見其與先生竝行也, 非求益者也, 欲速成者也."

「14-47」궐당에서 온 동자가 명령을 전하는 일을 맡았다. 어떤 사람이 물었다. "학문하여 더하는 자입니까?" 공자가 말하였다. "나는 그가 어른의 자리에 앉아 있는 것을 보았고 선생과 나란히 걸어가는 것을 보았으니, 그는 학문을 하여 겨우 보탬을 구하는 자가 아니라, (도道를) 빨리 이루고자 하는 자이다."

【藕師注】 爲學日益, 爲道日損, 人都看作兩橛. 若知下學而上達,[1] 則日益處卽日損處矣. 今童子而能居位竝行, 何等志氣! 但恐其離下學而求上達, 便使依乎中庸之道, 故令之將命, 所以實其操履耳. 居位卽是欲立, 竝行卽是欲達, 皆童子之所難能, 故知不是僅求益者. 卓吾云: "在居位竝行處, 見其欲速成, 非不隅坐隨行也. 若不隅坐隨行, 一放牛小廝矣, 何以將命?"[2]

【注釋】

1) 下學而上達: 『논어(論語)·헌문(憲問) 제십사(第十四)』 제37장에 보인다.
2) 在居位竝行處-何以將命: 『논어평(論語評)·헌문(憲問) 제십사(第十四)』 제47장, "[評] 在居位竝行處, 見其欲速成, 非不隅坐隨行也. 若是不隅坐隨行, 一放牛小廝矣, 何以將命?" 앞의 책, 263-264면.

【藕師注】 학문을 하면 날마다 더해지고 도(道)를 행하면 날마다 덜어지는데, 사람들은 모두 (이것을) 양궐(兩橛; 양단兩端, 서로 반대되는 양쪽 극단極端)로 간주한다. 만약 아래로 인간의 일을 배워서 위로 천명을 통달하는 것을 안다면, 날마다 더해지는 곳이 즉 날마다 덜어지는 곳이다. 지금 동자가 능히 지위에 거(居)하여 나란히 걸어갈 수 있으니, 얼마나 지기(志氣)가 있는가! 다만 그가 아래로 인간의 일을 배우기를 떠나서 위로 천명을 통달함을 구할까 염려되어 곧 중용의 도(道)에 의지하도록 하였다. 그러므로 그에게 봉명(奉命)하게 하였던 것이니, 마음으로 지키는 지조와 몸으로 행하는 행실을 충실(充實)하고 튼튼하게 한 것일 뿐이다. '거위(居位)'는 곧 서고자 하는 것이요, '병행(竝行)'은 바로 통달하고자 하는 것이니, 모두 동자가 능히 해내기가 어려운 바였다. 그러므로 겨우 보탬을 구하였던 자가 아니었다는 것을 알 수 있다. 이탁오는 이렇게 말하였다. "지위에 거(居)하여 나란히 걸어가는 곳에 있어서 그가 빨리 이루고자 하는 모습을 보았으니, 아닌 게 아니라 모퉁이에 앉아서 수행하였다. 만약 모퉁이에 앉아서 수행하지 않았다면 한 마리의 방목된 소처럼 뛰노는 머슴애였을 것이니, 어떻게 명령을 전하였겠는가?" ◎

【衞靈公 第十五】

「15-1」 衞靈公問陳於孔子. 孔子對曰: "俎豆之事則嘗聞之矣, 軍旅之事未之學也." 明日遂行. 在陳絕糧, 從者病, 莫能興. 子路慍見, 曰: "君子亦有窮乎?" 子曰: "君子固窮, 小人窮斯濫矣."

「15-1」 위(衞)나라 영공이 공자에게 진법(陳法)을 물었다. 공자가 대답하였다. "제기(祭器)에 관한 일은 일찍이 들었습니다만 군사(軍事)에 관한 일은 아직 배우지 못하였습니다." 그러고는 다음 날 마침내 떠났다. 진(陳)나라에 있을 때 양식이 떨어져서 따르는 자들이 병들어 일어나지 못하였다. 자로가 화가 난 모습을 보이며 말하였다. "군자도 곤궁할 때가 있습니까?" 공자가 말하였다. "군자는 곤궁함에 평온하지만, 소인은 궁해지면 곧 함부로 행동한다."

【藕師注】 只消慍見便是濫, 若知樂在其中, 那見有窮可慍?

【藕師注】 화가 난 모습을 보이는 것이 곧 함부로 행동하는 것이니, 만약 즐거움이 그 가운데에 있다는 것을 안다면 어찌 화를 낼 만한 궁함이 있는 것을 보겠는가?

「15-2」 子曰: "賜也, 女以予爲多學而識之者與?" 對曰: "然, 非與?" 曰: "非也, 予一以貫之."[1]

【注釋】

1) 一以貫之: 하나로써 관철하는 것이라는 뜻이다. 『논어(論語)·리인(里仁) 제사(第四)』 제15장의 정문(正文)에서 '일이관지(一以貫之)'가 이미 언급되었다. "공자가 말하였다. '삼(參)아! 나의 도(道)는 하나로써 관철하는 것이다.' 증자가 '예.' 하고 대답하였다. 공자가 나가자, 문인들이 '무슨 말씀입니까?' 하고 물으니, 증자가 대답하였다. '선생님의 도(道)는 충(忠)과 서(恕)일 뿐이니라.' [子曰: "參乎! 吾道一以貫之." 曾子曰: "唯." 子出, 門人問曰: "何謂也?" 曾子曰: "夫子之道, 忠恕而已矣."]"

「15-2」 공자가 말하였다. "사(賜)야, 너는 내가 많이 배우고 그것을 기억하는 자라고 생각하느냐?" 자공이 대답하였다. "그렇습니다. 아닙니까?" 공자가 말하였다. "아니다. 나는 하나로써 관철하는 것이다."

【藕師注】　卓吾云: "腐儒謂'然, 非與'處, **不如曾子之'唯',** 1) 可發一笑." 2) 方外史曰: "俗儒妄謂曾子傳得孔子之道, 則子貢亦傳得孔子之道矣, 孔子何以再歎**'今也則亡.'**?" 3)

【注釋】

1) 不如曾子之'唯': 『논어(論語)·리인(里仁) 제사(第四)』 제15장, "子曰: '參乎! 吾道一以貫之.' 曾子曰: '唯.' 子出, 門人問曰: '何謂也?' 曾子曰: '夫子之道, 忠恕而已矣.']"
2) 腐儒謂'然, 非與'處-可發一笑: 『논어평(論語評)·위령공(衛靈公) 제십오(第十五)』 제2장, "[評] 腐儒以'然, 非與'處, 謂不如曾氏之'唯', 可發一笑." 앞의 책, 266면.
3) 今也則亡: 공자는 『논어(論語)·옹야(雍也) 제육(第六)』 제3장과 『논어(論語)·선진(先進) 제십일(第十一)』 제6장에서 "지금은 없다. [今也則亡.]"라고 두 번 말하였다. "「6-3」 애공이 '제자 중에 누가 배우기를 좋아합니까?' 하고 묻자, 공자가 대답하였다. '안회라는 제자가 배우기를 좋아하여 노여움을 남에게 옮기지 않고 같은 잘못을 다시 되풀이하지 않았는데, 불행히 명이 짧아 죽었습니다. 지금은 없으니, 배우기를 좋아하는 자가 있다는 말을 아직 듣지 못하였습니다.' [哀公問: "弟子孰爲好學?" 孔子對曰: "有顏回者好學, 不遷怒, 不貳過, 不幸短命死矣. 今也則亡, 未聞好學者也."]" / "「11-6」 계강자가 '제자 중에 누가 배우기를 좋아합니까?' 하고 묻자, 공자가 대답하였다. '안회라는 자가 배우기를 좋아했었는데 불행히도 수명이 짧아 죽었습니다. 지금은 없습니다.' [季康子問: "弟子孰爲好學?" 孔子對曰:

"有顔回者好學, 不幸短命死矣, 今也則亡."]"

【藕師注】 이탁오는 이렇게 말하였다. "부유(腐儒)들은 '그렇습니다. 아닙니까?'라는 곳이 증자의 '유(唯)'만 같지 못하다고 이르니, 가히 일소(一笑)를 드러낼 만하다."

방외사는 말한다. "속유(俗儒)들은 증자가 공자의 도(道)를 이어받았다고 터무니없이 말하니, 그렇다면 자공도 공자의 도(道)를 이어받은 것이다. 공자가 무엇 때문에 '지금은 없다.'라고 두 번씩이나 탄식하였겠는가?"

【解説】 본장(本章)은 지욱 대사가 이탁오의 말을 인용하여 주자의 『논어집주』풀이를 비판한 것이다. 주자는 『논어집주』에서 윤씨의 말을 끌어내어 "공자가 증자에 대해서는 그가 질문하기를 기다리지 않고 곧바로 '이것{일이관지(一以貫之)}'으로써 말하였는데, 증자는 다시 깊이 깨닫고 '예{유(唯)}' 하고 대답하였다. 자공으로 말하면 먼저 의문을 촉발하게 시킨 뒤에 말을 해주었는데도 자공은 끝내 증자의 '예{유(唯)}' 하고 대답한 것처럼 할 수 없었으니, 두 사람의 학문의 깊고 얕음을 여기에서 볼수 있다. [尹氏曰: "孔子之於曾子, 不待其問而直告之以此, 曾子復深喩之曰 '唯.'. 若子貢則先發其疑而後告之, 而子貢終亦不能如曾子之唯也. 二子所學之淺深, 於此可見.]"라고 풀이하였다. 이어서 "내가 생각건대, 부자가 자공에 대해서 여러 번 말을 해줌이 있었으나 다른 사람은 여기에 참여하지 못하였으니, 안자·증자 이하 여러 제자(弟子)들의 학문의 깊고 얕음을 또한 볼 수 있다. [愚按, 夫子之於子貢, 屢有以發之, 而他人不與焉, 則顏曾以下諸子所學之淺深, 又可見矣.]"라고 말하여, 자공이 증자보다 학문의 수준이 얕다고 보았다. 지욱 대사는 바로 이 부분을 지적한 것이다. 지욱 대

사는 증자이든 자공이든 그들 모두는 공자의 도(道)를 이어받지 못하였으며, 오직 안연 만이 공자의 도(道)를 전수(傳授)받은 유일한 제자라고 보았다.{「4-15」의 정문(正文)과 【藕師注】를 참조할 것.}

「15-3」 子曰: “由! 知德者鮮矣.”

「15-3」 공자가 말하였다. “유(由)야! 덕(德)을 아는 자가 드물구나.”

【藕師注】 痛下一針.

【藕師注】 아프게 일침(一針)을 놓았다.

「15-4」 子曰: “無爲而治者, 其舜也與? 夫何爲哉? 恭己正南面而已矣.”

「15-4」 공자가 말하였다. “(인위적人爲的으로) 행함이 없이 천하를 다스린 자는 아마도 순(舜)임금이시겠지? 대저 무엇을 하셨는가? 자기 몸을 공손히 하고서 바르게 임금의 자리에 앉아 계셨을 뿐이다.”

【藕師注】 從來聖賢只有爲人·爲學·爲德而已, 斷斷無有爲治者. 若一有爲治之心, 則天下益亂矣. ‘恭己’二字卽是修己以敬, 又卽爲人·爲學·爲德之實工夫.

【藕師注】 지금까지 성현들은 오직 남을 위하고 학문을 위하고 덕(德)을 위하는 것만이 있었을 뿐이니, 단연코 인위적인 다스림이 없었다. 만약 인위적인 다스림의 마음이 한 번 있게 되면, 천하는 더욱 어지러워진다. '공기(恭己)' 두 글자가 곧 자기를 닦기를 '경(敬)'으로써 하는 것이요, 또 곧 남을 위하고 학문을 위하고 덕(德)을 위하는 착실한 공부인 것이다.

「15-5」子張問行. 子曰: "言忠信, 行篤敬, 雖蠻貊之邦, 行矣. 言不忠信, 行不篤敬, 雖州里, 行乎哉? 立則見其參於前也, 在輿則見其倚於衡也, 夫然後行." 子張書諸紳.

「15-5」 자장이 뜻이 행하여짐에 관해서 물었다. 공자가 말하였다. "말이 진실하고 미더우며 행실이 돈독하고 공경스러우면, 비록 야만인의 나라라 하더라도 뜻이 행해질 수 있다. 말이 진실하고 신실하지 못하며, 행실이 돈독하고 공경스럽지 못하면, 자신이 사는 시골 마을이라 하더라도 뜻이 행해질 수 있겠는가? 서 있을 때는 충신(忠信)과 독경(篤敬)이 눈앞에 참여하는 것을 보고, 수레에 있을 때는 그것이 멍에에 기대어 있는 것을 보니, 이처럼 한 뒤에야 뜻이 행해질 수가 있다." 자장이 이 말을 띠에다 썼다.

【藕師注】 信而曰忠, 敬而曰篤, 對治子張病根也. 參前倚衡, 但盡其忠信篤敬耳, 非以此求行也. 惟不求行, 夫然後行.

【藕師注】 신실(信實)하면서 '진실함{충(忠)}'을 말하였고 공경스러우면서 '돈독함{독(篤)}'을 말하였으니, 자장의 병근(病根)을 상대하여 치료하였

다. 눈앞에 참여하고 멍에에 기대어 있는 것은 다만 그 충신(忠信)과 독경(篤敬)을 극진히 하는 것일 뿐이니, 이것으로써 자기 뜻이 행해짐을 구하는 것은 아니다. 오직 행해짐을 구하지 않을 뿐이니, 그런 뒤에야 뜻이 행해진다.

「15-6」子曰: "直哉史魚! 邦有道如矢, 邦無道如矢. 君子哉蘧伯玉! 邦有道則仕, 邦無道則可卷而懷之."

「15-6」 공자가 말하였다. "정직하다, 사어여! 나라에 도(道)가 있을 때도 화살처럼 곧았으며, 나라에 도(道)가 없을 때도 화살처럼 곧았다. 군자로구나, 거백옥이여! 나라에 도(道)가 있으면 나아가 벼슬하고, 나라에 도(道)가 없으면 거두어 속에 감추어 두는구나."

【藕師注】 春蘭秋菊, 各擅其美.[1]

【注釋】

1) 春蘭秋菊, 各擅其美: 대당(大唐) 서명사(西明寺) 사문(沙門) 석(釋) 도선(道宣)이 찬(撰)한 『속고승전(續高僧傳)』 제13권에 보인다. "그러므로 석(釋) 진천(晉川)은 석(釋) 신소(神素)와 석(釋) 도걸(道傑) 두 사람을 칭찬하여 일컫기를 봄철의 난초와 가을의 국화가 각기 그 아름다움을 마음껏 뽐내는 듯하다고 하였다. [故晉川稱謂素傑二公, 秋菊春蘭, 各擅其美.]" 『大正新脩大藏經』 第50冊 · No.2060 · 續高僧傳 第13卷(T50n2060_013).

【藕師注】 봄철의 난초와 가을의 국화가 각기 그 아름다움을 마음껏 뽐내도다.

「15-7」子曰: "可與言而不與之言, 失人, 不可與言而與之言, 失言. 知者不失人, 亦不失言."

「15-7」공자가 말하였다. "더불어 말할 만한데 함께 말하지 않으면 사람을 잃고, 더불어 말할 만하지 않은데 함께 말하면 말을 잃는다. 지혜로운 자는 사람을 잃지 않으며, 또한 말을 잃지 않는다."

【蕅師注】 四悉檀.[1)]

【注釋】

1) 四悉檀: '사실단(四悉檀)'은 부처가 중생을 교화하는 네 가지 방법이다. '사실단(四悉檀)'은 세계실단(世界悉檀)·위인실단(爲人悉檀)·대치실단(對治悉檀)·제일의실단(第一義悉檀)이다. 「4-14」의 정문(正文)과 【蕅師注】의 주석(注釋)을 참조할 것.

【蕅師注】 사실단(四悉檀)이다.

【補注】 不失人亦不失言, 則四悉檀具矣. 悉, 遍也, 檀, 施也. 四悉檀者, 一·世界悉檀, 是興趣義, 所以起信, 二·爲人悉檀, 是訓導義, 所以開解導行, 三·對治悉檀, 是警策義, 所以止惡生善, 四·第一義悉檀, 是解脫義, 所以顯性證眞. 佛說一切法, 不離四悉檀.

【補注】 '사람을 잃지 않고 또한 말을 잃지 않는 것{불실인역불실언(不失人亦不失言)}'은 곧 사실단(四悉檀)이 갖추어진 것이다. '실(悉)'은 '두루 미침'이요, '단(檀)'은 '베풂'이다. '사실단(四悉檀)'은 첫 번째 '세계실단(世界悉檀)'은 '흥취(興趣)'의 뜻이니 믿음을 일으키는 까닭이요, 두 번째 '위인실단(爲人悉檀)'은 '훈도(訓導)'의 뜻이니 (도리道理를) 분명하게 이해하

여 행위를 선도(善導)하는 원인이요, 세 번째 '대치실단(對治悉檀)'은 '경책(警策)'의 뜻이니 악행을 그치고 선행을 내게 하는 이유이요, 네 번째 '제일의실단(第一義悉檀)'은 '해탈(解脫)'의 뜻이니 본성을 나타내어 참됨을 증명하는 연유이다. 부처님께서 설하신 일체의 모든 법은 이 '사실단(四悉檀)'을 떠나지 않는다.

「15-8」子曰: "志士仁人, 無求生以害仁, 有殺身以成仁."

「15-8」 공자가 말하였다. "뜻이 있는 선비와 인(仁)한 사람은 (자기가) 살기 위해 인(仁)을 해치는 것이 없고, 자신을 희생하여 인(仁)을 완성하는 것이 있다."

【藕師注】 如此方名志士仁人. 今之志士仁人宜以此自勘.

【藕師注】 이와 같아야만 비로소 '뜻이 있는 선비{지사志士}'·'어진 사람{인인仁人}'이라고 이름할 수 있다. 오늘날의 지사(志士)와 인인(仁人)은 마땅히 이것으로써 자신을 스스로 헤아려 보아야 한다.

「15-9」子貢問爲仁. 子曰: "工欲善其事, 必先利其器. 居是邦也, 事其大夫之賢者, 友其士之仁者."

「15-9」 자공이 인(仁)을 행하는 것에 관해서 물었다. 공자가 말하였다. "장인(匠人)이 자기 일을 잘하고자 한다면, 반드시 먼저 그 공구(工具)를 날카롭게 해야만 한다. 어떤 나라에 살 때는 그 나라의 대부 중에서 현명한 자를 섬기며, 그 나라의 선비 중에서 인(仁)한 자를 벗한다."

【藕師注】 賢之與仁, 皆吾利器也, 奈何鈍置之耶?

【藕師注】 '현명한 것'과 '인(仁)한 것'이 모두 나의 예리한 무기이니, 어찌 무디어지도록 내버려 둘 수 있겠는가?

「15-10」顔淵問爲邦. 子曰: "行夏之時, 乘殷之輅, 服周之冕, 樂則「韶舞」. 放鄭聲, 遠佞人. 鄭聲淫, 佞人殆."

「15-10」안연이 나라를 다스리는 법에 관해서 물었다. 공자가 말하였다. "하(夏)나라의 책력을 행하며, 은(殷)나라의 수레를 타며, 주(周)나라의 면류관을 쓰며, 음악은 순(舜)임금의 「소무(韶舞)」를 취한다. 정(鄭)나라의 음악을 추방하며 말재주 있는 사람을 멀리한다. 정(鄭)나라 음악은 음탕하고 말재주 있는 사람은 위태롭다."

【藕師注】 王陽明曰: "顔子具體聖人, 其於爲邦的大本大原都已完備. 夫子平日知之已深, 到此都不必言, 只就制度文爲上說. 此等處亦不可忽略, 須要是如此方盡善. 又不可因自己本領是當了, 便於防範上疏闊, 須是要放鄭聲, 遠佞人. 蓋顔子是克己, 向里德上用心的人, 孔子恐其外面末節或有疎略, 故就他不足處幫補說. 若在他人, 須告以爲政在人·取人以身·修身以道·修道以仁[1]·達道[2]九經[3]及誠身許多工夫, 方始做得. 此方是萬世常行之道. 不然, 只去行了夏

時, 乘了殷輅, 服了周冕, 作了「韶舞」, 天下豈便治得?"⁴⁾

【校勘】 　須: 동림사(東林寺) 인본(印本) 『사서우익해(四書蕅益解)·논어점정보주(論語點睛補注)』의 원문은 '비(非)'인데, 『왕양명전집(王陽明全集)』에 의거하여 오자(誤字)를 바로잡았다.

【注釋】

1) 爲政在人·取人以身·修身以道·修道以仁: 『중용(中庸)』 제20장, "애공이 정치에 관하여 묻자 공자가 말하였다. '문왕과 무왕의 정치가 서책에 실려 있으니, 이러한{문왕·무왕과 그 신하들 같은} 사람이 있으면 이러한 정치가 이루어지고, 이러한 사람이 없으면 이러한 정치가 종식됩니다. 사람의 도(道)는 정치에 빠르게 나타나고, 땅의 도(道)는 나무에 빠르게 나타나니, 정치라는 것은 효과의 신속함이 쉽게 자라는 갈대와 같습니다. 그러므로 정치를 하는 것은 사람에게 달려 있으니, 사람을 취하는 것은 몸으로 해야 하고, 몸을 닦는 것은 도(道)로 해야 하고, 도(道)를 닦는 것은 인(仁)으로 해야 합니다.' [哀公問政. 子曰: "文·武之政, 布在方策. 其人存, 則其政擧, 其人亡, 則其政息. 人道敏政, 地道敏樹. 夫政也者, 蒲盧也. 故爲政在人, 取人以身, 修身以道, 修道以仁."]"

2) 達道: 『중용(中庸)』 제20장, "천하에 공통된 도{달도達道}가 다섯인데 이것을 행하게 하는 것은 셋이니, 군신(君臣)과 부자(父子)와 부부(夫婦)와 형제(兄弟)와 붕우(朋友)의 사귐 이 다섯 가지는 천하의 달도(達道)요, 지(智)·인(仁)·용(勇) 세 가지는 천하의 공통된 덕{달덕達德}이니, 이것을 행하게 하는 것은 '성(誠)' 하나입니다. [天下之達道五, 所以行之者三, 曰: 君臣也, 父子也, 夫婦也, 昆弟也, 朋友之交也, 五者天下之達道也. 知仁勇三者, 天下之達德也, 所以行之者一也.]"

3) 九經: 『중용(中庸)』 제20장, "무릇 천하와 국가를 다스림에 아홉 가지 법{구경九經}이 있으니, 몸을 닦음과 어진 이를 높임과 친척을 친애함과 대신을 공경함과 신하들의 마음을 몸소 살핌과 백성들을 자식처럼 사랑함과 백공(百工)들을 오게 함과 먼 곳의 사람을 부드럽게 감싸줌과 제후들을 품어주는 것이다. [凡爲天下國家有九經, 曰: 修身也, 尊賢也, 親親也, 敬大臣也, 體群臣也, 子庶民也, 來百工也, 柔遠人也, 懷諸侯也.]"

4) 『전습록(傳習錄)』 권삼(卷三)·문인설간록(門人薛侃錄), "黃誠甫問: '先儒以孔子告顏淵爲邦之問, 是立萬世常行之道, 如何?' 先生曰: '顏子具體聖人. 其於爲邦的大本大原, 都已完備. 夫子平日知之已深. 到此都不必言. 只就制度文爲上說. 此等處亦不可忽略. 須要是如此方盡善. 又不可因自己本領是當了, 便於防範上疏闊. 須是要「放鄭聲, 遠佞人」蓋顏子是個克己向里德上用心的人. 孔子恐其外面末節, 或有疏略, 故就他不足處幫補說. 若在他人, 須告以爲政在人, 取人以身, 修身以道, 修道以仁, 達道九經, 及誠身許多工夫, 方始做得這個, 方是萬

世常行之道. 不然, 只去行了夏時, 乘了殷輅, 服了周冕, 作了「韶舞」, 天下便治得. 後人但見顏子是孔門第一人, 又問個爲邦, 便把做天大事看了."

【藕師注】 왕양명이 말하였다. "안자는 성인의 덕성(德性)을 갖추고 체화(體化)하여 그 나라를 다스리는 대본(大本)과 대원(大原)에 있어서 모두 이미 (자질資質을) 완비하였다. 부자는 평소에 (그 사실을) 아주 깊이 알았기 때문에 여기에 이르러서 다 말할 필요가 없었고, 다만 제도(制度)와 문위(文爲) 상에서 말을 하였다. 이런 것들도 소홀히 해서는 안 되니, 모름지기 만약 이처럼 한다면 비로소 선(善)을 극진히 하는 것이다. 또 자기의 본령(本領)이 올바르다고 해서 곧 금령이나 법칙상에서 굼뜨면 안 되니, 반드시 정(鄭)나라의 음란한 음악을 추방하며 말재주 있는 사람을 멀리해야만 한다. 안자는 대체로 자기를 이겨 내어 내면의 덕을 향하여 마음을 쓰는 사람이었으니, 공자는 그 외면의 말절(末節)에 혹여나 소략한 것이 있을까 걱정하였다. 그러므로 그의 부족한 곳에 나아가 거들어 보완하여 말하였다. 만약 다른 사람에 있어서였다면 '정치를 하는 것은 사람에게 달려 있으니, 사람을 취하는 것은 몸으로써 해야 한다. 몸을 닦는 것은 도(道)로써 해야 하고, 도(道)를 닦는 것은 인(仁)으로써 해야 한다.'·'달도(達道)'·'구경(九經)' 및 '성신(誠身)' 등 허다한 공부를 통해 비로소 (위방爲邦을) 할 수 있다고 반드시 알려주어야 했었을 것이니, 이것이 바야흐로 만세(萬世)에 항상 유행하는 도(道)이다. 그렇지 않다면, 단지 하(夏)나라의 책력을 행하며 은(殷)나라의 수레를 타며 주(周)나라의 면류관을 입으며 「소무(韶舞)」를 취하여 쓴다고 한들, 천하가 어찌 곧장 다스려지겠는가?"

【補注】 綺語卽鄭聲, 妄言卽佞人. 千數百年來, 靡麗之騈體, 淫蕩之詩賦, 謗佛非聖之文辭, 皆鄭聲·佞人敎淫敎殆之尤者也. 國以爲敎, 家以爲學, 而不知其非, 天下大亂之所由來也. 放之遠之, 刪之燬之, 而後天下可爲也.

【補注】　기어(綺語)는 곧 정(鄭)나라의 음란한 음악이요, 망언(妄言)은 곧 말재주 있는 사람이다. 천수백(千數百) 년 동안 호사(豪奢)한 변려(騈儷)의 문체(文體)와 음탕한 시부(詩賦)와 불법(佛法)을 훼방하며 성인을 헐뜯는 문사(文辭)가 대개 정(鄭)나라의 음란한 음악과 말재주 있는 사람이 (중생에게) 음탕함을 가르치고 위태롭게 함을 가르쳐온 허물이다. 그런데 나라에서는 이것을 가르침으로 삼고 집안에서는 이것을 배움으로 삼되 그 그릇된 것을 알지 못하였으니, (이 때문에) 천하의 대란이 일어나게 되었다. 정(鄭)나라의 음란한 음악과 말재주 있는 사람을 추방하고 멀리하며 깎아 내고 불살라 버린 이후에야 천하가 잘 다스려질 수 있는 것이다.

「15-11」子曰: "人無遠慮, 必有近憂."

「15-11」 공자가 말하였다. "사람이 먼 앞일에 대한 생각이 없으면, 틀림없이 가까운 근심이 있다."

【藕師注】　未超三界外, 總在五行中. 斷盡二障,[1] 慮斯遠矣.

【注釋】

1)　二障: 『성유식론(成唯識論)』과 『대승기신론(大乘起信論)』에서 들었던 두 가지 장애, 즉 '번뇌장(煩惱障)'과 '소지장(所知障)'을 가리킨다. 『성유식론(成唯識論)』 제9

권, "'번뇌장(煩惱障)'이란 변계소집(遍計所執)하여 세운 실아(實我)에 집착하는 살가야견(薩迦耶見; 들러붙어서 떠나지 못하는 아견我見)을 상수(上首; 첫 번째)로 삼는 128가지 근본 번뇌 및 그것의 비슷한 종류인 모든 수번뇌를 이르니, 이것은 유정(有情)의 몸과 마음을 어지럽게 하고 괴롭혀서 능히 열반(涅槃)을 깨달아 얻는 것을 가로막으므로 '번뇌장(煩惱障)'이라고 이름한다. '소지장(所知障)'이란 변계소집(遍計所執)하여 세운 실법(實法)에 집착하는 살가야견(薩迦耶見)을 상수(上首)로 삼는 악견·의심·무명·탐애·성냄·거만 등이니, 소지경(所知境; 인식의 대상. 유위법과 무위법의 대상.)과 전도(顛倒)됨이 없는 본성{진여(眞如)}을 덮어서 능히 보리(菩提)를 깨치는 것을 가로막으므로 '소지장(所知障)'이라고 이름한다. [煩惱障者, 謂執遍計所執實我薩迦耶見而爲上首百二十八根本煩惱及彼等流諸隨煩惱, 此皆擾惱有情身心能障涅槃名煩惱障. 所知障者, 謂執遍計所執實法薩迦耶見而爲上首見疑無明愛恚慢等, 覆所知境無顚倒性能障菩提名所知障.]"『大正新脩大藏經』第31冊·No.1585·成唯識論 第9卷(T31n1585_009). /『대승기신론(大乘起信論)』제1권, "'염심(染心)'이란 '번뇌장(煩惱障)'이니, 능히 진여(眞如)의 근본지(根本智)를 가로막을 수 있기 때문이다. '무명(無明)'이란 '소지장(所知障)'이니, 능히 세간(世間)의 업자재지(業自在智)를 가로막을 수 있기 때문이다. [染心者, 是煩惱障, 能障眞如根本智故. 無明者, 是所知障, 能障世間業自在智故.]"『大正新脩大藏經』第32冊·No.1667·大乘起信論 第1卷(T32n1667_001).

【藕師注】 삼계의 밖을 벗어나지 않아도 모두 오행(五行) 가운데에 있다. 이장(二障)을 다 끊어내면, 생각이 곧 깊어진다.

「15-12」子曰: "已矣乎! 吾未見好德如好色者也."

「15-12」공자가 말하였다. "다 끝났구나! 나는 덕(德)을 좋아하기를 마치 여색을 좋아하듯이 하는 자를 아직 보지 못하였다."

【藕師注】 正是不肯絶望.

【藕師注】 (이것은) 바로 (공자가) 절망을 하지 않으려 했던 것이다.

「15-13」子曰: "臧文仲其竊位者與? 知柳下惠之賢, 而不與立也."

「15-13」 공자가 말하였다. "장문중은 아마도 지위를 도둑질한 자겠지? 유하혜의 현명함을 알면서도 그를 등용하여 함께 조정에 서지 않았다."

【藕師注】 誅心在一'知'字.

【藕師注】 주벌하고자 하는 마음이 '지(知)' 한 글자에 있다.

「15-14」子曰: "躬自厚而薄責於人, 則遠怨矣."

「15-14」 공자가 말하였다. "몸소 자신을 엄하게 책망하고 남을 가볍게 책망한다면, 원망을 멀리할 것이다."

【藕師注】 厚責人者, 只是不能自厚耳.

【藕師注】 남을 엄하게 책망하는 자는 다만 능히 자신을 엄하게 책망하지 못할 뿐이다.

「15-15」子曰: "不曰'如之何? 如之何?'者, 吾末如之何也已矣!"

「15-15」 공자가 말하였다. "'어떻게 할까? 어떻게 할까?'라고 하지 않는 자는 나도 끝내 어찌할 수가 없다!"

【藕師注】　畢竟將如之何?

【藕師注】　끝에 가서는 장차 어찌하겠는가?

【補注】　知因果, 信輪廻, 善有所勸, 惡有所懲, 小人有所忌憚, 然後可以敎之爲善. 周安士先生曰: “人人信因果, 大治之道也, 人人不信因果, 大亂之道也. 雖聖人竝起, 無如之何矣.”

【補注】　인과를 알아 윤회를 믿으며 선(善)은 권면하는 바가 있고 악(惡)은 징계하는 바가 있으니, 소인은 어렵게 여겨 꺼리는 바가 있게 된 연후에 선(善)을 행하는 것을 가르칠 수 있다. 주안사 선생이 말하였다. “사람 사람마다 인과를 믿는 것이 (나라가) 크게 잘 다스려지는 도(道)요, 사람 사람마다 인과를 믿지 않는 것이 (나라가) 크게 어지러워지는 도(道)이니, 비록 성인들께서 한꺼번에 나란히 일어난다고 하시더라도 어떻게 할 수가 없다.”

「15-16」子曰: “群居終日, 言不及義, 好行小慧, 難矣哉!”

「15-16」공자가 말하였다. “여럿이 하루가 다 가도록 같이 있으면서, (주고받는) 말들이 의(義)로움에 미치지 못하고 얕은 지혜를 행하기를 좋아한다면, 환난이 있을 것이다!”

【藕師注】　小慧與義正相反.

【藕師注】 '얕은 지혜'는 '의(義)로움'과 정반대이다.

「15-17」子曰: "君子義以爲質, 禮以行之, 孫以出之, 信以成之. 君子哉!"

「15-17」 공자가 말하였다. "군자는 의(義)로워서 본질로 여기나니, (상대방이 나에게) 예(禮)를 보여서 이 의(義)를 실천하는 것이며, (상대방이 나에게) 겸손하게 하여서 이 의(義)를 나타내는 것이며, (상대방이 나에게) 신의가 있어서 이 의(義)를 완성하는 것이니, 군자로구나!"

【藕師注】 行之, 行此義也, 出之, 出此義也, 成之, 成此義也. 卓吾曰: "不是以義爲質, 以禮行之, 以孫出之, 以信成之."[1] 方外史曰: "須向'君子'二字上著眼."

【注釋】
1) 不是以義爲質-以信成之: 『논어평(論語評)·위령공(衛靈公) 제십오(第十五)』제17장, "[評] 不是君子以義爲質, 以禮行之, 以孫出之, 以信成之." 앞의 책, 272면.

【藕師注】 '행지(行之)'는 이 의(義)를 행하는 것이요, '출지(出之)'는 이 의(義)를 나타내는 것이요, '성지(成之)'는 이 의(義)를 이루는 것이다. 이탁오는 이렇게 말하였다. "의(義)로써 바탕으로 삼아 예로써 행하며 겸손함으로써 나타내며 신(信)으로써 이루는 것이 아니다."
　　방외사는 말한다. "모름지기 '군자(君子)' 두 글자 상에서 착안해야 한다." ◎

【解說】　본장(本章)은 지욱 대사가 이탁오의 경설(經說)을 인용하여 주자의 『논어집주』 풀이를 비판한 것이다. 주자는 『논어집주』에서 "의(義)란 일을 제재(制裁)하는 근본이다. 그러므로 질간(質幹; 근간根幹)으로 삼는 것인데, 행하는 것은 반드시 절문(節文; 예절 규정)이 있으며, 밖으로 드러내는 것은 반드시 물러나 겸손함으로써 하며, 이루는 것은 반드시 성실함에 달려 있으니, 이것이 바로 군자(君子)의 도(道)이다. 정자가 말하였다. '의(義)로써 바탕을 삼는 것은 「질간(質幹)」 같은 것이다. 예(禮)는 이것을 행하며, 겸손함은 이것을 밖으로 드러내며, 신(信)은 이것을 이루나니, 이 네 구(句)는 단지 한 가지 일인지라 의(義)로써 근본을 삼는다.' 또 말하였다. '경(敬)으로써 안을 곧게 하면 의(義)로써 밖을 방정하게 하는 것이요, 의(義)로써 바탕을 삼으면 예(禮)로써 이것을 행하고 겸손함으로써 이것을 밖으로 드러내고 신(信)으로써 이것을 이루는 것이다.' [義者, 制事之本. 故以爲質幹, 而行之必有節文, 出之必以退遜, 成之必在誠實, 乃君子之道也. ○ 程子曰: "義以爲質, 如質幹然. 禮行此, 孫出此, 信成此, 此四句, 只是一事, 以 義爲本." 又曰: "敬以直內, 則義以方外, 義以爲質, 則禮以行之, 孫以出之, 信以 成之."]"라고 하여, 의(義)와 질(質; 바탕)을 구분하여 보았으며 예(禮)와 손(遜)과 신(信)을 '이 바탕으로 삼은 의(義)'를 행하고 밖으로 나타내고 완성하기 위한 요구 조건으로 보았다. 지욱 대사는 바로 이 점을 지적한 것이다. 지욱 대사는 어떤 규정된 의(義)로움이 있어서 이것을 바탕으로 삼는 것이 아니라 의(義)로우므로 바탕으로 삼는 것이라고 하였으며, (상대방이) 예의가 있고 겸손하고 신의가 있기에 이 의(義)를 행하고 밖으로 나타내고 완성하는 것이라고 풀이하였다.

「15-18」子曰: "君子病無能焉, 不病人之不己知也."

「15-18」 공자가 말하였다. "군자는 자신의 능력이 없는 것을 근심하고, 남이 자기를 알아주지 않는 것을 근심하지 않는다."

「15-19」 子曰: "君子疾沒世而名不稱焉."

「15-19」 공자가 말하였다. "군자는 일생을 마칠 때까지 실덕(實德)이 군자라는 이름에 걸맞지 못한 것을 근심한다."

【藕師注】 '稱'字, 去聲. 沒世而實德不稱君子之名, 眞可疾矣.

【藕師注】 '칭(稱)'자(字)는 거성(去聲)이다. 일생을 마칠 때까지 실덕(實德)이 군자라는 이름에 걸맞지 못한 것이 참으로 근심할 만하다.

「15-20」 子曰: "君子求諸己, 小人求諸人."

「15-20」 공자가 말하였다. "군자는 자기에게서 구하고, 소인은 남에게서 구한다."

【藕師注】 識得自己, 自然求己. 小人只是不知自己耳, 哀哉!

【藕師注】 자기를 알고 있어서 자연히 자기에게서 구한다. 소인은 단지 자기를 알지 못할 뿐이니, 애석하도다!

「15-21」子曰: "君子矜而不爭, 群而不黨."

「15-21」공자가 말하였다. "군자는 자긍심이 있되 다투지 아니하며, 무리를 지어 어울리되 편당을 짓지 않는다."

【藕師注】 矜則易爭, 群則易黨, 故以不爭不黨爲誡勉.

【藕師注】 자긍심이 있으면 다투기가 쉽고, 무리를 지으면 당파를 만들기가 쉽다. 그러므로 다투지 않고 편당을 짓지 않는 것으로써 계면(誡勉; 훈계하고 격려함.)을 삼는다.

「15-22」子曰: "君子不以言擧人, 不以人廢言."

「15-22」공자가 말하였다. "군자는 말만 가지고 사람을 등용하지 않으며, 사람이 나쁘다고 하여 그의 좋은 말까지 버리지는 않는다."

【藕師注】 至明至公.

【藕師注】 지극히 명백하고 아주 공평하다.

「15-23」子貢問曰: "有一言而可以終身行之者乎?" 子曰: "其恕乎! 己所不欲, 勿施於人."

「15-23」 자공이 물었다. "종신토록 행할 만한 한마디 말이 있습니까?" 공자가 말하였다. "아마도 '서(恕)'일 것이다! 자기가 하고자 하지 않는 바를 남에게 베풀지 말라."

【蕅師注】 可行於天下, 可行於萬世, 眞是一以貫之.[1]

【注釋】

1) 一以貫之: 하나로써 관철하는 것이라는 뜻이다. 『논어(論語)·리인(里仁) 제사(第四)』 제15장의 정문(正文)과 【蕅師注】를 참조할 것.

【蕅師注】 천하에 실행될 수 있고 만세(萬世)에 유행될 수 있으니, 참으로 하나로써 관철한 것이다.

「15-24」 子曰: "吾之於人也, 誰毀誰譽? 如有所譽者, 其有所試矣. 斯民也, 三代之所以直道而行也."

「15-24」 공자가 말하였다. "내가 다른 사람에게 있어서 누구를 헐뜯고 누구를 칭찬하겠는가? 만약 칭찬하는 바가 있다면, 아마도 살펴볼 것이 있어서일 것이다. 이 백성들은 삼대(三代; 하夏·상商·주周) 시대에 정직한 도(道)로써 행동하였던 사람들이다."

【蕅師注】 人自謂在三代後, 孔子視之, 皆同於三代時. 所以如來成正覺時, 悉見一切衆生成正覺.

【藕師注】 사람들이 스스로 하(夏)·상(商)·주(周) 삼대(三代)의 뒤에 있다고 말하는 것을 공자가 보았는데, 모두 삼대(三代)의 시대와 같았다. 여래(如來)께서 정각(正覺)을 이루셨을 때 일체중생이 정각(正覺)을 이루었음을 남김없이 보셨던 이유이다.

【補注】 '試'猶'省'也, 如日省月試¹⁾之'試'. 視其所以, 觀其所由, 察其所安也.²⁾

【注釋】

1) 日省月試: 『중용(中庸)』 제20장, "재계(齋戒)하고 깨끗이 하며 의복을 갖추어 입고서 예(禮)가 아니면 움직이지 않는 것은 몸을 닦는 것이요, 참소(讒訴)하는 자를 제거하고 여색(女色)을 멀리하며 재화(財貨)를 천하게 여기고 덕(德)을 귀하게 여기는 것은 현인(賢人)을 권면하는 것이요, 그 지위를 높여 주고 그 봉록을 무겁게 해주며, 그 좋아하고 싫어함을 함께하는 것은 친척(親戚)을 친애함을 권면하는 것이요, 관속(官屬)을 많이 두어서 마음대로 부리도록 맡기는 것은 대신(大臣)을 권면하는 것이요, 충후(忠厚)하고 신실(信實)하게 대우하며 봉록을 많이 주는 것은 선비{사(士)}를 권면하는 것이요, 때에 맞게 부리고 세금을 적게 거두는 것은 백성(百姓)들을 권면하는 것이요, 날마다 살피고 달마다 시험하여 희름(餼廩; 봉록)을 일의 성과에 걸맞게 주는 것은 백공(百工)들을 권면하는 것이요, 가는 이를 전송하고 오는 이를 맞이하며 잘하는 이를 가상(嘉祥)하게 여기고 능하지 못한 이를 긍휼(矜恤)하게 여기는 것은 멀리 있는 사람들을 부드럽게 어루만져 주는 것이요, 끊어진 세대를 이어주고 무너진 나라를 일으켜 주며 어지러운 상황을 다스려 주고 위태로운 지경을 붙들어 주며 조회(朝會)와 빙문(聘問)을 때에 따라 하며 하사품(下賜品)으로 가는 것은 두둑하게 챙겨주고 공물(貢物)로 오는 것은 많지 않도록 하는 것은 제후(諸侯)들을 위로해 주는 것이다. [齊明盛服, 非禮不動, 所以修身也. 去讒遠色, 賤貨而貴德, 所以勸賢也. 尊其位, 重其祿, 同其好惡, 所以勸親親也. 官盛任使, 所以勸大臣也. 忠信重祿, 所以勸士也. 時使薄斂, 所以勸百姓也. 日省月試, 餼廩稱事, 所以勸百工也. 送往迎來, 嘉善而矜不能, 所以柔遠人也. 繼絶世, 舉廢國, 治亂持危, 朝聘以時, 厚往而薄來, 所以懷諸侯也.]"

2) 視其所以, 觀其所由, 察其所安也: 『논어(論語)·위정(爲政) 제이(第二)』 제10장, "공자가 말하였다. '자기의 행하는 바를 보며, 자기의 행동이 연유하는 배경을 살펴보고, 자기가 기꺼워하는 마음가짐을 관찰한다면, 그 사람들이 어찌 감출 수 있겠는가! 그 사람들이 어찌 감출 수 있겠는가!' [子曰: "視其所以, 觀其所由, 察

其所安, 人焉廋哉! 人焉廋哉!"]"

【補注】　'시(試)'는 '성(省)'과 같으니, 예컨대 '날마다 살피고 달마다 돌이켜 생각해 봄{일성월시日省月試}'의 '시(試)'이다. (백성들의) 그 행하는 바를 보며, (백성들의) 그 행동이 연유하는 배경을 관찰하며, (백성들의) 그 편안하게 여기는 바를 살폈다.

「15-25」子曰: "吾猶及史之闕文也, 有馬者借人乘之, 今亡矣夫!"

「15-25」 공자가 말하였다. "내가 그래도 사관(史官)들이 (분명하지 않은 부분은) 글을 빼놓고 기록하지 않은 것과 말{마(馬)}을 소유한 자가 남에게 빌려주어 타게 하는 일을 보았었는데, 지금은 이것마저 없구나!"

【藕師注】　不敢絕望.

【藕師注】　감히 절망하지 않는다.

「15-26」子曰: "巧言亂德, 小不忍則亂大謀."

「15-26」 공자가 말하였다. "교묘하게 꾸민 말은 덕(德)을 어지럽히고, 작은 것을 참지 못하면 큰일을 어지럽힌다."

【藕師注】　二皆自亂自己耳. 卓吾云: "一失之浮, 一失之躁."[1]

【注釋】

1) 一失之浮, 一失之躁: 『논어평(論語評)・위령공(衛靈公) 제십오(第十五)』제26장, "[評] 二病都在自家, 一失之浮, 一失之躁." 앞의 책, 275면.

【藕師注】 두 가지 폐단은 모두 스스로 자기를 손상할 뿐이다. 이탁오는 이렇게 말하였다. "하나는 들뜬 마음에서 잘못한 것이요, 다른 하나는 조급한 성품에서 그르친 것이다."

「15-27」子曰: "衆惡之, 必察焉, 衆好之, 必察焉."

「15-27」 공자가 말하였다. "여러 사람이 다 그를 미워하더라도 반드시 살펴보아야 하며, 여러 사람이 모두 그를 좋아하더라도 반드시 살펴보아야 한다."

【藕師注】 上句爲豪傑伸屈, 下句爲鄕原照膽.

【藕師注】 위의 구절은 호걸들이 (그들 몸을) 펴고 굽히는 것이 되며, 아래 구절은 향원들이 (자신들의) 쓸개를 비춰보는 것{속마음을 견주어 봄}이 된다.

「15-28」子曰: "人能弘道, 非道弘人."

「15-28」 공자가 말하였다. "사람이 능히 도(道)를 넓힐 수 있지, 도(道)가 사람을 넓힐 수 있는 것이 아니다."

【藕師注】 可見道只是人之所具, 天地萬物又只是道之所具, 誰謂天地生人耶?

【藕師注】 도(道)는 다만 사람들이 갖추고 있는 바이고, 천지만물(天地萬物)도 다만 도(道)가 갖추고 있는 바임을 볼 수 있거늘, 천지(天地)가 사람을 낳는다고 누가 말하는가?

「15-29」子曰: “過而不改, 是謂過矣.”

「15-29」 공자가 말하였다. “허물이 있어도 고치지 않는 것, 이것을 허물이라고 말한다.”

【藕師注】 爲三種懺法作前茅.

【藕師注】 세 가지의 참법(懺法)을 행하는 것이 ‘전모(前茅; 척후斥侯)’를 짓는 것이다.

【補注】 千年暗室, 一炬能消.[1] 懺悔猶炬也, 無炬則永暗矣. 懺法三種: 一·作法懺, 向佛前披陳身口意罪, 誓不復作, 二·取相懺, 於定心中運懺悔想, 如佛來摩頂以感瑞相, 期消煩惱, 三·無生懺, 正心端坐而觀無生[2]之理, 如『法華經』云: “若欲懺悔者, 端坐念實相, 衆罪如霜露, 慧日能消除.”[3]

【注釋】

1) 千年暗室, 一炬能消: 계빈국(罽賓國) 삼장(三藏) 반야(般若) 번역 전40권본『대방
광불화엄경(大方廣佛華嚴經) 권제삼십육(卷第三十六)·입부사의해탈경계보현행원
품(入不思議解脫境界普賢行願品)』에 보인다. "선남자(善男子)여! 마치 등 하나가 캄
캄한 방에 들어가면 백천 년 묵은 어둠을 모두 다 능히 사라지게 할 수 있다. 보
살마하살(菩薩摩訶薩)의 보리심(菩提心)이라는 등(燈)도 또한 이와 같으니, 중생
의 마음 방에 들어가면 백천만 억의 가히 말할 수 없는 겁(劫) 동안의 모든 번뇌
의 업장(業障)과 많고 많은 어둠의 장애를 모두 다 능히 없앨 수 있다. [善男子! 譬
如一燈, 入於暗室, 百千年暗, 悉能破盡. 菩薩摩訶薩菩提心燈, 亦復如是, 入於衆生心室,
百千萬億不可說劫, 諸煩惱業, 種種暗障, 悉能除盡.]"

2) 無生: 삼장법사(三藏法師) 현장(玄奘) 한역(漢譯)『대반야바라밀다경(大般若波羅蜜
多經) 권제사백사십구(卷第四百四十九)·제이분전부전품(第二分轉不轉品) 제오십
사(第五十四)』, "이처럼 '불퇴전보살마하살(不退轉菩薩摩訶薩)'이 자상공(自相空; 십
팔공十八空의 하나로서, 대상의 고유한 특성에 대한 분별이 끊어진 상태임.)으로써 일체법
(一切法)을 관(觀)하여, 이미 보살의 정성(正性)이 생(生)을 떠나고 내지 가히 얻을
만한 소법(少法)도 보지 못하는 경지에 들었다. 가히 얻을 수 없으므로 만들고 짓
는 바가 없으며, 만들고 짓는 바가 없으므로 마침내 생겨나지 않으며, 마침내 생
겨나지 않으므로 '무생법인(無生法忍)'이라고 이름한다. 이처럼 '무생법인(無生法
忍)'을 터득하였기 때문에 '불퇴전보살마하살(不退轉菩薩摩訶薩)'이라고 이름하는
것이다. [如是不退轉菩薩摩訶薩以自相空觀一切法, 已入菩薩正性離生, 乃至不見少法可
得, 不可得故無所造作, 無所造作故畢竟不生, 畢竟不生故名無生法忍, 由得如是無生法忍,
故名不退轉菩薩摩訶薩.]"『大正新脩大藏經』第7冊·No.0220·大般若波羅蜜多
經 第449卷(T07n0220_449). / 한편, 신라(新羅)의 고승(高僧) 원효(元曉, 617-686)
대사는 그의 논서『금강삼매경론(金剛三昧經論)』에서 무생(無生)과 관련하여 다
음과 같이 말하였다. "경(經)에서 말하였다. '여래께서 말씀하신 뜻은 세간을 벗
어나 상(相)을 두는 것이 없어서, 존재하는 일체중생이 모두 유루(有漏)를 없애
어 결사(결(結))를 끊고 마음(심(心))과 자아(아(我))를 공적(空寂)하게 하는 것을 터
득할 수 있으니, 이것은 곧 생겨남이 없는 것입니다. (그런데) 어떻게 생겨남이 없
는데「무생인(無生忍)」이 있겠습니까?' 경(經)에서 말하였다. '이때 부처님께서 심
왕보살(心王菩薩)에게 말씀하셨다.「선남자여! 무생법인(無生法忍)은 법이 본래
생겨남이 없다는 것이다. 모든 행은 생겨남이 없고 생겨나는 행이 없는 것도 아
니어서 무생인(無生忍)을 얻는다고 하면 곧 허망한 것이 된다.」'[經曰: "如來所說
義, 出世無有相, 可有一切生皆得盡有漏·斷結·空心我, 是卽無有生. 云何無有生而有無生
忍?" 經曰: "爾時佛告心王菩薩, 言'善男子! 無生法忍, 法本無生. 諸行無生, 非無生行, 得
無生忍, 卽爲虛妄.'"]"『大正新脩大藏經』第34冊·No.1730·金剛三昧經論 第2卷
(T34n1730_002).

3) 若欲懺悔者, 端坐念實相, 衆罪如霜露, 慧日能消除: 송(宋) 원가년(元嘉年)에 담

무밀다(曇無蜜多) 스님이 양주(楊州)에서 번역한 『불설관보현보살행법경(佛說觀普賢菩薩行法經)』에 보인다. "이때 세존께서 게송을 설하여 말씀하셨다. '일체 업장(業障)의 바다는 모두 망상(妄想)으로부터 생겨나니, 만약 참회하고자 한다면 단정하게 앉아서 실상(實相)을 생각해야 하네. 중생의 죄는 마치 서리와 이슬 같아서 지혜의 태양이 능히 소멸시킬 수 있으니, 이 때문에 응당 지극한 마음으로 육정(六情)의 뿌리를 참회해야만 하네.' [爾時, 世尊而說偈言: "一切業障海, 皆從妄想生, 若欲懺悔者, 端坐念實相. 衆罪如霜露, 慧日能消除, 是故應至心, 懺悔六情根.]" 『大正新脩大藏經』 第9冊·No.0277·佛說觀普賢菩薩行法經 第1卷 (T09n0277_001).

【補注】　천 년 동안 빛이 들어오지 않았던 암실이라도 하나의 횃불이 능히 어둠을 소멸시킬 수 있다. 참회는 횃불과 같으니, 횃불이 없다면 영원히 어두울 것이다. 참법(懺法)은 세 가지이니, 첫째 작법참(作法懺)은 부처님 앞을 향하여 몸과 말과 뜻{신(身)·구(口)·의(意)}으로써 지은 죄를 숨기지 아니하고 터놓아서 다시는 죄를 짓지 않겠다고 서원하는 것이요, 둘째 취상참(取相懺)은 정심(定心) 가운데에서 참회하는 생각을 움직여 마치 부처님께서 오셔서 (자신의) 정수리를 쓰다듬어 주시어 상서로운 징조를 느끼는 듯이 번뇌를 소멸하기를 기약하는 것이요, 셋째 무생참(無生懺)은 마음을 바르게 하고 단정하게 앉아서 무생(無生)의 이치를 관(觀)하는 것이니 예컨대 『법화경(法華經)』에서 이르기를, "만약 참회하고자 하는 자는 단정하게 앉아서 실상(實相)을 염할지니, 모든 죄는 서리와 이슬 같아서 지혜의 태양이 능히 없앨 수 있다네."라고 말한 것과 같다.

「15-30」子曰: "吾嘗終日不食, 終夜不寢, 以思, 無益, 不如學也."

「15-30」공자가 말하였다. "내가 일찍이 종일토록 밥을 먹지 않고 밤새도록 잠을 자지 않고서 생각을 하였으나, 유익한 것이 없었다. 배우는 것만 못하였다."

【藕師注】　學·思本非兩事, 言此以救偏思之失耳.

【藕師注】　배움과 생각함은 본래 두 가지 일이 아니니, 이것을 말하여 (한쪽으로) 치우친 생각의 과실(過失)을 바로잡고자 하였을 뿐이다.

「15-31」子曰: "君子謀道不謀食. 耕也餒在其中矣, 學也祿在其中矣. 君子憂道不憂貧."

「15-31」공자가 말하였다. "군자는 도(道)를 도모하고 밥{녹봉}을 도모하지 않는다. 농사를 지어도 굶주림이 그 가운데에 있으며, 학문해도 녹(祿)이 그 가운데에 있다. 군자는 도(道)를 근심하고 가난을 근심하지 않는다."

【藕師注】　卓吾云: "作訓詞看."[1]

【注釋】

1) 作訓詞看: 『논어평(論語評)·위령공(衛靈公) 제십오(第十五)』 제31장, "[評] 作訓詞看. 四語血脈大是井然. {가르치는 말씀으로 보아야 한다. 네 구절의 혈맥(血脈)이 아주 짜임새와 조리가 있다.}" 앞의 책, 277면.

【藕師注】　이탁오는 이렇게 말하였다. "가르치는 말씀으로 보아야 한다."

「15-32」子曰: "知及之, 仁不能守之, 雖得之, 必失之. 知及之, 仁能守之, 不莊以涖之, 則民不敬. 知及之, 仁能守之, 莊以涖之, 動之不以禮, 未善也."

「15-32」공자가 말하였다. "지혜가 거기에 미치더라도 인(仁)이 그것을 능히 지킬 수 없으면 비록 얻더라도 반드시 잃게 될 것이다. 지혜가 거기에 미치며 인(仁)이 그것을 지킬 수 있더라도 장엄함으로써 임하지 못한다면 백성들이 공경하지 않을 것이다. 지혜가 거기에 미치며 인(仁)이 그것을 지킬 수 있으며 장엄함으로써 백성들에게 임하더라도 움직이기를 예로써 하지 않으면 훌륭하지 않은 것이다."

【藕師注】 知及·仁守是明明德, 莊以涖之是親民, 動之以禮是止至善.[1] 不能莊涖動禮, 便是仁守不全, 不能仁守, 便是知之未及. 思之! 思之! 如來得三不護,[2] 方可名動之以禮, 故曰'修己以敬·堯舜其猶病諸.'.[3]

【注釋】

1) 知及·仁守是明明德-動之以禮是止至善: 『대학(大學)』의 권두에 다음의 문장이 있다. "대학의 도(道)는 밝은 덕(德)을 밝히는{명덕(明德)} 데 있으며, 백성을 친애하는 데{친민(親民)} 있으며, 지극한 선(善)에 머무는{지선(至善)} 데 있다. [大學之道, 在明明德, 在親民, 在止於至善.]"

2) 三不護: 부처의 신(身)·구(口)·의(意)는 청정하여 허물이 없으므로 감추어 보호할 필요가 없다는 뜻이다. 만당(晩唐) 경수사(鏡水寺) 사문(沙門) 서복(栖復, ?-?) 집록(集錄)『법화경현찬요집(法華經玄贊要集)』제14권, "이 가운데에서 그로 말미암아 허물을 만들지 않는다고 말한 것은 이 한 구절을 가지고 아래의 두 구절을 풀이한 것이다. 그로 말미암아 허물을 만들지 않는다고 이른 것은 삼업(三業)이 청정하여 곧 과(果) 중에서 '삼불호(三不護)'를 얻는 것이니, 삼업(三業) 가운데 방호(防護)할 필요가 없고 흘러가는 그대로 내버려 둬도 허물이 없는 것을 '삼불호(三不護)'라고 이름한다. 그로 말미암아 허물을 만들지 않는 것은 근문

(根門)을 은밀하게 보호하여 육근(六根)이 허물을 일으키지 않아서 곧 과(果) 중에서 '무망실(無忘失)'을 얻는 것이다. [言此中由不造過者, 將此一句, 解下二句. 云由不造過者, 三業淸淨, 便得果中三不護, 三業之中, 不要防護, 任運無過, 名三不護也. 由不造過者, 密護根門, 六根不起過, 便得果中無忘失也.]"『卍新纂大日本續藏經』第34冊·No.0638·法華經玄贊要集 第14卷(X34n0638_014).

3) 修己以敬·堯舜其猶病諸: 『논어(論語)·헌문(憲問) 제십사(第十四)』제45장, "자로가 군자에 관하여 물었다. 공자가 말하였다. '군자는 자기를 닦기를 경(敬)으로써 한다.' 자로가 물었다. '이와 같을 뿐입니까?' 공자가 말하였다. '자기를 닦음으로써 남을 편안하게 한다.' 자로가 물었다. '이와 같을 뿐입니까?' 공자가 말하였다. '자기를 닦음으로써 백성을 편안하게 해야 하니, 자기를 닦음으로써 백성을 편안하게 하는 것은 요순 임금께서도 (그렇게 하지 못함을) 오히려 근심으로 여기셨다.' [子路問君子. 子曰: "修己以敬." 曰: "如斯而已乎?" 曰: "修己以安人." 曰: "如斯而已乎?" 曰: "修己以安百姓. 修己以安百姓, 堯舜其猶病諸."]"

【藕師注】 '지혜가 거기에 미침{지급(知及)}'과 '인(仁)이 그것을 지킴{인수(仁守)}'은 '밝은 덕을 밝힘{명명덕(明明德)}'이요, '장엄함으로써 백성들에게 임함{장이리지(莊以莅之)}'은 '백성들을 친애함{친민(親民)}'이요, '움직이기를 예로써 함{동지이례(動之以禮)}'은 '지극한 선(善)에 머무름{지지선(止至善)}'이다. 능히 장엄함으로써 백성들에게 임하지 못하고 움직이기를 예로써 하지 못하는 것이 곧 인(仁)의 지킴이 온전하지 못한 것이며, 인(仁)의 지킴을 능히 할 수 없는 것이 바로 지혜가 거기에 미치지 못한 것이다. 생각하고 생각하라! 여래(如來)께서는 '삼불호(三不護)'를 얻으시고서 바야흐로 '움직이기를 예로써 함{동지이례(動之以禮)}'이라고 이름할 수 있었다. 그러므로 "(군자君子는) 자기를 닦기를 '경(敬)'으로써 한다. [修己以敬]"·"요(堯)·순(舜)도 (이것을) 오히려 부족하게 여겼다. [堯舜其猶病諸.]"라고 말하였던 것이다.

【補注】　如來身口意三業純淨離過, 不須防護, 名爲三不護.

【補注】　여래(如來)의 신(身)·구(口)·의(意) 삼업(三業)은 순수하고 깨끗하여 허물을 떠났기에 막아 내어 보호할 필요가 없으니, '삼불호(三不護)'라고 이름한다.

「15-33」子曰: "君子不可小知而可大受也, 小人不可大受而可小知也."

「15-33」공자가 말하였다. "군자는 사의(思議)로써 헤아려서는 안 되나 크게 받아들이는 것은 괜찮고, 소인은 크게 받아들이는 것은 안 되나 사의(思議)로써 헤아리는 것은 괜찮다."

【蕅師注】　不可小知, 不可以思議測度之也. 可大受, **如大海能受龍王之雨, 能受衆流之歸也.**[1] 小人反是.

【注釋】

1) 如大海能受龍王之雨, 能受衆流之歸也: 당(唐) 아지구다(阿地瞿多) 한역(漢譯) 『다라니집경(陀羅尼集經)』 제3권, "만약 반야바라밀다(般若波羅蜜多)에 의지한다면 곧 사마타(奢摩他)에 굳게 머무를 수 있으니, 모든 천마(天魔)의 등속(等屬)이 능히 (그 마음을) 다치게 하여 움직이게 할 수 없다. 예컨대 대해(大海)가 일체의 중류(衆流)를 모두 용납하여 받아들이는 것과 같으니, 반야바라밀다(般若波羅蜜多)도 다시 이와 같아서 일체의 불법(佛法)을 다 용납하여 받아들인다. [若依般若波羅蜜多, 卽得堅住於奢摩他, 諸天魔等不能傾動. 猶如大海, 皆能容受一切衆流, 般若波羅蜜多亦復如是, 皆能容受一切佛法.]"『大正新脩大藏經』第18冊·No.0901·陀羅尼集經 第3卷(T18n0901_003).

【蕅師注】　'불가소지(不可小知)'는 사의(思議)로써 따지어 헤아려서는 안 된다는 것이다. '가대수(可大受)'는 마치 대해(大海)가 능히 용왕(龍王)의

비를 받아들일 수 있으며 능히 중류(衆流; 많은 물의 흐름)의 돌아옴을 받아들일 수 있는 것과 같은 것이다. 소인은 이와 반대이다.

「15-34」子曰: "民之於仁也, 甚於水火. 水火, 吾見蹈而死者矣, 未見蹈仁而死者也."

「15-34」 공자가 말하였다. "백성들이 인(仁)에 있어서 그 필요성은 물과 불보다도 더 심하다. (그런데도) 물과 불의 경우 그것들을 밟고서 죽은 자는 내가 보았지만, 인(仁)을 실천하다가 죽은 자는 아직 보지 못하였다."

【藕師注】 既曰未見蹈仁而死, 又曰有殺身以成仁, 方信殺身不是死.

【藕師注】 이미 '인(仁)을 실천하다가 죽은 자는 아직 보지 못하였다.'라고 말하였고 또 '자신을 희생해서 인(仁)을 이룸은 있다.'라고 말하였으니, 바야흐로 자신을 희생하는 것이 죽는 것이 아니라는 것을 믿을 수 있다.

「15-35」子曰: "當仁不讓於師."

「15-35」 공자가 말하였다. "인(仁)을 실천하는 때를 당해서는 스승에게도 양보하지 않는다."

【藕師注】 見過於師, 方堪傳授.[1] 卓吾云: "只爲學者惟有當仁一事讓師, 故云."[2]

【注釋】

1) 見過於師, 方堪傳授: 선림(禪林)의 용어이다. 제자의 지견(知見)이 스승을 뛰어넘었을 때이어야만 비로소 스승의 전수(傳授)를 감내할 수 있다는 뜻이다. 『오등회원(五燈會元)』권제삼(卷第三)「홍주백장산회해선사자(洪州百丈山懷海禪師者)」에 보인다. 이 책 「사서우익해중각서(四書藕益解重刻序)」셋째 문단의 주석(注釋)을 참조할 것.
2) 只爲學者惟有當仁一事讓師, 故云: 『논어평(論語評)·위령공(衛靈公) 제십오(第十五)』제35장, "[評] 最有味. 只爲學者惟有當仁一事讓師, 故曰'當仁不讓於師.'" 앞의 책, 279면.

【藕師注】 견식이 스승보다 뛰어나야만 비로소 전수(傳授)를 감당할 수 있다. 이탁오는 이렇게 말하였다. "다만 학문을 하는 자들이 오직 인(仁)을 실천하는 때를 당한 한 가지 일에 있어서만 스승에게 양보하는 일이 있었기 때문에 말하였던 것이다."

【補注】 此當與'如有周公之才之美, 使驕且吝, 其餘不足觀也已.'[1] 章合看, 便知不當貢高, 亦不當退屈. 『華嚴經』云: "心佛及衆生, 是三無差別."[2] 故貢高與退屈二者皆非也.

【注釋】

1) 如有周公之才之美, 使驕且吝, 其餘不足觀也已: 『논어(論語)·태백(泰伯) 제팔(第八)』제11장, "공자가 말하였다. '만일 주공과 같은 아름다운 재주를 갖고 있더라도 교만하고 또 인색하다면 그 나머지는 볼 것이 없다.' [子曰: "如有周公之才之美, 使驕且吝, 其餘不足觀也已."]"
2) 心佛及衆生, 是三無差別: 동진(東晉) 천축삼장(天竺三藏) 불타발타라(佛馱跋陀羅) 한역(漢譯) 60권본 『대방광불화엄경(大方廣佛華嚴經) 권제십(卷第十)·야마천궁보살설게품(夜摩天宮菩薩說偈品) 제십육(第十六)』, "마음은 화가와 같아 생멸(生滅) 변화(變化)하는 모든 것{오온(五蘊; 오음五陰)}을 그리고, 일체의 세계 가운데

법으로서 만들어 내지 않는 것이 없네. 마음과 같이 부처도 그러하고 부처와 같이 중생도 그러하니, 마음과 부처와 중생 이 세 가지에는 차별이 없네. [心如工畫師, 畫種種五陰, 一切世界中, 無法而不造. 如心佛亦爾, 如佛衆生然, 心佛及衆生, 是三無差別.]"

【補注】　　이 구절은 마땅히 '만일 주공과 같은 아름다운 재주를 갖고 있더라도 교만하고 또 인색하다면 그 나머지는 볼 것이 없다. [周公之才之美, 使驕且吝, 其餘不足觀也已.]' 장(章)과 더불어 합쳐서 보아야만 하니, 마땅히 교만해서는 안 되며 또한 뒷걸음질 쳐서 굴복해도 안 된다는 것을 알 수 있다. 『화엄경』에서 이르기를 "마음과 부처와 중생, 이 세 가지는 차별이 없다."라고 하였으니, 교만{공고(貢高)}과 퇴굴(退屈) 두 가지는 모두 잘못된 것이다.

「15-36」 子曰: "君子貞而不諒."

「15-36」 공자가 말하였다. "군자는 정도(正道)를 좇아 올곧되, 작은 신의에 얽매이지 않는다."

【藕師注】　諒卽硜硜小人.

【藕師注】　'양(諒)'은 즉 융통성이 없는 소인이다.

「15-37」 子曰: "事君, 敬其事而後其食."

「15-37」 공자가 말하였다. "임금을 섬기는 것은 자기가 맡은 일을 공경하고, 봉록은 반드시 뒤로 하여야 하는 것이다."

【藕師注】 '敬其事', '敬'字從敬止[1]發來. 旣敬其事, 必後其食矣.

【注釋】

1) 敬止: '삼가서 멈추어야 할 곳에서 멈춘다.'라는 뜻이다. 『시경(詩經)·대아(大雅)·문왕지십(文王之什)』, "심원한 문왕이여! 아! 정성을 계속하여 밝히셨도다. 위대한 천명은 상(商)나라의 자손들에게 있었느니라. 상(商)나라의 자손들이 그 수가 억(億)뿐이 아니었지마는 상제(上帝)가 이미 (주周나라에게) 명한지라 주(周)나라에 복종하도다. [穆穆文王, 於緝熙敬止. 假哉天命, 有商孫子. 商之孫子, 其麗不億. 上帝旣命, 侯于周服.]"

【藕師注】 '경기사(敬其事)'의 '경(敬)' 자(字)는 '경지(敬止)'로부터 일어나온 것이다. 이미 자기가 맡은 그 일을 공경하니, 틀림없이 그 봉록을 뒤로 할 것이다.

「15-38」 子曰: "有敎無類."

「15-38」 공자가 말하였다. "가르치는 바에 있어 무리{류(類)}를 가르지 않는다."

【藕師注】 佛菩薩之心也. 若使有類, 便無敎矣.

【藕師注】 부처님과 보살의 마음이다. 만약 무리{류(類)}를 가름이 있다면, 곧 가르침이 없는 것이다.

【補注】　列子『沖虛經』言: "太古神聖之人, 備知萬物情態, 悉解異類音聲, 會而聚之, 訓而受之, 同於人民. 故先會鬼神魑魅, 次達八方人民, 末聚禽獸蟲蛾, 言血氣之類, 心智不殊遠也. 神聖知其如此, 故其所敎訓者無所遺逸焉."[1] 列子所謂太古神聖者, 非三界大師·四生慈父之大覺世尊乎?

【注釋】

1) 太古神聖之人-故其所敎訓者無所遺逸焉: 『충허경(沖虛經)·황제(黃帝)』, "太古神聖之人, 備知萬物情態, 悉解異類音聲. 會而聚之, 訓而受之, 同於人民. 故先會劉神魑魅, 次達八方人民, 末聚禽獸蟲蛾. 言血氣之類, 心智不殊遠也. 神聖知其如此, 故其所敎訓者無所遺逸焉."

【補注】　열자(列子)의 『충허경(沖虛經)』에서 말하였다. "아주 오랜 옛날 신성(神聖)한 사람은 만물의 사정(事情)과 상태를 상세하게 알았고 다른 종류의 음성을 다 이해하였다. 그들을 모이게 하면 (그들이) 모였고 가르치면 받아들였으니, 백성들과 동등하게 대하였다. 그러므로 먼저 귀신들과 도깨비들을 불러모았고 그다음으로 팔방(八方)의 백성들에게 전달하였으며 마지막으로 금수(禽獸)와 벌레와 개미들을 거두어들였으니, 혈기가 있는 모든 동물은 그 마음과 지혜의 깊이가 (사람들과) 그리 멀지 않다는 것을 말한 것이다. 신성(神聖)한 사람이 이처럼 알았기 때문에 그 가르치고 타이르는 일에 (어떤 것도) 빠뜨리는 바가 없었다." 『열자(列子)』에서 이른바 '태고(太古)의 신성(神聖)한 사람'이라는 분은 삼계(三界)의 대사(大師)요 사생(四生)의 자부(慈父)이신 대각세존(大覺世尊)이 아니시겠는가?

「15-39」子曰: “道不同不相爲謀.”

「15-39」 공자가 말하였다. “도(道)가 같지 않으면 서로 일을 도모하지 않
는다.”

【藕師注】 毫釐有差, 天地懸隔, 仁與不仁而已矣.

【藕師注】 털끝만치라도 차이가 있으면 하늘과 땅만큼 크게 어긋나는
것이니, 인(仁)과 불인(不仁)일 뿐이다.

「15-40」子曰: “辭達而已矣.”

「15-40」 공자가 말하였다. “말은 뜻을 전달(傳達)할 뿐이다.”

【藕師注】 從古有幾個眞正達的? 卓吾云: “五字便是談文祕密藏.”[1]

【注釋】

1) 五字便是談文祕密藏: 『논어평(論語評)·위령공(衛靈公) 제십오(第十五)』제40장,
   “[評] 五字便是談文祕密藏.” 앞의 책, 281면.

【藕師注】 예로부터 진정한 전달(傳達)이 몇 가지나 있었겠는가? 이탁오
는 이렇게 말하였다. “다섯 글자{사달이이의(辭達而已矣).}는 다른 것이
아니라 바로 담문(談文)의 비밀장(祕密藏)이다.”

「15-41」師冕見, 及階, 子曰: "階也." 及席, 子曰: "席也." 皆坐, 子告之曰: "某在斯, 某在斯." 師冕出, 子張問曰: "與師言之道與?" 子曰: "然, 固相師之道也."

「15-41」장님 악사(樂師) 면(冕)이 계단에 이르자 공자가 말하였다. "섬돌입니다." 자리에 이르자 공자가 말하였다. "자리입니다." 모두가 자리에 앉자, 공자가 말하였다. "아무개가 여기에 있고, 아무개가 저기에 있습니다." 악사(樂師) 면(冕)이 나가자, 자장이 물었다. "악사(樂師)와 말하는 도(道)입니까?" 공자가 말하였다. "그러하다, 진실로 악사(樂師)를 돕는 도(道)이다."

【藕師注】 子張看得'道'字奇特, 孔子注得'道'字平常.

【藕師注】 자장은 '도(道)' 자(字)의 특별함을 보았고, 공자는 '도(道)' 자(字)의 평상함을 풀이하였다.

【季氏 第十六】

「16-1」季氏將伐顓臾. 冉有·季路見於孔子曰: "季氏將有事於顓臾." 孔子曰: "求! 無乃爾是過與? 夫顓臾, 昔者先王以爲東蒙主, 且在邦域之中矣, 是社稷之臣也. 何以伐爲?" 冉有曰: "夫子欲之, 吾二臣者皆不欲也." 孔子曰: "求! 周任有言曰: '陳力就列, 不能者止.' 危而不持, 顚而不扶, 則將焉用彼相矣! 且爾言過矣. 虎兕出於柙, 龜玉毁於櫝中, 是誰之過與?" 冉有曰: 今夫顓臾固而近於費, 今不取, 後世必爲子孫憂." 孔子曰: "求! 君子疾夫舍曰欲之, 而必爲之辭. 丘也聞有國有家者, 不患寡而患不均, 不患貧而患不安. 蓋均無貧, 和無寡, 安無傾. 夫如是, 故遠人不服, 則脩文德以來之. 旣來之, 則安之. 今由與求也, 相夫子, 遠人不服而不能來也, 邦分崩離析而不能守也, 而謀動干戈於邦內. 吾恐季孫之憂不在顓臾, 而在蕭牆之內也."

「16-1」계씨가 장차 (노魯나라의 부용국附庸國인) 전유(顓臾)를 공격하려고 하자, 염유와 계로가 공자를 뵙고 말하였다. "계씨가 장차 전유(顓臾)를 공격하려고 합니다." 공자가 말하였다. "구(求)야! 이는 너의 잘못이 아니냐? 저 전유(顓臾)는 옛날에 선왕께서 동몽산(東蒙山)의 좌주(祭主)로 삼으셨었고 또 우리 노(魯)나라 국경 안에 있으니, 이는 사직(社稷)의 신하이다. 어째서 공격하려고 하느냐?" 염유가 말하였다. "계손이 하려고 하는 것이지 저희 두 사람은 모두 하고자 하지 않습니다." 공자가 말하였다. "구(求)야! 주임(周任)이 말하기를 '능력을 펴서 지위에 나아가 제

대로 할 수 없으면 그만두어야 한다.'라고 하였다. 위태로운데도 붙잡아
주지 못하며 넘어지는데도 부축해 주지 못한다면, 장차 그런 신하를 어
디에다 쓰겠느냐? 또 네 말이 잘못되었다. 호랑이와 들소가 우리에서 뛰
쳐나오고, 거북의 등 껍질과 옥이 궤 속에서 훼손된다면 이것은 누구의
잘못이겠냐?" 염유가 말하였다. "지금 저 전유(顓臾)는 성곽이 견고하며
(계씨季氏의 식읍食邑인) 비읍(費邑)에 가까우니, 지금 취하지 않으면 후세
에 반드시 자손의 근심이 될 것입니다." 공자가 말하였다. "구(求)야! 군
자는 하고 싶다고 말하지 않고 반드시 해야만 한다고 하는 언사를 미워
한다. 나는 들으니, 나라를 소유한 자와 집을 소유한 자는 백성들이 적
은 것을 근심하지 않고 (재화의 분배가) 고르지 못한 것을 근심하며, 가난
한 것을 근심하지 않고 편안하지 못한 것을 근심한다고 한다. (재화의 분
배가) 균등하면 가난함이 없고 조화로우면 부족함이 없고 편안하면 기
울어짐이 없다. 대저 이와 같으므로 먼 지방에 사는 사람들이 복종하지
않으면 문덕(文德)을 닦아서 그들을 오게 하고, 이미 왔으면 편안하게 해
주어야 한다. 지금 유(由)와 구(求)는 계씨를 돕되 먼 지방에 사는 사람들
이 복종하지 않는데도 오게 하지 못하며, 나라가 분열되고 무너져 흩어
지는데도 능히 지키지 못하며, 그러면서도 창과 방패를 나라 안에서 쓰
려고 하니, 나는 계손(季孫)의 근심이 전유(顓臾)에 있지 않고 병풍 속에
있을까 두렵다."

【藕師注】 老吏斷獄, 曲直分明.

【藕師注】 노련한 관리가 옥사(獄事)를 결단하는데, 그 곡직(曲直)이 분
명하다.

【補注】 文德卽均也, 安也, 和也. 不均‧不安‧不和‧故人不服也. 遠人不服, 而修文德以來之, 此正本淸源之化. 若棄文德而黷武功, 近人不服, 況遠人乎? 故國家之憂不在遠人, 而在蕭牆之內也.

【補注】 문덕(文德)은 즉 '고름{균(均)}'이며 '편안함{안(安)}'이며 '조화로움{화(和)}'이다. 고르지 않고 편안하지 않고 조화롭지 않으므로 사람들이 복종하지 않는다. 먼 지방에 사는 사람들이 복종하지 않으매 문덕(文德)을 닦아서 그들을 오게 하는 것이, 이것이 (바로) 근본을 바르게 하고 근원을 청정하게 하는 교화이다. 만약 문덕(文德)을 버리고 무공(武功)을 욕되게 한다면 가까이에 있는 사람들조차 복종하지 않으니, 하물며 먼 지방에 사는 사람들에게 있어서랴? 그러므로 국가의 근심은 먼 지방에 사는 사람들에게 있지 않고 집안의 병풍 안에 있는 것이다.

「16-2」孔子曰: "天下有道, 則禮樂征伐自天子出, 天下無道, 則禮樂征伐自諸侯出. 自諸侯出, 蓋十世希不失矣, 自大夫出, 五世希不失矣, 陪臣執國命, 三世希不失矣. 天下有道, 則政不在大夫, 天下有道, 則庶人不議."

「16-2」 공자가 말하였다. "천하에 도(道)가 있으면 예악(禮樂)과 정벌(征伐)이 천자(天子)로부터 나오고, 천하에 도(道)가 없으면 예악(禮樂)과 정벌(征伐)이 제후로부터 나온다. 제후로부터 나오면 대개 10대 만에 정권을 잃지 않는 자가 드물고, 대부로부터 나오면 5대 만에 잃지 않는 자가 드물고, 가신이 나라의 정권을 잡으면 3대 만에 잃지 않는 자가 드물다. 천하에 도(道)가 있으면 정치의 권력이 대부에게 있지 않고, 천하에 도

(道)가 있으면 일반 백성들이 함부로 정치의 잘잘못을 의론하지 않는다."

【藕師注】 卓吾云: "明誅臣子, 隱責君父."[1]

【注釋】

1) 明誅臣子, 隱責君父:『논어평(論語評)·계씨(季氏) 제십육(第十六)』제2장, "[評] 讀後二節, 分明追求禍本, 有無限感慨怨慕之意.{뒤의 두 구절을 읽어보면 분명하게 화(禍)의 근본을 추구한 것이니, 무한한 감개와 원망하면서도 사모(思慕)하는 의미가 있도다.} 眉批: 明誅臣子, 隱責君人." 앞의 책, 286면.

【藕師注】 이탁오는 이렇게 말하였다. "분명하게 신하(臣下)들을 꾸짖었으며, 은밀하게 군부(君父)들을 책망하였다."

【補注】 上承天道, 下子庶民, 謂之天子, 非桀紂獨夫之所能混同也. 好善如春之生, 惡惡如秋之肅, 好善如母之慈, 惡惡如父之嚴. 禮樂征伐卽好善惡惡之事也. 民之所好好之, 民之所惡惡之, 故庶人不議. 庶人議而天下之亂可知矣. 乃至庶人不敢議, 而天下之亂益甚矣.

【補注】 위로는 천도(天道)를 계승하며 아래로는 일반 백성들을 사랑하는 사람을 '천자(天子)'라고 이르니, 걸(桀)과 주(紂)와 같은 인심(人心)을 잃은 폭군이 능히 섞여서 같이 할 수 있는 바가 아니다. '선(善)'을 좋아하는 것이 마치 봄철의 낳아 기름과 같고 '악(惡)'을 미워하는 것이 마치 가을철의 일소(一掃)함과 같으며, '선(善)'을 좋아하는 것이 마치 어머니의 자애로움과 같고 '악(惡)'을 미워하는 것이 마치 아버지의 근엄함과 같다. 예악(禮樂)과 정벌(征伐)은 즉 선(善)을 좋아하고 악(惡)을 미워하

는 일이다. 백성들이 좋아하는 바를 (좇아서) 좋아하며 백성들이 미워하는 바를 (따라서) 미워하므로 일반 백성들이 정치의 잘잘못을 의론하지 않는다. 일반 백성들이 정치의 잘잘못을 의론하매 천하의 어지러움을 알 수 있다. 더 나아가서 일반 백성들이 감히 정치의 잘잘못을 의론하지 못하는 것에 이르러서는 천하의 어지러움이 더욱 심한 것이다.

「16-3」孔子曰: "祿之去公室五世矣, 政逮於大夫四世矣, 故夫三桓之子孫微矣."

「16-3」공자가 말하였다. "록(祿)이 공실(公室)에서 떠난 지가 5대가 되었고, 정사(政事)가 대부에게 이른지가 4대가 되었다. 그러므로 저 삼환(三桓)의 자손들은 쇠미해질 것이다."

「16-4」孔子曰: "益者三友, 損者三友. 友直, 友諒, 友多聞, 益矣. 友便辟, 友善柔, 友便佞, 損矣."

「16-4」공자가 말하였다. "유익한 벗{익우(益友)}이 세 가지이고 손해가 되는 벗{손우(損友)}이 세 가지이다. 벗이 정직하고, 벗이 신실하고, 벗이 문견(聞見)이 많으면, 유익하다. 벗이 편벽되고, 벗이 아첨을 잘하고, 벗이 말만 잘하면, 손해가 된다."

「16-5」孔子曰: "益者三樂, 損者三樂. 樂節禮樂, 樂道人之善, 樂多賢友, 益矣. 樂驕樂, 樂佚遊, 樂宴樂, 損矣."

「16-5」 공자가 말하였다. "유익한 것이 세 가지이고 손해인 것이 세 가지이다. 예악(禮樂)을 절도에 맞게 시행하는 것을 좋아하며 남의 훌륭한 점을 말하는 것을 좋아하며 어진 벗이 많음을 좋아하는 것은 유익하다. 교만을 즐기는 것을 좋아하며 방탕하게 마음대로 노는 것을 좋아하며 향락에 빠져서 즐김을 좋아하는 것은 손해이다."

【藕師注】 益者損者, 都就求益招損的自身上說.

【藕師注】 유익한 것과 손해인 것은 모두 이익을 구하고 손해를 초래하는 자신의 관점에서 이야기한 것이다.

【補注】 多聞難, 諒更難, 直尤難中之難. 如此益友, 幸勿交臂失之.[1] 便辟, 非直也, 善柔, 非諒也, 便佞, 非多聞也. 便辟似直而非中道, 善柔似諒而非至誠, 便佞似多聞而非正知正見.[2] 如此損友, 切勿誤認.

【注釋】
1) 交臂失之: 『장자(莊子)·외편(外篇)·전자방(田子方)』, "내가 평생토록 너와 한쪽 팔을 끼고 지내도 결국은 서로를 잃게 되리니, 슬프지 않겠는가! [吾終身與汝交一臂而失之, 可不哀與!]"
2) 正知正見: 정지(正知)와 정견(正見)은 모두 팔정도(八正道)의 하나이다. '정지(正知)'는 빠알리어 'sampajañña'를 한역한 것으로서, '몸의 자세와 몸의 활동에 대해 분명하게 알아차리면서 마음을 챙김'의 뜻이다. '정견(正見)'은 빠알리어 'sammā-diṭṭhi'를 한역한 것으로서, '있는 그대로 올바로 보는 것'·'바른 견해'라는 의미이다.

【補注】　(벗이) 문견(聞見)이 많기란 어려운 일이요, (벗이) 신실하기란 더욱 어려운 일이요, (벗이) 정직하기란 한층 더 어려운 일 가운데 어려운 일이다. 이와 같은 유익한 벗은 행여나 한쪽 팔을 서로 끼고 지내다가 잃어버려서는 안 된다. 편벽됨은 정직한 것이 아니요, 아첨하기를 잘함은 신실한 것이 아니요, 말만 잘함은 문견(聞見)이 많은 것이 아니다. 편벽됨은 정직한 듯하나 중도(中道)가 아니요, 아첨하기를 잘함은 신실한 듯하나 지극한 정성이 아니요, 말만 잘함은 문견(聞見)이 많은 듯하나 정지(正知)와 정견(正見)이 아니다. 이와 같은 손해인 벗을 절대로 (유익有益한 벗으로) 오인해서는 안 된다.

「16-6」孔子曰: "侍於君子有三愆: 言未及之而言謂之躁, 言及之而不言謂之隱, 未見顏色而言謂之瞽."

「16-6」 공자가 말하였다. "군자를 모실 때 저지르는 세 가지 허물이 있다. 말할 차례가 자기에게 돌아오지 않았는데 먼저 말하는 것을 '조급함{조(躁)}'이라고 하고, 말할 차례가 자기에게 돌아왔는데 말하지 않는 것을 '숨김{은(隱)}'이라고 하고, 안색을 살피지 않고 말하는 것을 '장님{(瞽)}'이라고 한다."

「16-7」孔子曰: "君子有三戒: 少之時, 血氣未定, 戒之在色, 及其壯也, 血氣方剛, 戒之在鬪, 及其老也, 血氣旣衰, 戒之在得."

「16-7」 공자가 말하였다. "군자에게는 세 가지 경계해야 할 것이 있다. 젊을 땐 혈기가 안정되지 않았으므로 여색을 경계해야 하고, 장성해서는 혈기가 한창 강하므로 다툼을 경계해야 하고, 늙어서는 혈기가 쇠해졌으므로 욕심을 경계해야 한다.”

【藕師注】　有戒則能御血氣, 無戒則被血氣使. 一部『易經』, 三戒收盡.

【藕師注】　경계하는 것이 있으면 능히 혈기(血氣)를 다스릴 수 있고, 경계하는 것이 없으면 혈기(血氣)에 부림을 당한다. 『역경(易經)』 한 부(部)의 대의(大義)를 ‘삼계(三戒)’가 다 거두어들였다.

【補注】　是卽貪·瞋·癡三毒也, 自少而壯而老, 一切時皆當戒之. 分擧三時者, 以其易犯耳, 語偏而意圓也. 知三毒皆由血氣所爲, 則知非本性所有, 能悟性者戒之非難. **性體虛空, 何有於色? 性量一如, 何有於鬪? 性具萬有, 何事於得?**[1] 是之謂順性修戒.

【注釋】

1) 性體虛空–何事於得: 수(隋) 외국사문(外國沙門) 보리등(菩提登)이 한역(漢譯)하고 지욱(智旭) 대사가 소(疏)한 『점찰선악업보경의소(占察善惡業報經義疏)』 제2권에 성량(性量)·성구(性具)·성체(性體)에 관한 풀이가 있다.
(1) 『점찰선악업보경(占察善惡業報經)』: “말한바 하나의 진실한 경계라는 것. [所言一實境界者.] 【藕師疏】 체(體)는 곧 체대(體大)이고, 양(量)은 곧 상대(相大)이고, 구(具)는 곧 용대(用大)이다. 또 공(空)은 성량(性量)이 아님이 없고, 가(假)는 성구(性具)가 아님이 없고, 중(中)은 성체(性體)가 아님이 없다. [體卽體大, 量卽相大, 具卽用大. 又, 空則無非性量, 假則無非性具, 中則無非性體.]”
(2) 『점찰선악업보경(占察善惡業報經)』: “말한바 하나의 진실한 경계라는 것은 중생 마음의 본바탕은 본래부터 여태까지 나지도 않고 죽지도 않는 것이어서 그 자신의 성품은 청정한 것이며 장애가 없는 것이니, 비유하면 마치 허공과 같습니다. 분별을 떠났기 때문에{성체(性體), 체대(體大)} 평등하고 두루 하여 이르지

않는 곳이 없으며, 시방에 원만하여 구경(究竟)에는 하나의 형상으로서 둘이 없고 다름이 없으며, 변하지도 않고 바뀌지도 않는 것이어서 늘어나는 것도 없고 줄어드는 것도 없습니다.{성량(性量), 상대(相大)} 일체중생의 마음과 일체 성문(聲聞)·벽지불(辟支佛)의 마음과 일체 보살의 마음과 일체 모든 부처님의 마음은 똑같이 나지도 않고 죽지도 않으며, 더러움도 없고 깨끗함도 없는 적정(寂靜)한 진여(眞如)의 형상이기 때문입니다.{성구(性具), 용대(用大)} [所言一實境界者, 謂衆生心體, 從本以來, 不生不滅, 自性淸淨, 無障無礙, 猶如虛空. 離分別故(性體, 體大), 平等普遍, 無所不至, 圓滿十方, 究竟一相, 無二無別, 不變不異, 無增無減(性量, 相大). 以一切衆生心, 一切聲聞·辟支佛心, 一切菩薩心, 一切諸佛心, 皆同不生不滅, 無染無淨, 眞如相故(性具, 用大).]"

(3) 『점찰선악업보경(占察善惡業報經)』: "말한바 진실이라는 것은 마음 바탕의 본래 형상은 여여(如如)하여 다르지 않고, 청정하고 원만하여 장애가 없으며, 미묘하고 은밀하여 보기 어려우니, 일체의 처소에 두루 하여 항상 무너지지 않고 일체의 법을 건립하고 나서 자라게 하기 때문입니다. [所言眞者, 謂心體本相, 如如不異, 淸淨圓滿, 無障無礙, 微密難見, 以遍一切處常恆不壞, 建立生長一切法故.]"【藕師疏】"'여여하여 다르지 않은 것'은 성체(性體)요, '원만하여 보기 어려운 것'은 성량(性量)이요, '건립하여 태어나 자라게 하는 것'은 성구(性具)이다. [如如不異, 卽性體. 圓滿難見, 卽性量. 建立生長, 卽性具.]"『卍新纂大日本續藏經』第21冊·No.0371·占察善惡業報經義疏 第2卷(X21n0371_002).

【補注】 이것은 즉 '탐(貪)·진(瞋)·치(癡)' 삼독(三毒)이다. 젊은 시절부터 장성하여 노년에 이르기까지 일체의 때에 모두 마땅히 (삼독三毒을) 경계해야만 한다. 세 가지 시기로 구분하여 열거한 것은 ('탐진치貪瞋癡' 삼독三毒이 각각 세 시기에 따라) 그 침범하는 것이 쉽기 때문이다. 말은 치우쳤으나, 뜻은 원만하다. 삼독(三毒)이 모두 혈기를 말미암아 이루어지는 바임을 안다면 본성이 구유(具有)한 바가 아닌 것을 알 것이니, 능히 본성을 깨달을 수 있는 자는 (남을) 비난함을 경계해야 한다. 성체(性體)는 허공(虛空)이니 여색{색(色)}에 무슨 어려움이 있겠는가? 성량(性量)은 일여(一如)하니 다툼{투(鬪)}에 무슨 어려움이 있겠는가? 성구(性具)는 만 가지가 구유(具有) 되어있으니 탐내는 것{득(得)}에 무엇을 일삼겠는가? 이것을 일러 '본성을 좇아 계(戒)를 닦는다.'라고 한다.

「16-8」孔子曰: "君子有三畏: 畏天命, 畏大人, 畏聖人之言. 小人不知天命而不畏也, 狎大人, 侮聖人之言."

「16-8」공자가 말하였다. "군자에게는 세 가지 두려워하는 것이 있다. 천명(天命)을 두려워하고, 대인을 두려워하고, 성인의 말씀을 두려워한다. 소인은 천명(天命)을 알지 못하여 두려워하지 않으며, 대인을 업신여기며, 성인의 말씀을 모욕한다."

【藕師注】 天命之性,[1] 眞妄難分, 所以要畏, 大人修道復性, 是我明師良友, 所以要畏, 聖言指示修道復性之要, 所以要畏. 畏天命是歸依一體三寶, 畏大人是歸依住持佛寶·僧寶, 畏聖人之言是歸依住持法寶也. 不知天命, 亦不知大人, 亦不知聖人之言, 小人旣皆不知而不畏, 則君子皆知, 故皆畏耳. 不知心·佛·衆生, 三無差別,[2] 不知人心惟危, 道心惟微,[3] 不能戒愼恐懼,[4] 是不畏天命. 妄以理佛擬究竟佛, 是狎大人. 妄謂經論是止啼法,[5] 不知慧命所寄, 是侮聖人之言.

【注釋】

1) 天命之性: 『중용(中庸)』 제1장, "하늘이 명하신 것을 성(性)이라 이르고, 성(性)을 따르는 것을 도(道)라 이르고, 도(道)를 품절(品節)한 것을 교(敎)라 이른다. [天命之謂性, 率性之謂道, 修道之謂敎.]"
2) 心·佛·衆生, 三無差別: 동진(東晉) 천축삼장(天竺三藏) 불타발타라(佛馱跋陀羅) 한역(漢譯) 60권본 『대방광불화엄경(大方廣佛華嚴經) 권제십(卷第十)·야마천궁보살설게품(夜摩天宮菩薩說偈品) 제십육(第十六)』, "마음은 화가와 같아 생멸(生滅) 변화(變化)하는 모든 것[오온(五蘊); 오음五陰)]을 그리고, 일체의 세계 가운데 법으로서 만들어 내지 않는 것이 없네. 마음과 같이 부처도 그러하고 부처와 같이 중생도 그러하니, 마음과 부처와 중생 이 세 가지에는 차별이 없네. [心如工畵師, 畵種種五陰, 一切世界中, 無法而不造. 如心佛亦爾, 如佛衆生然, 心佛及衆生, 是三無差別.]"
3) 人心惟危, 道心惟微: 『서경(書經)·우서(虞書)·대우모(大禹謨)』, "인심(人心)은 위태로운 것이고 도심(道心)은 아주 작은 것이니, 정밀하게 하고 전일하게 하여야만

진실로 그 중정(中正)의 도리를 가질 수 있을 것이다. [人心惟危, 道心惟微, 惟精惟一, 允執厥中.]"

4) 戒愼恐懼: 『중용(中庸)』 제1장, "도(道)란 잠시도 떠날 수 없으니, 떠날 수 있으면 도가 아니다. 그러므로 군자는 보이지 않는 바에도 경계하고, 들리지 않는 바에도 두려워한다. [道也者, 不可須臾離也, 可離, 非道也. 是故君子戒愼乎其所不睹, 恐懼乎其所不聞.]"

5) 止啼法: 우는 아이를 달래기 위해 반짝거리는 아름다운 낙엽을 황금이라고 속여서 울음을 그치게 하는 방편적 비유를 선종(禪宗)에서는 '황엽지제전(黃葉止啼錢)'이라고 하였다. 달마선사(達摩禪師)의 『식쟁론(息諍論)』에는 "소아(小兒)는 무식(無識)하여 가사 양엽(楊葉)을 황금으로 여기고, 지혜로운 자는 명연(明然)하나 명지(明知)가 실(實)답지 못하다. [小兒無識, 可使楊葉爲金. 智者明然, 明知不實.]"라는 구절이 있으며{『藏外佛敎文獻』第1冊·No.0003·息諍論 第1卷(W01n0003_001).}, 『선조염불집(禪祖念佛集)』권하(卷下) 고산영각선사(鼓山永覺禪師)의 어록(語錄)에는 "맨주먹과 황엽(黃葉)은 호려서 아이의 울음을 그치게 하는 것이다. [空拳黃葉誑止兒啼.]"라는 문장이 있다. 『大藏經補編』第32冊·No.0183·禪祖念佛集 第2卷(B32n0183_002).

【藕師注】 '하늘이 명한 본성{천명지성(天命之性)}'은 참됨과 거짓을 나누기가 어려우므로 이 때문에 두려워해야 하는 것이요, '대인(大人)'은 도(道)를 닦아서 본성을 회복하였으니 나의 밝은 스승이자 어진 벗이므로 이 때문에 두려워해야 하는 것이요, '성언(聖言)'은 도(道)를 닦아서 본성을 회복하는 대요(大要)를 지시하니 이 때문에 두려워해야 하는 것이다. 천명(天命)을 두려워하는 것이 일체 삼보(三寶)에 귀의하는 것이요, 대인(大人)을 두려워하는 것이 불법(佛法)을 유지하여 전하여 나아가게 하는 불보(佛寶)와 승보(僧寶)에 귀의하는 것이요, 성인(聖人)의 말씀을 두려워하는 것이 불법(佛法)을 유지하여 전하여 나아가게 하는 법보(法寶)에 귀의하여 보존하는 것이다. 천명(天命)을 알지 못하고, 또 대인(大人)을 알지 못하고, 또한 성인(聖人)의 말씀을 알지 못하니, 소인은 이미 모두 알지 못하여 두려워하지 않고 군자는 다 알기 때문에 모두 두려워할 뿐이다. 마음과 부처와 중생의 세 가지가 차별이 없음을 알지 못하며 인심(人

心)은 위태롭고 도심(道心)은 은미한 것을 알지 못하며 '경계하고 조심하기'를 능히 할 수 없는 것이 천명(天命)을 두려워하지 않는 것이요, 터무니없이 이불(理佛)로써 구경불(究竟佛)을 견주어보는 것이 대인(大人)을 업신여기는 것이요, 망령되이 "경론(經論)은 (아이의) 울음을 그치게 하는 (방편적인) 법이다."라고 이르면서 혜명(慧命)이 의지하는 바임을 알지 못하는 것이 성인(聖人)의 말씀을 조롱한 것이다.

「16-9」孔子曰: "生而知之者, 上也, 學而知之者, 次也, 困而學之, 又其次也, 困而不學, 民斯爲下矣."

「16-9」 공자가 말하였다. "태어나면서 아는 자가 최상이고, 배워서 아는 자가 그다음이고, 어려움을 겪은 다음에 배우는 자가 또 그다음이니, 어려움을 겪고도 배우지 않으면 백성으로서는 곧 최하(最下)가 된다."

【藕師注】 只是肯學, 便非下民.

【藕師注】 다만 (기꺼이) 배우고자 하는 것이요, 곧 백성들을 낮춘 것이 아니다.

「16-10」孔子曰: "君子有九思: 視思明, 聽思聰, 色思溫, 貌思恭, 言思忠, 事思敬, 疑思問, 忿思難, 見得思義."

「16-10」 공자가 말하였다. "군자는 아홉 가지 생각하는 것이{구사(九思)}

있으니, 봄에는 밝게 볼 것을 생각하며{시사명(視思明)}, 들음에는 밝게 들을 것을 생각하며{청사총(聽思聰)}, 얼굴빛은 온화하게 할 것을 생각하며{색사온(色思溫)}, 모습은 공손하게 할 것을 생각하며{모사공(貌思恭)}, 말은 진실하게 할 것을 생각하며{언사충(言思忠)}, 일은 경건하게 할 것을 생각하며{사사경(事思敬)}, 의심스러울 때는 물어볼 것을 생각하며{의사문(疑思問)}, 분할 때는 후일에 어려움에 부닥치게 될 것을 생각하며{분사난(忿思難)}, 이득을 볼 때는 의(義)로운 것인가를 생각한다{견득사의(見得思義)}."

【藕師注】 字字箴銘. '未之思也, 夫何遠之有?'[1] · '君子思不出其位.',[2] 與此參看.

【注釋】
1) 未之思也, 夫何遠之有: 『논어(論語) · 자한(子罕) 제구(第九)』 제30장, "『시경(詩經)』에 빠진 일시(逸詩)에 '당체(唐棣) 꽃이여! 바람에 흔들리는구나. 어찌 그대를 생각하지 않으리오? 집이 멀기 때문이다.'라고 하였는데, 공자가 말하였다. '생각하지 않아서일지언정 어찌 멀리 있겠는가?' ['唐棣之華, 偏其反而. 豈不爾思? 室是遠而.' 子曰: "未之思也, 夫何遠之有?"]"
2) 君子思不出其位: 『논어(論語) · 헌문(憲問) 제십사(第十四)』 제28장, "증자가 말하였다. '군자는 그 자신의 위치에서 벗어나지 않을 것을 생각한다.' [曾子曰: "君子思不出其位."]"

【藕師注】 한 글자 한 글자마다 잠명(箴銘)이다. '생각하지 않아서일지언정 어찌 멀리 있겠는가?' · "군자는 그 자신의 위치에서 벗어나지 않을 것을 생각한다.'라는 문장은 이 장(章)과 더불어 참조해서 보아야 한다.

「16-11」孔子曰: "見善如不及, 見不善如探湯, 吾見其人矣, 吾聞其語矣. 隱居以求其志, 行義以達其道, 吾聞其語矣, 未見其人也."

「16-11」 공자가 말하였다. "선(善)을 보고는 따라가 미치지 못할 듯이 하고 불선(不善)을 보고는 끓는 물을 더듬는 것처럼 하는 것을, 나는 그렇게 하는 사람을 보았고 그렇게 하는 사람이 있다는 말도 들었다. 숨어 살면서 그 뜻을 추구하고 의(義)를 행하여 그 도(道)를 행하는 것에 대해서는, 나는 그러한 사람이 있다는 말만 들었고 그렇게 하는 사람을 아직 보지는 못하였다."

「16-12」齊景公有馬千駟, 死之日民無德而稱焉. 伯夷·叔齊餓於首陽之下, 民到於今稱之. '誠不以富, 亦只以異.', 其斯之謂與!

【校勘】　誠不以富, 亦只以異: 지욱 대사는 이 책 「12-10-3」에서 '성불이부(誠不以富), 역지이이(亦只以異).' 구절은 마땅히 본장(本章)의 '기사지위여(其斯之謂與)!' 앞에 놓여 있어야 한다고 하였다. 본문에서 '성불이부(誠不以富), 역지이이(亦只以異).' 구절이 '기사지위여(其斯之謂與)!' 앞에 놓여 있는 것은 이 때문이다.

「16-12」 (공자가 말하였다.) "제(齊)나라 경공이 말 4천 필을 소유하였으나 죽는 날에 백성들이 덕(德)을 칭송하는 것이 없었고, 백이와 숙제는 수양산 아래에서 굶어 죽었으나 백성들이 지금에 이르도록 칭송하고 있다." "진실로 부유하게 하지도 못하고 다만 남들에게 괴이한 것만을 취할 뿐이다."라고 하였으니, 아마도 이것을 말함일 것이다."

「16-13」陳亢問於伯魚曰: "子亦有異聞乎?" 對曰: "未也. 嘗獨立, 鯉趨而過庭. 曰: '學『詩』乎?' 對曰: '未也.' '不學『詩』, 無以言.' 鯉退而學『詩』. 他日又獨立, 鯉趨而過庭. 曰: '學禮乎?' 對曰: '未也.' '不學禮, 無以立.' 鯉退而學禮. 聞斯二者." 陳亢退而喜曰: "問一得三: 聞『詩』, 聞禮, 又聞君子之遠其子也."

「16-13」 진항이 백어에게 물었다. "그대는 또한 아버지에게서 특별한 가르침을 들은 적이 있는가?" 백어가 대답하였다. "없었습니다. 언젠가 아버지께서 홀로 서 계실 때 제가 종종걸음으로 뜰을 지나가고 있었습니다. 『시(詩)』를 배웠느냐?'라고 말씀하시기에 '아직 배우지 못하였습니다.'라고 대답하였더니, '『시(詩)』를 배우지 않으면 남과 말을 할 수가 없다.'라고 하시므로, 제가 물러 나와 『시(詩)』를 배웠습니다. 다른 날 또 아버지께서 홀로 서 계실 때 제가 종종걸음으로 뜰을 지나가고 있었습니다. '예(禮)를 배웠느냐?'라고 말씀하시기에, '아직 배우지 못하였습니다.'라고 대답하였더니, '예(禮)를 배우지 않으면 (바르게) 설 수가 없다.'라고 하시므로, 제가 물러 나와 예(禮)를 배웠습니다. 『시(詩)』와 예(禮), 이 두 가지를 들었습니다." 진항이 물러 나와 기뻐하면서 말하였다. "하나를 물어서 세 가지를 얻었으니, 『시(詩)』를 들었고 예(禮)를 들었고 또 군자가 자기 아들을 멀리하는 것을 들었다."

【藕師注】 未得謂得, 枉了一個空歡喜, 可笑! 可笑!

【藕師注】 얻지 못하였는데 얻었다고 말하여 일개의 헛된 환희(歡喜)를 사특하게 깨달았으니, 가소롭구나! 가소롭구나!

【補注】 聖人視一切衆生如子, 有何遠近之分乎?

【補注】 성인은 모든 중생을 마치 자식과 같이 보거늘, 어찌 멀리하고 가까이하는 구분이 있겠는가?

「16-14」 邦君之妻, 君稱之曰夫人, 夫人自稱曰小童, 邦人稱之曰君夫人, 稱諸異邦曰寡小君, 異邦人稱之, 亦曰君夫人.

「16-14」 나라 임금의 처(妻)를 임금이 일컬을 때는 '부인(夫人)'이라고 하고, 부인(夫人)이 자신을 일컬을 때는 '소동(小童)'이라고 하며, 나라의 백성들이 일컬을 때는 '군부인(君夫人)'이라고 하고, 다른 나라 사람들에게 일컬을 때는 '과소군(寡小君)'이라고 하며, 다른 나라의 백성들이 일컬을 때는 또한 '군부인(君夫人)'이라고 한다.

【補注】 一邦君之妻耳, 而各各稱之不同如此, 可悟性一而名與相萬殊之旨. 爲人君止於仁, 爲人臣止於敬, 爲人子止於孝, 爲人父止於慈, 與國人交止於信, 其爲**致良知一**[1]也.

【注釋】

1) 致良知一: 왕양명은 『맹자(孟子)·진심(盡心) 상(上)』 제15장에 나오는 '양지(良知)'와 『대학(大學)』의 '치지(致知)'를 결부시키고 이를 독자적으로 해석하여 사람의 마음과 도리는 다른 것이 아니라 같은 것이라는 양명학(陽明學)을 창시하였다. '양지(良知)'란 시비선악(是非善惡)을 판별하는 마음의 작용으로 곧 천리(天理)이고, 이 지(知)를 사물에 적용 인식하면 도(道)가 성립한다고 보았다. 즉 '양지(良知)'는 만인이 선천적으로 구유(具有)한 판단력·행위의 자율적 규범으로, '치(致)'는 이 능력을 실현하는 것을 말한다. 주자학(朱子學)에서는 '지(知)'는 지식을 의

미하고 지식의 후천적 획득을 중요시하나, 왕양명은 이 새로운 해석으로 '심즉리(心卽理)'·'지행합일(知行合一)'의 실천적인 경학(經學)의 기초를 마련하였다.

한편, 안재호는 그의 논문에서 왕양명의 공부론에 대하여 다음과 같이 요약하였다. "왕수인의 공부론 체계는 온전히 '치양지(致良知)'로 귀결된다. 그가 비록 주자학의 격물론에 대한 반동으로 새로운 격물론을 제시했지만, 격물을 실천하는 주체는 오직 시비선악의 판단자요 도덕실천의 추동력인 양지일 뿐이다. 그래서 결국 '격물'이 아니라 '치(양)지'가 양명학을 대표하는 공부론 명제가 되었다. … 공부 방법으로서 '치양지'는 포괄적이고 주체적이라고 평가할 수 있다. 모든 공부 방법을 통일시킬 수 있으니 포괄적이요, 도덕 준칙이자 판단자이고 추동력인 양지가 스스로 자신을 실현하여 '궁극에 도달하는' 것이니 주체적이다. 그러나 양지는 비록 주체이지만 천리 그 자체인 '현실태'가 아니라 각각의 인물에게 부여된 '가능태'이다." – 안재호,「왕수인 공부론 체계 管窺」,『율곡학연구』제39집, 2019, 257면.

【補注】　한{一} 나라 임금의 처(妻)일 뿐인데도 각각 일컫는 것이 이처럼 같지 않으니, 본성은 하나로되 명(名)이 상(相)과 더불어 만 가지로 갈라지는 뜻을 깨달을 수 있다. 임금이 되어서는 인(仁)에 그치고, 신하가 되어서는 경(敬)에 그치고, 자식이 되어서는 효(孝)에 그치고, 부모가 되어서는 자(慈)에 그치고, 나라 사람들과 더불어 사귐에는 신(信)에 그치는 것이 바야흐로 '양지(良知)'와 '치지(致知)'가 하나가 되는 것이다.

【陽貨 第十七】

「17-1」陽貨欲見孔子, 孔子不見, 歸孔子豚. 孔子時其亡也, 而往拜之, 遇諸塗. 謂孔子曰: "來! 予與爾言!" 曰: "懷其寶而迷其邦, 可謂仁乎?" 曰: "不可." "好從事而亟失時, 可謂知乎?" 曰: "不可." 曰 "日月逝矣, 歲不我與!" 孔子曰: "諾, 吾將仕矣."

「17-1」 양화가 공자를 만나보고자 하였으나 공자가 만나주지 않으니, 양화가 공자에게 삶은 돼지를 선물로 보냈다. 공자가 공교롭게도 그가 없는 때에 사례하러 갔다가 돌아오는 길에 마주치게 되었다. 양화가 공자에게 말하였다. "이리 오시오! 내 그대와 할 말이 있소!" 양화가 말하였다. "훌륭한 보배를 품고 있으면서 나라를 어지럽게 내버려 두는 것을 인(仁)이라고 할 수 있습니까?" 공자가 말하였다. "할 수 없습니다." "일에 종사하기를 좋아하면서 자주 때를 놓치는 것을 지혜롭다고 할 수 있겠습니까?" 공자가 말하였다. "할 수 없습니다." "해와 달이 가니, 세월은 나를 위하여 머물러 주지 않습니다." 공자가 말하였다. "알겠습니다. 제가 장차 벼슬을 하겠습니다."

【藕師注】 時其亡, 只是偶值其亡耳. 『孟子』作 '瞰其亡.',[1] 便令孔子作略僅與陽貨一般, 豈可乎哉!

【注釋】
1) 瞰其亡: 『맹자(孟子)·등문공(滕文公) 하(下)』 제7장, "공손추가 물었다. '제후를

만나보지 않으시는 것은 무슨 이유입니까?' 맹자가 말하였다. '옛날에는 신하가
되지 않으면 임금을 만나보지 않았네. 단간목은 담을 넘어 문후를 피하였고 설
류는 문을 닫고 목공을 받아들이지 않았는데, 이는 모두 너무 심한 것이네. 정성
이 간절하면 만나볼 수 있는 것일세. 양화는 공자가 자신을 찾아오도록 하여 만
나고 싶었으나, 무례하다고 비난하는 것이 싫었네. 그런데 대부(大夫)가 사(士)에
게 물건을 하사할 경우, 사(士)가 자기 집에서 그 물건을 직접 받지 못했으면, 대
부(大夫)의 집 문에 가서 절하는 것이 예(禮)였네. 이에 양화가 공자가 없는 틈을
엿보아 공자에게 삶은 돼지고기를 보냈는데, 공자도 양화가 집에 없는 틈을 엿보
아 그의 집에 찾아가서 사례하였네. 당시에 양화가 먼저 찾아왔더라면, 공자가
어찌 만나보지 않았겠는가? 증자(曾子)가 말하기를 「어깨를 움츠리고 아첨하여
웃는 것이 여름에 밭에서 일하는 것보다 더 힘들다.」라고 하였으며, 자로(子路)는
말하기를 「뜻이 같지 않으면서 억지로 말할 때 그 얼굴빛을 보면 무안하여 붉어
지는데, 이러한 짓은 내 알 바가 아니다.」라고 하였으니, 이로 말미암아 살펴본다
면 군자가 기른 바를 알 수 있다네.' [公孫丑問曰: "不見諸侯何義?" 孟子曰: "古者不爲
臣不見. 段干木踰垣而辟之, 泄柳閉門而不內, 是皆已甚. 迫, 斯可以見矣. 陽貨欲見孔子而
惡無禮, 大夫有賜於士, 不得受於其家, 則往拜其門. 陽貨矙孔子之亡也, 而饋孔子蒸豚, 孔
子亦矙其亡也, 而往拜之. 當是時, 陽貨先, 豈得不見? 曾子曰'脅肩諂笑, 病于夏畦.' 子路曰
'未同而言, 觀其色赧赧然, 非由之所知也.', 由是觀之, 則君子之所養可知已矣."]"

【藕師注】 '시기무(時其亡)'는 단지 양화가 자리에 없는 때를 우연히 맞
이하였던 것일 뿐이다. 『맹자(孟子)』에서는 '(공자가) 양화가 집에 없는 틈
을 엿보았다.'라고 풀이하였는데, (이것은) 곧 이를테면 공자가 계략을 세
운 것이 겨우 양화와 더불어 어슷비슷하니 어찌 될 일이겠는가! ◎

「17-2」子曰: "性相近也, 習相遠也."

「17-2」공자가 말하였다. "본성은 서로 가깝고, 습관은 서로 멀다."

【藕師注】 性近習遠方是 **不變隨緣**[1]之義. **孟子道性善,**[2] 只說人道之
性以救時耳.

1) 不變隨緣: '수연불변(隨緣不變)'과 함께 쓰인다. 인연에 따르지만 본질·근원은 변하지 않는다는 뜻이다. 유계(幽溪) 사문(沙門) 전등(傳燈)이 찬(撰)한 『정토생무생론(淨土生無生論)』에 보인다. "하나의 참된 법계(法界)의 본성(本性)은 곧 앞의 글에서 밝힌 성체(性體)·성량(性量)·성구(性具)이다. 교(敎) 중에서 '진여(眞如)'는 불변수연(不變隨緣)하고 수연불변(隨緣不變)한다.'라고 설한 것은 바로 성체(性體)와 성량(性量)이 즉 성구(性具)임을 말미암고 있기 때문이니, 마치 군자가 (용도가 정해진) 그릇으로 한정되지 않아 선(善)과 악(惡)에 모두 능한 것과 같다. 그러므로 동진(東晉) 천축삼장(天竺三藏) 불타발타라(佛馱跋陀羅) 한역(漢譯) 60권본 『대방광불화엄경(大方廣佛華嚴經)』에서는 이르기를 '능히 더러움과 청정함의 연(緣)을 따라서 십법계(十法界)를 모두 만든다.'라고 하였으니, (이것은) 진여성(眞如性) 가운데 갖춘바 구법계(九法界)가 능히 더러움의 연(緣)을 따라서 사(事) 중의 구법계(九法界)를 만들고 진여성(眞如性) 가운데 갖춘바 불법계(佛法界)가 능히 청정함의 연(緣)을 따라서 사(事) 중의 불법계(佛法界)를 만든다는 것을 이른 것이다. 능히 할 수 있는 까닭은 바로 성구(性具)를 말미암고 있기 때문이니, 본성(本性)에 만약 갖춰지지 않았다면, 어찌 능히 할 수 있다고 일컬을 바이겠는가? [一眞法界性, 卽前文所明性體·性量·性具也. 敎中說'眞如不變隨緣, 隨緣不變.'者, 正由性體·性量卽性具故, 如君子不器, 善惡皆能. 故晉譯『華嚴經』云'能隨染淨緣, 具造十法界.', 謂眞如性中所具九法界, 能隨染緣造事中九法界, 眞如性中所具佛法界, 能隨淨緣造事中佛法界. 所以能者, 正由性具, 性若不具, 何所稱能?]"『大正新脩大藏經』第47冊·No.1975·淨土生無生論 第1卷(T47n1975_001).

2) 孟子道性善: 『맹자(孟子)·등문공(滕文公) 상(上)』 제1장, "맹자는 (등문공滕文公에게) 사람의 본성은 선(善)하다는 것을 말하면서, 말을 할 때마다 반드시 요임금과 순임금을 예로 들었다. [孟子道性善, 言必稱堯舜.]"

【藕師注】 '본성은 서로 가깝고 습관은 서로 멀다는 것'은 바야흐로 불변(不變)과 수연(隨緣)의 의미이다. 맹자(孟子)가 본성이 선(善)하다고 말한 것은 단지 인도(人道)의 본성을 말하여 당시 (나라를 폐단弊端에서) 건져내었던 것일 뿐이다.

【補注】 順性而修, 則九界衆生皆可成佛, 故曰'相近.'. 隨習而流, 則同體之性而十法界分焉. 十法界者, 佛法界·菩薩法界·緣覺法界·聲聞法界, 此謂四聖, 天法界·人法界·修羅法界·畜生法界·餓鬼法界·地獄法界, 此是六凡. 九界對佛而言, 皆衆生也. 十界唯是一心, 心本無界, 依於所習善惡淨染四法而成十界, 故曰'法界'. 眞如性內, 絕生佛之假名,[1] 故曰'一眞法界'. 眞者無妄, 如者不變也.

【注釋】

1) 生佛之假名: 불교 술어로서, '생불가명(生佛假名)'과 동의어이다. 정복보(丁福保)가 1922년에 출판한『불학대사전(佛學大辭典)』에서는 다음과 같이 풀이하였다. "'중생(衆生)'이라고 말하고 '불타(佛陀)'라고 말하는 것은 속제(俗諦)의 미혹한 심정(心情)에서의 가명(假名)일 뿐이요, 진제(眞諦)의 깨달음 상에서는 '중생(衆生)'도 없고 '불타(佛陀)'도 없고 '진여(眞如)'가 평등하다.『시종심요(始終心要)』{중국 당(唐)나라 천태종(天台宗)의 고승(高僧) 형계(荊溪) 담연(湛然, 711-782) 스님의 저술임.}에서는 다음과 같이 말하였다. '진여계(眞如界) 내에서 중생(衆生)과 부처{불(佛)}라는 실다움이 없는 헛된 이름을 끊으니, 평등한 지혜 가운데 자신(自身)과 타인(他人)이라는 형상이 없도다.' [曰衆生, 曰佛陀, 俗諦迷情上之假名耳, 眞諦覺悟上, 無衆生, 無佛陀, 眞如平等也. 始終心要曰: "眞如界內絕生佛之假名, 平等慧中無自他之形相."]"

【補注】

본성에 순응하여 닦으면 '구계(九界)'의 중생이 모두 부처가 될 수 있다. 그러므로 '서로 가깝다.'라고 말하였다. 습관을 따라서 흐르면 동체(同體)의 본성이 (깨달음의 정도에 따라) '십법계(十法界)'로 나누어진다. '십법계(十法界)'란, '불법계(佛法界)'·'보살법계(菩薩法界)'·'연각법계(緣覺法界)'·'성문법계(聲聞法界)'는 이것을 '사성(四聖)'이라고 이르고, '천법계(天法界)'·'인법계(人法界)'·'수라법계(修羅法界)'·'축생법계(畜生法界)'·'아귀법계(餓鬼法界)'·'지옥법계(地獄法界)'는 이것이 (곧) '육범(六凡)'이다. '구계(九界)'는 부처를 상대하여 말한 것이니 모두 중생이다. '십계(十界)'는 오직 '한마음'일 뿐이니, 마음은 본래 경계가 없어서 훈습(薰習)된바 선(善)·악(惡)·정(淨)·염(染) 사법(四法)에 의지하여 '십계(十界)'를 이룬다. 그러므로 '법계(法界)'라고 말하는 것이다. '진여성(眞如性)' 내에서 중생(衆生)과 부처{불(佛)}라는 실다움이 없는 헛된 이름을 끊었으므로 '일진법계(一眞法界)'라고 말한다. '진(眞)'은 위망(僞妄)이 없는 것이요, '여(如)'는 변하지 않는 것이다.

「17-3」子曰: "唯上知與下愚不移."

「17-3」 공자가 말하였다. "오직 지극히 지혜로운 자{상지(上知)}와 가장 어리석은 자{하우(下愚)}는 변화되지 않는다."

【藕師注】 除却上知下愚, 便皆可移. 旣未到上知, 豈可不爲之堤防? 旣不甘下愚, 豈可不早思移易?

【藕師注】 상지(上知)와 하우(下愚)를 제외하면 곧 모두 변화될 수 있다. 아직 상지(上知)에 이르지 못했으니, 어찌 제방(隄防)을 만들지 않을 수 있겠는가? 이미 하우(下愚)를 달갑게 여기지 않으니, 어찌 서둘러 옮겨 바꿀 것을 생각하지 않을 수 있겠는가?

【補注】 陽明先生謂'上智與下愚不移, 非不可移, 乃不肯移耳. 上智不肯爲惡, 下愚不肯爲善, 非不能也.'[1]

【注釋】
1) 上智與下愚不移-非不能也: 『전습록(傳習錄) 권삼(卷三)·문인설간록(門人薛侃錄)』, "물었다. 「상지(上智)」와 「하우(下愚)」는 어찌하여 옮겨갈 수 없는 것입니까?' 선생이 말하였다. '옮겨갈 수 없는 것이 아니라 다만 (기꺼이) 옮기려고 하지 않는 것일 뿐이다.' [問: "上智下愚, 如何不移?" 先生曰: "不是不可移, 只是不肯移."]"

【補注】　왕양명 선생은 이르기를, "'상지(上智)'와 '하우(下愚)'가 옮겨 가지 않는 것은 옮겨갈 수 없는 것이 아니라 다만 (기꺼이) 옮기려고 하지 않는 것일 뿐이다. '상지(上智)'는 기꺼이 악행(惡行)을 하려고 하지 않고 '하우(下愚)'는 기꺼이 선행(善行)을 하려고 하지 않으니, 능하지 못한 것이 아니다."라고 하였다.

「17-4」子之武城, 聞弦歌之聲. 夫子莞爾而笑曰: "割雞焉用牛刀?" 子游對曰: "昔者偃也聞諸夫子曰'君子學道則愛人, 小人學道則易使也.'" 子曰: "二三子! 偃之言是也! 前言戲之耳."

「17-4」공자가 무성(武城)에 갔을 때, 현악(弦樂)에 맞추어 부르는 노랫소리를 들었다. 부자가 빙그레 웃으며 말하였다. "닭을 잡는 데 어찌 소 잡는 칼을 쓰겠느냐?" (당시 무성武城의 읍재邑宰로 있었던 제자) 자유가 대답하였다. "예전에 제가 선생님께 들으니 '군자가 도(道)를 배우면 사람을 사랑하고, 소인이 도(道)를 배우면 부리기가 쉽다.'라고 하셨습니다." 공자가 말하였다. "얘들아! 언(偃: 자유子遊)의 말이 옳다. 조금 전에 내가 한 말은 장난으로 말한 것이다."

「17-5」公山弗擾以費畔, 召, 子欲往. 子路不說, 曰: "末之也已! 何必公山氏之之也?" 子曰: "夫召我者, 而豈徒哉! 如有用我者, 吾其爲東周乎!"

「17-5」공산불요가 비읍(費邑)으로 반란을 일으키고 공자를 부르니, 공자가 가려고 하였다. 자로가 기뻐하지 않으며 말하였다. "가실 곳이 없으면 그만일 뿐입니다! 하필 공산씨에 가려고 하십니까?" 공자가 말하였다. "대저 나를 부르는 자가 어찌 하릴없이 부르는 것이겠냐! 만약 나를 써 주는 자가 있다면, 내가 어찌 동주(東周)를 만들겠느냐!"

【藕師注】　原不說公山決能用我. 卓吾云: "言必爲西周, 不爲東周也."[1]

【注釋】

1) 言必爲西周, 不爲東周也:『논어평(論語評)·양화(陽貨) 제십칠(第十七)』제5장, "[評] 一腔熱血. 聖人自有聖人之手, 聖人自有聖人之眼. 公山一召, 西方美人之思勃然, 子路如何知得? '吾其爲東周乎?', 言必爲西周, 不爲東周也. 本朝楊升菴得之. {뱃속 가득 뜨거운 피가 흐른다. 성인에게는 스스로 성인의 솜씨가 있고, 성인에게는 자체의 성인의 안목이 있다. 공산불요가 한 번 부름에 서방의 미인을 생각하는 마음이 갑자기 일어났던 것이니, 이를 자로가 어떻게 알 수 있었겠는가? '내가 어찌 동주(東周)를 만들겠느냐?'라는 구절은 반드시 서주(西周)를 만들 것이요, 동주(東周)를 만들지 않을 것을 말한 것이다. 동시대 양승암(楊升菴)의 해석이 핵심을 얻었다.}" 앞의 책, 298-299면.

【藕師注】　본디 공산(公山)이 틀림없이 나{공자 자신}를 써 줄 수 있다는 것을 말하지는 않았다. 이탁오는 이렇게 말하였다. "반드시 '서주(西周)'를 만들 것이요, '동주(東周)'를 만들지 않을 것을 말한 것이다." ◎

【解說】　지욱 대사는 이 장에서 이탁오의『논어평』을 인용하여, 주자의『논어집주』풀이를 비판하였다. 주자는『논어집주』에서 '오기위동주호(吾其爲東周乎)!' 구절에 대해 "동주(東周)를 만들겠다는 것은 주(周)나라의 도(道)를 동쪽에 일으키겠다는 말이다. [爲東周, 言興周道於東方.]"라고 풀이하였다. 이에 반해 지욱 대사는 "내가 어찌 동주(東周)를 만들겠느냐!"라고 하여, 공자가 결코 동주(東周)를 만들지 않겠다는 의지를 천명

한 것으로 보았다. 동주(東周)는 왕실의 힘이 약화(弱化)한 주(周)나라가 기원전 771년 견융(犬戎)의 난을 피해 동쪽의 낙읍으로 도읍을 옮긴 뒤에 일컬어졌던 말이기 때문이다.

「17-6」子張問仁於孔子. 孔子曰: “能行五者於天下, 爲仁矣.” “請問之.” 曰: “恭·寬·信·敏·惠. 恭則不侮, 寬則得衆, 信則人任焉, 敏則有功, 惠則足以使人.”

「17-6」 자장이 공자께 인(仁)에 관해 물었다. 공자가 말하였다. “다섯 가지를 천하에 능히 행할 수 있으면 인(仁)이 된다.” “청컨대 그 조목을 묻습니다.” 공자가 말하였다. “공손함{공(恭)}과 너그러움{관(寬)}과 믿음{신(信)}과 민첩함{민(敏)}과 은혜로움{혜(惠)}이다. 공손하면 업신여김을 받지 않고, 너그러우면 민심(民心)을 얻게 되고, 믿음이 있으면 남들이 (일을) 맡기고, 민첩하면 공(功)이 있고, 은혜로우면 충분히 사람을 부릴 수 있다.”

【藕師注】 要以此五者行於天下方是仁, 不得捨却天下而空言存心,[1] 以天下不在心外, 而心非肉團故也.

【注釋】

1) 存心: 유가(儒家)의 실천명제(實踐命題)이다. 『맹자(孟子)·진심(盡心) 상(上)』 제1장의 “자기의 마음을 보존하고 그 본성을 키우는 것은 하늘을 섬기기 위함이다. [存其心養其性, 所以事天也.]”라는 말을 기본으로 한다. 학문의 길은 방심(放心)을 구(救)하는 데 있다고 하여 욕망 등으로 본심(本心)을 상하지 말고 항상 있는 그대로의 상태를 보존하여 선천적으로 내재하는 도덕성(道德性)을 기르는 것이 마침내는 하늘에 통하는 길이 된다는 사고이다. 『중용(中庸)』의 ‘성(誠)’ 윤리에도 통

하는 유가(儒家)의 기본적인 수양론(修養論)이다.

【藕師注】 요컨대 이 다섯 가지로써 천하에 행할 수 있다면 바야흐로 인(仁)이니, 천하를 버리고서 헛되이 '존심(存心)'을 말할 수 없다. 천하가 마음 밖에 있지 않은 것은 마음이 육단(肉團)이 아니기 때문이다.

「17-7」佛肸召, 子欲往. 子路曰: "昔者由也聞諸夫子曰: '親於其身爲不善者, 君子不入也.' 佛肸以中牟畔, 子之往也, 如之何?" 子曰: "然, 有是言也. 不曰堅乎? 磨而不磷, 不曰白乎? 涅而不緇. 吾豈匏瓜也哉? 焉能繫而不食?"

「17-7」 필힐이 부르자, 공자가 가려고 하였다. 자로가 말하였다. "옛날에 제가 선생님께 들으니, '친히 그 자신이 불선(不善)한 일을 하는 자에게 군자는 들어가지 않는다.'라고 하셨습니다. 필힐이 지금 중모읍(中牟邑)을 가지고 반란을 일으켰는데, 선생님께서 가려고 하시는 것은 어째서입니까?" 공자가 말하였다. "그렇다. 그와 같은 말을 한 적이 있다. 그러나 견고하다고 말하지 않겠는가? 갈아도 얇아지지 않으니. 희다고 말하지 않겠는가? 검은 물을 들여도 검어지지 않으니. 내가 어찌 박이겠는가? 어찌 박처럼 한 곳에 매달려 먹히지 않을 수 있겠는가?"

【藕師注】 磨得磷的便非眞堅, 涅得緇的便非眞白. 匏瓜用爲浮囊, 而不用作食器, 只是一偏之用. 聖人無用, 無所不用, 故云'吾豈匏瓜?', 乃顯無可無不可, 猶如太虛空然, 不可喚作一物耳, 非是要與人作食器也. 若作食器, 縱使**瑚璉**,[1] 亦可磷可緇矣.

1) 瑚璉: 『논어(論語)·공야장(公冶長) 제오(第五)』 제3장의 정문(正文)과 【藕師注】를 참조할 것.

【藕師注】 갈아서 얇아지면 즉시 참으로 견고한 것이 아니요, 검은 물을 들여서 검어지면 즉시 참으로 흰 것이 아니다. '포과(匏瓜)'는 사용할 때는 부낭(浮囊)으로 삼고 사용하지 않을 때는 식기(食器)로 만드니, 단지 한쪽으로 치우친 쓰임일 뿐이다. 성인은 쓰이는 곳이 없고 쓰이지 않는 곳도 없다. 그러므로 '내가 어찌 박이겠는가?'라고 말하였던 것이니, 이에 옳은 것도 없고 옳지 않은 것도 없음을 나타내었다. 마치 크고 넓은 하늘이 텅 비어 있어서 하나의 물건으로 부를 수 없는 것과 같은 것일 뿐이니, 이는 남들과 더불어 식기(食器)를 만들고자 했던 것이 아니다. 만약 식기(食器)로 만든다면, 설령 호(瑚)와 련(璉)이라고 하더라도 또한 얇아질 수 있고 검어질 수 있다.

「17-8」子曰: "由也, 女聞六言六蔽矣乎?" 對曰: "未也." "居! 吾語女! 好仁不好學, 其蔽也愚, 好知不好學, 其蔽也蕩, 好信不好學, 其蔽也賊, 好直不好學, 其蔽也絞, 好勇不好學, 其蔽也亂, 好剛不好學, 其蔽也狂."

「17-8」 공자가 말하였다. "유(由)야, 너는 육언(六言)과 육폐(六蔽)를 들었느냐?" 자로가 대답하였다. "아직 듣지 못하였습니다." 공자가 말하였다. "앉거라! 내가 너에게 말해주겠다! 인(仁)을 좋아하면서 배우기를 좋아하지 않으면 그 폐단은 어리석게 되는 것이고, 지혜로움을 좋아하면서 배우기를 좋아하지 않으면 그 폐단은 방탕하게 되는 것이고, 신의를 지키기를 좋아하면서 배우기를 좋아하지 않으면 그 폐단은 사람을 해치게 되는 것이고, 정직함을 좋아하면서 배우기를 좋아하지 않으면 그 폐단은 가혹해지는 것이고, 용기를 좋아하면서 배우기를 좋아하지 않으면 그 폐단은 어지럽게 되는 것이고, 굳센 것을 좋아하면서 배우기를 좋아하지 않으면 그 폐단은 경솔하게 되는 것이다."

【藕師注】 若不好學, 則仁·知等皆虛名耳. 言者, 但有虛名, 非實義也. 蔽却是實病矣.

【藕師注】 만약 배움을 좋아하지 않는다면, '인(仁)'과 '지(知)' 등은 모두 허명일 뿐이다. '언(言)'은 다만 허명이 있을 뿐이니 실제의 뜻이 아니다. '폐(蔽)'는 결국 실제의 병이다.

「17-9」 子曰: "小子何莫學夫『詩』? 『詩』可以興, 可以觀, 可以群, 可以怨, 邇之事父, 遠之事君, 多識於鳥獸草木之名."

「17-9」 공자가 말하였다. "너희들은 어찌하여 『시(詩)』를 배우지 않느냐? 『시(詩)』는 감흥을 일으킬 수 있으며, 정치의 잘잘못을 살필 수 있으며, 무리와 어울릴 수 있으며, 원망을 할 수 있으며, 가까이는 어버이를 섬길 수 있고, 멀리는 임금을 섬길 수 있으며, 새와 짐승·풀과 나무의 이름을 많이 알게 한다."

【藕師注】 今人都不曾學『詩』.

【藕師注】　지금 사람들은 모두 시(詩)를 배운 적이 없다.

「17-10」子謂伯魚曰: "女爲「周南」·「召南」矣乎? 人而不爲「周南」·「召南」, 其猶正牆面而立也與?"

「17-10」 공자가 백어에게 일러 말하였다. "너는 (『시경(詩經)』의)「주남(周南)」과 「소남(召南)」을 배웠느냐? 사람으로서 「주남(周南)」과 「소남(召南)」을 배우지 않으면, 마치 담장을 똑바로 마주하고 서 있는 것과 같은 것일 테지?"

【藕師注】　'爲'字妙, 直須爲文王·爲周公始非面牆.

【藕師注】　'위(爲)' 자(字)가 묘하다. 곧장 모름지기 문왕을 배우고 주공을 배워야만 비로소 담장을 마주하고 서 있는 것이 아닌 것이다.

【補注】　孟子曰: "**身不行道, 不行於妻子, 使人不以其道, 不能行於妻子.**"[1] 譬如面牆而立, 第一步已不可行, 安能行之家·國·天下乎? 故文王之化, **自刑於寡妻始, 然後至於兄弟, 以御於家邦.**[2]

【注釋】

1) 身不行道, 不行於妻子, 使人不以其道, 不能行於妻子:『맹자(孟子)·진심(盡心)하(下)』제9장, "맹자가 말하였다. '자신이 도(道)를 행하지 않으면 처자식에게조차 도(道)가 행해지지 않고, 사람을 부리기를 도(道)로써 하지 않으면 처자식에게조차 명령이 행해지지 않는다.' [孟子曰: "身不行道, 不行於妻子, 使人不以道, 不能行於妻子."]"
2) 自刑於寡妻始, 然後至於兄弟, 以御於家邦:『시경(詩經)·대아(大雅)·문왕지십

(文王之什)』, "종묘(宗廟)의 선공(先公)에게 순(順)히 하사 신(神)이 이에 원망하는 것이 없으며, 신(神)이 이에 상심하는 것이 없는 것은 과처(寡妻)에 법이 되사 형제에 이르러 집과 나라를 다스렸기 때문이다. [惠於宗公, 神罔時怨, 神罔時恫, 刑於寡妻, 至於兄弟, 以御於家邦.]"

【補注】 맹자가 말하기를, "자신이 도(道)를 행하지 않으면 처자식에게조차 도(道)가 행해지지 않고, 사람을 부리기를 도(道)로써 하지 않으면 처자식에게조차 명령이 행해지지 않는다."라고 하였다. 비유하자면 담벼락을 마주 대하고 서 있으면 첫걸음도 이미 행할 수 없는 것과 같으니, 어찌 능히 가(家)와 국(國)과 천하(天下)에 다닐 수 있겠는가? 그러므로 문왕의 교화는 내 아내에게 모범이 되는 것으로부터 시작하여 연후에 형제에게 이르러서 집과 나라를 다스리는 것이다.

「17-11」 子曰: "禮云禮云, 玉帛云乎哉! 樂云樂云, 鐘鼓云乎哉!"

「17-11」 공자가 말하였다. "'예(禮)이다.'·'예(禮)이다.'라고 하지만, 옥과 비단을 이르는 것이겠는가! '음악이다.'·'음악이다.'라고 하지만, 종(鐘)과 북을 이르는 것이겠는가!"

【藕師注】 與'人而不仁'[1]章參看.

【注釋】
1) 人而不仁: 『논어(論語)·팔일(八佾) 제삼(第三)』 제3장, "공자가 말하였다. '사람으로서 인(仁)하지 못하다면 예(禮)를 어떻게 행할 수 있겠으며, 사람으로서 인(仁)하지 못하다면 악(樂)을 어떻게 할 수 있겠는가?' [子曰: "人而不仁, 如禮何? 人而不仁, 如樂何?"]"

【藕師注】 '인이불인(人而不仁)' 장(章)과 더불어 참조해서 보아라!

「17-12」 子曰: "色厲而內荏, 譬諸小人, 其猶穿窬之盜也與?"

「17-12」 공자가 말하였다. "얼굴빛은 엄숙하면서 마음은 겁이 많고 연약한 것을 소인에게 비유하면 아마도 벽을 뚫고 담을 넘는 도적과 같겠지?"

【藕師注】 的當之甚, 刻毒之甚.

【藕師注】 매우 꼭 들어맞으며, 매우 가혹하고 잔인한 독설이다.

「17-13」 子曰: "鄕原, 德之賊也."

「17-13」 공자가 말하였다. "향원은 덕(德)을 해치는 적이다."

「17-14」 子曰: "道聽而塗說, 德之棄也."

「17-14」 공자가 말하였다. "길에서 듣고 길에서 말하는 것은 덕(德)을 버리는 것이다."

【藕師注】 鄕原只好偸石人石馬,[1] 道聽塗說連石人石馬也偸不得.

634 지욱 선사의 『논어』 해석

【注釋】

1) 石人石馬: "석인(石人)은 돌에다가 조각한 사람(형상形像)인데, 대부분 방치되어 묘도(墓道)의 곁에 있다. 돌로 만들어 세운 사람과 돌로 만들어 세운 말이니, 조금도 감정(感情)이 없으나, 다만 겉으로 (사람 모양과 말 모양처럼) 드러나는 것이 있음을 비유한 것이다. [石人, 石頭刻的人, 多放置在墓道旁. 石刻的人, 石刻的馬. 比喻毫無感情, 徒有外表.]"

【藕師注】

'향원'은 단지 석인(石人)과 석마(石馬)를 훔치기를 좋아할 뿐이지만, '길에서 듣고 길에서 말하는 것'은 석인(石人)과 석마(石馬)조차도 훔치지 못하는 것이다.

「17-15」子曰: "鄙夫可與事君也與哉! 其未得之也, 患得之, 旣得之, 患失之. 苟患失之, 無所不至矣."

「17-15」 공자가 말하였다. "비루한 사람이 가히 참여하여 임금을 섬길 수 있으랴! 그 벼슬자리를 얻기 전에는 얻지 못할까 근심하고, 이미 얻고 나서는 잃을까 근심한다. 만일 (벼슬자리를 잃을까) 근심한다면 못하는 짓이 없게 된다."

【藕師注】 照妖鏡, 斬妖劍.[1]

【注釋】

1) 照妖鏡, 斬妖劍: "'조요경(照妖鏡)'은 능히 요사(妖邪)스러운 마귀의 괴이한 원형(原形)을 비추어 낼 수 있다고 전하여 이야기된 보경(寶鏡)이다. 이를 빌려서 음모와 간사한 속임수의 꾀를 간파하는 사물에 비유한다. [傳說能照出妖魔鬼怪原形的寶鏡, 比喻借以看穿陰謀詭計的事物.]{『漢語大詞典』}' '참요검(斬妖劍)'은 명대(明代)의 신마소설(神魔小說) 『서유기(西遊記)』 속에 등장하는 신기(神器)이다. 천신(天

神) 나타삼태자(哪吒三太子)의 여섯 가지 요마(妖魔)를 항복시키는 장비 가운데 하나로서, 요마(妖魔)를 베고 제거하는 보검(寶劍)이다. 만 가지 검결(劍訣)이 있어서 헤아릴 수 없을 정도의 검우(劍雨)를 변화시켜 만들어 적(敵)을 공격할 수 있으니, 마치 유성(流星) 모양이 아래로 쏜살같이 내려와 (적을) 베는 것과 같아서 (그) 위력(威力)이 무궁하다. [斬妖劍是明代神魔小說『西遊記』中的神器, 是天神一哪吒三太子的六件降妖裝備之一, 斬妖除魔的寶劍, 有萬劍訣, 可變作千千萬萬的劍雨攻擊敵人, 似流星一般飛斬下來, 威力無窮.]'"

【藕師注】 '조요경(照妖鏡)'이요, '참요검(斬妖劍)'이다.

「17-16」 子曰: "古者民有三疾, 今也或是之亡也. 古之狂也肆, 今之狂也蕩, 古之矜也廉, 今之矜也忿戾, 古之愚也直, 今之愚也詐而已矣."

「17-16」 공자가 말하였다. "옛날에는 백성들에게 세 가지 병폐{질(疾)}가 있었는데, 지금에는 이것마저도 없구나. 옛날의 (뜻이 크나 행실이 따르지 못하는) 광자(狂者)는 작은 예절에 구애받지 않았는데 요즘의 광자(狂者)는 방탕하기만 하고, 옛날의 긍지가 있는 자는 청렴하였는데 요즘의 긍지가 있는 자는 화내고 거역하며, 옛날의 어리석은 자는 정직하였는데 요즘의 어리석은 자는 속이기만 할 뿐이다."

【藕師注】 葛可久[1]頂門針, 不知還救得否? 可悲可憐!

【注釋】

1) 葛可久: 중국 원(元)나라 때의 의학자 갈건손(葛乾孫, 1305-1353)이다. 장주(長洲) 사람으로 자(字)는 가구(可久)이다. 태어날 때부터 기이한 기운을 지녔다고 전하며, 생김새가 우람하고 남보다 힘이 셌다. 그래서 젊었을 때 무술을 배워 무과에

응시했지만 낙방하였다. 그 후 가업을 계승하고자 부친을 통해 의서를 익히고 의술을 배웠다. 당시 절강성(浙江省) 의오(義烏) 지방의 명의(名醫) 주단계(朱丹溪)와 더불어 크게 명성을 떨쳤다. 일찍이 길에서 우연히 의술과 진맥에 정통한 기인을 만났는데, 그 비법을 전수(傳授) 받았다고 한다. 갈건손(葛乾孫)은 만년에 그 비법을 정리하여 책으로 냈는데, 그 책이 바로 『십약신서(十藥神書)』이다.

【藕師注】 갈가구(葛可久) 선생이 정수리에 놓은 침(針)이니, 알지 못하겠으나 다시 치료할 수 있는가? 슬프고 가련하다!

「17-17」 子曰: "巧言令色, 鮮矣仁."[1]

【注釋】

1) 子曰-鮮矣仁: 『논어(論語)·학이(學而) 제일(第一)』 제3장에서 이미 언급되었다.

「17-17」 공자가 말하였다. "말을 좋게 하고 안색을 착하게 하는 사람 중에는 인(仁)한 이가 드물다."

「17-18」 子曰: "惡紫之奪朱也, 惡鄭聲之亂雅樂也, 惡利口之覆邦家者."

「17-18」 공자가 말하였다. "나는 자주색이 붉은 주색(朱色)을 빼앗는 것을 미워하며, 정(鄭)나라 음악이 아악(雅樂)을 어지럽히는 것을 미워하며, 교묘하게 말을 잘하는 입으로 나라를 전복시키는 자를 미워한다."

【藕師注】 二'也'字, 一'者'字, 賓主歷然.

【藕師注】　두 개의 '야(也)' 자(字)와 한 개의 '자(者)' 자(字)가 손님과 주인의 구분이 뚜렷하다.

「17-19」子曰: "予欲無言!" 子貢曰: "子如不言, 則小子何述焉?" 子曰: "天何言哉? 四時行焉, 百物生焉. 天何言哉?"

「17-19」공자가 말하였다. "나는 말이 없고자 한다!" 자공이 말하였다. "선생님께서 만일 말씀을 하지 않으시면 저희가 어떻게 전술하겠습니까?" 공자가 말하였다. "하늘이 무슨 말을 하더냐? 그런데도 사시(四時)가 운행되고 만물이 태어난다. 하늘이 무슨 말을 하더냐?"

【藕師注】　無言豈是不言, 何言却是有言. **說時默, 默時說.**[1] 參!

【注釋】

1) 說時默, 默時說: 영가현각(永嘉玄覺, 665-713) 선사의 『증도가(證道歌)』에 보인다. 『증도가(證道歌)』에는 "묵시설(默時說), 설시묵(說時默)."으로 되어있다. "훼방도 할 수 없고 칭찬도 할 수 없음이여! 본체는 허공과 같아서 한계(限界)가 없도다. 당처(當處)를 떠나지 않고 항상 담연(湛然)하니, 찾은즉 그대를 알지만 볼 수는 없도다. 가질 수도 없고 버릴 수도 없나니, 얻을 수 없는 가운데 단지 이렇게 얻을 뿐이다. 말 없을 때 말하고 말할 때 말 없음이여! 크게 베푸는 문을 여니 옹색한 것이 없도다. [不可毀, 不可讚, 體若虛空勿涯岸. 不離當處常湛然, 覓卽知君不可見. 取不得, 捨不得, 不可得中只麼得. 默時說, 說時默, 大施門開無壅塞.]" 『大正新脩大藏經』 第48冊 · No.2014 · 永嘉證道歌 第1卷(T48n2014_001).

【藕師注】　말이 없는 것이 어찌 말을 하지 않는 것이겠는가? '무슨 말을 하더냐?'는 실인즉 말이 있는 것이다. 말할 때 말이 없고, 말 없을 때 말을 한다. 참구해라!

「17-20」 孺悲欲見孔子, 孔子辭以疾. 將命者出戶, 取瑟而歌, 使之聞之.

「17-20」 유비가 공자를 뵙고자 하였는데, 공자가 병이 있다고 사양하였다. 명령을 받드는 자가 문을 나가자, 공자가 슬(瑟)을 가져다가 타면서 노래를 부르며 유비에게 슬(瑟)의 소리를 듣게 하였다.

【補注】 旣辭以疾, 又取瑟而歌, 使之聞之, 可知聖人之不肯妄語. 雖不見孺悲, 實已進而敎之.

【補注】 이미 병이 있다고 사양하였고 또 슬(瑟)을 가져다가 타면서 노래를 부르며 유비에게 슬(瑟)의 소리를 듣게 하였으니, 성인이 망령된 말을 하려고 하지 않았던 것을 알 수 있다. 비록 유비를 (직접) 만나보지는 않았으나, 실제로는 이미 나아가서 그를 가르쳤던 것이다.

「17-21」 宰我問: "三年之喪, 期已久矣. 君子三年不爲禮, 禮必壞, 三年不爲樂, 樂必崩. (喚甚麼作禮樂? 可恥! 可恥!) 舊穀旣沒, 新穀旣升, 鑽燧改火, 期可已矣." 子曰: "食夫稻, 衣夫錦, 於女安乎?" 曰: "安." (喪心病狂!) "女安則爲之. 夫君子之居喪, 食旨不甘, 聞樂不樂, 居處不安, 故不爲也. (眞禮眞樂, 和盤托出.) 今女安, 則爲之." 宰我出. 子曰: "予之不仁也! 子生三年, 然後免於父母之懷. 夫三年之喪, 天下之通喪也. 予也有三年之愛於其父母乎!"

「17-21」 재아가 물었다. "삼년상(三年喪)은 기간이 너무 오랩니다. 군자가 3년 동안 예(禮)를 행하지 않으면 예(禮)가 반드시 무너지고, 3년 동안 음악을 익히지 않으면 음악이 반드시 무너질 것입니다. (무엇을 예악禮樂이라 부르는가? 부끄럽다! 부끄럽다!) 묵은 곡식이 이미 없어지고 새 곡식이 이미 올라오며 불씨를 일으키는 나무도 계절에 따라 바뀌니, 1년이면 그칠 만합니다." 공자가 말하였다. "상중(喪中)에 쌀밥을 먹고 비단옷을 입는 것이 네 마음에 편안하냐?" 재아가 말하였다. "편안합니다." (이성理性을 잃고 미쳐 날뛰는 것이다!) 공자가 말하였다. "네 마음이 편안하거든 그리하라. 대저 군자는 거상(居喪)할 때는 맛있는 음식을 먹어도 달가워하지 않으며, 음악을 들어도 즐거워하지 않으며, 거처하는 것도 편안하지 않으니, 이 때문에 하지 않는 것이다. (진예眞禮와 진락眞樂을 일체 남기지 않고 다 드러내었다.) 지금 네가 편안하거든 그렇게 하라." 재아(宰我)가 밖으로 나가자, 공자가 말하였다. "재여(宰予; 재아宰我)는 인(仁)하지 못하구나. 자식은 태어나서 3년이 된 뒤에야 부모의 품을 벗어난다. 대저 3년의 상(喪)은 천하의 공통된 상례(喪禮)이다. 재여도 그 부모에게서 3년 동안의 사랑을 받았을 것이다!"

【藕師注】 難道三年之喪便報得三年之愛? 且就人情眞切處點醒之耳. 陳旻昭曰: "宰我答安, 眞有調達入地獄的手段. 得他此答, 方引出孔子一番痛罵, 方使天下後世之爲子者皆不得安, 方杜絕千古世後欲短喪之邪說."

【藕師注】 그래 삼년상(三年喪)이 곧 3년 동안의 사랑을 갚을 수 있다는 말인가? 다시금 인정(人情)의 뚜렷한 곳으로 나아가 지적하여 깨닫게 하였던 것일 뿐이다. 진민소가 말하였다. "재아가 편안하다고 대답한 것에는 진실로 조달(調達)이 지옥에 들어가게 된 수단이 있다. 그의 이러한

대답을 얻고서 바야흐로 공자의 한바탕 호된 꾸짖음을 끌어내었으며, 비로소 천하 후세의 자식 된 자들이 모두 편안할 수 없었으며, 바야흐로 영구한 세월에 걸쳐서 아버지를 이은 아들이 삼년상(三年喪)을 줄이고자 하는 사설(邪說)을 철저하게 막았다."

【補注】 調達卽提婆達多. 於無量劫前, 佛爲國王, 調達爲阿私仙人, 爲王說『妙法華經』, 自是世世示現逆行, 專意害佛. 生斛飯王家, 爲佛從弟. 常以毒藏十指甲, 禮佛接足, 足不傷而指自壞. 又與阿闍世王謀欲殺佛, 而自爲新佛. 王縱五百醉象踏佛, 佛以手指, 指現獅子, 象皆攝伏. 又推大石壓佛, 地神遮之. 石碎, 迸其小者, 中佛足流血, 因是陷入地獄. 佛遣使問其安否, 報曰: "我處此, 如四禪天[1]樂." 又問幾時出地獄, 答曰: "待世尊來入地獄, 我方出之." 其五逆類如此,[2] 實則大權示現, 成就佛功德, 故法華會中, 得授記成佛.[3]

【注釋】

1) 四禪天: "불교(佛敎)에는 삼계(三界) 제천(諸天)의 설이 있다. 삼계(三界)는 욕계(欲界)·색계(色界)·무색계(無色界)를 가리킨다. 색계(色界)의 제천(諸天)은 또 사선(四禪)으로 구분된다. 초선(初禪)은 대범천(大梵天)의 무리가 되고, 이선(二禪)은 광음천(光音天)의 무리가 되고, 삼선(三禪)은 변정천(遍淨天)의 무리가 되고, 사선(四禪)은 색구경천(色究竟天)의 무리가 된다. 색구경천(色究竟天)이 색계(色界)의 맨 끝이다. 『법화주림(法苑珠林)』 제5권을 참조하여 볼 것이다. [佛敎有三界諸天之說. 三界, 指欲界·色界·無色界. 色界諸天又分爲四禪. 初禪爲大梵天之類, 二禪爲光音天之類, 三禪爲遍淨天之類, 四禪爲色究竟天之類. 色究竟天爲色界的極處. 參閱『法苑珠林』卷五.]"-『漢語大詞典』
2) 調達卽提婆達多-其五逆類如此: 『묘법연화경통의(妙法蓮華經通義)』 제4권, 『묘법연화경통의(妙法蓮華經通義)』는 요진(姚秦) 삼장법사(三藏法師) 구마라습(鳩摩羅什)이 한역(漢譯)한 것을 명(明)나라 남악사문(南嶽沙門) 감산(憨山) 덕청(德淸, 1546-1623)이 주석을 달아 술(述)한 『묘법연화경(妙法法華經)』의 해설서이다. 원문(原文)은 다음과 같다. "佛告諸比丘, 爾時王者(至)皆因提婆達多善知識故. 此佛述昔師仙人爲今提婆達多, 正示刻苦爲成佛之因也. 提婆達多, 此云天熱, 生

時人天心皆熱, 故以爲名. 又母禱天而生, 故亦云天授. 斛飯王之子, 佛之從弟. 然事逆行, 世世專意害佛, 今則更甚. 常以毒藏十指甲, 禮佛接足, 足不傷而指自壞. 又與阿闍世王, 謀欲殺佛而自爲新佛, 王縱五百醉象踏佛, 佛以手指指現師子, 象皆懾伏. 又推大石壓佛, 地神遮之, 石碎迸其小者中佛足流血. 因是陷入地獄, 佛遣使問其安否, 報曰: '我處此, 如四禪天樂.' 又問幾時出地獄, 答曰: '待世尊來入地獄, 我方出之.' 其五逆類如此."『卍新纂大日本續藏經』第31冊·No.0611·法華經通義 第4卷(X31n0611_004).

3) 法華會中, 得授記成佛: 『묘법법화경(妙法法華經)·제바달다품(提婆達多品) 제십이(第十二)』, "모든 사부대중에게 이르시되, '제바달다(提婆達多)는 무량한 겁을 지난 뒤에 반드시 성불하여 이름을 천왕여래(天王如來)·응공(應供)·정변지(正遍知)·명행족(明行足)·선서(善逝)·세간해(世間解)·무상사(無上士)·조어장부(調御丈夫)·천인사(天人師)·불(佛)·세존(世尊)이라 불리게 될 것이요, 세계의 이름은 천도(天道)니라.'라고 하셨다. [告諸四衆: "提婆達多, 却後過無量劫, 當得成佛, 號曰: 天王如來·應供·正遍知·明行足·善逝·世間解·無上士·調御丈夫·天人師·佛·世尊', 世界名, 天道."]"『大正新脩大藏經』第9冊·No.0262·『妙法蓮華經』第4卷(T09n0262_004).

【補注】　'조달(調達)'은 즉 '제바달다(提婆達多)'이다. 무량겁(無量劫) 이전에 부처님께서 국왕이셨고 '조달(調達)'이 '아사선인(阿私仙人)'이었을 때, 국왕을 위하여 『묘법연화경(妙法蓮華經)』을 설하였다. 이로부터 대대로 역행(逆行)을 시현(示現)하여 오로지 부처님을 해치는 것에만 뜻을 기울였다. 곡반왕(斛飯王) 가문에 태어나 부처님의 종제(從弟)가 되었다. 평상시에 독(毒)을 열 손가락의 손톱 밑에 숨겨놓았다가 예불(禮佛)을 할 때 부처님의 발에 접촉하였는데, 발은 상하지 않았으되 손가락은 저절로 허물어졌다. 또 아도세왕(阿闍世王)과 도모하여 부처님을 죽인 뒤 스스로 '신불(新佛)'이 되고자 하였다. 왕이 500마리의 술에 취한 코끼리들을 풀어놓아 부처님을 밟고자 하였는데, 부처님께서 손으로써 (코끼리들을) 가리키자 손가락이 사자(獅子)로 변현(變現) 하는지라 코끼리들이 모두 두려움에 떨며 복종하였다. 또 큰 돌을 밀어서 부처님을 압살하고자 하였는데, 지신(地神)이 막았다. (다행히) 돌은 부서졌으나 그 돌의 작은 파편이 튀어나와 부처님 발을 맞추어 피를 흘리게 하였다. '제바달다(提

婆達多)'는 이 때문에 지옥에 빠졌다. 부처님께서 사신(使臣)을 통해 그의 안부를 물으셨다. '제바달다(提婆達多)'가 회답하였다. "제가 이곳에 머무는 것은 마치 사선천(四禪天)에 있는 즐거움과 같습니다." 부처님께서 또 어느 때에 지옥에서 나올 것인지를 물으셨다. '제바달다(提婆達多)'가 대답하였다. "세존께서 지옥에 들어오시는 때를 기다려서 제가 장차 지옥에서 나가려고 합니다." 그 다섯 가지의 역류(逆類)가 이와 같았는데, 실인즉 대권(大權)을 시현(示現)하여 (이미) 부처님의 공덕을 성취하였다. 그러므로 법화회중(法華會中)에서 성불(成佛)할 것이라는 수기(授記)를 얻었던 것이다.

「17-22」子曰: "飽食終日, 無所用心, 難矣哉! 不有博弈者乎? 爲之, 猶賢乎已."

「17-22」 공자가 말하였다. "종일토록 배불리 먹고서 마음 쓰는 바가 없으면 곤란하다! 장기와 바둑이라도 있지 않은가? 이런 것이라도 하는 것이 오히려 마음을 쓰는 바가 없는 것보다는 낫다."

【藕師注】 好行小慧, 無所用心, 俱難矣哉, 須是居易以俟命.

【藕師注】 얕은 지혜를 행하는 것을 좋아하고 마음 쓰는 바가 없는 것은 모두 곤란한 것이니, 반드시 평이(平易)한 데에 처하여 천명(天命)을 기다려야만 한다.

「17-23」子路曰: "君子尙勇乎?" 子曰: "君子義以爲上. 君子有勇而無義爲亂, 小人有勇而無義爲盜."

「17-23」 자로가 말하였다. "군자는 용맹함을 숭상합니까?" 공자가 말하였다. "군자는 의(義)를 으뜸으로 삼는다. 군자가 용맹함이 있되 의(義)가 없으면 난(亂)을 일으키고, 소인이 용맹함이 있되 의(義)가 없으면 도둑질을 한다."

【藕師注】 勇者奪魄.[1]

【注釋】

1) 奪魄: '탈혼(脫魂)'과 같다. 정신(精神)과 지기(志氣)가 두려움을 느껴서 의지(意志)가 동요됨을 가리킨다.『유림외사(儒林外史)』제41회에 보인다. "소금 상인은 부귀하고 사치스러워서, 많은 사대부가 혼을 빼앗겨 넋이 나가 있다. 너는 일개의 약한 여자이니, 보기를 토개(土芥)와 같이할 것인즉 지금 바로 극진히 공경할 것이다! [鹽商富貴奢華, 多少士大夫見了就銷魂奪魄, 你一個弱女子, 視如土芥, 這就可敬的極了!]"

【藕師注】 용맹함은 (본디) 혼백(魂魄)을 빼앗겨 벌벌 떨고 있는 상태이다.

「17-24」子貢曰: "君子亦有惡乎?" 子曰: "有惡: 惡稱人之惡者, 惡居下流而訕上者, 惡勇而無禮者, 惡果敢而窒者." 曰: "賜也亦有惡乎?" "惡徼以爲知者, 惡不孫以爲勇者, 惡訐以爲直者."

「17-24」 자공이 말하였다. "군자도 미워하는 것이 있습니까?" 공자가 말하였다. "미워하는 것이 있으니, 남의 나쁜 점을 말하는 것을 미워하며,

아랫자리에 있으면서 윗사람을 비방하는 것을 미워하며, 용맹함만 있고 예가 없는 것을 미워하며, 과감하기만 하고 융통성이 없는 것을 미워한다." 공자가 말하였다. "사(賜)야, 너도 미워하는 것이 있느냐?" 자공이 대답하였다. "엿보고 살피는 것을 지혜로 여기는 것을 미워하며, 공손하지 않은 것을 용맹으로 여기는 것을 미워하며, 남의 비밀을 들추어내어 거리낌 없이 말하는 것을 정직함으로 여기는 것을 미워합니다."

【藕師注】 大須各自簡點,[1] 莫使此二人惡.

【注釋】

1) 簡點: 명말청초(明末淸初) 때의 임제종(臨濟宗) 사문(沙門) 통용(通容, 1593-1661)이 저술한 『오등엄통(五燈嚴統) 이십(二十)·성도부소각소연선사(成都府昭覺紹淵禪師)』에 보인다. "자세히 간점(簡點)하여 보면, 도적에게 사다리를 건네준 것과 매우 흡사하다. [仔細簡點將來, 大似與賊過梯.]" - 정원 스님, 『國譯泰華禪學大辭典』第1冊, 태화당 평심사, 2019, 119면.

【藕師注】 꼭 반드시 각자가 점검하여서, 이 두 분이 미워하게 하지 말라.

「17-25」子曰: "唯女子與小人爲難養也! 近之則不孫, 遠之則怨."

「17-25」 공자가 말하였다. "오직 '여자'와 '소인'은 기르기가 어렵다! 친근하게 하면 불손해지고, 멀리하면 원망을 한다."

【藕師注】 曲盡女子·小人情狀.

【藕師注】 '여자'와 '소인'의 정상(情狀)을 매우 자세하고 간곡하게 밝혔다.

【補注】 女子·小人皆須教之以道, 學道則易使也. 若養而不敎, 則有怨與不孫之弊.

【補注】 '여자'와 '소인'은 모두 모름지기 도(道)로써 가르쳐야만 하니, 도(道)를 배우면 이내 부리기가 쉽다. 만약 기르되 도(道)로써 가르치지 않으면, 곧 원망함과 불손함의 폐단이 있게 된다.

「17-26」 子曰: "年四十而見惡焉, 其終也已."

「17-26」 공자가 말하였다. "나이 40세가 되어서도 악행을 보인다면, 거기서 끝난 것이다."

【藕師注】 '惡'字不作去聲讀. 見惡, 謂尙不能改惡從善也. 雖云改過可貴, 但四十不改, 恐終不能改矣, 故警勵之, 意欲其奮發速改也.

【藕師注】 '악(惡)' 자(字)는 거성(去聲)으로 읽지 않는다. '현악(見惡)'은 아직도 능히 악(惡)을 고쳐서 선(善)을 따르지 못하는 것을 이른다. 비록 '허물을 고치는 것이 가히 귀하다.'라고 말할지라도 다만 나이 40세가 되어서까지 허물을 고치지 못한다면, 아마도 끝내 능히 고치지 못할 것이다. 그러므로 경계하여 면려(勉勵)하였으니, 생각건대 그가 분발하여 신속하게 고치도록 하고자 한 것이다. ◎

【補注】　　欲其不終於惡也. 不終於惡, 則朝聞道, 夕死可矣.[1]

【注釋】

1)　朝聞道, 夕死可矣: 『논어(論語)·리인(里仁) 제사(第四)』 제8장, "공자가 말하였다. '아침에 도(道)를 들으면, 저녁에 죽어도 괜찮다.' [子曰: "朝聞道, 夕死可矣."]"

【補注】　　그가 악행에서 끝나지 않게 하고자 하였다. 악행에서 끝나지 않는다면, 아침에 도(道)를 듣고서 저녁에 죽는다고 해도 괜찮을 것이다.

【解說】　　본장(本章)은 지욱 대사가 주자의 『논어집주』 풀이를 비판한 것이다. 주자는 정문(正文)의 '악(惡)'자를 거성(去聲)으로 읽어서 "40세는 덕(德)이 이루어지는 때이거늘 남에게 미움을 받는다면 그대로 끝나고 말 뿐이니, 사람들이 제때에 미쳐서 허물을 고쳐 선(善)으로 나아가기를 권면하였다. 소씨가 말하였다. '이것도 까닭이 있어서 말한 것이니, 누구 때문인지는 모르겠다.' [四十, 成德之時, 見惡於人, 則止於此而已, 勉人及時遷善改過也. 蘇氏曰: "此亦有爲而言, 不知其爲誰也."]"라고 풀이하여 '악(惡)'자를 '미워함'의 뜻으로 보았다. 지욱 대사는 바로 이 점을 지적한 것이다.

【微子 第十八】

「18-1」微子去之, 箕子爲之奴, 比干諫而死. 孔子曰: "殷有三仁焉."

「18-1」미자(微子)는 떠났고 기자(箕子)는 종이 되었고 비간(比干)은 간언하다가 죽었다. 공자가 말하였다. "은(殷)나라에 세 분의 인자(仁者)가 있었다."

【蕅師注】 異世者却知其仁, 同時者却云不知其仁, 孔子於'仁'字何等認得淸楚? 豈似子路·子貢·子張·武伯等隔牆猜謎乎? 卓吾曰: "千古只眼."[1] 方外史曰: "若據後儒見識, 則微子之去, 箕子之陳『洪範』於武王, 安得與比干同論? 嗚呼! 仁理之不明也久矣."

【注釋】
1) 千古只眼: 『논어평(論語評)·미자(微子) 제십팔(第十八)』제1장, "[評] 千古隻眼." 앞의 책, 312면.

【蕅師注】 세대를 달리하였던 자는 오히려 그들의 인(仁)을 알았으나, 시대를 같이했던 자는 도리어 그들이 인덕(仁德)을 가진 사람인지 모르겠다고 말하였다. 공자는 '인(仁)' 자(字)에 있어서 어쩌면 그토록 명백하게 알고 있었던가? 자로(子路)·자공(子貢)·자장(子張)·무백(武伯) 따위가 담을 사이에 두고서 (공자를) 추측했었던 경우와 어찌 같겠는가? 이탁오는 이렇게 말하였다. "천고(千古)의 탁월한 식견이다."

방외사는 말한다. "만약 후유(後儒)들의 견식(見識)에 따른다면, 미자(微子)가 떠나간 것과 기자(箕子)가 무왕(武王)에게 『홍범(洪範)』을 진언한 것을 어찌 비간(比干)과 더불어 같이 논의할 수 있으랴? 오호라! '인리(仁理)'가 밝혀지지 못한 지가 오래되었도다."

【補注】　　爲仁而去, 爲仁而奴, 爲仁而死, 故曰'殷有三仁焉.'.

【補注】　　'인(仁)'을 위해서 떠났으며, '인(仁)'을 위해서 종이 되었으며, '인(仁)'을 위해서 죽었다. 그러므로 "은(殷)나라에 세 분의 인자(仁者)가 있었다."라고 말하였다.

【解說】　　본장(本章)은 주자가 『논어집주』에서 양씨의 말을 인용하여 풀이한 내용을 지욱 대사가 비판한 것이다. 주자는 『논어집주』에서 "세 분의 행동은 같지 않으나 지극한 정성으로 측달(惻怛)한 뜻에서 나온 것은 똑같았다. 그러므로 사랑의 이치에 어긋나지 않아 그 마음의 덕(德)을 온전하게 할 수 있었다. 양씨가 말하였다. '이 세 분은 각자 그 본심을 얻었다. 그러므로 똑같이 인자(仁者)라고 이른 것이다.' [三人之行不同, 而同出於至誠惻怛之意. 故不咈乎愛之理, 而有以全其心之德也. 楊氏曰: "此三人者, 各得其本心. 故同謂之仁."]"라고 하여, 세 분의 행동이 같지는 않으나 인자(仁者)라는 측면에서 본다면 동등하다고 풀이하였다. 지욱 대사는 바로 이 점을 지적한 것이다. 지욱 대사는 미자(微子)가 떠나간 것과 기자(箕子)가 무왕(武王)에게 『홍범(洪範)』을 진언한 것은 주왕(紂王)에게 간언하다가 심장을 뽑힌 비간(比干)의 일과는 함께 논의할 수 없다고 보았다. 지욱 대사는 비간(比干)의 행동을 미자(微子)와 기자(箕子)의 행동보다 더 고결하고 어려운 일로 평가한 것이다.

「18-2」柳下惠爲士師, 三黜. 人曰: "子未可以去乎?" 曰: "直道而事
人, 焉往而不三黜? 枉道而事人, 何必去父母之邦?"

「18-2」유하혜가 (사법관司法官인) 사사(士師)가 되어 세 번 내침을 당하
였다. 어떤 사람이 말하였다. "그대는 여기를 떠날 수 없었는가?" 유하혜
가 말하였다. "도(道)를 곧게 하여 사람을 섬긴다면, 어디를 간들 세 번
내침을 당하지 않겠는가? 도(道)를 굽혀 사람을 섬긴다면, 구태여 부모
의 나라{고국(故國)}를 떠날 필요가 있겠는가?"

【藕師注】 卓吾曰: "有見有守."[1] 方外史曰: "惟見得眞, 故守得定."

【注釋】

1) 有見有守: 『논어평(論語評)·미자(微子) 제십팔(第十八)』 제2장, "[評] 有見有守." 앞
   의 책, 312면.

【藕師注】 이탁오는 이렇게 말하였다. "견해(見解)가 있으면 지키는 것이
있다."
  방외사는 말한다. "오직 견해(見解)가 진리(眞理)를 깨달았으므로, 지
키는 것이 정정(正定)을 터득하였다."

「18-3」齊景公待孔子曰: "若季氏, 則吾不能." 以季·孟之間待之.
曰: "吾老矣, 不能用也." 孔子行.

「18-3」제(齊)나라 경공이 공자를 대우(待遇)하며 말하였다. "계씨와 같
이는 내가 대접할 수 없습니다." 계씨와 맹씨의 중간 정도로 대우하였다.

(후에) 제(齊)나라 경공이 말하였다. "내가 늙어서 등용하지 못하겠소." 이에 공자가 떠났다.

「18-4」齊人歸女樂, 季桓子受之, 三日不朝. 孔子行.

「18-4」제(齊)나라 사람이 미녀들로 이루어진 가무단(歌舞團)을 보내오자, 계환자가 그것을 받고 3일 동안 조회를 하지 않았다. 이에 공자가 떠났다.

「18-5」楚狂接輿歌而過孔子曰: "鳳兮鳳兮, 何德之衰! 往者不可諫, 來者猶可追. 已而已而, 今之從政者殆而!" 孔子下, 欲與之言. 趨而辟之, 不得與之言.

「18-5」초(楚)나라 광인(狂人)인 접여가 노래하면서 공자의 수레 앞을 지나가며 말하였다. "봉황이여, 봉황이여, 어찌하여 덕(德)이 쇠해졌는가! 지나간 것은 간하여 말릴 수 없지만, 앞으로 오는 일은 그래도 따라잡을 수 있다. 그만둘지어다, 그만둘지어다, 오늘날 정치에 종사하는 자들은 위태롭도다!" 공자가 수레에서 내려 그와 더불어 말을 하려고 하였다. 그가 종종걸음으로 피하므로 함께 말하지 못하였다.

【藕師注】 又是聖人一個知己. 趨而辟之, 尤有禪機.

【藕師注】 또한 성인의 한 명의 지기지우(知己之友; 자기의 속마음을 참되

게 알아주는 친구)였다. 종종걸음을 하여 피하였으니, 한층 더 선기(禪機)가 있다.

「18-6」長沮·桀溺耦而耕. 孔子過之, 使子路問津焉. 長沮曰: "夫執輿者爲誰?" 子路曰: "爲孔丘." 曰: "是魯孔丘與?" 曰: "是也." 曰: "是知津矣." (好贊詞.) 問於桀溺. 桀溺曰: "子爲誰?" 曰: "爲仲由." 曰: "是魯孔丘之徒與?" 對曰: "然." 曰: "滔滔者, 天下皆是也, 而誰以易之? 且而與其從辟人之士也, 豈若從辟世之士哉?" 耰而不輟. (辟人之士, 錯看孔子.) 子路行以告. 夫子憮然曰: "鳥獸不可與同群, 吾非斯人之徒與而誰與? (可見不是辟人之士.) 天下有道, 丘不與易也. (菩薩心腸, 木鐸[1]職分.)"

【注釋】

1) 木鐸:『논어(論語)·팔일(八佾) 제삼(第三)』제24장의 정문(正文)과【藕師注】를 참조할 것.

「18-6」 장저와 걸닉이 김을 매고 밭을 갈고 있었다. 공자가 지나가다가 자로를 시켜 나루를 묻게 하였다. 장저가 말하였다. "저기 수레 고삐를 잡고 계신 분은 누구요?" 자로가 말하였다. "공구(孔丘)이십니다." 장저가 말하였다. "노(魯)나라의 공구 말인가?" 자로가 말하였다. "그렇습니다." 장저가 말하였다. "그렇다면 이분이 나루를 알 것이오." (좋아하여 칭찬한 언사이다.) 걸닉에게 물었다. 걸닉이 말하였다. "당신은 누구요?" 자로가 말하였다. "중유(仲由)라고 합니다." 걸닉이 말하였다. "그대가 바로 노(魯)나라 공구의 무리인가?" 자로가 대답하였다. "그렇습니다." 걸닉이 말하였다. "도도하게 흘러가는 것이 천하가 모두 그러하니, 누구와 더불어 그것을 바꾸겠는가? 게다가 사람을 피하는 선비를 따르는 것이 어찌 세상을 피하는 선비를 따르는 것만 같겠는가?" 이렇게 말하고는 씨앗 덮는 일을 그치지 않았다. ('사람을 피하는 선비'라는 것은 공자를 잘못 본 것이다.) 자로가 돌아와 이 일을 아뢰었다. 공자가 낙심한 듯이 말하였다. "새나 짐승과는 더불어 같이 무리 지어 살 수 없으니, 내가 이런 사람들의 무리와 함께 살지 아니하면 누구와 함께 살겠는가? ('사람을 피하는 선비'가 아니라는 것을 볼 수 있다.) 천하에 도(道)가 있었다면, 내가 관여하여 바꾸려 하지 않았을 것이다." (보살菩薩의 심장心腸이요, 목탁木鐸의 직분職分이다.)

「18-7」子路從而後, 遇丈人以杖荷蓧. 子路問曰: "子見夫子乎?" (問得滿撞.) 丈人曰: "四體不勤, 五穀不分, 孰爲夫子?" (答得清楚.) 植其杖而芸. 子路拱而立. 止子路宿, 殺雞爲黍而食之, 見其二子焉. (露出馬脚, 惹出是非.) 明日, 子路行以告. 子曰: "隱者也." 使子路反見之. (**趙州勘婆子.**[1]) 至則行矣. (勘破了也.) 子路曰: "不仕無義. 長幼之節, 不可廢也, 君臣之義, 如之何其廢之? 欲潔其身, 而亂大倫. 君子之仕也, 行其義也. 道之不行, 已知之矣."

【注釋】

1) 趙州勘婆子: 『선종송고련주통집(禪宗頌古聯珠通集)』 제18권, "조주(趙州) 선사가 스님들 때문에 오대산(五臺山)에서 머물고 있었다. 어떤 스님이 한 노파에게 물었다. '오대산으로 가는 길이 어디입니까?' 노파가 말하였다. '곧장 가시오.' 이에 스님이 곧 떠났다. 노파가 말하였다. '괜찮은 스님인데 또 이렇게 가는구나.' 뒤에 어떤 스님이 선사에게 이 일을 이야기하였다. 선사가 말하였다. '내가 가서 감정해 보고 오겠다.' 이튿날 선사가 바로 가서 말하였다. '오대산으로 가는 길이 어디입니까?' 노파가 말하였다. '곧장 가시오.' 선사가 곧 떠났다. 노파가 말하였다.

'괜찮은 스님인데 또 그렇게 가는구나.' 선사가 선원(禪院)으로 돌아와서 스님에게 일러 말하였다. '(내가) 오대산의 노파를 그대를 위해 감파(勘破)하여 마쳤다.' [趙州因僧遊五臺. 問一婆子曰: "臺山路向甚麼處去?" 婆曰: "驀直去." 僧便去. 婆曰: "好箇師僧, 又恁麼去." 後有僧擧似師. 師曰: "待我去勘過." 明日師便去問: "臺山路向甚麼處去?" 婆曰: "驀直去." 師便去. 婆曰: "好箇師僧又恁麼去." 師歸院謂僧曰: "臺山婆子爲汝勘破了也."]『卍新纂大日本續藏經』第65冊·No.1295·禪宗頌古聯珠通集 第18卷(X65n1295_018).

「18-7」 자로가 공자를 따라가다가 뒤에 처져 있었는데, 지팡이로써 삼태기를 매고 있는 노인을 만났다. 자로가 물었다. "노인장께서는 우리 선생님을 보셨습니까?" (묻는 것이 아주 한 대 때릴 듯하였다.) 노인이 말하였다. "사지(四肢)를 부지런히 움직이지 않고 오곡(五穀)을 분별하지 못하는데, 누구를 선생으로 삼겠는가?" (청랑淸朗하고 우아하게 답변하였다.) 그러고는 지팡이를 꽂아놓고 김을 매었다. 자로가 두 손을 모으고 공손하게 서 있었다. 노인은 자로를 자기 집에 묵게 하고는 닭을 잡고 기장밥을 지어서 먹이고 그의 두 아들에게 자로를 보게 하였다. (마각馬脚을 노출하였고, 시비是非를 끌어내었다.) 다음 날 자로가 떠나와서 이 일을 공자에게 아뢰었다. 공자가 "은자이다."라고 하고, 자로에게 돌아가 만나보게 하였다. (조주趙州가 노파老婆를 감파勘破하였다.) 도착하니 이미 떠나가고 없었다. (이미 감파勘破하였다.) 자로가 말하였다. "벼슬하지 않는 것은 의(義)가 없는 것이다. 장유(長幼)의 예절도 폐할 수 없는데, 군신의 의(義)를 어찌 폐할 수 있겠는가? (벼슬하지 않는 것은) 자기 몸을 깨끗하게 하고자 하여 큰 윤리를 어지럽히는 것이다. 군자가 벼슬하는 것은 그 의(義)를 행하는 것이다. 도(道)가 행해지지 않는 것은 이미 알고 있다."

【藕師注】 此數句絶不似子路之言, 想是夫子敎他的. 幸得丈人不在, 不然却被丈人勘破.

【藕師注】 이 몇 구절은 끝내 자로의 말 같지는 않다. 생각건대 부자(夫子)가 그를 가르쳤던 것 같다. 다행히 노인이 떠나서 그곳에 있지 아니한 상황을 만났다. 그렇지 않았다면 도리어 노인에게 감파(勘破)를 당하였을 것이다.

【補注】 長沮·桀溺·丈人之勤四體, 分五穀, 自是古時學者本色, 兩漢學風尙如此也. 孔子欲進以大乘救世之學, 故不許其辟世, 然高於後世科擧·學校所養成之遊民萬萬矣. 今之學者當法長沮·桀溺·丈人之生計自立, 而更進求大乘救世之學, 則眞孔子徒也. 讀'樊遲請學稼.'[1]章, 亦當知此意. 若戰國時許行君民竝耕而食[2]之說, 則窒礙難通矣. 兩漢諸帝尙躬耕籍田, 以供宗廟祭祀, 而令郡國各擧孝弟力田之士, 以爲鄕里表率, 此則良法美意[3]可施行也.

【注釋】

1) 樊遲請學稼:『논어(論語)·자로(子路) 제십삼(第十三)』제4장, "번지가 농사일을 배우기를 청하였다. 공자가 말하였다. '나는 늙은 농부만 못하다.' 번지가 채소 가꾸는 일을 배우기를 청하였다. 공자가 말하였다. '나는 늙은 원예사만 못하다.' 번지가 나가자, 공자가 말하였다. '소인이구나, 번수여! 윗사람이 예(禮)를 좋아하면 백성들이 감히 공경하지 않는 것이 없고, 윗사람이 의(義)를 좋아하면 백성들이 감히 복종하지 않는 것이 없고, 윗사람이 믿음{신(信)}을 좋아하면 백성들이 감히 사실대로 하지 않는 것이 없다. 이렇게 되면 사방의 백성들이 자식을 강보(繈褓)에 업고 올 것이니, 어디에다가 농사일을 쓰겠는가?' [樊遲請學稼. 子曰: "吾不如老農." 請學爲圃. 曰: "吾不如老圃." 樊遲出. 子曰: "小人哉, 樊須也! 上好禮, 則民莫敢不敬, 上好義, 則民莫敢不服, 上好信, 則民莫敢不用情. 夫如是, 則四方之民繈負其子而至矣, 焉用稼?"]"

2) 許行君民竝耕而食:『맹자(孟子)·등문공(滕文公) 상(上)』제4장, "신농씨(神農氏)의 학설을 주장하는 자인 허행(許行)이 초(楚)나라에서 등(滕)나라로 와서, 궁궐 문에 이르러 문공에게 아뢰었다. '먼 지방 사람이 군주께서 인정(仁政)을 하신다는 말을 듣고, 살 곳을 받아 이 나라 백성이 되기를 원합니다.' 문공이 그에게 거처할 곳을 주었다. 이에 그를 따르는 무리 수십 명이 모두 갈옷을 입고는, 신을

두드려 만들고 자리를 짜서 이것을 팔아 양식을 마련하였다. 초나라 유자(儒者) 진량(陳良)의 제자 진상(陳相)이 그의 아우 신(辛)과 함께 쟁기를 지고서 송나라에서 등나라로 와서 말하였다. '임금께서 성인의 정치를 행하신다는 말을 들었습니다. 그렇다면 이 또한 성인이시니, 성인의 백성이 되기를 원합니다.' 진상이 허행을 만나보고 크게 기뻐하여 자기가 배운 것을 다 버리고 그에게 배웠다. 진상이 맹자를 뵙고 허행의 말을 전하였다. '등나라 임금은 진실로 현군(賢君)이지만 아직 도(道)를 듣지는 못하였습니다. 현자는 백성들과 함께 농사지어서 먹으며 손수 밥을 지어 먹고 나라를 다스립니다. 그런데 지금 등나라에는 곡식창고와 재물창고가 있습니다. 이는 백성을 해쳐서 자신을 봉양하는 것이니, 어떻게 어질다고 할 수 있겠습니까?' [有爲神農之言者許行, 自楚之滕, 踵門而告文公曰: "遠方之人, 聞君行仁政, 願受一廛而爲氓." 文公與之處, 其徒數十人, 皆衣褐·捆屨·織席以爲食. 陳良之徒陳相與其弟辛, 負耒耜而自宋之滕, 曰: "聞君行聖人之政, 是亦聖人也, 願爲聖人氓." 陳相見孟子, 道許行之言曰: "滕君, 則誠賢君也, 雖然未聞道也. 賢者與民竝耕而食, 饔飧而治. 今也滕有倉廩府庫, 則是厲民以自養也, 惡得賢?"]

3) 良法美意: 『근사록집해(近思錄集解) 권구(卷九)·치법(治法)』, "옛 법을 따를 때 진실로 권도(權道)를 통달하여 변통하여야 하고, 훌륭한 규정(規程)으로 지킬 수 있는 것은 옛것을 기준으로 하여 지금에 마땅하지 않음이 없게 하여야 하니, 만일 혹시라도 옛 법에 집착해서 때에 따라 변통하여 지금에 시행하지 못하고, 혹 우선 옛 법을 회복한다는 명분을 따르고자 해서 좋은 법과 아름다운 뜻을 힘써 행하지 못하고 마침내 그 실제를 버린다면, 이것은 비루한 유자(儒者)의 식견이 우활(迂闊)하고 얕은 것이니, 어찌 족히 훌륭한 정치를 이룩하는 방도를 논할 수 있겠는가? [蓋古法所遵, 固宜通權而達變, 而良規可守, 無不可準古而宜今. 苟或徒拘泥古法, 不能隨時變通以施之於今, 或姑欲徇復古之名, 而良法美意不能力行而遂廢其實, 此則鄙陋之儒見識迂淺, 何足以論致治之道?]"

【補注】　장저(長沮)·걸닉(桀溺)·장인(丈人)이 사체(四體)를 부지런히 움직이고 오곡(五穀)을 분별했던 것은 당연히 옛날 학자들의 본색이었는데, 양한(兩漢)의 학풍이 여전히 이와 같았다. 공자는 대승(大乘)의 가르침으로 세상을 구제하는 학문을 진전(進展)시키고자 하였다. 그러므로 그 세상을 멀리하는 것을 허여하지 않았다. 하지만 (그들은) 후세의 과거(科擧)와 학교(學校)에서 양성된 바의 유민(遊民)들보다 월등히 뛰어났다. 지금의 학자들은 마땅히 장저·걸닉·장인의 생계 자립을 본받아야 하며, 다시 대승(大乘)의 가르침으로 세상을 구제하는 학문을 구하는 데

나아가야만 하니, (이렇게 한다면) 참으로 공자의 무리인 것이다. '번지가 농사일을 배우기를 청하였다.'라는 장(章)을 읽어보고서, 또한 마땅히 이러한 뜻을 알아야만 한다. 전국시대에 허행(許行)과 군민(君民)들이 함께 밭을 갈아서 먹었다는 설의 경우에는 꽉 막히고 거치적거려서 변통하기 어렵다. 양한(兩漢)의 여러 임금은 오히려 몸소 적전(籍田)을 밭 갈아서 종묘의 제사에 바쳤으며, 군(郡)과 국(國)이 효성스럽고 우애가 있으면서 힘써 농사짓는 자들을 각기 추천하여 향리(鄕里)의 모범으로 삼도록 하였으니, 이것이 곧 가히 시행될 수 있는 '좋은 법과 아름다운 뜻{양법미의 (良法美意)}'인 것이다.

「18-8」逸民: 伯夷·叔齊·虞仲·夷逸·朱張·柳下惠·少連. 子曰: "不降其志, 不辱其身, 伯夷·叔齊與?" 謂"柳下惠·少連降志辱身矣, 言中倫, 行中慮, 其斯而已矣." 謂"虞仲·夷逸隱居放言, 身中淸, 廢中權." "我則異於是, 無可無不可."

「18-8」일민(逸民)은 백이와 숙제와 우중과 이일과 주장과 유하혜와 소련이다. 공자가 말하였다. "그 뜻을 굽히지 않고 그 몸을 욕되게 하지 않은 자는 백이와 숙제겠지?" 공자가 이르기를, "유하혜와 소련은 뜻을 굽히고 몸을 욕되게 하였으나, 말이 조리에 맞았으며 행실이 사려에 맞았으니 이런 점이 있었을 뿐이다."라고 평하였다. 공자가 이르기를, "우중과 이일은 숨어 살면서 말을 함부로 하였으나, 몸은 청정함을 지켰고 벼슬하지 않은 것은 권도(權道)에 맞았다."라고 하였다. 그리고 이렇게 말하였다. "나는 이런 경우와는 다르니, 가(可)한 것도 없고 불가(不可)한 것도 없다."

【蕅師注】 異於是, 謂異於不降不辱, 異於降志辱身, 異於隱居放言也, 非謂異於逸民也. 以無可無不可而附於逸民之科, 又是‘**木鐸**’[1]一個注脚.

【注釋】

1) 木鐸:『논어(論語)·팔일(八佾) 제삼(第三)』제24장의 정문(正文)과 【蕅師注】를 참조할 것.

【蕅師注】 ‘이런 경우와는 다른 것’은 ‘그 뜻을 굽히지 않고 그 몸을 욕되게 하지 않는 것’과는 다르며, ‘뜻을 굽히고 몸을 욕되게 하는 것’과는 다르며, ‘숨어 살면서 말을 함부로 하는 것’과는 다른 것을 이른 것이요, 일민(逸民)과 다르다는 것을 이른 것이 아니다. ‘가(可)한 것도 없고 불가(不可)한 것도 없다.’라는 말로써 일민(逸民)의 과목(科目; 분류한 조목條目)에 덧붙였으니, 또 ‘목탁(木鐸)’에 대한 하나의 주석이다.

「18-9」大師摯適齊, 亞飯干適楚, 三飯繚適蔡, 四飯缺適秦, 鼓方叔入於河, 播鼗武入於漢, 少師陽·擊磬襄入於海.

「18-9」 태사인 지(摯)는 제(齊)나라로 가고, 아반(亞飯)인 간(干)은 초(楚)나라로 가고, 삼반(三飯)인 료(繚)는 채(蔡)나라로 가고, 사반(四飯)인 결(缺)은 진(秦)나라로 가고, 북을 치는 방숙(方叔)은 하내(河內)로 들어가고, 소고(小鼓)를 흔드는 무(武)는 한중(漢中)으로 들어가고, 소사(少師)인 양(陽)과 경쇠를 치는 양(襄)은 해도(海島)로 들어갔다.

【藕師注】 悽愴之景, 萬古墮淚, 亦可助發苦·空·無常觀門.

【藕師注】 몹시 슬프고 애달픈 광경에 매우 오랜 세월 동안 (사람들이) 눈물을 흘렸으니, 또한 고(苦)·공(空)·무상(無常)의 관문(觀門)을 (밟고 들어서는데) 도와서 드러낼 수 있다.

【補注】 此周時天子失官·學在四夷[1]之實錄也. 古者百官各專其學, 各世其官賴有世祿以養之也. 周東遷後, 王政不行於諸侯, 所入不足以養官, 而散在四方, 百官之學遂變爲百家之學, 而古學漸衰矣. 讀班固『藝文志』, 可知其大略也.

【校勘】 『藝文志』: 『선해유도총서(禪解儒道叢書) 사서우익해(四書藕益解)』본에는 '예문(藝文)'으로 되어있는데, 여기서는 동림사(東林寺) 인본(印本) 『사서우익해(四書藕益解)』본을 따라 '예문지(藝文志)'로 하였다.

【注釋】

1) 天子失官·學在四夷: 『춘추좌씨전(春秋左氏傳)·노소공(魯昭公) 사(四)』, "내{중니(仲尼)} 듣건대 '천자(天子)가 옛 관제(官制)를 잃으면, 그에 관한 학문이 사방의 만이국(蠻夷國)에 있다.'라고 하였으니, 이 말을 오히려 믿을 수 있다. [吾聞之, '天子失官, 學在四夷.', 猶信.]"

【補注】 이것은 주(周)나라 때에 '천자(天子)가 관직 제도를 잃으면, 그에 관한 학문이 사방의 만이국(蠻夷國)에 있다.'라는 실제 상황을 기록한 글이다. 옛날에는 백관들이 각기 그 학문을 전공하였고, 각 세대(世代)마다 관리들이 대대로 이어서 받는 나라의 녹봉을 힘입어 (후학後學들을) 길러내었다. 주(周)나라가 동쪽으로 천도한 이후 왕정(王政)이 제후들에게 시행되지 아니하여 거둬들인 돈이 관리들을 양성하는 데 부족해지

니, (배우는 자들이) 사방(四方)으로 흩어졌다. 이에 백관들의 학문이 결국 백가(百家)의 학문으로 변질하였고, 고학(古學)이 점점 쇠퇴하게 되었다. 반고(班固)의 『예문지(藝文志)』를 읽어보면, 그 대략을 알 수 있다.

「18-10」周公謂魯公曰: "君子不施其親, 不使大臣怨乎不以, 故舊無 大故則不棄也, 無求備於一人."

「18-10」 주공이 노공 백금에게 일러 말하였다. "군자는 그 친척을 버리지 않으며, 대신에게 등용시켜 주지 않는다는 원망을 품게 하지 아니하며, 옛 친구가 큰 잘못이 없으면 버리지 않으며, 한 사람에게서 (모든 덕德이) 다 갖추어져 있기를 요구하지 않는다."

【補注】　此言居上要寬, 寬則得衆. 無求備於一人, 是敎凡有國者 造就人才之準則. 求備於一人, 可使天下無一人, 不求備於一人, 而人 才不可勝用矣. 後世科擧·學校皆以求備一人之法, 使天下英才不能 成材, 不能成德, 而國家之根本傷矣. 可嘆也夫!

【補注】　이것은 윗자리에 처한 자는 너그러움이 중요하니, 너그러우면 무리를 얻는다는 것을 말한 것이다. 한 사람에게서 (모든 덕德이) 다 갖추어져 있기를 요구하지 않는다는 것은 무릇 나라를 소유한 자들이 인재를 육성하게 하는 준칙인 것이다. 한 사람에게서 (모든 덕德이) 다 갖추어져 있기를 요구하면 부릴 수 있는 사람이 천하에 한 사람도 없을 것이요, 한 사람에게서 (모든 덕德이) 다 갖추어져 있기를 요구하지 않으면 인재를 이루 다 쓰지 못할 것이다. 후세의 과거(科擧)와 학교(學校)에서는

전부 한 사람에게서 (모든 덕德이) 다 갖추어져 있기를 요구하는 법을 써서, 천하의 영재들이 능히 재목(材木)으로 성장할 수 없게 하였으며 능히 덕(德)을 이룰 수 없게 하였으니, 국가의 근본이 (이 때문에) 상하게 되었다. 가히 탄식(嘆息)할 만하다!

「18-11」 周有八士: 伯達·伯适·仲突·仲忽·叔夜·叔夏·季隨·季騧.

「18-11」 주(周)나라에 여덟 선비가 있었다. 백달(伯達)과 백괄(伯适)과 중돌(仲突)과 중홀(仲忽)과 숙야(叔夜)와 숙하(叔夏)와 계수(季隨)와 계와(季騧)이다.

【補注】   八士而出於一家兄弟, 又兩兩雙生, 可想周士之多, 文·武·周公德化之盛也. 楊愼曰: "大理董難曾見宋人小說周有八士, 命名八人而四韻. 伯達·伯适一韻也, 仲突·仲忽一韻也, 叔夜·叔夏一韻也, 季隨·季騧 (隨, 旬禾反, 騧, 烏戈反) 一韻也. 周人尙文, 於命子之名, 亦緻密不苟如此." 說見顧亭林『音學五書』之唐韻正.[1]

【注釋】

1) 『音學五書』之唐韻正: 『음학오서(音學五書)』는 청초(淸初)의 학자 고염무(顧炎武)의 저작이다. 『음학오서(音學五書)』는 『음론(音論)』 전3권·『시본음(詩本音)』 전10권·『역음(易音)』 전3권·『당운정(唐韻正)』 전20권·『고음표(古音表)』 전2권 등으로 구성되어 있는데, 『시경(詩經)』의 고음(古音)에 관한 연구서로서는 청대(淸代) 최초의 저서이다. 편목(篇目) 가운데에서 『당운정(唐韻正)』의 내용이 가장 많고 이것이 또한 가장 중요한 자료로 평가된다.

【補注】   여덟 선비가 한 집안에서 출생한 형제들이고 또 둘씩 둘

씩 쌍으로 태어났으니, 주(周)나라 선비들이 많았던 것은 문왕·무왕· 주공이 덕(德)으로써 교화(敎化)한 것이 성대(盛大)하였다는 것으로 생각할 수 있다. 양신(楊愼)이 말하였다. "대리(大理) 동난(董難)은 일 찍이 송(宋)나라 사람의 소설(小說)에서 주(周)나라에 여덟 선비가 있 어 (그들) 여덟 사람을 사운(四韻)으로 명명(命名)하여 놓았던 것을 보 았다. 백달(伯達)과 백괄(伯适)이 일운(一韻)이요, 중돌(仲突)과 중홀 (仲忽)이 일운(一韻)이요, 숙야(叔夜)와 숙하(叔夏)가 일운(一韻)이요, 계수(季隨)·계와(季騧)(수隨는 순화旬禾의 반절反切이고, 와騧는 오과烏戈 의 반절反切이다.)가 일운(一韻)이다. 주(周)나라 사람들이 문(文)을 숭 상하여서 자식에게 명한 이름에서도 치밀하게 하여 소홀히 하지 않 았던 것이 이와 같았다." 실제의 설이 정림(亭林) 고염무(顧炎武)의 『음학오서(音學五書)』 중 『당운정(唐韻正)』에 보인다.

【子張 第十九】

「19-1」子張曰: "士見危致命, 見得思義, 祭思敬, 喪思哀, 其可已矣."

「19-1」자장이 말하였다. "선비가 나라의 위태로움을 보면 목숨을 바치며, 얻을 것을 보면 의(義)로운 것인가를 생각하며, 제사에는 공경할 것을 생각하며, 상사(喪事)에는 슬픔을 다할 것을 생각한다면, 괜찮다고 할 수 있다."

【藕師注】 卓吾云: "'致命'不用'思'字, 有理."[1]

【注釋】

1) '致命'不用'思'字, 有理: 『논어평(論語評)·자장(子張) 제십구(第十九)』제1장, "[評] '致命'不用'思'字, 有理." 앞의 책, 319면.

【藕師注】 이탁오는 이렇게 말하였다. "'치명(致命)'에 '사(思)' 자(字)를 쓰지 않은 것은 일리(一理)가 있다."

「19-2」子張曰: "執德不弘, 信道不篤, 焉能爲有? 焉能爲亡?"

「19-2」자장이 말하였다. "덕(德)을 지키는 것이 넓지 못하며 도(道)를 믿는 것이 독실하지 못하다면, 어찌 있다고 할 수 있겠는가? 어찌 없다고 할 수 있겠는가?"

【藕師注】 卓吾云: "罵得很."¹⁾ 方外史曰: "'弘'字·'篤'字用得妙."

【注釋】

1) 罵得很: 『논어평(論語評)·자장(子張) 제십구(第十九)』제2장, "[評] 罵得狠." 앞의 책, 319면.

【藕師注】 이탁오는 이렇게 말하였다. "심하게 질책하였다."

방외사는 말한다. "'홍(弘)' 자(字)와 '독(篤)' 자(字)가 쓰인 것이 절묘함을 얻었다."

「19-3」子夏之門人問交於子張. 子張曰: "子夏云何?" 對曰: "子夏曰: '可者與之, 其不可者拒之.'" 子張曰: "異乎吾所聞. 君子尊賢而容衆, 嘉善而矜不能.¹⁾ 我之大賢與, 於人何所不容? 我之不賢與, 人將拒我, 如之何其拒人也?"

【注釋】

1) 嘉善而矜不能: 『중용(中庸)』제20장, "재계(齋戒)하고 깨끗이 하며 의복을 갖추어 입고서 예(禮)가 아니면 움직이지 않는 것은 몸을 닦는 것이요, 참소(讒訴)하는 자를 제거하고 여색(女色)을 멀리하며 재화(財貨)를 천하게 여기고 덕(德)을 귀하게 여기는 것은 현인(賢人)을 권면하는 것이요, 그 지위를 높여 주고 그 봉록을 무겁게 해주며, 그 좋아하고 싫어함을 함께하는 것은 친척(親戚)을 친애함을 권면하는 것이요, 관속(官屬)을 많이 두어서 마음대로 부리도록 맡기는 것은 대신(大臣)을 권면하는 것이요, 충후(忠厚)하고 신실(信實)하게 대우하며 봉록을 많이 주는 것은 선비{사(士)}를 권면하는 것이요, 때에 맞게 부리고 세금을 적게 거두는 것은 백성(百姓)들을 권면하는 것이요, 날마다 살피고 달마다 시험하여 희름(餼廩; 봉록)을 일의 성과에 걸맞게 주는 것은 백공(百工)들을 권면하는 것이요, 가는 이를 전송하고 오는 이를 맞이하며 잘하는 이를 가상(嘉祥)하게 여기고 능하지 못한 이를 긍휼(矜恤)하게 여기는 것은 멀리 있는 사람들을 부드럽게 어루만져 주는 것이요, 끊어진 세대를 이어주고 무너진 나라를 일으켜 주며 어지러

운 상황을 다스려 주고 위태로운 지경을 붙들어 주며 조회(朝會)와 빙문(聘問)을 때에 따라 하며 하사품(下賜品)으로 가는 것은 두둑하게 챙겨주고 공물(貢物)로 오는 것은 많지 않도록 하는 것은 제후(諸侯)들을 위로해 주는 것이다. [齊明盛服, 非禮不動, 所以修身也. 去讒遠色, 賤貨而貴德, 所以勸賢也. 尊其位, 重其祿, 同其好惡, 所以勸親親也. 官盛任使, 所以勸大臣也. 忠信重祿, 所以勸士也. 時使薄斂, 所以勸百姓也. 日省月試, 旣廩稱事, 所以勸百工也. 送往迎來, 嘉善而矜不能, 所以柔遠人也. 繼絶世, 擧廢國, 治亂持危, 朝聘以時, 厚往而薄來, 所以懷諸侯也.]"

「19-3」 자하의 문인이 자장에게 벗을 사귐에 관해서 물었다. 자장이 말하였다. "자하는 무어라고 말하던가?" 자하의 문인이 대답하였다. "자하께서는 '사귈 만한 자를 사귀고 사귀어서는 안 될 자를 거절해라.'라고 하셨습니다." 자장이 말하였다. "내가 들었던 바와는 다르네. 군자는 어진 이를 존경하고 대중을 포용하며, 잘하는 이를 좋게 여기고 능하지 못한 이를 불쌍하게 여기네. 내가 크게 어질다면 남들에게서 무엇인들 용납하지 못할 바이겠는가? 내가 어질지 못하다면 남들이 장차 나를 거절할 것이니, 어떻게 (내가) 남들을 거절할 수 있으랴?"

【藕師注】 毋友不如己者,[1] 原不是拒人.

【注釋】

1) 毋友不如己者: 『논어(論語)·자한(子罕) 제구(第九)』 제24장, "공자가 말하였다. '충(忠)과 신(信)을 주(主)로 삼으며 자기보다 못한 자를 벗하지 말고, 허물이 있으면 고치기를 꺼리지 말아야 한다.' [子曰: "主忠信, 毋友不如己者, 過則勿憚改."]"

【藕師注】 '자기보다 못한 자를 벗하지 말라.'라는 것은 원래 남을 거절(拒絶)한 것이 아니다.

「19-4」子夏曰: "雖小道, 必有可觀者焉, 致遠恐泥, 是以君子不爲也."

「19-4」자하가 말하였다. "비록 작은 기예라도 틀림없이 볼 만한 것이 있으나 심원(深遠)한 경지에 이르는 데 장애가 될까 염려스러우니, 이 때문에 군자는 하지 않는 것이다."

「19-5」子夏曰: "日知其所亡, 月無忘其所能, 可謂好學也已矣."

「19-5」자하가 말하였다. "날마다 그 모르는 바를 새로 알며, 달마다 이미 그 능한 바를 잊지 않으면, 가히 학문을 좋아한다고 이를 만하다."

【藕師注】 此便是子夏之學, 不是孔子之學, 所謂小人儒[1]也.

【注釋】

1) 小人儒: 『논어(論語)·옹야(雍也) 제육(第六)』 제12장, "공자가 자하에게 일러 말하였다. '너는 군자다운 학자가 되고, 소인 같은 학자가 되지 말아라.' [子謂子夏曰: "女爲君子儒, 無爲小人儒."]"

【藕師注】 이것은 다른 것이 아니라 곧 자하의 학문이요 공자의 학문이 아니니, 이른바 '소인유(小人儒)'라는 것이다.

「19-6」子夏曰: "博學而篤志, 切問而近思, 仁在其中矣."

「19-6」 자하가 말하였다. "배우기를 널리 하고{박학(博學)}, 뜻을 돈독하게 하며{독지(篤志)}, 절실하게 묻고{절문(切問)}, 자신에게 있는 것부터 가까이 생각하면{근사(近思)}, 인(仁)은 그 가운데에 있다."

【藕師注】 此却說得有味.

【藕師注】 이 장(章)은 오히려 의미(意味)가 있을 만한 것을 말하였다.

「19-7」 子夏曰: "百工居肆以成其事, 君子學以致其道."

「19-7」 자하가 말하였다. "온갖 공인(工人)들은 공장에 있으면서 그 자신의 일을 완성하고, 군자는 배워서 그 자신의 도(道)를 이룬다."

【藕師注】 逼眞好同喩.

【藕師注】 아주 비슷하게 한 가지로 비유를 잘하였다.

「19-8」 子夏曰: "小人之過也必文."

「19-8」 자하가 말하였다. "소인은 허물이 있으면, 반드시 이리저리 꾸며 대어 변명한다."

【藕師注】 卓吾云: "今人倘有文過之念, 此念便是小人了."[1]

【注釋】

1) 今人倘有文過之念, 此念便是小人了:『논어평(論語評)·자장(子張) 제십구(第十九)』제8장, "[評] 說破千古小人情狀. 今人倘有文過之念, 這念便是小人了." 앞의 책, 322면.

【藕師注】　이탁오는 이렇게 말하였다. "지금 사람들에게 만약 (자기의) 허물을 이리저리 꾸며대어 변명할 생각이 있다면, 이 생각이 즉시 '소인'인 것이다."

「19-9」子夏曰: "君子有三變: 望之儼然, 卽之也溫, 聽其言也厲."

「19-9」자하가 말하였다. "군자에게는 세 가지 변모(變貌)가 있다. 멀리서 바라보면 의젓하고, 가까이 나아가서 보면 온화하며, 그 말을 들어보면 엄숙(嚴肅)하다."

【藕師注】　像贊.

【藕師注】　'상찬'이다.

「19-10」子夏曰: "君子信而後勞其民, 未信, 則以爲厲己也, 信而後諫, 未信, 則以爲謗己也."

「19-10」자하가 말하였다. "군자는 (백성들에게) 신임을 얻은 뒤에 그 백성들을 부리니, (백성들에게) 신임을 얻지 못하면 백성들은 자기를 괴롭힌다고 여긴다. 군자는 (윗사람에게) 신임을 얻은 뒤에 간언하니, (윗사람에게) 신임을 얻지 못하면, 윗사람은 자기를 비방한다고 여긴다."

【藕師注】 小心天下去得.[1]

【注釋】

1) 小心天下去得: 『명심보감(明心寶鑑) · 존심편(存心篇)』, "소심(小心)하여 신중하면 천하를 다닐 수 있지만, 대담(大膽)하면 몇 발자국의 걸음도 옮기기 어렵다. [小心 天下去得, 大膽寸步難移.]"

【藕師注】 조심하여 신중하면 천하를 다닐 수 있다.

「19-11」子夏曰: "大德不踰閑, 小德出入可也."

「19-11」 자하가 말하였다. "큰 덕(德)은 법도(法道)를 넘지 아니하고, 작은 덕(德)은 (도리道理에 맞게) 출입을 하는 것이 옳다."

【藕師注】 卓吾曰: "最方而最圓. 出入形容其活動耳, 云何便說未盡 合理?"[1] 方外史曰: "若不合理, 何名小德?"

【注釋】

1) 最方而最圓. 出入形容其活動耳, 云何便說未盡合理: 『논어평(論語評) · 자장(子 張) 제십구(第十九)』 제11장, "[評] 最方而最員. 出入形容其活動耳, 緣何便說未 盡合理?" 앞의 책, 323면.

【藕師注】 이탁오는 이렇게 말하였다. "가장 네모지면서 가장 둥글다.

출입은 그 활동 모습을 형용하였던 것일 뿐이니, 도리(道理)에 맞는 것을 아직 다하지 못하였다고 어떻게 곧바로 말할 수 있는가?"

방외사는 말한다. "만약 도리(道理)에 맞지 않았다면, 어찌 '소덕(小德)'이라고 이름하였겠는가?" ◎

【解說】   지욱 대사가 주자의 『논어집주』 풀이를 비판한 것이다. 주자는 『논어집주』에서 "대덕(大德)과 소덕(小德)은 대절(大節)과 소절(小節)이라고 말하는 것과 같다. 한(閑)은 문지방이니, 이 때문에 사물의 출입을 그치게 하는 것이다. 사람이 능히 그 대절(大節)을 우선 세울 수 있으면 소절(小節)이 비록 혹 이치에 다 부합되지 않더라도 또한 해가 없다는 것을 말한 것이다. 오씨가 말하였다. '이 장(章)의 말에는 폐단이 없을 수 없으니, 배우는 자는 자세히 살펴보아야 한다.' [大德·小德, 猶言大節小節. 閑, 闌也, 所以止物之出入. 言人能先立乎其大者, 則小節雖或未盡合理, 亦無害也. 吳氏曰: "此章之言, 不能無弊, 學者詳之.]"라고 하여, 소덕(小德)의 경우는 도리에 꼭 부합되지 않더라도 무방하다고 풀이하였다. 지욱 대사는 바로 이 점을 지적한 것이다.

「19-12」 子遊曰: "子夏之門人小子, 當灑掃·應對·進退則可矣, 抑末也. 本之則無, 如之何?"(鉗鎚小子.) 子夏聞之, 曰: "噫! 言遊過矣! 君子之道, 孰先傳焉? 孰後倦焉? (點化小子.) 譬諸草木, 區以別矣. (激礪小子.) 君子之道焉可誣也? 有始有卒者, 其惟聖人乎!"(慈愍小子.)

「19-12」 자유가 말하였다. "자하의 문인 소자들은 물뿌리고 청소하며 응대하고 진퇴하는 예절을 당해서는 괜찮게 하지만, 이는 지엽적인 일이다. 근본으로 하는 것으로 보면 없으니, 어찌하겠는가?” (소자들에게 항쇄를 채운 것이다.) 자하가 듣고서 말하였다. “아! 언유의 말이 지나치다. 군자의 도(道)에서 어느 것을 먼저라 하여 전수(傳授)하고 어느 것을 뒤라 하여 게을리하겠는가? (소자들을 점화한 것이다.) 초목에 비유하면 초목을 종류에 따라 구별하는 것과 같다. (소자들을 격려한 것이다.) 군자의 도(道)를 어찌 속일 수 있겠는가? 처음이 있고 끝이 있는 자는 아마도 오직 성인(聖人)뿐일 것이다!” (소자들을 종용한 것이다.)

【藕師注】 子遊之譏, 是要門人知本, 子夏之辯, 是要門人卽末悟本. 只此灑掃·應對·進退, 若以爲末, 到底是末, 若知其本, 頭頭皆本. 二賢各出手眼接引門人, 莫作是非會也.

【藕師注】 자유의 나무람은 문인들이 근본을 알게 하려고 한 것이요, 자하의 변론은 문인들이 지엽적인 일에 나아가서 근본을 깨닫게 하려고 한 것이다. 단지 이러한 물뿌리고 청소하며 응대하고 나아가고 물러나는 예절을 만약 보잘것없는 일로만 생각한다면 끝까지 하찮은 일일 것이요, 만약 그것의 근본을 안다면 두두물물(頭頭物物)이 모두 근본일 것이다. 두 현인이 각기 동작을 나타내어 문인들을 접견하여 이끌었던 것이니, 잘잘못을 가려서 이해하려고 하지 말라.

【補注】 佛以一音演說法, 衆生隨類各得解, 天以一味降時雨, 草木隨類各滋榮. 君子之道, 本末不二. 見本見末, 見先見後, 皆學者機感之不同也. 若卽末知本, 卽始知卒, 則非至圓至頓之聖人不能. 故一乘佛法, 分別而說三說五, 乃至無量, 爲菩薩·緣覺·聲聞·天·人及惡道衆生曲垂方便, 十方三世佛等一大慈也.

【補注】　부처님께서 하나의 음성으로써 설법을 펴매 중생이 품류(品類)에 따라 각기 (저마다의) 이해를 얻었으며, 하늘이 하나의 맛으로써 때에 맞는 단비를 내리매 초목들이 종류에 따라 각기 (저마다의) 생장함과 싱싱함을 얻었다. 군자의 도(道)는 근본과 말단이 둘이 아니다. 근본을 보고 말단을 보며 먼저를 보고 나중을 보는 것은 모두 배우는 자의 기감(機感)이 같지 않은 것이다. 말단에 나아가서 근본을 알며 처음에 나아가서 마지막을 아는 것 같은 경우는 지극히 원만하고 지극히 단박에 도(道)를 깨친 성인이 아니면 능히 할 수가 없다. 그러므로 일승(一乘)의 불법(佛法)이 나누어져서 셋을 말하고 다섯을 말하며 내지 무량함을 말하여 보살(菩薩)과 연각(緣覺)과 성문(聲聞)과 천(天)과 인(人) 및 악도(惡道)에 빠진 중생을 위하여 곡진하게 방편을 베풀었으니, 시방의 삼세불(三世佛)이 일체(一切)의 대자대비(大慈大悲)와 차이가 없는 것이다.

「19-13」子夏曰: "仕而優則學, 學而優則仕."

「19-13」 자하가 말하였다. "벼슬하면서 여유가 있으면 배우고, 배우면서 여유가 있으면 벼슬을 해야 한다."

【藕師注】　卓吾曰: "今人學未優則已仕矣, 仕而優, 如何肯學?"[1] 方外史曰: "惟其學未優便仕, 所以仕後永無優時."

【注釋】

1) 今人學未優則已仕矣, 仕而優, 如何肯學: 『논어평(論語評)·자장(子張) 제십구(第十九)』제13장, "[評] 今人學未優則已仕矣, 仕而優, 如何肯學? 此言仕學合一也. 所以從'仕而優'說起." 앞의 책, 325면.

【藕師注】 이탁오는 이렇게 말하였다. "지금 사람들은 배움이 충분하지 않은데도 이미 벼슬을 하고 있으니, 벼슬하면서 여유가 있다 해서 어찌 기꺼이 배우고자 하겠는가?"

방외사는 말한다. "오직 그 배움이 충분하지 않은데도 곧장 벼슬을 하니, 이 때문에 벼슬한 뒤에는 영영 여유로운 시간이 없는 것이다."

「19-14」 子遊曰: "喪致乎哀而止."

「19-14」 자유가 말하였다. "상사(喪事)는 슬픔을 다하는 데에 그쳐야 한다."

「19-15」 子遊曰: "吾友張也, 爲難能也, 然而未仁."

「19-15」 자유가 말하였다. "나의 벗 자장은 능히 하기 어려운 일을 잘하지만, 아직 인(仁)하지는 못하다."

「19-16」 曾子曰: "堂堂乎張也, 難與竝爲仁矣."

「19-16」 증자가 말하였다. "당당하다, 자장이여! 그러나 더불어 같이 인(仁)을 행하는 것은 어렵겠다."

【藕師注】 好朋友眞難得, 今人那肯如此說病痛?

【藕師注】 좋은 벗은 참으로 얻기가 어렵다. 지금 사람들이 어찌 기꺼이 이처럼 병통을 이야기해 주려고 하겠는가?

「19-17」 曾子曰: "吾聞諸夫子: '人未有自致者也, 必也親喪乎?'"

「19-17」 증자가 말하였다. "내가 선생님께 들었으니, '사람이 (평상시에는) 아직 스스로 진정(眞情)을 다 하는 일이 없지만, 부모의 상(喪)에는 반드시 정성을 다해야 하겠지?'라고 하셨다."

「19-18」 曾子曰: "吾聞諸夫子: '孟莊子之孝也, 其他可能也, 其不改父之臣與父之政, 是難能也.'"

「19-18」 증자가 말하였다. "내가 선생님께 들었으니, '맹장자의 효는 그 다른 일은 능히 할 수 있지만, 그가 아버지의 신하와 아버지의 정사(政事)를 고치지 않았던 일은 능히 하기 어렵다.'라고 하셨다."

「19-19」 孟氏使陽膚爲士師, 問於曾子. 曾子曰: "上失其道, 民散久矣. 如得其情, 則哀矜而勿喜."

「19-19」 맹씨가 양부를 사사(士師)로 임명하자, 양부가 증자에게 (옥사獄事의 처리에 관해서) 물었다. 증자가 말하였다. "윗사람이 그 도리를 잃어서 백성들이 (사방으로) 흩어진 지가 오래되었네. 자네가 만일 그 범법자들의 실정(實情)을 알았다면, 가엾게 여기고 (죄를 범한 것을) 기뻐하지 말아야 하네."

【藕師注】 惟至孝者方能至慈, 堪爲萬世士師座右銘.

【藕師注】 오직 지극히 효성스러운 자라야 비로소 더없이 자비로울 수 있으니, 만세(萬世)에 사사(士師)들의 좌우명이 될 만하다.

「19-20」子貢曰: "紂之不善, 不如是之甚也. 是以君子**惡居下流**,[1] 天下之惡皆歸焉."

【注釋】

1) 惡居下流: 『논어(論語)·양화(陽貨) 제십칠(第十七)』 제24장에서 먼저 언급되었다. "자공이 말하였다. '군자도 미워하는 것이 있습니까?' 공자가 말하였다. '미워하는 것이 있으니, 남의 나쁜 점을 말하는 것을 미워하며, 아랫자리에 있으면서 윗사람을 비방하는 것을 미워하며, 용맹함만 있고 예(禮)가 없는 것을 미워하며, 과감하기만 하고 융통성이 없는 것을 미워한다.' 공자가 말하였다. '사(賜)야, 너도 미워하는 것이 있느냐?' 자공이 대답하였다. '엿보고 살피는 것을 지혜로 여기는 것을 미워하며, 공손하지 않은 것을 용맹으로 여기는 것을 미워하며, 남의 비밀을 들추어내어 거리낌 없이 말하는 것을 정직함으로 여기는 것을 미워합니다.' [子貢曰: "君子亦有惡乎?" 子曰: "有惡: 惡稱人之惡者, 惡居下流而訕上者, 惡勇而無禮者, 惡果敢而窒者." 曰: "賜也亦有惡乎?" "惡徼以爲知者, 惡不孫以爲勇者, 惡訐以爲直者."]"

「19-20」자공이 말하였다. "주왕(紂王)의 불선(不善) 함이 이처럼 심하지는 않았을 것이다. 이 때문에 군자는 하류에 머무는 것을 꺼리니, (하류下流에 있으면) 천하의 더러움이 모두 그곳으로 모이기 때문이다."

【蕅師注】　殷鑑不遠.¹⁾

【注釋】

1) 殷鑑不遠: 은(殷)나라 주왕(紂王)이 거울로 삼아 경계하여야 할 일은 전대(前代)의 하(夏)나라 걸왕(桀王)이 어질지 못한 정치를 하여 망한 일이라는 뜻으로, 자기가 거울로 삼아 경계하여야 할 선례(先例)는 바로 가까이에 있다는 말이다. 『시경(詩經)·대아(大雅)·탕지십(蕩之什)·탕(蕩)』, "문왕이 말씀하시기를, '아, 슬프다! 너희 은(殷)나라여! 사람들이 또한 말하되, 「엎어지고 고꾸라짐에 가지와 잎은 해가 없으나 뿌리는 실로 먼저 끊어진다.」라고 하니라. 은(殷)나라의 거울이 멀리 있지 아니하니, (바로) 하(夏)나라 임금{걸왕(桀王)}의 세대에 있느니라.'라고 하셨다. [文王曰: "咨! 咨女殷商! 人亦有言, '顛沛之揭. 枝葉未有害, 本實先撥.' 殷鑒不遠, 在夏后之世."]"

【蕅師注】　은(殷)나라가 거울로 삼아야 하는 일이 멀리 있지 않다.

「19-21」子貢曰: "君子之過也, 如日月之食焉. 過也, 人皆見之, 更也, 人皆仰之."

「19-21」 자공이 말하였다. "군자의 허물은 마치 일식(日食)·월식(月食)과 같다. 잘못을 저지르면 사람들이 모두 쳐다보고, 잘못을 고치면 사람들이 모두 우러러본다."

【蕅師注】　光明正大之論.

【蕅師注】　떳떳하고 정당한 논의이다.

「19-22」衛公孫朝問於子貢曰: "仲尼焉學?" 子貢曰: "文武之道, 未墜於地, 在人. 賢者識其大者, 不賢者識其小者, 莫不有文武之道焉. 夫子焉不學? 而亦何常師之有?"

「19-22」위(衛)나라 공손조가 자공에게 물었다. "중니는 어디에서 배웠는가?" 자공이 말하였다. "문왕·무왕의 도(道)가 아직 땅에 떨어지지 않아서 사람들에게 남아 있다. 그리하여 현명한 자는 그중에 큰 것을 인식하고, 현명하지 못한 자는 그중에 작은 것을 인식하고 있어서, 문왕·무왕의 도(道)가 있지 않은 적이 없었다. 선생님께서 어디에서인들 배우지 않으셨겠는가? 또한 어찌 일정한 스승이 계셨겠는가?"

【藕師注】 卓吾曰: "分明說他師文武, 而語自圓妙."[1]

【注釋】

1) 分明說他師文武, 而語自圓妙:『논어평(論語評)·자장(子張) 제십구(第十九)』제22장, "[評] 分明說他師文武, 而語自圓妙." 앞의 책, 328면.

【藕師注】 이탁오는 이렇게 말하였다. "분명하게 공자의 스승이 문왕과 무왕이라고 이야기하였으니, 말이 진실로 원만하고 오묘하다." ◎

「19-23」叔孫武叔語大夫於朝曰: "子貢賢於仲尼." 子服景伯以告子貢. 子貢曰: "譬之宮牆, 賜之牆也及肩, 窺見室家之好. 夫子之牆數仞, 不得其門而入, 不見宗廟之美·百官之富. 得其門者或寡矣. 夫子之云, 不亦宜乎?"

「19-23」숙손무숙이 조정에서 대부들에게 말하였다. "자공이 중니보다 현명하다." 자복경백이 자공에게 이 말을 고하였다. 자공이 말하였다. "궁궐의 담장에 비유하면 나의 담장은 높이가 어깨 정도에 미쳐 집안의 좋은 것들을 엿볼 수 있지만, 선생님의 담장은 높이가 몇 길이나 되어서 그 문을 열고 들어가지 않으면 종묘의 아름다움과 백관이 많은 것을 볼 수가 없다. 그 문을 열고 들어간 자가 아마도 적을 것이다. 그 사람이 그렇게 말했던 것이 또한 마땅하지 않겠는가?"

「19-24」叔孫武叔毀仲尼. 子貢曰: "無以爲也, 仲尼不可毀也. 他人之賢者, 丘陵也, 猶可踰也, 仲尼, 日月也, 無得而踰焉. 人雖欲自絕, 其何傷於日月乎? 多見其不知量也!"

「19-24」숙손무숙이 중니를 헐뜯었다. 자공이 말하였다. "그러지 말라, 중니는 헐뜯을 수 없다. 다른 사람의 현명함은 구릉과 같아서 오히려 넘을 수 있지만, 중니는 해와 달과 같아서 넘을 수가 없다. 사람들이 비록 스스로 끊고자 한들, 그 어찌 해와 달에 손상이 되겠는가? 대부분 그 자신들의 분수를 알지 못하는 것을 드러낼 뿐이다!"

「19-25」陳子禽謂子貢曰: "子爲恭也, 仲尼豈賢於子乎?" 子貢曰: "君子一言以爲知, 一言以爲不知, 言不可不愼也. 夫子之不可及也, 猶天之不可階而升也. 夫子之得邦家者, 所謂立之斯立, 道之斯行, 綏之斯來, 動之斯和. 其生也榮, 其死也哀, 如之何其可及也?"

「19-25」진자금이 자공에게 말하였다. "그대가 공손해서 그렇지, 중니가 어찌 그대보다 현명하겠는가?" 자공이 말하였다. "군자는 한마디 말로 지혜롭다고 하기도하고 한마디 말로 지혜롭지 못하다고 하기도 하니, 말은 조심하지 않을 수 없다. 선생님께 미치기 어려움은 마치 하늘에 사다리를 놓아도 오를 수 없는 것과 같다. 선생님께서 나라를 다스릴 수 있다면 이른바 "세우면 이에 서고, 인도하면 이에 따르고, 편안하게 해주면 이에 따라오고, 고동(鼓動)시키면 이에 화평하게 된다. 그 분이 살아 계실 때는 영광스러워하고 그 분이 돌아가시면 애도를 한다."라는 것이니, 내가 어떻게 가히 미칠 수 있겠는가?"

【藕師注】　卓吾曰: "對癡人不得不如此淺說."[1] 方外史曰: "世間癡人都如此, 向他說極淺事, 他便見得深, 向他說極深理, 他既不知, 反認作淺."

【注釋】

1) 對癡人不得不如此淺說: 『논어평(論語評)·자장(子張) 제십구(第十九)』 제25장, "[評] 對癡人不得不如此淺說." 앞의 책, 331면.

【藕師注】　이탁오는 이렇게 말하였다. "어리석은 사람을 대하여 이처럼 평이(平易)하게 설명해 주지 않으면 안 된다."

　방외사는 말한다. "세간의 어리석은 사람들이 모두 이와 같으니, 그들에게 매우 평이한 일을 이야기하면 그들은 곧 깊이 알지만, 그들에게 매우 심오한 이치를 이야기하면 그들은 이미 알지 못할뿐더러 도리어 천박한 일로 인식한다."

【堯曰 第二十】

「20-1」堯曰: "咨! 爾舜! 天之曆數在爾躬. 允執其中, 四海困窮, 天祿永終." 舜亦以命禹. 曰: "予小子履, 敢用玄牡, 敢昭告於皇皇后帝: 有罪不敢赦. 帝臣不蔽, 簡在帝心. 朕躬有罪, 無以萬方, 萬方有罪, 罪在朕躬." 周有大賚, 善人是富. "雖有周親, 不如仁人. 百姓有過, 在予一人." 謹權量, 審法度, 修廢官, 四方之政行焉. 興滅國, 繼絕世, 擧逸民, 天下之民歸心焉. 所重民·食·喪·祭.

「20-1」요(堯)임금께서 말씀하셨다. "아! 너 순(舜)아! 하늘의 역수(曆數)가 너의 몸에 있다. 진실로 그 중도(中道)를 잡을지니, 사해가 곤궁하면 하늘이 내려주신 녹이 영원히 끊길 것이다." 순(舜)임금께서 또한 이 말씀으로써 우(禹)임금에게 명하셨다. 탕왕(湯王)께서 말씀하셨다. "저 소자(小子) 리(履)는 대담하게 검은 희생{현모(玄牡)}을 써서 감히 거룩하신 상제(上帝)께 명백하게 아룁니다. 죄가 있는 자를 제가 감히 용서하지 못합니다. 상제(上帝)의 신하를 제가 감히 엄폐하지 못하니, 인물을 간택하는 것은 상제(上帝)의 마음에 달려 있습니다. 제 몸에 죄가 있는 것은 만방의 백성들 때문이 아니며, 만방의 백성들에게 죄가 있는 것은 그 죄의 책임이 제 몸에 있는 것입니다." (무왕武王이 상商나라를 정벌한 뒤에) 주(周)나라에서 사해에 크게 은혜를 베푸심이 있었으니, 이에 선인(善人)이 많아지게 되었다. (무왕武王이 말하였다.) "비록 '주(周)' 왕실(王室)의 친척이 있다고 하더라도 인(仁)한 사람이 있는 것만 같지 못하다. 백성들에게 허물이 있는 것은 그 책임이 나 한 사람에게 있는 것이다." 도량형의 기준을 삼가 일정하게 하고 법도를 살피며 폐지된 관직을 손질하니, 사방(四方)의 정치가 제대로 행해졌다. 멸망한 나라를 일으켜 주고, 끊어진 세대를 이어주고, 세상을 피하여 몸을 감춘 덕(德) 있는 사람들을 추천하자, 천하의 백성들이 진심으로 사모하여 돌아왔다. 소중하게 여긴 것은 백성(百姓)들과 양식(糧食)과 상례(喪禮)와 제례(祭禮)였다.

「20-2」 寬則得衆, 信則民任焉, 敏則有功, 公則說.

「20-2」 너그러우면 무리를 얻고, 신의가 있으면 백성들이 신임하고, 민첩하면 공(功)이 있고, 공정하면 백성들이 기뻐한다.

「20-3」 子張問於孔子曰: "何如斯可以從政矣?" 子曰: "尊五美, 屛四惡, 斯可以從政矣." 子張曰: "何謂五美?" 子曰: "君子惠而不費, 勞而不怨, 欲而不貪, 泰而不驕, 威而不猛." 子張曰: "何謂惠而不費?" 子曰: "因民之所利而利之, 斯不亦惠而不費乎? 擇可勞而勞之, 又誰怨? 欲仁而得仁, 又焉貪? 君子無衆寡, 無小大, 無敢慢, 斯不亦泰而不驕乎? 君子正其衣冠, 尊其瞻視, 儼然人望而畏之, 斯不亦威而不猛乎?" 子張曰: "何謂四惡?" 子曰: "不教而殺謂之虐, 不戒視成謂之暴, 慢令致期謂之賊, 猶之與人也, 出納之吝, 謂之有司."

「20-3」 자장이 공자께 물었다. "어떻게 해야 정사(政事)에 종사할 수 있습니까?" 공자가 말하였다. "'오미(五美)'를 존중하고 '사악(四惡)'를 물리치면 정사(政事)에 종사할 수 있다." 자장이 말하였다. "무엇을 일러 '오미

(五美)'라고 합니까?" 공자가 말하였다. "군자는 은혜롭되 낭비하지 않으며, 수고롭게 하되 원망하지 않도록 하며, 하고자 하되 탐하지 않으며, 태연하면서도 교만하지 않으며, 위엄이 있으면서도 사납지 않다." 자장이 말하였다. "무엇을 일러 은혜롭되 낭비하지 않는 것이라고 합니까?" 공자가 말하였다. "백성들이 이롭게 여기는 바를 따라서 그들을 이롭게 해주니, 이것이 또한 은혜롭되 낭비하지 않는 것이 아니겠는가? 수고롭게 할 만한 일을 가려서 백성들을 수고롭게 하니, 또 누가 원망하겠는가? 인(仁)을 하고자 하여 인(仁)을 얻었으니 또 어찌 탐하겠는가? 군자는 많고 적음에 관계없이 작고 큼에 관계없이 감히 오만하게 대하는 것이 없으니, 이것이 또한 태연하면서도 교만하지 않은 것이 아니겠는가? 군자가 그 의관을 바르게 하고 시선을 존엄하게 하매 엄숙하여 사람들이 바라보고 두려워하니, 이것이 또한 위엄이 있으면서도 사납지 않은 것이 아니겠는가?" 자장이 말하였다. "무엇을 일러 '사악(四惡)'이라고 합니까?" 공자가 말하였다. "가르치지 않고 죽이는 것을 '잔학하다.{학(虐)}'라고 하고, 미리 경계하지 않고 성과를 따지려고 하는 것을 '난폭하다.{폭(暴)}'라고 하고, 명령을 태만하게 하면서 기한에 끝내라고 하는 것을 '해친다.{적(賊)}'라고 하고, 똑같이 남들에게 물건을 주어야 함에도 출납에 인색한 것을 '유사(有司)'라고 한다."

「20-4」子曰: "不知命無以爲君子也, 不知禮無以立也, 不知言無以知人也."

「20-4」공자가 말하였다. "천명을 알지 못하면 군자가 될 수 없고, 예(禮)를 알지 못하면 바르게 설 수 없고, 말을 알지 못하면 사람을 알 수 없다."

【藕師注】 知命只是深信因果耳. 知禮則善於觀心, 所謂約之以禮,¹⁾
知言則善於聞法, 所謂了達四悉²⁾因緣.³⁾

【注釋】

1) 約之以禮:『논어(論語)·옹야(雍也) 제육(第六)』제26장과『논어(論語)·안연(顏淵)
   제십이(第十二)』제15장에 보인다.
   (1) "「6-26」공자가 말하였다. '군자가 글을 널리 배우고 예로써 요약한다면, 역
   시 어긋나지 않을 것이다.' [子曰: "君子博學於文, 約之以禮, 亦可以弗畔矣夫."]" /
   (2) "「12-15」공자가 말하였다. '문(文)을 널리 배우고 예로써 요약하면, 또한 도
   (道)에서 어긋나지 않을 것이다.' [子曰: "博學於文, 約之以禮, 亦可以弗畔矣夫."]"
2) 四悉: 부처가 중생을 교화하는 네 가지 방법인 '사실단(四悉檀)'을 뜻한다. '사실
   단(四悉檀)'은 세계실단(世界悉檀)·위인실단(爲人悉檀)·대치실단(對治悉檀)·제일
   의실단(第一義悉檀)이다.「4-14」의 정문(正文)의【藕師注】의 주석(注釋)을 참조할
   것.
3) 所謂了達四悉因緣: 천태(天台) 지의(智顗)가 저술한『묘법연화경현의(妙法蓮華經
   玄義)』에 '사실단인연(四悉檀因緣)'이라는 술어가 보인다. "법의 근본{법본(法本)}은
   일체가 모두 설할 수 없는데, 사실단(四悉檀)과 인연법(因緣法)으로써 하면 언설
   (言說)이 있다는 것을 말함: 세계실단(世界悉檀)의 설은 곧 교본(教本)이 되고, 위
   인실단(爲人悉檀)·대치실단(對治悉檀)은 행본(行本)이 되며, 제일의실단(第一義悉
   檀)은 의본(義本)이 된다. [言法本者, 一切皆不可說, 以四悉檀因緣則有言說: 世界悉檀
   說, 則爲教本. 爲人·對治, 則爲行本. 第一義悉檀, 則爲義本.]"『大正新脩大藏經』第33
   冊·No.1716·『妙法蓮華經玄義』第8卷(T33n1716_008).

【藕師注】 '천명(天命)을 아는 것'은 단지 인과(因果)를 깊이 믿는 것일
뿐이다. 예(禮)를 알면 마음을 관조(觀照)하는 것에 능숙하니 이른바 "예
(禮)로써 요약한다."라는 것이요, 말을 알면 법을 듣는 것을 잘하니 이른
바 "사실단(四悉檀)과 인연법(因緣法)을 이해하여 깨닫는다."라는 것이
다.

【藕益 智旭 大師 眞影】

- 1753年 여름 關北 鶴城 雪峯 釋王寺 開刊,
朝鮮時代 木版本『佛說阿彌陀經要解』卷頭 收錄 -

Ⅲ

【부록】

弘一大師 撰
『藕益大師年譜』譯注

弘一大師[1] 撰 『藕益大師年譜』[2] 譯注

【注釋】

1) 弘一大師: 본명은 이숙동(李叔同, 1880-1942)이다. 널리 알려진 이름은 문도(文濤)이고, 별호(別號)는 식상(息霜)이다. 법명(法名)은 연음(演音)이고, 호(號)는 홍일(弘一)이다. 주은래(周恩來)가 서양 예술을 중국에 전래한 선구자라고 평할 만큼 음악·미술·서예·희극 등 현대 예술계에 큰 영향을 끼쳤던 근대문화의 명인(名人)이자 불교(佛敎) 율종(律宗)의 조사(祖師)이다. 천진(天津) 하북구(河北區) 양점(糧店)의 뒤편 시내에서 태어났다. "스무 문장이 나라 안을 놀라게 하였다. [二十文章驚海內.]"라는 평을 받았던 일대종사(一代宗師)이다. 일신(一身)에 시사(詩詞)·서화(書畵)·전각(篆刻)·음악(音樂)·희곡(戲曲)·문학(文學)을 이루었으니, 여러 영역에 있어서 중국의 찬란한 문화예술을 개창(開倉)했던 효시(嚆矢)로 평가받는다.
2) 藕益大師年譜: 1985년에 남길부(藍吉富)가 주편(主編)한 『대장경보편(大藏經補編)』 제23책 「영봉종론(靈峰宗論)」 전 1권(B23n0130_001)에 「우익대사연보(藕益大師年譜)」 전문(全文)이 실려 있다.

홍일대사 찬(撰)
『우익대사연보(藕益大師年譜)』 역주(譯注)

依大師自撰『八不道人傳』, 及**成時**[1]『續傳錄』寫. 復檢宗論中諸文增改, 竝參考別行諸疏序跋補訂焉. 己未, 居錢塘, 初稿. 辛酉, 掩室永嘉, 改纂.

【注釋】

1) 成時: 명나라 때의 승려이다. 휘주(徽州) 흡현(歙縣) 사람으로, 속성(俗姓)은 오씨이고, 호(號)는 견밀(堅密)이다. 어릴 때는 유학(儒學)을 배웠다. 28살 때 출가하여

처음에 선교(禪敎) 양종을 다 익히다가 지욱 대사에게 의지하였다. 앙산(仰山)에서 살았는데, 산 안의 맹수들이 모두 순종하였다. 스스로 『재천법의(齋天法儀)』를 지어 천신현신(天神現身)의 뜻을 천명하였다. 나중에 강녕(江寧)에서 지내면서 천계사(天界寺)에 주석하여 법화(法華)를 널리 떨치고 정업(淨業)을 성실하게 닦았다. 날마다 정과(定課)를 정해놓고 춥거나 덥거나 중지하지 않았다. 『정토십요(淨土十要)』를 편찬해 널리 유통하여 사람들에게 실제로 수행하기를 권하면서 직접 서문을 썼다. 강희(康熙) 17년 10월 입적했고, 세수(世壽)는 미상이다. 저서에 『광무량수불경초심삼매문(觀無量壽佛經初心三昧門)』 1권과 『수지불설아미타경행원의(受持佛說阿彌陀經行願儀)』 1권이 전한다.

대사가 스스로 저술한 『팔불도인전(八不道人傳)』과 성시(成時) 스님의 『속전록(續傳錄)』에 의지하여 썼다. 종론(宗論) 중 여러 글을 거듭 살펴서 고쳤으며, 아울러 별행(別行)의 여러 소(疏)·서(序)·발(跋)을 참고(參考)하여 보충하고 정정(訂正)하였다. 기미년(1919)에 전당(錢塘)에 머물면서 초고를 완성하였다. 신유년(1921)에 영가현(永嘉縣)에서 문을 걸어 잠그고 다시 고쳐 지었다.

乙亥, 住溫陵月臺再治. 老病纏綿, 精力頹弊, 未能詳密校理, 殊自恧也.

을해년(1935)에 온릉(溫陵) 월대(月臺)에 주석하면서 재차 글을 살폈다. 노병(老病)이 칭칭 얽혀 있고 정력은 무너져 쇠퇴하여 능히 세밀하게 교감할 수가 없었으니, 매우 스스로 부끄럽다.

年譜諸文, 雖有撮略, 或加潤飾, 但悉有所據. 若述私意, 則寫雙行小字, 上冠案字, 以區別也.

연보에 기록한 모든 문장은 비록 간략하게 발췌하였거나 혹은 윤색한 것이 있을지라도 다만 모두 근거로 하는 바가 있다. 만약 사사로운 의견을 이야기할 때는 쌍행소자(雙行小字)를 써서 그 위에다가 '안(案)' 자(字)를 두어서 구별하였다.

○ 明萬曆二十七年己亥, 一歲.

명(明)나라 만력(萬曆) 27년 기해년(1599), 1세.

是年五月三日亥時, 大師生.

이해 음력 5월 3일 해시(亥時)에 지욱 대사가 태어났다.

俗姓鍾, 名際明. 又名聲, 字振之. 先世汴梁人, 始祖南渡, 居古吳木瀆.

속성(俗姓)은 종(鍾)이고, 이름은 제명(際明)이다. 또 다른 이름은 성(聲)이고, 자(字)는 진지(振之)이다. 선대는 변량인(汴梁人)이니, 시조가 남쪽으로 건너와서 고오현(古吳縣) 목독(木瀆鎭)에 정착하였다.

父名之鳳, 字岐仲. 母金氏, 名大蓮. 以父持白衣大悲呪十年, 夢大士送子而生. 時父母皆年四十.

　아버지의 이름은 지봉(之鳳)이고, 자(字)는 기중(岐仲)이다. 어머니 김씨(金氏)는 이름이 대련(大蓮)이다. 아버지는 재가 신도로서 대비주(大悲呪)를 십 년 동안 수지(受持)하고 있었는데, 보살이 아들을 보내주는 꿈을 꾸고 대사가 태어났다. 이때 아버지와 어머니는 모두 나이가 40세였다.

○ 庚子, 二歲.

경자년(1600), 2세.

○ 辛丑, 三歲.

신축년(1601), 3세.

○ 壬寅, 四歲.

임인년(1602), 4세.

○ 癸卯, 五歲.

계묘년(1603), 5세.

○ 甲辰, 六歲.

갑진년(1604), 6세.

○ 乙巳, 七歲.

을사년(1605), 7세.

始茹素. 己巳, 大師「禮大悲銅殿偈」, 有云: “我幼持齋甚嚴肅, 夢想大士[1]曾相召.”

【注釋】

1) 大士: 승려에 대한 존칭이다. 위 문장에서는 ‘관세음보살(觀世音菩薩)’을 뜻한다.

비로소 (비린 것을 피하고) 채식을 하였네. 기사년(1629)에 지욱 대사가 찬(撰)한 「예대비동전게(禮大悲銅殿偈)」에서 말하였다. “나는 어려서부터 재계를 매우 엄숙하게 하였는데, 꿈에서 생각해 보니 관세음보살(觀世音菩薩)이 일찍이 예(禮)를 갖추어 초대(招待)한 것이네.”

○ 丙午, 八歲.

병오년(1606), 8세.

○ 丁未, 九歲.

정미년(1607), 9세.

○ 戊申, 十歲.

무신년(1608), 10세.

○ 己酉, 十一歲.

기유년(1609), 11세.

○ 庚戌, 十二歲.

경술년(1610), 12세.

就外傳, 聞聖學, 卽以千古道脈爲任, 囂囂自得. 天子不得臣, 諸侯
不得友, 於**居敬愼獨**[1]之功, **致知格物**[2]之要, 深究之. 開蕈酒, 作論
數十篇, 辟異端, 夢與孔顔晤言.

【注釋】

1) 居敬愼獨: '거경(居敬)'은 『논어(論語)·옹야(雍也) 제육(第六)』 제2장에서 먼저 언급되었다. "중궁이 자상백자에 관하여 물었다. 공자가 말하였다. '그의 간략함도 괜찮다.' 중궁이 말하였다. '경(敬)에 머물며 간략함을 하여 백성들을 대한다면 또한 괜찮지 않을까요? 간략함에 거(居)하면서 또 간략하게 행하면 너무 간략한 것이 아닌가요?' 공자가 말하였다. '옹(雍)의 말이 그럴듯하구나.' [仲弓問子桑伯子. 子曰: "可也簡." 仲弓曰: "居敬而行簡, 以臨其民, 不亦可乎? 居簡而行簡, 無乃大簡乎?" 子曰: "雍之言然."] 참고로 '거경(居敬)'은 주자학(朱子學)에 있어서 자신을 수양(修養)하는 방법 가운데 하나이기도 하다. 주자학의 수양법은 '거경궁리(居敬窮理)'를 중요시하는데, '거경(居敬)'은 내적인 수양법으로 자신을 반성하여 잠시도 게을리하지 않고 기거동작(起居動作)을 삼가는 것이며, '궁리(窮理)'는 외적인 수양법으로 널리 사물의 이치를 궁리하여 정확한 지식을 얻는 것이다.{정경세 저, 정선용 옮김, 『우복집』, 민족문화추진회, 2004, "각주정보" 참조.} '신독(愼獨)'은 '근독(謹獨)'이라고도 한다. '신독(愼獨)'은 홀로 있을 때를 삼가는 것이다. 『중용(中庸)』 제1장, "도(道)라는 것은 잠시도 떠날 수 없으니, 떠날 수 있으면 도(道)가 아니다. 이 때문에 군자는 보이지 않을 때도 경계하고 삼가며 들리지 않을 때도 두려워하는 것이다. 어두운 곳보다 더 드러나는 곳이 없으며 작은 일보다 더 나타나는 일이 없으니, 그러므로 군자는 그 혼자 있을 때를 삼가는 것이다. [道也者, 不可須臾離也, 可離非道也. 是故君子戒愼乎其所不睹, 恐懼乎其所不聞. 莫見乎隱, 莫顯乎微, 故君子愼其獨也.]"

2) 致知格物: '치지(致知)'와 '격물(格物)'은 모두 『대학(大學)』에 나오는 말이다. 지욱대사는 그의 저서 『대학직지(大學直指)』에서 '치지(致知)'와 '격물(格物)'을 다음과 같이 풀이하였다. "또 다만 하나의 명덕(明德)에 대해서 심(心)·의(意)·지(知) 세 가지 이름을 나누었음이니, 치지(致知)가 곧 명명덕(明明德)이다. [又祇一明德, 分心·意·知三名, 致知卽明明德.]", "격물(格物)이라고 하는 것은 유심식관(唯心識觀)을 지어서 천하와 국가와 근(根)과 몸과 기계(器界)가 모두 자기 마음 가운데 나타난 바 물건임을 분명히 앎이니 마음 밖에는 따로 다른 물건이 없다. [格物者, 作唯心識觀, 了知天下國家·根身器界皆是自心中所現物, 心外別無他物也.]" - 子思 著, 智旭 述, 覺性 講解, 『大道直指』, 부산: 統和叢書刊行會, 1995, 211-219면 참조.

바깥 스승에게 나아가서 성인의 학문을 듣고는 곧 천고(千古)의 도맥(道脈)으로 자임하며, 욕심 없이 자득하였다. 천자가 신하로 삼을 수 없었고, 제후가 벗으로 삼을 수 없었으니, 거경신독(居敬愼獨)의 공부와 치지격물(致知格物)의 요점을 깊이 연구하였다. 훈채(葷菜; 불교에서 금하는 마늘과 파·부추·달래·흥거 등 다섯 가지 음식물인 오신채五辛菜를 가리킴.)와 술을 멀리하고 논서(論書) 수십 편을 지어서 이단(異端)을 물리치니, 꿈에서 공자와 안연을 만나 면담을 하였다.

○ 辛亥, 十三歲.

신해년(1611), 13세.

○ 壬子, 十四歲.

임자년(1612), 14세.

○ 癸丑, 十五歲.

계축년(1613), 15세.

○ 甲寅, 十六歲.

갑인년(1614), 16세.

○ 乙卯, 十七歲.

을묘년(1615), 17세.

閱「自知錄序」, 及『竹窗隨筆』,[1] 乃不謗佛. 取所著辟佛論焚之.

【注釋】

1) 自知錄序, 及『竹窗隨筆』: 『자지록(自知錄)』과 『죽창수필(竹窗隨筆)』은 모두 운서 (雲棲) 주굉(株宏, 1532-1612)의 저서이다. 『자지록(自知錄)』에는 일생에 행한 공과 (功過)에 따라 운명이 결정된다는 공과격(功過格)의 개념이 적용되어 있는데, 보 통 사람들이 하루 동안의 공덕(功德)과 과오(過誤)를 살펴서 적도록 하고 있다. 『죽창수필(竹窗隨筆)』은 운서 주굉이 입적하기 1년 전인 80세에 자신이 살아온 나날을 뒤돌아보며 후학들에게 꼭 전하고 싶은 이야기를 죽창(竹窗) 아래에서 붓 가는 대로 진솔하게 풀어놓은 수필집이다. 염불과 참선, 보살행 등의 일상 수 행법을 가르치는 내용이 실려 있다.

『자지록(自知錄)』의 서문과 『죽창수필(竹窗隨筆)』을 열람하고서는 불교 를 비방하지 않았다. 기존에 저술했던 벽불론(辟佛論)을 가져다가 불에 태웠다.

○ 丙辰, 十八歲.

병진년(1616), 18세.

○ 丁巳, 十九歲.

정사년(1617), 19세.

○ 戊午, 二十歲.

무오년(1618), 20세.

詮『論語』'顏淵問仁.'¹⁾章, 竊疑天下歸仁語. 苦參力討, 廢寢忘餐者三晝夜, 忽然大悟, 頓見孔顏心學.

【注釋】

1) 顏淵問仁: 『논어(論語)·안연(顏淵) 제십이(第十二)』 제1장, "안연이 인(仁)에 관해 물었다. 공자가 말하였다. '능히 자기가 예(禮)로 돌아가는 것이 인(仁)이니, 하루라도 능히 자기가 예(禮)로 돌아가면 천하 사람들이 모두 그 인(仁)으로 의탁한다. 인(仁)을 하는 것은 자신에게 달린 것이지, 남에게 달린 것이겠는가?' 안연이 말하였다. '청컨대 그 실천 조목을 묻습니다.' 공자가 말하였다. '예가 아니면 보지 말며[非禮勿視], 예가 아니면 듣지 말며[非禮勿聽], 예가 아니면 말하지 말며[非禮勿言], 예가 아니면 움직이지 말아야 한다[非禮勿動].' 안연이 말하였다. '제가 비록 불민하나 청컨대 이 말씀을 잘 섬기겠습니다.' [顏淵問仁. 子曰: "克己復禮爲仁. 一日克己復禮, 天下歸仁焉. 爲仁由己, 而由人乎哉!" 顏淵曰: "請問其目." 子曰: "非禮勿視, 非禮勿聽, 非禮勿言, 非禮勿動." 顏淵曰: "回雖不敏, 請事斯語矣."]"

『논어』의 '안연이 인(仁)에 관하여 물었다.'라는 장(章)을 보다가 '천하가 인(仁)으로 귀의한다.'라는 구절에서 속으로 의심을 하였다. 애써 참구하고 힘써 변별하여 침식을 잊은 지 3일 만에 홀연히 대오하여 단박에 공자와 안연의 심학(心學)을 깨쳤다.

冬十一月初五日喪父, 享年五十九. 聞**地藏本願**,[1] 發出世心.

【注釋】

1) 地藏本願: 『지장보살본원경(地藏菩薩本願經)』에 등장하는 십지(十地) 보살인 '지
   장보살'의 본래(本來) 서원(誓願)을 뜻한다. 경전의 내용에 따르면, 지장보살은 본
   래 인도 바라문의 딸이었는데 부처님의 가르침에 귀의하였다. 하지만 어머니는
   딸의 간청에도 불구하고 부처님의 가르침을 비방하고 다녔다. 후에 소녀는 어머
   니가 죽자 지옥에 떨어졌으리라 생각하여 진심으로 공양하였고, '각화정자재왕
   여래(覺華定自在王如來)'의 힘으로 지옥 여행을 떠났다. 지옥의 참상을 보고 소녀
   가 어머니가 있는 곳을 물었는데, 자기가 공양한 공덕에 힘입어 어머니가 무간
   지옥에서 다른 죄인들과 함께 천상에 올라간 지 3일이 지났음을 알았다. 소녀는
   집으로 돌아와 "지옥에 빠진 모든 중생이 제도 될 때까지 성불하지 않겠나이다.
   [地獄未濟, 誓不成佛.]"라는 대원(大願)을 세웠다.

겨울 11월 초 5일에 아버지의 초상을 치렀으니, 향년 59세였다. 지장보
살(地藏菩薩)의 본래 서원을 듣고서 출세의 마음을 일으켰다.

　　錄者注: 大師聞地藏本願, 發心出世, 故其一生盡力宏揚贊歎地藏
菩薩.

　　기록하는 자의 주석: 지욱 대사는 지장보살의 본래 서원을 듣고서 마
음을 일으켜서 출가하였다. 그러므로 지욱 대사는 일평생 힘을 다하여
지장보살을 널리 홍양(弘揚)하고 찬탄(贊歎)하였다.

弘一法師曾輯『靈峰贊地藏菩薩別集』一卷, 收入地藏菩薩聖德大觀內. 庚午, 大師「結壇水齋持大悲呪願文」, 有云: "七歲斷肉, 未知出世正因.[1] 十二學儒, 乃造謗法重業. 賴善根未絕, 每潛轉默移. 一觸念於『自知』之序, 次旋意於「寂感」之譚. 禮『藥師』妙典, 知佛與神殊. 聞地藏昔因, 知道從孝積. 旣懷喪父之哀, 復切延慈之想. 書**『慈悲懺法』**,[2] 矢志**屍羅**,[3] 聽**『大佛頂經』**,[4] 決思離俗."

【注釋】

1) 正因: 불교 술어로서, '이인(二因)' 가운데 하나이다. '정인(正因)'은 '직접적인 원인'이라는 뜻이다. '정인(正因)'과 대비되는 것으로 '연인(緣因)'이 있는데, '연인(緣因)'은 '간접적인 원인'이라는 뜻이다.
2) 慈悲懺法: 6세기 양나라 무제의 지시로 여러 학승이 편찬하였다. 총 10권으로된 이 책은 자비도량(慈悲道場)에서의 참회법에 관해 서술하고 있다. 「1-8」의 정문(正文)의 【補注】의 주석5)를 참조할 것.
3) 屍羅: 시라(屍羅)는 산스크리트어 'śīla'의 음사로서, '계(戒)'라고 번역된다. '지계바라밀(持戒波羅蜜)'과 같은 뜻이다.
4) 大佛頂經: 이 경의 이름은 '대불정여래밀인수증요의제보살만행수능엄경(大佛頂如來密因修證了義諸菩薩萬行首楞嚴經)'인데, 줄여서 '대불정수능엄경(大佛頂首楞嚴經)'·'대불정경(大佛頂經)'·'수능엄경(首楞嚴經)'·'능엄경(楞嚴經)' 등으로 약칭한다. 이 경은 관정부{밀교}에 수록되어 인도의 나란타사에 비장하고 불멸 후로부터 인도에만 유통하고 타국에는 전하지 못하도록 왕으로부터 엄명이 있어 당나라 이전까지에는 중국에 전래되지 못하였다고 한다. 이 경 전체에 걸친 주안점은 섭심(攝心)에 의하여 보리심(菩提心)을 요득(了得)하고 진정한 묘심(妙心)을 체득하는 것에 있다.

홍일법사(弘一法師)가 일찍이 『영봉찬지장보살별집(靈峰贊地藏菩薩別集)』 1권을 편집하여 지장보살성덕대관(地藏菩薩聖德大觀) 내에 들여놓았다. 경오년(1630)에 찬(撰)한 지욱 대사의 「결단수재지대비주원문(結壇水齋持大悲呪願文)」에서는 다음과 같이 말하였다. "일곱 살에 육식을 끊었더니, (이것이) 출세의 정인(正因)인지 알지 못하였네. 열두 살에 유교를 배우고, 이내 불법을 비방하는 무거운 죄업을 지었네. 선근이 아직 끊어지지 않았던 것을 힘입어서, 매양 잠심(潛心)하여 깊이 생각하고 침묵 속에서 고민하였네. 한 번 『자지록(自知錄)』의 서문에서 생각이 닿았고, 그다음 『죽창수필(竹窗隨筆)』의 「적감(寂感)」편(篇)에서 뜻을 되짚었네. 묘전(妙典) 『약사유리광여래본원공덕경(藥師琉璃光如來本願功德經)』에 예배를 드리고, 부처와 귀신이 다르다는 것을 알았네. 지장보살의 옛날 발원(發願)의 정인(正因)을 듣고서, 도(道)가 효를 따라 쌓이는 것임을 알았네. 아버지를 잃은 슬픔을 마음속에 품으면서, 다시 어머니의 수명이 길어지기를 간절하게 생각하였네. 『자비참법(慈悲懺法)』을 정서(正書)하여 시라바라밀(屍羅波羅蜜; 지계바라밀持戒波羅蜜)에 뜻을 세웠고, 『대불정경(大佛頂經)』의 가르침을 듣고서 속세를 떠날 것을 과감하게 생각하였네."

○ 己未, 二十一歲.

기미년(1619), 21세.

至星家問母壽, 言六十二三必有節限. 遂於佛前立深誓. 唯願減我算, 薄我功名, 必冀母臻上壽.

점성가의 집에 이르러 어머니의 수명을 물었더니, 62-63세에 틀림없이 목숨이 끊어질 것이라고 말하였다. 마침내 부처님 앞에서 깊은 서원을 세웠다. 오직 나의 수명을 덜어내고 나의 공명(功名)을 엷게 하여 기필코 바라건대 어머니의 수명이 100세에까지 이르도록 발원(發願)하였다.

　　○ 庚申, 二十二歲.

경신년(1620), 22세.

專志念佛, 盡焚窗稿二千餘篇.

오로지 염불하는 것에만 뜻을 두고, 원고 2,000여 편을 다 불살랐다.

　　○ 天啓元年, 辛酉, 二十三歲.

천계(天啓) 원년, 신유년(1621), 23세.

　　聽『大佛頂經』, 謂‘世界在空, 空生大覺.’,[1] 遂疑何故有此大覺, 致
爲空界張本, 悶絶無措. 但昏散最重, 功夫不能成片. 因決意出家,
體究大事. 七月三十日, 撰「四十八願願文」. 時名大朗優婆塞.

【注釋】
1) 世界在空, 空生大覺:『대불정여래밀인수증요의제보살만행수능엄경(大佛頂如來
　　密因修證了義諸菩薩萬行首楞嚴經)』제6권, "각해(覺海)의 성(性)이 밝고 둥글며 둥

글고 맑은 각이 원래 묘하거늘, 원래 밝은 것이 비추어서 소(所)를 내니 소(所)가 성립됨에 비추는 성능 없어지네. 미(迷)한 허망에서 허공이 있게 되고 허공에 의하여서 세계가 성립되었네. 생각이 가라앉아서 국토를 이루고 지각 작용이 이에 중생이 되었나이다. 허공이 대각(大覺) 안에서 생기는 것이 바다에 한 물거품 생긴 것과 같나니 미진같이 수 없는 유루국(有漏國)이 다 허공에 의지하여서 생긴 바이네. 한 거품 사라지면 허공 없거니 하물며 다시 삼유(三有)에 있어서랴?”[覺海性澄圓, 圓澄覺元妙. 元明照生所, 所立照性亡. 迷妄有虛空, 依空立世界. 想澄成國土, 知覺乃衆生. 空生大覺中, 如海一漚發. 有漏微塵國, 皆從空所生. 漚滅空本無, 況復諸三有?]”『大正新脩大藏經』第19冊·No.0945·『大佛頂如來密因修證了義諸菩薩萬行首楞嚴經』第6卷(T19n0945_006).

『대불정수능엄경(大佛頂首楞嚴經)』의 ‘세계(世界)가 공(空)에 있고, 공(空)이 대각(大覺)을 낳네.’라는 말을 들었다. 드디어 어떤 연유로 이러한 대각(大覺)이 있어서 공계(空界)의 발단이 되는 근원을 이루었는지 의심을 하게 되매, 너무나 기가 막혀서 정신을 잃고 까무러쳐 손을 둘 곳조차 없었다. 다만 마음의 혼미하고 산란함만이 매우 가중되어서, 공부가 커다란 덩어리를 이룰 수 없었다. 인(因)하여 출가해서 몸소 큰일을 참구(參究)할 것을 결의하였다. 음력 7월 30일, 「사십팔원원문(四十八願願文)」을 저술하였다. 당시 이름은 대랑(大朗) 우바새(優婆塞)이다.

○ 壬戌, 二十四歲.

임술년(1622), 24세.

夢禮憨山[1]大師, 哭恨緣慳, 相見太晚. 師云: “此是苦果, 應知苦因.” 語未竟, 遽請曰: “弟子志求上乘, 不願聞四諦法.”[2] 師云: “且喜居士有向上志, 雖然不能如**黃檗**[3)]**臨濟,**[4)] 但可如**岩頭**[5)]**德山."**[6)] 心又
未足. 擬再問, 觸聲而醒. 因思古人安有高下, 夢想妄分別耳.

【注釋】

1) 憨山: 1546-1623. 명나라 때의 승려이다. 안휘(安徽) 전초(全椒) 사람으로, 속성
   (俗姓)은 채씨(蔡氏)이고, 이름은 덕청(德淸)이며, 자는 징인(澄印)이고, 호가 감산
   (憨山)이다. 12살 때 금릉(金陵) 보은사(報恩寺) 영녕(永寧)에게 경전을 익혔다. 19
   살 때 출가하여 구족계(具足戒)를 받고, 서하산(棲霞山)에서 법회(法會)에게 선법
   (禪法)을 전수(傳授) 받았다. 청량(淸涼) 징관(澄觀)의 인격을 흠모하여 스스로 자
   를 징인(澄印)이라 하였다. 만력(萬曆) 원년(1573) 오대산(五臺山)을 노닐다가 감산
   (憨山)의 아름다운 산세를 좋아하여 이것으로 호를 삼았다. 청주(靑州; 산동성山東
   省에 있음.) 해인사(海印寺)와 조계(曹溪) 보림사(寶林寺) 등에 머물면서 선종(禪宗)
   을 널리 알렸다. 염불과 화두(話頭)를 함께 닦을 것을 주장하였다. 희종(熹宗) 천
   계(天啓) 3년 10월에 입적했으니, 세수(世壽)는 78세며, 세상에서는 '감산대사(憨
   山大師)'라 부른다. 저술도 풍부해서『능엄경통의(楞嚴經通議)』10권과『관능가경
   기(觀楞伽經記)』8권,『법화경통의(法華經通義)』7권 등이 전한다. 제자 복선(福善)
   과 통형(通炯) 등이 그의 유문(遺文)을 모아『감산노인몽유집(憨山老人夢遊集)』55
   권을 편찬하였다. 그 밖에 자신이 지은『연보(年譜)』2권이 있다.
2) 四諦法: 불교 중심 교리의 하나로서, 고(苦)·집(集)·멸(滅)·도(道)의 네 가지 진리
   를 의미한다. '사성제(四聖諦)'라고도 한다. 고익진은 그의 책『불교의 체계성 연
   구』(새터, 1994.)에서 '사제(四諦)'에 대하여 다음과 같이 말하였다. "고뇌의 집과
   멸에 입각해서 베풀어진 본격적인 실천적 교설을 '사성제(四聖諦)' 또는 줄여서
   '사제(四諦)'의 교설이라 보고 있다. 진리 등을 나타내는 제(諦)로 고(苦)·집(集)·
   멸(滅)·도(道)의 네 가지를 설하여 이것을 신성한 종교적 진리로 삼고 있는 데에
   서 '사성제(四聖諦)'라고 부르는 것이다. 「네 가지 성제(聖諦)가 있으니 어떤 것이
   네 가지인가? 괴로움, 괴로움의 집, 괴로움의 멸, 괴로움의 멸에 이르는 도의 네
   가지 성제가 곧 그것이다.」(『잡아함경』권15)라고 하는 것으로서, 「뭇 교설은 사성
   제로 집약된다.」(『중아함경』권7)라고 할 정도로 중요시된다." - 지창규, 「대승 경론
   의 四諦 해석 - 천태 사제론과 관련하여 -」,『불교학보』제49호, 동국대학교 불교
   문화연구원, 2008, 113면 각주1) 재인용.
3) 黃檗: 중국 선종 제10대 조사 황벽(黃檗) 희운(希運, ?-850)을 가리킨다. 당(唐)나
   라의 선승(禪僧)으로 백장선사(百丈禪師) 회해(懷海, 720-814)의 지도를 받고 현지
   (玄旨)에 통달하였다. 시호는 '단제(斷際)'로서 '황벽(黃檗) 단제(斷際)' 선사로 알려
   졌다.
4) 臨濟: 임제(臨濟) 의현(義玄, ?-867)을 가리킨다. 당(唐)나라의 승려로서, 하남성(河
   南省) 조주(曺州) 출신이다. 어려서 출가하여 여러 지역을 편력하다가 황벽(黃檗)

희운(希運)에게 사사(師事)하여 그의 법을 이어받았다. 하북성(河北省) 진주(鎭州) 임제원(臨濟院)에서 선풍(禪風)을 크게 일으켰는데, 그는 절대적 관념이나 대상의 권위를 타파하고 일상에서 자신의 본성을 자각하는 주체적 자유의 실현을 강조하였다. 시호는 '혜조선사(慧照禪師)'이며, 어록에는 『임제록(臨濟錄)』이 있다.

5) 巖頭: 당(唐)나라 승려 암두(巖頭) 전활(全豁, 828-887)을 가리킨다. 덕산(德山) 선감(宣鑑)의 제자이다. 복건성(福建省) 천주(泉州) 남안현(南安縣) 사람으로서, 성은 가씨(柯氏)이고, 휘는 전활(全豁)이며, 시호는 '청엄대사(淸儼大師)'이다. 영천사(靈泉寺) 의공(義公) 회하(會下)에게 출가하여 장안(長安) 서명사(西明寺)에서 구족계(具足戒)를 받았다. 처음에는 교종(敎宗)에 몸을 담았다가 나중에 설봉(雪峰) 의존(義存)·흠산(欽山) 문수(文邃)와 사귀고 앙산(仰山) 혜적(慧寂)을 배알(拜謁)하고 덕산(德山)에 참예(參詣)하여 법을 이었다. 회창(會昌) 사태(沙汰)를 만나 서호(西湖) 강변(江邊)에서 뱃사공으로 난을 피하였다. 후에 동정호반(洞庭湖畔)의 와룡산(臥龍山) 암두(巖頭)에서 종풍(宗風)을 선양하였다. 광계(光啓) 3년(887) 4월 8일, 중원(中原)에 도적이 창궐했을 때, 도량을 수호하려 단거(端居)하다가 도적의 칼에도 신색자약(神色自若)하고 대규일성(大叫一聲)으로 꾸짖으며 시적(示寂)하였다.

6) 德山: 782-865. 중국 당(唐)나라의 선승(禪僧)이다. 속성은 주(周)이고, 자는 선감(宣鑑)이며, 시호는 '견성대사(見性大師)'이다. 사천성(四川省) 검남(劍南)에서 출생하였다. 처음에 율(律)과 유식(唯識)을 배우고, 특히 『금강경(金剛經)』에 정통하여 그 강설을 잘하여 '주금강(周金剛)'이라 불리었다. 뒤에 선(禪)을 닦아 용담숭신(龍潭崇信)의 법을 잇고, 육조(六祖) 혜능(慧能)의 제자인 행사(行思) 밑에서 제5조가 되었다.

꿈에서 감산(憨山) 대사에게 예배하고 인연이 각박하여 너무 늦게 서로 보게 된 것을 통곡하며 한스러워하였다. 감산 대사가 말하였다. "이것은 바로 고과(苦果)이니, 응당 고인(苦因)을 알아야만 한다." 말이 끝나지 않았는데, 지욱 대사가 갑자기 청하여 말하였다. "제자는 상승(上乘)의 진리를 구하는 데 뜻을 두었지, 사제법(四諦法)을 듣기를 원하지 않습니다." 감산 대사가 말하였다. "무엇보다도 기쁜 일은 거사가 최상승의 도리를 구하는 뜻이 있는 것이네. 비록 그렇지만 황벽(黃檗)과 임제(臨濟)와는 같아질 수 없고, 다만 암두(岩頭)와 덕산(德山) 정도는 같아질 수 있네."(지욱 대사의 마음이) 또 만족하지 못하였다. 의심스러워 재차 물었는데, 소리를 듣고 잠을 깼다. 인(因)하여 '고인에게 어찌 높고 낮음이 있겠는가? 꿈에서 망령되이 분별하는 것을 상상(想像)하였다.'라고 생각하였다.

一月中, 三夢憨師. 師往曹溪, 不能遠從. 乃從雪嶺峻師剃度, 命名智旭. 雪師憨翁門人也.

1월 중에만 세 번 꿈에서 감산 대사를 만났다. 지욱 대사가 조계(曹溪)로 찾아갔는데 능히 멀리까지 시종(侍從)할 수 없었다. 이에 설령(雪嶺)준(峻) 대사를 따라 머리를 깎고 승려가 되었으니, 명(命)하여 '지욱(智旭)'이라고 이름하였다. 설령(雪嶺) 준(峻) 대사는 감산 어르신의 문하생이다.

[案] 大師字藕益, 又字素華, 當時諸緇素撰述中, 多稱素華也. 將出家, 先發三願, 一未證無生法忍,[1] 不收徒衆. 二不登高座. 三寧凍餓死, 不誦經禮懺及化緣, 以資身口. 又發三拌: 拌得餓死, 拌得凍死, 拌與人欺死.

【注釋】

1) 無生法忍: 삼장법사(三藏法師) 현장(玄奘) 한역(漢譯) 『대반야바라밀다경(大般若波羅蜜多經) 권제사백사십구(卷第四百四十九)·제이분전부전품(第二分轉不轉品) 제오십사(第五十四)』, "이처럼 '불퇴전보살마하살(不退轉菩薩摩訶薩)'이 자상공(自相空; 십팔공十八空의 하나로서, 대상의 고유한 특성에 대한 분별이 끊어진 상태임.)으로써 일체법(一切法)을 관(觀)하여, 이미 보살의 정성(正性)이 생(生)을 떠나고 내지 가히 얻을 만한 소법(少法)도 보지 못하는 경지에 들었다. 가히 얻을 수 없으므로 만들고 짓는 바가 없으며, 만들고 짓는 바가 없으므로 마침내 생겨나지 않으며,

마침내 생겨나지 않으므로 '무생법인(無生法忍)'이라고 이름한다. 이처럼 '무생법인(無生法忍)'을 터득하였기 때문에 '불퇴전보살마하살(不退轉菩薩摩訶薩)'이라고 이름하는 것이다. [是不退轉菩薩摩訶薩以自相空觀一切法, 已入菩薩正性離生, 乃至不見少法可得, 不可得故無所造作, 無所造作故畢竟不生, 畢竟不生故名無生法忍, 由得如是無生法忍, 故名不退轉菩薩摩訶薩.]『大正新脩大藏經』第7冊·No.0220·大般若波羅蜜多經 第449卷(T07n0220_449). / 한편, 신라(新羅)의 고승(高僧) 원효(元曉, 617-686) 대사는 그의 논서『금강삼매경론(金剛三昧經論)』에서 무생(無生)과 관련하여 다음과 같이 말하였다. "경(經)에서 말하였다. '여래께서 말씀하신 뜻은 세간을 벗어나 상(相)을 두는 것이 없어서, 존재하는 일체중생이 모두 유루(有漏)를 없애어 결사{결(結)}를 끊고 마음{심(心)}과 자아{아(我)}를 공적(空寂)하게 하는 것을 터득할 수 있으니, 이것은 곧 생겨남이 없는 것입니다. (그런데) 어떻게 생겨남이 없는데「무생인(無生忍)」이 있겠습니까?' 경(經)에서 말하였다. '이때 부처님께서 심왕보살(心王菩薩)에게 말씀하셨다.「선남자여! 무생법인(無生法忍)은 법이 본래 생겨남이 없다는 것이다. 모든 행은 생겨남이 없고 생겨나는 행이 없는 것도 아니어서 무생인(無生忍)을 얻는다고 하면 곧 허망한 것이 된다.」' [經曰: "如來所說義, 出世無有相, 可有一切生皆得盡有漏·斷結·空心我, 是卽無有生. 云何無有生而有無生忍?" 經曰: "爾時佛告心王菩薩, 言'善男子! 無生法忍, 法本無生. 諸行無生, 非無生行, 得無生忍, 卽爲虛妄.'"]『大正新脩大藏經』第34冊·No.1730·金剛三昧經論 第2卷(T34n1730_002).

[案] 지욱 대사의 자(字)는 '우익(藕益)'이고 또 다른 자(字)는 '소화(素華)'이니, 당시 여러 승려와 속인이 찬술한 책에서는 '소화(素華)'라고 부른 것이 많았다. 장차 출가할 때, 먼저 세 가지 서원을 일으켰다. : 첫째, 무생(無生)의 법인(法印)을 깨달아 얻지 못한다면, 중생을 거두지 않겠습니다. 둘째, 높은 자리에 오르지 않겠습니다. 셋째, 차라리 얼어 죽거나 굶어 죽을망정, 경전(經典)을 외우거나 예참(禮懺)을 하거나 중생을 교화한 인연으로써 몸과 입을 채우는 자량(資糧)으로 삼지 않겠습니다. 또세 가지를 버릴 것을 서원하였다. : 굶어 죽는 것을 버릴 것이며, 얼어 죽는 것을 버릴 것이며, 남에게 속아서 죽는 것을 버리겠습니다.

將出家,「與叔言別詩」云:"世變不可測, 此心千古然, 無限他山意, 丁寧不在言."

장차 출가하려 할 때「여숙언별시(與叔言別詩)」에서 말하였다. "세상의 변화는 가히 헤아리지 못하나, 이 마음은 아득한 세월 동안 늘 그러하였네. 무한한 그 산의 뜻은 정녕 말에 있지 않다네."

大師出家時, 母舅謂曰: "法師世諦流布, 吾甥決不屑爲, 將必爲善知識乎!" 大師曰: "佛且不爲, 況其他也." 舅曰: "旣爾, 何用出家?" 大師曰: "只要復我本來面目." 舅乃歎善.

지욱 대사가 출가할 때 외삼촌이 일러 말하였다. "법사(法師)의 세제(世諦)가 유포하니, 내 조카는 결코 자질구레한 사람이 되지 않고 장차 틀림없이 선지식(善知識)이 될 것이야!" 지욱 대사가 말하였다. "부처도 또한 하지 못하였는데, 하물며 다른 사람이겠습니까?" 외삼촌이 말하였다. "그렇다면 어째서 출가하려는 것인가?" 지욱 대사가 말하였다. "다만 저의 본래면목(本來面目)을 회복하고자 해서입니다." 외삼촌이 이에 그의 훌륭함을 칭찬하였다.

夏·秋作務雲棲,[1] 聞古德法師講『唯識論』, 一聽了了, 疑與佛頂宗旨矛盾. 請問. 師云: "性相二宗, 不許和會. 甚怪之, 佛法豈有二歧耶?" 一日, 問古師云: "不怕念起, 只怕覺遲, 且如中陰入胎, 念起受生, 縱令速覺, 如何得脫?" 師云: "汝今入胎也未?" 大師微笑. 師云:

"入胎了也." 大師無語. 師云: "汝謂只今此身果從受胎時得來者耶?" 大師流汗浹背, 不能分曉. 竟往**徑山**²⁾坐禪. 始受**一食法**.³⁾

【注釋】

1) 雲棲: 1532-1612. 명(明)나라 때의 승려이다. 이름은 주굉(袾宏)이고, 자는 불혜(佛慧)이며, 호는 연지(蓮池)이다. 처음에는 유생(儒生)이었다가 30살 때 출가하였다. 행각 생활을 하다가 운서사(雲棲寺)의 옛터에 선실(禪室)을 짓고, 염불하며 계율을 실천하다가 만력 40년에 입적하였다. 『자지록(自知錄)』·『죽창수필(竹窗隨筆)』등 저서 32종이 전한다.
2) 徑山: 절강성(浙江省) 북부(北部) 항주(杭州)에 있는 산이다.
3) 一食法: 승려가 음식을 먹는 방식으로, 하루 중 한 번 음식을 먹는 것을 가리킨다. '일중식(日中食)'·'일중일식(日中一食)'이라고도 하는데, 오전 9시-11시 사이에 걸식을 행하고 적어도 정오(正午) 전까지는 공양을 마쳐야 하며, 정오가 지나서 먹는 것은 '때아닌 때에 먹음{비시식(非時食)}'이라 하여 계율로 금지하였다.

여름과 가을에 운서(雲棲) 스님에게 가서 노동(勞動)하였는데, 고덕(古德) 법사가 『유식론(唯識論)』을 강의하는 것을 들었다. 한 번 뚜렷하게 경청하였는데, 불정(佛頂)의 종지와 모순된 것을 의심하였다. 묻기를 청하였다. 고덕(古德) 법사가 말하였다. "'법성종(法性宗)'과 '법상종(法相宗)'의 두 종(宗)은 화해(和解)를 허락하지 않는다. 몹시 이상하니, 불법(佛法)에 어찌 두 갈래의 갈림길이 있겠는가?" 하루는 고덕(古德) 법사에게 물었다. "생각이 일어나는 것을 두려워하지 않고 다만 깨침이 더뎌지는 것을 두려워합니다. 게다가 만일 중음신(中陰身)으로 태(胎)에 들어가서 생각이 일어나 생(生)을 받는다면, 설령 속히 깨치려고 해도 어떻게 해탈할 수 있겠습니까?" 고덕(古德) 법사가 말하였다. "너는 지금 태(胎)에 들어왔느냐?" 지욱 대사가 미소하였다. 고덕(古德) 법사가 말하였다. "(너는) 태(胎)에 들어왔다." 지욱 대사가 말이 없었다. 고덕(古德) 법사가 말하였다. "너는 단지 지금 이 몸이 과연 수태(受胎)를 한때로부터 온 것으로 생각하느냐?" 대사의 흘러나오는 땀이 등을 적셨으나 분명하게 이해할 수 없었다. 마침내 경산(徑山)에 가서 좌선하였다. 비로소 일식법(一食法)을 받았다.

此時卽與新伊法主相識, 爾後爲忘年交, 幾三十年, 自庚午歲始, 每一聚首, 輒曉夜盤桓佛法弗置. 學人從大師遊者, 皆令稟沙彌戒於法主. 初出家時, 剃度師令作務三年, 其時急要工夫成片, 不曾依訓. 始意工夫成片, 仍可作務, 後以聲譽日隆, 竟無處討得務單.

이때 신이(新伊) 법주와 서로 알게 되었는데, 이후 나이를 따지지 않는 교우(交友)가 된 지 거의 30년이 되었다. 경오년(1630)부터 시작하여 매년 한 차례씩 머리를 맞대고서, 걸핏하면 새벽 밤까지 함께 놀면서 불법(佛法)을 마음에 두지 않았다. 학인(學人) 가운데 지욱 대사를 따라 놀러 온 자가 신이(新伊) 법주에게서 사미계(沙彌戒)를 받으라고 하였다. 처음 출가할 당시 머리를 깎아준 스승이 3년 동안 노동하라고 하였었는데, 그때는 급히 공부를 이루고자 하였기에 일찍이 (스승의) 가르침에 부응하지 못하였다. 비로소 공부가 영글어졌다고 생각하여 이에 노동을 할 수 있었는데, 이후 명성이 날로 높아졌기 때문에 마침내는 노동을 얻을 곳이 없게 되었다.

○ 癸亥, 二十五歲.

계해년(1623), 25세.

是春拜見**幽溪尊者**,[1) 時正墮禪病, 未領片益.

【注釋】

1) 幽溪尊者: 유계(幽溪) 전등(傳燈, 1554-1628)을 가리킨다. 천태종(天台宗)의 30조
   (祖)로서, 명(明)나라 말기에 천태종을 중흥한 스님이다. 세상에서는 흔히 '유계
   화상(幽溪和尚)', '유계대사(幽溪大師)' 또는 '전등대사(傳燈大師)'라고 불렀다. 속가
   (俗家)의 성(姓)은 엽(葉)이고, 자(字)는 무진(無盡)이며, 별호(別號)는 유문(有門)이
   니, 절강(浙江) 구주부(衢州府) 서안현(西安縣) 사람이다. 유계대사(幽溪大師)는 유
   년 시절 유학(儒學)을 익혔는데, 『용서정토문(龍舒淨土文)』을 읽고 나서 불교를 배
   우기로 뜻을 맹서(盟誓)하였다. 1579년에 한바탕 큰 병을 앓고 난 뒤 모친(母親)
   의 동의를 얻어서 출가하여 영암선사(映庵禪師; 영암축발映庵祝髮)의 문하로 들어
   가 『영가집(永嘉集)』을 공부하였다. 1582년에 백송법사(百松法師; 백송진각百松眞
   覺)에게 의발(衣鉢)을 전수받았다. 1586년에 천태산(天台山)에 입주(入駐)하여 고
   명사(高明寺) 유계도량(幽溪道場)을 중흥하고 천태조정(天台祖庭)을 세워서, 정토
   종(淨土宗)과 선종(禪宗)을 함께 연구하였는데, 강경(講經)을 40여 년이나 하였다.
   1628년 음력 5월 21일에 대사는 신창(新昌) 석산사(石山寺)에서 강학(講學)하였는
   데, 적멸(寂滅)이 장차 이를 것임을 예감하여 손수 붓을 들어 '묘법연화경(妙法蓮
   華經)' 다섯 글자를 써서 승려의 무리에게 주고 아울러 고성(高聲)을 갈제(喝題)하
   고 적멸(寂滅)에 들었으니, 향년 세수(世壽)는 75세요, 승랍(僧臘)은 50세이며, 유
   계(幽溪)에 머문 지는 30년이 되던 해였다.

이해 봄에 유계존자(幽溪尊者)를 배알(拜謁)하였는데, 당시에 마침 선
병(禪病)에 빠져서 조금 더 깊이 깨우치지 못하였다.

大師坐禪徑山. 至夏, 逼拶功極, 身心世界忽皆消殞. 因知此身從
無始來, 當處出生, 隨處滅盡, 但是堅固妄想所現之影. 刹那刹那,
念念不住, 的確非從父母生也. 從此性相二宗, 一齊透徹. 知其本無
矛盾, 但是交光邪說大誤人耳. 是時一切經論, 一切公案無不現前.
旋自覺悟, 解發非爲聖證, 故絕不語一人. 久之, 則胸次空空, 不復
留一字脚矣. 秋, 住靜天台. 臘月初八日, 從天台躡冰冒雪, 至杭州雲

棲. 苦到懇古德賢法師爲**阿闍梨**,[1] 向蓮池和尙像前, 頂受『**四分戒本**』.[2]

【注釋】

1) 阿闍梨: 산스크리트어 'a-ca-rya'의 음역(音譯)으로, '궤범사(軌範師)' 등으로 의역되며 흔히 '계사(戒師)'라고 한다. 규칙·규범을 가르치는 모범적인 스승이라는 뜻에서 '궤범사(軌範師)'라고 하며, 바른 행동을 보여준다고 하여 '정행(正行)'이라 하기도 한다. 또 선법(善法)을 가르치는 교수로서, 옷을 단정히 입고 걸식(乞食)을 법답게 하며 항상 제자들을 자식처럼 여기는 승려를 '아사리(阿闍梨)'라고 하였다. 그 자격은 10회 이상의 안거를 마쳤고 계율에 밝으며 지혜와 복덕을 겸비해야만 한다. 이 '아사리(阿闍梨)'에는 여러 종류가 있다. 출가(出家)·수계(受戒)·교수(教授)·수경(受經)·의지(依止)의 5종 아사리(阿闍梨)가 있는가 하면, 갈마(羯磨)·위의(威儀)·의지(依止)·수경(受經)·십계(十戒)로 분류되는 5종 아사리(阿闍梨), 삭발(削髮)·출가(出家)·수경(受經)·교수(教授)·갈마(羯磨)·의지(依止) 등의 6종 아사리(阿闍梨)가 있다. 이 중 '삭발아사리(削髮阿闍梨)'는 머리를 깎아 준 스승이고, '출가아사리(出家阿闍梨)'는 '십계아사리(十戒阿闍梨)'라고도 하는데 출가 의식인 득도식(得度式) 때 10계를 일러주는 스승이며, '수계아사리(受戒阿闍梨)'는 '갈마아사리(羯磨阿闍梨)'로서 구족계(具足戒)를 주는 스승이다. '교수아사리(教授阿闍梨)'는 '위의아사리(威儀阿闍梨)'라고도 하며, 구족계(具足戒)를 받을 때 위의(威儀)를 가르치는 스승이다. '수경아사리(受經阿闍梨)'는 불경을 독송하게 하고 그 뜻을 가르치며 사구게(四句偈) 등을 수습하도록 하는 스승이며, '의지아사리(依止阿闍梨)'는 제자의 숙식을 돌봐주는 스승이다.
2) 四分戒本: 『사분율비구계본(四分律比丘戒本)』을 가리킨다. 5세기 초 계빈국(罽賓國) 출신의 학승(學僧) 불타야사(佛陀耶舍)가 번역하였다. 1권으로 된 이 율(律)은 소승불교의 한 분파인 법장부(法藏部)에서 전승한 250개 조문이 열거되어 있다.

지욱 대사가 경산(徑山)에 가서 좌선하였다. 여름에 이르러 (수행을) 볶아쳐서 공효(功效)가 지극해지자, 몸과 마음의 세계가 홀연히 모두 사라져 없어졌다. 이로 인해 이 몸이 시작도 없는 때로부터 와서 당처(當處)에 출생하여 여기저기로 흩어져 소멸하지만, 다만 이는 견고한 망상이 현시(現示)한 그림자일 뿐인 것을 알았다. 찰나찰나 생각과 생각이 머무르지 않으니, 확실히 부모로부터 태어난 것이 아니었다. 이로부터 법성종(法性

宗)과 법상종(法相宗)의 두 종(宗)의 가르침이 한 번에 투철해졌다. 그 근본은 모순이 없는데 단지 휘황한 사설(邪說)이 사람들을 크게 잘못 이끄는 것일 뿐임을 알았다. 이때 모든 경론(經論)과 모든 공안(公案)이 앞에 나타나지 않는 것이 없었다. 스스로 깨친 것을 되짚었는데, 요해(了解)되어 나타난 것이 성인(聖人)에게 증명이 되지 않았으므로 결코 한 사람에게도 말하지 않았다. 수행이 오래되어지자 가슴 속에 점차 공적해져서 다시 한 글자도 남아 있지 않았다. 가을에 천태(天台)에 머물렀다. 음력 12월 초 8일에 천태(天台)에서 얼음을 밟고 눈밭을 무릅쓰고 나아가 항주(杭州)에 있는 운서사(雲棲寺)에 이르렀다. 고도(苦到) 간(懇)·고덕(古德) 현(賢) 법사를 아사리(阿闍梨)로 삼고, 연지(蓮池) 화상의 상(像) 앞에서 『사분계본(四分戒本)』을 정례수지(頂禮受持)하였다.

○ 甲子, 二十六歲.

갑자년(1624), 26세.

正月三日, 於三寶前, 然香刺血,[1] 寄母書. 勸母勿事勞心, 惟努力念佛, 求出輪回.

【注釋】

1) 刺血: 불교에서는 사경(寫經)을 할 때 묵서(墨書)·금은(金銀)·자혈(刺血) 등의 재료로써 경전의 내용을 베껴 썼다. 사경(寫經)은 신앙적 의미를 지닌 공덕경(功德經; 공덕을 쌓기 위해 조성된 경전)으로서, 서기 2세기 전부터 행해졌다고 한다.

정월 3일, 삼보(三寶) 앞에서 향을 태우고 피를 내어 어머니에게 편지를 부쳤다. 어머니에게 마음을 수고롭게 하는 일을 일삼지 말고 오직 염불하여 윤회에서 벗어나기를 구하는 데에만 노력하도록 권면하였다.

十二月廿一日, 重到雲棲, 受菩薩戒.[1] 後一日, 撰「受菩薩戒誓文」.

【注釋】

1) 菩薩戒: 신순남의 논문에 따르면, '보살계(菩薩戒)'는 대승적 실천관점에서 자비를 실천하는 보살 수행에 토대를 두고 강조한 '대승계(大乘戒)'이며, '보살계(菩薩戒)'에서는 모든 생명을 아끼고 죽이지 않는 등의 계율을 현실 속에서 실현하기를 요하고 있다고 말하였다. - 신순남, 「菩薩戒의 受持와 慈悲實現에 관한 考察」, 『선문화연구』 제17호, 한국불교선리연구원, 2014, 7-8면 참조.

12월 21일에 거듭 운서사(雲棲寺)에 이르러, 보살계(菩薩戒)를 받았다. 하루가 지난 뒤에 「수보살계서문(受菩薩戒誓文)」을 지었다.

大師甫受菩薩戒, 發心看律藏. 闍梨古德師試曰: "汝已受大, 何更習小?" 對曰: "重樓四級, 上級既造, 下級可廢耶?" 師曰: "身既到上層, 目豈緣下級?" 對曰: "雖升他化,[1] 佛元不離寂場."[2]

【注釋】

1) 他化: '타화자재천(他化自在天)'의 준말이다. '타화자재천(他化自在天)'은 욕계(欲界) 육천(六天)의 하나이다. 도리천(忉利天)에서부터 위에 구름을 붙여서 허공에 있는 하늘인데, 욕계 육천(六天)의 여섯째로서 욕계(欲界)의 최고인 곳이다. 곧 마왕(魔王)이 있는 곳이다. 타화(他化)는 남이 지음이고, 자재(自在)는 자득함이니, 이 하늘은 남이 지은 것을 빼앗아 자기가 즐기기 때문에 '타화자재천(他化自在天)'이

라고 한다.
2) 寂場: '적멸도량(寂滅道場)'의 준말이다. 부처가 깨달음을 이룬 곳으로, 고대 인도 마가다국의 우루벨라 마을 네란자라 강가에 있는 붓다가야{산스크리트어로는 'buddhagayā'}의 보리수(菩提樹) 아래를 말한다.

지욱 대사가 막 보살계(菩薩戒)를 수지(受持)하고서는, 발심(發心)하여 율장(律藏)을 보았다. 사리(闍梨) 고덕(古德) 법사가 떠보며 말하였다. "그대는 이미 큰 가르침을 받았는데, 어찌하여 다시 작은 가르침을 익히느냐?" 지욱 대사가 대답하였다. "중루(重樓)는 네 층계이니, 위 층계가 조성되었다고 해서 아래 층계를 버릴 수 있겠습니까?" 고덕(古德) 법사가 말하였다. "몸은 이미 상층에 도달하였는데, 눈은 어찌하여 (아직도) 아래 층계를 반연(攀緣)하는가?" 지욱 대사가 대답하였다. "(몸은) 비록 타화자재천(他化自在天)에 올랐을지라도, 부처는 원래 적장(寂場)을 떠나지 않는 법입니다."

○ 乙丑, 二十七歲.

을축년(1625), 27세.

是春, 就古吳閱律藏一遍, 方知擧世積僞. 四旬餘, 錄出『毗尼事義要略』一本. 僅百餘紙. 此後仍一心究宗乘.

이해 봄에 고오(古吳)에 나아가서 율장(律藏)을 처음부터 끝까지 한 번 열람한 뒤, 비로소 온 세상이 거짓으로 쌓여있는 것을 알게 되었다. 사십여일에 걸쳐 『비니사의요략(毗尼事義要略)』한 책을 기록하여 내니, 겨우 100여 지(紙)에 불과하였다. 이후에는 거듭하여 일심(一心)으로 종승(宗乘)을 참구(參究)하였다.

同二三法友結夏.[1]

【注釋】

1) 結夏: '하안거(夏安居)'를 가리킨다. '하안거(夏安居)'는 승려들이 음력 4월 보름 다음날부터 7월 보름까지 3개월 동안 한곳에 머물면서 좌선과 수행에 전념하는 것을 이른다. '안거(安居)'는 산스크리트어 'Varsa'를 번역한 말인데, '우기(雨期)'를 뜻하며 '하행(夏行)'·'하경(夏經)'·'하단(夏斷)'·'하좌(夏坐)'·'좌하(座夏)'·'백하(白夏)'라고도 한다. 원래 인도에서는 우계인 몬순기에 3개월 동안 비가 오는데, 이때 치러지는 불교 교단의 특수한 연중행사를 '안거(安居)'라 하였다. 즉 이 시기에는 바깥에서 수행하기에 어려움이 따르고, 나아가 비를 피하고자 초목과 벌레들을 다치게 하는 경우가 많은 까닭에 아예 외출을 삼가고 일정한 곳에 머물면서 수행과 참선에 힘쓴 데서 비롯된 것이다. 이 기간에는 일정한 장소에 모여 공부와 수행에만 전념하였고 마지막 날에는 '자자(自恣)'라는 독특한 참회 의식을 치르는 것이 승가의 전통이 되었다.

두세 명의 법우(法友)와 같이 하안거(夏安居)를 시작하였다.

寄剃度師雪嶺及闍梨古德師書. 痛陳像季[1]正法衰替, 戒律不明. 詞至懇切.

【注釋】

1) 像季: 불교의 술어로서 말세를 이른다. 불멸(佛滅)한 뒤 5백 년은 정법(正法)이라 하고 정법(正法) 후 1천 년은 상법(像法)이라 하는데 법이 행할 때와 같다는 말이

다. 계(季)는 상법(像法)의 계세(季世)를 가리킨다. 「서방요결후서(西方要訣後序)」에 "말법 시대에 태어났으니, 성인하고 떨어진 지가 오래되었다. [生居像季, 去聖斯遙.]"라고 하였다.

삭도사(剃度師) 설령(雪嶺) 대사와 사리(闍梨) 고덕(古德) 대사에게 편지를 부쳤다. 말법(末法) 시대에 정법(正法)이 쇠퇴하고 계율(戒律)이 분명하지 못한 현실을 통절하게 진술하였는데, 그 말이 매우 간절하였다.

乙丑·丙寅兩夏, 爲二三友人逼演『大佛頂』要義二遍. 實多會心, 願事闡發, 以志在宗乘, 未暇筆述.

을축년(1625)과 병인년(1626) 두 해 여름에 두세 명의 벗들을 위하여 『대불정(大佛頂)』의 요의(要義)를 처음부터 끝까지 두 차례 몰아쳐서 강연하였다. 실로 다만 (그들이) 마음을 모아 요의(了義)를 드러내어 밝히는 것을 일삼아서 그들 각자의 뜻이 종승(宗乘)에 있기를 서원하였는데, 글로 지을 겨를이 없었다.

○ 丙寅, 二十八歲.

병인년(1626), 28세.

母病篤. 四刲肱不救. 痛切肺仟.

어머니의 병이 위독해졌다. 네 번 팔을 찔러서 그 피를 마시게 하였으나, 치료하지 못하였다. 폐부가 통절하게 찢어질 듯 아팠다.

六月初一日, 母亡. 享年六十七. 大師賦「四念處」[1]以寫哀.

【注釋】

1) 四念處: 정준영은 그의 논문에서 '염처 수행'에 관하여 다음과 같이 말하였다. "'염처 수행'은 불교에서 깨달음과 지혜를 얻기 위한 37조도품(三十七助道品) 가운데 첫 번째 수행 방법이다. 이 수행은 『대념처경(大念處經)』을 통해 상세하게 설명되고 있다. 『대념처경(大念處經)』은 『염처경(念處經; Satipaṭṭhāna sutta)』과 함께 수행자가 청정을 이루고 슬픔과 비탄을 넘어서 육체적·정신적 괴로움을 벗어나 결국 열반을 얻을 수 있도록 이끌어 주는 네 가지 수행 방법을 설명한 경전이다. 이 경전은 비교적 구체적인 방법을 통하여 수행자가 자신의 몸(身; kāya)·느낌(受; vedanā)·마음(心; citta)·법(法; dhamma)의 네 가지를 지속적으로 관찰할 수 있도록 설명하고 있으며, 이러한 구분에 의해 '사념처(四念處)'라고 불린다. 경전은 네 가지의 염처 수행 범주 안에 총 21가지의 수행 방법을 제시한다. 첫 번째로 '신념처(身念處; kāyānupassanā)'는 '몸에 대한 마음 챙김'에 대해 14가지 방법을 들어 수행자가 몸에 대해서 몸을 따라가며 관찰할 수 있도록 설명한다. 두 번째로 '느낌에 대한 마음 챙김'인 '수념처(受念處; 受觀, vedanānupassanā)'는 9가지 느낌을 대상으로 (1가지 방법으로) 관찰한다고 설명한다. 세 번째로 '마음에 대한 마음 챙김'인 '심념처(心念處; cittānupassanā)'는 16가지 마음을 대상으로 (1가지 방법으로) 관찰한다고 설명한다. 그리고 네 번째로 '법에 대한 마음 챙김'인 '법념처(法念處; dhammānupassanā)'는 5가지 방법으로 설명한다. 이처럼 '사념처(四念處)'는 수행자가 자신의 몸·느낌·마음·법을 통하여 나타나는 현상의 일어남과 사라짐을 관찰함으로써 현상의 생멸을 통해 무상을 깨닫도록 도와주는 수행 방법이다. 그리고 이와 같은 수행은 팔정도의 (7번째) '바른 마음 챙김{정념(正念; sammā-sati)}'의 수행 방법으로도 널리 알려져 있다." – 정준영, 「사마타(止)와 위빠사나(觀)의 의미와 쓰임에 대한 일고찰」, 『불교학연구』 제12호, 불교학연구회, 2005, 12면 참조.

6월 초 1일에 어머니가 돌아가셨다. 향년 67세였다. 지욱 대사는 「사념처부(四念處賦)」를 지어서 슬픔을 드러내었다.

葬事畢. 焚棄筆硯, 矢往深山. 道友鑒空・如寧留掩關於吳江之松陵. 關中大病, 乃以參禪工夫, 求生淨土.

장례를 마쳤다. 붓과 벼루를 불 질러 버린 뒤, 깊은 산에 들어갈 것을 맹세하였다. 도우(道友) 감공(鑒空)과 여녕(如寧)이 남아 오강(吳江)의 송릉(松陵)에서 폐관(閉關)하였다. 폐관(閉關) 수행 중에 큰 병이 들어 이내 참선 공부로써 정토(淨土)에 태어나기를 구하였다.

○ 丁卯, 二十九歲.

정묘년(1627), 29세.

○ 崇禎元年, 戊辰, 三十歲.

숭정 원년, 무진년(1628), 30세.

是春出關, 朝南海, 覲洛伽山, 將往終南. 遇道友雪航**楫**公, 願傳律學, 留住龍居.[1] 是夏, 第二次閱律藏一遍, 始成『毗尼事義集要』四本及『梵室偶談』.

【校勘】　**楫**: 원문에는 '□'로 되어있다. 『영봉우익대사종론(靈峰藕益大師宗論)』과 지욱 대사의 또 다른 저서 『유식개몽문답(唯識開蒙問答)』・『중치비니사의집요(重治毗

尼事義集要』의 원문 내용을 근거로 할 때, 설항(雪航)의 법명이 '즙(楫)'임을 알 수 있다. 따라서 여기에서도 '즙(楫)' 자(字)로 표기하였다.

【注釋】

1) 龍居: 지금의 절강성(浙江省) 가흥현(嘉興縣) 지역이다. 지욱 대사는 용거(龍居)의 성수사(聖壽寺)에서 30-34세까지 머물렀다. - 張聖嚴 著, 『明末中國仏敎の硏究 ―特に智旭を中心として』, 山喜房仏書林, 1975, 149면 참조.

이해 봄에 관(關)에서 나와 남해를 보고 낙가산(洛伽山)에 알현하였으니, 장차 종남산(終南山)으로 가려고 하였다. 도우(道友) 설항(雪航) 즙공(楫公)을 우연히 만나 율학(律學)을 전수(傳授) 받기를 원하여 용거(龍居)에 머물렀다. 이해 여름에 제2차로 율장(律藏)을 처음부터 끝까지 한 차례 열람한 뒤, 비로소 『비니사의집요(毗尼事義集要)』 4책과 『범실우담(梵室偶談)』을 완성하였다.

是年, 在龍居閱藏, 於一夏中, 僅閱千卷. 夏初遇惺谷師, 乃訂交焉. 時惺谷師尙未剃染. 仲冬, 又獲交歸一師. 於是二友最得交修之益, 同結冬.[1]

【注釋】

1) 結冬: '동안거(冬安居)'를 가리킨다. 승려들이 음력 10월 보름부터 정월 보름까지 바깥출입을 삼가고 수행에 힘쓰는 일을 가리킨다. 여름의 '하안거(夏安居)'에 대응하는 말이다. 참고로 안거(安居)를 시작하는 것을 '결제(結制)'라 하고 끝내는 것을 '해제(解制)'라 한다.

이해에 용거(龍居)에 있으면서 장경(藏經)을 열람하였는데, 하안거를 지내는 동안 거의 천 권의 책을 보았다. 여름에 성곡(惺谷) 법사를 처음

만나고서, 이내 교제를 맺었다. 당시 성곡(惺谷) 법사는 아직 머리를 깎고 승복을 입지는 않았다. 음력 11월에 또 귀일(歸一) 법사와 교제를 맺었다. 이 두 벗으로부터 서로 수행하는 데 필요한 도움을 가장 많이 얻었으매, 같이 동안거(冬安居)를 시작하였다.

刺舌血書大乘經律. 撰「刺血書經願文」, 及「書佛名經回向文」.

혀를 찔러 나온 피로써 대승의 경률(經律)을 썼다. 「자혈서경원문(刺血書經願文)」과 「서불명경회향문(書佛名經回向文)」을 지었다.

過檇李[1]東塔, 見人上堂, 有感. 賦偈云: "樹杪聲聲泣露哀, 岸舟魚背漫相猜, 宗乘頓逐東流下, 觸目難禁淚滿腮. 一滴狐涎徹體腥, 當陽[2]鴉立法王庭, 却慚普眼能弘護, 猶使天人掩耳聽. 聾人聽曲啞人歌, 跛躄相將共伐柯, 今日已成冥暗界, 不知向後又如何."

【注釋】
1) 檇李: 절강성(浙江省) 가흥현(嘉興縣) 경내(境內)에 있다. - 張聖嚴 著, 『明末中國仏敎の硏究—特に智旭を中心として』, 앞의 책, 149면 참조.
2) 當陽: 중국(中國) 호북성(湖北省)에 있는 현(縣)이다.

취리(檇李)의 동탑사(東塔寺)를 지나다가 사람들이 당에 오르는 것을 보고 감회가 있었다. 게송을 지어 말하였다. "나무 끝에서 소리 소리마다 읍(泣)하며 슬픔을 드러내고, 절벽 아래 배와 물고기의 등은 질펀히 서로를 시샘하네. 종승(宗乘)이 문득 동류(東流)의 아래로 도망가니, 눈길 닿는 곳마다 눈물이 뺨을 적시며 흐르는 것을 막기 어렵네. 한 방울 여우의 침이 몸의 비린내를 뚫고, 당양(當陽)의 거위가 법왕(法王)의 뜰에 서 있네. 보안보살(普眼菩薩)이 능히 널리 보호할 수 있거늘, 천인(天人)에게 귀를 막고 듣게 하는 것이 도리어 부끄럽네. 귀머거리가 벙어리의 노래를 곡진(曲盡)하게 듣고, 절뚝발이가 서로를 받들며 함께 도낏자루 감을 베네. 오늘 이미 어두컴컴한 경계를 이루었으니, 향후엔 또 어찌 할지 알지 못하겠어라."

○ 己巳, 三十一歳.

기사년(1629), 31세.

正月十五日, 爲同學比丘雪航智楫師講『四分戒本』, 竝「刺血書願文」.

【校勘】　楫: 원문에는 '□'로 되어있다. 『영봉우익대사종론(靈峰蕅益大師宗論)』 제 1권 본문에 수록된 「위설항즙공강율자혈서원문(爲雪航楫公講律刺血書願文)」 원문에 근거하여, 연보의 '□' 부분을 '楫' 자(字)로 표기하였다.

정월 15일에 동학 비구 설항(雪航) 즙공(楫公) 법사를 위하여 『사분계본(四分戒本)』과 「자혈서원문(刺血書願文)」을 강독하였다.

是春, 同歸一籌師, 送惺谷至博山,[1] 依無異羲禪師薙發.[2] 羲禪師見大師所著『毗尼事義集要』, 喜之. 卽欲付梓, 大師不許.

【注釋】

1) 博山: 중국 산동성(山東省)에 있는 산이다.
2) 薙髮: 머리를 깎고 중이 되는 것을 말한다. '체발(薙髮)'은 '체발(剃髮)'과 같은 뜻이다. 1019년에 중국 송(宋)나라의 사문(沙門) 도성(道誠)이 지은 『석씨요람(釋氏要覽)』제1권에 보인다. "『인과경(因果經)』에서 말하였다. '과거의 모든 부처는 무상보리(無上菩提)를 성취하려고 하였기 때문에, 화려한 장식을 버리고 머리카락과 수염을 깎았다.'[因果經云: "過去諸佛, 爲成就無上菩提故, 捨飾好, 剃鬚髮."]"『大正新脩大藏經』第54冊·No.2127·釋氏要覽 第1卷(T54n2127_001).

이 봄에 귀일(歸一) 주(籌) 법사와 같이 성곡(惺谷) 법사를 전송하고 박산(博山)에 이르러서, 무이(無異) 의(䗊) 선사를 의지하여 치발(薙髮) 하였다. 의(䗊) 선사가 지욱 대사가 저술한 『비니사의집요(毗尼事義集要)』를 보고는 기뻐하였다. 곧 출판하고자 하였으나, 지욱 대사가 허락하지 않았다.

在博山, 遇璧如鎬師, 詳論律學, 遂與訂交.

박산(博山)에 있으면서 우연히 벽여(璧如) 호(鎬) 법사를 만나 율학(律學)을 자세히 논하고서, 드디어 함께 교제를 맺었다.

隨無異䗊禪師至金陵,[1] 盤桓百有十日. 盡諳宗門近時流弊, 乃決意弘律, 大師律解雖精而自謂'煩惱習强, 躬行多玷, 故誓不爲和尙.' '三業未淨, 謬有知律之名, 名過於實.', 引爲生平之恥.

【注釋】

1) 金陵: 지금의 강소성(江蘇省) 남경(南京)이다. 춘추전국시대에는 초(楚)나라의 읍이었다.

무이(無異) 의(羲) 선사를 좇아 금릉(金陵)에 이르러서 110일 동안 머물렀다. 요사이 종문(宗門)에 유행하는 폐단을 깨닫고 이에 계율의 가르침을 홍양(弘揚)할 것을 결의하였다. 지욱 대사의 율장(律藏)에 관한 이해는 비록 정밀하였지만, 스스로는 '번뇌의 습기가 강하는 몸소 실천하는 것에는 결점이 많으므로, 화상이 되지 않기를 맹세하노라.'·'신(身)·구(口)·의(意) 삼업(三業)이 아직 청정하지 못하거늘 율장(律藏)을 안다는 명성을 사리에 맞지 않게 두게 되었으니, 명성이 실제보다 지나치도다.'라고 말하면서, 이것을 평생의 부끄러움으로 여겼다.

是春, 撰『持呪先白文』. 願持滅定業眞言^{錄者注)} 百萬, 觀音靈感·七佛滅罪·藥師灌頂·往生淨土眞言各十萬. 次當結壇, 持大悲呪十萬.

이해 봄에 『지주선백문(持呪先白文)』을 지었다. 멸정업진언(滅定業眞言) 백만 번, 관음영감(觀音靈感)·칠불멸죄(七佛滅罪)·약사관정(藥師灌頂)·왕생정토(往生淨土) 진언(眞言)을 각각 십만 번씩 지송(持誦)하기를 서원하였다. 다음으로 단(壇)을 맺음을 만나서 대비주(大悲呪)를 십만 번 지송(持誦)하였다.

錄者注: 指持『地藏菩薩滅定業眞言』.[1]

【注釋】

1) 地藏菩薩滅定業眞言: 『다라니집경(陀羅尼集經)』제6권에 보인다. 『멸정업진언(滅定業眞言)』의 실제 원명(原名)은 '지장보살법신주(地藏菩薩法身呪)'이다. 이 진언을 지녀서 수행하면, 지장보살 법신상(法身相)의 모습에 곧 들 수 있으며, 마지막까지 닦는다면 지장보살과 같은 대원의 공덕을 성취하게 되어 곧 이 대사(大士)의 화신(化身)이 된다. "두 손을 위로 뒤집어 두 손의 집게손가락과 약손가락을 각각 서로 얽어 오른쪽에서 왼쪽을 누르고 두 손의 엄지손가락을 각각 손바닥 안으로 구부린다. 또 두 손의 가운뎃손가락을 각각 구부려 두 손의 엄지손가락 손톱 위를 누르고 두 손의 새끼손가락을 각각 손바닥 안으로 구부린 다음 엄지손가락을 왔다 갔다 한다. 주문은 다음과 같다. '옴 바라 마다니 사바하' [仰兩手, 二頭指二無名指, 各相鉤右壓左, 二大指各屈在掌中. 以二中指各屈, 押二大指甲上, 二小指又各屈在掌中. 大指來去呪曰: 唵(一)婆囉(二合)末(平音)馱你(二)莎訶(三一)" 『大正新脩大藏經』第18冊・No.0901・陀羅尼集經 第6卷(T18n0901_006).

기록하는 자의 주석: (멸정업진언滅定業眞言을 지송持誦한다는 것은) 『지장보살멸정업진언(地藏菩薩滅定業眞言)』을 지송(持誦)하는 것을 가리킨다.

母亡三周年, 乞善友課持經呪. 撰『爲母三周求拔濟啓』, 及『爲母發願回向文』.

어머니가 돌아가신 지 3주년이 되므로 선우(善友) 과(課)에게 경(經)의 주문(呪文)을 지송(持誦)하기를 부탁하였다. 『위모삼주구발제계(爲母三周求拔濟啓)』와 『위모발원회향문(爲母發願回向文)』을 지었다.

秋, 遊棲霞,[1] 始晤自觀印闍梨. 「贈以偈」云: "擧世不知眞, 吾獨不愛假. 羨君坦夷性, 堪入毗尼[2]社."

1) 棲霞: 중국(中國) 강소성(江蘇省) 남경(南京) 지역이다. 이 지역에는 1,500여 년의 역사가 있는 서하사(棲霞寺)라는 절이 있는데, 484년에 건조되었다. 당(唐)나라 때 황제가 직접 지은 찬문(撰文), 500여 개의 불상 석각이 있다.
2) 毗尼: 산스크리트어 'vinaya'를 음역한 불교 술어로서, '율(律)'이라는 뜻이다. 『능엄경(楞嚴經)』과 『불설결정비니경(佛說決定毗尼經)』에 보인다.

가을에 서하(棲霞)를 유람하다가 비로소 자관(自觀) 인(印) 사리(闍梨)를 만났다. 「증이게(贈以偈)」에서 말하였다. "온 세상이 진리를 알지 못하는데, 나만 홀로 거짓을 사랑하지 않네. 그대의 평탄한 성품이 비니(毗尼)의 결사(結社)를 참아내며 들어가는 것을 부러워하네."

是冬, 同歸一籌師結制龍居.[1] 第三次閱律一遍. 至除夕, 第三次閱律藏畢, 錄成六冊, 計十八卷.

【注釋】

1) 龍居: 지금의 절강성(浙江省) 가흥현(嘉興縣) 지역이다. 지욱 대사는 용거(龍居)의 성수사(聖壽寺)에서 30-34세까지 머물렀다. – 張聖嚴 著, 『明末中國仏教の研究 —特に智旭を中心として』, 앞의 책, 149면 참조.

이해 겨울에 귀일(歸一) 주(籌) 법사와 같이 용거(龍居)에서 안거에 들어갔다. 제3차로 율장(律藏)을 처음부터 끝까지 한 차례 열람하였다. 섣달그믐에 이르러 제3차로 율장(律藏)을 열람하는 것을 마친 뒤에, 여섯 책으로 기록하여 완성하니 모두 18권이었다.

撰「禮大報恩塔偈」·「持准提呪願文」·「禮大悲銅殿偈」·「起呪文」·
「除夕白三寶文」.

「예대보은탑게(禮大報恩塔偈)」·「지준제주원문(持准提呪願文)」·「예대
비동전게(禮大悲銅殿偈)」·「기주문(起呪文)」·「제석백삼보문(除夕白三寶
文)」을 지었다.

撰「尙友錄序」.

「상우록서(尙友錄序)」를 지었다.

○ 庚午, 三十二歲.

경오년(1630), 32세.

春, 病滯龍居. 正月初一, 然臂香, 刺舌血, 致書惺谷. 三月盡, 惺谷
同如是昉公從金陵回, 至龍居, 請季賢師爲和尙, 新伊法主爲**羯磨闍
梨,**[1) 覺源法主爲**教授闍梨,**[2) 受**比丘戒.**[3) 經三閱律, 始知受戒如法不
如法事. 彼學戒法, 固必無此理, 但見聞諸律堂, 亦竝無一處如法者.

【注釋】

1) 羯磨闍梨: '갈마아사리(羯磨阿闍梨)'이다. 구족계(具足戒)를 받을 때 의식을 주관

하는 승려이다.
2) 教授闍梨: '교수아사리(教授阿闍梨)'이다. 구족계(具足戒)를 받는 이에게 규율이
나 몸가짐을 가르치는 승려이다.
3) 比丘戒: 비구(比丘)가 받아 지켜야 할 250가지의 계율을 가리킨다.

　봄에 병으로 용거(龍居)에서 지체하였다. 정월 초 1일에 팔에다가 향을
피우고 혀를 찔러 피를 내어 성곡(惺谷) 법사에게 편지를 썼다. 3개월이
다 되어 성곡(惺谷) 법사가 여시(如是) 방공(昉公)과 같이 금릉(金陵)으로
부터 돌아와 용거(龍居)에 이르렀다. (그는) 계현(季賢) 법사를 화상(和尙)
으로 삼고, 신이(新伊) 법주를 갈마사리(羯磨闍梨)로 삼고, 각원(覺源) 법
주를 교수사리(教授闍梨)로 삼아 비구계(比丘戒)를 받기를 청하였다. 세
차례 율장(律藏)을 열람한 뒤에야 비로소 수계(受戒)가 여법(如法)한지
여법(如法)하지 않은지의 일을 알 수 있게 되었다. 저들이 배운 계법(戒
法)은 진실로 분명하게 이러한 도리가 없었으니, 단지 여러 율당(律堂)에
서 보고 들은 것이 또한 아울러 여법(如法)한 것이 단 한 군데도 없었다.

　是春, 歸一籌師作「毗尼事義集要跋」.

　이해 봄에 귀일(歸一) 주(籌) 법사가 「비니사의집요발(毗尼事義集要跋)」
을 지었다.

　撰「閱律禮懺總別二疏」·「安居論律告文」·「爲母四周願文」·「爲
父十二周求薦拔啓」. 結夏安居, 爲惺谷壽·如是昉·雪航榿三友細講
『毗尼事義集要』一遍. 添『初後二集』, 共成八册. 雖然盡力講究, 不

意或尋枝逐葉, 不知綱要. 或東扯西拽, 絕不留心. 或頗欲留心, 身
嬰重恙聽不及半. 其餘隨緣衆, 無足責者. 大師大失所望.

【校勘】　楫: 원문에는 '□'로 되어있다. 앞에서 이미 기술한 연보(年譜)의 교감 내용을 근거로 하여, 여기에서도 '즙(楫)' 자(字)로 표기하였다.

「열율예참총별이소(閱律禮懺總別二疏)」·「안거론율고문(安居論律告文)」·「위모사주원문(爲母四周願文)」·「위부십이주구천발계(爲父十二周求薦拔啓)」를 지었다. 하안거를 시작하고 성곡(惺谷) 수(壽) 법사·여시(如是) 방(昉)·설항(雪航) 즙(楫) 법사 등 세 벗을 위해 『비니사의집요(毗尼事義集要)』를 처음부터 끝까지 한 차례 자세하게 강독하였다. 『초후이집(初後二集)』을 더하여 모두 8책으로 완성하였다. 비록 그렇지만 힘을 다해 강구 하였으나 뜻하지 않게도 (그들은) 혹 지엽적인 것만 찾고 골자를 알지 못하였다. 혹 동쪽으로 찢어지고 서쪽으로 끌려서 끝내 마음을 머물게 하지 못하였다. 혹 (그들 스스로) 자못 마음을 머물게 하고자 하였으나, 몸은 약하고 중병이 들어 경청하는 것이 절반에도 미치지 못하였다. 그 나머지는 인연이 있는 중생을 좇았으니, 족히 경책할 만한 것이 없었다. (이에) 지욱 대사는 크게 실망하였다.

擬注『梵網』, 作四鬮問佛. 一曰宗賢首, 二曰宗天台, 三曰宗慈恩, 四曰自立宗. 頻拈, 得天台鬮. 於是究心台部, 而不肯爲台家子孫. 以近世台家與禪宗賢首慈恩, 各執門庭, 不能和合故也. 時人以耳爲目, 皆云'大師獨宏台宗.', 謬矣謬矣.

『범망경(梵網經)』을 헤아려 보고 주석을 내다가 네 가지 제비를 가지고 부처에게 물었다. 첫 번째 제비는 '현수(賢首) 법장(法藏)을 으뜸으로 삼는 것'이요, 두 번째 제비는 '천태(天台) 지의(智顗)를 으뜸으로 삼는 것'이요, 세 번째 제비는 '자은(慈恩) 규기(窺基)를 으뜸으로 삼는 것'이요, 네 번째 제비는 '(지욱 대사 자신을 종조宗祖로 하는) 자립종(自立宗)'이다. 여러 번 제비를 들었는데, '천태(天台)를 으뜸으로 삼는 제비'를 얻었다. 이에 마음으로 태부(台部)를 궁구하였으되, 기꺼이 태가(台家)의 자손이 되려고는 하지 않았다. 근세에 태가(台家)가 선종(禪宗)·현수(賢首)·자은(慈恩)과 더불어 그들 각자의 문정(門庭)에만 집착하여 (서로) 화합하지 못하였기 때문이다. 당시 사람들은 귀를 눈으로 여겨서 대개 '지욱 대사가 전적으로 천태종(天台宗)을 감쌌다.'라고 하였는데, 이것은 잘못된 것이다. 잘못된 것이다.

[案] 大師法語,「示如母」云: "予二十三歲, 即苦志參禪, 今輒自稱私淑天台者, 深痛我禪門之病, 非台宗不能救耳. 奈何台家子孫, 猶固拒我禪宗, 豈智者大師本意哉!"「復松溪法主書」云: "私淑台宗不敢冒認法派. 誠恐著述偶有出入, 反招山外背宗之誚. 然置弟門外, 不妨稱爲功臣. 收弟室中, 不免爲逆子. 知我罪我, 聽之而已."

[案] 지욱 대사의 법어 가운데 「시여모(示如母)」에서 말하였다. "나는 스물 세살에 참선 공부에 고심하였다. 지금 걸핏하면 스스로 천태(天台)를 사숙하였다고 말하는 것은 우리 선문(禪門)의 병통이 천태종(天台宗)이 아니면 능히 치료할 수 없는 상황을 몹시 아파한 것일 뿐이다. 어찌할까? 태가(台家)의 자손으로서 여전히 우리 선종(禪宗)을 굳게 거부하는

것이 어찌 지자(智者) 대사의 본뜻이겠는가!"「복송계법주서(復松溪法主書)」에서 말하였다. "태종(台宗)을 사숙하였다고 하여 감히 법맥(法脈)을 우리 것처럼 꾸미어 속일 수는 없다. 참말로 저술하는 데 우연히 출입하는 것이 있었는데, 오히려 산문 밖에서 종승(宗乘)을 등졌다는 꾸짖음을 초래할까 두렵다. 그러나 문밖에 제자로서 두면 공신(功臣)이 된다고 말해도 무방하지만, 안방 가운데 제자로 거두면 불효자가 되는 것을 면하지 못한다. 나의 실정을 알아서 나를 벌주는 것은 이 이야기를 들을 뿐이니라."

撰「結壇水齋持大悲呪願文」·「爲父回向文」.

「결단수재지대비주원문(結壇水齋持大悲呪願文)」과 「위부회향문(爲父回向文)」을 지었다.

○ 辛未, 三十三歲.

신미년(1631), 33세.

是春, 撰「毗尼事義集要序」於皐亭古永慶寺. 先是眞寂聞谷老人, 博山無異禪師, 勸將『毗尼事義集要』付梓流通. 乃同璧如·歸一二友商榷參詳, 備殫其致. 惺谷以此書呈金台法主, 隨付梓人, 至今歲於 **皐亭**[1]佛日寺刊成.

1) 皐亭: 절강성(浙江省) 항현(杭縣) 경내(境內)의 지명이다. 이곳에 영경사(永慶寺)와 불일사(佛日寺)가 있다. − 張聖嚴 著, 『明末中國仏敎の硏究─特に智旭を中心として』, 앞의 책, 150면 참조.

이해 봄에 고정(皐亭) 고영경사(古永慶寺)에서 「비니사의집요서(毗尼事義集要序)」를 저술하였다. 이에 앞서 진적(眞寂) 문곡(聞谷) 노인과 박산(博山) 무이(無異) 선사가 장차 『비니사의집요(毗尼事義集要)』를 출간하여 유통하라고 권유하였다. 이에 벽여(璧如) 법사·귀일(歸一) 법사 두 벗과 같이 토의하고 자세히 의논하여 간행을 이루기 위해 철저하게 준비하였다. 성곡(惺谷) 법사가 이 책을 금태(金台) 법주에 주고 목수장(木手丈)을 따라 붙여서 (신미년) 올해에 이르러 고정(皐亭) 불일사(佛日寺)에서 간행 작업을 끝냈다.

春, 同新伊法主禮『大悲懺』於武林蓮居庵.[1]

【注釋】

1) 武林蓮居庵: 절강성(浙江省) 항현(杭縣) 경내(境內)의 지명이다. − 張聖嚴 著, 『明末中國仏敎の硏究─特に智旭を中心として』, 앞의 책, 148면 참조.

봄에 신이(新伊) 법주와 같이 무림(武林) 연거암(蓮居庵)에서 『천수천안대비심주행법(千手千眼大悲心呪行法)』에 예불(禮佛)을 하였다.

撰「楞嚴壇起呪及回向二偈」.

「능엄단기주급회향이게(楞嚴壇起呪及回向二偈)」를 저술하였다.

八月, 惺谷師示寂於佛日. 師病時, 大師割股救之.「竝賦偈」云: "幻緣和合受茲身, 欲剗千瘡愧未能. 爪許薄皮聊奉供, 用酬嚴憚切磋恩."

8월에 성곡(惺谷) 법사가 부처님 오신 날에 입적하였다. 법사가 병을 앓고 있을 때, 지욱 대사가 허벅지 살을 베어 이를 먹여서 구명(救命)하였다.「병부게(竝賦偈)」에서 말하였다. "환(幻)과 같은 인연이 화합하여 이 몸뚱이를 받았거늘, 천 군데 종기를 도려내고자 하였으나 부끄럽게도 하지 못하였네. 손톱의 얇은 껍질로 애오라지 봉공하여, 엄격히 삼가고 꺼려서 부지런히 도(道)를 닦게 해준 은혜를 갚고자 하네."

九月, 入孝豐.[1] 取道武林, 晤璧如師, 不旬日, 師示寂. 著「惺谷璧如二友合傳」.

【注釋】

1) 孝豐: 지금의 절강성(浙江省) 호주시(湖州市) 안길현(安吉縣)의 옛 지명이다. – 張聖嚴 著,『明末中國仏教の研究─特に智旭を中心として』, 앞의 책, 150면 참조.

9월에 효풍(孝豐)에 들어갔다. 무림(武林)을 경유하여 벽여(璧如) 법사를 만났는데, 열흘이 못 되어 벽여(璧如) 법사가 입적하였다.「성곡법여이우합전(惺谷璧如二友合傳)」을 지었다.

始入北天目靈峰山[1]過冬, 卽靈岩寺之百福院[2]也. 有句云: "靈峰
一片石, 信可矢千秋." 時山中無藏, 爲作請藏因緣.

【注釋】

1) 靈峰山: 영봉산(靈峰山)은 천목산(天目山)의 지맥에 속해 있다. 절강성(浙江省) 호
   주시(湖州市) 안길현(安吉縣) 현성(縣城)에서 서남쪽으로 6km 지점 떨어진 곳이
   다. 영봉사(靈峰寺)는 영봉산(靈峰山)으로 인해 건립되었고, 영봉산(靈鳳山)은 영
   봉사(靈峰寺)로 인해 전술(傳述)되었다. 산 정상에 '북천목(北天目)' 연못이 있는
   데, 물이 깊고 넓어서 일 년 내내 물이 마르지 않는다고 한다. 현재 영봉사(靈峰
   寺)의 담장 서쪽 변(邊)에 지욱 대사의 묘가 있다.
2) 百福院: '영봉사(靈峰寺)'를 가리킨다. '영봉사(靈峰寺)'는 서기 907년에 '영봉원
   (靈峰院)'으로 개칭되었고, 1065년에는 '백복원(百福院)'으로 개칭되었다.

처음으로 북천목(北天目)의 영봉산(靈峰山)으로 들어가서 겨울을 보냈
는데, 바로 영암사(靈岩寺)의 백복원(百福院)이었다. 「북천목영봉사십이
경송(北天目靈峰寺二十景頌)」의 시구(詩句)에서 말하였다. "영봉(靈峰)의
한 조각 돌이 진실로 천추(千秋)를 서약할 수 있도다." 당시 산중에 장경
(藏經)이 없어서 장경(藏經)을 청하는 인연을 짓게 되었다.

是冬, 在靈峰講『毗尼事義集要』七卷. 次夏, 續完. 聽者十餘人, 惟
徹因比丘能力行之.

이해 겨울에 영봉(靈峰)에 있으면서 『비니사의집요(毗尼事義集要)』7권
을 강독하였다. 다음 해 여름에 속집이 완성되었다. 듣는 자가 10여 인이
었는데, 오직 철인(徹因) 비구만이 능히 힘을 다해 실천하였다.

是冬, 有溫陵徐雨海居士, 向大師說『占察』妙典.[1] 大師倩人特往雲棲請得書本. 一展讀之, 悲欣交集. 撰「續持回向偈」.

【注釋】

1) 占察妙典:『점찰선악업보경(占察善惡業報經)』을 가리킨다. 수(隋)의 보리등(菩提燈)이 번역하였다. 상권에서는 말세에 중생이 바른 믿음을 지니지 못하여 여러 가지 어려움에 부딪힌다면, 많은 선악의 종류를 적은 여러 개의 나무 조각을 던져 점(占)을 쳐서 과거에 지은 잘못을 관찰하고 참회하여 마음의 평안을 얻으라고 설하였고, 하권에서는 중생은 모두 여래가 될 성품을 지니고 있다는 '여래장(如來藏)'을 설하였다.

이해 겨울 온릉(溫陵) 서(徐) 우해(雨海) 거사가 있었는데, 지욱 대사에게『점찰선악업보경(占察善惡業報經)』이라는 묘전(妙典)을 이야기하였다. 지욱 대사가 다른 사람을 시켜 이내 운서사(雲棲寺)에 가서 서본(書本)을 얻기를 청하게 하였다. 한 번 펼쳐서 읽어보니, 슬픔과 기쁨이 교차하였다.「속지회향게(續持回向偈)」를 지었다.

○ 壬申, 三十四歲.

임신년(1632), 34세.

結夏靈峰. 爲自觀師秉羯磨授具戒.

영봉(靈峰)에서 하안거를 시작하였다. 자관(自觀) 법사를 위하여 갈마(羯磨)를 잡고 구족계(具足戒)를 주었다.

撰「龍居禮大悲懺文」, 及「禮大悲懺願文」.

「용거예대비참문(龍居禮大悲懺文)」과 「예대비참원문(禮大悲懺願文)」
을 지었다.

○ 癸酉, 三十五歲.

계유년(1633), 35세.

是春, 爲靈峰請藏至, 未裝.

이해 봄에 영봉사(靈峰寺)를 위하여 장경(藏經)이 이르기를 청하였으
나, 넣지를 못하였다.

撰「西湖寺安居疏」. 結夏金庭西湖寺,[1] 細講『毗尼事義集要』一遍.
聽者九人. 能留心者, 唯徹因·自觀及幻緣三比丘.

【注釋】

1) 金庭西湖寺: 금정산(金庭山) 서호사(西湖寺)는 절강성(浙江省) 승현(嵊縣) 경내(境
內)에 있다. – 張聖嚴 著, 『明末中國仏教の研究―特に智旭を中心として』, 앞의
책, 149면 참조.

「서호사안거소(西湖寺安居疏)」를 지었다. 금정산(金庭山) 서호사(西湖

寺)에서 하안거를 시작하였는데, 『비니사의집요(毗尼事義集要)』를 처음부터 끝까지 한차례 자세하게 강독하였다. 듣는 자가 9인이었다. 능히 (집중하여) 마음을 머물게 할 수 있었던 자는 오직 철인(徹因)·자관(自觀)과 환연(幻緣) 등 세 비구뿐이었다.

撰「前安居日供鬮文」. **前安居**[1]日, 大師自念再三翻讀律藏, 深知時弊多端, 不忍隨俗訛詉, 共蝕如來正法. 而自受具, 心雖慇重, 佛制未周. 爰作八鬮, 虔問三寶. "若智旭比丘戒從心感得, 十夏行持, 當得作和尙鬮. 若得戒前, 輕犯未淨, 當得禮懺作和尙鬮, 先行懺法. 若未得不成**遮難**,[2] 或已得未堪作範, 當得見**相好**[3]作和尙鬮, 禮懺求相. 若不成難而未得, 當得重受鬮, 如法秉受, 更滿十夏. 若成盜難而通懺, 當得禮懺重受鬮. 若已成難, 當得菩薩沙彌鬮. 若不許沙彌法, 當得菩薩優婆塞鬮. 若一切戒法悉遮, 當得但三歸鬮. 若得作和尙等三鬮, 誓忘身命, 護持正法. 寧受劇苦, 作眞聲聞, 不爲利名, 作假大乘. 若得重受等二鬮, 敦弟子職, 誓不藐法. 若得菩薩沙彌鬮, 誓尊養比丘, 護持僧寶. 若得菩薩優婆塞鬮, 誓以身命護正法, 終不迷失菩提心. 若得但三歸鬮, 誓服役佛法僧間, 種種方便, 摧邪顯正." 竝然香十炷, 一夏持呪加被. 至自恣日, 更然頂香六炷, 撰「自恣日拈鬮文」, 遂拈得菩薩沙彌鬮.

【注釋】

1) 前安居: 음력 4월 16일부터 7월 15일까지의 안거를 '전안거(前安居)'라고 한다. 『원각경심경(圓覺經心鏡)』 제6권, "또 가람(伽藍) 내에는 세 종류의 안거(安居)가 있는데, '전안거(前安居)'·'중안거(中安居)'·'후안거(後安居)'가 그것이다. 부처님께서 이 세상에 계셨을 때는 90일 동안 안거(安居)를 하셨으니, 이 안거(安居)

를 또 '금족(禁足)'이라 이르고 또 '호생(護生)'이라고 일렀다. 대개 서축(西竺; 인도印度)은 삼제(三際)로 구분하여 추위와 더위를 분변(分辨)하였다. [且就伽藍內, 有三種安居, 前安居·中安居·後安居. 佛在世九旬安居, 亦云禁足, 亦云護生. 蓋西竺分三際, 以辨寒暑.]」『卍新纂大日本續藏經』第10冊·No.0254·圓覺經心鏡 第6卷 (X10n0254_006).

2) 遮難: '차난(遮難)'이란 승가(僧家)에 입단을 허락할 수 없는 자격을 규정한 것이다. 교수사(教授師)가 계장(戒場) 밖에서 새로 계(戒)를 받는 사람에게 입단(入團)을 허가하는 데에 있어서 장해가 되는 일{장법(障法)}이 없나를 조사하는데, 이를 '차난(遮難)을 묻는다.'라고 한다. 교수사(教授師)는 새로 계(戒)를 받는 사람에 대하여 본인의 이름을 묻고, 화상의 이름을 묻고, 그리고 의발(衣鉢)을 갖추고 있는가, 부채(負債)는 없는가, 노예는 아닌가, 군인은 아닌가, 범죄자는 아닌가, 남자인가, 전염병을 지니고 있지 않은가, 살부(殺父)·살모(殺母)·살아라한(殺阿羅漢)·파승(破僧)·악심출불신혈(惡心出佛身血) 등의 다섯 가지 역죄(逆罪)를 범하지 않았는가, 비구니(比丘尼)를 범하지 않았는가, 적심입도(賊心入道)는 아닌가, 황문(黃門)은 아닌가, 남녀 이근(二根)을 갖추고 있지 않은가, 비인(非人)은 아닌가, 축생(畜生)은 아닌가 등을 질문하고 새로 계(戒)를 받는 사람에게 위와 같은 장해가 없음을 확인하는 것이다. 20세가 되지 않은 사람, 부모의 허락은 받지 못하고 있는 사람, 부채(負債)가 있는 사람, 죄를 범하여 관청으로부터 추방된 사람, 관리(官吏)인 사람, 전염병이 있는 사람, 그 밖에 위에 열거된 사람은 수계(受戒)를 허하지 않는다.

3) 相好: '삼십이상팔십종호(三十二相八十種好)'의 준말로서, 부처가 태어나면서부터 갖추고 있다는 신체상의 특징을 뜻한다. '삼십이상팔십종호(三十二相八十種好)'는 부처가 인간과는 다른 모습을 하고 있다는 믿음에서 비롯되었다. 성자(聖者) 용수(龍樹) 조(造)·후진(後秦) 구자국(龜茲國) 삼장(三藏) 구마라습(鳩摩羅什) 한역(漢譯)『대지도론(大智度論)』제29권, "【經】'보살마하살(菩薩摩訶薩)이 세세토록 (자신의) 신체가 부처와 더불어 서로 비슷하게 하고자 한다면, (그리고) 삼십이상(三十二相)과 팔십수형호(八十隨形好)를 구족(具足)하려고 한다면, 마땅히 반야바라밀(般若波羅蜜)을 배워야만 한다!'【論】물었다. '성문경(聲聞經) 가운데「보살(菩薩)이 삼아승기겁(三阿僧祇劫)을 지난 후, 백겁(百劫) 중에 삼십이상(三十二相)의 인연(因緣)을 심었다.」라고 설하였는데, 지금 또 어찌하여「세세토록 부처님의 신체와 더불어 서로 같다.」,「삼십이상(三十二相)과 팔십수형호(八十隨形好)가 있다.」라고 설하시는 것입니까?' 답하였다. '가전연자(迦栴延子)의 『아비담비바사(阿毘曇鞞婆沙)』가운데 이와 같은 이야기가 있으나 삼장(三藏) 속에서 설해진 바가 아니다. 어째서인가? 삼십이상(三十二相)은 다른 사람들도 있는 것이니, 어찌 족히 귀한 것이 되겠는가!' [【經】"菩薩摩訶薩欲使世世身體與佛相似, 欲具足三十二相·八十隨形好, 當學般若波羅蜜!"【論】問曰: "聲聞經中說'菩薩過三阿僧祇劫後, 百劫中種三十二相因緣.', 今云何說'世世與佛身體相似, 有三十二相·八十隨形好.'?" 答曰: "迦栴延子'阿毘曇鞞婆沙'中有如是說, 非三藏中所說. 何以故? 三十二相, 餘人亦有, 何足爲貴!"]"

『大正新脩大藏經』第25冊·No.1509·大智度論 第29卷(T25n1509_029).

「전안거일공구문(前安居日供圖文)」을 지었다. 전안거(前安居) 날에 지욱 대사는 두세 번 율장(律藏)을 속속 뒤집어서 보고 당시의 폐단이 많이 있다는 것을 깊이 알아서, 차마 세속을 따라 거짓된 것을 말하여 여래(如來)의 정법(正法)을 함께 좀먹을 수는 없다고 스스로 생각하였다. 구족계(具足戒)를 받은 뒤로부터 마음은 비록 참고 견디며 자중하였을지라도, 부처님께서 정하신 율장(律藏)의 내용을 두루 파악하지 못하였다. 이에 8개의 제비를 만들어서 공경히 삼보(三寶)께 여쭈었다. "만약 지욱 비구가 마음을 좇아 감득하여 10번의 하안거로써 불도(佛道)를 닦아 지녀야 한다고 경계한다면, 마땅히 화상이 되는 제비를 얻게 될 것입니다. 만약 수계(受戒) 전에 가벼운 죄를 범하여 아직 청정하지 못한 것이라면, 마땅히 예불을 드리고 참회를 하여 화상이 되는 제비를 얻게 될 것이니, 우선 참법(懺法)을 실행할 것입니다. 만약 아직 차난(遮難)을 이루지 아니함을 얻지 못하였거나 혹 이미 얻었으되 규범을 행하는 것을 감당하지 못하는 것이라면, 마땅히 부처님의 상호(相好)를 친견하여 화상이 되는 제비를 얻게 될 것이니, 예불을 드리고 참회를 하여 삼십이상(三十二相)을 구할 것입니다. 만약 차난(遮難)을 이루지 아니함을 아직 얻지 못하였다면, 마땅히 거듭 불법(佛法)을 잘 받아들이는 제비를 얻게 될 것이니, 여법(如法)하게 간직하여 받아서 다시 10번의 하안거를 채울 것입니다. 만약 도난(盜難)을 이루었으되 참회가 통한다면, 마땅히 예불을 드리고 참회하여 거듭 불법(佛法)을 잘 받아들이는 제비를 얻게 될 것입니다. 만약 이미 차난(遮難)을 이루었다면, 마땅히 보살(菩薩)과 사미법(沙彌法)의 제비를 얻게 될 것입니다. 만약 사미법(沙彌法)이 허락되지 않는다면, 마땅히 보살(菩薩)과 우바새(優婆塞)의 제비를 얻게 될 것입니다. 만약 모든 계법(戒法)이 다 가려져 있다면, 마땅히 다만 삼귀의(三歸依)를 실천하는 제비를 얻게 될 것입니다. 만약 화상이 되는 등의 세 가지 제비를 얻게 된다면, 신명(身命)을 잊은 채 정법(正法)을 보호하여 지닐 것을 맹세할 것입니다. 차라리 심한 고통을 받아서 참된 성문(聲聞)이 될지언정, 사리(私利)와 명예(名譽)를 위하여 대승(大乘)을 가탁(假託)하지 않을 것입니다. 만약 거듭 불법(佛法)을 잘 받아들이는 등의 두 가지 제비를 얻게 된다면, 제자(弟子)로서의 직분을 돈독하게 하여 불법(佛法)을 가벼이 보지 않을 것을 맹세할 것입니다. 만약 보살(菩薩)과 사미법(沙彌法)의 제비를 얻게 된다면, 비구(比丘)를 존경하고 공양하며 승보(僧寶)를 보호하여 지킬 것입니다. 만약 보살(菩薩)과 우바새(優婆塞)의 제비를 얻게 된다면, 신명(身命)으로써 정법(正法)을 보호하여 끝까지 보리심(菩提心)을 잃지 않을 것을 맹세할 것입니다. 만약 다만 삼귀의(三歸依)를 실천하는 제비를 얻게 된다면, 부처님과 부처님의 가르침과 스님들 사이에서 복역(服役)하여 갖가지 방편으로 사법(邪法)을 물리치고 정법(正法)을 드러낼 것을 맹세할 것입니다." 아울러 향 10개의 심지를 태우고 하안거(夏安居) 동안 가피(加被)를 입게 해달라고 주문을 외웠다. 자자일(自恣日)에 이르러 다시 정수리에 6개의 심지를 태운 뒤, 「자자일념구문(自恣日拈鬮文)」을 지었다. 마침내 보살(菩薩)과 사미법(沙彌法)의 제비를 뽑아 들었다.

撰「禮淨土懺文二首」.

「예정토참문이수(禮淨土懺文二首)」를 지었다.

冬, 述『占察行法』.

겨울에 『점찰선악업보경행법(占察善惡業報經行法)』을 저술하였다.

○ 甲戌, 三十六歲.

갑술년(1634), 36세.

癸酉·甲戌之際, 大師匍匐苦患. 徹因比丘獨盡心竭力相濟於顚沛中, 毫無二心.

계유년(1633)과 갑술년(1634) 사이에 지욱 대사가 땅을 기어 다닐 만큼 병으로 고통받고 있었다. 철인(徹因) 비구만이 홀로 마음을 다하고 있는 힘을 다하여 엎어지고 넘어지는 곤궁한 상황에서도 보살폈으니, 추호도 두 마음이 없었다.

是冬, 在吳門[1]幻住庵, 講『毗尼事義集要』一遍. 聽者僅五六人, 惟自觀·僧聚二比丘能力行之.

【注釋】
1) 吳門: '고오(古吳)'이다. 이 당시에는 지욱 대사의 고향(故鄕) 목독진(木瀆鎭)을 '고오(古吳)'라고 불렀다. ─ 張聖嚴 著, 『明末中國仏敎の硏究─特に智旭を中心として』, 앞의 책, 161면 참조.

이해 겨울에 오문(吳門)의 환주암(幻住庵)에 있으면서 『비니사의집요(毗尼事義集要)』를 처음부터 끝까지 한차례 강독하였다. 듣는 자가 겨우 5·6인이었는데, 오직 자관(自觀)과 승취(僧聚) 등 두 비구만이 능히 힘써서 실천하였다.

撰「禮金光明懺文」.

「예금강명참문(禮金光明懺文)」을 지었다.

○ 乙亥, 三十七歲.

을해년(1635), 37세.

春, 阻雨祥符.[1] 始晤影渠·道山 (字靈隱) 二師, 爲莫逆交. 是冬, 大師遘篤疾, 二師盡力調治, 不啻昆季母子也.

【注釋】

1) 祥符: 무진현(武進縣)의 상부사(祥符寺)를 가리킨다.

봄에 호우(豪雨)로 인해 상부사(祥符寺)에 있었다. 처음 영거(影渠)·도산(道山){자(字)는 영은(靈隱)임} 두 법사를 만나서 막역한 교제를 하였다. 이해 겨울 지욱 대사가 매우 위독한 병에 걸렸는데, 두 법사가 있는 힘을 다하여 조섭하고 치료하였으니, 마치 형과 아우·어머니와 아들 사이 같았다.

撰「講金光明懺告文」.

「강금강명참고문(講金光明懺告文)」을 지었다.

夏初, 住武水智月庵,[1] 講演『占察經』. 是時卽有作疏之願, 病冗交遝, 弗克如願. 述『戒消災略釋』·『持戒犍度略釋』·『盂蘭盆新疏』.

【注釋】

1) 武水智月庵: 무수(武水)는 지금의 산동성(山東省) 요성현(聊城県) 지역이다. 무수(武水)의 지리적 위치는 남경(南京) 주변이었던 것으로 보인다. - 張聖嚴 著, 『明末中國仏教の研究―特に智旭を中心として』, 앞의 책, 162면 참조.

초여름에 무수(武水)의 지월암(智月庵)에 머물면서 『점찰선악업보경(占察善惡業報經)』을 강연하였다. 이 당시 곧장 소(疏)를 짓고자 하는 바람이 있었으나 병과 잡무가 서로 뒤섞여서 능히 서원(誓願)처럼 하지 못하였다. 『계소재약석(戒消災略釋)』·『지계건도약석(持戒犍度略釋)』·『우란분신소(盂蘭盆新疏)』를 저술하였다.

○ 丙子, 三十八歲.

병자년(1636), 38세.

是春, 大師自輯『淨信堂初集』.

이해 봄에 지욱 대사가 몸소 『정신당초집(淨信堂初集)』을 편집하였다.

三月, 遁跡**九華**,[1] 禮地藏菩薩塔, 求決疑網, 拈得閱藏著述一鬮. 於彼抱病, 腐滓以爲饌, 糠粃以爲糧, 忘形骸, 斷世故. 續閱藏經千餘卷. 撰「九華地藏塔前願文」·「亡母十周願文」.

【注釋】

1) 九華: 중국 안휘성(安徽省) 남부에 있는 산으로서, 지장보살의 성지(聖地)로 존숭받는다. 청양현(靑陽縣) 남쪽에 있는 성(省) 제일의 경승지로 이백(李白)의 서당이 있고 왕양명의 사당이 있다. 원래 이름은 구자산(九子山)이었으나 이백이 '구봉연화(九峰蓮花)'와 같다고 해서 명칭이 바뀌었다고 한다. 지욱 대사는 구화산(九華山)에 은둔하면서 『견병가(遣病歌)』를 지었는데, 이 작품에서 구화산(九華山)의 절경(絶景)을 노래하였다. — 張聖嚴 著, 『明末中國仏教の硏究—特に智旭を中心として』, 앞의 책, 169-170면 참조.

3월에 구화산(九華山)에 은거하여 지장보살탑(地藏菩薩塔)에 예불을 올리고 의심의 그물을 끊기를 구하였는데, 장경(藏經)을 열람하고 저술을 하라는 제비 하나를 뽑아 들었다. 그곳에서 병을 지닌 채 두부의 찌꺼기를 찬(饌)으로 삼고 겨의 궂은쌀을 양식으로 삼아 형해(形骸)를 잊고 속세의 일을 끊었다. 연달아 장경(藏經) 천여 권을 열람하였다. 「구화지장탑전원문(九華地藏塔前願文)」과 「망모십주원문(亡母十周願文)」을 지었다.

○ 丁丑, 三十九歲.

정축년(1637), 39세.

是歲夏·秋之際, 居九子別峰, 述『梵網合注』. 先是如是昉公, 遠
從閩地, 攜杖來尋. 爲其令師肯滿全公, 請講此經, 以資冥福. 復有
二三同志, 歡喜樂聞. 大師由是力疾敷演, 不覺心華開發, 義泉沸湧,
急秉筆而隨記之. 共成『玄義』一卷,『合注』七卷.

이해 여름과 가을 사이에 구자산(九子山; 구화산九華山의 옛 이름임.) 별
봉(別峰)에 머물면서『범망경합주(梵網經合注)』를 저술하였다. 이에 앞서
여시(如是) 방공(昉公)이 멀리 민(閩) 땅에서부터 지팡이를 짚고 찾아왔
다. 자신의 스승 초만(肯滿) 전공(全公)을 위하여 이 경을 강독해서 명복
(冥福)을 비는데 자량이 되기를 청하였다. 다시 두세 명의 동지가 있어서,
환희심을 내며 (지욱 대사의 강독을) 즐겁게 들었다. 지욱 대사가 이것을
말미암아 힘써서 부연하였는데, 자신도 모르게 마음의 꽃이 열리고 의리
의 샘이 용솟음쳐 올라서 급히 붓을 쥐고 좇아 기록해 나갔다.『범망경현
의(梵網經玄義)』1권과『범망경합주(梵網經合注)』7권을 함께 완성하였다.

[案]『梵網合注』初刊之板, 存金陵古林庵, 後康熙丙辰歲, 沈書准
應成時師之請, 重刻板, 送嘉興楞嚴寺入藏流通. (見沈書准「跋」) 日
本元祿五年所刊之板, 卽據此也.

[案]『범망경합주(梵網經合注)』를 처음 새긴 목판이 금릉(金陵)의 고림암(古林庵)에 보존되어 있었다. 뒤에 강희(康熙) 병진년(1676)에 심(沈) 서준(書准)이 성시(成時) 법사의 간청에 응하여, 거듭 목판을 새겨서 가흥(嘉興) 능엄사(楞嚴寺)에 보내 보관하게 하고 (경전을) 유통했다. {심(沈) 서준(書准)의 「발(跋)」에 보인다.} 일본 원록(元祿) 5년(1692)에 판각된 목판이 바로 이 (능엄사楞嚴寺) 중각본(重刻本; 중간본重刊本)을 근거로 한 것이다.

撰「完梵網告文」·『讚禮地藏菩薩懺願儀』.

「완범망고문(完梵網告文)」과『찬예지장보살참원의(讚禮地藏菩薩懺願儀)』를 지었다.

自觀印闍梨自武水尋大師於九子別峰, 商證『梵網』·『佛頂』要旨. 大師見其躬行有餘, 慧解不足, 設壇中十問挫之.

자관(自觀) 인(印) 사리(闍梨)가 무수(武水)로부터 구자산(九子山) 별봉(別峰)으로 지욱 대사를 찾아왔기에, (지욱 대사가)『범망경(梵網經)』과『대불정수능엄경(大佛頂首楞嚴經)』의 요지(要旨)를 자세하게 알려주었다. 지욱 대사가 그의 행실에는 여력이 있으나 지혜로 사리(事理)를 해득함에는 부족한 것을 발견하고, 단(壇)을 설치한 가운데 열 가지 질문으로 다그쳤다.

夢感正法衰替, 痛苦而醒, 「寫懷二偈」云: "魔軍邪幟三洲遍, 孳子孤忠一線微. 夢斷金河[1]情未盡, 醒來餘淚尙沾衣. 休言三界盡生盲, 珠系[2]貧衣性自明. 肯放眼前閑活計, 便堪劫外獨稱英."

【注釋】

1) 金河: '금하(金河)'는 내몽고(內蒙古) 지역에 있는 강 이름으로, 지금은 대흑하(大黑河)라 한다. 옛날에는 북방 교통의 요도(要道)였기에, 항시 이 일대에 병사들을 두었다.

2) 珠系: 당나라 기무잠(綦母潛)이 찬(撰)한 『숙용흥사(宿龍興寺)』에서 다음과 같이 말하였다. "용흥사의 밤 깊었는데 돌아갈 줄 모르고, 옛 절의 사립문에는 푸른 소나무 우뚝 서 있네. 방장 스님의 방에 등불이 밝게 켜지니, 비구(比丘)의 장삼 속으로 염주가 굴러가네. 대낮에 마음의 청정함을 전하고, 푸른 연꽃에서 법의 은미함을 깨닫네. 하늘 꽃은 떨어져도 다함이 없고, 곳곳 거리마다 꼬리 긴 새는 이를 물고 날아가네. [香利夜忘歸, 松靑古殿扉. 燈明方丈室, 珠系比丘衣. 白日傳心靜, 靑蓮喩法微. 天花落不盡, 處處鳥銜飛.]"

꿈에서 정법(正法)이 쇠퇴함을 느끼고 고통에 몸부림치며 잠을 깼다. 「사회이게(寫懷二偈)」에서 말하였다. "마군(魔軍)의 삿된 깃발이 삼주(三洲)에 두루 하거늘, 부지런한 자식의 외로운 충심(忠心)만이 미약한 일선(一線)으로 남아 있네. 꿈길에서 금하(金河)는 끊어지고 정(情)은 아직 다하지 못하였거늘, 꿈 깨어보니 남은 눈물이 아직도 옷깃을 적시네. 삼계(三界)가 모두 소경으로 태어났다고 말하지 말 것이니, 염주가 비구(比丘)의 가난한 장삼 속으로 굴러가매 본성이 절로 뚜렷하도다. 눈앞에 편히 사는 꾀를 기꺼이 놓을 것이니, 곧 겁외에 홀로 영재라 불리는 것을 감당할 것이로다."

○ 戊寅, 四十歲.

무인년(1638), 40세.

結夏**新安**,[1] 重拈『佛頂』妙義, 加倍精明.

【注釋】

1) 新安: 지금의 안휘성(安徽省) 휴녕현(休寧縣)이다. 지욱 대사가 신안(新安)에서 설법하여 포교한 장소가 세 군데 있는데, 흡포(歙浦)의 천마원(天馬院)과 서운원(棲雲院) 그리고 흡서(歙西)의 인의원(仁義院)이 그곳이다. - 張聖嚴 著, 『明末中國仏教の研究─特に智旭を中心として』, 앞의 책, 175면 참조.

신안(新安)에서 하안거를 시작하였다. 『대불정수능엄경(大佛頂首楞嚴經)』의 묘의(妙義)를 거듭 들어서, 갑절로 정밀하게 밝혔다.

「四十初度詩」云: "**物論**[1]悠悠理本齊, 年來漸覺脫筌蹄. 拳開非實掌元在, 瞖去惟空眼不迷. 流水有心終彙海, 落花無語亦成溪. 刹那生處生何性? 却笑威音劫外提."

【注釋】

1) 物論: 감산 대사는 『장자내편주(莊子內篇註)』에서 다음과 같이 말하였다. "물론(物論)은 바로 고금의 인물(人物)이 여러 입으로 변론하는 것이다. 대개 세상에 참으로 알아 크게 깨친 대성(大聖)이 없어서 여러 사람이 각자 자신들의 소지(小知)와 소견(小見)으로써 스스로 옳다고 여기니, 모두 스스로 자기 하나의 아견(我見)에 집착하였기 때문에 각자가 자기가 터득한 것으로써 반드시 옳다고 생각하는 것을 말한다. [物論者, 乃古今人物衆口之辯論也. 蓋言世無眞知大覺之大聖, 而諸子各以小知・小見爲自是, 都是自執一己之我見, 故各以己得爲必是.]"『乾隆大藏經』第153冊・No.1636・莊子內篇註 第2卷(L153n1636_002).

「사십초도시(四十初度詩)」에서 말하였다. "물론(物論)은 유유(悠悠)하여 이치가 본래 가지런하니, 몇 해 전부터 통발과 올가미에서 벗어날 것을 점차 깨닫게 되었네. 주먹을 펴매 실제는 아니나 손바닥은 원래 있었고, 눈병이 덧없이 사라지니 눈은 미혹하지 않았네. 흐르는 물에도 마음이 있어 종국에는 바다로 모이고, 떨어지는 꽃잎은 말이 없어도 시내를 이루네. 찰나에 태어나는 자리는 어떤 성품을 내는가? 위음(威音)이 오랜 세월 이끄는 것이 도리어 우습도다."

自輯『絕餘編』.

몸소『절여편(絕餘編)』을 편집하였다.

秋, 踐誦帚師之約, 入閩. 渡洪塘,[1] 往溫陵.[2]

【注釋】

1) 洪塘: 복건성(福建省) 복주(福州)에 있는 현(縣)의 이름이다. 홍당현(洪塘縣)은 복주(福州)에서도 손꼽히는 여지(荔枝)의 생산지였다.
2) 溫陵: 복건성(福建省)의 온릉(溫陵)이니, 지금의 진강(晉江)·천주(泉州)이다. — 張聖嚴 著,『明末中國仏教の研究―特に智旭を中心として』, 앞의 책, 172면 참조.

가을에 송추(誦帚) 법사와의 약속을 이행하여 민(閩) 땅에 들어갔다. 홍당(洪塘)을 건너서 온릉(溫陵)으로 갔다.

十一月撰「陳罪求哀疏」.

11월에 「진죄구애소(陳罪求哀疏)」를 지었다.

○ 己卯, 四十一歲.

기묘년(1639), 41세.

住溫陵.

온릉(溫陵)에 머물렀다.

誦帚昉師及一切知己堅請疏解『大佛頂經』. 大師感其意, 兼理夙
願. 在小開元[1]撰述『玄義』二卷·『文句』十卷.

【注釋】

1) 小開元: 복건성(福建省)의 온릉(溫陵; 지금의 천주泉州임.) 경내(境內)에 소개원사(小
開元寺)가 있다. – 張聖嚴 著,『明末中國仏教の硏究―特に智旭を中心として』,
앞의 책, 153면 참조.

송추(誦帚) 방(昉) 법사와 모든 벗이 『대불정수능엄경(大佛頂首楞嚴經)』
에 소(疏)를 달아 풀이해 주기를 간곡하게 요청하였다. 지욱 대사가 그들
의 뜻에 감복하여 (지욱 대사 자신의) 숙원(夙願)을 아울러 해내었다. 소개

원사(小開元寺)에 있으면서 『능엄경현의(楞嚴經玄義)』 2권과 『능엄경문구(楞嚴經文句)』 10권을 지었다.

刊『佛頂玄義』, 板藏大開元寺之甘露戒壇.

『대불정수능엄경현의(大佛頂首楞嚴經玄義)』를 간행하고, 목판은 대개원사(大開元寺)의 감로계단(甘露戒壇)에 안장(安藏)하였다.

如是師示寂. 助其念佛, 竝爲撰「誦帚師往生傳」.

여시(如是) 법사가 입적하였다. 그의 (극락왕생極樂往生을 위한) 염불(念佛)을 도왔고, 아울러 그를 위해서 「송추사왕생전(誦帚師往生傳)」을 지었다.

撰「爲如是師六七禮懺疏」·「挽如是師詩」.

「위여시사육칠예참소(爲如是師六七禮懺疏)」와 「만여시사시(挽如是師詩)」를 지었다.

○ 庚辰, 四十二歲.

경진년(1640), 42세.

住漳洲.[1]

【注釋】

1) 漳洲: 복건성(福建省) 서계강(西溪江)에 인접한 도시이니, 지금의 장포(漳浦) 지역이다. - 張聖嚴 著, 『明末中國仏教の研究—特に智旭を中心として』, 앞의 책, 153면 참조.

장주(漳洲)에 머물렀다.

述『金剛破空論』, (在溫陵刊)『藕益三頌』·『齋經科注』.

『금강경파공론(金剛經破空論)』을 저술하고, {온릉(溫陵)에 있으면서} 『우익삼송(藕益三頌)』과 『재경과주(齋經科注)』를 간행하였다.

○ 辛巳, 四十三歲.

신사년(1641), 43세.

結冬溫陵月台. 有郭氏問『易』, 遂擧筆述『周易禪解』, 稿未及半, 以應請旋置.

온릉(溫陵)의 월대사(月台寺)에서 동안거를 시작하였다. 곽씨라는 사람이 『주역(周易)』에 관해 묻는 것이 있어서, 드디어 붓을 들어 『주역선해(周易禪解)』를 짓기 시작하였다. 원고가 아직 절반밖에 미치지 못하여서 잠시 보관하자는 청(請)에 응하였다.

錄者注: 今泉州大開元寺藏有大師施贈之『梵網經』兩部. 卷末有大師親筆題識. 文曰: "崇禎辛巳. 古吳智旭, 喜舍陸部. 奉大開元寺甘露戒壇, 永遠持誦!"

기록하는 자의 주석: 지금 천주(泉州) 대개원사(大開元寺)에 지욱 대사가 베풀어 기증한 『범망경(梵網經)』 2부가 보존되어 있다. 권말에 지욱 대사가 친필로 쓴 제지(題識)가 있다. 그 문장에서 말하였다. "숭정 신사년(1641). 고오(古吳) 지욱(智旭)이 6부를 희사합니다. 대개원사(大開元寺) 감로계단(甘露戒壇)에 봉안하노니, 영원토록 수지독송하시옵소서!"

○ 壬午, 四十四歲.

임오년(1642), 44세.

是夏, 自輯『閩遊集』.

이해 여름에 몸소 『민유집(閩遊集)』을 편집하였다.

自溫陵返湖州.[1]

【注釋】

1) 湖州: 지금의 절강성(浙江省) 오흥현(吳興縣) 경내(境內)의 지명이다. - 張聖嚴 著,
   『明末中國仏敎の硏究─特に智旭を中心として』, 앞의 책, 151면 참조.

온릉(溫陵)에서부터 호주(湖州)로 돌아왔다.

述『大乘止觀釋要』.

『대승지관석요(大乘止觀釋要)』를 저술하였다.

靈峰山中藏經裝成.

영봉산(靈峰山)에 장경(藏經)을 들여놓는 일을 완수하였다.

撰「鐵佛寺禮懺文」.

「철불사예참문(鐵佛寺禮懺文)」을 지었다.

○ 癸未, 四十五歲.

계미년(1643), 45세.

結夏靈峰.

영봉사(靈峰寺)에서 하안거를 시작하였다.

是歲結制. 簡閱藏經, 僅千餘卷.

이해에 결제(結制)하였다. 장경(藏經)을 간략하게 열람하였는데, 거의
천여 권이었다.

○ 崇禎十七年淸順治元年 甲申, 四十六歲.

숭정 17년, 청(淸)나라 순치(順治) 원년, 갑신년(1644), 46세.

是秋, 居檇李, 遊鴛湖寶壽堂. 撰「遊鴛湖寶壽堂記」.

이해 가을에 취리(檇李)에 머물면서 원호(鴛湖) 보수당(寶壽堂)을 유람
하였다.「유원호보수당기(遊鴛湖寶壽堂記)」를 지었다.

返靈峰. 有句云: "靈峰片石舊盟新."

영봉사(靈峰寺)로 돌아왔다. 「입산사수(入山四首)」의 시구(詩句)에서 말하였다. "영봉(靈峰)의 한 조각 돌이여, 오랜 맹세가 새롭구나."

九月, 述『四十二章經』·『遺教經』·『八大人覺經解』.

9월에 『사십이장경(四十二章經)』·『유교경(遺教經)』·『팔대인각경해(八大人覺經解)』를 저술하였다.

是歲, 大師退作『但三歸依人』.

이해에 지욱 대사가 물러 나와 『단삼귀의인(但三歸依人)』을 지었다.

撰「禮慈悲道場懺法願文」·「佛菩薩上座懺願文」.

「예자비도량참법원문(禮慈悲道場懺法願文)」과 「불보살상좌참원문(佛菩薩上座懺願文)」을 지었다.

○ 乙酉, 四十七歲.

을유년(1645), 47세.

自去歲退作『但三歸人』以來, 勤禮千佛·萬佛及占察行法. 於今歲元旦獲淸淨輪相.

작년부터 물러 나와 『단삼귀인(但三歸人)』을 지은 이래로 천불(千佛)·만불(萬佛)과 점찰행법(占察行法)에 부지런히 예불하였다. 올해 설날 아침에 청정륜상(淸淨輪相)을 얻었다.

夏, 撰『周易禪解』竟.

여름에 드디어 『주역선해(周易禪解)』를 완성하였다.

撰「大悲行法道場願文」.

「대비행법도량원문(大悲行法道場願文)」을 지었다.

是秋, 住祖堂及石城¹⁾北, 共閱藏經二千餘卷.

【注釋】

1) 石城: 절강성(浙江省) 오흥현(吳興縣) 경내에 석성산(石城山)이 있다. 석성산(石城

山)에 제생선원(濟生禪院)이 있었다. - 張聖嚴 著,『明末中國仏敎の硏究—特に智旭を中心として』, 앞의 책, 150면 참조.

이해 가을에 조당(祖堂)과 석성(石城) 북쪽에 머물면서, 장경(藏經) 2,000여 권을 함께 열람하였다.

是歲, 紫竹林[1]顓愚大師遣七人來學.

【注釋】

1) 紫竹林: 지금의 절강성(浙江省) 주산시(舟山市) 보타산(普陀山)의 동남부(東南部) 매단령(梅檀嶺) 아래에 있는 경승지(景勝地)이다.

이해에 자죽림(紫竹林) 전우(顓愚) 대사가 7인으로 하여금 (지욱 대사에게) 와서 배우도록 하였다.

○ 丙戌, 四十八歲.

병술년(1646), 48세.

晤妙圓尊者於石城之隈, 同住濟生庵.

석성(石城)의 굽이에서 묘원존자(妙圓尊者)를 만나서, 제생암(濟生庵; 제생선원濟生禪院)에 함께 머물렀다.

撰「占察行法願文」.

「점찰선악업보경행법원문(占察善惡業報經行法願文)」을 저술하였다.

○ 丁亥, 四十九歲.

정해년(1647), 49세.

三月, 述『唯識心要』·『相宗八要直解』. 九月, 述『彌陀要解』·『四書
藕益解』.

3월에 『성유식론관심법요(成唯識論觀心法要)』와 『상종팔요직해(相宗八
要直解)』를 저술하였다. 9월에 『불설아미타경요해(佛說阿彌陀經要解)』와
『사서우익해(四書藕益解)』를 저술하였다.

去歲, 顓愚大師坐脫於紫竹林. 門人以陶器奉全身供於林之山陽.
今年弟子請歸雲居, 於是金陵緇素以所存爪髮衣鉢, 就山陽建塔供
養. 大師爲撰志銘.

지난해 전우(顓愚) 대사가 자죽림(紫竹林)에서 좌탈(坐脫)하였다. 문인
(門人)들이 질그릇으로 전신(全身)을 받들어 자죽림(紫竹林)의 산 남쪽에
모셨다. 금년에 제자들이 운거(雲居)로 돌아와 주기를 청하였다. 이에 금

릉(金陵)의 승려들과 속인들이 (자신들이) 보존하고 있던 손톱과 머리카락·의발(衣鉢)을 가지고 산의 남쪽으로 가서 탑을 세운 뒤 공양(供養)을 올렸다. 지욱 대사가 전우(顓愚) 대사를 위해 묘지명(墓誌銘)을 지었다.

是冬, 自輯『淨居堂續集』.

이해 겨울에 몸소『정거당속집(淨居堂續集)』을 편집하였다.

居祖堂幽棲寺. 除夕普說.

조당(祖堂)의 유서사(幽棲寺)에 머물렀다. 섣달그믐에 널리 대중을 모아 설법하였다.

○ 戊子, 五十歲.

무자년(1648), 50세.

成時師始晤大師. 大師一日顧成時師曰: "吾昔年念念思復比丘戒法, 邇年念念求西方耳." 成時師大駭, 謂'何不力復佛世芳規耶?' 久之, 始知師在家發大菩提願以爲之本, 出家一意宗乘, 徑山大悟後, 徹見近世禪者之病, 在絶無正知見, 非在多知見. 在不尊重『波羅提

『木叉』,[1] 非在著戒相也. 故抹倒禪之一字, 力以戒敎匡救, 尤志求五比丘如法共住, 令正法重興. 後決不可得, 遂一意西馳. 冀乘本願輪, 仗諸佛力, 再來與拔.[2] 至於隨時著述, 竭力講演, 皆聊與有緣下圓頓種, 非法界衆生一時成佛, 直下相應太平無事之初志矣.

【注釋】

1) 波羅提木叉: 불교에서 수행자가 지켜야 할 계율의 모든 조항을 모아 놓은 것을 가리킨다. 신자들이 지켜야 할 계율을 해탈한다는 뜻으로 쓰인다. '계본(戒本)'이라고도 하며, 몸과 입으로 범한 허물을 각 계율 조항을 지켜 따로따로 해탈한다고 하여 '별해탈(別解脫)'이라고도 한다. 줄여서 '목차(木叉)'라고 한다. 이자랑의 논문에 따르면, 승가의 정식 구성원인 비구·비구니는 보름마다 한 번, 즉 14일이나 15일에 한 장소에 모여 '바라제목차(波羅提木叉; pāṭimokkha)'라 불리는 계본(戒本)을 낭송하며 '포살(布薩; uposatha)'을 실행해야 했다고 하였다. 일반적으로 '포살(布薩)'은 낭송되는 '바라제목차(波羅提木叉)'를 들으며 보름 동안 자신의 행동을 되돌아보고, 범계(犯戒) 사실이 있을 경우에는 고백·참회함으로써 청정성을 회복하는 일종의 멸죄(滅罪) 의식으로 알려져 있다고 하였다. – 이자랑,「포살의 실행 목적에 관한 고찰」,『한국불교학』제86호, 한국불교학회, 2018, 297면 참조.

2) 與拔: '발고여락(拔苦與樂)'의 준말이다. 불·보살이 '중생들의 괴로움을 뽑아내어 없애주고{발고(拔苦)}, 즐거움을 찾아내어 얻도록 해주는 것{(與樂)}'으로, 전자는 불·보살의 가피력(加被力) 중에 '비덕(悲德)'이라 이르는 것이며, 후자는 '자덕(慈德)'이라 이르는 것이다. '자(慈)'가 어머니와 같은 관세음보살(觀世音菩薩)의 사랑이라면, '비(悲)'는 아버지와 같은 대세지보살(大勢至菩薩)의 사랑이라 할 수 있다. 『대지도론(大智度論)』제27권, "또 작은 자애(慈愛)는 다만 마음으로 중생과 더불어 즐거워하는 것을 생각할 뿐이요 실제로는 (중생에게) 즐거운 일이 없으며, 작은 비애(悲愛)는 중생의 갖가지 마음과 몸의 고통을 관찰하고서 연민(憐愍)한다고 이름할 뿐이요 능히 그들을 해탈케 하지 못한다. (그러나) 큰 자애(慈愛)는 중생에게 즐거움을 얻게 하는 것을 생각하면서 또한 즐거운 일을 주며, 큰 비애(悲愛)는 중생의 고통을 연민(憐愍)하고서 또한 능히 그들을 고통에서 해탈케 할 수 있다. [復次, 小慈, 但心念與衆生樂, 實無樂事. 小悲, 名觀衆生種種身苦心苦, 憐愍而已, 不能令脫. 大慈者, 念令衆生得樂, 亦與樂事. 大悲, 憐愍衆生苦, 亦能令脫苦.]"『大正新脩大藏經』第25冊·No.1509·大智度論 第27卷(T25n1509_027).

성시(成時) 법사가 비로소 지욱 대사를 만났다. 지욱 대사가 하루는 성시(成時) 법사를 돌아보고 말하였다. "내가 옛날에는 항상 비구(比丘)의 계법(戒法)을 회복할 것을 생각하였는데, 근래에는 늘 서방(西方)에 태어나기를 구하고 있을 뿐이네." 성시(成時) 법사가 매우 놀라며 '어째서 힘써 부처님 세상의 아름다운 규범을 회복하려고 하지 않는가?'라고 말하였다. 시간이 오래 흘러서 지욱 대사가 속가(俗家)에 있었을 때는 큰 보리심(菩提心)의 원(願)을 발하여 이것으로써 근본으로 삼았고, 출가해서는 종승(宗乘)에 한결같이 뜻을 두고 있었다는 것을 비로소 알았다. (지욱 대사는) 경산(徑山)에서 대오한 후 근래의 선자(禪者)의 병이 정지견(正知見)이 전혀 없는 것에 있고 지견(知見)이 많은 것에 있지 아니하며, 『바라제목차(波羅提木叉)』를 존중하지 않는 것에 있고 계상(戒相)에 집착하고 있는 것에 있지 아니한 것을 꿰뚫어 보았다. 그러므로 '선(禪)'이라는 한 글자를 지워 없애고 힘써 계교(戒敎)로써 잘못된 것을 바로잡으며, 또 다섯 비구가 여법(如法)하게 함께 머물면서 정법(正法)을 중흥하기를 마음속으로 바라였다. (그러나) 후에 결코 (뜻한 바를) 얻지 못하였기에, 드디어 서방에 태어나는 데에 일념으로 뜻을 두었다. 본원(本願)의 수레바퀴를 타고 여러 부처님의 힘에 의지하여서, 재림하여 대자(大慈)의 마음으로써 모든 사람에게 기쁨을 주고 대비(大悲)의 마음으로써 모든 사람의 괴로움을 뽑아버릴 수 있기를 바라였다. (지욱 대사가) 수시로 저술하면서 있는 힘을 다하여 강연하였던 것에 있어서는 (그 취지가) 대개 애오라지 인연이 있는 사람들에게 원돈(圓頓)의 씨앗을 내리는 것이요, 법계의 중생이 일시에 부처를 이루어 곧장 태평무사(太平無事)한 초지(初志)의 경지에 상응(相應)하는 것이 아니었다.

是冬, 自輯『西有寢餘』.

이해 겨울에 몸소 『서유침여(西有寢餘)』를 편집하였다.

○ 己丑, 五十一歲.

기축년(1649), 51세.

九月, 從金陵歸臥靈峰.

9월에 금릉(金陵)으로부터 영봉(靈峰)으로 돌아와 은거하였다.

撰「北天目十二景頌」.

「북천목영봉사십이경송(北天目靈峰寺十二景頌)」을 지었다.

臘月, 力疾草『法華會義』. 翌年正月告成.

납월(臘月)에 힘써 진력하여 『법화경회의(法華經會義)』의 초고를 썼다. 다음 해 정월(正月)에 (원고原稿가) 완성이 되었음을 알렸다.

○ 庚寅, 五十二歲.

경인년(1650), 52세.

結夏北天目, 究心毗尼, 念末世欲得淨戒, 舍占察輪相之法, 更無別塗.

북천목(北天目)에서 하안거를 시작하였는데, 마음을 기울여 비니(毗尼)를 참구(參究)하였다. 말세에 청정한 계율을 얻고자 한다면, 점찰륜상(占察輪相)의 법을 내버려 두고서는 다시 다른 방도(方途)가 없다고 생각하였다.

六月, 述『占察疏』.

6월에『점찰선악업보경의소(占察善惡業報經義疏)』를 저술하였다.

自癸酉迄今十餘年, 毗尼之學無人過問者, 而能力行之徹因·自觀·僧聚三比丘, 又皆物故. 毗尼之學, 眞不啻滯貨矣. 是夏安居靈峰, 乃有心學律者十餘人, 請大師重講. 大師念向所輯, 雖諸長竝采, 猶未一一折衷. 又『問辯』·『音義』二書, 至今未梓. 因會入『集要』而重治之, 兼削一二繁蕪, 以歸簡切. 名曰『重治毗尼事義集要』.

계유년(1633)부터 지금까지 10여 년, 비니(毗尼)의 학문에 따져 묻는 사람이 없었고 또 능히 힘써 실천하였던 철인(徹因)·자관(自觀)·승취(僧

聚) 등 세 비구는 또 모두 죽임을 당하였다. 비니(毗尼)의 학문이 참으로 못쓰게 되는 물건이 될 뿐만이 아니었다. 이해 여름에 영봉사(靈峰寺)에서 안거하였는데, 의외로 진심으로 계율을 배우고자 하는 자가 10여 인이 있어서 지욱 대사에게 거듭 강독을 청하였다. 지욱 대사는 일전에 편집하였던 책이 비록 여러 장점이 함께 채록되어 있으나 아직 일일이 절충하지는 못하였다고 생각하였다. 또 『문변(問辯)』·『음의(音義)』 두 책은 지금까지 간행하지 못하였다. 이로 인하여 (『문변(問辯)』·『음의(音義)』 두 책을) 모아 『비니사의집요(毗尼事義集要)』 원고에 삽입하여 거듭 (잘못된 문장을) 바로잡고, 아울러 한두 군데의 번잡한 부분을 삭제하여 간명하고 적절한 내용이 되도록 (교열校閱을) 끝냈다. (이 책을) 『중치비니사의집요(重治毗尼事義集要)』라고 이름하였다.

六月二十一日, 撰「重治毗尼事義集要序」.

6월 21일에 「중치비니사의집요서(重治毗尼事義集要序)」를 지었다.

安居竟, 重拈自恣芳規, 悲欣交集, 慨然有作. 賦「偈」云: "秉志慵隨俗, 期心企昔賢. 擬將凡地覺, 直補涅槃天. 半世孤燈歎, 多生緩戒愆. 幸逢針芥[1]合, 感泣淚如泉. 正法衰如許, 誰將一線傳? 不明念處慧, 徒誦『木叉』篇. 十子哀先逝, 諸英喜復聯. 四弘久有誓,[2] 莫替馬鳴肩."

【注釋】

1) 針芥: '침개(針芥)'는 자석(磁石)에 붙는 바늘{침(針)}과 호박(琥珀)에 붙는 개자(芥

子)를 말하는데 자석은 바늘을 끌어당기고 호박(琥珀)은 개자(芥子)를 줍는다는
옛말에서 따온 성어이다. 보통 '침개상수(針芥相隨)'라고 한다.
2) 四弘久有誓: '사홍서원(四弘誓願)'을 가리킨다. '사홍서원(四弘誓願)'은 불교도들이
지녀야 할 네 가지의 큰 서원으로서 대승불교의 근본이 되는 원(願)이며, 모든 보
살(菩薩)이 다 함께 일으키는 원(願)이라고 하여 '총원(總願)'이라고도 한다. '사홍
서원(四弘誓願)'은 국가 및 종파에 따라서 내용에 약간의 차이가 있다. 우리나라
에서 외우는 '사홍서원(四弘誓願)'은 중국불교에서 먼저 자리 잡게 된 것으로서,
그 내용은 "중생무변서원도(衆生無邊誓願度), 번뇌무진서원단(煩惱無盡誓願斷),
법문무량서원학(法門無量誓願學), 불도무상서원성(佛道無上誓願成)."이다. 한태식
은 그의 논문에서 다음과 같이 말하였다. "대승불교에서는 다불(多佛)·다보살
(多菩薩)이 출현하면서 불보살이 공통으로 갖고자 하는 원(願)과 각각 다른 특색
있는 원(願)으로 나누어지게 되었다. 모든 불보살이 공통으로 지니고 있는 원(願)
을 '일반원(一般願)' 또는 '총원(總願)'이라고 하고 특정한 불보살에 의해서 서원된
원(願)을 '특별원(特別願)' 또는 '별원(別願)'이라고 한다. 여기서 '총원(總願)'의 대
표적인 것이 대승불교의 사홍서원(四弘誓願)이다." – 한태식, 「불교에서 願의 문
제」, 『정토학연구』 제10호, 한국정토학회, 2007, 29면 참조.

하안거를 마치고 자자(自恣)의 방규(芳規)를 거듭 집어 드니, 슬픔과 기
쁨이 교차하여 개연히 시부(詩賦)를 지었다. 「경인자자이게(庚寅自恣二
偈)」의 부(賦)에서 말하였다. "뜻을 세운 것이 속세(俗世)를 따라 게을러
졌는데, 마음은 옛 성현을 바라기를 기필하네. 생각컨대 범지(凡地)의 깨
달음을 가지고 곧장 열반천(涅槃天)을 도왔구나. 반세상(半世上) 불을 밝
힌 외로운 등불의 탄식은 다생 동안 계율을 느슨히 해온 허물 때문이라.
행여나 바늘과 겨자가 합하듯이 (도반道伴을) 상봉한다면, 감격하고 흐
느껴 울어서 그 눈물이 샘과 같을 것이네. 정법(正法)이 쇠퇴한 것이 그
와 같거늘, 누가 장차 최전선(最前線)에서 (불법佛法을) 전할 것인가? 사념
처(四念處)의 지혜를 밝히지 못한 채, 부질없이 『바라제목차(波羅提木叉)』
만 외고 있구나. 십제자(十弟子)는 피안으로 떠난 스승을 슬퍼하나, 뭇 영
재는 다시 연이은 인연(因緣)을 기뻐하네. 오랫동안 사홍(四弘)의 서원(誓
願)이 있었으니, 마명(馬鳴) 보살의 어깨를 (감히) 참람하지 말라."

八月初八日, 撰「重治毗尼事義集要跋」.

8월 초 8일에 「중치비니사의집요발(重治毗尼事義集要跋)」을 지었다.

與見月律主書. 談論律學, 冀獲良晤.

견월(見月) 율주(律主)에게 편지를 보냈다. 율학(律學)을 담론하면서 회합하는 자리를 갖기를 바란 것이다.

冬, 住祖堂.

겨울에 조당(祖堂)에서 머물렀다.

○ 辛卯, 五十三歲.

신묘년(1651), 53세.

夏, 結制長干.

여름에 장간(長干)에서 안거를 시작하였다.

九月, 重登西湖寺.

9월에 서호사(西湖寺)에 거듭 올랐다.

是冬, 歸臥靈峰. 重訂『選佛圖』.

이해 겨울에 영봉(靈峰)으로 돌아와 은거하였다.『선불도(選佛圖)』를 거듭 교정(校訂)하였다.

○ 壬辰, 五十四歲.

임진년(1652), 54세.

結夏晟溪.

성계(晟溪)에서 하안거를 시작하였다.

草『楞伽義疏』. 八月, 遷長水南郊冷香堂,[1] 乃閣筆.

【注釋】
1) 冷香堂: 냉향당(冷香堂)은 당시에 절강성(浙江省) 성계(晟谿)에 자리하고 있었는

데, 성계(晟谿)는 지금의 절강성(浙江省) 가흥현(嘉興縣) 경내(境內)이다. - 張聖嚴
著, 『明末中國仏教の研究—特に智旭を中心として』, 앞의 책, 155면 참조.

『능가아발다라보경권제일의소(楞伽阿跋多羅寶經卷第一義疏)』의 초고
를 썼다. 8월에 장수(長水) 남쪽 교외의 냉향당(冷香堂)으로 옮겨서 쓰던
글을 다 끝내고 붓을 놓았다.

秋, 輯『續西有寢餘』.

가을에 『속서유침여(續西有寢餘)』를 편집하였다.

是歲臘月, 草自傳. 先是是秋大師決志肥遁, 緇素遮道不得, 請述
行脚. 冬, 憩長水營泉寺, 念行脚未盡致, 復述茲傳, 曰'八不道人傳'.
取『中論』八不,[1] 『梵網』八不[2]之旨. 又大師自云: "古者有儒有禪有敎
有律, 道人既蹴然不敢. 今亦有儒有禪有敎有律, 道人又觍然不屑.
故名八不也."

【注釋】

1) 中論八不: 용수(龍樹) 보살의 저서 『중론(中論)』에 수록된 '귀경게(歸敬偈)'의 핵심
은 '팔불(八不)'과 '연기(緣起)'이다. '귀경게(歸敬偈)'는 『중론(中論)』의 개요로서 『중
론(中論)』 이해의 출발점이다. 이중표는 그의 논문에서 용수(龍樹) 보살의 '귀경게
(歸敬偈)'를 다음과 같이 번역하였다. "없어지는 것도 아니고, 생기는 것도 아님
을, 단멸(斷滅)하는 것도 아니고, 상주(常住)하는 것도 아님을, 동일한 대상도 아
니고, 다른 대상도 아님을, 오는 것도 아니고, 가는 것도 아님을, 연기(緣起)를, 희
론(戲論)의 적멸(寂滅)을, 상서(祥瑞)로운 것을 가르친 정각자(正覺者), 설법자 가
운데 가장 뛰어난 그분께 예배합니다. [不生亦不滅, 不常亦不斷, 不一亦不異, 不來亦

不出, 能說是因緣, 善滅諸戲論, 我稽首禮佛, 諸說中第一.]" - 이중표, 『中論』의 八不
과 緣起」, 『불교학연구』 제22호, 불교학연구회, 2009, 12-22면 참조.
2) 梵網八不: 『범망경(梵網經)』 제2권, "태어나는 것도 아니고 또한 소멸하는 것도
아니며, 항구한 것도 아니고 다시 끊어지는 것도 아니며, 같은 것도 아니고 또한
다른 것도 아니며, 오는 것도 아니고 또한 가는 것도 아니다. [不生亦不滅, 不常復
不斷, 不一亦不異, 不來亦不去.]" 『大正新脩大藏經』 第24冊·No.1484·梵網經 第
2卷(T24n1484_002).

이해 납월(臘月)에 자서전의 초고를 썼다. 이에 앞서 이해 가을에 지욱
대사는 세상을 피하여 은거해서 홀로 그 즐거움을 얻겠다고 굳게 마음
을 먹었다. 그러나 승려들과 속인들이 길을 가로막아 뜻대로 할 수 없었
기에, 행각(行脚)을 더 펴는 것을 청하였다. 겨울에 장수(長水)의 영천사
(營泉寺)에서 휴식하였는데, 행각을 아직 다 이루지 못하였다고 생각하
고서 다시 이 자서전을 저술하였으니 '팔불도인전(八不道人傳)'이라고 하
였다. 『중론(中論)』의 '팔불(八不)'과 『범망경(梵網經)』의 '팔불(八不)'의 뜻
을 취한 것이다. 또 지욱 대사가 스스로 말하였다. "옛날에도 유교(儒敎)
도 있고 참선(參禪)도 있고 교경(敎經)도 있고 계율(戒律)도 있었지만, 도
인(道人)들은 불안해하며 감히 하지 못하였다. 지금 또한 유교(儒敎)도
있고 참선(參禪)도 있고 교경(敎經)도 있고 계율(戒律)도 있으나, 도인(道
人)들은 또 발끈하며 우습게 여겨서 마음에 두지 아니한다. 그러므로 '팔
불(八不)'이라고 이름한다."

錄者注: 大師一號'西有', 出家前曾用'金閶逸史'號.

기록하는 자의 주석: 지욱 대사의 또 다른 호(號)는 '서유(西有)'인데,
출가 전에는 일찍이 '금창일사(金閶逸史)'라는 호(號)를 썼다.

住長水, 閱藏經千卷.

장수(長水)에 머물면서, 장경(藏經) 천 권을 열람하였다.

○ 癸巳, 五十五歲.

계사년(1653), 55세.

是春, 大師過古吳. 刪改自述「八不道人傳」. 故從古吳傳至**留都**,[1] 與長水本數處不同. 後成時師謂傳收著述未盡, 請補. 於是與古吳 本又增數句矣.

【注釋】

1) 留都: 강소성(江蘇省) 남경(南京) 경내(境內)의 지명이다. 이곳에 보덕강당(普德講堂)이 있었다.

이해 봄에 지욱 대사가 고오(古吳)를 지났다. 지욱 대사 자신이 저술한 「팔불도인전(八不道人傳)」을 산삭(刪削)하여 고쳤다. 그러므로 고오(古吳) 로부터 유도(留都)에 이르기까지의 전술(傳述)한 내용이 장수본(長水本)과 몇 군데가 같지 않았다. 뒤에 성시(成時) 법사가 『팔불도인전(八不道人傳)』 에서 저술 목록을 수집한 것이 미진하다고 말하면서 보완해 주기를 청하 였다. 이에 고오본(古吳本)과 더불어 또 몇 구절을 더하였다.

夏四月, 入新安. 結**後安居**[1]於歙浦天馬院. 五月著『選佛譜』. 閱『宗鏡錄』. 刪正法湧·永樂·法眞諸人所纂雜說, 引經論之誤, 及歷來寫刻之僞. 於三百六十餘問答, 一一定大義, 標其起盡. 閱完, 七月作『校定宗鏡錄跋四則』. 又**『汰袁宏道集』**,[2] 存一冊, 名袁子.

【注釋】

1) 後安居: 6월 16일부터 9월 15일까지 3개월 동안 수행승들이 외출을 금하고 수행에만 전념하는 안거를 '후안거(後安居)'라고 하였다. 대총지사(大總持寺) 사문(沙門) 변기(辯機) 찬(撰) 삼장법사(三藏法師) 현장(玄奘) 한역(漢譯)『대당서역기(大唐西域記)』제2권, "음양(陰陽)의 역운(曆運)에 관해서는 일월(日月)의 차사(次舍)가 그 불리는 명칭이 비록 다를지라도 시후(時候)는 다른 것이 없어서, 그 별을 좇아 세워서 월명(月名)을 표시하였다. 시간이 극단적으로 짧은 것을 찰나(刹那)라고 이른다. 120찰나(刹那)가 1달찰나(怛刹那)가 되며, 60달찰나(怛刹那)가 1납박(臘縛)이 되며, 30납박(臘縛)이 1모호율다(牟呼栗多)가 되며, 5모호율다(牟呼栗多)가 1시(時)가 되며, 6시(時)가 합하여 한낮 한밤을 이룬다.(낮 3시 밤 3시) 세속에 사는 사람들은 낮과 밤을 나누어 8시(時)로 삼는다.(낮 4시 밤 4시, 1시 1시에 각각 4분分이 있다.) 달이 차서 만월에 이르는 것을 백분(白分)이라고 이르며, 달이 이지러져서 그믐에 이르는 것을 흑분(黑分)이라고 한다. 흑분(黑分)은 혹 14일·15일인데, 달에 작고 큼이 있기 때문이다. 흑분(黑分) 앞과 백분(白分) 뒤가 합하여 1월(月)이 된다. 6월(月)이 합하여 1행(行)이 된다. 해의 유행(遊行)이 안에 있으면 북행(北行)인 것이요, 해의 유행(遊行)이 밖에 있으면 남행(南行)인 것이다. 이 두 가지 유행(遊行)을 총괄하여 합하면 1세(歲)가 된다. 또 1세(歲)를 나누어 6시(時)로 삼는다. 정월(正月) 16일부터 3월 15일에 이르는 기간은 점열(漸熱; 봄)이요, 3월 16일부터 5월 15일에 이르는 기간은 성열(盛熱; 여름)이요, 5월 16일부터 7월 15일에 이르는 기간은 우시(雨時; 장마)요, 7월 16일부터 9월 15일에 이르는 기간은 무시(茂時; 가을)요, 9월 16일부터 11월 15일에 이르는 기간은 점한(漸寒; 초겨울)이요, 11월 16일부터 정월(正月) 15일에 이르는 기간은 성한(盛寒; 한겨울)이다. 여래의 성교(聖敎)에서는 1세(歲)를 3시(時)로 여긴다. 정월(正月) 16일부터 5월 15일에 이르는 기간은 열시(熱時; 더운 시기)요, 5월 16일부터 9월 15일에 이르는 기간은 우시(雨時; 우기雨期)요, 9월 16일부터 정월(正月) 15일에 이르는 기간은 한시(寒時; 추운 시기)이다. 혹은 4시(時)로 여기니, 봄·여름·가을·겨울이 그것이다. 춘(春) 3월은 제달라월(制怛羅月)·폐사구월(吠舍佉月)·서슬타월(逝瑟吒月)이라고 부르는데, 이 기간은 당(唐)나라의 정월(正月) 16일부터 4월 15일에 이르는 기간에 해당한다. 하(夏) 3월은 알사다월(頞沙茶月)·실라벌나월(室羅伐拏月)·파라발타월(婆羅鉢陀月)이라고 부르는데, 이 기간은 당(唐)나라의 4월 16일부터 7월 15일에 이르

는 기간에 해당한다. 추(秋) 3월은 알습박유사월(頞濕縛庾闍月)·가랄저가월(迦剌底迦月)·말가시라월(末伽始羅月)이라고 부르는데, 이 기간은 당(唐)나라의 7월 16일부터 10월 15일에 이르는 기간에 해당한다. 동(冬) 3월은 보사월(報沙月)·마거월(磨祛月)·파륵구나월(頗勒寠拏月)이라고 부르는데, 이 기간은 당(唐)나라의 10월 16일부터 정월(正月) 15일까지의 기간에 해당한다. 그러므로 인도의 승려들은 부처님의 성교(聖敎)에 의지하여 양안거(兩安居)를 지키는데, 혹 전삼월(前三月)이나 혹 후삼월(後三月)이 그것이다. 전삼월(前三月)은 이 기간이 당(唐)나라의 5월 16일부터 8월 15일에 이르는 기간에 해당하며, 후삼월(後三月)은 이 기간이 당(唐)나라의 6월 16일부터 9월 15일에 이르는 기간에 해당한다. 전대(前代)에 경율(經律)을 번역하였던 자들은 혹 좌하(坐夏)라고 이르거나 혹 좌납(坐臘)이라고 일렀는데, 이것은 모두 변경(邊境)의 다른 풍속에서 나왔던 말로서 중국(中國)의 정음(正音)을 (제대로) 통달하지 못했던 것이며 혹은 방언을 완전히 이해하지 못했는데도 그대로 번역하여 오류를 남긴 것이다. 또 여래(如來)의 입태(入胎)·초생(初生)·출가(出家)·성불(成佛)·열반(涅槃)의 날짜를 추산(推算)했던 곳 역시 모두 어긋나는 것이 있으니, 이것에 관한 이야기는 후기(後記)에 있다. [若乃陰陽曆運, 日月次舍, 稱謂雖殊, 時候無異, 隨其星建, 以標月名. 時極短者, 謂刹那也. 百二十刹那爲一呾刹那, 六十呾刹那爲一臘縛, 三十臘縛爲一牟呼栗多, 五牟呼栗多爲一時, 六時合成一日一夜(晝三夜三). 居俗日夜分爲八時(晝四夜四, 於一一時各有四分.). 月盈至滿謂之白分, 月虧至晦謂之黑分, 黑分或十四日·十五日, 月有小大故也. 黑前白後, 合爲一月. 六月合爲一行. 日遊在內, 北行也, 日遊在外, 南行也. 總此二行, 合爲一歲. 又分一歲以爲六時: 正月十六日至三月十五日, 漸熱也. 三月十六日至五月十五日, 盛熱也. 五月十六日至七月十五日, 雨時也. 七月十六日至九月十五日, 茂時也. 九月十六日至十一月十五日, 漸寒也. 十一月十六日至正月十五日, 盛寒也. 如來聖敎歲爲三時: 正月十六日至五月十五日, 熱時也. 五月十六日至九月十五日, 雨時也. 九月十六日至正月十五日, 寒時也. 或爲四時, 春·夏·秋·冬也. 春三月謂制呾羅月·吠舍佉月·逝瑟吒月, 當此從正月十六日至四月十五日. 夏三月謂頞沙茶月·室羅伐拏月·婆羅鉢陀月, 當此從四月十六日至七月十五日. 秋三月謂頞濕縛庾闍月·迦剌底迦月·末伽始羅月, 當此從七月十六日至十月十五日. 冬三月謂報沙月·磨祛月·頗勒寠拏月, 當此從十月十六日至正月十五日. 故印度僧徒依佛聖敎坐兩安居, 或前三月, 或後三月. 前三月當此從五月十六日至八月十五日, 後三月當此從六月十六日至九月十五日. 前代譯經律者, 或云坐夏, 或云坐臘, 斯皆邊裔殊俗, 不達中國正音, 或方言未融, 而傳譯有謬. 又推如來入胎·初生·出家·成佛·涅槃日月, 皆有參差, 語在後記.]"『大正新脩大藏經』第51冊·No.2087·大唐西域記 第2卷(T51n2087_002).

2) 汰袁宏道集: 심경호의 논문에 따르면, 지욱 대사가 문학자(文學者) 원굉도(袁宏道)의 문선(文選)을 간행한 까닭은 원굉도(袁宏道)가 이탁오(李卓吾)의 문하에서 수학하여 '성(性)'과 '정(情)'을 구분하는 주자학적 사고를 부정하고, '성(性)'과 '정(情)'을 하나의 심(心) 속에서 융합함으로써 정(情)의 가치를 긍정적으로 재해석한 양명학(陽明學)의 심즉리(心卽理)의 논리를 전개한 양명학자(陽明學者)였기 때문이었다고 하였다. − 沈慶昊, 「조선후기 한문학과 袁宏道」, 『한국한문학연구』,

한국한문학회, 2004, 131-136면 참조.

4월 여름에 신안(新安)으로 들어갔다. 흡포(歙浦) 천마원(天馬院)에서 후안거(後安居)를 시작하였다. 5월에『선불보(選佛譜)』를 저술하였다.『종경록(宗鏡錄)』을 열람하였다. 법용(法湧)·영락(永樂)·법진(法眞) 등 여러 사람이 찬술한 잡설을 산정(刪正)하여, 경론(經論)의 오류 및 역대로 글로 써졌거나 목판에 새겨져 온 거짓된 내용을 끌어내 밝혔다. 360여 가지의 문답에서 하나하나 대의(大義)를 정하여, 시작하는 자리와 끝나는 자리를 표시(標示)하였다. 열람을 끝내고 7월에『교정종경록발사칙(校定宗鏡錄跋四則)』을 지었다. 또『태원굉도집(汰袁宏道集)』한 책을 보존하고는 '원자(袁子)'라 이름하였다.

秋八月, 遊黃山白嶽[1]諸處.

【注釋】

1) 黃山白嶽: 황산(黃山)과 백악산(白嶽山)은 지금의 안휘성(安徽省) 휴녕현(休寧縣) 경내(境內)에 있는 산이다. 백악산(白嶽山)은 현재 '제운산(齊雲山)'으로 불리고 있다. 참고로 백악산(白嶽山)은 중국 도교의 사대(四大) 명산(名山) 가운데 한 곳이자 오대(五大) 선산(仙山) 중의 한 곳으로서, 역사상 '황산(黃山)과 백악산(白嶽山)이 강남(江南)에서 으뜸이다.'라는 훌륭한 명성이 본래부터 있어 온 이름난 산이다.

8월 가을에 황산(黃山)과 백악산(白嶽山)의 여러 곳을 유람하였다.

冬, 復結制天馬. 著『起信論裂網疏』.

겨울에 천마(天馬)에서 다시 안거를 시작하였다. 『대승기신론열망소(大乘起信論裂網疏)』를 저술하였다.

録者注: 是歲大師在**歙浦棲雲院**[1)]演說『彌陀要解』, 釋義分科, 間有與前不同. 由性旦師錄出. 甲午冬, 大師病中, 復口授數處令改正, 名歙浦本. 即今『十要』中之流通本也.

【注釋】

1) 歙浦棲雲院: 안휘성(安徽省) 흡포현(歙浦縣) 양산(陽山)에 서운원(棲雲院)이 있었다. – 張聖嚴 著, 『明末中國仏教の硏究―特に智旭を中心として』, 앞의 책, 152면 참조.

기록하는 자의 주석: 이해에 지욱 대사가 흡포(歙浦) 서운원(棲雲院)에 있으면서 『불설아미타경요해(佛說阿彌陀經要解)』를 연설하였는데, 뜻을 풀이하고 과목(科目)을 나눈 것이 그사이에 이전에 했던 것과 같지 않았다. 성단(性旦) 법사의 기록으로부터 나왔다. 갑오년(1654) 겨울에 지욱 대사가 병을 앓는 중에 다시 몇 곳을 입으로 말해주어 개정(改正)하도록 하고, 이것을 '흡포본(歙浦本)'이라 이름하였다. 곧 지금 『영봉우익대사선정정토십요(靈峰藕益大師選定淨土十要)』 속에서 유통되고 있는 판본이다.

○ 甲午, 五十六歲.

갑오년(1654), 56세.

正月應豐南仁義院[1]請. 法施畢, 出新安. 二月後襃灑日,[2] 還靈峰. 自輯『幻住雜編』. 夏臥病. 選『西齋淨土詩』, 制贊補入『淨土九要』, 名 '淨土十要'.

【注釋】

1) 仁義院: 안휘성(安徽省) 흡포현(歙浦縣) 양산(陽山)에 인의원(仁義院)이 있었다. – 張 聖嚴 著,『明末中國仏教の硏究—特に智旭を中心として』, 앞의 책, 152면 참조.

2) 襃灑日: '포쇄타일(襃灑陀日)'의 준말로서, '포살일(布薩日)'을 가리킨다. '포살(布 薩)'은 불교에서 동일 지역 내의 비구·비구니가 반 달에 한 번, 즉 15일·30일 또 는 14일·29일에 한곳에 모여 250계(戒)의 조문집인 『바라제목차(波羅提木叉)』의 한 조목을 3번씩 읽으며, 계율을 범한 자의 경우 다른 승려들에게 이를 고백하 여 참회하는 의식이다.

정월에 풍남(豐南) 인의원(仁義院)의 요청에 응하였다. 법보시(法布施) 를 마치고 신안(新安)에서 나왔다. 2개월 후 포쇄타일(襃灑陀日; 포살일布 薩日)에 영봉(靈峰)으로 돌아왔다. 몸소『환주잡편(幻住雜編)』을 편집하 였다. 여름에 병으로 자리에 누웠다.『서재정토시(西齋淨土詩)』를 정선(精 選)하여 제찬(制贊)하고서『정토구요(淨土九要)』에 보충하여 넣은 후, 이 를 '정토십요(淨土十要)'라고 이름하였다.

夏竟, 病愈. 七月, 述「儒釋宗傳竊議」. 八月, 續閱大藏竟. 九月, 成『閱藏知津』·『法海觀瀾』二書.

여름이 끝날 무렵, 병이 나았다. 7월에「유석종전절의(儒釋宗傳竊議)」 를 저술하였다. 8월에 연속해서 대장경을 열람하기를 마쳤다. 9월에『열 장지진(閱藏知津)』과『법해관란(法海觀瀾)』두 책을 완성하였다.

九月一日, 撰「閱藏畢願文」. 計前後閱律三遍, 大乘經兩遍, 小乘經及大小論兩土撰述各一遍.

9월 1일에 「열장필원문(閱藏畢願文)」을 지었다. 앞뒤를 세워보니 율장(律藏)을 처음부터 끝까지 세 차례 열람하였고, 대승경은 두 차례 열람하였고, 소승경 및 대승과 소승에서 양토(兩土)를 논하여 찬술한 책을 각각 한 차례씩 열람하였다.

錄者注: 大師「閱藏畢然香願文」有云: "竊見南北兩藏,[1] 竝皆模糊失次, 或半滿不辨,[2] 或經論互名, 或眞僞不分, 或巧拙無別. 雖有宋朝『法寶標目』, 明朝『彙目義門』, 竝未盡美盡善. 今輒不揣, 謬述『閱藏知津』・『法海觀瀾』二書, 儻不背佛旨, 乞得成就流通." 又大師「佛頂玄文後自序」云: "深痛末世禪病, 方一意研窮敎眼, 用補其偏. 雖遍閱大藏, 而會歸處不出『梵網』・『佛頂』二經."

【注釋】

1) 南北兩藏: '남장(南藏)'은 보통 명나라 홍무(洪武, 1372-1398) 때 678함에 1600부를 판각한 『홍무남장(洪武南藏)』을 가리킨다. 1408년에 목판은 소실되었다. 명나라 영락(永樂, 1403-1424) 연간에 칙명으로 남경(南京)과 북경(北京)에서 각각 대장경을 조성하게 하였는데, 이것을 『영락남장(永樂南藏)』과 『영락북장(永樂北藏)』이라고 한다. '북장(北藏)'은 보통 명나라 영락(永樂) 황제(1421-1440) 때 693함에 1662부를 판각한 『영락북장(永樂北藏)』을 뜻한다.

2) 半滿不辨: 산스크리트어를 적던 인도 고대 문자의 자모(子母)인 '실담자모(悉曇子母)'와 관련하여 말한 것이다. 강대현은 그의 논문에서 다음과 같이 설명하였다. "'실담자모(悉曇字母; Siddha-matṛkā)'는 완성된 문자라는 의미가 있는데, 기본적으로 모음 10자[a·z·i·i·u·u·e·ai·o·au]를 기준으로 하고 여기에 계반자(界畔字) 2자[am·ah]를 포함하여 12자로 나타내어 '통마다(通摩多)'라고 하며, 이러한 통마다 12자에 별마다(別摩多) 4자[r·r ·l·l]를 포함함으로써 모음{달다(摩多)}

은 총 16자로 나타난다. 그리고 자음{체문(體文)}은 불교 문헌마다 각기 다르게 33자에서 36자로 나타난다. 여기에는 자계(字界; dhatu)와 자연(字緣; pratyaya)이 서로의 역할을 달리하면서 인(因)과 연(緣)으로 결합하여 문자를 이루게 된다. 또한, 아직 완성되지 않은 상태를 일컫는 '반자(半字)'와 이러한 반자가 결합함으로써 문자{진실법}로서의 원만한 상태를 말하는 '만자(滿字)'가 있다. 이들은 이미 산스크리트어 불전에 등장한 개념으로 담무참삼장(曇無讖三藏)이 『대반열반경(大般涅槃經)』에서 그러한 사상을 세움으로써 '반만이교(半滿二敎)'라는 중국 교판의 발단을 마련하게 된다. 이러한 '반자교(半字敎)'와 '만자교(滿字敎)' 사상은 중국에서는 각각 소승(小乘)과 대승(大乘), 구부경(九部經)과 십이부경(十二部經), 성문장(聲聞藏)과 보살장(菩薩藏) 등으로 구별하는데, 이러한 구별은 범어자모(梵語字母), 특히 실담자모(悉曇子母)의 결합원리에서 그 근원을 찾을 수 있었다." - 강대현, 「半滿二敎判 성립과정에서의 悉曇子母의 철학성」, 『한국불교학』 제69집, 서울: (사)한국불교학회, 2014, 256-259면 참조.

기록하는 자의 주석: 지욱 대사의 「열장필연향원문(閱藏畢然香願文)」에서 말하였다. "내가 남과 북의 두 장경(藏經)을 살폈는데 모두 모호하여 차례를 잃었다. 혹 반자(半字; 번뇌煩惱가 증장增長되는 문자)와 만자(滿字; 선법善法이 증장增長되는 언설)를 분변하지 못했으며, 혹 경서(經書)와 논서(論書)의 명칭이 어긋나 있었으며, 혹 진짜와 가짜를 구분하지 못했으며, 혹 공교로움과 졸렬함을 구별하지 못하였다. 비록 송조(宋朝)의 『법보표목(法寶標目)』과 명조(明朝)의 『휘목의문(彙目義門)』이 있으나, 마찬가지로 완전무결(完全無缺)하지는 못하였다. 지금 문득 나의 분수를 헤아리지 못하고서 사리에 맞지 않게 『열장지진(閱藏知津)』과 『법해관란(法海觀瀾)』 두 책을 저술하였는데, 만일 부처님의 뜻을 배반하지 않았다면 널리 유통이 이루어지기를 빈다." 또 지욱 대사의 「불정현문후자서(佛頂玄文後自序)」에서 말하였다. "말세의 선병(禪病)을 깊이 아파해서 바야흐로 한뜻으로 교안(敎眼)을 연구하여, 그 치우친 곳을 개선하였다. 비록 대장경을 두루 열람하였으되, 회귀하는 자리는 『범망경노사나불설보살심지계품제십(梵網經盧舍那佛說菩薩心地戒品第十)』과 『대불정여래밀인수증요의제보살만행수능엄경(大佛頂如來密因修證了義諸菩薩萬行首楞嚴

經)』의 두 경전을 벗어나지 않는다."

冬十月, 病. 復有「獨坐書懷四律」, 中有'庶幾二三子, 慰我一生思.'之句. 十一月十八日, 有「病中口號偈」. 臘月初三, 有「病間偶成一律」, 中有'**名字位**[1]中眞佛眼, 未知畢竟付何人.'之句. 是日口授遺囑. 立四誓. 命以照南·等慈二子傳五戒菩薩戒. 命以照南·靈晟·性旦三子代座代應請. 命闍維後, 磨骨和粉面, 分作二分, 一分施鳥獸, 一分施鱗介, 普結法喜, 同生西方. 十三起淨社, 撰「大病中啓建淨社願文」. 嗣有「求淨土偈六首」. 除夕有「艮六居銘」, 有「偈」.

【注釋】

1) 名字位: '명자즉위(名字卽位)'이다. 김정희는 그의 논문에서 다음과 같이 설명하였다. "모든 존재의 실상이 공이라는 것을 이해하는{지해(智解)} 단계이다. 이 단계에서 수행자는 선지식이나 경전을 통해 중도실상이 연기적 현상을 떠나 있지 않다고 지적(智的)으로 이해한다. 중도실상이 번뇌를 떠나 있지 않다고 이해함으로써 번뇌를 제거하고 진리를 구하고자 했던 기존의 잘못된 수행관을 멈춘다. 수행자는 현재 드러나 있는 자신의 마음 외에 진리가 없다고 이해함으로써, 수행의 당처를 이해한다. 즉 명자즉의 단계에서 수행자는 올바른 수행처를 알게 됨으로써 외부대상을 좇는 어지러운 마음의 작용이 멈춘다. 다시 말해 올바른 수행처에 대한 이해가 산란스러운 마음을 멈추어 고요하게{지(止)} 한다." - 김정희, 「지의 『마하지관』」, 앞의 논문, 113면.

10월 겨울에 병이 들었다. 다시 「독좌서회사율(獨坐書懷四律)」을 지었는데 그 가운데 '바라건대 제자들이여! 나의 일생의 사유를 위로해 주게.'라는 구절이 있었다. 11월 18일에 「병중구호게(病中口號偈)」를 지어 두었다. 음력 12월 초 3일에 「병간우성일율(病間偶成一律)」을 지어 두었는데 그중 '명자위(名字位) 가운데 진불(眞佛)의 눈이여! 알지 못하겠으나 필경 어떤 사람을 부촉(付屬) 하려는가?'라는 구절이 있었다. 이날 (지욱 대사가)

입으로 (제자들에게) 유촉을 남겼다. 사홍서원(四弘誓願)을 세웠다. 조남 (照南)과 등자(等慈) 두 제자에게 오계(五戒)와 보살계(菩薩戒)를 (맡아서) 전수(傳授)하라고 명하였다. 조남(照南)·영성(靈晟)·성단(性旦) 등 세 제자 에게 (지욱 대사 자신을) 대신하여 자리에 앉고 (지욱 대사 자신을) 대신하여 응청(應請)을 하라고 명하였다. 다비(茶毘)를 한 후에 빻은 뼈와 분면(粉 面)을 두 군데로 나누어 만들어서 하나는 날짐승과 길짐승에게 보시하고 다른 하나는 물고기와 조개에게 보시하여, 불법(佛法)의 희열(喜悅)를 널 리 다져서 (우익 대사 자신이 그 미물微物들과) 서방(西方)에 함께 태어날 수 있게 해달라고 명하였다. 13차례에 걸쳐 청정한 결사(結社)를 일으키고는 「대병중계건정사원문(大病中啓建淨社願文)」을 지었다. 이어서 「구정토게 육수(求淨土偈六首)」를 지어 두었다. 섣달그믐에 「간육거명(艮六居銘)」을 지어 두었으며, 「게송」을 지어 두었다.

是歲多病. 「寄錢牧齋書」云: “今夏兩番大病垂死, 季秋閱藏方竟. 仲冬一病更甚, 七晝夜不能坐臥, 不能飮食, 不可療治, 無術分解. 唯痛哭稱佛菩薩名字, 求生淨土而已. 具縛凡夫損己利人, 人未必 利, 己之受害如此. 平日實唯在心性上用力, 尙不得力. 況僅從文字 上用力者哉? 出生死, 成菩提, 殊非易事. 非丈室誰知此實語也?”

이 해에 병이 많았다. 「기전목재서(寄錢牧齋書)」에서 말하였다. “올여 름에 두 차례 큰 병으로 죽음이 드리워졌건만, 늦가을에 장경(藏經)을 열 람하기를 가까스로 다 하였네. 중동(仲冬) 무렵에 한 가지 병이 다시 심 해져서 7일 밤낮으로 앉거나 눕거나 할 수 없었으며, 마시거나 먹을 수 가 없었으며, 병을 다스려서 치료할 수도 없었으니, (그러한 위독한 상황을) 나눠서 이해할 수 있는 재주가 없었다. 오직 통곡하며 불보살(佛菩薩)의 이름을 외우면서 정토에 태어나기를 구할 뿐이었다. 번뇌에 속박된 범부(凡夫)가 자기는 손해되고 남들은 이롭게 한다지만, 남들이 반드시 이롭게 되었다고 할 수가 없고 자기가 해로움을 받는 것은 이와 같도다. 평일에 실로 오직 심성(心性) 상에서 힘을 써도 오히려 힘을 얻지 못하거늘, 하물며 겨우 문자상에서 힘을 쓴 자에 있어서랴? 삶과 죽음을 벗어나서 깨달음을 이루는 것은 특히 쉬운 일이 아니다. 방장(方丈)이 아니라면, 누가 이 실어(實語)의 뜻을 알겠는가?"

○ 乙未, 五十七歲.

을미년(1655), 57세.

「元旦有偈」云: "爆竹聲傳幽谷春, 蒼松翠竹總維新. 泉從龍樹味如蜜, 石鎭雄峰苔似鱗. 課續三時接蓮漏, 論開百部擬天親. 況兼已結東林社, 同志無非法藏臣. 法藏當年願力宏, 於今曠劫有同行. 歲朝選佛歸圓覺, 月夜傳燈顯性明. 萬竹竝沾新令早, 千梅已露舊芳英. 諸仁應信吾無隱, 快與高賢繼宿盟."

「원단유게(元旦有偈)」에서 말하였다. "폭죽 터지는 소리가 유곡(幽谷)에 봄소식을 전하고, 푸른 소나무와 푸른 대나무는 모두 퍽 새로워라. 샘물은 용수(龍樹)를 따라 맛이 꿀과 같고, 바위 쌓인 웅장한 봉우리는 그 이끼가 물고기 비늘 같네. 삼시(三時)를 연이어온 공부는 연루(蓮漏)에

접하고, 백부(百部)로 늘어놓은 논서(論書)는 천친(天親)에 비기네. 또 이미 동림(東林)의 모임을 맺었는데, 동지(同志)들 모두 법장보살(法藏菩薩)의 신하 아닌 자 없네. 법장보살(法藏菩薩)의 당년(當年) 원력(願力)이 컸기에, 극히 오랜 세월이 지난 지금도 동행(同行)하고 있네. 세조(歲朝)에 선택된 부처는 원각(圓覺)으로 돌아가고, 달밤에 전한 등불은 밝은 성품을 드러내네. 만죽(萬竹)은 나란히 서둘러 신령(新令)을 더하고, 천매(千枚)는 이미 지난 날 향기로운 꽃부리를 노출하였네. 여러 인자(仁者)들은 내가 감춘 것이 없다는 이 사실을 믿어서, 쾌연히 고현(高賢)들과 함께 숙세의 맹세를 이어갈지어다."

正月二十日, 病復發. 二十一日晨起病止. 午刻, 趺坐繩床角, 向西舉手而逝. 世壽五十有七歲. 法臘三十四. 僧夏, 從癸亥臘月至癸酉自恣日, 又從乙酉春至乙未正月, 共計夏十有九.

정월 12일에 다시 발병(發病)하였다. 21일 새벽에 일어났는데, 병이 그쳤다. 오시(午時)에 승상(繩床)의 모퉁이에서 가부좌(跏趺坐)하고 서쪽을 향해 손을 들어 입적하였으니, 세속의 나이는 57세였고 법랍(法臘)은 40세였다. 스님이 하안거를 지낸 것이 계해년(1623) 납월(臘月)부터 계유년(1633) 자자일(自恣日)에 이르렀고 또 을유년(1645) 봄부터 을미년(1655) 정월에 이르렀으니, 모두 세어보면 열아홉 번의 하안거를 지냈다.

大師生平不曾乞緇素一字, 不唯佛法難言, 知己難得, 亦鑒尙虛名之陋習, 而身爲砥也. 西逝時, 誠勿乞言, 徒增誑誤.

지욱 대사는 평생 승려들과 속인들에게 일찍이 단 한 글자도 구하지 않았다. 불법(佛法)은 말하기가 어려웠고 지기(知己)는 얻기가 어려웠을 뿐만 아니라 또한 여전히 허명(虛名)을 숭상하는 더러운 풍습을 보았기 때문에, (지욱 대사 스스로) 자신을 숫돌로 삼았다. 서쪽을 향해 입적할 당시, (제자들에게) 말을 구걸하여 부질없이 기만과 그릇됨을 더하지 말라고 경계하였다.

　　大師著述, 除靈峰宗論十卷外, 其釋論則有: 『阿彌陀經要解』一卷, 『占察玄疏』三卷, 『楞伽義疏』十卷, 『盂蘭新疏』一卷, 『大佛頂玄文』十二卷, 『准提持法』一卷, 『金剛破空論附觀心釋』二卷, 『心經略解』一卷, 『法華會義』十六卷, 『妙玄節要』二卷, 『法華綸貫』一卷, 『齋經科注』一卷, 『遺敎經解』一卷, 『梵網合注』八卷, 『後附授戒法·學戒法·梵網懺法問辯』共一卷, 『優婆塞戒經受戒品箋要』一卷, 『羯磨文釋』一卷, 『戒本經箋要』一卷, 『毗尼集要』十七卷, 『大小持戒犍度略釋』一卷, 『戒消災經略釋』一卷, 『五戒相經略解』一卷, 『沙彌戒要』一卷, 『唯識心要』十卷, 『相宗八要直解』八卷, 『起信論裂網疏』六卷, 『大乘止觀釋要』四卷, 『大悲行法辯僞』一卷, 『附觀想偈略釋·法性觀·懺壇軌式三種·四十二章經解』一卷, 『八大人覺經解』一卷, 『占察行法』一卷, 『禮地藏儀』一卷, 『敎觀綱宗竝釋義』二卷, 『閱藏知津』四十四卷, 『法海觀瀾』五卷, 『旃珊錄』一卷, 『選佛譜』六卷, 『重訂諸經日誦』二卷, 『周易禪解』十卷, 『辟邪集』二卷, 共四十七種. 又定嗣注經目, 有 『行願品續疏』, 『圓覺經新疏』, 『無量壽如來會疏』, 『觀經疏鈔錄要』, 『十輪經解』, 『賢護經解』, 『藥師七佛經疏』, 『地藏本願經疏』, 『維摩補疏』, 『金光明最勝王經續疏』, 『同性經解』, 『無字法門經疏』, 『十二

頭陀經疏』,『仁王續疏』,『大涅槃合論』,『四阿含節要』,『十善業道
經解』,『發菩提心論解』,『摩訶止觀輔行錄要』,『僧史刪補』,『緇門寶
訓』, 共二十一種, 俱未及成書.

　지욱 대사의 저술은『영봉종론(靈峰宗論)』10권을 제외하고서 경전의
글귀를 풀이한 논서가 다음과 같이 있다.:『아미타경요해(阿彌陀經要解)』
1권,『점찰현소(占察玄疏)』3권,『능가의소(楞伽義疏)』10권,『우란신소(盂
蘭新疏)』1권,『대불정현문(大佛頂玄文)』12권,『준제지법(准提持法)』1권,
『금강파공론부관심석(金剛破空論附觀心釋)』2권,『심경약해(心經略解)』1
권,『법화회의(法華會義)』16권,『묘현절요(妙玄節要)』2권,『법화륜관(法
華綸貫)』1권,『재경과주(齋經科注)』1권,『유교경해(遺敎經解)』1권,『범망
합주(梵網合注)』8권,『후부수계법(後附授戒法)·학계법(學戒法)·범망참법
문변(梵網懺法問辯)』합 1권,『우바새계경수계품전요(優婆塞戒經受戒品箋
要)』1권,『갈마문석(羯磨文釋)』1권,『계본경전요(戒本經箋要)』1권,『비니
집요(毗尼集要)』17권,『대소지계건도약석(大小持戒犍度略釋)』1권,『계소
재경약석(戒消災經略釋)』1권,『오계상경약해(五戒相經略解)』1권,『사미계
요(沙彌戒要)』1권,『성유식론관심법요(成唯識論觀心法要)』10권,『상종팔
요직해(相宗八要直解)』8권,『기신론열망소(起信論裂網疏)』6권,『대승지관
석요(大乘止觀釋要)』4권,『대비행법변위(大悲行法辯僞)』1권,『부관상게약
석(附觀想偈略釋)·법성관(法性觀)·참단궤식삼종(懺壇軌式三種)·사십이
장경해(四十二章經解)』1권,『팔대인각경해(八大人覺經解)』1권,『점찰행법
(占察行法)』1권,『예지장의(禮地藏儀)』1권,『교관강종병석의(敎觀綱宗竝
釋義)』2권,『열장지진(閱藏知津)』44권,『법해관란(法海觀瀾)』5권,『전산
록(旃珊錄)』1권,『선불보(選佛譜)』6권,『중정제경일송(重訂諸經日誦)』2권,
『주역선해(周易禪解)』10권,『벽사집(辟邪集)』2권 등 모두 47종이다. 또 주

석을 단 경전의 목록을 정하였는데, 다음과 같은 논서가 있다. 『행원품속소(行願品續疏)』, 『원각경신소(圓覺經新疏)』, 『무량수여래회소(無量壽如來會疏)』, 『관경소초록요(觀經疏鈔錄要)』, 『십륜경해(十輪經解)』, 『현호경해(賢護經解)』, 『약사칠불경소(藥師七佛經疏)』, 『지장본원경소(地藏本願經疏)』, 『유마보소(維摩補疏)』, 『금광명최승왕경속소(金光明最勝王經續疏)』, 『동성경해(同性經解)』, 『무자법문경소(無字法門經疏)』, 『십이두타경소(十二頭陀經疏)』, 『인왕속소(仁王續疏)』, 『대열반합론(大涅槃合論)』, 『사아함절요(四阿含節要)』, 『십선업도경해(十善業道經解)』, 『발보리심론해(發菩提心論解)』, 『마하지관보행록요(摩訶止觀輔行錄要)』, 『승사산보(僧史刪補)』, 『치문보훈(緇門寶訓)』 등 모두 21종인데, 전부 책으로 완성되지는 못하였다.

錄者注: 上列著述, 系依成時師之「藕益大師宗論序說」及『續傳鈔錄』. 此外尙有『淨土十要』·『四書藕益解』·『見聞錄』等輯著行世.

기록하는 자의 주석: 위에 열거한 (지욱 대사의) 저술은 그 계통이 성시(成時) 법사의 「우익대사종론서설(藕益大師宗論序說)」과 『속전초록(續傳鈔錄)』에 의거한 것이다. 이 외에도 또한 『정토십요(淨土十要)』·『사서우익해(四書藕益解)』·『견문록(見聞錄)』 등 세상에 유통되는 집저(輯著)가 있다.

大師示寂, 諸弟子請成時師輯『靈峰宗論』. 輯成, 成時師然香一千炷, 願舍身洪流, 一報師恩, 助轉願輪. 二供妙法, 生生值遇, 三轉劫濁, 救苦衆生. 四代粉骷, 滿師弘誓. 五懺重罪, 決生珍池.

지욱 대사가 입적하고 난 후 뭇 제자들이 성시(成時) 법사에게 『영봉우익대사종론(靈峰藕益大師宗論)』을 편집할 것을 청하였다. 편집이 완성되고 성시(成時) 법사가 향 일천 개의 심지를 태우고 홍류(洪流)에 몸을 희사하며 다음과 같이 서원(誓願)하였다. 첫째, 스승의 은혜에 보답하고 원륜(願輪)을 굴리는 데 조력할 것입니다. 둘째, 묘법을 받들어 생생토록 조우할 것입니다. 셋째, 겁탁(劫濁)을 굴려서 고통받는 중생을 구제할 것입니다. 넷째, 삭은 뼈가 가루로 만들어지는 고통을 (몸소) 대신하여 대사의 사홍서원(四弘誓願)을 흡족하게 이뤄드릴 것입니다. 다섯째, 무거운 죄를 참회하여서 진지(珍池)에 태어나는 것을 결행할 것입니다.

臘月十二日, 成時師撰『大師續傳』. 後一日撰『靈峰始日大師私諡竊議』. 後二日撰「靈峰宗論序」. 越一日撰「靈峰宗論序說」.

납월(臘月) 12일에 성시(成時) 법사가 『대사속전(大師續傳)』을 지었다. 하루 뒤에 『영봉시일대사사시절의(靈峰始日大師私諡竊議)』를 지었다. 이틀 뒤에 「영봉우익대사종론서(靈峰藕益大師宗論序)」를 지었다. 하루를 넘겨서 「영봉우익대사종론서설(靈峰藕益大師宗論序說)」을 지었다.

○ 丙申.

병신년(1656).

○ 丁酉.

정유년(1657).

是冬如法茶毗. 髮長覆耳, 面貌如生, 趺坐巍然, 牙齒俱不壞. 因不敢從粉骴遺囑, 奉骨塔於靈峰大殿右.

이해 겨울에 여법(如法)하게 다비(茶毗)를 하였다. 머리카락은 길게 자라서 귀를 덮고 있었고, 얼굴의 모습은 살아있었을 때와 같았으며, 가부좌를 튼 모습은 우뚝한 모양이었고, 어금니는 모두 부서져 있지 않았다. 이로 인해 (제자들은) 삭은 뼈를 가루로 만들라는 (지욱 대사의) 유촉(遺囑)을 감히 따를 수가 없어서, 영봉대전(靈峰大殿) 우측에 골탑(骨塔)을 만들어 (유골遺骨을) 봉안(奉安)하였다.

○ 戊戌.

무술년(1658).

○ 己亥.

기해년(1659).

是冬,『靈峰宗論』刻板成.

이해 겨울에『영봉우익대사종론(靈峰藕益大師宗論)』을 새긴 목판이 완성되었다.

○ 庚子.

경자년(1660).

○ 辛丑.

신축년(1661).

○ 康熙元年, 壬寅.

강희(康熙) 원년, 임인년(1662).

大師入滅八年, 壬寅七月, 門人性旦病逝, 先書囑語, 面乞成時師
竝胞兄胡淨廣, 粉遺骨, 代大師滿甲午臘月初三日所命. 先是成時師
邀淨侶[1]禮『佛說佛名經』, 且就壇然頂燈, 以報法乳深恩. 至是復有
此囑. 謹就八月集衆修『藥王本事』[2]七晝夜而作法焉.

【注釋】

1) 淨侶: 1607-1669. 덕청(德淸) 사람으로 속세의 성은 장(張)이고, 자는 반아(伴我)이다. 명말청초(明末淸初) 시기의 고승(高僧)으로 서백(瑞白) 명설(明雪) 선사의 법통을 이어받았다.
2) 藥王本事: 『묘법연화경(妙法蓮華經)·약왕보살본사품(藥王菩薩本事品) 제이십삼(第二十三)』을 가리킨다.

지욱 대사가 입멸(入滅)한 지 8년이 지난 임인년(1662) 7월에 문인 성단(性旦)이 병으로 입적하였다. (성단性旦은 입적하기 전에) 먼저 촉어(囑語)를 썼다. 성시(成時) 법사와 나란히 포형(胞兄) 호정광(胡淨廣)에게 (성단性旦 자신의) 유골을 가루 내어서, 스승 지욱 대사가 갑오년(1654) 음력 12월 초 3일에 명하였던 바를 대신하여 실현해 달라고 눈앞에서 부탁하였다. 이에 앞서 성시(成時) 법사가 정려(淨侶) 선사를 맞이하여 『불설불명경(佛說佛名經)』에 예불하였으며, 아침에 단(壇)에 나아가 정수리를 태우며 법유(法乳)의 깊은 은혜에 감사함을 알렸다. 여기에 이르러 다시 이러한 유촉이 있었던 것이다. 8월에 이르러 대중을 모아 삼가 『묘법연화경(妙法蓮華經)·약왕보살본사품(藥王菩薩本事品) 제이십삼(第二十三)』을 7일 밤낮으로 닦고 작법(作法)하였다.

○ 雍正元年, 癸卯. {即日本享保八年.}

옹정(雍正) 원년, 계묘년(1723). {곧 일본(日本) 향보(享保) 8년이다.}

是年孟春, 日本京都靈峰宗論重刊版, 老苾芻光謙序云: "(前略) 昔嘗讀靈峰藕益大師所著諸書, 見其學之兼通博涉, 其行之苦急嚴峻, 因竊自歎雖荊溪·四明大祖師幾不及也. (中略) 古人有言曰'讀孔明出師表而不墮淚者, 其人必不忠. 讀令伯陳情表而不墮淚者, 其人必不孝. 讀退之祭十二郎文而不墮淚者, 其人必不友.' 余亦嘗言讀藕益宗論而不墮血淚者, 其人必無菩提心. (後略)"

이 해 맹춘(孟春)에 일본 경도(京都)에서 『영봉우익대사종론(靈峰藕益大師宗論)』의 중간판이 완성되었다. 「노필추광겸서(老苾芻光謙序)」에서는 (다음과 같이) 말하였다. "(앞부분 생략) 옛적에 영봉(靈峰) 우익(藕益) 대사가 저술한 여러 책을 읽어보았는데, 그의 학문(學問)이 겸통(兼通)을 하였고 책을 널리 많이 읽었으며 그의 수행은 고통스럽고 엄준하였던 것을 보았다. 이로 말미암아 비록 형계(荊溪)·사명(四明) 대조사(大祖師)라 할지라도, 지욱 대사에게는 미치지 못할 것이라고 속으로 절로 감탄하였다. (중간 부분 생략) 고인은 다음과 같이 말하였다. '제갈공명(諸葛孔明)의 『출사표(出師表)』를 읽고서 눈물을 흘리지 않는 자는 그 사람은 틀림없이 충직하지 못한 사람일 것이다. 영백(令伯)의 『진정표(陳情表)』를 읽고서 눈물을 흘리지 않는 자는 그 사람은 틀림없이 불효한 사람일 것이다. 퇴지(退之)의 『제십이랑문(第十二郎文)』을 읽고서 눈물을 흘리지 않는 자는 그 사람은 틀림없이 우애롭지 못한 사람일 것이다.' 내가 또한 일찍이 말하였으니, 『영봉우익대사종론(靈峰藕益大師宗論)』을 읽고서 피눈물을 흘리지 않는 자는 그 사람은 틀림없이 보리심(菩提心)이 없는 사람일 것이다. (뒷부분 생략)"

- 終 -

【참고문헌】

1. 원전류

『古文眞寶大全』, 影印本, 學民文化社, 1992.

『孔子家語』, 影印本, 學民文化社, 2001.

『近思錄 全』, 影印本, 學民文化社, 1995.

元寶山 著作兼發行, 五臺山 上院寺 藏版, 『金剛般若波羅蜜經』, 上院寺, 1937.

『南華眞經註解刪補』, 影印本, 學民文化社, 1993.

『論語集注』, 影印本, 學民文化社, 1989.

『論語集解』, 『欽定四庫全書』第10卷「經部八·四書類」, 影印本.

『論語或問』, 『欽定四庫全書』「經部八·四書或問·四書類」, 影印本.

『大學』, 影印本, 學民文化社, 1989.

『孟子』, 影印本, 學民文化社, 1989.

『孟子集注 上·下』, 影印本, 百千齋, 1996.

『史記』, 『武英殿二十四史』本, 影印本.

廬山 東林寺 印本 『四書藕益解』, 廬山 東林寺淨土宗文化硏究學會, 2019.

藕益 著, 江謙 補注, 『禪解儒道叢書 四書藕益解』, 湖北: 崇文書局, 2015.

藕益大師 著, 江謙 補注, 『四書藕益解』, 中國水利水電出版社, 2012.

藕益 智旭 著, 『藕益大師全集』, 中國: 佛敎書局, 1989.

『書傳』, 影印本, 學民文化社, 1990.

羅貫中, 『三國演義』, 吉林出版集團有限責任公司, 2009.

續修四庫全書編纂委員會 編, 『續修四庫全書』第161冊「經部·四書類·四書評·論語評」,
    上海古籍出版社, 1995.

『詩傳』, 影印本, 學民文化社, 1990.

『呂氏春秋』, 影印本, 『四部叢刊初編』景上海涵芬樓藏明刊本 第26卷.

『列子』, 『漢文大系』第13冊, 富山房, 1984.

『禮記』, 影印本, 學民文化社, 1990.

『王陽明全集』, 上海古籍出版社, 1992.

『全唐詩』, 上海古籍出版社, 1986.

『傳習錄』, 『漢文大系』第16冊, 富山房, 1984.

王陽明 撰·鄧艾民 注, 『傳習錄注疏』, 上海古籍出版社, 2012.

『周易』, 影印本, 學民文化社, 1990.

張楊園·呂晩邨 兩先生 摘鈔, 『朱子四書語類』, 影印本.

『中庸』, 影印本, 學民文化社, 1989.

印光法師, 『增廣印光法師文鈔』, 九州出版社, 2012.

雙桂堂藏板 『重刻昭明文選李善註』 收錄 「天監三年策秀才文」, 影印本.

『春秋左氏傳』, 影印本, 學民文化社, 2000.

『淮南子』, 『漢文大系』 第20冊, 富山房, 1984.

『嘉興大藏經』

·『憨山老人夢遊全集』(J22:B116)

·『趙州和尙語錄』(J24:B137)

·『靑原愚者智禪師語錄』(J34:B313)

·『靈峰蕅益大師宗論』(J36:B348)

『乾隆大藏經』

·『妙法蓮華經玄義釋籤』(L116:1490)

·『大藏聖敎法寶標目』(L143:1608)

『卍新纂大日本續藏經』, 京都藏經書院, 1902-1912.

·『大佛頂如來密因修證了義諸菩薩萬行首楞嚴經文句』(X13:0285)

·『占察善惡業報經義疏』(X21:0371)

·『法華經通義』(X31:0611)

·『法華經會義』(X32:0616)

·『法華經玄贊要集』(X34:0638)

·『淨土十要』(X61:1164)

·『蓮修起信錄』(X62:1204)

·『達磨大師血脈論』(X63:1218)

·『祖庭事苑』(X64:1261)

·『十牛圖頌』(X64:1269)

·『禪宗頌古聯珠通集』(X65:1295)

·『萬松老人評唱天童覺和尙拈古請益錄』(X67:1307)

·『憨山老人夢遊集』(X73:1456)

·『五燈會元』(X80:1565)

·『敎外別傳』(X84:1580)

『大正新脩大藏經』, 東京: 大正一切經刊行會, 1924-1934.

· 『長阿含經』(T01:0001)

· 『大方便佛報恩經』(T03:0156)

· 『佛本行集經』(T03:0190)

· 『金剛般若波羅密經』(T08:0235)

· 『大般若波羅蜜多經』(T07:0220)

· 『妙法蓮華經』(T09:0262)

· 『大薩遮尼乾子所說經』(T09:0272)

· 『佛說觀普賢菩薩行法經』(T09:0277)

· 『大方廣佛華嚴經』(T09:0278)

· 『大方廣佛華嚴經』(T10:0279)

· 『大方廣佛華嚴經』(T10:0293)

· 『大般涅槃經後分』(T12:0377)

· 『維摩詰所說經』(T14:0475)

· 『坐禪三昧經』(T15:0614)

· 『深密解脫經』(T16:0675)

· 『正法念處經』(T17:0721)

· 『四十二章經』(T17:0784)

· 『大佛頂如來密因修證了義諸菩薩萬行首楞嚴經』(T19:0945)

· 『四分律』(T22:1428)

· 『梵網經』(T24:1484)

· 『大智度論』(T25:1509)

· 『成唯識論』(T31:1585)

· 『大乘起信論』(T32:1666)

· 『妙法蓮華經玄義』(T33:1716)

· 『妙法蓮華經文句』(T34:1718)

· 『金剛三昧經論』(T34:1730)

· 『大方廣佛華嚴經隨疏演義鈔』(T36:1736)

· 『佛說阿彌陀經要解』(T37:1762)

· 『慈悲水懺法』(T45:1910)

· 『修習止觀坐禪法要』(T46:1915)

· 『四敎義』(T46:1929)

· 『龍舒增廣淨土文』(T47:1970)

· 『淨土生無生論』(T47:1975)

· 『大慧普覺禪師語錄』(T47:1998)

· 『佛果圜悟禪師碧巖錄』(T48:2003)

· 『六曹大師法寶壇經』(T48:2008)

· 『禪宗永嘉集』(T48:2013)

· 『永嘉證道歌』(T48:2014)

· 『宗鏡錄』(T48:2016)

· 『續高僧傳』(T50:2060)

· 『景德傳燈錄』(T51:2076)

· 『續傳燈錄』(T51:2077)

· 『大唐西域記』(T51:2087)

· 『法苑珠林』(T53:2122)

· 『釋氏要覽』(T54:2127)

· 『一切經音義』(T54:2128)

藍吉富 主編, 『大藏經補編』, 台北: 華宇出版社, 1985.

· 『靈峰宗論』(B23:0130)

· 『禪祖念佛集』(B32:0183)

『藏外佛教文獻』

· 『息諍論』(W01:0003)

2. 단행본

각묵 譯解, 『금강경 역해』, 불광출판사, 2006.

강만성 講解, 『원각경 강론』, 불교세계, 1995.

龔曉康, 『四書蕅益解 譯評』, 貴州大學出版社, 2014.

금장태, 『불교의 유교경전 해석』, 서울: 서울대학교 출판부, 2006.

기세춘, 『장자』, 바이북스, 2007.

김묘주 譯註, 『성유식론 外』, 동국역경원, 2008.

김묘주, 『불교경전으로의 초대』, 경서원, 2004.

불전간행회 저, 김묘주 역, 『해심밀경』, 민족사, 1997.

김용옥, 『논어한글역주』, 통나무, 2008.

김용옥, 『금강경 강의』, 통나무, 2000.

김월운, 『원각경 주해』, 동국역경원, 2000.

지욱 저, 길봉준 역주, 『주역선해(周易禪解)』, 서울: 운주사, 2016.

김탄허, 『부처님이 계신다면』, 교림출판사, 2005.

김탄허 譯, 『발심삼론』, 교림출판사, 2005.

김탄허, 『피안으로 이끄는 사자후』, 교림출판사, 2000.

藕益 智旭 著, 金呑虛 懸吐 및 譯註, 『懸吐譯註 周易禪解』, 서울: 敎林, 1982.

金呑虛 懸吐譯解, 『莊子南華經』, 서울: 敎林, 2004.

대한불교금륜회 編, 『정통선의 향훈』 청화선사법어집 I, 금륜출판사, 1991.

성륜불서간행회 編, 『원통불법의 요체』 청화선사법어집 II, 성륜각, 1993.

대한불교 조계종 성전편찬회, 『불교성전』, 동국역경원, 1973.

대한불교 조계종 역경위원회, 『한글 대장경』 권6 「아함부六」, 동국역경원, 1967.

대한불교 조계종 역경위원회, 『한글 대장경』 권126 「중관부一」, 동국역경원, 1978.

동양고전연구회, 『논어』, 지식산업사, 2005.

羅永吉, 『四書藕益解 研究』, 花木蘭文化出版社, 2007.

려정덕 編, 『주자어류』, 소나무, 2001.

류종목, 『논어의 문법적 이해』, 서울: 문학과지성사, 2000.

불전간행회 編, 무비 스님 역, 『유마경』, 민족사, 2005.

무샤고지 사네아츠, 『붓다』, 박경훈 옮김, 현암사, 2007.

박태섭, 『주역선해(周易禪解)』, 한강수, 2007.

박헌순 역주, 『論語集註』1·2, 한길사, 2008.

백련선서간행회 飜譯, 『백일법문上』 성철스님 법어집 1집1권, 장경각, 1992.

백련선서간행회 飜譯, 『백일법문下』 성철스님 법어집 1집2권, 장경각, 1992.

成百曉, 『懸吐完譯 周易傳義 上』, 傳統文化硏究會, 1998.

成百曉, 『懸吐完譯 周易傳義 下』, 傳統文化硏究會, 1999.

成百曉, 『懸吐完譯 書經集傳 下』, 傳統文化硏究會, 2001.

成百曉, 『懸吐完譯 書經集傳 上』, 傳統文化硏究會, 2002.

成百曉, 『譯註 心經附註』, 傳統文化硏究會, 2002.

成百曉, 『懸吐完譯 論語集註』, 傳統文化硏究會, 2003.

成百曉, 『懸吐完譯 大學·中庸集註』, 傳統文化硏究會, 2003.

成百曉, 『懸吐完譯 孟子集註』, 傳統文化硏究會, 2005.

成百曉, 『懸吐完譯 詩經集傳 上』, 傳統文化硏究會, 2008.

成百曉, 『懸吐完譯 詩經集傳 下』, 傳統文化硏究會, 2008.

지욱대사 저, 송찬우 역, 『金剛經破空論』, 세계사, 1992.

신소천, 『원각경 강의』, 홍법원, 1995.

廖名春·康學偉·梁韋弦 지음, 심경호 譯, 『周易哲學史』, 예문서원, 1994.

아라키 겐고(荒木見悟) 지음, 심경호 譯, 『佛敎와 儒敎-성리학, 유교의 옷을 입은 불교』, 예문서원, 2000.

심경호, 『심경호 교수의 동양고전 강의 논어 1-3』, 민음사, 2013.

안동림 역주, 『莊子』, 현암사, 2002.

오진탁 譯, 『감산의 장자풀이』, 서광사, 2006.

오하마 아키라, 『범주로 보는 주자학』, 이형성 옮김, 예문서원, 1999.

운허 용하 譯, 『수릉엄경』, 동국역경원, 1987.

윤영해, 『주자의 선불교 비판 연구』, 민족사, 2002.

윤호진, 『무아·윤회 문제의 연구』, 민족사, 1992.

은정희, 『대승기신론 강의』, 예문서원, 2008.

J.C.Cleary 저, 이기화 역, 『왜 나무아미타불인가 – 우익대사의 아미타경 요해』, 서울: 불광
　　출판사, 2007.

이영호, 『이탁오의 논어평』, 성균관대학교 출판부, 2009.

주희 집주, 임동석 譯註, 『중용·대학』, 학고방, 2004.

劉師培 지음, 이영호·서해준 옮김, 『中國經學史』, 성균관대학교 출판부, 2020.

이일영 역, 『치가격언』, 보림사, 1989.

이재훈 역해, 『서경』, 고려원, 1996.

李厚瑩 譯註, 『懸吐完譯 孝經』, 學民文化社, 2001.

子思 著, 蕅益 智旭 述, 圓照 覺性 講解, 『大道直指』, 부산: 統和叢書刊行會, 1995.

마명보살 造論, 원조각성 飜譯·講解, 『대승기신론』, 현음사, 2000.

圓照 覺性 飜譯·講解, 『楞嚴經正解』(上)(下), 玄音社, 2009.

張聖嚴 著, 『明末中國仏敎の研究─特に智旭を中心として』, 山喜房仏書林, 1975.

청담 說法, 『금강경대강좌』, 보성문화사, 1977.

退翁 性徹 역, 『신심명·증도가 강설』, 장경각, 1986.

退翁 性徹 역, 『돈황본단경』, 장경각, 1988.

退翁 性徹 역, 『영원한 자유』, 장경각, 1993.

退翁 性徹 譯解, 『돈오입도요문론 강설』, 장경각, 1993.

許鎬九 譯註, 『說苑』1, 傳統文化硏究會, 2012.

함허·장상영 著, 『현정론·호법론』, 김달진·현명곤 譯, 동국대학교 역경원, 1988.

혜담 지상 譯解, 『방거사 어록 강설』, 불광출판사, 2006.

히라카와 아키라, 『인도불교의 역사上』, 이호근 옮김, 민족사, 2004.

3. 논문류{국내}

강대현, 「半滿二敎判 성립과정에서의 悉曇子母의 철학성」, 『한국불교학』 제69집, 서울:

(사)한국불교학회, 2014.

김묘주, 「깨달음의 근거와 실현의 원리 – 유식학의 전의(轉依) 이론을 중심으로」, 『백련불교
　　논집』 7권, 성철사상연구원, 1997.

강민정, 「한·중·일 고전 번역서의 체재 사례」, 한국문집표준연구 TFT 집담회, 한국고전번
　　역원, 2008.

김미영, 「朱熹의 불교관에 나타난 儒佛修行論의 경계」, 불교학연구 창간호, 불교학연구회,
　　2000.

김석근, 「대승불교에서 주자학으로」, 『정치사상연구』 제1권, 한국정치사상학회, 1999.

김언종, 「丁茶山의 『論語集註』 批判1」, 『민족문화연구』 제29호, 1996.

김언종, 「丁茶山의 『論語集註』 批判 II」, 『대동문화연구』 제31권, 성균관대학교 동아시아학
　　술원, 1996.

김언종, 「정다산의 〈논어집주 (論語集註)〉 비판 (3)」, 『국제중국학연구』 제40권, 1999.

김언종, 「丁茶山의 朱子 『論語集註』 批判 (4)」, 『어문논집』 제47권, 민족어문학회, 2003.

김언종, 「丁茶山의 朱子 『論語集註』 批判 (5)」, 『한문교육연구』 제20권, 한국한문교육학회,
　　2003.

김언종, 「丁茶山의 朱子 『論語集註』 批判(6)」, 『한문교육연구』 제33권, 한국한문교육학회,
　　2009.

김언종, 「丁茶山의 朱子 『論語集注』 批判(7)」, 『한자한문교육』 제33권, 한국한자한문교육학
　　회, 2014.

김승만, 「우익지욱(藕益智旭)의 『논어점정』에 보이는 경전주석 방식의 특징」, 『원불교사상과
　　종교문화』 제87집, 익산: 원불교사상연구원, 2021.

金鍾旭, 「불교생태학적 생명관의 정초 모색」, 『한국불교학』 제38호, 한국불교학회, 2004.

김진무, 「탁오(卓吾) 이지(李贄)의 불교사상과 그 의의(意義)」, 『동아시아불교문화』 40집, 동
　　아시아불교문화학회, 2019.

김방룡, 「지욱의 『주역선해(周易禪解)』에 나타난 선사상」, 『동서철학연구』 제79호, 한국동서
　　철학회, 2016.

김정희, 「토픽맵에 기초한, 철학 고전 텍스트들의 체계적 분석 연구와 디지털 철학 지식지
　　도 구축-지의 『마하지관』」, 『철학사상』 별책 제7권 제1호, 서울대학교 철학사상연구소,
　　2006.

김혜련, 「우익 지욱과 다산 정약용의 탈주자학적 『논어』 이해 -『논어점정』(論語點睛)과 『논
　　어고금주(論語古今註)』를 통하여-」, 『한국선학』 제41호, 한국선학회, 2015.

서정형, 「철학 텍스트들의 내용 분석에 의거한 디지털 지식 자원 구축을 위한 기초적 연구-
　　나가르주나 『중론』」, 『철학사상』 별책 제3권 제3호, 서울대학교 철학사상연구소, 2004.

서정형, 「토픽맵에 기초한, 철학 고전 텍스트들의 체계적 분석 연구와 디지털 철학 지식지도

구축-원효『금강삼매경론』」,『철학사상』별책 제7권 제2호, 서울대학교 철학사상연구소, 2006.

習細平,「宗密禪師的圓融思想對宋明佛敎的影響」,『韓國禪學』第27號, 한국선학회, 2010.

신순남,「菩薩戒의 受持와 慈悲實現에 관한 考察」,『선문화연구』제17호, 한국불교선리연구원, 2014.

심경호,「문헌고증과 해석, 그리고 현실에의 매개적 참여」,『중국어문학회』제7권, 2000.

沈慶昊,「조선후기 한문학과 袁宏道」,『한국한문학연구』, 한국한문학회, 2004.

심경호,「한문고전번역에서 학술 번역의 개념과 그 역할」,『한자한문연구』4호, 고려대학교 한자한문연구소, 2008.

안은수,「朱熹의 佛敎觀」,『유교사상연구』제9집, 한국유교학회, 1997.

안재호,「왕수인 공부론 체계 管窺」,『율곡학연구』제39집, 2019.

楊沅錫,「漢字文化學 연구 성과를 활용한 經書 해석 및 漢字 교육」,『漢文敎育研究』, 한국한문교육학회, 2011.

楊沅錫,「漢字 字源을 통한 中國神話 人物 이해」,『日本學研究』50호, 2017.

유정엽,「顯正論과 儒釋質疑論의 호불논리 비교」,『원불교사상과 종교문화』제36권, 원광대학교 원불교사상연구원, 2007.

尹在敏,「民族文化推進會 古文獻 電算化의 成果와 課題」,『漢文敎育研究』第27號, 2006.

尹在敏 외,「한문고전 정리·번역 시스템 연구」,『民族文化』第33輯, 한국고전번역원, 2009.

尹在敏,「漢文 古典飜譯의 一問題」,『고전번역연구』제8호, 한국고전번역학회, 2017.

이병욱,「천태에서 바라본 깨달음 논쟁」,『불교학연구』제56권, 불교학연구회, 2018.

이병욱,「남악혜사의『법화경안락행의』와『제법무쟁삼매법문』의 저술시기 연구 -사상적 맥락의 차이를 중심으로-」,『불교학연구』제19호, 불교학연구회, 2008.

이상하,「한문학습 및 번역에 있어서 현토의 문제」,『민족문화』제29집, 한국고전번역원, 2006.

이성운,「중국불교의 참법(懺法)에 대한 소고(小考)」,『불교문예연구』제8호, 동방문화대학원대학교 불교문예연구소, 2017.

이영호,「이탁오의 논어학과 명말 새로운 경학의 등장」,『한국학』31, 한국학중앙연구원, 2008.

이영호,「『四書評』의 眞僞 논쟁과 이탁오의 경학」,『陽明學』제25호, 서울: 한국양명학회, 2010.

이영호,「張岱의『四書遇』를 통해 본 양명학파 경학의 일면」, 서울: 한국양명학회 논문집『陽明學』제30호, 韓國陽明學會, 2011.

이영호,「공자와 부처:『논어』주석사적 전통에서 바라본 유교와 불교의 교섭양상」,『陽明學』제44호, 한국양명학회, 2016.

이자랑, 「포살의 실행 목적에 관한 고찰」, 『한국불교학』 제86호, 한국불교학회, 2018.

이중표, 『中論』의 八不과 緣起」, 『불교학연구』 제22호, 불교학연구회, 2009.

임병정, 『능엄경』의 이근원통과 염불원통의 특성에 대한 비교 고찰」, 『불교문예연구』 제14
호, 불교의례문화연구소, 2019.

정준영, 「사마타(止)와 위빠사나(觀)의 의미와 쓰임에 대한 일고찰」, 『불교학연구』 제12호,
불교학연구회, 2005.

지창규, 「대승 경론의 四諦 해석 – 천태 사제론과 관련하여 –」, 『불교학보』 제49호, 동국대학
교 불교문화연구원, 2008.

최기표, 「〈法華經〉에 있어서 授記의 修行論的 意義」, 『불교학리뷰』 제13호, 금강대학교 불
교문화연구소, 2013.

최일범, 『주역선해(周易禪解)』 연구 –성수불이론(性修不二論)을 중심으로–」, 『유교사상문
화연구』 제29호, 2007.

한태식, 「불교에서 願의 문제」, 『정토학연구』 제10호, 한국정토학회, 2007.

荒木見悟, 「十二 智旭의 思想と陽明學」, 『明代思想研究』, 東京: 創文社, 1978.

공근식, 「湖洲 蔡裕後 漢詩 譯注」, 고려대학교 박사학위논문, 2013.

김광태, 「三淵漫錄 역주」, 고려대학교 석사학위논문, 2009.

김성재, 「포저 조익의 『論語淺說上』 譯注」, 고려대학교 석사학위논문, 2010.

김승만, 「삼봉 정도전의 『불씨잡변(佛氏雜辯)』에 대한 비판적 고찰」, 고려대학교 석사학위논
문, 2009.

박종도, 「湛若水의 隨處體認天理 공부론」, 성균관대학교 박사학위논문, 2020.

박헌순, 『南華經注解刪補』 번역-「소요유」, 「제물론」, 「양생주」」, 고려대학교 석사학위 논
문, 2009.

양정연, 「苦樂의 感受 작용에 대한 불교적 이해 –『雜阿含經』을 중심으로–」, 『철학논집』 제
46집, 서강대학교 철학연구소, 2016.

연석환, 「南鶴鳴의 『晦隱集』 譯注」 고려대학교 박사학위논문, 2018.

이승환, 「蘇凝天의 『春庵遺稿』 選譯」, 고려대학교 석사학위논문, 2021.

이길환, 「재생모티프의 서사적 전통과 「劉生傳」 연구」, 고려대학교 석사학위논문, 2021.

이상민, 「초기 地論학파의 알라야식 개념 연구」, 고려대학교 박사학위논문, 2017.

조성택, 「法과 業: 초기 불교의 사회 철학적 이해를 위한 試論」, 『한국불교학』 제34호, 한국
불교학회, 2003.

조성택, 「불교의 이론과 실천 수행-초기불교의 무아설을 중심으로」, 『오늘의 동양사상』 제8
호, 예문동양사상연구원, 2003.

조성택, 「불교의 계율에 대한 새로운 이해」, 『불교학연구』 제8호, 불교학연구회, 2004.

조성택, 「불교와 생태학: 그 가능성과 한계」, 『철학연구』 제29권, 고려대학교 철학연구소, 2005.

한정길,「朱子의 佛敎批判」,『동방학지』제116집, 연세대학교 국학연구원, 2002.

黃仁玉,「西溪 樸世堂의『思辨錄 中庸』研究」, 성균관대학교 석사학위논문, 2015.

허정희,「輪廻論에 대한 儒佛對論」,『불교연구』제16집, 한국불교연구원, 1999.

4. 논문류{국외}

潘家猛,「明末淸初《成唯識論》注疏考」,『宗教學研究』, 2021.

韓煥忠,「藕益 智旭對『論語』的佛學解讀」, 廣東: 學術研究『原道』第38輯, 2020.

鄧莉雅,「藕益智旭《金剛經破空論》思想述論」,『法音』, 2020.

曾凡朝 · 何靖,「智旭對《大學》的佛學化詮釋 -以《大學直指》爲中心-」,『關東學刊』, 2020.

傅海燕,「智旭易學與佛學會通的義理面向」,『世界宗教文化』, 2019.

李利安 · 李永斌,「唐時生平與著述考」,『浙江社會科學』, 2019.

龔鵬程,「晚明唯識學與天台和禪學的交融 -以藕益智旭爲例-」,『江蘇師範大學學報(哲學社會科學版)』, 2019.

趙偉,「"南北水陸"辨」,『美術觀察』, 2019.

簡意濤,「從『論語點睛』看佛儒融通的生命觀」,『法印學報』第10期, 桃園市: 佛教弘誓學院, 2019.

曲藝苑,「藕益智旭與《占察善惡業報經》」,『佛學研究』, 2018.

王詩越,「論藕益智旭在九華山地藏信仰興起中的貢獻」,『皖西學院學報』, 2018.

李利安 · 謝志斌,「佛教"靈峰派"的定位及歸屬問題新議」,『西北大學學報(哲學社會科學版)』, 2018.

黃敬,「圃美多樂活 中國再出發」,『知識經濟(中國直銷)』, 2018.

魏後賓,「藕益智旭易學思想研究綜述」,『周易研究』, 2018.

熊江寧,「晚明四大師之禪淨關系論」,『佛學研究』, 2018.

麥砢項宇,「智旭佛易哲學思想研究述論」,『山西大學學報(哲學社會科學版)』, 2018.

劉正平,「讀《易》三劄 -《訟》·《師》·《謙》卦解-」,『中華文史論叢』, 2017.

康宇,「論晚明"四書"詮釋中的佛學路向 -以焦竑·袁宗道·智旭爲中心-」,『華僑大學學報(哲學社會科學版)』, 2017.

楊維中,「杭州辯利院天台宗傳承考述 -明淸時期天台宗"桐溪法系"考述之三-」,『教學研究』, 2017.

楊維中,「幽溪傳燈嫡孫天溪受登行曆考述 -明淸時期天台宗"桐溪法系"考述之二-」,『西南民族大學學報(人文社科版)』, 2017.

黃世福,「論藕益智旭對"天命之謂性"的闡釋」,『重慶科技學院學報(社會科學版)』, 2016.

趙俊勇,「藕益大師承繼天台法脈的信願行」,『台州學院學報』, 2016.

孫桂彬,「佛教的卜筮信仰 -以藕益智旭卜筮活動爲中心-」,『湖南大學學報(社會科學版)』, 2016.

黃世福,「藕益智旭的心性論」,『淮北師範大學學報(哲學社會科學版)』, 2016.

韓煥忠,「天台家法與《周易》注疏 -藕益智旭對《周易》的佛學解讀-」,『周易研究』, 2016.

羅曉靜,「同質化敍述中的價値重構 -由熱播韓劇《太陽的後裔》說開去-」,『長江文藝評論』, 2016.

孫桂彬,「理論與現實: 從杖打透視佛教律學本土化」,『世界宗敎研究』, 2016.

黃世福,「藕益智旭視界中的"格物致知"」,『江淮論壇』, 2016.

黃世福,「藕益智旭視界中的"太極"」,『合肥學院學報(綜合版)』, 2016.

趙俊勇,「靈峰派定位問題再思考」,『法音』, 2016.

尹文漢,「中國古代刺血書經之風 -兼論九華山海玉和尙血書《華嚴經》-」,『敎學研究』, 2016.

韓成才,「地藏懺法研究現狀及問題」,『蘭台世界』, 2016.

洪燕妮,「憨山德清與藕益智旭對《大學》的詮釋」,『法音』, 2016.

黃世福,「藕益智旭的孝道觀」,『理論建設』, 2015.

任健,「智旭佛敎話語下的陽明心學」,『貴陽學院學報(社會科學版)』, 2015.

張焱森,「藕益智旭《梵網經合注》注釋方法之探析」,『成都理工大學學報(社會科學版)』, 2015.

劉曉玉,「明末叢林"扶律輔敎"的戒律複興思潮考察」,『山西師大學報(社會科學版)』, 2015.

張韶宇,「智旭禪論疏釋」,『宗敎學研究』, 2014.

李勇剛·潘建雷,「"援儒入佛":釋家智旭"顏子之傳"重塑道統觀的嘗試」,『新視野』, 2014.

邱高興·張忠英,「藕益智旭《靈峰宗論》的成書與刪改考辨」,『浙江社會科學』, 2014.

樊沁永,「晚明高僧《四書》詮釋文獻考察」,『人文雜志』, 2014.

鍾順才,「儒佛相釋中的文化互益:論晚明智旭的跨宗敎經典注釋」,『民族論壇』, 2014.

遊斌,「文明互鑒的中國經驗」,『民族論壇』, 2014.

肖泓玥·許瀟,「智旭唯識思想的和合印跡」,『商丘師範學院學報』, 2013.

智細平,「論藕益智旭的儒佛會通思想」,『世界宗敎研究』, 2013.

龔曉康,「藕益智旭性相融通論探析」,『宗敎學研究』, 2013.

張韶宇,「三敎合流視域下的智旭易學之形上學發微」,『貴州社會科學』, 2013.

張韶宇,「智旭佛化易學的圓融之境」,『周易研究』, 2013.

皮朝綱,「拓寬中國美學史研究範圍的新途徑 -開展禪宗書畫美學思想史研究-」,『四川師範大學學報(社會科學版)』, 2013.

洪燕妮,「德淸與智旭對《中庸》的詮釋」,『世界宗敎硏究』, 2012.

孟金霞,「宗敎類稿件編輯中容易出現的問題及對策」,『采寫編』, 2012.

盧忠帥,「明末佛敎四大高僧慈悲思想的社會實踐」,『五台山硏究』, 2012.

謝金良,「易道與佛性相提竝論 -又論《周易禪解》的思想創新-」,『宗敎學硏究』, 2012.

歐陽小建·陳堅,「藉儒家之言說佛家之理 -論智旭對《大學》的佛學化解讀-」,『理論學刊』, 2012.

李廣德,「藕益禪師的"茶飯"說」,『農業考古』, 2011.

李廣德,「新發現的藕益智旭茶詩六首」,『農業考古』, 2011.

羅琤,「《靈峰宗論》刪節問題硏究 -以《淨信堂初集》爲中心-」,『圖書館雜志』, 2011.

歐陽小建,「"大學"卽"覺心" -論智旭對《大學》的解讀-」,『湖北經濟學院學報(人文社會科學版)』, 2011.

釋文修,「《成唯識論》中煩惱障與所知障之硏究」,『大專學生佛學論文集』, 台北: 台北市華嚴蓮社, 2011.

許穎,「中國古代禪淨合流的三種模式」,『浙江師範大學學報(社會科學版)』, 2011.

萬里,「從"悲欣交集"看弘一法師與藕溢智旭的佛學淵源與路徑」,『世界宗敎文化』, 2010.

黃公元,「千年古刹 藕益道場 -記北天目靈峰寺-」,『中國宗敎』, 2010.

徐恩桎,「禪易圓 融儒佛化一 -智旭《周易禪解》新論-」,『宗敎學硏究』, 2010.

金生楊,「佛敎易學發展史綜論」,『周易硏究』, 2010.

陳永革,「儒佛孝慈倫理之異同 -以戒孝一致論爲中心-」,『西南民族大學學報(人文社科版)』, 2010.

聖凱,「叢林早晚課誦的修訂與流行」,『世界宗敎文化』, 2009.

甘露,「漫說九華山的高僧大德」,『佛敎文化』, 2009.

陶垣如,「博山無異元來家風之考察」,『現代哲學』, 2009.

謝金良,「易辭與佛法互證互通 -再論《周易禪解》的思想創新-」,『宗敎學硏究』, 2009.

楊之峰,「智旭《閱藏知津》對佛經目錄的改革」,『圖書情報工作』, 2009.

黎活仁,「白居易與彌陀淨士」,『興大中文學報』, 臺中市: 國立中興大學, 2008.

鄭雅芬,「藕益大師『論語點睛』探究」,『興大中文學報』, 臺中市: 國立中興大學, 2008.

李承貴,「佛敎發展道路的自我調適 -宋代儒士佛敎觀於佛敎之積極效應-」,『中山大學學報(社會科學版)』, 2008.

張麗娟,「視野弘博通古今 心思縝密探究竟 -評歷史語境中的《〈周易禪解〉研究》-」,『宗敎學硏究』, 2008.

何松,「《淨土十要》的念佛三昧思想」,『西南民族大學學報(人文社科版)』, 2008.

龔曉康,「眞心與妄心之辨 -以智旭爲重點-」,『宗敎學硏究』, 2008.

龔源,「浙江安吉靈峰寺舉行建寺1100周年慶典」,『法音』, 2007.

龔曉康, 「佛教論"意識"-以智旭爲重點-」, 『貴州大學學報(社會科學版)』, 2007.

盧毅, 「藕益智旭《辟邪集》評析」, 『阜陽師範學院學報(社會科學版)』, 2007.

何松, 「《淨土十要》的信心論」, 『宗教學研究』, 2007.

尹文漢, 「明清時期九華山高僧略論」, 『池州師專學報』, 2007.

皮朝綱, 「藕益智旭與天台宗美學」, 『四川師範大學學報(社會科學版)』, 2007.

謝金良, 「易理與佛理本無二致 -論《周易禪解》的思想創新-」, 『周易研究』, 2006.

戴繼誠·赫麗莎, 「晚明佛教:短暫的輝煌與深遠的影響」, 『宗教學研究』, 2006.

謝金良, 「明末高僧藕益智旭生平事實考辨」, 『宗教學研究』, 2006.

黃夏年, 「2004年我國大陸佛教研究綜述」, 『宗教學研究』, 2005.

龔曉康, 「智旭"三學一源"論淺析」, 『西南民族大學學報(人文社科版)』, 2005.

謝金良, 「也談藕益智旭《靈峰宗論》刪改問題」, 『宗教學研究』, 2005.

嚴冰, 「空手套白狼 "賺取"上億元」, 『中國市場』, 2005.

曾其海, 「智旭對天台佛學與《周易》之會通」, 『周易研究』, 2005.

陳永革, 「論弘一大師的信仰特質及其淵源」, 『杭州師範學院學報(社會科學版)』, 2004.

国家宗教局, 「文摘」, 『中國宗教』, 2004.

王仲堯, 「中國人間佛教思想的先驅」, 『世界宗教研究』, 2004.

汪志强, 「袁宏道《西方合論》淨土思想初探」, 『宗教學研究』, 2003.

陳榮富, 「蓮池袾宏大師的淨土思想」, 『南昌大學學報(人文社會科學版)』, 2003.

陳堅, 「"易注"與中國傳統哲學中的注釋」, 『江南社會學院學報』, 2002.

陳永革, 「經世佛教與出世解脫:論晚明佛學復興的困境及其反思」, 『佛學研究』, 2002.

陳堅, 「智旭對《周易·大過卦》的佛學解讀」, 『周易研究』, 2002.

單正齊, 「《起信論裂網疏》思想探微 -論智旭對《起信論》眞心系思想的改造-」, 『宗教學研究』, 2001.

李霞, 「論明代佛教的三教合一說」, 『安徽大學學報』, 2000.

曾其海, 「禪宗與天台宗關系之探討」, 『台州師專學報』, 2000.

黃德昌·王銀桃, 「試論晚明禪宗新動向」, 『中華文化論壇』, 2000.

陳永革, 「禪教歸淨與晚明佛教的普世性」, 『宗教學研究』, 1999.

周齊, 「袁宏道淨土歸趣略析」, 『佛學研究』, 1999.

張志强, 「"宗門昌而義學起"-唯識學的興起與晚明佛教的整興嘗試-」, 『法音』, 1999.

陳堅, 「晚明"四大高僧"禪教關系論比較」, 『五台山研究』, 1998.

陳堅, 「以佛解易 佛易一家 -讀智旭《周易禪解》-」, 『周易研究』, 1998.

洪修平, 「明代四大高僧與三教合一」, 『佛學研究』, 1998.

陳永革, 「從智慧到信仰:論晚明淨土佛教的思想轉向」, 『浙江學刊』, 1998.

曾其海, 「淨土思想對天台宗的影響」, 『台州師專學報』, 1996.

唐明邦, 「以佛解《易》 援儒證佛 -讀《周易禪解》-」, 『佛學研究』, 1995.

潘桂明, 「晚明"四大高僧"的佛學思想」, 『五台山研究』, 1994.

姚治華, 「生生之易與如如之眞 -論智旭的三教合一思想-」, 『東南文化』, 1994.

陳士强, 「《閱藏知津》要解(下)」, 『法音』, 1987.

陳士强, 「《閱藏知津》要解(上)」, 『法音』, 1987.

胡平, 「我國佛經目錄特點和成就」, 『圖書館學刊』, 1985.

劉瑋, 「九華山寺廟園林理法研究」, 北京林業大學, 2018.

劉娟, 「明代《論語》學詮釋路向研究」, 華中師範大學, 2018.

孫桂彬, 「漢傳佛教懺悔實踐的理論與方法 -以天台宗爲中心-」, 山東大學, 2016.

魯海軍, 「明清佛教戒律思想研究」, 南京大學, 2016.

彭瑞花, 「菩薩戒研究」, 陝西師範大學, 2015.

孫宇男, 「明清之際詩僧研究」, 吉林大學, 2014.

樊沁永, 「晚明高僧《四書》詮釋研究」, 首都師範大學, 2014.

李春强, 「明代《論語》詮釋研究」, 揚州大學, 2014.

李璐, 「論漢語世界思想史視域下的百年禪宗研究」, 南京大學, 2013.

王彥明, 「牧齋與佛教」, 福建師範大學, 2013.

盧忠帥, 「明清九華山佛敎研究」, 南開大學, 2013.

張韶宇, 「智旭佛學易哲學研究」, 山東大學, 2011.

趙太極, 「智旭『周易禪解』之研究」, 南華大學 宗敎學研究所 碩士論文, 2012.

呂玉霞, 「魏晉時期儒佛道思想互動研究」, 山東大學, 2011.

張曉翔, 「漢傳因明的傳承與發展研究」, 南開大學, 2010.

程曦, 「明代儒佛融通思想研究」, 複旦大學, 2007.

高峰, 「紫柏大師與萬曆社會研究」, 吉林大學, 2006.

朱貽强, 「公安三袁居士佛教研究」, 華東師範大學, 2005.

尹富, 「中國地藏信仰研究」, 四川大學, 2005.

龔曉康, 「藕益智旭淨土思想研究」, 四川大學, 2005.

羅銘航, 「智旭《論語點睛》研究」, 內蒙古大學, 2020.

曲藝苑, 「藕益智旭的佛教術數思想研究 -以《占察善惡業報經疏》爲中心-」 中央民族大學, 2020.

孫碩, 「論智旭地藏懺法的天台特色」, 吉首大學, 2019.

尹婉露, 「藕益智旭天台思想研究」, 云南師範大學, 2018.

盧雁, 「藕益智旭融彙思想研究」, 華東師範大學, 2018.

趙鳴環, 「元明時期淨土宗著述研究」, 吉林大學, 2018.

鄧曄, 「《周易禪解》中的易佛會通思想研究」, 江西師範大學, 2017.

鄭利鋒,「從"南京敎案"到《辟邪集》-明末佛耶交涉硏究」, 武漢大學, 2017.

高芳,「藕益智旭的信仰論」, 遼寧大學, 2016.

張忠英,「《周易禪解》的詮釋學考察」, 中國計量學院, 2014.

杜悅,「智旭的律學思想硏究」, 陝西師範大學, 2014.

李廣宇,「是心作佛, 是心是佛 : 明末淨土宗心性論硏究」, 吉林大學, 2014.

李晶,「明淸佛敎目錄硏究」, 杭州師範大學, 2014.

歐陽小建,「籍儒家之言說佛家之理 -智旭儒佛會通思想硏究-」, 山東大學, 2012.

饒潔琳,「《四書藕益解》儒佛會通思想硏究」, 湖南大學, 2012.

郝飛,「藕益智旭的心性論 -以《起信論裂網疏》爲例-」, 遼寧大學, 2012.

王慕飛,「從藕益智旭《論語點睛》看其儒佛融通思想」, 首都師範大學, 2011.

張超,「中國唯識學者槪述」, 蘭州大學, 2010.

翟江玲,「藕益智旭"三學一源"淨土思想探究」, 南昌大學, 2009.

仝敏娟,「藕益智旭《中庸直指》思想硏究」, 廈門大學, 2009.

呂紀立,「論《周易禪解》的佛易會通思想」, 蘇州大學, 2009.

王智勇,「藕益智旭融會思想之硏究」, 貴州大學, 2008.

陳思穎,「天台六卽論」, 四川大學, 2005.

楊昌諧,「見月讀體律師的律學思想硏究」, 四川大學, 2005.

黃海濤,「明初統治者對佛敎政策的兩重性及明代佛敎發展的新趨勢」, 云南師範大學, 2002.

5. 사전류

정원스님 편저, 『국역태화선학대사전』, 평심사 태화당, 2019.

『두산백과』電子版 (http://www.doopedia.co.kr/)

『문화원형 용어사전』電子版 (http://www.kocca.kr/)

곽철환, 『시공 불교사전』, 시공사, 2003.

박영의, 『실용 한-영 불교용어사전』, 좋은인연, 2013.

정수일, 『실크로드 사전』, 창비, 2013.

丁福保, 『佛學大辭典』電子版 (https://zh.wikisource.org/wiki/佛學大辭典)

『원불교대사전』電子版 (https://www2.won.or.kr/)

한국사전연구사 편집부, 『종교학대사전』, 한국사전연구사, 1998.

한보광, 임종욱 저, 『중국역대불교인명사전』, 이회문화사, 2011.

『한국민족문화대백과사전』電子版 (http://encykorea.aks.ac.kr/)

『한국고전용어사전』, 세종대왕기념사업회, 2001.

6. 웹사이트 및 전산 자료 {2021년 9월 22일 검색 기준}

江西省 九江市 廬山 東林寺 http://www.donglin.org/
고려대학교도서관 http://library.korea.ac.kr/
국립국어원 표준국어대사전 http://www.korea.go.kr/
국립중앙도서관 http://www.dlibarary.go.kr/
국회도서관 www.nanet.go.kr/
규장각한국학연구원 http://e-kyujanggak.snu.ac.kr/
동아일보 한자이야기 583-1377회(심경호 교수의 『논어』·『맹자(孟子)』 강의)
https://www.donga.com/news/Series/70070000000757?p=781&prod=news&ymd
 =&m=/
동양고전종합DB http://db.cyberseodang.or.kr/
동양연표 http://www.dibrary.net/
디지털국제불교연맹 http://www.buddhism.org/
明倫 月刊資訊網 http://www.minlun.org.tw/
法鼓全集 https://ddc.shengyen.org/
佛光大辭典 https://zh.wikisource.org/
百度百科 https://baike.baidu.com/
書法字典 http://sufazidian.com/
서재영의 불교기초 교리강좌 http://www.buruna.org/
옛 편지 낱말사전 DB http://waks.aks.ac.kr/
장서각 http://yoksa.aks.ac.kr/
中國智識 http://www.cnki.net/
中國哲學電子化計劃 http://ctext.org/
태화당 평심사 https://blog.daum.net/pyungsimsa/
한국경학자료시스템 http://koco.skku.edu/
한국고전번역종합 한국고전종합DB http://db.itkc.or.kr/
한국고전적종합목록시스템 http://www.nl.go.kr/korcis/
한국역사정보통합시스템 http://koreanhistory.or.kr/
漢文大藏經 http://tripitaka.cbeta.org/
漢典 https://www.zdic.net/

민족사 학술총서 74

지욱 선사의 논어 해석

초판 1쇄 인쇄 | 2022년 2월 1일
초판 1쇄 발행 | 2022년 2월 10일

저 | 영봉 우익 지욱
보주 | 양복자 강겸
역주 | 몽운 김승만

펴낸이 | 윤재승
펴낸곳 | 민족사

주간 | 사기순
기획편집팀 | 사기순, 최윤영
영업관리팀 | 김세정

출판등록 | 1980년 5월 9일 제1-149호
주소 | 서울 종로구 삼봉로 81 두산위브파빌리온 1131호
전화 | 02)732-2403, 2404 팩스 | 02)739-7565
홈페이지 | www.minjoksa.org
페이스북 | www.facebook.com/minjoksa
이메일 | minjoksabook@naver.com

ⓒ 김승만 2022

ISBN 979-11-6869-000-4 94220

민족사 **학술총서** 시리즈

::

73 탄허 선사의 사교 회통 사상

한국불교의 대표적인 고승, 대석학 탄허 스님의 사상을 국내 최초로 연구한 책. 탄허의 광활한 학술을 유교(儒敎)·불교(佛敎)·도교(仙)·기(基, 기독교)를 융합하여 일이관지한 사교 회통 사상이라는 하나의 주제에 집중하여 총합적으로 고찰한다.

* 문광 저 | 신국판 양장 | 464면 | 28,000원

72 원효의 열반경종요

신라의 대표적 고승인 원효 스님이 36권에 달하는 방대한 '열반경'의 핵심을 요약한 『열반경종요(涅槃經宗要)』를 번역하고 상세한 주석을 붙인 책이다.

* 은정희, 김용환, 김원명 역주 | 신국판 양장 | 408면 | 28,000원

71 불교로 바라본 생태철학

의왕(醫王)인 부처님의 지혜를 빌려 불교의 연기법과 업 사상을 토대로 현재 일어나고 있는 생태위기의 원인을 분석하고, 그 해결 방법을 모색한다.

* 남궁선 저 | 신국판 양장 | 304면 | 22,000원

70 당송시대 선종사원의 생활과 철학

2017 세종도서 학술부문 우수도서, 불교평론 학술상
선종(禪宗)의 여러 청규(淸規)와 선문헌을 바탕으로 중국 당송시대 선종사원의 생활과 각종 제도, 가람 구성, 생활철학, 그 사상적 바탕 등 선종의 생활문화에 대한 전반을 탐구한 책이다.

* 윤창화 저 | 신국판 양장 | 472면 | 25,000원

69 한암선사연구

한국불교의 대표적 사표(師表)인 한암 선사의 사상과 가르침, 그 정신에 관한 연구의 정수를 담았다. 『한암사상』 제1집에서 제4집에 수록된 주요 논문들을 모아 엮었다.

* 한암사상연구원 저 | 신국판 양장 | 592면 | 32,500원

68 유식과 의식의 전환

유식 사상을 통해 인간의 심리 현상과 의식의 구조를 분석함으로써 의식의 전환을 동반한 깨달음의 세계를 경험하도록 이끈다. 고타마 싯다르타가 붓다로 존재의 전환을 이룬 것처럼, 이 세상의 모든 범부가 번뇌에서 벗어나 스스로를 치유하는 길을 갈 수 있다는 믿음과 서원이 담겨 있다.

* 정륜 저 | 신국판 양장 | 368면 | 22,000원

67 조선시대 불교사 연구

2015 불교평론 학술상

억불, 척불 등 불교를 그토록 박해했던 조선 시대에 불교는 어떻게 살아남을 수 있었는가? 조선불교는 혹독한 고난 속에서 끊임없이 새로운 존재방식을 고민했다. 저자는 이런 조선불교의 역사를 통해 얻은 교훈으로 우리 시대의 불교를 성찰한다.

* 이봉춘 저 | 신국판 양장 | 816면 | 43,000원

66 선문답의 세계와 깨달음

2015 단나학술상

선문답의 특수성을 풀어헤치고, 선문답의 원리를 분석함으로써 신비적인 측면만 강조되었던 선문답이 우리의 평범한 심리적 구조를 분석한 것 외에 특별한 것이 아님을 밝혔다. 또한 깨달음을 특별한 것으로 오해한 선사들에 대한 파격적인 비판을 시도한다.

* 자명 저 | 신국판 양장 | 464면 | 25,000원

65 초기불교의 사회적 실천

2012 불교출판문화상 올해의 불서 대상

초기불교, 즉 붓다의 역사적인 전법 개척과 사회적 변혁의 과정을 통찰함으로써 한국불교의 대안을 제시한다.

* 김재영 저 | 신국판 양장 | 488면 | 25,000원

64 선종의 전등설 연구

초기 중국 선종 전등설의 성립과 발전을 통해 본 선종사를 주제로 한 논문 모음집. 전의설(傳衣說)과 전법게(傳法偈)의 성립과 발전에 대한 논문도 함께 수록했다.

* 정성본 저 | 신국판 양장 | 420면 | 23,000원